A COLLECTION OF
SELECTED TRANSLATION OF LEGISLATIVE TEXTS OF
BELT AND ROAD COUNTRIES

“一带一路”
沿线国家立法文本选译汇编

（第二卷）

东南亚及南亚国家投资法选译

A SELECTED TRANSLATION OF INVESTMENT LAWS OF
SOUTHEAST ASIAN AND SOUTH ASIAN COUNTRIES

屈文生　主编

法律出版社
LAW PRESS · CHINA
北京

图书在版编目(CIP)数据

东南亚及南亚国家投资法选译／屈文生主编．-- 北京：法律出版社，2023
(“一带一路”沿线国家立法文本选译汇编)
ISBN 978-7-5197-7909-2

Ⅰ．①东… Ⅱ．①屈… Ⅲ．①外商投资－涉外经济法－立法－研究－东南亚②外商投资－涉外经济法－立法－研究－南亚 Ⅳ．①D930.229.5

中国国家版本馆 CIP 数据核字(2023)第 087439 号

东南亚及南亚国家投资法选译
DONGNANYA JI NANYA GUOJIA TOUZIFA XUANYI

屈文生 主编

策划编辑 解 锟
责任编辑 张 岩
装帧设计 李 瞻

出版发行 法律出版社
编辑统筹 重大项目办公室
责任校对 王晓萍
责任印制 吕亚莉
经　　销 新华书店

开本 787 毫米×1092 毫米 1/16
印张 31.75 **字数** 784 千
版本 2023 年 8 月第 1 版
印次 2023 年 8 月第 1 次印刷
印刷 三河市龙大印装有限公司

地址：北京市丰台区莲花池西里 7 号(100073)
网址：www.lawpress.com.cn
投稿邮箱：info@lawpress.com.cn
举报盗版邮箱：jbwq@lawpress.com.cn
销售电话：010-83938349
客服电话：010-83938350
咨询电话：010-63939796

书号：ISBN 978-7-5197-7909-2
定价：298.00 元
凡购买本社图书，如有印装错误，我社负责退换。电话：010-83938349

编 译 说 明

本卷受海南省人大常委会法制工作委员会委托翻译。本卷译文中包括新加坡、韩国和阿拉伯联合酋长国的迪拜国际金融中心(DIFC)与阿布扎比全球市场(Abu Dhabi Global Market)等世界主要自由贸易港的立法。由于各个国家的立法结构和立法语言不尽相同,与我国的立法体例也具有较大的差异,在编译时,我们尽可能保留了原文的形式,以尽可能符合立法翻译中的"形式对等"要求。

在译文的技术处理过程中,我们按照我国立法技术规范,重新处理了所有的数字,将除"年月日"外的所有数字均处理为汉字小写,而不采用阿拉伯数字。将法律条文的各个条款与我国立法中的"条款项目"结构进行对应,如我们将新加坡法中的 Section 7(1)(a),直接处理为"第七条第一款第一项"。对于法律在修订过程中产生的分条,也按照我国法律的使用习惯,以"之一""之二"等进行命名。如新加坡法中出现的"第 28A 条",我们将其处理为"第二十八条之一";韩国法中出现的"32 - 2"作为第 32 条的分条,也处理为"第三十二条之一"。

2020 年新加坡政府颁行了新的立法技术规范,其中一个重要变化就是法律名称的写法,在立法技术调整以前,新加坡法是以《新加坡制定法汇编》的章节指代某一部具体立法[如 Interpretation Act(Cap. 1)],但这种写法很大程度上不能反映相关立法的时效性,也无法说明援引立法的版本。因此,在这次技术规范调整时,将其改为使用立法的生效年份(如 Interpretation Act 1965),而当需要援引某一部立法的历史版本时,才在相关立法后加上《制定法汇编》中的章节和年份。由此,我们将译文中的法律名称统一进行修改,从"《新加坡解释法》(第一编)",统一修改为"《新加坡 1965 年解释法》"。

当然,由于本卷内容所涉内容范围极广、译者众多,不同译者的语言风格也略有差异,对于一些并不涉及译文是非的部分,我们并没有也没必要完全将这些表达强行统一,而是在一定程度上保留了译者个人的语言风格。如涉及数字 2 在转写为汉字小写时,究竟是写作"二"(如"二年以下""二名"),还是写为"两"(如"两年以下""两名"),这在我国立法中尚且不统一,我们也没有作出调整,只是保证了同一文本中文内统一。

再如,不同新加坡立法对于 Part 一词的使用并不统一,因此,多数译者参考英国法和我国香港地区的双语立法,将其译为"编";也有译者基于特定立法的特殊性,将 Part 译为"章";也有译者使用了我国法上没有的术语"部",以防止与我国立法中的"编章节条款项目"的结构混淆。但无论翻译为何,都不影响我们对相关立法内容和结构的理解,但我们有必要将这一考虑写入编译说明中,希望读者可以理解我们的考量和用心。

东盟国家投资法与中国高水平对外开放

卷首语

东南亚地区是“一带一路”海路与陆路的交汇点，是该倡议实施的跳板与依托。[①] 中国—东盟关系已成为亚太区域合作中最成功和最具活力的典范，成为推动构建人类命运共同体的生动例证。以东南亚为主的东盟国家是高质量共建“一带一路”重点地区，是中国扩大高水平对外开放的重要伙伴，因而需要推进彼此各领域合作，维护本地区繁荣发展良好势头，建设更为紧密的中国—东盟命运共同体。

在我国贸易伙伴中，东盟连续两年作为我国第一大货物贸易伙伴，这彰显出中国—东盟经贸关系的巨大活力与强劲韧性。2021 年，中国—东盟货物贸易保持高速增长，总额达 5.67 万亿元人民币。双方贸易达 8782.1 亿美元，同比增长 28.1%。我国对东盟出口 4837.0 亿美元，自东盟进口 3945.1 亿美元。[②] 事实上，东盟国家积极参与“一带一路”倡议的重要原因在于它在国家层面与东盟国家经济发展需求相适应，在区域层面与东盟经济共同体的建设相契合。

2015 年 3 月 28 日，国务院授权国家发展改革委、外交部、商务部发布的《推动共建丝绸之路经济带和 21 世纪海上丝绸之路的愿景与行动》（以下简称《愿景与行动》）纲领性文件，主要规划了合作重点领域与总体合作机制。其中政策沟通、贸易畅通、设施联通、资金融通、民心相通等合作重点皆离不开法律的支持，法律是“一带一路”建设的引领力量，是减少干扰阻碍的重要手段，是公正解决争端的基础，只有切实了解、把握沿线各国法律制度规范，才可能增加理解信任，畅通“一带一路”建设。

因此，实现更高水平、更宽领域、更多层次与东盟国家合作的首要前提是深入了解这些国家的投资、贸易立法，而法律翻译则是第一步。

一、东盟国家立法文本翻译的现状与发展方向

对外国法律文本的翻译主要始于 20 世纪 70 年代，盛于 90 年代，延绵至今。然而，至今尚未有专门针对“一带一路”沿线国家法律文本的中译本汇编或相关数据库，沿线各国法律文本的中译本主要收录在以下两类文本当中：一是多国汇编式中译本，编译主要国家、某区域内国

---

① 包广将、范宏伟：《“一带一路”在东南亚面临的挑战与机遇：美日联盟政治的视角》，载《云南师范大学学报（哲学社会科学版）》2022 年第 1 期。

② 《突破 8000 亿！东盟保持我国第一大货物贸易伙伴》，载中华人民共和国东盟使团 2022 年 1 月 14 日，http://asean.china-mission.gov.cn/stxw/202201/t20220114_10495620.htm。

家或某一类国家的法律文本；二是非多国汇编式中译本，编译某一国家的法律文本。①

根据我们的检索与研究，中国实务界与学术界对东南亚法律文本有许多关注，编译的主力基本为政府机关、科研机构以及相关学者，其中不乏全国人大常委会办公厅、中华人民共和国商务部反垄断局等权威政府部门与北京大学、中国人民大学等高等研究机构。这些机构将东南亚国家的法律文本译成中文，勾画出这些国家投资、贸易相关法律文本的大致轮廓，为了解、掌握一国法律制度奠定了一定的文本基础，对后续的翻译和研究有着重要的工具价值。

然而，上述所译法律文本大多层级较高、内容宽泛，相对缺乏针对性，无法为对外合作提供精细化指导。以设立公司为例，公司法对公司的成立、变更、注销、治理结构、股份交易等事项进行总体性规制，但相对缺乏实务性指引。在沿线国设立公司的登记机关、手续、费用等事宜一般不由框架性的公司法规定，而是在一系列细化公司法规定的法规、条例、命令等之中。因而，不仅需关注层级较高的法律文本，还应注意细化这些法律的特别规定。

同时，既有多国汇编式译本还存在源语不明和滞后过时等问题。多数中译本未注明底本来源或是否译自官方文本，这关系到直译和转译的问题，且大多数译本未附上原本于译本之后，以供对照。例如，一些汇编译本（如《东南亚国家经济贸易法律研究丛书》系列）大多译自非官方英译本（unofficial English translation texts），而非官方文本，进而增大译本失真、失实的可能。

法律乃地方性知识，其原因之一在于语言差异。立法语言具有严谨性、规范性与技术性等特征，不同语言下的立法语言必然有着关乎要旨的差异。因此，若非直接译自法律文本的官方文本，而是其他译本，则极易放大首次翻译既已存有的问题，降低汉—外通约的可能性，这也是接力翻译（relay translation）的问题所在。因此，实有必要梳理既有法律文本的中译本，确定是否译自官方语言，查明其中存有的问题，正本清源、展开重译，为"一带一路"建设提供真确（authentic）、可靠的（true and correct）中译文本。

与此同时，中国法律翻译界40余年的努力产出丰厚成果，上述中译本不乏上乘之作，如时建中主编的《三十一国竞争法典》在体例安排、语言选择、审校工作等方面皆达至较高水准，具备为"一带一路"合作重点事项的开展提供强劲理论与实践支持的能力。然而，这些佳作实属凤毛麟角，多数译本皆存有不容忽视的问题。简言之，除新近面世的汇编外，多数译出的沿线国法律文本业已废止或有重大修正。这一问题并非编译者可以掌控，但却是不容忽视的现实。法律的稳定性不得不向经济发展、文化变迁、观念转换妥协，法律的立、改、废愈加频繁，就愈有必要对既有中译本进行梳理，确定是否存在更新的法律文本，并对之展开翻译。此外，绝大多数中译本未列出术语对照表，对后来译者的确认、核实造成极大的不便。

总之，既有汇编式中译本的确为"一带一路"建设提供基础性的文本支持，使政府机关、投资者、普通民众得以对沿线各国法律制度有初步的认知。然而，上述译本局限性较强，未涉及与对外投资合作联系最为紧密的法律文本；而这些译本大多非译自官方语言，且多数文本业已失效或有重大修正。因而，实有必要对沿线各国的法律文展开梳理，选择"一带一路"合作重点领域最关切的法律文本展开翻译，同时重译有重大修正的法律文本。

---

① 屈文生、万立：《译介"一带一路"沿线国法律文本增强我国涉外法律服务业竞争力》，载《中国社会科学报》2018年11月28日，第4版。

就东南亚国家而言，既有印度尼西亚的经贸类法律文本翻译，涉及投资、关税、知识产权、环境保护、仲裁等诸多领域，十分全面。值得一提的是《印度尼西亚涉商法律文件汇编》，其独树一帜地将原文列于译文之前以供读者对照，译文质量较高，但仅翻译了劳动法、税法等相关法律文本。同时，这些中译本所选法律文本多有重要修正（如 1967 年《外资法》已由 2007 年《投资法》全面取代），因而有必要对之展开梳理，以确定所需翻译的文本。

除杨振发与祁希元编译的马来西亚法律文本外，既有中译本皆由马来西亚黄士春译出，并在信达雅翻译出版社刊行（一些译本的出版年代不详）。黄士春所译涵盖与马来西亚投资合作相关的多数法律文本，不仅包括统领性的《公司法令》，还涉及《法定房屋买卖和约》等实务规定，具备提供理论与实践上法律支持的能力。这些中译本实乃上乘之作，但语言风格与香港立法相似，对大陆受众而言有一定障碍。而且其中部分法律被修正或废止（如《1967 年所得税法令》在 2017 年修正），一些细化规定也有待关注。

顾明、黄曙海卷主编的《外国经济法·新加坡卷》集中编译了新加坡关于经济组织、房地产规则、宏观调控、进出口关税、民事活动及仲裁规则等各方面的法律文本，涵盖新加坡大多数经贸法规，全面展示新加坡经贸类法律制度。但是，此译本的重大缺陷在于未注明所选文本生效时点，也省略了制定背景等信息，且多数法律文本有重大修正或业已废止（如 1967 年《公司法》于 2006 年全面修正）。《新加坡共和国经济贸易法律选编》以节译的方式翻译其所选大多数法律文本，也不乏章节编号上的瑕疵。此外，中国驻新加坡大使馆官方网站刊登的译本，未注明译者、文本来源，且其中存有句法、术语选用等错漏。总之，新加坡法律文本有待进一步翻译。

关于越南立法文本的翻译数量较多，但术语选用方面存有一些可商榷之处（如 legal capacity 译为民事法律能力）。《越南缅甸劳务现行法律选编》其中多数法律业已修正或废止，有待重译新近颁行的法律文本。《越南社会主义共和国经济贸易法律选编》涵盖十分广泛，译本质量尚佳，但也有法律的修正或废止等问题（如 2003 年《劳动法》已为 2012 年版废止）。其他译本多数出版年代早远，所选法律文本已改头换面，如 2005 年版的《外国在越南投资法》与 1988 年版截然不同。此外，《越南外国投资法实施细则规定》并非完整译本。

李晨阳、全洪涛主编的《缅甸法律法规汇编(2008—2013)》收录自 2008 年至 2013 年以来缅甸颁布实施的法律文本，涉及政治类、投资贸易、社会管理等诸多领域，是了解、掌握缅甸法律法规不可多得的途径。该汇编错漏极少、术语准确、译文通畅，但未能提供双语对照与术语表，是为缺憾之处（本项目数据库内辅以双语对照版和术语译名对照表，但限于版面和经费预算等原因，纸质本终稿也终未能以双语对照形式呈现）。该汇编未收录关于知识产权、仲裁诉讼、环境保护的法律文本，后来译者仍有发挥的空间。其他汇编式译本所选法律文本已经失效或有重大修正，有待更新。此外，吴迪、林诗婷关注到缅甸 2016 年施行的投资法，译文质量尚佳。

老挝、柬埔寨、菲律宾、泰国、文莱等国的投资、贸易类法律文本还有待展开。米良主编的《老挝人民民主共和国经济贸易法律选编》主要涉及投资合作、外国劳务等方面的文本，但其中多数法律之后有重大修正。柬埔寨法律的中译仅限于经济贸易类法律文本，翻译质量尚佳，但其中部分术语的选用有待斟酌。董治良、赵佩丽主编的《柬埔寨王国经济贸易法律选编》不仅关注到投资法、劳动法等层级较高的法律，也翻译了条例、政府令等规定，但该汇编一些译文带有歧义，似有进一步优化的必要。陈云东、赵元讼、王陈立编译的《菲律宾共和国经济贸易法律选编》以节译的方式翻译菲律宾外国投资法、公司法、劳动法典等文本，但其中多数立法文本现已有较大幅度的修正。米良、安明、罗刚译的《越南、泰国民事诉讼法典》未注明底本来源、译自何语等。

综上，东南亚诸国的法律文本有大量中译本产出，且不乏上乘之作，但共同的问题是法律文本的废止或重大修正，使得译本可能缺乏现实参考意义；其次，所译多为层级较高的法律，一些重要的法规、实施细则、命令等细化规定未能译出，因而有必要对之梳理展开进一步翻译（本卷成果事实上也未能穷尽重要国家的重要立法）。其他国家法律文本的中译本偏少，多涉及投资贸易类文本，而"一带一路"合作重点还包括政策沟通、增加就业、环境保护等多个领域，其他类型的法律文本同样有翻译的必要。

二、东盟与高水平对外开放

2021 年年底召开的中央经济工作会议强调，要扩大高水平对外开放，推动制度型开放；以高水平开放促进深层次改革、推动高质量发展。这是适应经济全球化新趋势、准确判断国际形势新变化、深刻把握国内改革发展新要求作出的重大战略部署。国家主席习近平在多个场合强调中国坚定高水平对外开放的决心以及中国期待同世界共创发展机遇、共享发展成果的愿望。"中国开放的大门不会关闭，只会越开越大"，高水平对外开放新格局加速形成，并将继续提高对外开放水平，建设更高水平开放型经济新体制，持续打造市场化、法治化、国际化营商环境。①

2022 年 1 月 1 日，《区域全面经济伙伴关系协定》（RCEP）正式生效，标志着全球人口最多、经贸规模最大、最具发展潜力的自由贸易区正式落地。中国—东盟自贸区《服务贸易协议》渐进自由化条款中，中国在自贸区升级谈判中与东盟成员方完成了第三批服务贸易具体减让承诺谈判。各国均作出了更高水平的承诺，进一步提升了中国—东盟自贸区服务贸易自由化水平。

随着中国高水平对外开放不断拓展，外资准入负面清单、外商投资范围等成为首要问题。我们必须关注、掌握东盟国家关于投资、贸易、基础建设的法律规定。中国投资者大多并非精通外语，无法对相关措施、规则有全面、透彻的掌握，从而不能准确判断相关法律风险，这极不利于中国投资者、贸易商进入东盟国家市场。为打破这一语言障碍，应对与营商环境相关的政策、规则展开外译工作，满足中国投资者了解、掌握东盟国家法律规则以预防法律风险并妥善解决投资贸易争端的需求。

以印度尼西亚为例。印度尼西亚是我国重要的经济合作伙伴。例如，2013 年启动的印度尼西亚莫罗瓦利工业园是中印度尼西亚的重点经济合作项目。该综合工业园区规划总面积超过 2000 公顷。2016～2018 年，工业园年产 300 万吨不锈钢，2018 年销售额超过 50 亿美元。2019 年，工业园的镍铁年产能达到 200 万吨，不锈钢冶炼和热轧年产能达到 300 万吨。2020 年年底，园区建成世界上首个采矿—镍铬铁冶炼—不锈钢冶炼—热轧—退洗—冷轧及下游深

① 《十年高水平对外开放中国同世界共创发展机遇》，载国家发展和改革委员会 2022 年 9 月 28 日，https://www.ndrc.gov.cn/wsdwhfz/202209/t20220928_1337419.html? code=&state=123。

加工产业链。工业园已为当地创造 3 万多个直接就业机会,园区企业纳税总额超过 1 亿美元。①

印度尼西亚主要以《印度尼西亚投资法》《印度尼西亚贸易法》规范投资、贸易事宜。《印度尼西亚投资法》适用于印度尼西亚国内外投资,但是仅适用于直接投资,不包括间接投资和证券投资。《印度尼西亚投资法》对外国个人投资持限制态度,但对机构投资不设准入限制。此外,《投资法》要求在印度尼西亚的任何外国投资须通过于印度尼西亚注册的有限责任公司的形式开展,个人投资者不可任意开展投资活动。

印度尼西亚对所有商业领域均向国内和外国投资开放,但明确规定为禁止投资的领域和有条件开放的领域除外,后者包括限制外国所有权的份额。对投资的限制和条件规定于一系列法律、法规,但《投资法》要求将该等限制统一规定于总统令。因此,即便商业领域不受限制或负面清单开列条件制约的投资,一般仍应办理许可证。除筛选新投资活动等作用外,投资协调委员会还提供"一站式服务",旨在协调政府各部委、机构对特定投资所需的其他许可和审批的签发,但该一站式服务仅适用于国家一级要求的投资审批。

特别需要注意的是,印度尼西亚法律规定,投资负面清单未列出的特定活动,则无条件对外国投资开放。主要投资限制包括:建筑服务企业外国股权的限额为 67%;不附属于制造业务的分销业务的外国份额至多为 67%,但如分销业务与制造商相关,则不设该限制。保险业务外国份额至多为 80%。实践中,投资者须与投资协调委员会确认某活动是否对没有任何该类条件的外国投资开放。

新加坡、泰国、越南等东盟国家分别对境外投资和贸易有不同的鼓励和限制政策,并主要体现在本卷翻译的立法文本及相关立法中。这些国家持续推动投资贸易自由化、便利化,也促使我国从商品和要素流动型开放转向制度型开放,推动国内国际双循环相互促进。除了降低或者取消贸易和投资壁垒等措施外,要从以往"边境开放"向"境内开放"拓展、延伸和深化,形成与国际高标准经济规则接的制度和体系。② 在加快投资贸易自由化、便利化的同时,还应加快构建与其他国家合作的平台,需要重点推动《区域全面经济伙伴关系协定》的实施,并倡导推动高水平亚太自由贸易区的建立。

总之,加快对东盟国家的高水平对外开放不仅有助于"一带一路"倡议行稳致远,还关涉新发展格局的构建。新发展格局包含"以国内大循环为主体"和"国内国际双循环相互促进"两个方面的目标要求,前者要求加快建设全国统一大市场,后者要求充分利用国际国内两个市场、两种资源。高水平对外开放与全国统一大市场作为构建新发展格局的一体两面,也是构建新发展格局的基础支撑。因此,基于对东盟国家投资、贸易等基础性法律的翻译和研究,从而在组织投资促进活动、增强行业互补和促进生产网络化以及简化投资批准手续等方面与东盟国家展开持续深入的合作,并以此促进高水平对外开放。

三、东盟与绿色投资

中国始终秉持人类命运共同体理念,深入推进绿色"一带一路"建设,与共建"一带一路"

---

① 联合国和平发展信托基金:《"一带一路"倡议支持联合国〈2030 年可持续发展议程〉的进展报告》,载联合国 https://www.un.org/sites/un2.un.org/files/progress_report_bri-sdgs_chinese-final.pdf。

② 陈建奇:《扩大高水平对外开放的方向和重点》,载《学习时报》2022 年 9 月 21 日,https://www.gmw.cn/xueshu/2022-09/21/content_36038939.htm。

国家深化绿色领域务实合作,携手应对环境与气候挑战。在与“一带一路”国家展开投资、贸易活动时,需要不断强化合作引领、探索绿色创新、推动互惠共享,深化绿色丝绸之路合作,不断提高“一带一路”建设的绿色底色和成色。①

2022年《关于推进共建“一带一路”绿色发展的意见》鼓励企业开展新能源产业、新能源汽车制造等领域投资合作,推动“走出去”企业绿色低碳发展。持续优化贸易结构,大力发展高质量、高技术、高附加值的绿色产品贸易。加强绿色金融合作,鼓励金融机构落实《“一带一路”绿色投资原则》。规范企业境外环境行为。压实企业境外环境行为主体责任,指导企业严格遵守东道国生态环保相关法律法规和标准规范,鼓励企业参照国际通行标准或中国更高标准开展环境保护工作。完善资金支撑保障和完善境外项目环境风险防控支撑保障。②

在数字经济和绿色经济正在成为重组全球要素资源、重塑全球经济结构、改变全球竞争格局的关键力量和全球发展新动能的背景下,我们需要重点关注东盟国家发展数字经济和绿色发展的有关政策法规、发展现状和国际合作。2020年11月东盟发布《东盟全面复苏框架》,加大绿色发展融资,推动绿色基础设施、灾害管理以及可持续金融等领域建设,并发展生物经济、循环经济和绿色经济。东盟国家也出台了相应的国内立法、政策。

东盟国家与我国投资、贸易额排名中,新加坡、越南、泰国常年位居前列,因而对三者在投资、贸易中关于生态、环境保护的规定需要精准翻译和研究。例如,《越南2021—2030年战略》(第1658/QD-TTg号决定)旨在促进经济结构调整,以实现经济繁荣、环境可持续性和社会平等,实现绿色增长和绿色碳中和经济,并为实现减少全球变暖的目标作出贡献。

越南上述战略的核心是低碳增长、生产的绿色化、生活方式的绿色化,手段包括为高新技术、科学研究和技术开发等公司实施税收激励措施。除一般的税费减免措施外,越南政府鼓励进口、使用与环境监测、分析和开发清洁能源有关的技术。为此,越南政府在地方一级建立机构和制定绿色增长行动计划;降低温室气体排放强度,促进清洁和可再生能源的使用,推动绿色生活方式,促进可持续消费。③ 尤其值得注意的是,越南政府大力促进外国投资者的绿色投资并予以相应的优惠。比如,鼓励发展绿色金融工具,如清洁发展机制、绿色债券;实施生态税和碳税;协调国际金融资源应对气候变化。

马来西亚依斯干达经济特区(Iskandar Malaysia, IM)为加快区域规划、发展和管理中的绿色增长,特别制定了《绿色经济指南》(Green Economy Guidelines),涵盖正在推广的九个行业,以推动伊斯干达经济特区发展成为绿色产业的全球中心。该指南涵盖该特区绿色产业投资的优先行业、政策框架、激励措施、制度要求、审批流程和程序、规划合规性、监控和报告机制。

印度尼西亚政府就生物多样性设置了许多金融工具,包括生物多样性证书、债券、生态账户、信贷和抵消。在向马来西亚特别经济区运用这些金融工具时,需要特别注意《马来西亚野

---

① 《“一带一路”绿色发展圆桌论坛举行》,载生态环境部网2022年9月25日,https://www.mee.gov.cn/ywdt/hjywnews/202209/t20220925_994843.shtml。

② 《国家发展改革委等部门关于推进共建“一带一路”绿色发展的意见》,载国家发展和改革委员会2022年3月16日,https://www.ndrc.gov.cn/xxgk/zcfb/tz/202203/t20220328_1320629.html? code=&state=123。

③ Vietnam's National Green Growth Strategy, April 11, 2013, https://cdkn.org/story/feature-vietnams-national-green-growth-strategy.

生生命保育法令》关于准入范围、事先报备、监督管理等方面的事项。例如,印度尼西亚马鲁阿(Malua)生物银行出售"生物多样性保护证书"(Biodiversity Conservation Certificates),相关业务的投资者购买后,可以为印度尼西亚雨林保护提供资金,并获得分红或者转化为自身公司、产品的品牌价值。例如,化妆品、能源和食品公司的供应链包括棕榈油等关键成分,因而可以购买生物多样性保护证书,以提高产品的竞争力。①

发展绿色"一带一路"是实现生态文明的题中之义,是实现从工业文明转向生态文明的助推器。中国—东盟将深入推进绿色合作,通过政策对话、能力建设及试点示范,推动生物多样保护、应对气候变化、可持续发展等问题,而其前提之一在于把握东盟国家的生态、环境相关法律、政策,以便制定长远或短期规划并稳妥实施。

四、东盟与全球可持续发展

"一带一路"倡议以"五通"为合作重点,也旨在促进各国互联互通,打造全方位、多层次的复合型互动网络,实现沿线国家多元、独立、平衡、可持续发展,并为全球包容性可持续增长注入新的动能。"一带一路"倡议与2015年联合国通过的《2030年可持续发展议程》提出的17个可持续发展目标具有内在一致性,推动相关国家在全球贸易投资、经济社会发展、环境保护等领域的政策协调和务实合作,并在落实可持续发展目标方面发挥协同效应。②

《关于可持续发展的联合声明》《东盟共同体愿景2025》《东盟互联互通总体规划2025》等发布以来,中国—东盟不断在可持续发展方面加强政策沟通和发展战略对接做深做实本地区可持续发展合作。2021年中国—东盟建立对话关系30周年纪念峰会发表联合声明,提出顺应新一轮科技发展和产业变革趋势,通过"一带一路"绿色发展伙伴关系和生物、循环与绿色经济发展新模式等区域和国家层面的可持续经济模式和倡议,探讨开展低碳、循环和绿色经济合作。中国—东盟中心不断围绕可持续发展合作,积极参与支持双方低碳发展、污水处理、扶贫减贫、海洋合作等系列活动,为落实联合国2030年可持续发展议程、促进中国—东盟可持续发展作出不懈努力。③

关于东盟与全球可持续发展,值得一提的是,"一带一路"倡议项目中的巴基斯坦卡洛特水电站(Karot Hydropower Project)。该项目广受认可,展示了可持续发展目标融资合作模式,即私营部门投资和多边开发银行联手加速推动可持续发展目标的实施。卡洛特水电站为"一带一路"倡议项目树立了榜样,既满足了东道国的发展需要,也符合了世界银行集团的融资战略。2017年世界知名基础设施和项目融资期刊《基建期刊和项目融资杂志》(IJGlobal)将卡洛特水电站评为年度最佳融资奖。

卡洛特水电站项目总成本预估为20亿美元,由世界银行集团国际金融公司、中国三峡集团和丝路基金共同出资。国际金融公司就项目所需的各项环境和社会研究进行了审查,相关问题有环境和社会风险与影响的评估和管理、劳动和工作条件、资源效率和污染预防、社区健

---

① MaluaWildlife Habitat Conservation Bank: An opportunity to help address one of the world's most pressing issues, https://www.cbd.int/financial/offsets/malaysia-offsetmalua.pdf.

② 《"一带一路"倡议支持联合国〈2030年可持续发展议程〉的进展报告》,第18页,https://www.yidaiyilu.gov.cn/wcm.files/upload/CMSydylgw/202209/202209190442043.pdf。

③ 《中国—东盟可持续发展合作迎来历史新机遇》,2022年7月15日,http://www.asean-china-center.org/asean/dmzx/2022-07/10798.html。

康、安全与安保、土地征用和非自愿重新安置、生物多样性保护和生物自然资源可持续管理，以及文化遗产等等。同时，三峡集团出资约1.5亿元人民币，以基于当地情况定制环保专项规划，以及采用世界领先的环保设备和措施处理废水。①

巴基斯坦并非东盟国家，但是东盟地区论坛（ASEAN Regional Forum）国家，在“一带一路”倡议中有着重要地位，中国与东盟国家展开类似项目时可以借鉴上述有益经验。此外，巴基斯坦也颇为支持外国私人投资。巴基斯坦关于外国投资事宜的规范主要载于1976年《外国私人投资（促进和保护）法》中。投资范围主要包括：巴基斯坦缺乏且联邦政府认为可取；巴基斯坦现有规模无法满足本国经济和社会需求；有助于巴基斯坦的资本、技术和管理资源开发，或挖掘、调动或更妥善利用国家资源，或提升巴基斯坦的国际收支平衡，或增加巴基斯坦的就业机会等促进国家经济发展的活动。此外，在巴基斯坦投资的私人有限公司的实收资本可全额贷款，拥有多数外资股权的公司也可自其母公司以伦敦银行同业拆放利率加1.5%的利率借入5年期可再融资贷款。

除了关注东盟国家关于可持续发展的立法之外，一些国际金融机构也有类似要求，主要体现为将生物多样性风险降至最低，在生物多样性方面实现“净零损失”甚至“净收益”。② 许多国际机构要求将生物多样性评估与缓解措施绑定，并将利益相关方参与和磋商纳入生物多样性评估与管理，具体包括：对接国际承诺和国内法律；基于生物多样性要求制定禁止项目类别清单；开展生物多样性评估和影响评估；依照缓解措施层级采取措施确保生物多样性净零损失或净收益；在生物多样性评估与管理中确保利益相关方有效参与和磋商。

例如，亚洲基础设施投资银行不会有意地资助依据项目所在国的法律法规或国际公约和协议，被判定为非法或在国际上逐步被淘汰或禁止生产的产品的生产、交易或相关活动。③ 再如，由于不符合生物多样性标准，被亚投行判定完全不合格项目。比如，“项目所在国的法律，或与保护生物多样性资源或文化资源有关的国际公约——如《波恩公约》《拉姆萨尔公约》《世界遗产公约》《生物多样性公约》等——所禁止的活动。”④

总之，东盟国家和一些国际金融机构针对全球可持续发展出台了许多框架性或操作性规范，中国投资者、贸易商需要重点关注其中关于生态保护、生物多样性及可持续发展的法律、政策，从而避免由于违反生物多样性等强制性规定而无法顺利开展投资、贸易活动。

结语

“一带一路”倡议是中国“走出去”战略迈向新阶段的重要举措，这一倡议离不开法律的保驾护航，打破语言障碍是了解、掌握沿线国家法律制度的前提。目前，国内关于沿线国家法律文本的翻译屈指可数，既有成果也不成体系、局限颇多，应对“一带一路”沿线国法律文本展开全面、系统的多语互译，为“一带一路”建设的联动发展提供法律文本支持，并以多语法律数

---

① 中国环境与发展国际合作委员会：《绿色“一带一路”与2030年可持续发展议程》，2020年，第39页，http://www.cciced.net/zcyj/yjbg/zcyjbg/2021/202109/P020210929303294620185.pdf。

② 中国环境与发展国际合作委员会：《绿色“一带一路”与2030年可持续发展议程》，2020年，第16页，http://www.cciced.net/zcyj/yjbg/zcyjbg/2021/202109/P020210929303294620185.pdf。

③ Asian Infrastructure Investment Bank, *Environmental and Social Framework*, 2019, p. 46, https://www.aiib.org/en/policies-strategies/_download/environment-framework/Final-ESF-Mar-14-2019-Final-P-PDF.pdf.

④ Asian Infrastructure Investment Bank, *Environmental and Social Framework*, 2019, pp. 49-51, https://www.aiib.org/en/policies-strategies/_download/environment-framework/Final-ESF-Mar-14-2019-Final-P-PDF.pdf.

据库展现,进而满足相关主体知悉“一带一路”沿线国家法律制度的需求。

当前,百年变局和全球疫情叠加作用下,世界进入新的动荡变革期,各国经济都面临转型升级的新机遇和新挑战。中国和东盟是亲密的近邻、朋友和伙伴,未来必将共同迎来更高水平的、更宽领域、更多层次的合作。中国—东盟将持续开拓思路、凝聚共识,积极寻求新增长点,推进高水平经贸合作,为建设更为紧密的中国—东盟命运共同体发挥积极作用。

高质量共建“一带一路”有助于推动高水平对外开放,而中国—东盟合作尤为关键。在对外投资、贸易方面,两方需要继续放宽市场准入,缩减外资准入负面清单,完善准入前国民待遇加负面清单管理制度,有序扩大电信、医疗等服务业领域开放。扩大鼓励外商投资范围,提高利用外资质量和水平,健全外资服务体系。统筹好开放和安全,推动形成公平竞争的良好环境。①

与此同时,加快绿色低碳转型、实现绿色复苏发展已成为国际共识。东盟各国正在加速落实《东盟全面复苏框架》,以期实现更有韧性、包容性和可持续的疫后经济复苏。中国和东盟将继续围绕可持续发展合作主题并以此为重点合作方向,加强疫后复苏、绿色经济、清洁能源等领域交流合作,助力中国—东盟全面战略伙伴关系不断发展,为区域可持续发展和共同繁荣注入新动力。

“一带一路”沿线经济发展水平极不均衡、语种与法系多样、法治环境迥异,这一切都对“一带一路”建设提出挑战。政策沟通、设施联通、贸易畅通、资金融通、民心相通离不开对外国法律全面的掌握,但“一带一路”沿线 64 个国家涵盖 53 种官方语言,分属九大语系,语言障碍横亘在“五通”的发展通道之中,掣肘沿线各国交流互鉴、通关合作。突破语言障碍的主要方式是外国法律文本的中译,为中国政府、投资者、普通民众真实、全面了解“一带一路”沿线国家法律文本提供可能。

就东盟国家投资、贸易类法律文本而言,不仅需关注层级较高的法律文本,还应注意细化规定,为国际货物、服务贸易、跨境电子商务以及数字经济、绿色投资等新的商业形式和新一代信息技术、新能源、新材料等新兴产业相关的法律、政策。同时,还有必要关注展示这些法律制度运行的司法案例。法律条文往往艰深晦涩,相关主体通常并非职业法律人员,无法仅凭法律条文透彻洞察沿线国的法律制度,而司法案例正是枯燥法条的生动注脚,展示法律制度的实际运作情况,为相关主体提供切实直接的指引。

本书编者

2022 年 10 月

---

① 王文涛:《以高水平对外开放推动构建新发展格局》,载《中国外资》2022 年第 2 期。

目　录

东帝汶民间投资法

屈文生　万　立　译*

《东帝汶民间投资法》译介

东帝汶政府一直致力于建立管理和鼓励竞争性的私营行业活动的法律监管框架，于 2017 年颁行《私人投资法》。总体而言，2017 年《私人投资法》较先前 2005 年立法已有显著进步，为外国投资者进入东帝汶市场提供了不少便利。①

适用范围

《私人投资法》以《2011—2030 年经济增长和促进私营经济战略发展规划》为指导，旨在促使"私人投资法律制度走向现代化，革除于私人投资事宜无益的过时措施，使国家投资立法符合《全球东盟全面投资协定》的指导方针，旨在就该事宜和东帝汶加入该组织等问题与各国达成一致"，为此规定了"财政、海关优惠及激励措施"，强调对私人投资的促进、便利、保护及投资后对投资者支持的注重、质量等。《私人投资法》不适用于外国政府和国有企业向东帝汶投资，和政府或国有企业持 50% 以上股本的法人投资，从而无法享有征税和海关优惠。

此外，《私人投资法》将"本国投资者"和"外国投资者"分别定义为"具有东帝汶国籍的自然人或东帝汶法律规定的法人，其中 75% 以上由东帝汶国民持有，并开展经济活动"和"外籍公民或由外籍公民持股 25% 以上并开展经济活动的受外国法律调整的法人"。因此，法人是否为"本国投资者"主要取决于东帝汶国民的持股比例。

投资形式

《私人投资法》第 8 条列举了 11 类投资或再投资的形式：(1) 根据本国现行法律建立或扩张个人或集体公司；(2) 收购商业公司部分或全部股权，参与增资或额外募资；(3) 签订或修改联营协议、合伙企业、合资企业或任何其他形式的许可联营合同；(4) 签订或修改涉及公司、农业、工业和商业性质的机构、不动产综合体和用于发展经济活动的其他设施或设备的所有权或管理权的合同；(5) 投资者参与的商业合伙企业的资金来源或补充出资，或公司中任何与再投资相关的利得或股息等资金来源；(6) 根据本国现行法律，购买、租赁或获取本国境内不动产的任何其他物权，如该获取是私人投资项目的一部分；(7) 向合资企业分配的公司收购或进口的货物或资本设备，包括签订相应保险、运输合同；(8) 收购或进口原材料或半成品加工

---

* 屈文生，全国人大常委会法工委法律英文译审专家委员会委员、华东政法大学教授、博士生导师；万立，华东政法大学博士研究生。

① World Bank, *Timor-Leste: The Business Regulatory Environment*, Washington DC: World Bank, 2006.

公司,用于投资或再投资;(9)向公司无偿转让行业秘密、版权、工业产权、商标或法律规定的任何其他知识产权;(10)法律或合同承认的所有权利及依法颁发的所有许可证或授权;(11)为完全实现投资或再投资提供的任何其他现金或同等数额的给付。可见,上述投资或再投资大多关于企业经营活动,并为之制定了详细的利得汇出规则。

资金转移

《私人投资法》第 18 条规定了投资者向境外转移投资利得的详细规则:(1)根据相关立法,所有投资者均有权自在东帝汶的任何投资或再投资向国外转移资金,包括:(a)投资所得的利得和分红;(b)构成投资的商业公司股份的出售、清算和消灭以及作为投资者财产的商业资产的出售所产生的资本;(c)构成投资的商业公司股本减少所产生的资本;(d)根据第 8 条第 d 款,构成投资的合同的到期应付款项;(e)因摊销或支付金融利息构成的应付款项,构成第 8 条第 e 款规定的投资;(f)履行与投资参与经济活动有关的管理和行政职能所获得的个人收入;(g)构成投资的知识产权转让收入;(h)第 15 条第 2 款规定的应付补偿;(i)解决投资争端产生的款项。(2)所有投资者均可通过银行将资金兑换成外币,以便汇至国外,履行投资产生的经济义务,例如:(a)支付进口款项;(b)支付向国外贷出的资本或利息;(c)支付权利和管理服务。(3)向国外转移资金的权利须根据相关中央银行法规行使,并且只受征税法律等一般立法的限制。

投资者的责任

《私人投资法》第 23 条规定了投资应承担的一般和特殊责任:(1)所有投资者均须遵守本国现行法律,违法行为将受到相关法律的处罚或制裁。(2)投资者尤其应:(a)保证投资尊重所有既有环境立法,并符合该立法规定的所有规则和程序;(b)根据最低工资法律和关于工作场所卫生、健康和安全的良好国际实践,保证最大限度地遵守既有劳动、税收和社会保障立法及相关集体谈判协议;(c)雇用东帝汶劳工,促进职业培训,使其合格履行职能,包括提高技术或管理等知识,后者可能从本国决定的或特别投资协议约定的方式获取;(d)遵守适用于资金和储备金累积、变现规定、有组织的会计和责任工具的规则和程序,尤其应遵守《公司法》和其他法律规定;(e)根据本国现行法律,遵守资金转移的规则和程序;(f)依法向中央投资和出口促进机构及时提供私人投资的资本转移及向国外转移的信息;(g)向中央投资和出口促进机构提供真实、最新和及时的信息,即关于投资或再投资的价值及必要时使用的评估方法等信息;(h)根据本国相关法律,向中央投资和出口促进机构和其他主管部门提供与企业有关的数据和信息;(i)遵守特别投资协议规定的项目开发启动、实施和结束阶段的截止日期。

2019 年,世界银行集团的《营商环境报告》显示,东帝汶的营商环境便利度在全球 190 个经济体中排名第一百七十八位,是东亚太平洋地区排名最低的经济体,且无明显的营商环境改善措施。排名较高的指标是开办企业(第六十八位)和保护少数投资者(第九十九位)。据分析介绍,东帝汶整体排名不佳的主要原因在于,缺乏完整或运行良好的法律监管框架,未建立起执行合同或破产的机制。尽管东帝汶法律制度框架存有各类缺陷,但与包括巴西在内的其他葡语国家相比,东帝汶在某些领域表现相对较好,主要包括开办企业的时间、外籍劳动力的聘用、征税优惠和进出口便利等方面。然而,与东南亚及世界其他国家相比,上述关于外国投资的事项,东帝汶仍有待进一步改善和提升。

东帝汶第七届宪法政府
2017 年第 15 号法律

促进私营经济发展，保障国家利益，遵照《东帝汶民主共和国宪法》第一百四十条之“国家有义务促进国家投资并为吸引外国投资创造条件”的要求。

有鉴于此，2011～2030 年经济增长与促进私营经济《战略发展规划》列举了创造就业、扩大收入来源多样化和东帝汶经济可持续发展的必要条件，并要求采用新的方式吸引国内外投资。

本法修订之宗旨在于使现行民间投资法律制度走向现代化，革除不符合关于民间投资良好实践的过时制度设计，使国家投资立法符合全球《东盟全面投资协定》的指导方针，实现国家在该事宜上的接轨以及东帝汶加入该组织等目的。

新民间投资法不仅规定财政与海关的优惠及激励措施，还强调对民间投资的促进、提供便利，投资保护，以及对投资者支持的投后关注与投后支持的质量等方面。

根据《东帝汶民主共和国宪法》第九十五条第一款，东帝汶国民议会通过法律如下：

第一章　一般条款

第一条　目的

本法为东帝汶民间投资法律框架的总依据。

第二条　适用范围

1. 本法调整希望受益于本法规定的保障和激励措施并可能有助于国家社会经济发展的东帝汶或外国投资者在东帝汶境内的投资和再投资等活动。

2. 本部民间投资法不适用于国家和国有企业的投资活动。

3. 本法规定的税收和海关优惠，不包括国家的或国有企业持有百分之五十以上①股本的法人的投资。

第三条　定义

为实施本法，以下术语的含义如下：

“经济活动”是指在东帝汶经济框架内与各自性质无关的诸如商品的生产、供应与商业化，或服务的提供等形式的活动；

“分配至合资企业的货物或资本设备”是指投资者或其承包商或分包商进口的，证明收购或进口系与合资企业的性质或规模相吻合的，用于合资企业建设或安装的货物或资本设备；

“联营协议”是指两个或以上的公司建立联合投资或再投资的协议；

“商业企业”是指在东帝汶特定经济活动领域的投资或再投资取得成效后的结果；

“公司”是指以结构化方式向某一特定经济活动分配的人力、财力、物力、权利和义务的集合；

“培训”是指以提升东帝汶劳工的技术或管理能力为宗旨的，根据事先批准的职业能力培养计划，在工作场所内外向东帝汶劳工提供的任何类型的学习项目；

---

① 全书“以上”“以下”包括本数。

“民间投资者”或“投资者”是指拟向或已向东帝汶投资的任何自然人或法人，本国人或外国人，居民或非居民；

“本国投资者”是指具有东帝汶国籍的自然人，或按照东帝汶法律规定开展经济活动，其75%以上股本由东帝汶国民持有的法人；

“外国投资者”是指外籍自然人，或由外籍公民持有百分之二十五以上股本并开展经济活动的受外国法律调整的法人；

“投资”是指民间投资者在东帝汶开展的任何自担风险的使用资金、财产或货物进行直接投资的活动，该风险可根据本法第八条的规定估价；

“再投资”是指使用同一商业企业之经济活动产生的利润和股息，对同一商业企业所作出的任何投资；

“投资和再投资价值”是指以民间投资者声明的投资形式所产生的总价值；

“特殊工业区”是指国家为工业的、农业的、矿业的和其他类型产业的组织保留的划定地理范围的经济区域。

第四条　一般规则

民间投资法律制度应遵循以下一般规则：

(a)促进和便利民间投资，实现经济多样化和促进就业，以降低贫困，并通过民间投资对国家生产的影响，增加国家收入；

(b)基于合理利用资源、建设弹性基础设施和尊重自然生态系统，促进稳定、包容和可持续的经济增长；

(c)推动女性参与投资活动，以促进性别平等；

(d)降低国内社会经济发展不平衡；

(e)提升东帝汶商业等级和生产能力；

(f)地方市场的经济和商业的统一；

(g)自由创业和自由竞争，国家保留的领域除外；

(h)平等对待国内外投资者，法律另有规定的除外；

(i)投资保护的法定保障；

(j)遵守已签署的国际协议或其他经济性协议。

第五条　国际协议

本法赋予投资者的权利、保障和优惠，既不损害也不以任何方式限制东帝汶加入国际协议和条约的体制。

第六条　促进和保护投资的双边协议

东帝汶政府促进与多数国家达成双边投资促进和保护协议，以促进国际贸易。

第七条　双重征税

1. 东帝汶政府促进与多数国家达成国际协议，避免国际双重征税。

2. 外国投资者有权获得东帝汶出具的纳税证明。

第二章　投资条件

第八条　投资形式

投资或再投资包括以下形式：

(a)根据东帝汶现行法律，建立或扩张个人或集体公司；

(b)收购任何商业公司部分或全部股权，参与增资或进行额外募资；

(c)订立或修订联营协议，参与合伙企业、合资企业或任何其他形式的联营协议；

(d)订立或修订涉及公司的，农业、工业和商业性质之机构的，不动产综合体的，以及用于发展经济活动的其他设施或设备之所有权或管理权的合同；

(e)投资者向其参与的商业合伙企业提供资金来源或额外注资，或公司任何利润或股息再投资相关的资金来源；

(f)根据东帝汶现行法律，购买、租赁或收购东帝汶境内不动产的任何其他物权，如该收购是民间投资项目的一部分；

(g)为公司收购或进口，分配至合资企业的货物或资本设备，包括订立相应保险、运输合同；

(h)为公司收购或进口原材料或半成品，专门用于投资或再投资；

(i)向公司无偿转让工业秘密、版权、工业产权、商标权或法律规定的任何其他知识产权；

(j)法律或合同承认的所有权利，及依法颁发的所有许可证或授权；

(k)为实现独家投资或再投资而提供任何其他同等数额的现金或等价物。

第九条　民间创业

1. 在东帝汶任何经济活动中进行的投资或再投资，均不受限制，无须任何现行立法规定程序以外的事先授权，法律另有规定的除外。

2. 前款的例外，是指明确由国家独占所有权或国营的经济活动。

3. 负责促进、推动和监测民间投资和出口的部门应根据现行立法，编制国家投资者和外国投资者禁止从事的，以及可能不受本法激励的活动和行业清单。

第三章　投资者权利和保障

第十条　平等待遇

1. 根据法律规定，不论投资者国籍为何，均享有相同的权利，承担相同的责任和义务。

2. 前款规定的例外，是宪法和法律规定的土地所有权。

3. 根据本法第二条第三款规定，所有投资者均享受获得本法规定的特殊优惠的机会。

4. 前述各款的例外，是指由特别协议规定投资性质或规模的投资活动，可以由国家给予东帝汶国民更有力支持和更优惠待遇的投资活动，以及有利于国家优先发展事项的投资活动，尤其是在经济特区和工业特区的投资活动。

第十一条　公平公正待遇

所有投资者均有权获得公平和公正的待遇，为此投资者享有充分的行使司法和行政法律措施的权利，保证投资受到充分保护和安全。

第十二条　诉诸法院的权利

根据宪法和法律规定，保证所有投资者平等地诉诸法院，保障其受法律保护的权利和利益。

第十三条　信息获取

1. 所有投资者均有权自由查阅关于民间投资的所有立法，以及可能影响有关投资的任何其他信息，如税收、劳工、移民和社会保障的立法等。

2. 为实行前款规定，负责促进、推动和监测民间投资和出口的政府部门，应在其网站上公布关于民间投资最新版本的法律、法规、程序和形式规定。

第十四条　土地所有权和用地

1. 国家保障私人拥有和使用土地开发投资或再投资项目的权利，但须遵守宪法和土地法的限制。

2. 为实行前款规定，投资者的国籍适用土地立法中规定的标准，不适用本法第三条的定义。

第十五条　免予征用的保障

1. 国家承诺不采取征用或国有化政策，通过直接或类似措施故意损害民间投资者在东帝汶领土内的经济活动。

2. 如有必要征用投资者的部分或全部财产，东帝汶承诺以正当、非歧视性的方式征用，并根据法律规定向投资者提供充分和公平的补偿。

3. 前款规定的征用赔偿，应在必要的法律和行政程序结束后立即支付。

第十六条　进出口

投资者可以依法进口货物和设备，出口所生产的产品和服务。

第十七条　获得信贷

投资者可以通过国内外信贷，依法为商业企业融资。

第十八条　向海外转移资金

1. 根据相关立法，所有投资者均有权将其在东帝汶的任何投资或再投资资金向国外转移，包括：

(a) 投资所得的利润和股息；

(b) 出售、清算和消灭构成投资的商业公司股份资本之所得，以及出售作为投资者财产的商业资产资本之所得；

(c) 减持构成投资的商业公司股份资本之所得；

(d) 根据第八条第四项，构成投资的合同到期应付款项；

(e) 根据第八条第五项规定构成投资的，因分期偿还或支付金融利息产生的到期收益；

(f) 因履行与作为投资者参加的经济活动相关的管理和行政职能而获得的个人收入；

(g) 构成投资的知识产权转让收入；

(h) 第十五条第二款规定的应付补偿金；

(i)解决投资争端所得款项。

2. 所有投资者均可要求通过银行将资金兑换成外币，以及将资金汇至国外以履行与投资有关的财务义务，例如：

(a)支付进口款项；

(b)支付国外贷款的资本或利息；

(c)支付权利和管理服务产生的费用。

3. 向国外转移资金的权利，须根据相关中央银行法规行使，并且只受税法等一般立法的限制。

第十九条　知识产权

所有投资者均有权获得工业秘密、版权、工业产权、商标权或法律承认的任何其他知识产权的保护。

第二十条　秘密

依法尊重所有投资者的职业、银行事宜、银行账户和商业秘密。

第二十一条　保密

国家机构、服务部门、官员和代理人员须对依照本法提供的所有投资或再投资信息和文件保密。

第二十二条　外国劳工的雇佣

1. 根据庇护和移民法规定，投资者可雇用符合条件的外国劳工从事技术、监督或管理等工作。

2. 任何外国或非本国居民劳工，均有权将依据本条规定所订立的雇佣合同所获净收入汇至国外。

3. 东帝汶政府可根据其国内市场的发展情况，确定本条第一款允许招聘的劳工人数。

第四章　投资者的责任

第二十三条　一般和特殊责任

1. 所有投资者均须遵守东帝汶现行法律，任何违法行为将受到相关法律的处罚或制裁。

2. 投资者，尤其应：

(a)保证其投资将尊重所有既有环境立法，并符合该立法规定的所有规则和程序；

(b)根据最低工资规定和关于工作场所卫生、健康和安全的良好国际惯例，保证最大限度地遵守既有劳动、税收和社会保障立法及相关集体谈判协议；

(c)雇用东帝汶劳工，提高其职业技能以履行好职责，包括改进技术或管理等知识，投资者可根据东帝汶的决定或“特别投资协议”的约定等方式获得国家支持；

(d)遵守有关资金与储备金的累积、制度变现、组织化的会计制度以及问责制度应适用的规则和程序，尤其是《公司法》和其他法律规定；

(e)根据东帝汶现行法律，遵守资金转移的规则和程序；

(f)依法向负责促进投资和出口的中央机构及时提供民间投资的资本转移及向国外转移的信息；

(g)向负责促进投资和出口的中央机构提供真实、最新和及时的信息，即关于投资或再投资的价值及必要时使用的评估方法等信息；

(h)根据东帝汶相关法律，向负责促进投资和出口的中央机构和其他主管部门提供与商业企业有关的数据和信息；

(i)遵守“特别投资协议”中规定的有关项目开发启动、实施和结束各阶段的截止日期。

第五章 特殊优惠

第一节 给予投资者的特殊优惠

第二十四条 雇佣外国劳工

1. 持有“优惠声明书”或“特别投资协议”的投资者，应当获发不少于五份工作签证，以颁发给有资格进行适合于投资项目的监督、管理或技术岗位的工人或合作者。

2. 根据前款规定发放工作签证的申请，应与特定法律文件规定的“优惠声明书”(投资者证书)申请一并提交。

3. 本条第一款的规定，不影响投资者根据法律条款随时申请向为其设立和经营企业的其他外国工人或合作者发放工作签证的权利。

第二十五条 国有财产的租赁

1. 东帝汶可与“优惠声明书”或“特别投资协议”持有人订立合同，出租实施投资项目所需的国有财产，一次期限不超过五十年，每次可延长二十五年，总计最长期限不超过一百年。

2. 投资活动是“特别投资协议”内事项的，东帝汶可予以更优惠的条件，以便最大限度地扩大投资。

3. 租赁合同的订立，应遵守主管部门制定的规则和程序，保证根据法律规定加速处理。

第二节 予以特殊优惠的区域

第二十六条 开发区

为鼓励国内特定区域的民间投资，国家可以向下列区域提供特殊优惠政策：

(a)区域A：帝力市区，即克里斯多·雷、多姆·阿莱肖、奈·费拓以及维拉·克鲁兹等行政区；

(b)区域B：帝力市区以外的地区；

(c)区域C：欧库西—安贝诺县和阿陶罗等地。

第二十七条 特殊区域

经济特区和工业特区可以被确立为划定地理范围的区域，可根据其性质，实施和经营特定经济活动。

第六章 税收优惠

第二十八条 税收优惠的范围

投资者在本法附件(本法的一部分)所列经济活动范围内申请投资项目的,可申请投资证书,接受本章规定的税收和海关优惠。

第二十九条 税收优惠

1. 企业开展的投资或再投资项目与本法附件规定的投资活动有关的,在第三十一条规定的期限内,可享受全额免征所得税优惠。

2. 除第三十一条规定的免税期外,在确定应纳税数额时,道路接入基础设施建设及维修发生的所有费用,与各自区域劳工和民众应纳税商业活动无关的,可将此全部费用视作成本。

3. "优惠声明书"持有人于第三十一条规定的期限内,就投资或再投资项目建设或管理中使用的所有资本货物和设备的出售收入,可享受全额免征税优惠。

4. 本法明确规定经济活动的每一行业中免征销售税之货物和资本设备的类别和数量,以及在各自清关后转售的条件。

5. 在第三十一条规定的免税期限内,"优惠声明书"持有人提供《一般税法》所规定之特定服务的服务税,可享受全额免征税优惠。

6. "优惠声明书"规定有税收优惠的,其持有人须每年向财政部提交该声明,同时提交纳税申报表和其他必要文件,以说明其无须交纳相关税款的理据。

第三十条 海关激励措施

1. "优惠声明书"持有人于第三十一条规定的期限内,就投资或再投资项目建设或管理中使用的所有进口资本货物和设备,可享受全额免征关税优惠。

2. 本法明确规定经济活动的每一行业中免征进口关税之资本货物和设备的类别和数量,以及清关后转售的条件。

第三十一条 给予税收优惠和海关激励措施的期限

从"投资者证书"所列项目启动之日起,给予税收优惠和海关激励措施的期限为:

(a)投资或再投资的全部或部分在区域 A 的,五年;

(b)投资或再投资的全部或部分在区域 B 的,八年;

(c)投资或再投资的全部或部分在区域 C 的,十年。

第三十二条 对优惠和激励措施的限制

本法不免除投资者按照东帝汶现行法律规定需要缴纳的其他税项、收费、或财政类或海关类费用的义务。

第七章 特殊优惠的核准

第三十三条 条件

核准第二十四条和第二十五条规定的特殊优惠的,应符合本章规定。

第三十四条　投资或再投资的最低金额

1. 核准本法第二十四条和第二十五条规定的特殊优惠的，投资者的投资或再投资金额应当达到下款规定的最低额度。

2. 政府法令批准并定期更新的投资或再投资的最低金额。

第三十五条　优惠的核准

可通过颁发“优惠声明书”或缔结“特别投资协议”的形式，核准给予投资者的特殊优惠。

第八章　“优惠声明书”和“特别投资协议”

第三十六条　“优惠声明书”

1. “优惠声明书”是应投资者要求签发的有利于投资者的文件，证实核准的利益，尤其是第二十四条和第二十五条规定的利益。

2. 申请和签发“优惠声明书”应适用简化程序，并受政府法令规制。

第三十七条　司法异议

根据法律规定，对于拒绝签发“优惠声明书”决定的，可以提出司法异议。

第三十八条　“特别投资协议”

1. 东帝汶可于例外情形下与投资者订立“特别投资协议”，确定投资项目的特殊条件，出于规模、性质，或经济、社会、环境及技术影响等考虑，该等投资项目在“战略发展计划”框架内可能具有重大利益，因而有理由采用第二十四条和第二十五条规定的特殊优惠及与投资者协商的其他具体的非财政性优惠。

2. “特别投资协议”由政府决议授权，并明确说明签署该协定的理由和管理该类协定的特别制度。

第三十九条　遵守法律

“优惠声明书”的签发或“特别投资协议”的订立不免除投资者遵守关于发放签证和租赁国有财产的现行法律规定。

第四十条　便捷服务

公共服务部门在投资者出示“优惠声明书”或“特别投资协议”后有义务提供便捷服务。

第四十一条　对核准优惠的保护

在议定的投资期限届满前，不得撤销或减少本法给予投资人的特殊和财政优惠，但前提是受益人遵守了规定的义务。

第九章　投资促进，便利化实体、机构和基础设施

第四十二条　政府机构

政府应设立机构，负责促进、推动和监测民间投资和出口，签发“优惠声明书”和议定“特别投资协议”。

第四十三条　实体

1. 前款规定不影响在经济特区设立的其他负责促进和推动民间投资和出口的实体及支

持投资和出口的结构性基础设施，即工业园区和出口加工区，这些实体可能由特定法律制度管理。

2. 根据前款规定设立的投资促进和便利化实体，有义务向负责投资和促进出口的中央政府部门提供有关民间投资和出口的所有信息，以便统计。

第四十四条　费用豁免

投资促进和便利化的服务，“优惠声明书”申请的处理和“特别投资协议”的协商，皆应免费提供。

第四十五条　投资或再投资项目的登记

1. 负责促进投资和出口的中央政府部门，应根据政府法令的规定，保存投资登记记录，以便统计。

2. 根据现行商事法规，前款规定的登记应独立于商业登记。

第十章　争 端 解 决

第四十六条　友好协商

1. 东帝汶与投资者间因解释或适用本法及其细则或“特别投资协议”的条款产生争议的，应友好协商。

2. 为实行前款规定，利害关系方须以书面形式通知另一方产生争议的理由，并提交争议解决方案。

第四十七条　诉讼解决

1. 根据上条规定，国家与国家投资者间的所有争端或冲突，在六十日内无法解决的，应根据现行法律提交相关司法机构。

2. 除前款规定外，国家和东帝汶民间投资者间的争端，可以根据仲裁协议提交仲裁。

第四十八条　仲裁的拘束力

1. 根据第四十六条规定，国家与外国投资者、“优惠声明书”或“特别投资协议”持有人间的所有争端或冲突，于六十日内无法解决的，可根据《解决国家与其他国家国民之间投资争端公约》(ICSID)及解决投资争端国际中心于1978年9月27日通过的补充方式规则，仲裁解决，且当事人不得上诉。

2. “特别投资协议”可明确包括其他国际公认机构的规则，但前提是缔约方明确约定了执行条件，包括任命件裁员的方式和作出裁决的期限。

3. 前款规定不排除事先通过相关司法部门申诉的权利。

第十一章　最终和过渡条款

第四十九条　先前投资

1. 本法生效前签发的“投资者证书”和订立的“特别投资协议”，在本法规定的期限内，应继续有效。

2. 相关部门应对本法生效前签发的“投资者证书”和订立的“特别投资协议”展开年度审

计,以评估和量化所核准的税收优惠政策的影响。

第五十条　补充规定

东帝汶政府应于本法生效之日起六十日内,批准为实施本法而制定的补充规例。

第五十一条　适用的法律

本法任何规定(无论全部或部分)与东帝汶加入的国际协议不一致的,应以后者为准。

第五十二条　信息发布

东帝汶政府促进在投资者中发布民间投资法律制度,即在促进国内外投资的框架内公布相关信息。

第五十三条　废止

现正式废止2011年9月28日第14号法律。

第五十四条　生效

本法自2018年1月1日起生效。

2017年4月25日通过。

国民议会议长阿德利托·达科斯塔于2017年8月17日正式通过,并公开。

东帝汶民主共和国总统弗朗西斯科·古特雷斯

附　　件

经济活动分类(7月18日第35/2012号法令)

Section A	农业、动物养殖、狩猎、林业、渔业和水产养殖
Section C	加工制造业
Section I-Division 55	住宿
Section N-Division 79 – Group 791 – Class 7912	旅游经营活动

菲律宾外国投资法令

屈文生　万　立　译*

《菲律宾外国投资法令》译介

菲律宾规制投资事宜的法律主要有二：一是《1991 年菲律宾外国投资法令》(Foreign Investment Act)；二是 1987 年《综合投资法》(Omnibus Investments Code)。前者适用于菲律宾的外国投资，明确规定一系列限制或禁止外国投资的"负面清单"，以管理向菲律宾开展的外国投资活动。后者适用于菲律宾的国内外投资，为菲律宾投资委员会的调控活动提供法律基础(该法第二章)，并主要处理投资促进和投资激励措施等问题。此外，1995 年《经济特区法》(Special Economic Zone Act)涉及向在菲经济特区经营的企业予以投资促进和投资激励措施等内容。

《1991 年菲律宾外国投资法令》

适用范围

《1991 年菲律宾外国投资法令》调整"非菲律宾国民"在菲律宾的投资。根据该法，菲律宾国民是指包括菲律宾公民和在菲律宾注册成立的公司，其中菲律宾公民拥有公司 60% 及以上的资本和投票权。此范围之外的即为非菲律宾国民。

《1991 年菲律宾外国投资法令》对"投资"(investment)和"营商"(doing business)有比较明确的区分，前者是指于菲律宾注册的企业中的股权参与；后者比较宽泛，即在菲律宾的任何与商业有关的活动即属于"营商"。应注意的是，《1991 年菲律宾外国投资法令》不适用于受《一般银行法》(General Banking Act)规制的银行和金融机构。

菲律宾外国投资和负面清单

《1991 年菲律宾外国投资法令》确立的基本原则是，非菲律宾国民可向菲律宾任何行业投资或营商，而无需事先批准，尤其是对国家工业化和社会经济发展具有重大贡献的活动。该法明确允许非菲律宾国民百分之百拥有菲律宾国内企业或出口企业，除非现行法律或该法规定的外国投资负面清单禁止或限制。对于不属于负面清单的行业，唯一的要求是非菲律宾国民在投资或营商前须进行登记。负面清单主要有三个部分，并针对"出口企业"(export

* 屈文生，全国人大常委会法工委法律英文译审专家委员会委员、华东政法大学教授、博士生导师；万立，华东政法大学博士研究生。

enterprises)和"国内市场企业"(domestic market enterprises)有不同的规定。"出口企业"是指出口60%及以上产出的企业,其余的则为"国内企业"。负面清单的前个两部分适用于出口企业和国内企业,但第三部分仅适用于国内企业。如此规定旨在保障向外国投资开放更为广泛的行业,其中投资主要用于出口生产。

与其他法律的关系

《1991年菲律宾外国投资法令》第12条规定,"政府任何机构、部门或分支不得采取任何与本法规定或据本法授予的任何证书或权限相冲突或使之无效的行为。"该条似乎旨在确保政府其他部门的活动不干涉非菲律宾国民投资非负面清单限制或禁止行业的能力。《1991年菲律宾外国投资法令》第11条明确规定,"无论何国所有的工业企业均应遵守现有保护环境的规则,并符合相关环境标准。"可见,对菲投资须符合与之相关的法律、法规,对非菲律宾国民投资开放的行业也不例外。

1987年《综合投资法》

适用范围

《综合投资法》同时适用于菲律宾投资者和外国投资者,但有不同程度上的区别。例如,菲律宾和外国投资获得激励措施的资格标准有所差异。

投资委员会的设立

《综合投资法》规定设立菲律宾投资委员会(BOI),后者的职责在于"监管和促进在菲律宾的投资。"然而,就该法赋予菲律宾投资委员会的权力而言,该委员会的责任实际上似乎更侧重于促进投资,而非监管投资。菲律宾投资委员会的职能包括制定年度投资优先计划,并确定投资者是否有资格获得投资优先计划下的激励措施。

激励措施

根据"投资优先计划",投资者获得激励措施的资格将在向投资委员会申请注册的过程确定。成功注册的企业有权获得其经营所在行业和地区可获得的激励措施。《综合投资法》规定的激励措施包括所得税免税期、各类税收抵免和简化海关手续(第39条)等。其中一些激励措施以满足各类绩效要求为条件,如资本劳动比率。

投资者的权利

《综合投资法》还赋予投资者一系列"基本权利和保障"。所有投资者均享有该等权利,而不仅是根据投资优先计划在投资委员会注册的投资者。这些权利包括,征用时获得公正补偿及汇出资本和外国投资利润的权利。然而,汇出资本和利润的权利应受经修订的《中央银行法》约束。典型的包括:(1)以投资最初使用的货币和汇款时通行的汇率,汇出投资全部收益;(2)免遭征用,除非为了公共用途、国家福利或国防利益,并获得公正的补偿等。

与其他法律的关系

除了第38条提及的《中央银行法》外,《综合投资法》还规定了其他法律施加的条件或限制。例如,在投资委员会注册的投资者可获得的激励措施之一是雇用外国国民,但应遵照《移民法》的规定。

近年来,菲律宾正加快履行其在《东盟全面投资协定》(ACIA)承担的义务,并通过颁布和实施旨在保护、鼓励和促进外国投资的法律,提升东盟经济一体化水平。因而,1987 年《菲律宾宪法》(The Constitution of the Republic of the Philippines)中的经济条款和各类保护主义商事法律施加的民族主义限制,似不再是外国投资者的阻碍。例如,某些国有化的经济活动中,外国所有权的上限为 40%,显然与《1991 年菲律宾外国投资法令》的规定存有冲突。再如土地所有权问题。尽管 1994 年《投资者租赁法》(Investors' Lease Act)允许外国投资者使用私人土地,但取消宪法对非菲律宾人拥有土地的禁止,将提升外国投资者对其当地企业稳定和安全的信心,为其扩大投资提供发展空间,也为菲律宾公民创造更多的就业机会,增加商品和服务的供应,并为不同经济部门注入新的技能、资源。同时,投资负面清单一定程度上受 1987 年《菲律宾宪法》及其衍生法律规定的保护主义影响,与《东盟全面投资协定》逐步投资自由化、便利化的目标背道而驰。尽管该协定寻求增加和开放成员方间的投资,但投资负面清单似乎通过禁止外国参与或以其他方式限制参与某些行业,延续了保护主义措施。

2019 年世界银行集团发布的营商环境报告显示,菲律宾的营商环境便利度排名第 124 位(共 190 个经济体),较上年下降 11 位,显露出菲律宾政府营商环境的不稳定性。为此,外国投资者应注意《菲律宾宪法》及相关法律关于投资禁止或限制的规定,避免向不开放的领域投资。此外,菲律宾执行投资法律方面存有不同程度的拖延、低效等问题,尤其是给予外国投资者利益和促进措施及许可证或执照申请等规定的执行。诸如此类的问题阻碍了上述法律促进投资的目的,也有损菲律宾在《东盟全面投资协定》中简化投资申请、审批程序及为所有形式的投资创造必要环境的承诺。①

菲律宾共和国菲律宾国会
马尼拉大都会第八届国会
菲律宾共和国第 7042 号法令
1991 年 6 月 13 日

本法令为促进外国投资,规定外国企业在菲律宾营商的注册程序及其他事项而制定。

由菲律宾参、众两院于国会颁布:②

第一条　名称

本法名为《1991 年菲律宾外国投资法令》。

第二条　政策声明

菲律宾奉行吸引、促进和欢迎外国个人、合伙企业、公司和政府,包括其政治性分支机构的生产性投资,在宪法和相关法律规定的范围内从事能够为菲律宾国家工业化和社会经济发展作出显著贡献的活动。国家鼓励外国投资投向以下类型的企业:显著改善菲律宾民生、显著提升菲律宾人民就业机会的;提高农产品经济价值的;提升菲律宾消费者福祉的;扩大出口产品范围、质量、数量及进入外国市场机会的;和/或转让农业、工业以及辅助服务业的相关技术的。

---

① Johnathan Bonnitcha, *Investment Laws of ASEAN Countries: A Comparative Review*, Manitoba, Canada: International Institute for Sustainable Development, 2017.

② 本译文参考了中华人民共和国驻宿务总领事馆网站提供的译本:http://cebu.mofcom.gov.cn/article/ddfg/201407/20140700680089.shtml(中华人民共和国驻宿务总领事馆)。

允许外国投资作为菲律宾本国资本和技术的补充,投向主要服务于菲律宾本国市场的企业。

作为一般性原则,对出口型企业外资所占比例不设限制。对内销型企业,除列入“负面清单”的领域外,外国投资比例可以达100%。应鼓励主要面向菲律宾本国市场的外国公司采取如吸收菲律宾资方、选任菲律宾人为董事会成员、向菲律宾人转让技术、为菲律宾人创造就业机会和提高菲律宾劳工的技能等措施,逐步提高菲律宾人在企业经营中的参与度。

第三条　定义

以下名词的定义是:

(a)“菲律宾国民”是指菲律宾公民或完全由菲律宾公民拥有的本国合伙企业或协会;或根据菲律宾法律设立的公司,其中发行在外有表决权股份总数的百分之六十以上由菲律宾公民所有和持有;或养老基金或其他类型退休或离职福利基金的受托人,该受托人为菲律宾国民,且不低于百分之六十的基金可增进菲律宾国民的利益,但受托公司成为“菲律宾国民”的,公司及其非菲律宾股东须在菲律宾证券交易委员会(SEC)业已注册的企业内拥有股份,且两家公司不低于百分之六十有投票权的发行股本均由菲律宾公民所有和持有,且两家公司不低于百分之六十的董事会成员须为菲律宾公民。

(b)“投资”是指对根据菲律宾法律成立或存在的任何企业的股权参与。

(c)“外国投资”是指非菲律宾国民以外汇形式和(或)以除外汇形式以外的其他任何实际转移入菲律宾、按时完成在菲律宾中央银行注册并得到合理估价的资产形式所做的股权投资。

(d)“营商”包括对订单或服务合同的招揽,办事处(无论被称作“联络处”或分支机构)的开设;对驻菲律宾代表或经销商、或在日历年内在菲律宾停留总计一百八十日或以上的代表或经销商的任命;对菲律宾国内任何企业、事务所、实体或公司之管理、监督或控制的参与;以及在持续性商业交易或安排过程中表现出的任何其他一项或多项行为,以及为达成该目标所实施的行为或工作,或在持续追求商业收益或商业宗旨和目标的过程中需行使的职责。然而,“营商”不包括外国实体作为股东对正式注册的本国企业的投资,和/或作为该投资者行使权利;不包括该外国实体委托代表其利益的董事或高级管理人员的行为;不包括委任以自身名义和为自身利益交易为目的的常驻菲律宾代表或经销商的行为。

(e)“出口型企业”一词是指制造商、加工商或服务(包括旅游)企业出口产品达到百分之六十或以上的企业,或者在国内采购产品并出口不低于采购产品百分之六十的贸易商。

(f)“内销型企业”一词系指完全向本国市场销售商品或提供服务的企业,或未能持续出口至少其百分之六十产品的企业。

(g)“外国投资负面清单”或“负面清单”是指在所有投资企业权益资本总额中外资拥有权/外资持股比例不得超过百分之四十的一项经济活动领域清单。

第四条　范围

本法不适用于依照《一般银行法》和其他法律管理和规制并受中央银行监督的银行和其他金融机构。

第五条　非菲律宾国民投资注册

无须事先批准，非菲律宾国民[符合第三条第一项定义]在未丧失非菲律宾国民的资格的前提下，可在证券交易委员会注册；如是独资企业，则在贸易和工业部贸易监管和消费者保护局注册，开展本法第三条第四项规定的活动，或投资本国企业的，可占该企业股本的百分之一百，除非现行法律禁止或限制非菲律宾国民投资至较小比例，和/或现行法律和/或本法规定限制非菲律宾国民投资至较小比例。除本法规定的限制外，证券交易委员会或贸易和工业部贸易监管和消费者保护局，不得对企业的外资拥有权/外资持股比例施加任何限制。但有意依1987年《综合投资法典》获得优惠政策的企业须向投资委员会（BOI）申请注册，投资委员会须根据该法典规定的评估标准处理。非菲律宾国民在向证券交易委员会申请注册时，拟从事的业务须与既存合资企业相同，申请人或申请人的大股东在合资企业中须为主要合伙人，在向证券交易委员会提交的注册申请时须披露该事实以及现有合资企业股东的名字和地址。在本法第十五条规定的过渡期内，如既有合资企业，尤其是合资企业的菲方合伙人，能合理证明其有能力开展竞争申请人投资的本国市场活动，则证券交易委员会应驳回非菲律宾国民的注册申请。本法生效后，证券交易委员会应在任何企业提交完整申请后十五日内对其予以注册。

第六条　出口型企业中的外国投资

产品和服务为列入本法第八条规定的“外国投资负面清单”中的清单甲和清单乙的出口型企业，允许外国投资者对其持股百分之百。

非菲律宾国民出口型企业应在投资委员会注册，并提交相关报告，以保证出口型企业持续遵守出口要求。投资委员会应根据具体情况，将任何不符合出口比率要求的出口型企业告知证券交易委员会或贸易监管和消费者保护局。证券交易委员会或贸易监管和消费者保护局应立即命令违规出口型企业将其对本国市场的销售量降低至不超过其总产量的百分之四十；无正当理由不遵守证券交易委员会或贸易监管和消费者保护局命令的企业，将被撤销在证券交易委员会或贸易监管和消费者保护局的注册，和/或受到本法第十四条规定的处罚。

第七条　内销型企业中的外国投资①

非菲律宾国民可持有内销型企业百分之一百的股权，宪法、现行法律或本法第八条下的“外国投资负面清单”对此有禁止或限制的除外。

第八条　菲律宾国民保有的投资领域清单，即“外国投资负面清单”

“外国投资负面清单”包括甲、乙两件清单：②

(a)清单甲列明根据宪法和相关法律规定保留给菲律宾国民的投资领域。

(b)清单乙包括依照法律监管的经营领域和企业：

(1)与国防有关的活动须国防部事先批准和授权方可展开，如枪支、弹药、致命武器、军用器械、爆炸物、烟火制品和类似物品的制造、修理、储存和/或分销；国防部长特别授权非菲律宾国民展开的主要以出口为主的该等制造或维修活动除外；或者

---

① 另一版本的第七条还有一款如下：“如果内销型企业三年内每年持续出口百分之六十以上的产出，则可变更为出口型企业。”

② 另一版本显示，该法含有三项负面清单。

(2)对公众健康和道德有影响的事项,如危险药品的生产和经销;任何形式的博彩;夜总会、酒吧、啤酒屋、舞厅;桑拿浴室、蒸汽浴室和按摩诊所。

实收股权资本低于二十万美元等值数额的内销型中小企业只能由菲律宾国民投资。但如经营事项经科学技术部判定为高科技领域的,或直接雇佣雇员不低于五十名的,允许非菲律宾国民设立实收股权资本不低于十万美元的企业。①

经国防部长、卫生部长、教育文化和体育部长提议,国家经济发展署认可,总统批准,且经总统令发布,可对清单乙进行修订。

本法第十五条确立的"过渡期限制外资项目清单"应在过渡期结束后,由国家经济发展署按照本法案第八条、第九条规定的程序和标准制定并推荐的第一版"限制外资项目清单"所取代。第一版"限制外资项目清单"应在不晚于过渡期结束日期的六十日内出版,并在过渡期结束后立即生效。之后的"限制外资项目清单"应在该清单在菲律宾报纸或公开发行的媒体公布十五天后生效。每一版"限制外资项目清单"都应在操作上具有预见性,不得在公布之日影响任何现有投资。

对过渡期结束后出版第一版"限制外资项目清单"的清单乙的修订,频率不应高于每两年一次。

第九条　以往自然出生的菲律宾人享有的投资权利②

本法所谓以往自然出生的菲律宾公民,在以下领域与菲律宾公民应享有同等投资权利:

共和国第 6938 号法令规定的合作社;

共和国第 7353 号法令规定的农村银行;

共和国第 7906 号法令规定的储蓄银行和私人发展银行;

共和国第 5980 号法令规定的金融公司。

上述权利不应扩展到宪法保留的活动领域,包括:(1)专业服务;(2)本法案第八条第二项规定的与国防有关的活动,国防部长有特殊授权的除外;(3)共和国第 1180 号法令(零售贸易法)、共和国第 5187 号法令(安全机构法)、共和国第 7076 号法令(小规模采矿法)、共和国

---

① 另一版本显示:"除涉及科学技术部确定的先进技术外,实收股权资本低于五十万美元(或等值数额)的中小型本国企业由菲律宾国民保有。利用消耗性自然资源生产的原材料,实收股本低于五十万美元(或等值数额)的出口型企业同样由菲律宾国民保有。"

② 另一版本显示:第九条　列入清单丙的投资领域的确定

根据参与投资领域的菲律宾国民申请,在确定某一投资领域符合以下所有条件后,国家经济发展署可建议将其列入'外国投资负面清单丙':

(a)该行业由菲律宾人占百分之六十以上股份的企业控制;

(b)行业产能足以满足本国需求;

(c)行业内存有充分竞争;

(d)工业产品符合菲律宾的健康和安全标准,或缺乏该标准的情况下,符合国际标准,且质量上与进口至本国的相同价格范围内的类似产品相较,具有合理竞争力;

(e)数量限制不适用于直接竞争产品的进口;

(f)该行业的主要公司基本符合环境标准;和

(g)行业产品的价格合理。

申请应接受公开听证,受影响各方可表明申请者所在行业是否总体上充分服务于经济和消费者,尤其是符合上述标准与否。国家经济发展署可将评估申请和公开听证会等事项委托于任何了解申请行业的政府机构。受委托机构应向国家经济发展署提交评估报告和建议,本国保有决定是否向总统建议公布清单丙的投资领域的权利和全部责任。总统公告列入清单丙的行业或投资领域应于该清单丙内保留两年,但不妨碍根据新的申请和正当程序重新列入。

第3018号法令(经《大米和玉米业法》修订),以及第P. D. 499号法令《驾驶座舱操作和管理》所覆盖的活动。

第十条　自然出生的菲律宾人根据宪法第八条第十二款规定享有的其他权利①

任何失去菲律宾公民身份的在非自然出生的菲律宾人,其根据菲律宾法律规定具有缔约能力的,可以成为不超过五千平方米城市土地或者不超过三公顷农村土地的受让人,并将土地用于经营或其他目的。

对于已婚夫妇,其中一人可利用此项特权。夫妻双方均援用此项权利的,则受让的土地总面积不得超过本条规定的上限。

受让人已经拥有城市或农村土地用于经营或其他目的的,仍有权成为城市或农村土地受让人且用于经营或其他目的,但所获得土地加上已有土地的总面积不得超过本法规定的上限。

本法案规定的受让人可获让的土地不得超过两块,且位于菲律宾不同的直辖市或城市,所获城市土地不超过五千平方米、农村土地不超过三公顷,用于本人开展经营或其他目的。受让人已拥有城市土地的,不具备再获得受让农村土地的资格,反之亦然。(本条经菲律宾共和国第8179号法令修订)

第十一条　符合环境标准

所有工业企业不论所有权国籍,都应遵守现有保护环境的法规规章,以实现保护守护自然之目的,符合相关环境标准。

第十二条　政府行为的一致性

政府任何机构、部门或分支不得采取任何与本法之规定或据本法授予的任何证书或权限相冲突或使其无效的行为。

第十三条　实施细则

国家经济发展署应与投资委员会、证券交易委员会和其他相关政府部门协商,于本法生效后一百二十日内出台本法的实施细则,并向菲律宾共和国国会提供副本。

第十四条　行政处罚

任何人违反本法或注册条件条款或根据本法颁布的实施细则,或以任何方式协助或教唆他人违反上述法律的,应处以不超过十万比索的罚款。

如果违法行为由法人实施,应处以不超过实收资本总额百分之一的二分之一,且不超过

---

① 另一版本显示:第十条　战略性行业

本法生效后的十八个月内,国家经济发展署应制定并公布对经济发展具有战略意义的行业清单。该清单是一项政策而非法律要求,具体说明政府和/或非菲律宾私人投资者对每一战略行业的预期股权投资。上述战略产业清单及政府和/或非菲律宾私人投资者相应的预期股权投资,可由国家经济发展署修订,以反映经济需求和政策导向的变化。修订后的战略性产业清单应与"外国投资负面清单"一并公布。

"战略产业"是指具有以下所有特征的产业:

(a)于本国工业化加速有重要作用;

(b)需大量资本实现高效运营的规模性经济;

(c)高度专业化或先进技术的需求使技术转让和成熟的生产技术成为必要;

(d)特征是与本国现有多数产业有强有力的后向和前向联系;以及

(e)通过进口替代工业化产生大量外汇储蓄,通过出口该行业部分产出而产生附带外汇收入,并伴随着该行业的建立、扩大或发展。

五百万比索的罚款。总裁和/或具体责任人应被处以不超过二十万比索的罚款。

除前款规定外,所涉任何个人、公司或法人依据本法所获得的所有收益应被没收。

证券交易委员会有权对任何违反本法或其实施细则的行为按照本法规定予以行政处罚。

第十五条　过渡期规定①

在本法案实施细则出台之前,第226号行政命令第二卷及其实施细则仍然有效。

在本法实施细则出台后三十六个月的过渡期内,"过渡期限制外资项目清单"应包括:

A. 清单甲:

法和特定法律规定的限制外资持股的行业。

B. 清单乙:

1. 法律要求由国防部颁发执照并持续监管的生产、维修、储藏和(或)分销枪支、弹药、致命武器、军用器械、爆炸物、烟火制品和其他类似材料等经营活动。
2. 危险药品的生产和分销;任何形式的赌博;夜总会、酒吧、啤酒屋、舞厅;桑拿和蒸汽浴室、按摩诊所,以及其他有可能危及公众健康和道德而需要法律监管的活动。
3. 实收股权资本低于二十万美元等值数额的内销型中小企业只能由菲律宾国民投资。但如果经营事项经科学技术部判定为高科技领域的,或直接雇佣雇员不低于五十名的,允许非菲律宾国民设立实收股权资本不低于十万美元的企业。

第十六条　废止条款

现正式废除第226号行政令第二卷第四十四至五十六条。

任何其他法律或其他法律中的某部分若与本法不一致,特此废止或进行相应修改。

---

① 另一版本显示:第十五条　过渡条款

本法的实施细则生效前,第226号行政令第二卷及其实施细则仍为有效。

本法实施细则颁行后的三十六个月过渡期内,临时"外国投资负面清单"应包括以下内容:

A. 清单甲:

外资拥有权/外资持股受宪法和相关法律授权限制的所有投资领域。

B. 清单乙:

1. 制造、修理、储存和/或分销枪支、弹药、致命武器、军用器械、爆炸物、烟火制品和法律要求由国防部颁发执照并受国防部持续监管的类似材料,除该类制造或维修活动由国防部长许可非菲律宾国民实施大量出口。
2. 危险药品的制造和分销;任何形式的博彩;如危险药品的生产和销售;任何形式的博彩;夜总会、酒吧、啤酒屋、舞厅;桑拿浴室、蒸汽浴室和按摩诊所及其他受法律管制的类似活动,因其可能有损公共健康和道德。
3. 实收股本为五十万美元以下(或等值数额)的中小型本国企业,除非涉及科学技术部确定的先进技术。和
4. 利用消耗性自然资源生产的原材料,实收股本低于五十万美元(或等值数额)的出口型企业。

C. 清单丙:

1. 不与货物的生产或制造相结合的进口和批发活动。
2. 需获取许可证或特定授权,并受投资委员会和证券交易委员会以外政府机构持续监管的服务,本法生效时,该监管机构的现行行政法规和惯例仅适用于菲律宾国民。本法生效后,其他服务不再受相应监管机构对所有权人国籍的此类限制,后者一旦取消,不得再次实施。和
3. 外国许可方和/或其附属机构持有大部分股权的企业,在许可协议期限内,根据该许可方的技术、关窍和/或品牌名称许可,在本法生效之日,由菲律宾国民生产的用于本国市场的组装、加工或制造货物。前提是,该许可已在中央银行和/或技术转让委员会正式登记,并于本法生效之日有效。

国家经济发展署将酌情开列临时"外国投资负面清单"涵盖的投资领域,并在公布执行本法实施细则的同时或之前公布"负面清单"全文。

上述清单丙所载投资领域只应在过渡期内由菲律宾国民保有。将其中任何事项列入常规"负面清单"需由国家经济发展署在举行适当公开听证会后确定,且根据本法第八条和第九条规定的标准,该列入具有合理性。

第十七条　可分割性条款

如本法任何部分或条款因任何原因被宣布违宪,本法其他部分或条款不受影响。

第十八条　生效

本法在获得批准后在菲律宾两份普遍发行的报纸公布后十五日生效。

批准日期:1991 年 6 月 13 日

(签名)拉蒙·米特拉
众议院议长

(签名)霍维托·萨隆加
参议院议长

(签名)科拉松·阿基诺
菲律宾总统

柬埔寨王国投资法

屈文生　万　立　译*

《柬埔寨王国投资法》译介

《1994年柬埔寨投资法》(2003年修正)以确定"负面清单"的方式规制投资事项,并建立起通过授予投资活动"合格投资活动"(Qualified Investment Project)地位予以投资激励措施的制度。《1994年柬埔寨投资法》篇幅极较短,全文仅26条,未定义许多关键的术语,而是通过二级法律予以明确。柬埔寨投资管理制度的实际运作方式,可参见柬埔寨政府网站公布的政策声明。

背景介绍

近年来,柬埔寨经济发展与政局稳定方面的显著提升及其秉持的自由外国直接投资政策,吸引了世界各地的大量投资者。20余年来,柬埔寨历经强劲的宏观经济增长,于2015年成为中低收入国家。同时,根据2019年世界银行的报告,柬埔寨的经济增长率已达7.5%,但营商便利度排名比较靠后(第139位)。

柬埔寨地处东南亚中心,为东盟成员方之一,对柬埔寨的投资总体上比较有利。其一,优惠市场准入。自2014年10月起,柬埔寨一直为世界贸易组织成员方之一,受益于世界许多发达国家的优惠市场准入。此外,柬埔寨还缔结了10余项多边协定和双边投资保护协定,投资者可能接触到十亿以上的广大客户群。其二,开放的经济。柬埔寨为投资者提供东南亚最为自由的投资激励措施,包括低税率、纳税奖励、投资申请一站式服务及于经济特区发展新业务等内容。其三,广阔的竞争力。柬埔寨的旅游业历来为外国投资所青睐。在吴哥窟世界级旅目的地的引领下,柬埔寨每年吸引数百万以上的国际游客。尽管寺庙旅游已吸引了大量外国投资,但生态旅游和其他领域仍存有巨大潜力。此外,柬埔寨劳动力成本较低,教育水平迅速提高,中国投资者可借助柬埔寨该等优势获取丰厚的回报。①

适用范围

《1994年柬埔寨投资法》同时适用于柬埔寨投资者和外国投资者,并将"柬埔寨实体"定义为于柬埔寨注册的51%及以上为柬埔寨公民所有的企业。该法对外国投资的限制主要有

---

* 屈文生,全国人大常委会法工委法律英文译审专家委员会委员、华东政法大学教授、博士生导师;万立,华东政法大学博士研究生。

① Johnathan Bonnitcha, *Investment Laws of ASEAN Countries: A Comparative Review*, Manitoba, Canada: International Institute for Sustainable Development, 2017.

二:一是土地所有权,外国投资者不得于柬埔寨拥有土地,但可以投资持有土地的公司的形式取得土地实际控制权;二是出于公共利益的考量,禁止外国投资某些行业,如生产/加工精神药物和麻醉品、使用世界卫生组织禁止的化学物质生产杀虫剂和其他商品、使用自外国进口的废物生产电力及《柬埔寨森林法》禁止的林业开发活动。

具体而言,在柬埔寨投资的经营实体可以采取以下六种形式:(1)独资企业。独资企业是指由一名自然人设立和经营的企业,该自然人拥有其全部资本,并独自承担与经营活动有关的所有义务和责任。(2)合伙企业。对于医疗、法律和会计行业等专业领域而言,合伙是企业组织的首选方式。合伙企业由普通合伙企业和/或有限合伙企业组成。(3)私人有限公司。于多数类型的企业,私人有限公司是最为适宜的公司形式。根据《柬埔寨商业企业法》,私人有限公司是拥有2至30名股东的有限公司形式。私人有限公司可设立一名或多名董事。该公司不得向公众发行股票,而仅能向股东发行。私人有限公司在股份转让等方面存有限制。公司应至少发行1000股股票,每股面值不低于4000里尔。公司一般不得向公众发行股票或其他证券,但可向股东、家庭成员和经理发行,且每一类股票的转让均存有限制。(4)一人有限公司。自然人可设立一人有限公司,经股东批准,可转为私人有限公司,前提是增加一名或多名自然人或法人为公司股东。(5)上市公司。上市公司是法律授权向公众发行证券的有限公司形式。与私人有限公司不同,该类公司须有30名及以上股东。(6)柬埔寨的外国企业。根据《柬埔寨商业企业法》,外国企业是根据外国法律成立的法人,在柬埔寨开展经营活动。该类公司须于商务部登记。外国企业的三种主要形式是代表处、分公司和子公司。

投资机构

《1994年柬埔寨投资法》第3条指定柬埔寨发展理事会为"负责复兴、发展和监督投资活动唯一的一站式服务部门。"省市投资分会可对资本价值低于200万美元的项目行使发展理事会的相关职责。于柬埔寨营商的本国或外国投资者须向对营业地有管辖权的主管部门登记经营活动。登记部门设在省或市贸易办公室,或商务部确定的其他地点。目前,为促进、简化这一程序,柬埔寨商务部已完成注册系统的现代化,使投资者得以在线注册公司。

投资负面清单

《1994年柬埔寨投资法》的基本原则是,允许国内外于任何行业向负面清单未包含的任何活动投资。总体而言,对未列入负面清单活动的投资无须获得发展理事会的批准,但许多行业的新投资,须获得相关职能部门的批准。

尽管《柬埔寨竞争法》仍处于起草阶段,柬埔寨在不正当竞争方面适用各类国际和国内法律规定,如《世界贸易组织规则》《东盟经济共同体蓝图》等。柬埔寨宪法允许国家干预投资活动,以保护市场和消费者。根据《柬埔寨宪法》第62条,国家有权监督和促进商事活动;保护农民和制造者产品的价格,为其产品销售提供公平竞争的市场。国家禁止并严厉惩罚进口、制造和销售影响消费者健康和福祉的非法药物及假冒伪劣商品的人(《柬埔寨宪法》第64条)。目前,柬埔寨还未有对市场竞争活动的直接主管机构,但邮政和电信部、商务部及新成立的假冒委员会等部门可能对其管辖的活动拥有相应的监管权限。

通过授予合格投资活动地位准予激励措施

《1994年柬埔寨投资法》的主要功能在于通过授予合格投资活动地位予以投资激励措施,并具体规定合格投资活动有权享有的权益。如欲申请合格投资活动地位,投资者须向发展理事会提交投资提议,且该投资活动不落入负面清单的禁止范围,则发展理事会负责协助投资者获得获得所需的所有执照和许可证。这一过程结束后,发展理事会讲颁发最终注册证书,授予投资活动合格投资活动地位。如一项投资符合该资格,则自动有权根据《1994年柬埔寨投资法》获得投资激励措施。为鼓励外国投资,一些投资项目可在柬埔寨发展委员会注册为合格投资活动。该活动赋予投资者一系列激励措施,如为投资申请的快捷处理提供一站式服务、关税减免、就业补助及其他与经济特区相关的激励措施。

金边国民议会于1994年8月4日第一届立法特别会议期间通过

第一章 一般条款

第一条

本法调整柬埔寨公民和/或在柬埔寨王国境内的外国投资者的所有投资项目。

第二条

投资者包括自然人和法人。

第二章 柬埔寨发展理事会

第三条

柬埔寨发展理事会是负责重建、发展和监督投资活动唯一的一站式服务机构。柬埔寨发展理事会是柬埔寨王国政府的"参谋部",负责所有重建、发展和投资活动的评估和决策。

第四条

柬埔寨发展理事会由以下两大执行部门组成:

1. 柬埔寨重建和发展理事会。

2. 柬埔寨投资委员会。

第五条

柬埔寨发展理事会的组织架构和职能由条例加以规定。

第三章 投资程序

第六条

投资者须向柬埔寨发展理事会提交投资申请,供审查和决定。

第七条

柬埔寨发展理事会应在提交完整投资申请之日后至多四十五日内向所有投资者/申请人作出答复。

任何政府官员超过上述期限拒绝审查和答复投资者申请,无正当理由的,将被依法予以处罚。

第四章 投资保证

第八条

投资者应享有法律规定的非歧视待遇，但柬埔寨王国宪法规定的土地所有权除外。

第九条

柬埔寨王国政府不得采取对柬埔寨王国投资者私人财产有不利影响的国有化政策。

第十条

柬埔寨王国政府不得对事先获得政府批准的投资者的产品或服务实施价格控制。

第十一条

根据颁布的相关法律、法规，柬埔寨王国政府允许在柬投资者通过银行系统购买外汇并汇往国外，以履行其与投资相关的金融义务。主要包括以下几类支付：

1. 支付进口款项和偿还国际贷款本息；
2. 支付许可使用费和管理费；
3. 汇出盈利；
4. 第八章规定的投资资本抽回。

第五章 投资激励措施

第十二条

柬埔寨王国政府提供激励措施，鼓励在以下重要领域的投资：

1. 尖端和/或高科技产业；
2. 创造就业机会；
3. 出口导向型产业；
4. 旅游业；
5. 农业产业和转型产业；
6. 物理基础设施和能源；
7. 城市和农村发展；
8. 环境保护；以及
9. 根据法律规定在特别促进区（SPZ）的投资。

第十三条

激励措施包括全部或部分关税和税收豁免。

第十四条

激励措施包括以下各类：

1. 公司税税率为百分之九，但有关自然资源、木材、石油、矿产、黄金、宝石的勘探、开发的征税，法律另有规定的除外。

2. 根据投资工程特点和条例规定的政府优先事项，至多可免除八年公司税。公司税免除自投资项目首次盈余之日起生效。亏损可结转年限为五年。获利再投资至柬埔寨的，该获利免予企业税。

3. 无论该股息、获利或投资收益被转移至国外，还是在柬埔寨国内得以分配，该股息、利得或投资收益的分配不予征税。

4. 以下使用的建筑材料、生产资料、设备、中间产品、原材料和备件全额免除进口关税：

a. 百分之八十以上的产品用于出口的出口导向型项目；

b. 位于柬埔寨发展理事会发布的优先发展事项清单所列指定特别促进区的出口导向型项目；

c. 旅游业；

d. 劳动密集型产业、转型产业和农业产业；

e. 物理基础设施和能源产业。

前款全额关税及税收豁免应根据投资项目协议或需求书的约定发生效力，投资项目须依第四项第一目规定将总产量百分之八十以上用于出口，或位于第四项第二目规定的特别促进区。

除第四项第一目和第四项第二目的投资项目，全额免税仅适用于企业、工厂、建筑物的建设阶段，以及企业生产经营的第一年。

5. 全额免除出口税；

6. 下列外国公民获准引入柬埔寨王国：

· 管理人员和专家；

· 技术人员；

· 熟练劳工；

· 柬埔寨发展理事会根据移民和劳动法批准的上述人员的配偶和受抚养人。

第十五条

柬埔寨发展理事会予以的许可和激励措施不得向任何第三方转让。

第六章　土地所有权和使用权

第十六条

根据宪法和与土地所有权及使用权相关的法律、法规：

1. 本法所称的用于促进投资活动的土地所有权，只能由具有柬埔寨公民身份的自然人拥有，或由其中百分之五十一以上的主权资本直接由拥有柬埔寨公民身份的自然人持有的法人拥有。

2. 允许投资者对土地拥有使用权，包括最长期限为七十年的长期租赁权，可申请展期。该类使用权可包括对于法律允许的地上不动产和动产所有权的使用。

第七章　就业规定

第十七条

柬埔寨王国的投资者，可根据劳动和移民法任意雇用柬埔寨国民或外国国民。

第十八条

投资者雇用外国雇员须符合第十四条第六款所列的条件：

1. 外国雇员需具有柬埔寨王国境内的柬埔寨人不具备相关资质和专业知识。如予以聘用，应向柬埔寨发展理事会提交相关文件，包括雇员护照、证书和/或学位证书的复印件及简历。

2. 投资者须承担为柬埔寨籍雇员提供充分和持续培训的义务。

3. 投资者须保证柬埔寨员工在合理期限内有晋升至高级职位的保障。

第十九条

应允许外国劳工在交纳相应税款后，通过银行将在柬埔寨王国赚取的外币工资汇往国外。

第八章　争端与争端解决

第二十条

柬埔寨公民或外国公民在柬埔寨王国境内因任何有关促进投资的权利、义务产生的争端，双方应尽可能在协商的基础上友好解决。

如双方未能在首次提出书面请求之日起两个月内友好协商解决，争议应由任何一方：

· 提交柬埔寨发展理事会调解；理事会应给出意见；或

· 将争端提交柬埔寨法院；或

· 使用双方同意的任何国际规则解决争端。

第二十一条

如在柬投资公司试图终止其在柬埔寨王国的活动，须以挂号信或面呈信函的方式告知柬埔寨发展理事会，并说明作出这一决定的原因，该函件应由投资者本人或其代理人签署。

第二十二条

申请人提出解散公司但未经司法程序的，应向柬埔寨发展理事会提供公司已妥善处理潜在债权人债务、柬埔寨经济和财政部对债务人提起的控告等事宜的证明，然后方可依相关商事法律正式解散其公司或企业。

第二十三条

投资者获准通过司法程序或其他方式正式解散其公司或企业后，可将其资产剩余收益转移至国外或于柬埔寨王国内使用。如该解散公司使用免税进口的机器和设备不满五年时间的，公司有义务补缴该机器和设备的相关关税。

第九章　最终条款

第二十四条

依照柬埔寨国旧《柬埔寨投资法》及其“条例”授权的投资，应享有和承担本法规定的相同权益和义务。本法不追溯适用。

第二十五条

在柬投资公司违反或不遵守柬埔寨发展理事会规定的,该理事会有权全部或部分撤销其所授权益。

第二十六条

本法立即颁行。

本法于 1994 年 8 月 4 日柬埔寨王金边国国民议会第一届立法特别会议期间通过。

金边,1994 年 8 月 4 日
国民议会代理议长
罗新成

老挝投资促进法

屈文生　万　立　译*

《老挝投资促进法》译介

《老挝投资促进法》于2017年4月19日生效，旨在为企业申请、许可和政府批准提供更便利的程序，促进国内外私人投资者前往老挝投资。总体上，老挝已进一步采取经济开放措施，外国直接投资基本可无门槛进入老挝，但某些领域对外国投资者仍设有限制，外国投资者可能不得不与老挝企业、个人共同持有股权，而不得单独从事特定活动。

适用范围

《老挝投资促进法》同时适用于老挝国内外投资。尽管第八条区分了境内独立投资、境外独立投资及两类不同的联合投资，但《老挝投资促进法》基本平等适用于国内外投资。第13条进一步规定了不同的投资领域：(1)一般经营；(2)特许经营；(3)对特别经济区的投资。前二者的区别在于投资是否需要政府授予特许权，如采矿权、频谱分配权等，均须获得相关部门的审批。重要的是，三者的审批不受投资者国籍的影响。

第26条规定了6类投资形式：(1)本国或外国的全额投资；(2)本国和外国投资者成立的合资企业；(3)根据协议成立的合营；(4)国有企业和私人企业成立的合资企业；(5)公私合营。老挝政府可根据相关法律规定，视情况持有任何特许权投资的股份。

促进行业和激励措施

《老挝投资促进法》规定了政府优先发展的主要行业的详尽清单，如先进技术、科学研发；生态旅游；教育和培训中心；建设现代医疗；城市中心公共基础设施的；小额金融；现代百货等。为获得上述行业的投资项目审批，该法规定，投资一般经营的投资者须从工商部一站式服务机构获发企业登记证，该证书的颁发须符合根据相关法律、法规作出许可和批准。因此，企业登记证是各类投资者需获取的最重要的证书。

《老挝投资促进法》载有关于投资者的财政激励措施和其他优惠的规定。财政激励措施包括基于投资所在行业的三级制度和基于投资所在国家区域的三级制度。第10条规定了享有激励措施的区域：(1)社会经济基础设施于投资不利的贫困和偏远地区；(2)具备有利于投资的社会经济基础设施的地区；(3)特别经济区。投资者将依据其投资活动的区域获得不同的激励措施。除特别特区外，老挝政府将对位于前二者范围内的公司予以四至十五年的利得

---

* 屈文生，全国人大常委会法工委法律英文译审专家委员会委员、华东政法大学教授、博士生导师；万立，华东政法大学博士研究生。

税豁免。此外,为提高透明度,获得特定豁免的投资者可向一站式服务机构申请证明其激励措施的证书。激励措施主要包括利得税、进出口关税豁免。投资者享有利得税豁免的权利于商业登记或特许证书内注明。进出口关税豁免需由相关职能部委批准。

除上述行业和特定区域的激励措施外,《老挝投资促进法》允许对以下活动免除增值税和关税:(1)进口老挝无法供应或生产的材料和设备,构成公司固定资产,进口直接用于生产的机械和机动车可免交关税,并全额免交增值税;进口燃料、气体、润滑剂、行政机动车及其他物资,应遵照相关法律规定;不定期进口直接用于生产的机械和机动车应遵照税法规定。(2)进口用于生产出口的原材料、设备和零部件,进出口时免征关税,并全额免交增值税。(3)使用本国非自然资源原材料生产出口成品和半成品,全额免交增值税。《老挝投资促进法》第14条还规定,投资者通过增加业务活动或扩大业务规模以净利得再投资的,应在下一会计年度根据其再投资净利得的比例免交一年的利得免税;因经营遭受损失的投资者,经税务机关核实后,可在当年将损失自随后三年的利得中扣除。该期间结束后,剩余损失不得自利得中扣除。

管控经营清单和投资者权利

管控经营清单包括可能影响国家稳定、秩序和组织、社会环境的活动,该清单还旨在保持老挝企业于某些业务领域的竞争力。对在老挝开展管控经营须展开全面评估和所有相关政府部门审批。该清单内容十分广泛,可由老挝政府随时变更。外国投资者获得营业执照须满足的条件似不清晰,但老挝政府可能不久便修订该清单,为投资者提供透明的投资环境。

《老挝投资促进法》赋予投资者广泛的权利,包括征收的市场价值补偿权及外国投资者将资本和利得转移至国外的权利。《老挝投资促进法》未明确赋予外国投资者国民待遇,尽管第四条规定"政府向外国投资者提供平等待遇,承认其所有权、用益权、继承权、转让权和法律规定的其他权利。"该法对外国投资者的投资有着不同的要求。例如,第28条规定"合资企业中的本国投资者的出资应占总资本的10%及以上。"

与其他法律的关系

《老挝投资促进法》一般与其他法律并行不悖,但其中某些规定明确应遵照其他法律。例如,投资者雇用劳动力的权利受《老挝劳动法》约束,知识产权保护受《老挝知识产权法》约束。同时,《老挝投资促进法》予以投资者激励措施的规定应优先其他法律适用。此外,《老挝投资促进法》提供了多元化投资争端的制度,包括调解、行政申诉、仲裁、诉讼,并且第96条规定的国际仲裁裁决承认条件较为宽泛,旨在鼓励当事人采取国际仲裁方式解决争端。

2019年世界银行集团的《营商环境报告》显示,老挝的营商环境便利度为第154位,其跨境贸易指标位于第七十六位。尽管如此,过去几年内,老挝政府根据《反恐怖主义法》,颁布、施行了一系列反腐败、反洗钱和反融资的法律,促使反洗钱金融行动特别工作组在2017年6月举行的七国集团峰会上,将老挝自灰色名单内剔除。同时,2016年3月《商标国际注册马德里协定》于老挝正式生效,外国投资者的知识产权开始得到保障。当然,近来老挝立法最为重要的突破是2017年4月生效的《老挝投资促进法》,该法为向政府促进行业的投资提供了更为清晰的企业注册流程和广泛的激励措施。①

① 参考资料:https://uk. practicallaw. thomsonreuters. com/w - 012 - 8051? transitionType = Default&contextData = %28sc. Default%29。

老挝国民议会第14号/NA
万象,2016年11月17日

第一编 总 则

第一条 (修订)目的

本法规定国内外投资促进与管理的原则、法规和办法,旨在促进投资的便利性、快捷度、透明度及正当性,并受中央政府保护,保障投资者、国家、集体和人民的权益,实现区域和国际一体化,推动国家社会经济发展的绿色和可持续稳步增长。

第二条 (修订)投资促进

投资促进是指为使投资者得以便利、快捷、透明、公平和合法的方式开展投资活动而制定促进政策和创造有利投资环境的行为。

第三条 (修订)定义

本法所用术语含义如下:

1."投资"是指在老挝投入经营的资本、有形资产和无形资产;

2."投资者"是指在老挝或外国进行合法投资的本国与外国的自然人或法人;

3."外国投资者"是指在老挝投资的外国自然人或法人;

4."本国投资者"是指老挝或外国自然人、老挝或根据老挝法律注册经营的外国法人;

5."有形资本资产"是指金钱、动产和不动产;

6."无形资本资产"是指知识产权、期权收入、租赁权、商业权利和特许经营权价值;

7."投资者资产"是指投资者所有的,可向银行抵押的有形和无形财产;

8."特许经营权协议"是指法人与指定政府机构签订的依照老挝法律和协议具体条款授予经营企业或开发项目权利的协议;

9."谅解备忘录"是指法人和指定政府机构签订的授予对投资项目开展可行性研究权的协议;

10."直接用于生产的机械和重型车辆"是指投资促进与管理委员会批准的进口总表中直接用于投资活动的机械和重型车辆;

11."直接投资"是指将资本投入企业经营,使投资者成为企业所有人,并享有管理权或有权扩大企业规模的行为;

12."国内投资者的海外投资"是指在老挝合法注册的投资者,向海外投资输出资本和资产的行为;

13."工作日"是指老挝历法确定的工作时间;

14."特别经济区管委会"是指由国家主管部门设立的,负责促进和监督经授权在各省和首都设立之经济特区的组织单位。

第四条 (修订)政府的投资促进政策

中央政府制定政策以创造有利的投资环境,包括基础设施建设、必要信息提供、关税、其他税项、外国劳动力进口、土地使用权及获得资金方面予以激励的措施,促进对国内外所有经济领域的投资。政府向外国投资者提供平等待遇，承认其所有权、用益权、继承权、转让权和法律规定的其他权利。

中央政府促进对所有行业、所有经营活动和全国各地的投资，但目前和长期对国家安全、自然环境、公共卫生和优秀民族文化有害的地区和经营活动除外。

中央政府同时为优先发展行业提供特别激励，并由法规另行规定。

第五条 （修订）投资促进的原则

投资促进应当遵循以下原则：

1. 符合各时期的发展导向、政策、战略，国家社会经济发展计划、行业和地区发展计划、区域和社会经济发展计划，改善人民生活条件，遵守法律、法规；

2. 全国范围内统一加强中央集权制政府管理；

3. 保护国家、集体、人民和投资者的合法权益；

4. 保障以便利、快捷、透明、高效和合法的方式，提供投资一站式服务；

5. 保障公平的商业竞争；

6. 保障国家安全、和平和公共秩序，弘扬老挝优秀民族文化，依照绿色增长和可持续发展政策，有效保护和利用自然资源。

第六条 （修订）本法的适用范围

本法适用于在老挝投资和营商的国内外自然人和法人，以及在国外投资的国内投资者。

第七条 （修订）国际企业

政府根据老挝加入的国际条约和国际协议，通过分享投资促进和管理、营销、商业、金融等方面的经验、信息、技术和经历，促进外国、区域和国际投资促进合作。

第二编 关于投资的激励、支持和保护

第一章 投 资 激 励

第八条 （修订）投资激励

投资激励包括：

1. 商业领域激励；

2. 区域激励；

3. 税收激励，与土地使用有关的激励，以及其他激励。

第九条 （修订）商业领域投资激励

可以获得的激励的商业领域包括：

1. 高新技术企业，开展科学研究、研发活动的企业，创新型企业，环保且高效的自然资源和能源企业。

2. 清洁农业企业，无毒害农业企业，种子生产企业，动物养殖企业，工业作物和植物种植企业，林业开发企业，环境和生物多样性保护企业，以及从事农村发展及减贫活动的企业。

3. 环保型农产品加工业，民族传统特色手工业。

4. 致力于环境友好的和可持续发展的生态旅游、文化和历史旅游业。

5. 教育产业,体育产业,人力资源和技能劳动力开发型企业,职业培训机构或中心,教育类和体育器材类生产企业。

6. 致力于发展现代医院、医药设备工厂、传统医药生产和治疗的企业。

7. 致力于解决城市交通拥挤,缓解人口稠密居住区的交通压力,而为公共基础设施开展服务提供和开发的投资企业;致力于支持农业和工业、货物运输、过境和国际联系服务的基础设施的投资企业。

8. 面向减贫和资金紧张地区开设的政策性银行和小额金融机构。

9. 推广国内产品和世界知名品牌的现代商业中心,以及国内工业、手工业和农产品展览中心与交易会。

根据本条规定,任何有权获得激励的商业领域投资的最低投资额为十二亿寮币;或应聘请三十名及以上老挝技术人员,或五十名及以上老挝员工,雇佣合同期限不得低于一年。

投资额和员工人数低于本条第二款规定的中小企业,应按照相关法律、法规的规定获得激励。

中央政府应当明确制定有权获得激励的投资活动清单。

第十条 (修订)区域激励

享有激励的区域分为以下三类:

区域一:现有社会经济基础设施不利于投资的贫困和偏远地区;

区域二:现有社会经济基础设施有利于投资的地区;

区域三:特别经济区。

中央政府定期明确上述区域的范围。

第十一条 (修订)各商业领域和区域的利润税激励

投资者投资本法第九条、第十条规定的行业和区域的,享有以下利润税豁免:

区域一:十年豁免。对本法第九条第二款、第三款、第五款及第六款所列行业的投资,另增五年;

区域二:四年豁免。对本法第九条第二款、第三款、第五款及第六款所列行业的投资,另增三年;

上述豁免期自投资企业开始产生营业收入之日起算。上述豁免期届满后,企业应当依照税法交税。

区域三:应遵照特别规定。

特许经营权投资应遵照相关法律或协议。

中央政府负责规定实施本法规定的有关利润税豁免激励的详细规则和程序。

第十二条 (修订)关税和增值税激励

除利润税激励外,向老挝投资的投资者可以获得以下关税和增值税激励:

1. 进口老挝无法供应或生产的材料和设备,构成公司固定资产的,和进口直接用于生产的机械和机动车的,可以豁免关税,并适用增值税零税率政策;进口燃料、气体、润滑剂、行政用机动车及其他物资,应当遵照相关法律规定;暂时进口直接用于生产的机械和机动车,应当遵照税法规定。

2. 进口用于生产出口的原材料、设备和零部件,进出口时豁免征收关税,并适用增值税零税率政策。

3. 使用本国非自然资源原材料生产出口成品和半成品,适用增值税零税率政策。

中央政府负责制定出口半成品清单目录。

第十三条　金融激励的获得

根据相关法律规定,允许投资者自老挝本国和外国的商业银行和其他金融机构借款,以获得金融激励。

第十四条　(新增)投资扩张激励及其他关税和征税激励

投资者通过增加业务活动或扩大业务规模以净利润再投资的,有权在下一会计年度根据其再投资净利润的比例豁免一年的利润豁免。

因经营遭受损失的投资者,经税务机关核实后,可在当年将损失自随后三年的利润中扣除。该期间结束后,剩余损失不得自利润中扣除。

根据本法规定,通过投资额外资本扩大投资和/或经营有权获得激励。

第十五条　(修订)国有土地租金和特许经营权费豁免

投资本法第九条规定行业的投资者,豁免国有土地租赁费或特许经营权费:

区域一:十年豁免。第九条第二款、第三款、第五款和第六款规定的行业投资,另增五年。

区域二:五年豁免。第九条第二款、第三款、第五款和第六款规定的行业投资,另增三年。

区域三:遵照相关法规的规定。

第十六条　(修订)与土地使用相关的激励

投资者在老挝投资特许经营权的,可获得以下与土地使用相关的激励:

1. 投资者有权租赁国有土地或对国有土地享有特许经营权,展开投资活动,并可以在完成百分之四十五及以上获得批准项目的总体规划、可行性研究,或投资者在其商业计划获得批准且履行完毕特许经营协议约定的义务并获相关行业部门批准后,在剩余特许经营期内转让土地使用权。

2. 投资者在投资期限内,有权租赁特许经营区之外的国有土地或对特许经营区之外的国有土地享有特许经营权,建设办公和居住场所,但需经相关省级资产管理部门批准。

中央政府负责制定与土地使用相关的激励的实施细则。

第二章　投资支持

第十七条　(修订)投资支持

投资支持包括以下几类:

1. 信息激励;

2. 其他支持性激励。

第十八条　信息激励

为保障投资者快速、及时获得一致、完整的投资信息,以便作出投资决策,所有相关的一站式服务处,应当建立投资信息中心。

投资信息中心收集和汇编投资数据,建立信息网络,通过网站、投资指南、报纸、手册和其他形式,向有投资意向的人士、大使馆、老挝领事馆或外国老挝贸易代表处提供并交流信息。

第十九条　(修订)其他支持性激励

投资者可以获得以下其他支持性激励:

1. 投资者及时履行纳税义务、为促进地区、社会发展、注重解决环境问题、发展老挝劳动技能作出贡献,经相关政府机构和地方部门核证的,可获得不同形式的(视情形适当而定)政府表彰。

2. 方便外国投资者根据投资期限办理居住许可和多次入境商务签证。方便外国投资者及其家属、外国技术人员和专家出入老挝国境,及办理多次入境签证申请,但每次不超过五年。

3. 某些行业或区域需要任何额外特别激励的,中央政府应向国民议会常务委员会或国民议会提出建议,由其审议、批准。

中央政府负责制定其他支持性激励的实施细则。

第二十条　(修订)准予激励的实施

符合本法规定可获得激励和投资支持条件的实体,可以向一站式服务处提出申请,取得投资激励证书。

第二十一条　(修订)其他激励准予机制的实施

相关政府部门和地方行政部门,应监督和认证本法第十九条第一款规定的商业单位的贡献,以便一站式服务处遵照法规考虑并向本级"投资促进与监督委员会"提出颁发表彰证书或授予其他激励。

第三章　投资保护

第二十二条　(修订)投资保护

国家保障包括根据老挝法律、老挝缔结的条约和协议展开投资的国内外金融行业在内的所有金融行业的合法权利、利益和平等。

第二十三条　保护投资的形式

中央政府充分承认并保护投资者的任何合法投资,防止政府通过行政手段对其实行扣押、没收或国有化。

中央政府出于公共利益考虑需要接管企业的,应以双方同意的支付方式,按转让时的市场价格向投资者支付实际投资价值。

第二十四条　知识产权保护

中央政府承认并保护投资者根据《老挝知识产权法》、老挝加入的国际条约和协议注册的知识产权。

第三编　投资活动

第二十五条　(新增)投资活动

投资活动是指按照企业的形式、类型、要求、程序、注册资本和资本输入而展开的投资经营。

第一章　投资形式

第二十六条　(修订)投资形式

投资包括以下形式：

1. 纯本国的或纯外国的投资；

2. 本国与外国投资者的合资；

3. 依协议合作经营；

4. 国有企业和私人企业的合资；

5. 公私合伙。

中央政府可以根据相关法律规定,视情况持有任何特许经营权投资的股份。

第二十七条　纯本国的或纯外国的投资

纯本国的或纯外国的投资是指完全由国内或外国投资者进行的投资,可以是老挝企业或项目的一个或多个投资者。

第二十八条　本国与外国投资者的合资

本国与外国投资者的合资是指本国和外国投资者根据老挝法律以共同开展经营业务、共享所有权、共同成立新法人为形式而进行的联合投资。

合资的组织和活动、管理、投资者的权利与义务等,由合资协议和新成立的法人的章程规定。

合资活动中本国投资者的出资应当至少占总资本的百分之十及以上。

第二十九条　(修订)依协议合作经营

依协议合作经营是指,国内外的公法人或私法人通过合作经营协议在一定期间内根据老挝法律、法规展开的联合经营安排,不以在老挝成立新法人或分支机构为条件。合作经营协议应当明确规定一方同另一方以及任何一方同中央政府的权利、利益和义务。

国内法人签订合作经营协议的,应当遵照相关法规,向一站式服务处报告,受其审批和监督,并须经过合同履行地老挝公证机构公证。

第三十条　(新增)国有企业和私人企业的合资

国有企业和私人企业的合资是指国有企业和私营企业间旨在根据老挝法律共同经营企业、共有所有权,以及共同成立新法人的合伙活动。

合伙活动的组织、经营、管理,投资人的权利及义务,应在相关合资协议和新法人章程中加以规定。

第三十一条　(新增)公私合伙投资

公私合伙投资是政府部门和私营方根据合资协议展开的旨在开展新的建设项目、改善基础设施或向公众提供服务的合资投资活动。

公私合伙投资的行业、条件和程序,由法规另行规定。

第三十二条　投资类型

投资的类型包括以下两类：

1. 普通投资；

2. 特许经营投资。

第二章 普通投资

第三十三条 （修订）普通投资的种类

普通投资可分为以下两类：

1. 受管制类经营清单以内的经营活动；

2. 受管制类经营清单以外的经营活动。

第三十四条 （新增）受管制类经营清单内经营活动

受管制类经营清单内经营活动是对国家安全、公共秩序、国家优秀传统和环境、社会及自然产生影响的经营活动。为保障社会经济发展平衡，投资一站式服务处和/或投资促进与监督委员会在按管理层次签发投资许可证前，上述经营活动应由相关行业部门审核决定。

中央政府负责定期制定受管制类经营清单。

第三十五条 （新增）受管制类经营清单外经营活动

受管制类经营清单外经营活动是指根据《老挝企业法》及相关法规可申请企业注册和营业执照的普通投资活动。

第三章 普通投资的投资程序

第三十六条 （修订）受管制类经营清单内经营活动申请

投资者如投资列入受管制类经营清单内普通投资的，应向国家或省级一站式服务处提出申请，由该机构协同相关行业部门审议后，根据相关法规确定的管理层次，提交投资促进与管理委员会批准。

第三十七条 （修订）受管制类经营清单内投资申请的审议和批准期限

受管制类经营清单内投资申请的审议和批准期限如下：

1. 投资者有权在向投资投资一站式服务处提交完整申请之日起二十五个工作日内，取得投资许可证和企业注册证。

2. 投资一站式服务处应当在收到申请后的两个工作日内，将申请文件移交相关行业部门和地方行政部门，由后两者在八个工作日内审议，并作出书面答复；此期间内不答复的，不构成默示许可。

3. 投资一站式服务处收到相关行业部门和地方政府的意见后，应在十个工作日内审议并移交投资促进与监督委员会审议、批准。

4. 投资一站式服务处应当在五个工作日内签发投资许可证和企业注册证书。

决定驳回申请的，一站式服务处应自驳回决定作出之日起三个工作日内书面通知申请人。

第三十八条 （修订）未列入受管制类经营清单的投资申请程序

投资者如投资未列入受管制类经营清单的普通投资，应向工商部门申请《企业法》及其他相关法规要求的企业注册。

关于受管制类经营清单以外的受促进行业的投资,投资者在收到企业注册证后,可以向投资一站式服务处申请激励。

第三十九条　对受管制类经营清单以外的经营活动企业注册的审批

受管制类经营清单以外的投资的企业注册审批程序和期限,自收到企业注册申请之日起不超过十个工作日。

第四十条　普通投资的投资期限

对普通投资的投资期限不做规定,但相关行业部门规定了期限的活动除外。

第四章　特许经营投资

第四十一条　(修订)特许经营投资

特许经营投资是指中央政府根据相关法律、法规授权投资者开发和经营诸如土地特许经营、经济特区开发、出口加工工业区、采矿、电力开发、航空及电信等业务的投资。

中央政府负责制定特许经营投资清单。

第四十二条　(修订)投资期限

特许经营投资的投资期限依据企业符合相关法律的类型、规模、投资价值、条件和可行性研究确定,但不得超过五十年。

根据相关法律规定,经中央政府、国民议会或省级议会批准,可以延长特许经营的投资期限。

第五章　特许经营投资的条件和程序

第四十三条　(新增)特许经营投资对投资者的条件

特许经营投资的投资者应符合以下条件:

1. 具备法人资格;

2. 具有相关部门核证的经营经历和成功经营经验;

3. 财务稳健,或具有经境内外金融机构核证的资金来源;

4. 符合相关法律规定的其他条件。

第四十四条　(新增)投资申请和证明文件

投资申请和证明文件包括:

1. 投资申请书;

2. 投资者或公司的简介和经历,身份证、犯罪记录、护照复印件、企业执照复印件(如为企业);

3. 合资协议;

4. 申请人不是公司负责人的,需提交股东或公司的授权书;

5. 可行性研究或商业计划应包含以下事项:投资目的、投资估值、项目地点、运营时间表、项目有效性、人力需求、国有土地租赁或特许经营权需求;财务和技术经济可行性分析、预期利益分享、经营计划和程序、资金支持证明文件、投资激励请求;

6. 环境、社会和自然影响评估报告；

7. 金融机构或银行出具的财务状况证明或证明文件，近两年已获核证的财务报表；

8. 符合标准格式的公司章程副本。

第四十五条　(修订)特许经营投资申请程序

投资者如申请特许经营投资或经济特区和/或出口加工工业区，应遵照相关规定确定的管理层次，向国家或地方投资一站式服务处提交附有完整证明文件的申请，供投资促进与管理委员会审议和推荐。

证明文件的具体内容，由法规另行规定。

第四十六条　(修订)审议和批准特许经营投资申请的期限

审议和批准特许经营投资申请的期限如下：

1. 投资者有权在向一站式服务提交完整申请之日起六十五个工作日内取得投资许可证。

2. 投资一站式服务处应在收到完整申请后的两个工作日内将申请移交相关行业部门和地方行政部门，由后者在三十个工作日内审议，并作出书面答复；此期间内不答复的，不构成默示许可。

3. 投资一站式服务处收到有关部门的肯定意见后，原则上应在三十个工作日内报投资促进与管理委员会审批。

4. 投资促进与管理委员会原则上批准后，投资一站式服务处应在相关行业部门和地方政府的参与下，与投资者就谅解备忘录或协议展开商议，商议结果应报投资促进与监督委员会批准，以便与投资者签署该类谅解备忘录或协议。规划与投资部门代表中央政府签署该类谅解备忘录或协议。

谅解备忘录或协议签署后，投资者应按照谅解备忘录或协议的规定交纳保证金，并按照相关法律、法规，开展数据收集、可行性研究和自然社会环境影响评价活动。

决定批准的，投资一站式服务处应当在三个工作日内书面通知投资方，投资方应当在收到投资一站式服务处关于谅解备忘录或协议谈判日期的通知后十个工作日内作出书面答复。投资者在收到一站式服务处的通知后三十个工作日内未答复的，构成默示放弃投资的权利。

特许经营协议签署后，一站式服务处应在三个工作日内签发投资许可证。

决定拒绝签发许可证的，一站式服务处应自拒绝决定作出之日起三个工作日内书面通知投资者。

第四十七条　(修订)特许经营投资的变更

可根据投资者的要求，按照相关法律、法规确定的权利范围，经许可机关批准，变更投资经营目标、股东、注册资本等内容。

第四十八条　(新增)根据特许经营协议转让权利或经营

特许经营投资者可以将其权利或部分或全部经营向另一投资者转让，但应满足以下条件：

1. 特许经营投资者已获中央政府、省级或资产管理部门的批准；

2. 特许经营投资者符合本法第十六条第一款的要求，已按照协议及相关法律、法规履行完毕其财务及其他义务；

3. 特许经营投资者与调解、诉讼或司法程序无涉；

4. 特许经营投资者未破产或未被法院宣告破产。

采矿、能源、土地、农林部门的特许经营投资,应当遵照相关法律、法规的规定。

收到相关行业部门批准投资者转让本协议规定的权利或股份的,应告知投资一站式服务处,以便确认和管理。批准文件应在老挝公证处公证,并遵照相关法律、法规结清所有税费和服务费。

第四十九条　(新增)国民议会的批准权

国民议会有权批准以下投资事项:

1. 公私合伙中,超过两百亿老挝基普的国家控股;
2. 核电站建设项目;
3. 赌场经营和博彩经营;
4. 延展经济特区的特许经营期限;
5. 涉及国家保留林和保护林改造的经营;
6. 对环境、自然和社会具有严重影响的经营,如引水、五百户及以上安置、一万公顷以上特许经营用地及法律规定的其他经营;
7. 需要特殊激励的经营。

以上未涵盖的项目或事项,应符合相关行业部门所适用的法律、法规。

省议会根据相关法律规定的权限,审议批准地方一级项目的投资。

第五十条　(新增)省议会的批准权

省议会有权批准以下投资事项:

1. 相关省级或首都行政部门提出的变更一百公顷及以下无法自行恢复的退化林地的提议;
2. 相关省级或首都行政部门提出的变更因森林砍伐造成的荒地,由每项经营业务三十公顷改为二百公顷的提议;
3. 相关省级或首都行政部门提出的出租或特许经营每项经营业务面积一百五十公顷及以下无法自行恢复的退化林地,最长租赁或特许经营期限为三十年的提议;
4. 对省级或首都环境、自然及社会有影响的经营项目。

涉及土地、电力和采矿特许经营经营的,遵照相关法律、法规。

第六章　注册资本和注资

第五十一条　普通投资的注册资本

经营普通投资的企业的注册资本应当符合《企业法》和相关行业的法律、法规。

第五十二条　(修订)特许经营投资的注册资本

特许经营投资的注册资本不得低于总资本的百分之三十。

特许经营投资的注册资本应当以资产的形式明确表示,资产价值在整个投资运营期内不得低于注册资本。

第五十三条　(新增)普通投资的注资

投资普通业务的外国投资者应自取得投资许可证之日起九十日内,注资注册资本总额的百分之三十及以上。剩余资本的注资应符合《企业法》或其他相关法律规定。

根据相关法律、法规，资本的形式可以是现金和/或实物。

以现金和/或实物出资，根据相关法律、法规需获得老挝银行核证的证明文件。

第五十四条　（新增）特权投资的注资

特许经营投资的最低注资额如下：

1. 投资价值在一千万美元以下的项目，为注册资本的百分之三；

2. 投资价值在一千万美元至五亿美元的项目，为注册资本的百分之二；

3. 投资价值在五亿至十亿美元的项目，为注册资本的百分之一点五；

4. 投资价值在十亿美元以上的项目，为注册资本的百分之一。

以上规定的注资应在相关投资许可证签发之日起九十日内完成，其余部分应在两年内完成。

该注册资本可用于开发具体法规确定的项目。

第七章　代　表　处

第五十五条　（新增）外国法人代表处

外国法人代表处是代表其母公司调查投资机遇并与老挝相关公私方面协调的联络机构。

第五十六条　（修订）建立代表处申请

在老挝设立代表处的外国法人应向投资一站式服务处提交申请，投资一站式服务处应在收到申请后的十五个工作日内审查，并向公司签发设立代表处的许可证。

代表处许可证承认代表处根据受权调查范围、权利及义务开展活动的合法权利，即收集关于投资机遇的信息，母公司可据此决定是否在老挝投资。代表处不得从事商业活动。

代表处的设立、期限和设立资本的规则由法规另行规定。

第四编　特别经济区的开发

第五十七条　（修订）特别经济区

特别经济特区是指按照特定行政机制运行的区域，旨在创造有利条件，吸引对应用高新技术生产商品农产品、清洁产品的投资，并以可持续的方式保护自然资源、能源，且以环境友好的方式展开。

特别经济区由中央政府决定设立。特别经济区可以是工业区、出口加工工业区、技术和信息开发区、服务区、贸易区或旅游区。

“特别经济区”简称为“经济特区”。

第五十八条　（新增）特别经济区的设立

投资促进与管理中央委员会协调地方相关行政部门并提出建议后，中央政府可决定设立特别经济区。

中央政府已经决定设立特别经济区的，可以决定投资开发者的形式。

第五十九条 （修订）设立特别经济区的条件

特别经济区应遵照以下条件设立：

1. 应明确规定特别经济区的目的；

2. 特别经济区的位置应适宜经营活动，并明确界定区域范围；

3. 应明确规定特别经济区的特许经营期限；

4. 应明确规定可为国家、开发者和民众带来的利益；

5. 应明确开列投资激励；

6. 开展经济技术评估和社会环境影响评估的结果良好；

7. 特别经济区应处于中央政府、省级政府或首都行政部门的监督之下，并已列入前述三者的发展计划之中；

8. 特别经济区内和特区所在地的省会城市的治安、和平、安全、公共秩序可以得到保障；

9. 可持续发展、环境保护、民族优秀文化的弘扬和保护可以得到保障。

第六十条 （修订）特别经济区的运行原则

特别经济区应遵照以下基本原则开展活动：

1. 遵守宪法、法律、相关特许经营协议及相关法律规定的特殊激励；

2. 保障可持续发展、环境保护、国家优秀文化的弘扬和保护；

3. 根据快捷透明的一站式服务机制展开监督管理；

4. 保障特别经济区内及其所在省或首都的治安、和平与安全。

第六十一条 （修订）开发特别经济区的土地特许经营期限

特别经济区开发的土地出让期限取决于符合相关法律、法规之企业的类型、规模、投资价值、条件、经济技术可行性研究等，但不得超过五十年。

经中央政府提议，经国民议会批准，开发经济特区的土地特许经营期限可以延展，但前提是投资者已有效执行特许经营协议，并已为社会创造利益。

第六十二条 （新增）税费、关税及其他激励

在特别经济区内经营的开发者和投资者，在税费、关税及相关法规确定的其他激励方面，应获得一定的特殊激励。

特别经济区的开发者和投资者可申请适用法律、法规所规定的政策或与中央政府签订的特许经营协议。

第六十三条 （修订）特别经济区的监管机构

中央政府通过指定“规划与投资部”协调其他相关行业部门和地方行政部门，展开管理活动并主动以集中统一的方式监督全国各地的特别经济区。

特别经济区的监管机构包括：

1. 规划与投资部；

2. 省级、首都行政部门；

3. 特别经济区促进与管理办公室；

4. 区域管委会。

特别经济区的监管机构的权利和义务，由法规另行规定。

第五编　境外投资

第六十四条　(新增)境内投资者向境外投资的程序

境内投资者向境外投资的,须向投资一站式服务处申请审批。

第六十五条　(新增)境外投资的要求

拟在境外投资的境内投资者应符合以下要求:

1. 有海外投资项目;

2. 近两个会计年度的财务报告经金融机构或者独立审计机构核证;

3. 依法履行对老挝政府的经济债务;

4. 遵守《老挝银行条例》及其他相关法律、法规。

第六十六条　(新增)向境外投资的境内投资者的权利和义务

向境外投资的境内投资者享有以下权利:

1. 将资金和资产带到海外,在履行完毕东道国法律、法规确定的义务后,可将资金和资产带回本国;

2. 将经营产生的利润及其他收入带回本国;

3. 根据老挝法律、法规获得便利和激励;

4. 遵照老挝和东道国的法律、法规,在其海外投资企业中雇用老挝劳动者。

向境外投资的境内投资者应当履行以下义务:

1. 遵守东道国的法律、法规;

2. 履行向投资一站式服务处提交财务和经营状况的报告制度,以使老挝财政部和银行掌握上述情况。

境外投资结束后,投资者可根据相关法律、法规将资金和资产带回本国。

第六编　投资者的权利与义务

第一章　投资者的权利

第六十七条　(修订)投资者的权利

投资者享有以下权利:

1. 有向所有行业和领域进行投资的权利,老挝法律禁止的除外;

2. 有按照法律、法规确定的投资类型和形式进行投资的权利;

3. 有向中央政府或相关省级主管部门(视具体情况)申请特许经营开发项目的权利;

4. 有向中央政府申请获得特许经营权设立特别经济区的权利;

5. 在老挝设立代表处或分支机构的权利;

6. 企业经营受政府政策、法规和/或相关法律变更的影响的,提出修改投资目标或活动的权利;

7. 有获得中央政府保护投资者权利和正当利益的权利;

8. 有获得中央政府对投资各方面予以支持的权利；

9. 根据老挝法律、法规，自租赁活动或特许经营经营活动中获得收益的权利；

10. 土地承租人或特许经营经营者有权依照租赁合同或者特许经营经营协议的期限使用土地的权利。有根据相关法律、法规在租赁合同期限内转让上述权利的权利；

11. 有对其资产包括特许经营土地上的建筑物、设施和其他结构体享有所有权的权利；有根据法律、法规将该所有权向老挝国民或外国人转让的权利；

12. 有在老挝境内的任何银行开设老挝基普或其他外币账户的权利；

13. 投资中遭遇不公的，有向任何相关组织提出申诉的权利；

14. 法律、法规规定的其他权利。

第六十八条　(修订)经营和管理个人投资的权利

经营和管理个人投资的权利包括：

1. 制订投资计划；

2. 为了投资运行，采购和使用材料、设备、机动车、机械和技术；

3. 进入国内外市场；

4. 管理劳动者，确保经营活动的秩序、安全和平稳；

5. 召开与投资相关事项的会议；

6. 向其他投资者转让股份；

7. 减少或增加投资资本；

8. 要求相关部门审议将企业合并、暂停、解散或变更为其他形式的企业；

9. 行使法律、法规规定的其他权利。

第六十九条　雇佣劳动者的权利

雇佣劳动者的权利包括：

1. 与专家签订雇佣合同。企业需聘请的体力劳动者和知识密集型劳动者超出《劳动法》规定的许可配额的，投资者有权要求投资一站式服务处审议，并建议投资促进与管理委员会批准(视情形适当而定)；

2. 根据企业性质的要求，调配员工至不同岗位；

3. 对所有劳动者适用合法的待遇政策和措施；

4. 行使老挝相关法律、法规规定的其他权利。

第七十条　外国投资者于老挝居住的权利

外国投资者及其家属有权根据投资条款于老挝境内居住。外国专家据其雇佣合同有权于老挝境内居住。

第七十一条　(修订)外国投资者将资本、资产和收益转移到国内的权利

外国投资者有权在遵照法律、法规全额交纳税费、关税以及其他费用后，通过老挝境内的银行将资本、资产和收益(如投资利润、个人现金和资产或企业资产)转移到外国。

以资本和/或货币形式的资产转移包括：

1. 经老挝银行核证的资本；

2. 源于版权或其他知识产权的利润、股息、特许经营权使用费、技术服务费、利息和投资产生的其他收益；

3. 企业变卖所得，或企业全部或部分解散的所得；

4. 包括贷款协议在内的合同款项产生的收益，对任何争议解决的决定产生的收益，或与投资相关或不相关的法院裁判产生的收益；

5. 没收或征用前获得的补偿或其他款项；

6. 合法聘用的外籍员工的收入和报酬。

第二章 投资者的义务

第七十二条 （修订）对国家负有的义务

投资者主要负有以下义务：

1. 按照相关法律、法规及时足额交纳税费、关税及收费；

2. 适用《老挝人民民主共和国会计法》规定的会计惯例，有必要的，经老挝金融部门批准，可以适用国际会计制度；

3. 开展商业活动时，协调地方部门，以开展良好合作；

4. 促进老挝劳动者，尤其是妇女和少数族裔的就业；注重发展劳动技能，提升职业教育和向老挝员工转授技术；

5. 向投资监测与评估分配预算；

6. 每季度、每半年和每年向投资一站式服务处和相关行业部门报告其经营情况；

7. 履行法律、法规规定的其他义务。

第七十三条 （修订）社会义务

投资者的社会义务如下：

1. 按照法律、法规为企业职工实行保险和社会保障制度；

2. 推动企业内部群众组织，尤其是工会的组建和运行；

3. 尊重和遵守当地优秀传统、习俗和文化；

4. 补偿受企业经营影响的人员；

5. 促进国内企业发展，为投资项目所在地人口的减贫与地方发展工作作贡献；

6. 为总体社会发展作出经济贡献；

7. 履行法律、法规规定的其他义务。

第七十四条 （修订）环境义务

投资者负有以下环境义务：

1. 严格遵守环境义务；促进绿色发展和增长；重视法律、法规对环境保护的规定。

2. 出现环境问题的，相关投资者有义务采取必要措施，及时合法地解决问题。

3. 根据老挝加入的国际条约和协议履行环境义务。

4. 对总体环境工作作出经济贡献。

5. 履行法律、法规规定的其他义务。

第七编 投资促进与管理委员会及投资一站式服务

第一章 投资促进与管理委员会

第七十五条 (新增)投资促进与管理委员会

投资促进与管理委员会是中央政府设立的委员会,旨在促进和管理投资,简称为“投资促管会”。

投资促进与管理委员会分为:

1. 中央层面的投资促进与管理委员会,简称为“投资促管中央委员会”;

2. 省级层面的投资促进与管理委员会,简称为“投资促管省级委员会”。

第七十六条 (新增)投资促进与管理中央委员会

投资促管中央委员会的组成:

1. 副总理任主席;

2. 规划与投资部部长任副主席、常务委员;

3. 工商部部长任副主席;

4. 规划与投资部副部长任常务委员;

5. 财政部副部任委员;

6. 自然资源和环境部副部长任委员;

7. 能源和矿业部副部长任委员;

8. 农林业部副部长任委员;

9. 劳动和社会福利部副部长任委员;

10. 公共工程和交通部副部长任委员;

11. 信息、文化和旅游部副部长任委员;

12. 公安部副部长任委员。

投资促进与管理中央委员会每月至少举行两次会议。

第七十七条 (新增)投资促进与管理中央委员会的权利和义务

投资促进与管理中央委员会的权利和义务如下:

1. 审议与批准列入受管制类经营清单、特许经营投资和经济特区开发计划(视情形适当而定)的任何投资项目;

2. 监督一站式服务的实施,保障招商引资有效、快捷;

3. 监督投资促进与管理委员会及相关行业部门的运行;

4. 监督辖区内相关法律、法规和投资相关协议的执行情况;

5. 根据本法第四十七条、第八十六条、第八十八条之规定,修改、暂停或终止已列入受管制类经营清单、特许经营投资和经济特区开发计划(视情形适当而定)的投资项目;

6. 就指定的投资促进事项,与本区域及其他国家展开联系;

7. 定期总结工作,并向中央政府汇报;

8. 行使和履行法律、法规规定的其他权利和义务。

中央政府应发布受投资促进与管理中央委员会管辖的企业名单。

第七十八条 (新增)投资促进与管理省级委员会

各省投资促管省级委员会的组成：

1. 省长、首都市长任主席；

2. 副省长、首都副市长任副主席；

3. 规划和投资厅厅长任常务委员；

4. 工商厅厅长任委员；

5. 财政厅厅长任委员；

6. 自然资源和环境厅厅长任委员；

7. 能源和矿业厅厅长任委员；

8. 农林厅厅长任委员；

9. 劳动和社会福利厅厅长任委员；

10. 公共工程和交通厅厅长任委员；

11. 信息、文化和旅游厅厅长任委员；

12. 公安厅厅长任委员。

投资促进与管理省级和首都委员会每月至少举行两次会议。

第七十九条 (新增)投资促进与管理省级委员会的权利和义务

投资促进与管理省级委员会职权范围内的权利和义务如下：

1. 根据相关行业部门确定的管理层次，审议、批准列入受管制类经营清单的投资项目和特许经营权投资项目(视情形适当确定)；

2. 监督一站式服务的实施，保障招商引资有效、快捷；

3. 监督、监测辖区内相关法律、法规和投资相关协议的执行情况；

4. 根据本法第四十七条、第八十六条、第八十八条之规定，修改、暂停或终止其管辖范围内、列入管控业务清单的投资和特许经营投资；

5. 定期监督区域管委会和相关省级行业部门的运行；

6. 就指定的投资促进事项，与本地区其他国家以及世界各地展开联系；

7. 定期向投资促进监督与管理中央委员会汇报工作；

8. 行使和履行法律、法规规定的其他权利和义务。

第二章 投资一站式服务

第八十条 (新增)投资一站式服务处

投资一站式服务处，简称“一站式服务处”，是投资促进与管理委员会的常设机构，向投资者提供投资一站式服务。该机构行使和履行本法第八十四条规定的权利和义务。

投资一站式服务处分为：

1. 中央投资一站式服务处，简称“中央一站式服务处”；

2. 省级投资一站式服务处，简称“省级一站式服务处”。

第八十一条 （新增）中央投资一站式服务处

中央投资一站式服务处设于规划与投资部。该处由规划与投资部、工商部、财政部、自然资源和环境部、能源和矿业部、农业部、劳动和社会福利部、公共工程和交通部、信息、文化和旅游部及公安部的代表组成。

各部和各部的对等机构有责任建立投资一站式服务协调单位，接受担任投资促进与管理委员会委员之部长或副部长监督。

中央政府应确定国家和地方各级投资一站式服务处的组建和运行规则。

第八十二条 （新增）省级投资一站式服务处

省级一站式服务处设于省规划和投资厅。该机构的工作小组成员由规划和投资厅、工商厅、财政厅、自然资源和环境厅、能源和矿业厅、农林厅、劳动和社会福利厅、公共工程和交通厅信息、文化和旅游厅及公安厅的代表组成。

各省省厅均有责任建立投资一站式服务协调机构，由担任投资促进与管理省级委员会委员的厅长或副厅长监督。

第八十三条 （修订）投资一站式服务的原则

投资一站式服务的原则如下：

1. 以简便、快捷、透明和及时的方式，成为投资于普通投资、特许经营投资和经济特区开发项目的投资者的服务中心；

2. 遵照相关行业部门规定，积极协调相关行业部门；

3. 数据库集中化，监控、评估投资环境和私人投资项目。

第八十四条 （新增）投资一站式服务处的权利和义务

投资一站式服务处的权利和义务如下：

1. 向投资者解释与投资相关的法律、法规；

2. 受理受管制类经营清单和特许经营项目下的投资申请；

3. 将申请移交相关部门和地方部门征求意见；

4. 考量投资申请，向投资促进与管理委员会报告，供其审议、批准（视情形适当而定）；

5. 按周召开技术会议，审议投资申请；

6. 收到投资促进与管理委员会对相关申请的批准后，根据法律、法规，配合其他相关行业部门签发企业登记证、税务登记证、营业执照等；

7. 为便利文件获得，协调相关行业部门，向投资者提供与投资相关的信息；

8. 针对填写标准表格及其他与投资事宜相关的文件作出解释及提供意见；

9. 受理和审查涉及受管制类经营清单下特许经营权协议、投资许可证、企业登记证关于业务范围增减的变更申请；

10. 为外国投资者及其家属、外籍职工办理商务签证、工作许可证和居住证，并提供相应服务；

11. 受理投诉、接授投资者争议报告，协调相关行业和地方部门，解决此类问题；

12. 协调相关行业和地方部门，为解决投资相关的争议或请求提供初步帮助；

13. 依照法律、法规向投资者提供其他与投资的相关服务；

14. 监测和评估自身职权范围内的投资，并定期向投资促进与和管理委员会报告；

15. 按规定收取费用和服务费；

16. 行使和履行国家和省投资促进与管理委员会规定的其他权利和义务。

第八编　暂停、取消和终止投资

第八十五条　（修订）投资暂停

许可部门和企业登记部门将根据以下方式暂停投资：

1. 投资者要求；

2. 有关部门的要求（因不符合相关投资目标，违反协议，或违反法律、法规等原因）。

第八十六条　（修订）投资暂停的程序

根据投资者要求暂停的：许可部门和企业登记部门在审议、批准暂停要求前，应与相关行业部门协同审议、评估。

根据相关行业部门要求暂停的：许可部门和企业登记部门协商后向投资者发出警告通知，规定纠正措施的期限，且没有整改的，暂停相关投资。未能于规定时间内解决相关问题的，暂停该项投资。

第八十七条　（修订）投资终止

投资可因以下原因终止：

1. 投资者或任何缔约方，因（对方）违反合同或法律、法规而提出请求的；

2. 未解决本法第八十六条第二款规定问题的；

3. 未遵照相关法律、法规的要求履行交纳税费、关税和其他经济义务的；

4. 终审法院作出终止投资裁判的；

5. 依法破产的。

终止投资不应解除投资者对个人、实体和国家负有的任何义务和责任。

第八十八条　（修订）投资终止的程序

投资终止的程序如下：

1. 许可部门签发投资终止通知；

2. 投资者履行对国家负有的义务，全额偿还对债权人负有的债务。

第八十九条　（修订）投资终结

投资因以下情况终结：

1. 投资许可证规定的投资期限届满或投资项目完成的；

2. 本法第八十七条规定的投资许可证被撤回或终止的；

3. 企业按照《企业法》规定的程序而解散的；

4. 依投资者的请求，或缔约方的请求，且经有关行业部门核证的，取消投资的；

5. 法院作出终审裁判责令解散企业或终止投资经营的。

第九编　禁止事项

第九十条　一般禁止

禁止自然人、法人及其他组织采取以下行为：

1. 授权或从事任何被明令禁止或非法的经营活动；

2. 对在老挝开展的投资促进活动，采取任何阻碍措施；

3. 从事其他违反法律、法规的活动。

第九十一条　（修订）针对政府工作人员的禁止事项

禁止政府官员采取以下行为：

1. 滥用职权、职责和地位谋取私利；

2. 以非法营利为目的，与投资者合谋或为投资者提供便利；

3. 收受投资者的贿赂或其他谋取投资利益者的贿赂；

4. 披露国家、中央政府和投资者的保密文件；

5. 阻碍或妨害投资文件的审议；

6. 其他违反法律、法规的行为。

第九十二条　（修订）针对投资者的禁止事项

投资者禁止采取以下行为：

1. 向负责投资的官员和政府工作人员行贿；

2. 与政府官员合谋获得非法利益；

3. 买卖土地（如系外国投资者的），外国投资者可自私人所有者或自国家租赁土地，也可与中央政府签订土地特许经营协议；

4. 规避履行义务，隐瞒收入、利润，隐匿任何与税收和与海关相关的违法行为；

5. 诽谤或诋毁政府机构和政府雇员；

6. 从事任何可能对民族传统、习俗和文化、公共秩序及社会和国家安全造成不利影响之行为；

7. 以其他违反法律、法规的方式开展活动。

第十编　争端解决

第九十三条　（修订）争端解决途径

投资争端可通过以下方式解决：

1. 和解；

2. 通过行政部门解决争端；

3. 通过老挝境内的经济争端解决机构，或老挝加入的任何国际组织解决争端；

4. 向老挝法院或老挝为成员方的国际法院提出索赔或诉讼。

第九十四条　（修订）和解

发生与投资相关争端的，应当通过和解或借助公平合理的中间方，互相让步，友好解决争端。

第九十五条 （修订）行政部门争端解决

发生与投资相关的争端的，任何一方均可提请投资一站式服务处注意，该机构随后应向投资促进与管理委员会报告，以便寻求依法解决争端的方式。

第九十六条 （修订）通过老挝经济争端解决办公室或老挝加入的任何国际组织解决争端

发生与投资相关的争端的，任何一方均可向老挝经济争端解决机构或争议各方同意的任何国际组织处理。

老挝承认并执行外国或国际仲裁裁决，但须经老挝人民法院认证。

仅满足以下条件时，老挝人民法院认证外国或国际仲裁机构的裁决：

1. 争端各方应是1958年《承认及执行外国仲裁裁决公约》（《纽约公约》）缔约方的公民；
2. 仲裁裁决不得与宪法、涉及国家安全、公共秩序和环境的法律、法规相抵触；
3. 债务人在老挝拥有资产、经营、股份、存款或其他资产。

老挝人民法院对此予以承认和认证后，根据《老挝法院裁判执行法》执行裁决。

就与中央政府签署的协议发生的任何争端，应由双方于该协议中约定解决方式。

第九十七条 （修订）向老挝法院或老挝加入的国际法院提出索赔或诉讼

发生与投资有关的争议的，任何一方均有权根据老挝法律向人民法院或老挝加入的国际法院提起诉讼。法院的终局裁判对双方均产生约束力。

第十一编 投资管理

第一章 投资管理

第九十八条 （修订）管理部门

中央政府指定规划和投资行业部门直接负责投资管理，负责协调工商部门、相关行业部门和地方行政部门，主动在全国范围内统一集中管理投资促进工作。

第九十九条 （新增）规划和投资行业部门的权利和义务

规划投资行业部门管理投资促进工作，根据管理层次具有以下权利和义务：

A. 规划与投资部的权利和义务包括：

1. 研究、制定和宣传关于促进和管理在老挝投资和国内投资者向海外投资的战略、政策、法律、法规；
2. 制定、发布与在老挝投资和国内投资者向海外投资的各类相关申请文件；
3. 充当研究活动，特许经营协议谈判中的核心，协调相关行业部门，代表中央政府签署政府指定的该类协议；
4. 审议、建议暂停、改正或终止不符合投资目标、投资协议或相关法律、法规的投资项目或投资运营活动；
5. 建立和管理信息系统，提供吸引投资和海外投资的投资激励信息；
6. 监测和审计全国各地有关投资促进的法律及次级立法的执行情况；

7. 鼓励、促进和协调相关行业部门和地方行政部门对项目、运营展开评估，解决该类项目、运营在全国范围内产生的问题，包括监管向海外投资的国内投资者；
8. 指导促进投资一站式服务处的业务，提供快捷、透明、公平和有效的服务；
9. 打造、培训投资促进工作队伍，升级工作队伍水平；
10. 在投资促进方面与外国合作；
11. 管理特别经济区；
12. 定期总结投资促进情况并向中央政府汇报；
13. 法律、法规规定的其他权利和义务。

B. 省级、首都规划投资部门的权利和义务，包括：
1. 实施和宣传关于促进投资的战略、政策、法律、法规；
2. 建立和管理信息系统，提供投资激励信息，将投资项目吸引至本省；
3. 在协调相关行业部门，在研究活动、特许经营协议谈判中发挥核心作用代表本省签署指定的该类协议；
4. 鼓励、监督、审计和评估投资项目以及投资经营包括执行投资促进法律、法规的情况；
5. 协调当地行业部门，监督和解决当地项目、经营出现的问题；
6. 审议、建议暂停、改正或终止不符合投资目标、投资协议或相关法律、法规的投资项目或投资经营活动；
7. 促进投资一站式服务处的运行，提供快捷、透明、公平和有效的服务；
8. 根据上级要求，就投资促进等事宜与国外展开联系和合作；
9. 打造、培训投资促进工作队伍，升级工作队伍水平；
10. 定期总结并向上级汇报投资促进资情况；
11. 法律、法规规定的其他权利和义务。

C. 市、县规划和投资机构的权利和义务，包括：
1. 实施和宣传关于在其职权所辖范围内促进投资的战略、政策、法律、法规；
2. 建立和管理信息系统，提供投资激励信息，将投资项目吸引至本县；
3. 鼓励、监督、审计和评估投资项目以及投资经营的执行情况，包括本县执行投资促进法律、法规的情况；
4. 协调当地行业部门，监督和解决当地项目、经营出现的问题；
5. 促进投资一站式服务处的运行，提供快捷、透明、公平和有效的服务；
6. 收集当地投资和投资经营数据；
7. 打造、培训投资促进工作队伍，升级投资促进工作队伍水平；
8. 定期总结并向上级汇报投资促进的情况；
9. 法律、法规规定的其他权利和义务。

第一百条　(新增)工商部门的权利和义务

工商部门管理促进投资的，根据监管分权原则，应当具有如下权利和义务：

A. 工商部门的权利和义务，包括：
1. 研究企业发展和促进的方向、政策，并主动在全国范围内实施该政策；

2. 根据《老挝企业法》规定，管理其职权所辖范围内各类企业自设立至解散或破产各阶段有关企业存续和设立的事务；
3. 协调相关行业部门，对违反法律、法规的企业，实施监督和采取措施；
4. 为所有企业提供企业注册服务；
5. 受理境外企业和外国企业分支机构的企业注册申请；
6. 受理变更企业登记证书内容，但本法第四十七条规定的增加或减少经营活动除外；
7. 支持和指导当地企业的发展和投资促进；
8. 收集、保存和向上级和公众提供企业信息；
9. 召集企业对经营活动作出解释，或对企业的经营活动予以警告；
10. 根据《老挝企业法》规定，责令暂时或永久暂停其管辖地区的企业；
11. 根据《老挝企业法》规定，收回企业登记证或从其管辖地区的企业登记册中注销企业名称；
12. 责令修改、暂停或撤销当地企业登记机构非法签发的企业登记证书；
13. 定期总结并向中央政府汇报其职权所辖范围内的投资促进和监管情况；
14. 法律、法规规定的其他权利和义务。

B. 各省与首都工商部门的权利和义务包括：
1. 主动实行有关企业发展和促进方向的政策；
2. 根据《老挝企业法》规定，管理其职权所辖范围内各类企业自设立至解散或破产各阶段有关企业存续和设立的事务；
3. 协调相关行业部门，对违反法律、法规的企业实施的监督和采取的措施；
4. 为所有企业提供企业注册服务；
5. 受理经营管控业务清单以外事项的企业注册申请；
6. 受理变更企业登记证书内容；
7. 支持和直接实施发展和促进当地企业；
8. 收集、保存和向上级和公众提供企业信息；
9. 召集企业对经营活动作出解释，或对企业的经营活动予以警告；
10. 根据《老挝企业法》规定，责令暂时或永久暂停其管辖的企业；
11. 根据《老挝企业法》规定，收回企业登记证或从其管辖的企业登记册中删除企业名称；
12. 责令修改、暂停或撤销当地企业登记机构非法签发的企业登记证书；
13. 定期总结并向政府汇报管辖范围内的投资促进和监管情况；
14. 法律、法规规定的其他权利和义务。

C. 市、县工商部门的权利和义务包括：
1. 主动实施有关企业发展和促进方向的政策；
2. 根据《老挝企业法》规定，管理其职权所辖范围内各类企业自设立至解散或破产各阶段有关企业存续和设立的事务；
3. 协调相关行业部门，对违反法律、法规的企业实施监督和采取措施；
4. 为所有企业提供企业注册服务；

5. 受理经营受管制类经营清单以外事项的企业的注册申请；
6. 受理变更企业登记证书内容；
7. 收集、保存和向上级和公众提供企业信息；
8. 召集企业对经营活动作出解释，或对企业的经营活动予以警告；
9. 根据《老挝企业法》规定，责令暂时或永久暂停其管辖的企业；
10. 根据《老挝企业法》规定，收回企业登记证或从其管辖的企业登记册中删除企业名称；
11. 责令修改、暂停或撤销当地企业登记机构非法签发的企业登记证书；
12. 定期总结并向政府汇报管辖范围内的投资促进和监管情况；
13. 法律、法规规定的其他权利和义务。

第一百零一条 （新增）财务部门的权利和义务

财政部门管理投资促进活动，根据监管分权原则，其权利和义务具体如下：

A. 财政部的权利和义务包括：
1. 研究完善金融行业内关于投资促进的政策、战略、法律及法规；
2. 审议投资申请、投资协议延期和修订，并给出意见；
3. 鼓励、建议、传播、监督金融行业内执行有关引导投资者和其他相关投资方立法和次级立法的情况；
4. 鼓励、促进投资项目与投资经营的实施并提供便利，根据法律、法规监督监管税费和关税的激励情况；
5. 协调规划与投资部、其他部委和机构及地方行政部门，解决全国各地项目和经营出现的问题；
6. 建议有关部门对不符合投资目标、投资协议、法律、法规规定的纳税和其他义务的投资项目或经营，责令暂停、改正或终止；
7. 打造、培训从事投资事务的工作队伍，升级其工作水平；
8. 就与老挝投资促进有关的经济事项与外国、区域和国际机构建立联系、合作；
9. 执行法律、法规规定的激励；
10. 定期总结并向上级报告投资促进和监督情况；
11. 法律、法规规定的其他权利和义务。

B. 各省与首都财政部门的权利和义务：
1. 实施和宣传与投资促进有关的金融行业政策、战略、法律及法规；
2. 审议投资申请、协议延期和协议修订，并给出意见；
3. 鼓励、建议、传播、监督金融行业内执行有关引导投资者和其他相关投资方立法和次级立法的情况；
4. 鼓励、促进投资项目与投资经营的实施并提供便利，根据法律、法规监督监管税费和关税的激励情况；
5. 协调规划与投资部、其他各部委和机构及地方行政部门，解决全国各地项目和经营出现的问题；
6. 建议有关部门对不符合投资目标、投资协议、法律、法规规定的纳税和其他义务的投资项目或投资经营活动，责令暂停、改正或终止；

7. 打造、培训投资事务工作队伍，升级投资事务工作队伍水平；

8. 与外国、区域和国际机构就与老挝投资促进有关的经济事项建立联系、合作；

9. 执行法律、法规规定的激励；

10. 定期总结并向上级报告投资促进和监督情况；

11. 法律、法规规定的其他权利和义务。

C. 市、县财政部门的权利和义务：

1. 实施与投资促进有关的金融行业规划、政策、战略、法律及法规；

2. 建议、传播与投资促进有关的金融行业的法律、法规；

3. 鼓励、促进投资项目与投资经营的实施并提供便利，根据法律、法规监督监管税费和关税的激励情况；

4. 协调其他市、县投资部门，解决全国各地项目和经营出现的问题；

5. 建议有关部门对不符合投资目标、投资协议、法律、法规规定的纳税和其他义务的投资项目或投资经营活动，责令暂停、改正或终止；

6. 打造、培训投资事务工作队伍，升级投资事务工作队伍水平；

7. 执行法律、法规规定的激励措施；

8. 定期总结，并向上级报告投资促进和监督情况；

9. 法律、法规规定的其他权利和义务。

第一百零二条　(新增)其他行业部门和相关方的权利和义务

农林、能源和矿业、公共工程与交通、自然资源与环境等相关行业部门，根据监管分权原则，应当具有如下权利和义务：

A. 部级：

1. 研究、完善和宣传属于本部门负责的关于促进投资的战略、政策、法律、法规。

2. 协调规划和投资、工商和财政等部门，制订部门内的招商引资计划。

3. 指导和优化投资一站式服务处的运行，以提供快捷、透明、公平和有效的服务。

4. 在制定和改进法律、法规、表格、标准、程序、技术方面，负责主动协调其他相关行业部门，并在其职权所辖范围内发布表格和指令，以便统一实施。监督和检查其批准的项目的法律、次级立法和投资协议的执行情况。

5. 鼓励、促进和协调中央和地方各级其他相关行业部门，实施投资监督、项目评估和运营等工作，包括解决全国各地项目、经营中发生的争议、请求和其他问题。

6. 根据法律、法规，审议与其部门相关的投资，并给出意见。

7. 打造、培训本部门处理投资事务的工作队伍，升级其工作水平。

8. 就投资事宜与外国建立联系和合作。

9. 定期总结并向规划投资部汇报招商引资情况。

10. 法律、法规规定的其他权利和义务。

B. 省、县级：

1. 宣传其职权所辖范围内的政策、战略、法律及法规；

2. 协调规划和投资、工商和财政等部门，制订其部门内的招商引资计划；

3. 优化投资一站式服务处的运行，提供快捷、透明、公平和有效的服务；
4. 协调当地行业部门，监督投资、评估项目和运营情况，包括解决当地项目、经营的障碍和问题；
5. 根据法律、法规，审议与其部门相关的投资，并给出意见；
6. 打造、培训其部门负责投资事务的工作队伍，升级其工作水平；
7. 根据上级主管部门的要求，就投资事宜建立国际联系和合作；
8. 定期总结投资促进和监督情况，并向规划投资行业部门汇报；
9. 法律、法规规定的其他权利和义务。

第二章 投资审计

第一百零三条 （修订）审计部门

投资促进审计部门有：

1. 内部审计机构，其与本法第九十八条规定的投资促进监督机构相同；
2. 外部审计机构，即国民议会、省议会、国家审计局，各自审计任务由相关法律规定。

投资促进与监督委员会负责主动协调中央和地方有关部门，对本法规定的投资展开监督、检查。

第一百零四条 审计事项

企业的一切活动由本法第一百零三条规定的投资促进审计机关管理、监督和审计。

审计事项包括：

1. 投资协议的执行情况；
2. 对可行性研究中列出的投资程序的实施情况；
3. 基于环境影响评估的环境保护，包括人民的、中央政府的和投资者的资产；
4. 相关法律、法规的执行情况；
5. 对于员工职业安全措施的执行情况。

审计机关如发现违反投资促进和管理相关法律、法规的行为，有权向相关机关提供解决方案以供参考。

第一百零五条 （修订）审计类型

三种审计方式如下：

1. 常规审计；
2. 事先通知审计（非常规审计）；
3. 紧急审计。

常规审计是指正常的计划内审计，在一定期间内开展，每年至少一次，投资一站式服务处担任审计协调中心单位。

事先通知审计是指计划外审计，仅于必要时开展。应提前二十四小时通知待审计项目。

紧急审计是指有紧迫需要时的审计，无须事先通知。

审计的形式包括文件审计和工作场所实际业务审计两类。

第十二编　对表现优秀者的奖励和对违规者的惩罚

第一百零六条　对表现优秀者的奖励

自然人、法人或其他组织执行本法成绩突出的，即其投资具有极高效益，对社会经济发展和投资促进作出巨大贡献的，应由法规予以认可并予以奖励。

第一百零七条　对违规者的惩罚

自然人、法人或其他组织违反法律、法规、协议和规章的，应视情节轻重，对其采取教育和培训、惩罚、处罚、民事赔偿等措施，或视情节轻重，对其提起刑事诉讼。

第十三编　其他规定

第一百零八条　实施

老挝政府应当领导本法的实施。

第一百零九条　（修订）生效

本法在官方公报上公布十五日后，自老挝总统签发总统令之日起生效。

2009 年 7 月 8 日《投资促进法》（No. 02/NA）终止施行。

企业在协议终止根据旧法及先前与中央政府签署的协议获得的利润，应当不受影响。

投资者、开发者和企业有意依本法获得投资激励的，有权于一百二十日内向相关部门提出激励申请。相关部门应通知投资者予以实施。

凡与本法抵触的规定，一律废止。

国民议会议长

泰国投资促进法

屈文生　万　立　译*

《泰国投资促进法》译介

泰国主要有两大投资法律。一是1999年《泰国外国商业法》，该法专门适用于对泰国的外国投资，主要旨在通过一系列限制或禁止投资的负面清单管理对泰国的外国投资，但该负面清单并非泰国法律对外国投资的唯一限制。对外国投资的额外限制和条件载于其他关于具体行业的立法，如2008年《泰国金融机构商业法》。二是1977年《泰国投资促进法》，适用于国内外投资，是泰国投资委员会监管活动的法律基础，主要处理投资激励措施问题。①

投资机构

泰国政府根据《泰国投资促进法》成立了泰国投资委员会。该法第一章规定了投资委员会的制度结构。投资委员会的核心职能是管理旨在促进投资的投资激励制度，即向个人投资者颁发"促进证书"，予以受促进投资者特定激励措施。根据该法第16条，投资委员会有权确定何类投资原则上有资格获得"促进证书"。个人投资者仍需申请办理促进证书，方可根据投资促进机构获得投资激励措施。根据该法第17条和第18条，投资委员会有权决定是否授予投资者促进证书。根据该法第20条，投资委员会还有权对促进证书附加条件，如业绩要求。

泰国投资促进机构本身不区分泰国和外国投资者，但《泰国投资促进法》区别了获得促进地位的投资者，即可能为泰国投资者或外国投资者，亦可能是未获得促进地位的投资者。根据第20条，投资委员会行使酌处权对促进证书附加条件时，可考虑投资者的国籍和资本来源。

投资限制

某些类型的商业活动仅向泰国国民保留(1999年《泰国外国商业法》)。该等活动的外国投资须低于股本的50%，除非泰国与另一国家签订的双边协议允许或以其他方式豁免，或由投资委员会同意。潜在投资者应重点关注泰国联邦银行的三项外国人限制活动清单，以确定拟开展的活动是否属于任何保留范围。

清单一是严格禁止非国民参与的活动：报纸或广播电视业务；水稻种植、种植园作物；畜

---

* 屈文生，全国人大常委会法工委法律英文译审专家委员会委员、华东政法大学教授、博士生导师；万立，华东政法大学博士研究生。

① 参考资料：Johnathan Bonnitcha, *Investment Laws of ASEAN Countries: A Comparative Review*, Manitoba, Canada: International Institute for Sustainable Development, 2017。

牧业;天然林业和木材加工;泰国领海和特定经济区渔业;泰国草药提取;泰国古董或历史文物交易和拍卖;制作或铸造佛像和化缘碗;土地交易。

清单二是与国家安全或安保有关的活动,或影响艺术文化、传统、民间手工艺品或自然资源和环境的活动:武器生产、销售和维护;国内陆运、水运和空;泰国古董或艺术品交易;采矿(包括岩石爆破);家具和器具木材加工;投资委员会的促进措施;泰国工业产业管理局授权;泰国为成员方的条约许可。如泰国国民或法人持有股份不低于40%(或25%,经商务部批准),并且泰国董事人数不低于总董事人数的五分之二,则外国多数股权公司可从事清单二项下的活动。

清单三是对泰国国民提供经济保护的活动:会计、法律、建筑或工程服务;零售和批发;广告业务;酒店;导游;出售食物或饮料;任何服务业务。清单三的例外情况适用于以下人员:获得外国商业委员会批准,获得商务部商业发展司司长许可;获得商务部商业发展司司长颁发的外国商业证书后,自泰国投资委员会或工业地产管理局获得投资促进措施。泰国为成员方的条约保护,包括《美国和泰国友好与经济关系条约》《东盟全面投资协定》《泰国—澳大利亚自由贸易协定》《日本—泰国经济伙伴关系协定》《东盟服务框架协定》等。

激励措施

泰国投资委员会向合格投资项目提供税收和非税收激励措施,于泰国和外国投资者平等适用。激励措施包括企业所得税假期,分为两类:A类包括获得企业所得税减免、机械和原材料进口税减免和其他非税收减免的活动,并有四个子项:

A1:8年企业所得税免税,无最高限额/机器进口税免税/一年生产出口产品所用原材料或基本材料进口税免税/其他非税收优惠;A2:8年企业所得税减免/机器进口税减免/用于制造出口产品的原材料或必要材料进口税减免一年/其他非税收优惠;A3:五年企业所得税免税,占投资的100%(不包括土地和营运资金成本)/免除机器进口税/免除一年用于制造出口产品的原材料或基本材料进口税/其他非税收优惠;A4:三年企业所得税免税,占投资的100%(不包括土地和营运资本成本)/机器进口税免税/用于制造出口产品的原材料或必要材料进口税免税一年/其他非税收优惠。

B类包括仅机械进口关税减免的活动,有两个子项:B1:对机器免征进口税/对用于制造出口产品的原材料或必要材料免征一年进口税/其他非税收优惠;B2:对用于制造出口产品的原材料或基本材料免征进口关税一年/其他非税收优惠。其他激励措施包括,免税期间股息分配的预扣税豁免;进口原材料和机械的关税减免;外国公司的土地所有权;以外币提款或汇往国外;外籍人士的签证和工作许可特权。

投资委员会的促进侧重于以下活动:技术和创新方面的研发,包括内部研发、泰国外包研发与海外机构的联合研发;经投资委员会批准,捐助泰国科技领域的技术和人力资源开发基金、教育机构、专门培训中心、研究所或政府机构;泰国开发的商业化技术的知识产权收购/许可费;高级技术培训。尤其是,投资委员会认为重要、有益的活动,如电子设计、软件、能源服务、云服务、研发、生物技术和工程设计。向合格投资者提供额外的企业所得税减免,鼓励开展以下活动:增强竞争力(主要是研发活动);去中心化(基于二十个人均收入最低省份的活动);工业区开发(针对基于工业区的合格项目)。除投资委员会提供的激励措施之外,泰国工业产权局授予的特权可在税收和非税收激励措施方面惠及外国投资者,包括免除机器进口关税和允许拥有经营性土地。

总体上,泰国商业环境有利于外国投资。目前,放松管制和贸易自由化正多方面开展,主要受泰国加入东盟经济共同体推动。2015 年 11 月 22 日,东盟第二十七届首脑会议通过了东盟经济共同体 2025 年蓝图,为东盟经济共同体确定广泛的经济发展方向,使货物、服务、资本和劳动力更加自由流动。投资委员会为此也推出了新的投资促进计划(包括经国民议会批准的各类法令),使在泰国营商更为便利。

佛历 2520 年(公元 1977 年)《投资促进法》①

由佛历 2534 年(公元 1991 年)《投资促进法》(第 2 号)修正②

由佛历 2544 年(公元 2001 年)《投资促进法》(第 3 号)修正③

为修订有关投资促进之法律,经全国行政改革委员会建议并同意,由泰王蒲眉蓬陛下公布本法如下:

第一条

本法称作《佛历 2520 年投资促进法》。

第二条

本法自政府公报公布后次日正式生效。

第三条

以下各项应予废止:

(1)佛历 2501 年 11 月 29 日革命党第 31 号公告;

(2)佛历 2515 年 10 月 18 日全国行政委员会第 22 号公告;

所有其他法律、法规规定之事项,凡与本法之规定抵触者,概由本法取代,适用本法之规定。

第四条

本法中:

“申请人”是指根据本法申请投资促进项目者;

“享受投资优惠者”是指根据本法规定获得投资促进证明书者;

“机器”是指开展享受投资优惠活动所需之机器以及建造工厂所需的机器,包括零部件、工具、机具和装备工厂所用之预造工厂结构;

“投资委”是指投资委员会;

“委员”是指投资委员会委员,包括投资委员会主任和副主任;

“顾问”是指投资委员会的顾问;

“秘书长”是指投资委员会的秘书长;

“办公厅”是指投资委员会办公厅;

“主管官员”是指经总理指派负责执行本法规定者。

---

① 公布于佛历 2520 年 5 月 4 日(公元 1977 年)《政府公报》第 94 卷第 38 编特刊。

② 公布于佛历 2534 年 11 月 21 日(公元 1991 年)《政府公报》第 108 卷第 201 编特刊。

③ 公布于佛历 2544 年 11 月 30 日(公元 2001 年)《政府公报》第 118 卷第 110Kor 编法令辑刊。

第五条

总理负责并掌握本法之执行，并有权指派主管官员负责执行本法。

第一章　投资委、顾问和主管官员

第六条

国家设立投资委员会，由总理任主任、工业部部长任副主任，由总理选任其他合适之人员任委员，人数以十名为限。秘书长为委员，兼任投资委秘书，根据本法行使职权。

总理得选任其他合适人选担任顾问，人数以五名为限。

第七条

委员或顾问任期两年。

委员或顾问任期期间，增补或替补新委员或顾问的，新增补或替补的委员或顾问的任期，以原委员或顾问的剩余任期为限。

委员或顾问停止任职的，可补任新委员或顾问。

第八条

根据第七条第一款，除任期届满外，委员或顾问可因以下原因停止任职：

(1)死亡；

(2)辞职；

(3)由总理免职；

(4)被宣告破产；

(5)被宣告丧失行为能力或准丧失行为能力；

(6)或确定被判处监禁刑，但因过失而犯有轻微犯罪的除外。

任何委员或顾问因第一款而停止任职的，总理可选任其他人递补。

第九条

投资委由主任召集投资委会议。

投资委会议的举行，须有全体委员过半数出席，方符合法定出席人数。主任担任投资委会议主席，主任缺席或无法参加会议的，由副主任担任会议主席，主持会议。副主席缺席或无法参加会议的，应推选出席委员中的一人主持会议。

会议决议应采取多数决。

每一委员一人一票。出现平票情形的，会议主持者投决定票。

第十条

主任无法行使职权的，应由副主任代为行使。主任和副主任均无法行使职权的，秘书长应召集会议，选出一名委员代行主任的职权。

第十一条

投资委依据本法执行职权时，可授权办公厅代行，指定特定小组执行特定职责，或令相关人士提供事实、说明、建议或意见。

第九条之规定加以必要变通后可适用于投资委小组会议。

办公厅或投资委小组完成第一款所明确的职责的，应向投资委报告。

第十二条

委员、顾问和投资委小组成员可依据“部长会议”的规定，领取报酬。

第十三条

秘书长在总理的直接领导下，负责办公厅管理事务。办公厅设副秘书长一名或多名，并得设置助理秘书长一名，协助秘书长执行职责。

秘书长、副秘书长和助理秘书长为公务员。

办公厅职权如下：

(1)执行投资委决议或交办事项；

(2)发布有关投资机会的信息，促使投资人从事有利于国家经济、社会发展及安全的投资；

(3)成立投资服务中心，协助潜在投资人和投资人申请相关投资许可和服务，包括在实施投资计划时，为潜在合伙人提供便利和帮助；

(4)办理申请享受投资优惠的项目，监督、管控及评估享受投资优惠的投资项目；

(5)进行有关投资机会的研究和调查工作，拟订可行性报告，并制订投资促进计划；

(6)研究和编纂与对泰国投资的相关资料；

(7)履行其他与促进本法的宗旨相关的职责。

第十四条

主管人员有权在工作时间进入申请人和享受投资优惠者的场所，就享受投资优惠活动的情况，询问该场所内的任何人或查阅相关文件。

除非遇有紧急情况，主管人员如前往第一款规定的场所，应事先书面通知申请人或享受投资优惠者。

第十五条

主管人员执行第十四条所规定职责时，应向相关方出示其身份证明。

第二章　促进(措施)的申请与批准

第十六条

符合投资条件的活动应是有利于国家经济、社会发展及安全的活动，是指包括面向产品出口，资本含量高，有劳动力或服务需求的活动，或是指以农产品或自然资源为原材料的活动，但应由投资委确定，上述活动在泰国国内无人从事或虽有人从事，但仍属供应不足或生产方式落后的活动。

投资委应公布符合促进条件之投资活动的种类和规模，并规定批准的条件；投资委可随时变更或废止享受投资优惠条件。

投资委根据第二款认定已经宣布为符合投资享受投资优惠活动已无必要继续享受投资优惠的，可宣布暂时或永久停止给予该活动的享受投资优惠。

第十七条

申请成为享受投资优惠者的，申请人应依据秘书长规定的规则、程序和形式，详细说明拟申请享受投资优惠的投资项目，向办公厅提出申请。

享受投资优惠者应是根据相关法律成立的公司、基金会或合作组织。

享受投资优惠申请的提出，先于第二款规定的公司、基金会或合作组织成立时间的，应根据秘书长规定的规则、程序和形式办理。

第十八条

投资委批准给予享受投资优惠的投资项目，须具备经济和技术上的实力。投资委着重考察如下要点：

（1）泰国国内现有生产者数量和产能，以及享受投资优惠后能够创造的产能规模和预计需求量比较；

（2）该活动可能扩大国内产品或商品市场及鼓励国内生产和装配的前景；

（3）包括资本、原材料和劳动或其他服务等国内可用资源的数量和比例；

（4）可为泰国节省或赚得的外汇金额数目；

（5）生产或装配过程的适当性；

（6）投资委认定必要和适当的其他条件。

第十九条

投资委批准的享受投资优惠的投资项目须有适当的环境污染防治措施，符合保障公众一般居住的公共利益，以及人类与自然永存的需求。

第二十条

投资委认定可以予以申请人享受投资优惠的，可于投资促进证明书内规定享受投资优惠者在如下领域内应当遵守的条件：

（1）资本数额和来源；

（2）股东的国籍和人数；

（3）活动规模，包括产品、商品或服务的种类，以及生产或装配方法及其产能；

（4）拟使用的当地原材料的数量；

（5）工人、技术人员和专家的国籍与人数；

（6）劳动者的培训和雇用；

（7）环境污染的防治措施；

（8）享受投资优惠的项目的起始时间；

（9）订购机器的期限；

（10）机器进口的期限；

（11）进口机器使用完毕后，再出口的期限；

（12）第八项、第九项或第十一项规定的期限的延展；

（13）开始经营日期；

（14）有关投资项目的实施和营运的报告；

（15）有关外国技术人员和专家对泰国人员所提供训练绩效的报告；

（16）投资委或其他政府机关规定的有关生产、装配或出口的产品或商品须符合的标准；

（17）所生产、装配的产品或商品，或者所提供服务的经销；

（18）所生产或装配的产品或商品的出口；

（19）有关应向办公厅缴纳保证金以保证遵守投资委规定之条件的要求，可以现金、银行担保及泰国政府国债或投资委认定适当的其他债券等方式缴纳；

(20)有关对主管人员提供便利以及根据本法给予、行使或控制权利与收益等其他事项的规定。

第二十一条

投资委决定予以某一申请人享受投资优惠的，办公厅应以书面形式将投资委决议连同投资委规定的条件，于决议后十五日内通知申请人。

申请人依照第一款接受投资优惠的，应在接到通知后一个月内，以书面形式向办公厅确认。

有正当之理由的，秘书长有权延长第二款规定的期限，但以三次为限，且每次延期不得超过一个月。

第二十二条

申请人依照第二十一条已经确认接受投资优惠的，应在作出确认后六个月内，根据秘书长规定的形式和程序，向办公厅报告接受投资优惠项目的启动。

有正当理由的，秘书长有权延长第一款规定的期限，但以三次为限，每次延期不得超过四个月。秘书长于每次批准延期时，均应向投资委报告。

秘书长认定申请人确可开展享受投资优惠的投资活动的，应立即向申请人签发投资促进证明书。

第二十三条

投资促进证明书的格式由投资委确定。

秘书长应于投资促进证明书上签字。

投资促进证明书有任何修订的，须由投资委以决议的方式作出。秘书长应在修订的投资促进证明书上签字，立即颁发享受投资优惠者。

第三章　权利和优惠

第二十四条

除移民法另有规定外，本法未作其他规定的，投资委有权批准外国人入境泰国，以考察投资机遇或办理投资相关事宜，其在泰国居留的期限，由投资委决定。

申请入境许可，应根据投资委规定的规则、程序和形式办理。投资委于批准许可时，可规定其认定适当的条件。

第二十五条

除移民法另有规定外，本法未作其他规定的，享受投资优惠者应准携带下列人员进入泰国：

(1)技术工人；

(2)专家；

(3)第一和第二项所列人员的配偶和受扶养人。

具体人数和居留期间由投资委决定，不受移民法有关名额和居留期限的限制。

第二十六条

除有关外国人工作的法律另有规定外，本法未作其他规定的，根据第二十四条规定获准入境的外国人及根据第二十五条规定获准居留于泰国的外国技术工人或专家，在其泰国居留期间，应获颁工作许可证，可从事投资委批准的特定工作。

第二十七条

享受投资优惠者可在投资委批准的范围内，在泰国拥有土地，以便经营投资优惠活动，不受其他法律规定的限制。

享受投资优惠者系《泰国土地法》规定的外国人，将其投资优惠活动解散或将之转让给他人的，该享受投资优惠者应在解散或转让后一年内，将其原受允许拥有的土地予以处分。否则，土地管理局局长有权依据《泰国土地法》加以处分。

第二十八条①

享受投资优惠者可依据投资委的批准，豁免缴纳机器进口税，但前提是泰国国内无法提供充足生产或组装与该机器质量相当的机器，以供该类活动的展开。

第二十九条②

投资委认定可以批准任何活动和申请人享受投资优惠，但不宜予以第二十八条规定之优惠的，投资委可批准仅降低一半进口关税，或不对该类活动或申请人及之后的申请人豁免机器进口关税和/或营业税。

第三十条③

有正当理由的，投资委可对享受投资优惠者予以不超过正常税率的百分之九十的进口关税减税优惠，用于投资优惠活动中的生产、混合或组装所需国外原材料或必要材料的进口，每次减税期不得超过投资委规定日期起一年，但前提是泰国国内不是该原材料或必要材料的原产地或者无法充足地生产质量相当的原材料或必要材料，以供该类活动的展开。

上述减税的种类、数量、期限、条件和程序，由投资委规定。

第三十一条④

根据投资委公告规定，对于投资优惠活动的净利润所得，享受投资优惠者应豁免缴纳法人所得税，期限不超过从该投资活动获利之日起八年，投资委应考虑豁免法人所得税同投资资本(不包括土地成本和营运资本)的比例。

投资委公告规定的活动对国家尤为重要和具有益处的，在投资委规定的自该活动首次获利之日起不超过八年期限内，享受投资优惠者就该投资优惠活动中获得的净利润，应被豁免缴纳法人所得税。

计算第一款或第二款规定的优惠投资活动产生的净利润依据，应包括投资委认为合适的副产品和半成品的销售所得。

法人在豁免缴纳第一款或第二款规定的法人所得税期间发生亏损的，享受投资优惠者可自法人所得税豁免期间届满后，于至多五年内的任何一年或几年，将该亏损自该期间的净利

---

① 本条由1991年《泰国投资法》修正。

② 本条由1991年《泰国投资法》修正。

③ 本条由1991年《泰国投资法》修正。

④ 本条由2001年《泰国投资法》修正。

润中扣除。

第一款规定的投资资本的计算,应依投资委公告规定的规则及程序办理。

第三十二条

投资委认定可批准投资优惠活动或申请人,但不宜予以第三十一条规定的法人所得税豁免优惠的,可对该活动或申请人及其后继者享受投资优惠,但不予以法人所得税豁免优惠。

第三十三条

依据投资委批准的协议,自享受投资优惠者商誉、版权或其他权利获得的款项,应豁免计入应税所得,为期五年,自享受投资优惠者从该活动首次获利之日起算。

第三十四条

自获准豁免缴纳法人所得税的投资优惠活动中获得的股利,在享受投资优惠者享有法人所得税豁免期间,豁免计入应税所得。

第三十五条①

为鼓励投资人前往某些地区投资,投资委可在政府公报发布公告,将该地区指定为投资促进地区。

除本法其他条款规定的其他权利和优惠外,投资委有权另外给予在投资促进地区投资经营投资优惠活动并享受投资优惠者,下列一项或多项特别权利和优惠:

(1)自第三十一条第一款或第二款规定的到期日起,或在享受投资优惠者未被豁免法人所得税的情形下,自享受投资优惠者首次自投资优惠活动中获利之日起的五年以内,对自投资优惠活动中获得的净利润,减免法人所得税正常税率的一半。

(2)根据投资委规定的条件、程序和期限,为评估法人所得税,可扣除享受投资优惠者开展投资优惠活动发生的交通、电力和供水费用的两倍。

(3)根据投资委制定的规则,允许自净利润中扣除不超过用于投资优惠活动的设施安装费或建造费用数额的25%;除正常折旧外,享受投资优惠者还可在自首次在投资优惠活动中获利之日起的十年内,自任何一年或几年的净利润中扣除该类费用。

第三十六条②

为促进出口,投资委可允许享受投资优惠者下列一项或多项特别权利和优惠:

(1)专用于生产、混合或组装供出口之产品或商品而进口原材料或必要材料的,豁免缴纳进口税;

(2)享受投资优惠者进口供开展再出口物品活动的,可豁免缴纳进口税;

(3)享受投资优惠者生产或组装的产品或商品,可豁免缴纳出口税;

(4)享受投资优惠者生产或组装的产品或商品的出口收入,在核算其法人所得税时,对于当年度较上一年度增加的收入(不包括海外保险费和运费)的5%,可扣除其应税所得。

以上各项均应遵守投资委规定的条件、程序和期限。

第三十七条

享受投资优惠者或享受投资优惠的投资人,不居于泰国境内的,可获准将下列各项所得

---

① 本条由2001年《泰国投资法》修正。

② 本条由1991年《泰国投资法》修正。

结汇为外币,带出或汇至国外。

(1)享受投资优惠者带至泰国的投资资本及该资本的股利或其他收益;

(2)根据投资委批准的、享受投资优惠人带入泰国投资于投资优惠活动协议而向国外提供的贷款,包括利息;

(3)根据投资委批准的、以使用与投资优惠事业有关之权利和服务为目的的协议,享受投资优惠者应向外国支付的债款。

任何时期由于收支逆差严重,需要保证外币储备处于合理水平的,泰国中央银行可暂时限制汇出外币,但对于带入境内两年以上的资本,每年汇出外国资本的限制不得低于百分之二十,对于带入泰国资本的股利汇出限制,每年不得低于百分之十五。

第四章　机器、原材料和必要材料

第三十八条①

对于根据第二十一条已确认接受投资优惠的申请人或享受投资优惠者(视情形而定)所订购或进口至泰国并可依据本法豁免或减免进口税的所有机器、原材料或必要材料,投资委有权命令海关予以放行,但该申请人或享受投资优惠者应出具泰国境内的商业银行签发的银行保函,作为交纳进口税和/或营业税的保证金。

第三十九条②

享受投资优惠者未遵守投资促进证明书中关于机器进口或机器进口税豁免或减免规定,且投资委认定确有必要修订该等条件的,投资委有权对其加以修订。机器已根据海关法的合法程序进口的,投资委的修订效力可溯及至进口之日,无论该机器的进口发生于本法实施之前还是实施之后。

第四十条③

在投资委规定的五年至十五年内,享受投资优惠者不得:

(1)将豁免或减免进口税的机器用于投资优惠活动以外的任何用途,或允许任何其他人使用该机器;

(2)将工厂或营业场所迁移至投资促进证明书规定地点以外的其他地方;

依据第四十一条规定获得投资委许可的,不受此限。

第四十一条

投资委有权允许享受投资优惠者抵押、出售、转让、出租根据第二十八条或第二十九条豁免或减免进口税和/或营业税的机器,或将其作其他用途使用或允许其他人使用,或迁移工厂或营业场所至其他地方。

许可或以书面形式,或以修订投资促进证明书的方式作出,并可同时规定有关该项许可的条件和细节。

除投资委另有规定外,根据本法已获得投资委许可的享受投资优惠者,不受海关法的限

① 本条由1991年《泰国投资法》修正。
② 本条由1991年《泰国投资法》修正。
③ 本条由1991年《泰国投资法》修正。

制。在这种情况下,海关关税法仅得在不与本法抵触的范围内适用。

第四十二条

享受投资优惠者将已享有豁免或减免关税和税收的机器抵押给不具有享受投资优惠者资格的抵押权人,且该抵押权人在第四十条投资委规定的期限届满前,终止抵押人对抵押物的回赎权的,海关关税法应适用于该抵押权人。该抵押权人视作机器进口人,自转让之日起停止对该机器享有豁免或减免关税和税款。

第五章 保证和保障

第四十三条

国家不得将享受投资优惠者的活动国有化。

第四十四条

国家不得经营与享受投资优惠者构成竞争关系的新活动。

第四十五条

国家不得垄断与享受投资优惠者生产或装配的产品或商品相同或类似的产品或商品。

第四十六条

国家不得对投资优惠活动的产品或商品实施价格管制,因国家经济、社会发展及安全而有必要实施价格管制的除外,但管制价不得低于投资委认定的适当范围。

第四十七条

允许享受投资优惠者出口投资优惠活动的产品或商品,因国家经济、社会发展及安全而有必要限制的除外。

第四十八条①

投资委认定与享受投资优惠者生产或装配的产品或商品为相同的产品和商品的,国家不得允许任何政府机关、政府组织或国有企业以豁免进口关税的方式进口,除非其品质不同或供应不足。

第一款不适用于国防部根据武器管制法进口的军需品。

第四十九条

有必要保障享受投资优惠者的投资活动的,投资委有权对于与享受投资优惠者生产或装配的相同或相似或具有可替代性的产品或商品之进口,课征特别费,具体费率由投资委决定,但不得超过该进口商品价格的50%,计算该商品的价格应含海外保险费与运费。

根据第一条课征的特别费应于政府公报上发布公告,实施期限的有效期以公告发布后一年为限。

投资委认定有必要修订或撤销本法规定的公告的,应在政府公报上发布公告。

对于进口产品或商品是否适用根据投资委的公告而制定的特别费用有疑问的,由投资委有权对其作出决定,投资委的决定为终局决定。

根据本法对进口品征收特别费,属于海关的职责,并准用加以必要变通后的海关法,对于

---

① 本条由1991年《泰国投资法》修正。

进口品征收的特别费用可视作是依据关税法征收的进口税。

投资委认定该商品或产品不适用特别费用而有任何人已支付该特别费用的,海关应将该特别费退还该缴费人。

第五十条

投资委认定征收第四十九条规定的特别费用,仍不足以保障享受投资优惠活动的,商务部应根据进出口管制法,下令禁止进口与享受投资优惠者生产或装配的产品或商品相同、相似或具有可替代性的产品或商品。

第五十一条

享受投资优惠者在经营投资优惠活动中遇有问题或阻碍,而向投资委申诉并请求协助的,主任有权提供适当协助或令有关政府机关、政府组织或国有企业立即提供协助。

第五十二条

有关关税与税收、服务费或收费的结构、税率或程序对投资优惠活动产生阻碍的,不论是否向投资委提出投诉,主任均有权命令有关政府机关、政府组织或国有企业改善。

第五十三条

政府机关、政府组织或国有企业收到主任根据第五十一条和第五十二条规定下达的命令的,应立即遵照命令办理。无法执行的,应在收到该命令后的十五日内,向主任说明原因。

主任收到第一款规定的原因报告后,可采取适当措施,该措施具有终局效力,有关政府机关、政府组织或国有企业应立即加以遵行。

第六章　撤销权利和优惠

第五十四条

享受投资优惠者违反或无法遵守投资委所订之条件的,投资委有权撤销授予该享受投资优惠者的全部或部分权利和优惠,并可规定撤销的期限。

投资委认定享受投资优惠者并非故意违反规定的,可先指示秘书长对其予以书面警告,责其限期整改。享受投资优惠者在期限内无正当理由未能整改的,投资委应采取第一款规定的措施,撤销其享有的权利和优惠待遇。

第五十五条

投资委撤销有关进出口关税和税款的全部权利和优惠的,该享受投资优惠者应被视为自始未获得任何进出口关税和税款减免待遇,补交的关税和税款应按照物品的性状、价格及进出口之日的税率计算。先前曾享有该类关税和税款减免待遇的,应按照上述计算并补缴关税和税款全额的未清余额部分。

投资委撤销有关进出口关税和税款的部分权利和优惠的,该享受投资优惠者应被视为自始已获得进出口关税和税款的豁免或减免,但仅限于其仍享有的权利和优惠,且其应根据物品的性状、价格及进出口之日的税率计算并补缴被撤销部分的关税和税款。

享受投资优惠者应在知悉投资委撤销该类有关关税和税款权利和优惠的命令而需要补缴关税和税款或附加关税和税款之日起一个月内,联系其物品的进出口海关部门或设有海关的车站。享受投资优惠者应于被告知应缴纳之日起一个月内,在海关部门指定地点缴纳。享受投资优惠者未能在上述规定的期间内，申请纳税或未缴纳关税和税款或附加关税和税款的，应缴付滞纳金，按照自申请日或支付日到期直至该类关税和税款或附加关税和税款及该滞纳金已缴纳之日止每月百分之一的税率计算缴纳，不按照复息计算，但预期不得超过到期日后三个月。享受投资优惠者未能遵守规定的，该享受投资优惠者应被视为以逃税、漏税的方式进口或出口该类物品，并对其适用海关法。为计算该类滞纳金，不足一个月的，应按一个月计算。①

享受投资优惠者未依照秘书长根据第五十四条第二款发出的警告照做的，投资委可令享受投资优惠者通过海关向泰国政府缴纳滞纳金，连同按照第三款需缴纳的关税和税款或附加关税和税款，以每月百分之一的税率计算缴纳金额，自第五十四条第二款规定的到期日起计算；但本条规定的滞纳金不得超过应补交关税和税款或附加关税和税款金额。附加关税和税款的征收，适用海关法规定办理。为执行滞纳金缴付规定，此滞纳金应视为是根据海关法课征的关税。

为使有关法律程序得以实行，本条规定的税款计算，均自命令下达后一个月起算。

第五十五条之一

投资委已撤销关于法人所得税的权利和优惠的，该享受投资优惠者应被视为在该类权利和优惠已被撤销的财政年度内无权享有法人所得税豁免或减免的权利，并应对其适用《税法》。

投资委可撤销有关法人所得税的权利和优惠，并将撤销的效力溯及至享受投资优惠者违反或未能遵守投资委规定条件的财政年度。享受投资优惠者应向其总部所在地的税务厅、地区税务办事处或省级税务办事处申请纳税，并在享受投资优惠者被告知取消该类权利和优惠之日起的一个月内补缴已被减免的关税和税款。补缴税额的计算适用享受投资优惠者获得豁免或减税款之财政年度的法人所得税税率。享受投资优惠者未申请，且未在申请期限内缴纳关税和税款或附加关税和税款的，享受投资优惠者须缴纳滞纳金，按照自申请日或支付日直至该类关税和税款或附加关税和税款及该滞纳金已缴纳之日止计算。享受投资优惠者未遵守规定的，并应对其适用《税法》。

投资委根据第二款撤销有关法人所得税的权利和优惠的命令，应不适用于在该类撤销命令日期之前已支付的源于投资优惠活动的股息。②

第五十六条

享受投资优惠者的活动解散、与他人合并或转让他人的，投资促进证明书应自上述解散、合并或转让之日起三个月内失效。

投资优惠活动被兼并或转让后的新经营者希望享有投资促进证明书规定的条件的，应在第一款规定的期间内，申请享受投资优惠。投资委认定可予以享受投资优惠的，即依据本法颁发投资促进证明书，其享有的权利和优惠同原享受投资优惠者本该享有的权利和优惠相同。投资委认定不宜予以享受投资优惠的，应撤销所有的权利和优惠。

---

① 第五十五条第三款由 2001 年《投资促进法》修正。

② 本款由 2001 年《投资促进法》新增，不适用于财政年度在 2002 年 12 月 1 日（该法生效之日）之前结束的享受投资优惠者的收入。

第七章　其他条款

第五十七条

根据佛历 2515 年 10 月 18 日《全国行政委员会第 227 号公告》关于执行佛历 2515 年 12 月 13 日《全国行政委员会第 328 号公告》而赋予投资委员会的一切职权，应为本法投资委的职权。

第五十八条

根据部门规章或根据促进工业投资法制定的工业投资委员会公告规定的种类、规模和条件经营工业活动且已接受投资优惠证明书的任何人，以及根据佛历 2515 年 10 月 18 日《全国行政委员会第 227 号公告》的规定已接受投资促进证明书的任何人，应为本法规定的享受投资优惠者，其除继续享有原投资促进证明书规定的权利和优惠外，并可同时申请享有本法规定的权利和优惠。

第五十九条

投资委根据佛历 2515 年 10 月 18 日《全国行政委员会第 227 号公告》之规定核准的投资优惠申请，应视为投资委根据本法的规定核准的投资优惠申请。

第六十条

本法生效日尚在审核的享受投资优惠申请，应视为系根据本法提出的申请。

总理他宁 · 盖威迁副署

泰国投资促进法（第四次修正）

屈文生　万　立　译*

玛哈·哇集拉隆功·博丁达德巴亚瓦兰恭国王
于佛历2560年1月23日签谕
曼谷王朝在位第二年

玛哈·哇集拉隆功·博丁达德巴亚瓦兰恭国王圣旨：①

鉴于有调整投资促进法之必要，故下旨制定本法，并在国家立法大会建议和同意后公布如下：

第一条

本法简称为"佛历2560年（2017年）《泰国投资促进法（第四次修正）》"。

第二条②

本法将于泰国《政府公报》公布之次日生效。

第三条

废止佛历2520年（1977年）《泰国投资促进法》第七条第三款，代而改为：

依第一款期限届满，新任投资委或顾问仍未设立的，拟停止任职的委员或顾问可继续任职至新任之委员或顾问上任时止。

停止任职的委员或顾问，可以连任。

第四条

新增第十一条之一于佛历2520年（1977年）《泰国投资促进法》。

第十一条之一：为追踪及评估投资促进之目的，以确保其符合本法立法宗旨，以及确保给予享受投资优惠者适当、明确和透明的权利和优惠，投资委应至少于每两年委组织评估一次该投资促进的效果。评估应由第三方开展，办公厅负责向向投资委报告评估结果，后者负责将此披露，以供公众知悉。

依照第一款进行的投资促进评估，按照投资委规定的规则，必须反映泰国从中获得的经

---

* 屈文生，全国人大常委会法工委法律英文译审专家委员会委员、华东政法大学教授、博士生导师；万立，华东政法大学博士研究生。

① 本译本参考了我国台湾地区投资窗口泰国法规翻译，参见 https://twbusiness. nat. gov. tw/files/201711/泰國投資促進法%EF%B9%9D第4次增修%EF%B9%9EB. E. 2560. pdf。

② 公布于2007年1月24日《政府公报》第一百三十四卷第十编之一。

济和社会价值以及该投资促进本身具有的价值。

第五条

新增第十三条之一于佛历2520年(1977年)《泰国投资促进法》:

第十三条之一:必须对于执行本法过程中给予投资促进的项目以及对于包括机器或原材料及必要材料的权利和优惠的行使在内的权利和优惠的行使进行检查、管制及评估的,办公厅可委托任何人代表办公厅履行职责,并根据投资委制定的规则,对于该绩效情况作出评价报告。

第六条

废止佛历2520年(1977年)《泰国投资促进法》第十六条第一款,并且代而改为:

第十六条:投资委可能给予批准享受投资促进的项目,须是重要的且有利于国家经济、社会及安全的项目,需要高水平资本、劳动力或服务的项目,或是需要使用农产品或天然资源作为原材料的项目,但前提是投资委认定目前泰国尚无类似项目或尚缺乏更多类似的项目或泰国类似项目的生产方式已经过时。

第七条

废止佛历2520年(1977年)《泰国投资促进法》第二十条第四款。

第八条

废止佛历2520年(1977年)《泰国投资促进法》第二十条第十八款。

第九条

新增第三十条之一于佛历2520年(1977年)《泰国投资促进法》:

第三十条之一:为推动研究与开发,对于享受投资优惠者进口的用于研究与开发及相关测试的物品,按照投资委的规定,投资委可准予豁免享受投资优惠者缴纳进口关税。

第十条

新增第三十一条之一和第三十一条之二于佛历2520年(1977年)《泰国投资促进法》:

第三十一条之一:为推动国家潜力及竞争力的发展,对于投资委公告中规定的需要使用高科技及技术创新的项目,或从事研究与开发的项目,投资委可允许享受投资优惠者对其自从事投资优惠项目产生收入首日起所获得的净利润,豁免缴纳不超过十三年的企业所得税,但该豁免缴税优惠可依投资额(不包含土地成本及循环使用资本)按比例确定。

为了计算根据第一款营运的项目所得收入的净利润,投资委认为合适的,该所得收入可包括销售副产品及半成品的收入。

根据第一款取得豁免缴纳企业所得税期间产生经营亏损的,投资委可准许享受投资优惠的项目,于取得豁免缴纳企业所得税时效届满后,将该年度的亏损从净利润中扣除,其时效为取得豁免缴纳企业所得税时效届满后五年,但是也可选择从某一年或某几年的净利润中扣除。

第一款规定的投资金额的计算,应遵守投资委公告中规定的规则及程序。

第三十一条之二:享受投资优惠者未被给予豁免或减免缴纳企业所得税优惠待遇的,投资委可准许自该运行优惠项目的净利润中扣除不超过百分之七十的投资成本。但是,除正常折旧费用以外,享受投资优惠者可自主选择从某一年或某几年的净利润扣除,其时效为批准的投资优惠项目运行后营利起十年内,应遵守投资委公告中规定的条件及程序。

第十一条

废止佛历2520年(1977年)《泰国投资促进法》第三十二条,并代而改为:

第三十二条:投资委认为根据第三十一条和第三十一条之一不宜予以某些项目或某些投资优惠项目申请者以豁免缴纳企业所得税优惠的,投资委可对该项目或该申请者或其他任何申请者予以投资优惠,但不给予豁免缴纳企业所得税的优惠,或同意予以自投资所获净利润中减免企业所得税替代豁免缴纳企业所得税的优惠。该减免应不超过正常比率的百分之五十,且根据投资委规定,时效不超过十年。

第十二条

新增第三十二条之一于佛历2520年(1977年)《泰国投资促进法》:

第三十二条之一:取得与企业所得税相关权利和优惠的享受投资优惠者的净利润及亏损净额,应根据《泰国税法》计算。

第十三条

废止佛历2520年(1977年)《泰国投资促进法》第三十四条,并代而改为:

第三十四条:自投资优惠项目中取得的股利,且依第三十一条及第三十一条之一获得的豁免缴纳企业所得税优惠,可不计入为缴纳企业所得税为目的的收入总金额统计之中。这一优惠的时效直至享受投资优惠者获得的企业所得税豁免期限届满为止。

根据第一款豁免缴纳所得税的股利,于免税期限届满后六个月内发放的,仍可依第一款享受豁免缴纳企业所得税的待遇。

第十四条

废止经佛历2534年(1991年)《泰国投资促进法》修正二修订的佛历2520年(1977年)《泰国投资促进法》第三十六条,代之以下列新条文:

第三十六条:投资委可准许享受投资优惠者获得下列一项或多项有关出口的特殊权利和优惠:

(1)对于仅以生产、混合或装配出口产品所用,而需要自外国进口的原材料及必要材料,豁免缴纳进口关税;

(2)对于享受投资优惠者以再出口为目的而进口的物品,豁免缴纳进口关税;

(3)对于享受投资优惠者所生产或组装的产品,豁免缴纳出口关税。

根据第一款准予的权利和优惠,应遵守投资委规定的条件、程序及期限,且对于投资委依照本条同意核准的享受投资优惠者,除投资委另有规定,不得适用海关关税法;适用海关关税法的,其不得与本法规定相冲突。

总理帕拉育·詹欧查副署

泰国货物进出口法

曹 雳 译 龚 茁 审校*

《泰国货物进出口法》译介

1979年《泰国货物进出口法》全法共二十五条，是泰国现行有效的货物进出口法，于《政府公报》公布之次日起生效，1939年《特定货物进出口管控法》、1944年《特定货物进出口管控法(第二次修正)》和1947年《特定货物进出口管控法(第三次修正)》随之废止。2015年颁布的《泰国货物进出口法》仅对该法部分条款进行补充和修改，其余部分继续有效。

该法授权商务部长和财政部长负责和管理该法的执行、主管官员的任命、部颁条例的发布等事项。其中，经部长会议批准，商务部长有权就禁止和许可进出口的货物、进出口货物须符合的要求、进出口附加费、附带证书等事项进行规定。

该法要求设立对外贸易委员会(以下简称FTC)以开展有关国际贸易研究、分析和调查，向商务部长提出改善国际贸易的项目、计划或措施，并就本法执行向部长提出建议或意见。FTC的主席由商务部常务秘书担任，国内贸易司司长、商业关系司司长、审计署署长、商业经济司司长等担任委员，日常工作由外贸司负责。FTC可任命小组委员会在委员会权责范围内开展活动或审议事项。另外，商务部应设立国际贸易促进基金，以负担涉及促进国际贸易的经费。

根据该法，财政部长可规定进出口货物的港口和地点，海关法的有关规定和授予海关官员的有关权力同样适用于该法的进出口规定。该法还对主管官员执行本法的具体职权职责和程序性内容作出规定。

此外，该法具体规定了违反本法行为的处罚。其中，进出口违禁货物和未经许可货物的，应处以不超过十年的监禁，或处以相当于出口或进口货物价值五倍的罚款，或两者并处，并没收货物与运输工具。该法还特别规定对于举报人和实施逮捕的官员应给予一定数额的奖励。另外，该法对于欠缴附加费、违反商务部长所发有关通知、妨碍主管官员行使本法职责的行为制定了相应的处罚规定。

---

* 曹雳，华东政法大学博士研究生；审校：龚茁，浙江工商大学副教授，华东政法大学博士研究生。

佛历2522年(公元1979年)
普密蓬·阿杜德国王
于佛历2522年4月30日签谕
曼谷王朝在位第三十四年

普密蓬·阿杜德国王圣旨:

为修订有关特定货物进出口管控之法律,故下旨制定本法,并经作为议会的国家立法议会建议并同意后公布如下:

第一条

本法可称为“佛历2522年《泰国货物进出口法》”。

第二条

本法将于《政府公报》公布之次日生效。

第三条

以下各法废止:

(1)佛历2482年(1939年)《泰国特定货物进出口管控法》;

(2)佛历2487年(1944年)《泰国特定货物进出口管控法(第二次修正)》;

(3)佛历2490年(1947年)《泰国特定货物进出口管控法(第三次修正)》。

所有法律、规定和条例规定凡与本法之规定抵触者,概由本法取代。

第四条

本法所称:

“出口”是指将货物带出或送出王国;

“进口”是指将货物带入或送入王国;

“主管官员”是指部长为执行本法所任命的政府官员;

“部长”是指负责和管控本法执行的部长。

第五条

在因经济稳定、公共利益、公共卫生、国家安全、公共秩序或良好道德或其他国家利益而有必要或适当的情况下,经部长会议批准,商务部长有权在《政府公报》中就以下任何事项发出通知:

(1)规定禁止出口或进口的货物;

(2)规定需要在出口或进口前获得许可证的货物;

(3)规定进出口货物的类别、种类、质量、标准、数量、体积、大小、重量、价格、商品名称、标志、商标、原产地,以及进出口货物所在国;

(4)规定应征收出口或进口附加费的货物类别和种类;

(5)规定须带有原产地证书、质量证书或其他符合国际公约或贸易惯例的证书的进出口货物;

(6)规定其他事项,以便依据本法制定进出口条例。

第一款的规定应参照适用于依据本条对通知的任何修正或废除。

第六条

经部长会议批准,商务部长有权规定附加费率,包括修订、修正或废除出口或进口的附加费率。

附加费可规定以现金或其他财产支付。

附加费的收取和支付程序应符合商务部长制定的规定。

第七条

在依据本法第五条第二项规定需要获得出口或进口许可证的任何货物的通知发出后,除非从商务部长或获商务部长授权的人员处获得许可证,否则任何人不得出口或进口此类货物。

许可证的申请和发放应符合部颁条例的规定、程序和条件。

第八条

应设立名为“对外贸易委员会”的委员会(以下简称 FTC),由商务部常务秘书担任主席,国内贸易司司长、商业关系司司长、审计署署长、海关总署署长、商业经济司司长、农业司司长、工业促进司司长、投资委员会秘书长、食品与药品委员会秘书长和泰国银行行长担任委员。

外贸司司长为成员和秘书,FTC 可以任命其他人员为助理秘书。

外贸司负责 FTC 的工作。

第九条

FTC 有以下权力和职责:

(1)经商务部长批准,制定关于 FTC 管理的规定或条例;

(2)开展有关国际贸易的研究、分析和调查,并向部长提出改善国际贸易的项目、计划或措施;

(3)就本法的执行向部长提出建议或意见。

第十条

FTC 会议须有不少于总数二分之一的成员出席的,构成法定人数。

主席未出席或无法履行其职责的,出席成员应在他们中间选出一人主持会议。

第十一条

会议决定以多数票为准。

每位成员表决时有一票;如票数相等,会议主持人应多投一票作为决定票。

第十二条

FTC 有权任命小组委员会以开展活动或审议委员会权力和职责范围内的事项。

第十条和第十一条的规定应参照适用于该小组委员会会议。

第十三条

应在商务部设立一个称为国际贸易促进基金的循环基金,以负担国际贸易促进有关的经费,由以下钱款和其他财产组成:

(1)第六条规定的附加费;

(2)从政府或其他国内或国际来源或国际组织或其他人员处收到的钱款和其他财产;

(3)基金所产生的利息。

第一款规定的钱款和其他财产属于基金，不必作为国家收入上缴国库。

有关基金的管理和收益分配的规定和程序应符合商务部长经部长会议批准后制定的条例。

第十四条

商务部长有权将基金收益存入属于国家企业的银行的活期或定期账户，并接受由此产生的利息或购买政府证券。

第十五条

财政部长有权在《政府公报》上发布通知，规定依据本法可出口或进口货物的王国境内任何港口或地点。

第十六条

海关法和海关官员的权力，特别是关于检查货物和防止走私、搜查、扣押和没收、逮捕罪犯、虚假申报和法律诉讼的权力，也适用于本法规定的出口和进口。

第十七条

为执行本法，主管官员履行以下职权职责：

(1)如有理由怀疑发生了本法规定的犯罪行为，可在日出至日落期间或在任何办公室、生产场所或仓库的工作时间内进入该场所或属于出口商或进口商或任何人的任何车辆，以搜查或检查货物；

(2)要求出口商或进口商或任何与此有关的人提供相关文件或证据；

(3)如有理由怀疑发生了本法规定的犯罪行为，可下令扣押或扣留与犯罪有关的文件或物品，以便于提起法律诉讼；

(4)如有理由相信任何人的陈述或提供的账目、文件或其他证据可能有助于发现本法规定的罪行，则可传唤该人以作出陈述或提供账目、文件或其他证据。

所有有关人员应为主管官员履行职责提供适当的便利。

第十八条

主管官员在履行本法职责时，应向有关人员出示其身份证件。

主管官员的身份证件应采用部颁条例中规定的形式。

第十九条

要求主管官员在节假日或官方工作时间之外或在其正常工作地点之外(无论是否在工作时间)履行本法职责的，应按部颁条例规定的费率向履行该职责的主管官员支付费用，并向该主管官员支付实际和必要的交通费用。

第二十条

凡出口或进口本法第五条第一款禁止的货物或违反本法第七条第一款者，应处以不超过十年的监禁，或处以相当于出口或进口货物价值五倍的罚款，或两者并处，包括集装箱和涉及运输的车辆在内的货物以及运输中的车辆应予以没收。

罪犯已被逮捕的，法院应依据公诉人提出的动议，分别向举报人和实施逮捕的官员支付法院没收货物销售净收入的百分之三十和百分之二十五作为奖励，或在没有物证或物证无法出售的情况下，奖励应从支付给法院的罚款中扣除。

没有举报人的，应将法院没收货物销售净收入的百分之三十的奖励给予进行抓捕的官员,或在物证未被没收或无法出售的情况下,奖励应从支付给法院的罚款中扣除。

有多位举报人或进行抓捕的官员的,奖励应在他们之间平均分配。

在有证物但没有抓到罪犯的情况下,经商务部长批准,外贸司司长有权从上缴国家的证物销售净收入中支付不超过本条规定费率的金额作为奖励。

第二十一条

任何人未支付第六条规定的附加费,或做任何使他支付低于正常附加费的事情的,应处以不超过一年的监禁或不超过两万泰铢的罚款,或两者并处。

第二十二条

违反或不遵守依据第五条第三款、第五款或第六款所发布通知的,处一年以下拘役或两万泰铢以下罚款,或两罚并处。

第二十三条

阻碍或不向履行第十七条职责的主管官员提供便利,或违反或不遵守主管官员依据第十七条所发布命令的,应处以不超过六个月的监禁或不超过1万泰铢的罚款,或两者并处。阻碍或不向履行第十七条职责的主管官员提供便利,或违反或不遵守主管官员依据第十七条所发布命令的,应处以不超过六个月的监禁或不超过1万泰铢的罚款,或两者并处。

第二十四条

在本法生效之日有效的依据特定货物的进出口管控法发布的所有皇家法令、部颁条例、通知和条例,只要不违反本法或未与本法不一致的,在被依据本法发布的部颁条例、通知或条例取代之前,继续有效。

第二十五条

商务部长和财政部长负责和管理本法的执行,有权任命主管官员,发布部颁条例,规定不超过本法所附费率的费用和其他事项,并就执行本法发布通知。

此等部颁条例和通知在《政府公报》上发布后生效。

副总理 S. Hotrakitya 副署

经核证译本

国务委员会办公室

泰国外籍人经商法

万　立　译校*

《泰国外籍人经商法》译介

《泰国外籍人经商法》(Foreign Business Act)是1999年由吕基文(Chuan Leekpai)控制的泰国国家立法会议颁布的一项法律,旨在限制外籍人对泰国某些行业的所有权。其前身是1972年军政府颁布的《泰国外籍人商业法》(Alien Business Act)。《泰国外籍人经商法》并不禁止外籍人在董事会中占有多数席位,也不禁止拥有不同类别的股份和投票权。这一漏洞使得数以千计的外国控制的企业在泰国得以运营。2006年12月,泰国商业部起草《泰国新外籍人经商法》,最终草案于2007年4月获得内阁批准。①

所适用的外籍人

外籍人是指非泰籍自然人、未在泰国登记注册的法人或其他依据本法规定的人士,但不包括依照法律被驱逐出境或未按移民局入境法入境的外籍人。外籍人在泰国经商,需取得相关许可证,并在国务院批准指定的场所从事特别行业的经营。依照本法批准外籍人经商还应当考虑对国家安全与稳定、国家社会和经济发展、人民安定、道德、传统习俗、文化艺术、保护国家资源、能源、保护环境、维护消费者、企业规模、雇用劳工、传播技术、研究与发展等方面的优势与劣势。外籍人在泰国开始经商营业的最低资本额不低于200万铢;从事第二类规定的行业的,一般要持有非外国法人公司40%以上的股份。

申请经商许可证

外籍人可按部委法规的原则和程序向部长或处长提交经商许可申请,当局主管部门应在规定期限内完成审核。若不批准外籍人经营某项目的,应在规定期限内以书面通知的形式告知申请人,并依法对其作出解释。此外,部长有权依法对许可证获得者规定相关限制条件,如资金与贷款比例、外籍董事人数、技术或财产等。外籍人必须在经营场所公开显示获得的经营许可证,若停业或搬迁经营场所的,需依法通知注册员。对许可证获得者的违法行为,处长有权依法暂停其经营,若违法者在规定期限内仍不改正的,处长有权依法吊销其许可证。违规人被责令停业的,可在规定期限内向部长提出申诉。

外商从业管理委员会

委员会应当由商业部次长任主席,委员由泰国各政府主管部门派员担任。此类委员应是

---

* 万立,华东政法大学博士研究生。

① 外文资料来源:https://en.wikipedia.org/wiki/Foreign_Business_Act,_B.E._2542。

各领域(经济、法律、科技、生态环境、投资贸易、管理或工业)方面的资深专家,任期每届2年。委员会的职权包括研究、汇集和整理有关外籍人士在泰经商的报告,以及就制定法令或其他事宜向部长提供咨询和建议。若委员会主席无法出席大会或无法行使职权的,可由出席会议全体委员推选一位委员担任大会主席。会议决议以投票表决,以多票数为准。委员会的秘书处设在商业部的商业注册处,具有分析外籍人在泰境内经商营业情形,并为委员会提供意见等职权。

相关违法处罚

被责令停业的外籍人,若仍继续营业的,可依法对其处以3年以下徒刑,10万~100万铢的罚金;对拒不改正的,在最终改正前,处以每日1万~5万铢的罚款。泰籍人士或非外籍人士所有的公司,若违反本法相关条款对外籍人提供帮助或与外籍人合伙营业的,可对上述泰籍和外籍人士处以3年以下徒刑,10万~100万铢罚金。另外,本法对外籍人经商获得违反本法相关条款、不按注册员或工作人员询问书或传唤书办理之人、不向注册员或工作人员提供事实之人、不提交有关调查的文件或证据之人等,均作出了相应的徒刑或罚金惩罚。

对限制外籍人经商的行业

此类行业包括由于特殊原因不对外籍人士开发的行业(如畜牧业、泰国草药提炼、佛像制造业、土地交易等)、对涉及国家安全和稳定的行业(如枪炮、军火、武器军备、军用交通工具等)、对影响文化艺术、传统及手工艺的行业(古董、木雕、养蚕、泰国丝绒、乐器、瓦器等)、对影响自然资源或环境的行业(蔗糖制造、盐业、采矿业等)。另外,泰国目前尚未对外籍人士开放的行业还有辗米以及用大米和其他农作物加工成面粉的行业、夹板、胶合板、硬纸板或纸板生产、会计服务行业、法律服务业、工程服务业、拍卖业、中介或代理行业、广告业、导游等行业。

普密蓬·阿杜德国王

1999年11月24日签谕

曼谷王朝在位第五十四年

普密蓬·阿杜德国王圣谕宣布:

修改外籍人经商法;

《泰国外籍人经商法》关于限制个人权利和自由的规定,符合《泰王国宪法》第二十九条、第三十五条、第五十条规定。

根据国会建议并经国会同意,国王颁布法律如下:

第一条

本法称为1999年《泰国外籍人经商法》。

第二条

本法于政府公报公布后九十日生效。

第三条

废止以下公告

1. 1972年11月24日全国行政委员会第281号公告;

2. 1972 年 11 月 24 日全国行政委员会第 281 号公告,1978 年修正版;

3. 1972 年 11 月 24 日全国行政委员会第 281 号公告,1972 年修正版。

第四条

本法中,

"外籍人"是指:

(1)非泰籍自然人;

(2)未在泰国登记注册的法人;

(3)在泰国登记注册的法人,但具有下列特征:

(a)半数以上的资本由上述第一类或第二类的人持有的法人,或第一类或第二类人投资占半数以上的法人。

(b)合伙执行人或经理为上述第一类外籍人的有限合伙或注册普通合伙。

(4)半数以上的资本由第一类、第二类或第三类人持有的法人,或第一类、第二类或第三类人投资占半数以上的法人。对于向有限公司股东发行的股票视为外籍人的股份,但另有规定除外。

"资本"是指有限公司的注册资本或公众有限公司的实收资本,或合伙人或其成员投资于合伙企业或法人的资金。

"最低资本限额"是指在泰国注册的外国法人公司、不在泰国注册的法人公司或自然人,上述外籍人用于在泰国经商营业汇入泰国的外币。

"商业"是指从事农业、工业、手工业、贸易、服务或其他贸易性等业务。

"许可证"是指商业经营许可证。

"许可证获得者"是指获得许可证的外籍人。

"执照"是指商业经营执照。

"执照获得者"是指获得执照的外籍人。

"委员会"是指外籍人经商营业委员会。

"工作人员"是指部长任命的依照本法执行工作的人员。

"注册员"是指部长任命办理外籍人经商注册的人员。

"处长"是指商业注册处处长。

"部长"是指执行本法的部长。

第五条

依照本法批准外籍人经商,应当考虑对国家安全与稳定、国家社会和经济发展、人民安定、道德、传统习俗、文化艺术、保护国家资源、能源、保护环境、维护消费者、企业规模、雇用劳工、传播技术、研究与发展等方面的优势与劣势。

第六条

下列外籍人禁止在泰国营业经商:

(1)依照法律被驱逐出境或待驱逐出境的外籍人;

(2)未按移民局入境法或其他法律规定入境的外籍人。

第七条

下列外籍人取得处长颁发的许可证后,才可以经营特别行业业务,并且待国务院批准后,于部长指定的地方经营。上述规定于在政府公报公布。部长可根据实际情况制定任何条件。

（1）在泰国出生的但未按泰国国籍法或其他相关法规取得泰国国籍的人；

（2）依照国籍法或其他法律规定被撤消泰国籍的外国人。

许可证的申领、颁发和有效期限按照部委法规的原则和方式执行。处长不批准按本条第一款规定的外籍人营业经商的，该外籍人有权向部长申诉，并依照第二十条第一款和第三款规定审核。

第八条

第六条、第七条、第十条和第十一条规定：

（1）禁止外籍人从事第一类行业规定的出于特别理由而不允许外籍人经营的行业；

（2）禁止外籍人从事第二类行业中规定的对有关国家安全和稳定，文化艺术、风俗习惯、民间手工艺、或对自然资源、环境产生影响的行业，但部长根据国务院的决定予以批准的除外；

（3）禁止外籍人从事在第三类行业中规定的泰国人尚未具备与外国人竞争的行业，但处长根据委员会决定批准的除外。

第九条

调查或修改本法附件中的行业类别，应当制定法令并予以公布。第一类或第二类中的第一组行业的调整或修改，应但制定条例并予以公布。自本法生效之日起，委员会每年应当重新审议本法附件中的行业类别规定的行业种类，并向部长提出建议。

根据本条第一款规定，外籍人在本法附件中的行业类别调整或修改前，已经营某行业，该行业在本法调整或修改之后成为必须经过许可方能经营的行业，该外籍人要求继续经营该行业的，应当按第十一条规定的原则和程序向处长申请办理许可证。

根据第三款规定办理手续，尚未获得许可证期间，该外籍人不被视为未获本法批准的商业经营者。

第十条

对于获得泰国政府特批而从事本法附件中的行业类别中的行业之外籍人，不受第五条、第八条、第十五条、第十七条和第十八条限制。

根据相关协约规定，从事本法附件中的行业之外籍人，可以根据第一款规定，不受本法各规定限制，按协约规定执行，且该协约同样予以泰国人或泰国企业在协约国经商营业的特权，互惠互利。

第十一条

第十条规定的外籍人要求从事本法附件中的行业的，应当按部委法规确定的原则和程序向处长申领执照。处长应当尽速颁发执照，自接到申请之日起不得超过三十日，但处长认为申领未按部委法规规定的原则和程序办理或未按第十条规定执行的除外。处长应当尽速通知该外籍人，并且自接到外籍人士申请之日起不得超过三十日。

许可证明必须指明政府或协约规定的条件。

第十二条

外籍人依照奖励投资法获得奖励投资或按泰国国家工业区法律或其他法律得到书面许可经营工业或出口业务，该等业务属于本法附件行业类别中的第二类、第三类行业的，由外籍经营者报告厅长以申领许可证明。当厅长或被任命的工作人员核查奖励投资证或许可证明属实后,厅长应尽快颁发执照,自接到获得奖励投资证或许可证的通知之日起不得超过三十天(视实际情况而定)。上述获得奖励投资证书或获准从事工业、出口业务许可证的外籍人在经营期间不受本法(第二十一条、第二十二条、第三十九条、第四十条、第四十二条除外)限制。

按第一段的规定,执照的颁发按照厅长规定的原则和程序进行。

第十三条

另有法律规定外籍人持股,合资或投资、准许或禁止外籍人经营特定行业、或者另有外籍人在泰国经商的规定的,应当按照该等规定执行,本法对于其他法律专门规定的部分不予适用。

第十四条

外籍人在泰国开始经商营业的最低资本额不得低于部委法规规定的数目,最低不低于两百万铢。

属于第一款规定的外籍人所经营行业的,并属于本法附件行业类别而应当办理许可的行业,按部委法规规定,最低资本额不得低于三百万铢。

按本条颁布的部委法规,可以规定最低资本汇入泰国的期限。

本条内容对于外籍人使用已在泰国投资的公司中所获得的收入或财产,用于经营其他商业或投资、在其他业务或法人公司中合股等不发生约束力。

第十五条

外籍人从事第二类规定的行业的,必须持有泰籍人或按本法规定的非外国法人公司所持的股份不低于外国人法人公司资本的百分之四十。除有适当理由外,部长根据国务院的决议可以放宽上述持股比例,但不得低于百分之二十,并且泰籍董事人数不得低于董事会全部成员的五分之二。

第十六条

申请许可证的外籍人必须具备下列资格:

(1)年龄不低于二十周岁;

(2)在泰国有固定居所或按照外籍人入境法获准进入泰国短期逗留者;

(3)非无行为能力人或非限制行为能力人;

(4)非破产人;

(5)未曾被判处犯罪或相当于本法、1975 年 11 月 24 日全国行政委员会第 381 号公告规定的违法行为,但在申请之日前已逾服刑期五年以上者除外;

(6)未曾因诈骗、欺骗债主、私吞公款、违反刑法、贷款法中有关诈骗民众或违反入境法等罪名被判处徒刑,但申请之日前服刑期已满五年以上的除外;

(7)根据本法规或 1975 年 11 月 24 日全国行政委员会第 381 号公告,申请人在申请之日起五年内未曾被吊销许可证之人是法人公司,申请许可证的,负责该公司管理工作的外籍董事经理或负责人必须具备上述资格。

第十七条

申请许可证时,由外籍人按部委法规规定的原则和程序向部长或处长提交申请书,属于第二类行业的,由国务院审批;属于第三类行业的,由处长审批。自提交申请文件之日起六十日之内,完成审核。国务院确实因故无法于上述期限内完成的,可以根据实际需要延长审批期限,但延长期限自上述期限期满后不得超过六十日。

根据本条第一款规定,国务院或处长批准后,部长或处长必须自国务院或处长批准之日起十五日内颁发许可证。

关于审批事宜,对于第二类行业,部长可以根据国务院规定或根据第十八条规定颁布的部委法规制定条件;对于第三类行业,处长可以根据第十六条规定颁布的部委法规制定条件。

属于第二类行业,国务院不批准外籍人经营某项目,由部长在三十日内以书面通知申请人并明确说明不批准的理由。

属于第三类行业,处长不批准外籍人经营某项目,由处长在十五日内以书面通知申请人并明确说明不批准的理由。未获批准的外籍申请人有权向部长申诉并参照本法第二十条执行。

第十八条

部长有权根据委员会建议颁布部委法规对许可证获得者规定下列任何条件:

(1)用于经营获批准的项目的资金与贷款比例;

(2)在泰国有固定居所的外籍董事人数;

(3)在泰国最低资本额的数目和保留期;

(4)技术或财产;

(5)其他必要条件。

第十九条

任何许可证或执照获得人有下列行为的:

(1)违背部长根据第七条第一款规定的条件;

(2)不按第十一条第二款或第十七条第三款规定执行;

(3)违反第十五条;

(4)不符合第十六条规定;

(5)构成第三十五条规定的犯罪。

属于第一类、第二类和第三类情形的,由处长书面通知许可证或执照获得人于规定时间内按第七条第一款、第十一条第二款、第十七条第三款或第十五条规定执行(视情况而定)。无正当理由不按处长书面通知执行的,处长有权其暂停经营许可证或执照,期限由处长视实际情况而定,但自发布命令算起不得超过六十日。上述期限期满后,该外籍经营者仍不完全正确执行的,由处长根据实际情况吊销许可证或上报部长吊销执照。

属于第四类和第五类情形的,由处长下令吊销许可证或上报部长吊销其许可证,视情况而定。

第二十条

处长根据第十九条第二款暂行违规人许可证或责令停业的,许可证或营业执照持证人有权自收到上述通知之日起三十日内,以书面形式向部长申诉。

申诉期间应当按照处长的命令执行,但部长根据委员会的建议不予执行的除外。

部长必须自申诉人提交申诉书之日起三十日之内处理完毕。

第二十一条

根据第七条、第十九条和第二十条规定,许可证有效期至项目终止之日过期。营业执照的使用期限为泰国政府批准的期限、协约规定的期限、享有奖励投资的项目在泰国经营期限或被批准从事工业或贸易出口的期限。经营者于上述期限前提出终止项目的,其营业执照即视为到期。

许可证或营业执照获得人必须在经营场所公开显示许可证或营业执照。

许可证或营业执照损坏或丢失的,应当于知道许可证或营业执照损坏或丢失之日起十五日内,向注册员递交申请办理许可证或营业执照的替代件。

许可证或营业执照替代件的申请与颁发按部长规定的方式办理,但替代件的办理自收到申请文件之日起不得超过三十日。该证可替代许可证或营业执照在取得新许可证或营业执照前有效。

第二十二条

获得经营许可证或营业执照的外籍人士停业或搬迁办公、营业地址的,按部委法规规定必须自停业或搬迁之日起十五日内通知注册员。

第二十三条

外商从业管理委员会应当由商业部次长任主席,由下列机构派出代表担任委员:国家经济和社会发展委员会办公厅、投资促进委员会办公厅、国防部、财政部、外交部、农业联合部、交通部、内务部、劳工部、科技与环保部、工业部、卫生部、保护消费者委员会办公厅、国家警察署、泰国商会、泰国工业总会、银行协会及由部长提名的另外五位资深委员;由注册处处长担任委员及秘书。

上述资深委员必须是经济、法律、科技、生态环境、投资贸易、管理或工业方面的专家,同时不能担任任何政党的顾问,也不能担任政治职务。

本条第一款规定的代表是政府机构的代表的,级别不得低于处长或同级,来自泰国商会、泰国工业总会或银行协会代表的级别不得低于协会理事。

第二十四条

资深委员任期每届两年。

委员任期届满前离任,或任职期间部长任命新的委员出任替其职位或增派与其权力相当的新委员的,新任命的委员或新增派的委员任期为原委员任职剩余期间。

离任的资深委员可以再次获得聘任,最多可以连任两届。

第二十五条

除第二十四条规定的委员到期离任外,发生下列情况的,委员视为离任:

(1)死亡;

(2)辞职;

(3)因有腐化堕落行为,徇私舞弊,失职或无能而被部长开除;

(4)破产;

(5)无行为能力人或准无行为能力人;

(6)被判处监禁刑,但由于疏忽大意的过失或轻微过失的情况的除外;

(7)缺乏第二十三条第二款规定的条件。

第二十六条

委员会除有本法规定的权力外，还有下列职责：

(1)就制定法令和根据本法制定的部委法规或根据第七条规定外籍人经营的业务种类及生产场所或根据第八条第二款向国务院提出申请等，为部长提供咨询、建议或意见。

(2)研究、汇集和整理有关外籍人士在泰经商的报告，包括造成的影响及其适宜程度，并分阶段向部长汇报，一年不得低于一次。

(3)就其他事宜向部长提供咨询和建议。

第二十七条

会议有半数以上委员出席，方为有效会议。委员会主席无法出席大会或无法行使职权的，由出席会议全体委员推选一位委员担任大会主席。会议决议投票表决，以多票数为准。每位委员享有一票，如票数相当，由大会主席决定。

第二十八条

由委员会任命组成小组委员会讨论并执行委员会分派的工作，小组委员会的会议事宜可以参照第二十二条管理。

第二十九条

商业部的商业注册处作为委员会的秘书处，具有下列职权：

(1)按委员会的决议或授权执行工作；

(2)分析外籍人在泰境内经商营业情形，并为委员会提供意见，以便研究汇集资料并作出报告呈报部长；

(3)执行委员会一般性事务。

第三十条

注册员及工作人员享有下列权利：

(1)发出询问书或传唤任何人士说明情况，包括要求提交对调查事实真相有关键作用的文件或证据；

(2)可以在工作时间进入外籍人营业场所，检查营业是否合法，但必须事先获得处长的书面同意，紧急情况除外。执行公务时，有权询问、调查，可以要求上述场所内的人士提供对调查事实真相有重要作用的文件或证据。

执行第二款规定的事项时，业主或工场主人应当为工作人员或注册员提供便利，同时注册员或工作人员也不得以工作为由恐吓、威胁业主，不得实施刑事搜查。检查前，必须提前三个或以上工作日通知业主，但紧急情况除外。公务结束后，尽速作出书面检查报告并呈送部长。

第三十一条

需要检查或制作文件副本或复印有关文件并认证复印件，或出具证明的，注册员必须尽速办理，但是该文件属保密文件，根据《政府文件资料管理法》禁止对外公开的除外。办理上述文件，申请者应当交纳手续费。

第三十二条

根据规定，工作人员必须佩戴工作身份卡，并向有关人士出示。

第三十三条

根据《泰国刑法》规定，处长、注册员及工作人员为执法人员。

第三十四条

获得经营许可证的外籍人被吊销许可证、责令停业或暂停与营业执照有关业务的营业并且无权上诉之人，或部长最终决定吊销许可证之人、责令停业之人，该人仍继续营业的，单处或并处三年以下徒刑，十万铢以上、一百万铢以下罚金，并对违法期间另处每日一万铢的罚款。

第三十五条

获得经营许可证的外籍人与未获经营许可证的外籍人合伙经营，或为使未获经营许可证的外籍人规避法律充作业主的，单处或并处三年以下徒刑，十万铢以上、一百万铢以下罚金，并由法院责令停止合伙经营。

拒不改正的，最终改正前，处以每日一万铢以上、五万铢以下的罚款。

第三十六条

泰籍人士或非外籍人士所有的公司，对外籍人未获得批准经营的项目提供帮助或与外籍人合伙营业，而经营项目属本法附件中外籍人不得经营的项目的，或参与外籍人经营的业务或在外籍人的股份公司或有限公司持股，充作其业主使该外籍人士免于法律责任的，以单处或并处上述泰籍和外籍人士三年以下徒刑，十万铢以上、一百万铢以下罚金。由法院责令其停止对上述外籍人帮助或终止合伙经营或终止持股。拒不改正的，最终改正前，处以每日一万铢以上五万铢以下的罚款。

第三十七条

外籍人经商营业活动违反第六条、第七条或第八条规定的，单处或并处三年以下徒刑，十万铢以上一百万铢以下罚金，并由法院责令停止合伙经营或终止持股。拒不改正的，最终改正前，处以每日一万铢以上五万铢以下的罚款。

第三十八条

外籍人经商营业活动违反第十四条或第十八条第三项规定的，单处或并处三年以下徒刑，十万铢以上、一百万铢以下罚金。拒不改正的，最终改正前，处以每日一万铢以上、五万铢以下的罚款。

第三十九条

获得执照或许可证的单位不按第二十一条第二款或第三款规定执行或违反第二十二条规定的，处以五千铢以下罚款。

第四十条

不按注册员、工作人员询问书或传唤书办理之人，不向注册员、工作人员提供事实、不提交有关调查的文件或证据，无故不配合注册员、工作人员按第三十条规定执行工作之人，处以五千铢以下罚款。

第四十一条

法人公司违反第三十四条、第三十五条、第三十六条或第三十七条规定的，董事、股东或者法人代表纵容违反，或者未采取措施防范的，单处或并处三年以下监禁，一万铢以上、十万铢以下罚金。

第四十二条

违反第三十九条、第四十条之人,处长或其代理人可有权处以罚款。自判决之日起三十日如数交纳罚款的,免予追究责任。

第四十三条

所有法令、部委法规、公告以及命令在本法生效时正在适用的,上述法令、法规、公告及命令与本法规定一致的,继续适用。

第四十四条

本法生效前,根据 1972 年 11 月 24 日全国行政委员会第 281 号公告获得许可证或有经营权之人,可以按原许可证的条件和时间继续经营。

第四十五条

外籍人士于本法生效之日前,持续从事本法规定的限制行业,但 1972 年 11 月 24 日全国行政委员会第 281 号公告规定不属于受限制行业,并要求继续从事商业活动的,应当在本法生效之日起一年内,呈报处长并按第十一条规定办理营业执照。根据本法,上述期间办理营业执照的外籍人士,不视为违法经营。

第四十六条

商业部部长负责本法的监督执行工作,有权任命注册员、工作人员、颁布收费规定的部级法令、免交手续费的规定及其他相关事宜。

上述部委法规于政府公报公布后生效。

奉谕人

总理川·立沛

收费标准

1. 许可证申请表格

(a)根据第七条办理的许可证申请表格:一千铢;

(b)根据第十七条办理的许可证申请表格:二千铢;

(c)根据第十一条、第十二条营业执照申请表格:二千铢。

2. 许可证

(a)根据第七条办理的许可证申请费:五千铢。

(b)第二类行业的许可证;

(1)自然人:四万铢;

(2)法人公司注册资本在四万至五十万铢(不足一千铢的按一千铢计算),每一千铢收费十铢。

(c)第三类行业的许可证;

(1)自然人:二万铢;

(2)法人公司注册资本二万至二十五万铢(不足一千铢的按一千铢计算),每一千铢收费五铢。

3. 营业执照：二万铢。
4. 许可证或营业执照的替代件：五千铢。
5. 申诉
(a)按第七条未获准之人的申诉费：一千铢；
(b)按第十七条未获准之人的申诉费：二千铢；
(c)根据第二十条被吊销或暂停许可证或营业执照的申诉费：二千铢。
6. 办理办公室或经营场所变更或关闭手续费：一千铢。
7. 许可证或营业执照的细节增删修改的手续费：一千铢。
8. 查找或复印文件每项二百铢。
9. 复印件或影印件连同认证签字手续费每页一百铢。
10. 执照内容的认证手续费每件一百铢。

1999 年《外籍人经商法》附件清单

第一类　由于特殊原因不对外籍人士开放的行业

1. 报业、广播业和电视业；
2. 水稻种植业、果菜种植以及园林业；
3. 畜牧业；
4. 林业、原始森林木材加工业；
5. 泰国水域以及泰国经济水域内的水产捕捞业；
6. 泰国草药提炼；
7. 泰国古董或国家历史物品的交易及拍卖；
8. 佛像、和尚衣钵的制造或浇铸业；
9. 土地交易。

第二类　对国家安全和稳定、对文化艺术、传统、民间手工艺品、自然资源以及环境产生影响的行业

第一组　与国家安全和稳定相关的行业

(1)下列行业的生产、销售及维修：
(a)枪炮、军火弹药、火药和炸药；
(b)枪炮、军火弹药、火药和炸药的部件；
(c)武器军备、船只、飞机或者军用交通工具；
(d)各类武器装备或其部件。
(2)国内陆运、海运或者空运，包括国内航线空运业务。

第二组　对文化艺术、传统以及手工艺有影响的行业

(1)古董或艺术品(指泰国的艺术品、手工艺品)的交易;
(2)木雕、木刻的生产;
(3)养蚕业、泰国丝线的生产,泰国丝绸编织或泰国丝绸图案的印刷;
(4)泰国乐器的生产;
(5)金、银、乌银、铜、漆器的生产;
(6)泰国文化艺术的陶器、瓦器的生产。

第三组　对自然资源或环境有影响的行业

(1)蔗糖制造业;
(2)盐业,包括地下盐;
(3)岩盐矿业;
(4)采矿业,包括岩石爆破、研磨;
(5)木材家具加工业和器具业。

第三类　泰国目前尚未对外籍人士开放的行业

(1)辗米以及用大米和其他农作物加工成面粉的行业。
(2)渔业,尤其是水产养殖业。
(3)森林种植业。
(4)夹板、胶合板、硬纸板或纸板生产。
(5)石灰生产。
(6)会计服务行业。
(7)法律服务行业。
(8)建筑学服务行业。
(9)工程服务行业。
(10)建筑业,不包括:
　　(a)需要使用特殊工具、机器设备、技术或建筑专业技术的大众基础公用设施的建筑或者交通设施建设,外籍人在上述项目中的最低投资额为五亿铢以上;
　　(b)部委法规所规定的其他建筑类别。
(11)中介或代理行业,不包括:
　　(a)从事有价证券交易代理,农产品期货交易或其他有价证券交易的服务代理行业;
　　(b)为集团公司内部的公司进行贸易、采购产品或提供对生产所需的服务的中介或代理业;

(c)外资最低金额为一亿泰铢,从事贸易、采购或分销、拓展国内外的市场、销售国内产品或者进口产品的中介或代理行业;

(d)从事部委法规规定的其他类别的中介或代理行业。

(12)拍卖业,不包括:

(a)按照国际投标惯例拍卖,不是古董、历史文物或者泰国艺术品、手工艺品、泰国古董或者有历史价值的物品的拍卖;

(b)部委法规所规定的其他拍卖。

(13)法律尚未禁止的地方农产品或土特产的国内贸易。

(14)最低资本额低于一亿泰铢的各类商品的零售业、每一商店的最低资本额低于二千万泰铢的零售业。

(15)最低资本额不超过一亿泰铢的各类商品批发业。

(16)广告业。

(17)酒店业,不包括酒店管理服务业。

(18)导游。

(19)食物或饮料的销售业。

(20)植物品种的繁殖与改良。

(21)其他服务行业,不包括部委法规规定的服务行业。

注:本法颁布原因如下:

鉴于目前已经生效的全国行政委员会第2515(1972)号第281号公告施行期限过长,其中载有的原则与当前经济、投资和国际贸易环境存有不一致,故修订本法促进国内和国际商业经营竞争,加速泰国经济发展,落实国际条约规定的义务。因此,有必要颁布。

新加坡激励经济扩张（所得税减免）法令

屈文生　万　立　译*

新加坡投资法律译介

新加坡未制定关于管理国内外投资的法律，外国投资受《新加坡合同法》和《新加坡公司法》等具体立法规制。一般而言，新加坡的国内外投资享有平等待遇，但法律规定另有规定的除外。新加坡的国内外投资事宜主要由成立于1961年的新加坡经济发展委员会处理。《新加坡经济发展委员会法》规定了经济发展委员会的权能，其第6条明确规定，委员会的职能是吸引和促进本国和外国投资，为制造业和服务业的国内外投资者提供便利、支持，以提高新加坡作为全球商业中心地位。①

外国投资限制

新加坡限制外国投资者向以下领域投资，主要有电信、媒体、银行和土地所有权。对外国投资的限制散见于相关法律，如限制外国投资者控制报纸公司的《新加坡报纸和印刷出版法》。

金融服务

金融监管局监管所有银行业活动。对该国银行或金融控股公司的任何并购，或对该等金融机构超过5%、12%或20%等特定有表决权股份的任何其他收购，均应获得金融监管局批准。外国银行及其子公司须获得"合格银行"身份，方可联通客户服务地网点和当地自动柜员机。

专业服务

所有该国和外国律师事务所均应由法律部下属法律服务管理局颁发的执照，方能于新加坡开业。尽管如此，某些执业领域仍存有限制，包括产权转让、家庭法、刑法和国内诉讼。通过与新加坡律师事务所合资或联盟，外国律师事务所也能在新加坡提供法律服务。外国律师至多可占新加坡律师事务所律师的1/3。会计师、工程师和建筑师须在相应委员会注册，方能于新加坡执业。会计师事务所须至少有一名合伙人居于新加坡，而工程和建筑公司可以是外商独资企业。所有执业医师须在新加坡医疗委员会注册，并办理执业证书。接受外国培训的

---

* 屈文生，全国人大常委会法工委法律英文译审专家委员会委员、华东政法大学教授、博士生导师；万立，华东政法大学博士研究生。

① 外文资料来源：https://uk.practicallaw.thomsonreuters.com/4-524-0309?transitionType=Default&contextData=(sc.Default)&firstPage=true&bhcp=1。

医生须在监督下、有条件注册2年及以上后,方可正式注册。

电信

资信通信媒体发展管理局为电信行业的监管机构。基础设施由政府关联公司主导,该等公司于2000年行业自由化前既已建立,使新设、规模较小的公司难以占有市场份额。然而,服务模式的创新有可能打破这一格局。如一些市场上,已有四五家特许通信服务提供商(不包括移动虚拟网络运营商)和八家以上互联网服务提供商。

媒体

政府通过资信通信媒体发展管理局的法规和许可证控制外国报纸的发行、进口和销售。两个月的时间内,每周平均发布一篇关于新加坡问题的文章,并且每月自新加坡互联网提供商的唯一地址获得至少5万次访问的网站;提交5万新加坡元保证金;自资信通信媒体发展管理局发出通知后24小时内,删除被禁止的内容。广播媒体也受到类似监管。

能源和战略物资

能源市场管理局负责监管能源业。与电信行业相同,目前能源市场由新加坡公司主导,使外国公司难以占有较高的市场份额。在零售端,电力市场已部分自由化,计划于2019年完成。新加坡海关执行《战略物资(管制)法》的规定,其中包括处理战略物资许可证申请及登记和评估武器经理人。

激励措施

新加坡提供一系列征税激励措施以鼓励外国投资。总体上,该等激励措施适用于所有投资者,而不仅是外国投资者。例如,《新加坡1967年经济扩张激励(所得税减免)法》第十编为"经批准项目"中的资本支出设立税收减免等激励措施,包括将投资指定为"经批准项目",由经济发展委员会管理,同时适用于国内和外国公司。该法规定的征税激励措施主要有:

避免双重征税协议下的双重征税

新加坡纳税居民公司可享有双重税收减免,且该公司已就新加坡有避免双重征税协定的地区针对新加坡收入,支付外国税项。减免的形式是征税抵免,数额为对同一收入支付的外国税项和新加坡税项中较低者。申请该类减免的公司须向新加坡内陆税收部门申请居住证明,并在避免双重征税条约方的请求下,获得退税认可。非新加坡注册公司、外国公司的新加坡分支机构和拥有纯益收入来源的外资控股公司一般不具备减免资格,但如满足内陆税收部门的以下两项要求,仍可申请避免双重征税:公司的控制和管理在新加坡;该公司有正当理由在新加坡设立办事处。对于外资控股公司,通常要求具备以下条件之一:新加坡境内的纳税居民或在新加坡有业务活动的相关公司。新加坡相关公司提供的支持或行政服务;至少一名董事常驻新加坡,担任行政职务,但不是获提名董事;至少有一名驻新加坡的主要员工。

单边税收抵免

单边税收抵免与双重税收减免的作用相同,前者适用于在新加坡没有避免双重征税协定的外国收入。申请税收抵免的公司须满足以下条件:本公司在相关基准年为新加坡的纳税居民;同一收入在其他地区已或应纳税;该收入在新加坡需纳税;税收抵免申请应在向内陆税收部门提交所得税申报表时提出。

国外税收抵免共享制度

2011年,新加坡政府引入资金池制度,允许公司选择汇总已付的外国税额,以便给予的税收抵免是新加坡和外国地区对同一资金池的应纳税额或已纳税额中的较低者。该制度适用于有权申请动态交易权或激进币的公司,于新加坡获得外国收入时,国外地区的公司税率为15%及以上。

此外还有公司外国来源收入免税;新成立公司免税计划;公司部分免税;公司所得税退税;天使投资减税计划;启动计划和捐助;金融和资金中心激励;先锋服务公司激励和发展与扩张激励;生产力解决方案捐助等与征税有关的激励。

2018年,联合国贸易和发展会议将新加坡列为世界第五大外国直接投资中心和亚洲发展中地区的主要经济体之一。尽管全球外国直接投资有所下降,但2017年新加坡外国直接投资流入量增长了2%,约为580亿美元,使新加坡成为2017年第八大东道国经济体。该报告将这一增长归因于跨境并购销售额的大幅增长。自2003年以来,新加坡被世界银行集团评为全球经商便利度最高的经济体之一,仅于2018年和2019年屈居第二。新加坡借助发达和高效的运输和通信基础设施与世界各地保持着良好的联系,并通过与欧盟、日本、印度和中国等主要经济体的众多贸易协定,建立起广泛的合作关系。

关于通过减免所得税,以激励先锋行业的创立和经济扩张的法令。

第一编　导　　言

第一条　简称

本法令简称为《新加坡1967年激励经济扩张(所得税减免)法令》。

第二条　应解释为与《所得税法令》一致

除本法令另有明确规定外,本法令与《新加坡1947年所得税法令》一致。

第三条　释义

除文意另有要求外:

"核准的外国贷款"是指根据第五十七条核准的外国贷款。

"核准的特许权使用费、费用或投入"是指根据第六十一条已核准的拟作为核准的特许权使用费、费用或投入用于研发的特许权使用费、技术援助费或费用。

"证书"包括部长以公司依照本法令规定而提出的申请为依据,发出的信函或其他文件。

"公司"是指根据任何与公司有关的成文法令成立或注册的任何公司。

"审计员"是指根据《新加坡1947年所得税法令》任命的所得税审计员。

"外国贷款证书"是指根据第五十七条颁发的外国贷款证书。

"知识产权收入"是指部长根据第一百零二条规定的任何知识产权收入。

"制造",就产品而言,包括用于制造或开发产品的任何过程或方法。

"新的贸易或业务"是指:

(a)关于先锋企业之单一先锋证书指明的任何一类或多类产品的贸易或业务;以及

(b)根据第七条被视为已经成立,并于关于一类或多类产品的先前贸易或业务的税收减免期届满日的次日开始的贸易或业务。

"先前贸易或业务"是指符合下列所有条件之先锋企业的贸易或业务:

(a)属于该先锋企业之单一先锋证书指明的一类或多类先锋产品;

(b)对于每类先锋产品的贸易或业务在该产品的税收减免期内进行;

(c)其在第七条规定的税收减免期届满之日前停止或被视为已永久停止。

"先锋证书"是指根据第五条颁发之先锋证书。

"先锋企业"是指部长根据第五条批准之先锋产品,并根据该条向其颁发先锋证书的任何公司。

"先锋行业"是指根据第四条批准之先锋行业。

"先锋产品"是指根据第四条确定之先锋产品。

"生产日",就由第五条第二款核准有关先锋企业之先锋产品而言,是指根据第五条第三款第二项、第五款第一项或第三项,先锋企业的先锋证书指明的产品生产日期。

"生产设备"是指机器或根据《新加坡 1947 年所得税法令》第十九条、第十九条之一、第二十条、第二十一条及第二十二条通常享有税收减免资格的工厂。

"特许权使用费、费用或投入证书"是指根据第六十一条颁发的证书。

"特许权使用费或技术援助费"包括:

(a)为版权、科学作品、专利、设计、计划、保密工艺、配方、商标、许可证或其他类似财产或权利的使用或使用权而支付的任何使用费、租金或其他款项;

(b)第(a)项所述财产或资料转让所得的收入;以及

(c)非居民个人或其雇员为使用属于非居民个人的财产或权利或自非居民个人购买的任何工厂、机器或其他设备的初始运营而提供的服务,所支付的其他款项,不包括为矿区、采石场或其他自然资源开采场所运营所支付的特许权使用费、租金或其他款项;或为在新加坡提供专业服务而支付给个人的费用(雇员除外)。

"税收"是指根据《新加坡 1947 年所得税法令》征收的所得税。

"税收减免期届满日",就先前贸易或业务而言,是指:

(a)如先前贸易或业务仅涉及一种先锋产品,则是该产品的税收减免期届满日;或者

(b)如先前贸易或业务涉及两种或以上之先锋产品,则是这些产品的所有税收减免期届满之日,或(如部长根据第五条自先锋证书中删除一种或多种但并非全部产品,或根据第六条延长一种或多种但并非全部产品的税收减免期限),则是税收减免期届满日的最晚届满日。

第二编　先锋行业

第四条　批准某一行业和产品为先锋行业和先锋产品的权力

(1)如部长认为其符合公共利益,在新加坡的发展程度尚不能充分满足新加坡经济需求,但具有良好发展前景的产业,为先驱产业,则该产业的任何具体产品为先锋产品。

(2)部长可撤销根据本条予以的任何批准,但任何该类撤销不影响撤销前颁发给任何先锋企业之先锋证书。

(3)《新加坡 2004 年激励经济扩张(所得税减免)(第 2 号修正案)法令》生效前,任何已获准为先锋产业的产业或任何已获准为先锋产品的产品被视为已根据本条获准。

第五条　申请、颁发及修订先锋证书

(1)任何拟生产先锋产品的公司可以向部长提出书面申请,以可能已经明确的形式和详细规定,批准企业为生产先锋产品之先锋企业。

(1A)任何公司拟生产一种以上先锋产品的,可根据第一款规定,申请被认定为先锋企业。

(2)部长信纳其符合公共利益,尤其是从新加坡所有生产源来考虑先锋产品的生产或预期生产,部长可以批准该公司为生产该先锋产品之先锋企业,并就该先锋产品向该公司颁发先锋证书,但须符合其认为适当的条件。

(2A)2024 年 1 月 1 日或之后,不再批准任何公司为先锋企业。

(3)根据本条向先锋企业颁发之先锋证书须关于先锋产品,并且须具体说明:

(a)先锋产品;以及

(b)先锋企业预计将生产适销数量之先锋产品的日期或期间。

(4)部长批准任何公司为生产两种或两种以上先锋产品之先锋企业的,部长可就该等先锋产品颁发单一先锋证书,前提是:

(a)部长根据第六条确定的生产所有先锋产品之先锋企业,税收减免期于同一日到期;以及

(b)部长信纳先锋企业将生产所有先锋产品,作为同一项目的一部分。

(5)部长可根据任何先锋企业的申请,修订颁发给先锋企业之先锋证书:

(a)以部长认为合适的较早或较晚的日期,代替第三款第二项指定的先锋证书指明之先锋产品日期,此后本法令规定发生效力,替代日期视为先锋企业生产该产品的日期;

(b)自部长确定日期生效的先锋证书中,删除任何先锋产品;或者

(c)通过在先锋证书内增加任何先锋产品及预期先锋企业开始以可销售数量生产该产品的日期,如果:

(i)先锋产品的税收减免期与先锋证书中已规定的其他先锋产品的税收减免期同一日到期;以及

(ii)部长信纳先锋企业将生产该先锋产品和先锋证书中指明的其他先锋产品,作为同一项目的部分。

(6)不违背第九十九条规定的情况下,如部长信纳先锋企业违反以下规定,可自部长确定日期生效的先锋证书中,删除任一先锋产品:

(a)本法令的任何规定;或者

(b)获准为先锋企业的任何条件。

第六条　先锋产品的税收减免期

(1)先锋企业之先锋产品期,自该先锋产品的生产之日起算,但不得超过十五年,具体年限由部长决定。

(2)除第三款和第四款另有规定外,如部长信纳其符合公共利益,并符合可能施以的条件,部长可以:

(a)颁发给先锋企业之先锋证书仅指明一种先锋产品的,延长第一款中该产品的税

收减免期，但任何时候均不得超过五年，具体年限由部长决定；或者

(b)颁发给先锋企业之先锋证书指明一种以上先锋产品的，延长第一款中一种或多种先锋产品的税收减免期，但任何时候均不得超过五年，具体年限由部长决定。

(3)先锋产品的总税收减免期，连同所有延期不得超过十五年。

(4)部长根据第二款第二项延长先锋企业一种以上先锋产品的税收减免期的，该部长须确保该先锋产品的所有税收减免期延长后于同一日到期。

(5)根据第五条第五款第二项或第六款自先锋证书中移除先锋产品的，其税收减免期自移除生效之日起届满。

第七条　关于规制先前和新的贸易和业务的规定

根据《所得税法令》与本法令规定：

(a)先锋企业的一种或多种先锋产品的先前贸易或业务，如为颁发给先锋企业之单一先锋证书载明的内容，视为在税收减免期届满日永久停止。

(b)先锋企业被视为在紧临税收减免期届满次日，就同一产品或多种产品建立并开始新的贸易或业务。

(c)先锋企业须于一年以内结算每一项先前贸易或业务，自以下日期开始：

(i)先锋产品的生产日；或者

(ii)如先锋证书指明两种或以上先锋产品，则为随后一年中，该等先锋产品生产日期中较早或最早的一日，期限不超过一年，至税收减免期届满为止。

(d)编制第二项所述新的贸易或业务的首批账户时，先锋企业须将相应先前贸易或业务最后一批账户中显示的资产和负债的期末数字，作为前述账户的期初数字；以及

(e)第四项所述首批账户编制后新的贸易或业务的下一批账户，须参照首批账户的结算数字编制，而新的贸易或业务的任何后续账户，亦须参照新的贸易或业务前一批账户的结算数字编制。

第八条　关于独立贸易或业务的规定

(1)无论何时：

(a)在先锋企业之先锋产品税收减免期间；或者

(b)如颁发给先锋企业之先锋证书指明两种或以上先锋产品，在这些先锋产品的较长或最长税收减免期内，先锋企业就该等产品(本条称为独立贸易或业务)开展的除先前贸易或业务以外的任何贸易或业务，须为该独立贸易或业务和同一会计期间分设账户。

(2)如该独立贸易或业务的开展于任何会计期间内造成损失，则须将损失纳入计算先锋企业于该期间自先前贸易或业务获取的收入，除非审计员虑及所有情况后，信纳损失非为获取税收减免期发生。

(3)如该独立贸易或业务的开展于任何会计期间均产生利润，并且利润是按照经本条修改后的《新加坡1947年所得税法令》计算，低于销售货物或提供服务应收账款总额的5%，源自该项收入的法令定收入视为应收账款总额的百分之五(或审计员于任何特定情况下规定的较低比率)，应相应减少先锋企业自先前贸易或业务获得的收入。

(4)如审计员认为,该单独贸易或业务的开展从属、附带于先前贸易或业务,则该独立贸易或业务产生的收入或损失,视为先锋企业自先前贸易或业务中获得的收入或损失的一部分。

(5)已废止。

第九条　予以指示的权力

根据《新加坡1947年所得税法令》与本法令规定,审计员可指示:

(a)任何会计期间内,如无本法令规定,正常业务开展过程中,就先锋企业该期间结束后的任何先锋产品的合理和适当预期应付款项,将视为于该期间内不应付,而在审计员认为适当的日期、该期间结束后应予支付;

(b)如第a款所述日期发生在该先锋产品的税收减免期结束之后,关于该先锋企业关于该产品的新的贸易或新业务,该等款项须视为在该日期已如此支付;以及

(c)先锋企业在先锋产品税收减免期结束后一年内,就该先锋产品发生的任何费用,如无本法令规定,于正常业务过程中,在该先锋产品税收减免期内合理和适当预期将发生的费用,应予以如下处理:

(i)视作该年内未发生;但是

(ii)视作为该先锋产品的先前贸易或业务而发生的,以及在该先锋产品的税收减免期内审计员认为合适的日期发生的。

第十条　关于先前贸易或业务收入的确定

(1)先锋企业自其每一项先前贸易或业务获得的收入应根据第九条发出的任何指示作出所需调整后,根据《新加坡1947年所得税法令》规定予以确定。

(2)确定第一款所述之先锋企业收入时,应虑及《新加坡1947年所得税法令》第十六条、第十七条、第十八条、第十八条之二、第十八条之三、第十九条、第十九条之一、第十九条之二、第二十条、第二十一条和第二十二条规定的,为每项先前贸易或业务而发生的资本支出的补助,尽管未对该补助提出申索。

(3)如先锋企业的先前贸易或业务的税收减免期届满日在任何课税年度的基期的最后一日之前,则为确定以下收入:

(a)该课税年度的旧行业或业务;以及

(b)同一课税年度的相应新行业或业务,即《新加坡1947年所得税法令》第十六条、第十七条、第十八条、第十八条之二、第十八条之三、第十九条、第十九条之一、第十九条之二、第二十条、第二十一条和第二十二条就为该旧行业或业务发生的资本支出规定的补助,即使未就该补助提出申索,仍应扣除。

(3A)为计算第三款规定的补助:

(a)计算该课税年度的补助时,须如根据第七款第一项,先锋企业的先前贸易或业务未被视为在税收减免期届满日永久停止;以及

(b)按第一项计算的补助,须以审计员认为于当时合理的方式,在先前贸易或业务与该新的贸易或业务间分摊。

(4)如于任何课税年度,因该课税年度利润不足,第二款规定补助无法充分实现,则该补助余额加至下一课税年度的相应补助(如有),作为该相应补助的一部分;如该年度无相应补

助，则视为该年度的相应补助，以此类推。

（5）尽管有第一款和第二款的规定，如先锋企业已向部长作出书面承诺，支付不低于一亿五千万美元，并且：

（a）先锋企业实收资本的百分之五十以上或部长决定的其他比例由新加坡永久居民持有；以及

（b）部长已批准该类资本支出为促进或加强新加坡经济或技术发展，先锋企业在为其相应的新的贸易或业务而开展先前贸易或业务时发生的资本支出（受部长可能施以的条件限制）视为，为执行《新加坡1947年所得税法令》第十六条、第十七条、第十八条、第十八条之二、第十八条之三、第十九条、第十九条之一、第十九条之二、第二十条、第二十一条、第二十二条，在先前行业或企业的税收减免期届满日之后的第二日发生。

（6）如第五款所述先锋企业经营独立贸易或业务，任何建筑物、厂房或机械均用于该贸易或业务，以及与先锋产品相关的贸易或业务，则第五款适用于该建筑物、厂房或机械。

（7）如先锋企业于1991年8月16日前发生不低于十亿美元的资本支出，则第五款应适用于该企业的该项支出，尽管该企业未遵循该款第一项和第二项。

（8）如果

（a）第五款或第七款所述先锋企业持两项或以上先锋证书；

（b）与该等先锋证书相关的先前贸易或企业的税收减免期届满日不同；以及

（c）任何建筑物、工厂或机器已发生资本支出，而该等建筑物、工厂或机器共同用于开展先前行业或业务，则不得根据《新加坡1947年所得税法令》第十六条、第十七条、第十八条、第十八条之二、第十八条之三、第十九条、第十九条之一、第十九条之二、第二十条、第二十一条及第二十二条规定扣除该类支出，直至较晚或最晚的税收减免期届满日后。

（9）第五款和第七款中的"资本支出"，是指与先锋产品、新加坡厂房（不包括土地）、在新加坡使用的任何新工厂或新机器及新加坡知识产权使用相关的资本支出，及在部长核准的情况下，在新加坡使用的任何二手工厂或二手机器的资本支出。

第十一条　所得税法令第十六编的适用

《新加坡1947年所得税法令》第十六编（关于收入返还）于各情形均应适用，视为先锋企业每一项先前贸易或业务的收入均应课税。

第十二条　审计员颁发损益表

对每一课税年度，审计员应向先锋企业发出说明（列入根据《新加坡1947年所得税法令》第七十六条送达先锋企业的任何课税通知中），表明该课税年度每一项先前贸易或业务的收入数额，并应适用《新加坡所得税法令》第十七编、第十八编（关于课税、异议和上诉），但须作必要修改，视为该说明是根据该等规定发出的课税通知。

第十三条　所得税豁免

（1）如根据第十二条颁发的任何报表成为终决性报表，报表显示的收入数额不应构成先锋企业任何课税年度法令定收入的一部分，且应予以豁免课税。

（2）在该报表具备终决性之前，审计员可酌情宣布该收入数额的某一特定部分不存在争议,且予以该无争议收入数额税收减免期,直至该报表具备终决性。

第十四条　免税返还

(1)尽管有第十三条规定,根据《新加坡1947年所得税法令》第七十四条规定,如审计员认为,出于以下原因,不应予以先锋企业相应税收豁免,则可对先锋企业展开第二款规定评估或额外评估:

(a)根据第九条作出的任何指示;或者

(b)根据第九十九条撤销颁发给先锋企业之先锋证书。

(2)第一款规定的摊款或额外摊款数额,是审计员认为抵销先锋企业自税收豁免获得的任何利得所必要。

(3)《新加坡1947年所得税法令》第十七编、第十八编及根据该法令制定的任何规则,经必要修改后,适用于第一款规定的评估或额外评估,视为根据该等规定发出的评估通知。

第十五条　损失和补助的结转

(1)先锋企业无论何时:

(a)在其先锋产品的税收减免期内;或者

(b)颁发给先锋企业之先锋证书规定两种或两种以上先锋产品的,在其先锋产品较长或最长的税收减免期内,无论在哪一年内该产品或其中任何一种产品在先前贸易或业务中遭受损失,须根据《新加坡1947年所得税法令》(经必要修改后适用)第三十七条扣除该损失,但仅限于根据第十条确定之先锋企业自先前贸易或业务获得的收入。

(2)亏损余额在先前贸易或业务的税收减免期届满日仍列入未吸纳亏损额的,根据《所得税法令》第三十七条,可作为与新的贸易或业务开始的课税年度的评税基期内及随后任何评税年度的扣减额,按以下降序计算:

(a)抵减先锋企业自相应新的贸易或业务中获得的法定收入;

(b)抵减先锋企业自任何其他贸易或业务获得的法定收入;

(c)抵减先锋企业自任何其他来源获得的法定收入。

(3)尽管有第七款第一项的规定,第十条规定的在先前贸易或业务税收减免期届满日仍未列入的任何补助余额,可作为与新的贸易或企业开始的基期相关的课税年度及根据《所得税法令》第二十三条规定的任何后续课税年度的扣减额,按以下降序计算:

(a)抵减先锋企业自相应的新的贸易或业务中获得的法定收入;

(b)抵减先锋企业从任何其他贸易或业务获得的法定收入;

(c)抵减先锋企业自任何其他来源获得的法定收入。

第三编　先锋服务公司

第十六条　关于本编的释义

除文意另有所指外,

"起始日",就本编有关根据第十七款第二项获批为先锋服务公司的合资格活动而言,是指先锋服务公司根据第十七条第四款第二项、第六款第一项或第三项发出的证明书,指明为该合资格活动起始日的日期；

"先锋服务公司"是指已根据第十七条获得证书的公司；

"合资格活动"是指下列任意一项：

(a)任何工程或技术服务，包括实验室、咨询及研发活动；

(b)计算机信息和其他计算机相关服务；

(c)任何工业设计的发展或生产；以及

(d)规定的其他服务或活动。

第十七条　申请、颁发和修订先锋服务公司的证书

(1)如公司从事任何合资格活动，该公司可以规定的形式，向部长申请批准成为从事该合资格活动之先锋服务公司。

(1A)任何公司可根据第一款就所从事的一项以上合资格活动，申请批准为先锋服务公司。

(2)如部长认为符合公共利益，可批准该公司作为从事合资格活动之先锋服务公司，并向该公司颁发证书，但须符合部长认为适当的条件。

(3)任何公司不得于2024年1月1日或之后被批准为先锋服务公司。

(4)根据本条颁发给先锋服务公司的每份证书须与合资格活动相关，并明确：

(a)合资格活动；以及

(b)作为合资格活动起始日的日期。

(5)如部长批准某公司为先驱服务公司，并从事两项或以上合资格活动，部长可就该等合资格活动颁发一项证书，如：

(a)部长根据第六条(根据第十九条适用)确定之先锋服务公司所有合资格活动的税收减免期于同一日到期；以及

(b)部长确信对先锋服务公司作为同一项目的一部分从事所有合资格活动。

(6)部长可根据任何先锋服务公司的申请，修订发给该公司的证书：

(a)以部长认为合适的较早或较晚的日期替代第四款第二项规定的合资格活动的证书的起始日期，并且替代后，本法令规定发生效力，替代日期视为公司该合资格活动的起始日期；

(b)自部长确定确定日期生效的证书中，删除任何合资格活动；或者

(c)在证书中添加任何合资格活动和日期作为其开始日期，如果：

(i)合资格活动的税收减免期与证书已规定的其他合资格活动的税收减免期同一日到期；以及

(ii)部长信纳先锋服务公司正在从事合资格活动和其他合资格活动或证书中作为同一项目的一部分已规定的活动。

(7)不违背第九十九条的情况下，如部长信纳先锋服务公司违反以下规定，部长可自部长确定日期生效的证书中，删除任何合资格活动：

(a)本法令的任何规定；或者

(b)批准成为先锋服务公司的任何条件。

第十八条　已废止

第十九条　第六条至第十七条对先锋服务公司的适用

第六条至第十五条应适用于本编所指之先锋服务公司,为该项应用:

(a)如述及先锋企业,应理解为先锋服务公司;

(b)如述及先锋产品,应理解为对合资格活动;

(c)如述及先锋企业之先锋产品生产日,应理解为先锋服务公司合资格活动的起始日;以及

(d)如述及先锋证书,应理解为根据第十七条颁发的证书。

第十九条之一　第十条和第十五条排除适用知识产权

(1)根据第十条(适用于第十九条)确定先锋服务公司自合资格活动获得的收入时,须排除该活动产生的任何知识产权收入,及为该活动而产生的、可归因于审计员或由审计员分摊给任何知识产权收入的资本支出补助。

(2)为适用第十五条(由第十九条适用),第十五款第一项述及的收入不包括任何知识产权收入。

(3)为避免疑问,根据《新加坡1947年所得税法令》,第一款排除的知识产权收入仍应课税。

第三编之一　后先锋公司

第十九条之二至第十九条之八　已废止

第三编之二　发展和扩张激励

第十九条之九　关于本编的释义

除文意另有所指,

"起始日",就本编有关根据第十九条之十第二款为发展和扩张公司核准的合资格活动而言,是指以第十九条之十第四款第二项或第五A款第一项或第三项在发展及扩张公司证明书指明的日期,作为该合资格活动的起始日;

"发展和扩张公司"是指根据第十九条之十第二款获发证书的公司;

"合资格活动"是指以下任何一项:

(a)对新加坡有经济利益的任何行业的任何产品的制造或增长制造;

(b)第十六条规定的任何合资格活动;以及

(c)可能规定的其他服务或活动。

第十九条之十　发展和扩张公司申请和颁发证书

(1)任何从事任何合资格活动的公司均可以规定的形式向部长申请批准成为该合资格活动的发展和扩张公司。

(1A)任何公司可根据第一款就其从事的一项以上合资格活动申请批准为发展和扩展公司。

(2)如部长认为符合公共利益,可批准该公司为从事合资格活动的发展和扩张公司,并向该公司颁发证书,但须遵守部长规定的条件。

(3)任何公司不得于2024年1月1日或之后获批为发展和扩张公司。

(4)颁发给发展和扩张公司的每份证书须与合资格活动相关,并且须规定:

(a)合资格活动;

(b)合资格活动起始日的日期;以及

(c)执行本编,就该合资格活动征收的优惠税率。

(5)如部长批准任何公司为发展和扩张公司,从事两项及以上合资格活动,部长可就该等合资格活动颁发一项证书,如果:

(a)部长根据第十九条之十一核准的发展和扩张公司所有合资格活动的税收减免期于同一日到期;以及

(b)部长信纳发展和扩张公司作为同一项目的一部分参与所有合资格活动。

(5A)部长可根据任何发展和扩张公司的申请,修订发给该公司的证书:

(a)以部长认为合适的较早或较晚的日期替代第四款第二项规定的证书的合资格活动的起始日期,并且在替代后,本法令规定具有效力,替代日期视为公司该合资格活动的起始日期;

(b)自部长确定日期生效的证书中,删除任何合资格活动;或者

(c)在证书中添加任何合资格活动和日期作为其起始日期,如果:

(i)合资格活动的税收减免期与证书已规定的其他合资格活动的税收减免期同一日到期;以及

(ii)部长信纳发展和扩张公司正从事合资格活动及证书中已作为同一项目的一部分规定的其他合资格活动。

(5B)不违背第九十九条的情况下,如部长信纳发展和扩张公司违反以下规定,部长可主动自其确定日期生效的证书中,删除任何合资格活动:

(a)本法令的任何规定;或者

(b)其批准作为发展和扩张公司的任何条件。

(5C)尽管有《新加坡1947年所得税法令》第四十三条规定,仍按第五款之四、第五款之四第一分条、第五款之五和第五款之五第二分条适用的优惠税率课税(以何者适用为准),并且须在每一课税年度交纳:

(a)发展和扩张公司在税收减免期自其证书规定的合资格活动获得的扩张收入;或者

(b)如证书规定两项及以上合资格活动,在其相应的税收减免期,自所有该等合资格活动获得的扩张收入。

(5D)前款中,优惠利率为:

(a)就于《新加坡2016年激励经济扩张(所得税减免)(修订)法令》第十七条第四款生效日期前获批的发展和扩张公司而言,不低于百分之五的优惠税率,具体由部长在证书内规定;或者

(b)任何其他情况下,百分之五或百分之十的优惠税率,具体由部长在证书中指定。

(5DA)部长可以主动或根据开发和扩张公司的申请,修订公司证书,根据第五款之四以百分之五或百分之十的优惠税率替代证书中规定的优惠税率。该情形下,优惠税率作为替代税率。

(5DB)无论发展和扩张公司于《新加坡2018年激励经济扩张(所得税减免)(修订)法令》第六条第二项生效之前、之日或之后获批,第五款之四第一分条均予以适用。

(5E)除第五款之五第一分条另有规定外,如发展和扩张公司于2012年2月29日或之后获批,或于该日或之后获得任何合资格活动的一次或多次税收减免期延长,适用于其获得的扩张收入的优惠税率:

(a)在第五款之六所述活动的公司税收减免期的任何期间内,公司证明书指明的合资格活动;或者

(b)如该证明书指明两项或以上合资格活动,则在该公司与第五款之六所述活动相关的个别税收减免期的任何期间内,该等活动内的所有活动。

在批准日或之后任何时间或延长期内(视情况而定),部长对公司规定的税率不得低于(0.5+A)%。其中,A是适用于公司自该等活动(视情况而定)获得的扩张收入的减免税率,该减免税率是紧临该部分税收减免期开始之前的税率。

(5EA)部长可以主动或根据第五款之五提及的发展和扩张公司的申请,按照该款以证书规定的税率(本条称为初始税率)替代在部分税收减免期内自该活动中获得的扩张收入,以符合第五款之五第三分条的税率(本条称为替代税率),而修订公司证书中的任何合资格活动。

(5EB)如第五款之五第一分条适用,则:

(a)如替代日期是税收减免期的首日,则适用于税收减免期内,该活动产生的扩张收入的优惠税率为替代税率;以及

(b)如替代日期不是税收减免期的首日:

(i)适用于自该部分税收减免期的首日始至紧临替代日期前一日结束期间,自该活动获得的扩张收入的优惠税率为初始税率;以及

(ii)减免税收剩余期内,适用于该活动产生的扩张收入的优惠税率为替代税率。

(5EC)第五款之五第一分条提及的部分税收减免期的替代率是由公式A+B计算的比率得来,其中:

(a)A是以下两者相减的结果:

(i)该活动的减免税收每一期间的首日(直至并包括该部分的减免期),适用于该公司自该活动取得的扩张收入的优惠税率合计所得的总额,或如未根据第五款之四第一分条或第五款之五第一分条(视情况而定)予以替代,该总款仍如此计算的总额;以及

(ii)紧临减免税每一期首日的前一日(直至并包括该税活动的税收减免期的每一期),合计适用于公司自该活动获得的扩张收入的优惠税率得出总额;以及

(b)部长确定B为百分之五或百分之十。

(5F)第五款之五、第五款之五第一分条、第五款之五第二分条和第五款之五第三分条

中，合资格活动的税收减免期部分为：

(a)税收减免期第十一年始至第十五年或减免税届期，以孰早者为准；

(b)税收减免期第十六年始至第二十年或减免税届期，以孰早者为准；

(c)税收减免期第二十一年始至第三十年或减免税届期，以孰早者为准；以及

(d)税收减免期第三十一年始至第四十年或减免税届期，以孰早者为准。

(6)扩张收入须为根据本条发出的证明书相关的一项或多项合资格活动（本条及第十九M条称为合资格收入）的收入，而该收入超过相应平均收入。

(7)第六款所述相应平均收入，须以紧临根据本条发出的证明书指明的生效日期前三年的相应合资格收入总额的三分之一，自该等合资格活动中厘定。

(8)如于《新加坡2012年激励经济扩张（所得税减免）（修订）法令》发布之日前获准并获得至少十年税收减免期的发展和扩张公司，在该日期前根据第十九条之十一第一款第二项或第二款获准延长或再延长其税收减免期，部长应根据第九款计算该延长的相应平均收入。

(9)第八款所述的每次延期或再延期的相应平均收入，须以紧临该次延期（视情况而定）日前三年的相应合资格收入总额的三分之一厘定。

(10)尽管有第七款、第八款、第九款的规定，部长如认为合适，可指定任何数额作为相应平均收入，以替代根据该等款确定的数额。发展和扩张公司的税收减免期。

第十九条之十一　发展和扩张公司的减免税期

(1)除第三款另有规定外，发展和扩张公司合资格活动的税收减免期自该合资格活动的起始日开始并继续：

(a)不超过十年的期限，具体年限由部长决定；以及

(b)确定一个或多个期限，每一期限不超过五年，具体年限由部长决定，前提是部长信纳其符合公共利益，并遵守可能规定的要求。

(2)除第三款另有规定外，如部长信纳其符合公共利益，并遵守可能规定的要求，部长可以：

(a)如颁发给发展和扩张公司的证书仅规定一项合资格活动，将第一款该活动的公司税收减免期再延长，但任何时候均不超过五年，具体时长由部长决定；或者

(b)如向某发展和扩张公司颁发的证书规定一项以上合资格活动，将第一款中公司的一项或多项税收减免期延长至一个或多个延长期间，但任何时候均不得超过五年，具体年限由部长决定。

(3)第一款及第二款所指的合资格活动中，发展和扩展公司的税收减免期合计不得超过二十年。

(3A)尽管有第三款的规定，如部长信纳其符合公共利益，并能够遵守可能规定的要求，可延长相关发展和扩张公司合资格活动的税收减免期[超过第三款允许的最大总期限]，但任何时候均不得超过十年。

(3B)第一款、第二款、第三款之一提及的合资格活动中，有关发展和扩张公司的总税收减免期合计不得超过四十年。

(3C)仅在2008年2月18日至2023年12月31日（两个日期均包含在内），才可延长相关发展和扩张公司根据第三款之一开展合资格活动的税收减免期。

(3D)在第三款之一、第三款之二和第三款之三中,“相关发展和扩张公司”是指从事一项或多项合资格活动,并在区域或全球范围内监督、管理或控制任何活动的开展的发展和扩张公司。

(4)《新加坡2004年激励经济扩张(所得税减免)(第2号修正案)法令》生效前,最初予以发展和扩张公司超过十年的任何税收减免期应视为已根据本条授予。

(5)如《新加坡2004年激励经济扩张(所得税减免)(第2号修正案)法令》生效前,根据第十九条之十第二款颁发的证书规定的任何合资格活动,开发和扩张公司获得第三编之一规定的税收减免期,部长在根据第一款、第二款或第三款之一延长该合资格活动的税收减免期时,应虑及公司对该部分规定的合资格活动的税收减免期。

(6)部长在延长第十九条之十一第一分条第三款规定的国际法律服务发展和扩张公司的税收减免期时,须虑及根据第十九条之十一第一分条享受的该类服务的任何税收减免期。

(7)尽管有本条规定,《新加坡1947年所得税法令》第四十三条之二十六第六分条中,被视作获准成为发展和扩张公司的税收减免期,根据该条制定的规则,将于2011年6月1日届期,不得延长。

第十九条之十一第一分条　国际法律服务

(1)如从事国际法律服务的公司在2010年4月1日至2017年6月30日(此两个日期均包括在内)期间,根据第十九条之十第一款获准成为服务发展和扩张公司,则:

(a)尽管有第十九条之十一第一款、第二款、第三款、第三款之一、第三款之二的规定,国际法律服务公司的税收减免期自起始日起为五年,不得延长;以及

(b)尽管有第十九条之十第五款之三的规定,仍须就公司在该等服务的税收减免期内提供该等服务所取得的扩张收入,按百分之十的税率课税,并须就每一课税年度交纳该税项。

(2)本条不适用于根据《新加坡1947年所得税法令》第十三条之二十二第一款核准的公司。

(3)本条中:

“扩张收入”与第十九条之十规定的含义相同;

“国际法律服务”是指根据《新加坡1993年货物和服务税法令》第二十一条第三款,包括有资格获得零评级的法律服务的任何合资格活动。

第十九条之十二　按优惠税率收回税款

尽管本编另有规定,审计员仍可根据《新加坡1947年所得税法令》第七十四条规定,如其认为公司的任何收入不应根据第十九条之十或第十九条之十一第一分条以优惠税率课税,则对公司开展评估或额外评估,以弥补任何税收损失。

第十九条之十三　确定合资格活动的收入

(1)除第二款和第三款,另有规定外:

(a)发展和扩张公司自合资格活动中获得的合资格收入;或者

(b)如根据第十九条之十第二款向发展和扩张公司颁发的证书规定两项或以上合资格活动,则根据第一款之一中扣除和调整后,发展和扩张公司自该等合资格活动获得的总合资格收入,应根据《新加坡1947年所得税法令》确定。

(1A)第一款的扣减和调整如下：

(a)自任何合资格活动扣除知识产权收入；

(b)为实施根据第十九条之十六发出的任何指示所需的调整。

(1B)为避免生疑，根据第一款与(第一款之一合并考量)扣除的知识产权收入仍应根据《新加坡所得税法令》课税。

(2)在确定第一款第一项提及的发展和扩张公司的合资格收入或第一款第二项提及的发展和扩张公司在任何评估年度的基期的总合资格收入时：

(a)《新加坡1947年所得税法令》第十六条至第二十二条规定的为资格认定活动发生的资本支出的补助应予考虑，尽管未对该补助提出申索；

(b)第二款第一项提及的该课税年度的补助，应首先自公司的合资格活动收入或公司的所有合资格活动的总合资格收入中扣除，任何未列入的补助应自公司的其他收入中扣除，根据本法令或《新加坡1947年所得税法令》第三款规定的不同税率课税；

(c)根据《新加坡所得税法令》第二十二条之一和第二十三条，根据第二项扣除后的补助余额(如有)应可用于下一课税年度扣除，并应以该款规定的方式进行；

(d)该基期内，关于合资格活动的任何损失或任何净亏损，应根据第三款自公司的其他收入扣除，根据本法令或《新加坡1947年所得税法令》以不同税率课税；

(e)根据《新加坡1947年所得税法令》第三十七条，根据第四项扣除后的损失余额(如有)应可用于随后任何一课税年度扣除，首先扣除公司自合资格活动中获得的合资格收入或合资格总收入，任何损失余额应根据本法令或《新加坡1947年所得税法令》第三款自公司的其他应纳税收入中扣除；

(f)该课税年度的任何未列入补助应根据第三款自公司的其他收入中扣除，根据本法令或《新加坡1947年所得税法令》，其他收入应按照不同的税率课税；以及

(g)根据《新加坡1947年所得税法令》第三十七条，根据第六项扣除后的补助余额(如有)应可用于随后任何一课税年度扣除，首先扣除公司自合资格活动中获得的合资格收入或合资格总收入，补助的任何余额应根据本法令或《新加坡1947年所得税法令》第三款自公司的其他应纳税收入中扣除。

(2A)第二款如提及合资格活动的资本支出补助，皆不包括可归因于或由审计员分摊给知识产权收入的任何该类补助。

(3)《新加坡1947年所得税法令》第三十七条之二应作出必要修改后，适用于以下方面：

(a)扣除该法令第十六条至第二十二条规定的补助；以及

(b)根据该法第三十七条，以下方面的损失或补助

(i)发展和扩张公司的合资格收入或总收入；以及

(ii)根据本法令或《新加坡1947年所得税法令》规定，发展和扩张公司的收入中应按照不同税率课税的部分。

(4)根据第三款提出的申请中，《新加坡1947年所得税法令》第三十七条之二中如提及须按较高或较低税率交税的公司收入(视情况而定)，须理解为提及发展和扩张公司的合资格收入或总收入。

第十九条之十四　其他贸易或业务收入的确定

(1)无论何时:

(a)在发展和扩张公司的税收减免期内从事合资格活动;或者

(b)如根据第十九条之十第二款发给发展和扩张公司的证明书指明两项或以上合资格活动,则为该公司对该等合资格活动的较长或最长的税收减免期内。

开发和扩展公司从事除合资格活动以外的任何贸易或业务,须为该其他贸易或业务及同一会计期间保留独立账户;来自其他贸易或业务的收入须根据《新加坡1947年所得税法令》进行计算和评估,展开审计员认为合理和适当的调整。

(2)如审计员认为进行该等其他贸易或业务从属或附带于该等合资格活动,则该等其他贸易或业务所产生的收入或损失,视为该等合资格活动对公司的收入或损失的一部分。

第十九条之十五　损失扣除

关于开发和扩张公司,部长可制定法规,规定下列事项:

(a)《新加坡1947年所得税法令》所允许的费用、资本补助和捐赠的扣除方式;以及

(b)非按照《新加坡1947年所得税法令》第二十三条和第三十七条规定的资本补助、损失和捐赠的扣除。

第十九条之十六　发出指示的权力

为执行本法令和《新加坡1947年所得税法令》,审计员可指示:

(a)向某一税收减免期内的发展和扩张公司支付任何应付款项,其在正常经营过程中的合资格活动合理地和适当地预期应被予以支付,在该期间结束后,须视为在该期间内未被支付,而是在审计员认为适当的该段时间结束后的某日被支付;以及

(b)在税收减免期结束后一年内,发展和扩张公司关于合资格活动发生的任何费用,其在正常经营过程中的合资格活动合理地和适当地预期到会发生的费用,在税收减免期内,其费用应被视作:

(i)在该年内未发生;而是

(ii)是为该合资格活动而发生,且是在审计员认为适当的日期内发生。

第二十条至第五十六条　已废止

第八编　为生产设备的外国贷款

第五十七条　申请批准外国贷款

(1)任何公司拟通过协议自非居民(本编称为外国贷款人)处获得不低于二千万美元贷款,可向部长申请批准该贷款,成为核准的外国贷款,根据该协议,为其贸易或业务购买生产设备提供贷款。

(2)部长认为适宜的,可批准一项低于二千万美元的外国贷款申请。

(3)申请须按订明的格式及内容提出,须附有协议副本。

(4)部长确信该类申请的真实性且符合公共利益的,可以:

(a)根据部长认为适当的条件,批准申请的贷款,而成为核准的外国贷款;以及

(b)颁发证明核准的证书。

(5)根据第四款发出的每份证明书,须采用订明的格式,并载有订明的内容。

(6)部长不得在2024年1月1日或之后批准任何贷款,成为核准的外国贷款。

第五十八条　对特定生产设备处置的限制

未经部长事先书面许可,不得出售、转让或以其他方式处置任何由核准的外国贷款购买和资助的生产设备,除非贷款已全额偿还。

第五十九条　核准外国贷款的利息税豁免

(1)尽管有《新加坡1947年所得税法令》第四十三条第一款的规定,根据第二款,如部长信纳其有符合公共利益,可于外国贷款证书处背书,豁免征收税款或授权按证书规定的优惠税率,对应付给外国贷款人的核准的外国贷款的任何利息税项和付款。

(2)如某公司违反第五十八条或部长根据第五十七条第五款规定的任何条件,如未有第一款规定,该公司根据《新加坡1947年所得税法令》第四十五条本可自其支付给外国贷款人的利息中扣除的金额应视为已自该利息扣除,并视为该公司对政府的欠款,可按照《新加坡1947年所得税法令》第八十九条规定的方式追偿。

(3)未经部长事先批准,审计员不得追偿第二款下的任何债务(款项)。

第六十条　核准外国贷款的额外利息税豁免

(1)除第三款另有规定外,由于须全额偿还贷款的期限已获延长,第五十九条应适用于核准的外国贷款的任何额外应付利息。

(2)缺乏部长事先核准的情况下,任何该类延长期的应付利率不得高于与核准的外国贷款有关证书规定的利率。

(3)作出任何该类安排的任何公司应在作出安排之日起三十日内向部长发出书面通知。

第九编　特许权使用费、费用和发展投入

第六十一条　批准特许权使用费、费用或投入申请

(1)从事任何行业的公司,拟与非居民签订协议或安排,向非居民支付特许权使用费、技术援助费或研发费用投入,可向部长申请批准本编核准的特许权使用费、费用或投入(视情况而定)。

(2)申请书须采用部长可能要求的格式,包含部长可能要求的内容,且须附有:

(a)由非居民人士鉴证的拟议协议或安排的副本;或者

(b)部长可能要求的内容。

(3)部长确信申请的真实性且认为其符合公共利益的,可以:

(a)在部长认为适当的条件下,批准申请书提及的特许权使用费、费用或投入,成为核准的特许权使用费、费用或投入;以及

(b)颁发鉴证核准的证书。

(4)部长不得在2024年1月1日或之后批准任何特许权使用费、费用或投入,成为核准的特许权使用费、费用或投入。

第六十二条　协议或安排条款变更的通知

(1)如由于任何原因,公司应支付的任何核准的特许权使用费、费用或投入在相关协议或安排到期前停止支付,公司应在停止支付之日起三十日内,通知部长。

(2)根据第六十一条获发证书的公司,未经部长事先批准,不得修订或以其他方式变更协议或相关安排的条款,除非出于相同的考量,核准的特许权使用费、费用或投入的金额将减少,该情形下,公司应在减少金额之日起三十日内通知部长。

第六十三条　减免税以不增加外国税项为前提

已废止。

第六十四条　批准特许权使用费、费用或投入的税收减免期

(1)尽管有《新加坡 1947 年所得税法令》第四十三条第一款的规定,根据第二款,如部长信纳其符合公共利益,可在已核准的特许权使用费、费用或投入证书上批注,免税或授权对非居民收到的任何核准的特许权使用费、费用或投入按证书规定的优惠税率课税和支付。

(2)如果:

(a)在《新加坡 2016 年激励经济扩张(所得税减免)(修订)法令》第二十六条生效之日或之后,公司违反第六十二条第二款或第六十一条第三款下的任何条件;以及

(b)部长认为符合公众利益,

部长可根据第六十一条第三款第一项撤销批准。

(3)第二款中,因违反第六十二条第二款被撤销的批准,是撤销内容的协议或安排内须支付的特许权使用费、费用或投入。

(4)如根据第二款撤销对任何特许权使用费、费用或投入的批准,如未规定第一款,本应由公司自根据《新加坡 1947 年所得税法令》第四十五条之一支付给非居民的特许权使用费、费用或投入中扣除的税款:

(a)被认为已自特许权使用费、费用和投入中扣除;

(b)公司对政府的欠款;以及

(c)经部长事先批准,可按照《新加坡 1947 年所得税法令》第八十九条规定的方式收回。

(5)如财政部长信纳公司未故意违反以下规定,可免除公司根据第四款应付的全部或部分债务:

(a)第六十二条第二款;或者

(b)根据第六十一条第三款规定的要求,视情况而定。

(6)在第二款、第三款和第四款中,如提及根据第六十一条第三款第一项作出的批准,如属在 2015 年 2 月 24 日前根据第六十一条作出的批准,即是指紧临该日期前根据该条发生效力的证明书。

第六十五条　投资于核准企业的税收豁免

如根据第六十四条,任何已获核准的特许权使用费、费用或投入所须交纳税项的税率降低,有证明表明审计员确信,特许权使用费、费用或投入已全部或部分用于收购公司普通股本,该公司已收到该款项,则等同于该等开支的收入款额应享有税收豁免。

第十编　投资补助

第六十六条　关于本编的释义

(1)本编除文意另有要求：

“核准项目”是指部长根据第六十七条第二款核准的项目；

“应税优惠收入”是指自优惠收入中扣除《新加坡1947年所得税法令》允许的费用、捐赠、补助或损失后的优惠收入；

“应税正常收入”是指自正常收入中扣除《新加坡1947年所得税法令》允许的费用、捐赠、补助或损失后的正常收入；

“优惠收入”是指根据《新加坡1947年所得税法令》第四十三条之一、第四十三条之三、第四十三条之五、第四十三条之七、第四十三条之九、第四十三条之十、第四十三条之十四、第四十三条之十六、第四十三条之十七、第四十三之十八、第四十三条之二十三、第四十三条之二十四、第四十三条之二十五、第四十三条之二十六、第四十三条之二十六第一分条、第四十三条之二十六第二分条、第四十三之二十六第三分条、第四十三条之二十六第四分条、第四十三条之二十六第五分条、第四十三条之二十六第六分条、第四十三条之二十六第七分条、第四十三条之二十六第八分条或其他规定，按优惠税率课税的收入；

“优惠投资补助”是指给予公司的投资补助，用于获得公司优惠收入的核准项目；

“优惠投资补贴账户”是指公司为计算根据本部予以的优惠投资补贴而备存的账户；

“施工作业”是指：

(a)建筑物和构筑物的建造、改建、修理、扩建或拆除；

(b)构成或将构成任何土地一部分的任何工程的建造、更改、修理、延展或拆卸；或者

(c)构成第一项或第二项所述作业的组成部分、准备或完成该等作业的任何作业，包括场地清理、土方开挖、基础铺设、场地修复、景观美化以及排水、道路和其他出入工程；

“固定资本支出”是指公司核准项目中用于实施下列项目的资本支出：

(a)在新加坡以及按照第六十七条第一款第二项、第三项、第四项、第六项或第七项下的任何项目中的厂房(不包括土地)，包括为实施该项目而特别设计的建筑物或构筑物；

(b)获得任何工业知识或专利权；以及

(c)在新加坡以及按照第六十七条第一款第八项或第九项规定的任何项目中使用的任何新生产设备(及经部长核准的任何二手生产设备)，包括根据第六十七条第三款批准在新加坡境外使用的任何生产设备；

“投资日”，就公司而言，是指证书中规定的公司，有资格获得投资补助的日期；

“正常收入”是指根据《新加坡1947年所得税法令》第四十三条第一款第一项税率应纳税的收入；

“正常投资补助”是指对公司正常收入来源的核准项目给予公司的投资补助；

“正常投资补助账户”是指公司为计算根据本部给予的正常投资补助金额而设立的账户；

“相关收入”,就公司而言,是指:

(a)不构成公司法令定收入,或根据本法令(除本编外)或《新加坡1947年所得税法令》规定之税收豁免的任何收入;或者

(b)按照《新加坡2004年激励经济扩张(所得税减免)(修订)法令》或第三编之二生效之日前有效的第三编之一规定,须依优惠税率纳税的任何收入;

“研发”与《新加坡1947年所得税法令》第二条第一款规定的含义相同;

“空间卫星”是指为任何经济、科学或技术目的,而放置于相对地球轨道上的装置。

(2)为本编的执行,固定资本支出不应被视为由公司产生,除非:

(a)属于将在现场建造或安装的任何厂房或生产设备,该开支可归因于对建造该厂房或建造或安装该生产设备所做工作的付款;

(b)对于除第一项或第三项适用的生产设备以外的任何生产设备,公司已在新加坡收到该设备;

(c)该任何生产设备是根据第六十七条第一款第八项或第九项用于项目,公司已接收该设备。

第六十七条　资本支出投资补助

(1)如公司拟实施某项目:

(a)制造或增加制造任何产品;

(b)提供专业工程或技术服务;

(c)用于研发;

(d)建筑作业;

(e)减少水的消耗;

(f)关于第十六条规定的任何合资格活动;

(g)促进新加坡旅游业(酒店业除外);

(h)运行任何空间卫星;

(i)为任何飞机提供维护、修整和修复服务;或者

(j)为提高能源效率。

公司可以规定的形式向部长申请核准项目固定资本支出的投资补助。

(2)部长考量项目的经济、技术和其他优势后认为适宜的,可核准该项目,并向公司颁发证书,该证书应使公司有资格获得证书规定的关于核准项目的固定资本支出的投资补助,但须符合其认为合适的要求。

(3)为执行第二款,部长可批准在新加坡境外用于第一款第八项或第九项下任何项目的任何生产设备,发生的固定资本支出的任何投资补助。

(4)根据本条发出的每份证明书,须指明某一日期,作为公司有权根据本部获得投资补助的投资日。

(5)部长可酌情根据公司的申请修订其证书,在其认为合适的较早或较晚日期以证书规定的投资日替代,本编规定应发生效力,该替代日期视为该证书有关的投资日。

(6)本条所述的批准仅可在以下期间就第一款第九项所述的任何项目授予公司:

(a)2004年9月9日至2009年9月8日(两个日期均包括在内);以及

(b)2010 年 4 月 1 日至 2015 年 3 月 31 日(两个日期均包括在内)。

(7)本条所述的批准仅可在 2010 年 4 月 1 日至 2021 年 3 月 31 日(两个日期均包括在内),就第一款第十项所述的任何项目授予任何公司。

(8)2024 年 1 月 1 日之后,不得就第一款第一项至第八项所述的任何项目向任何准予本条所述的批准。

第六十八条　投资补助

(1)根据第六十七条授予的投资补助应规定为比率的形式,不超过部长根据第二款在核准项目规定的每一项目发生的固定资本支出金额的百分之百(可能受最高限额限制),如发生固定资本支出:

(a)在部长可能确定的期限内(本法令称为合资格期限),即自投资日始的期限,并且:

(i)不超过五年;或者

(ii)根据 2007 年 2 月 15 日或之后签订的租购协议获得指定物品的期限不超过八年;以及

(b)依照第六十七条第一款第七项规定的项目中,不超过十年,具体期限(下称合资格期)由部长确定,自投资日起始计算。

(2)部长:

(a)须为第一款的执行,指明固定资本支出的项目;以及

(b)可指明核准项目投资补助的最高限额。

(3)如对某一特定项目是否符合第二款第一项下项目存有任何疑问,应由部长决定,且为终局性决定。

(4)第一款所称“指定”是指部长的指定。

第六十九条　投资补助贷记

(1)如某一评估年度的基期内,公司发生固定资本支出,则应根据其证书要求及第六十八条规定,向该评估年度的公司提供固定资本支出金额的投资补助。

(2)尽管有第一款的规定,不得就公司有关收入来源的经核准项目予以公司投资补助。

(3)如任何投资补助拨入经核准项目的公司,而自该投资补助仅产生该公司的正常收入,则该投资补助须记入“正常投资补助账户”的贷方,该账户须由该公司为施行本编备存。

(4)如任何投资补助拨入经核准项目的公司,而自该项投资补助仅产生公司的优惠收入,则该投资补助须记入“优惠投资补助账户”的贷方,该账户须由公司为施行本编备存。

(5)如公司同时自经核准项目获得正常收入及优惠收入,投资补助须全部记入正常投资补助账户的贷方,或全部记入部长或其委任之人指示的优惠投资补助账户的贷方。

(6)尽管有第一款至第五款的规定,如任何公司在 1996 年 1 月 1 日或之后为根据第六十七条第一款第五项核准的项目发生固定资本支出,部长如信纳其符合公共利益,可指示为该公司的该等支出提供投资补助,该投资补助应记入正常投资补助账户的贷方。

(7)尽管有第七十一条的规定,自相关日期开始,如公司自经核准项目获得的收入作为优惠收入而非正常收入纳税:

(a)除第四项另有规定外,在过渡课税年度前课税年度的基期结束时,正常投资补助

账户的任何结余,仅可用作扣减公司在过渡课税年度的应税正常收入;

(b)如公司在相关日期前已发生任何固定资本支出,予以公司的任何固定资本支出投资补助,应记入正常投资补助账户的贷方;

(c)如公司在相关日期当日或之后发生任何固定资本支出,就该固定资本支出予以公司的任何投资补助,须记入优惠投资补助账户;以及

(d)过渡课税年度的应税正常收入额,应记入过渡课税年度的正常投资补助账户的借方,但不得超过该账户中的盈余;该账户当年的任何余额,应从该账户内扣除,并记入优惠投资补助账户的贷方,用于支付公司过渡课税年度和随后各课税年度的应税优惠收入。

(8)尽管有第七十一条的规定,自相关日期始,如公司自经核准项目获得的收入作为正常收入而非优惠收入纳税:

(a)除第四项另有规定外,在过渡课税年度前课税年度的基期结束时,优惠投资补助账户的任何结余,仅可用作扣减公司在过渡课税年度的应税优惠收入。

(b)如公司在相关日期前已发生任何固定资本支出,就该固定资本支出予以公司的任何投资补助,须记入优惠投资补助账户的贷方。

(c)如公司在相关日期当日或之后发生任何固定资本支出,就该固定资本支出予以公司的任何投资补助,应记入正常投资补助账户的贷方;以及

(d)过渡课税年度的应税优惠收入额,应记入过渡课税年度的优惠投资补助账户借方,但不得超过该账户中的盈余;该账户当年的任何余额,应从该账户内扣除,并记入正常投资补助账户的贷方,用于支付公司过渡课税年度和随后各课税年度的应税正常收入。

(9)尽管有第七十一条第四款的规定,如审计员信纳公司已永久停止在任何课税年度基期内获得任何优惠收入:

(a)该公司该课税年度应税优惠收入的款额,应记入优惠投资补助账户借方,但不得超过该账户的盈余。

(b)优惠投资补助账户的任何余额,应从该账户内扣除;以及

(c)第二项所述任何剩余结余的经调整的款额,应记入正常投资补助账户的贷方,抵销公司在该课税年度及之后课税年度的应税正常收入,因而"经调整的款额"是指根据公式(A×B/C)确定的数额。

其中,

(i)A 为第二项所述任何剩余结余的款额。

(ii)B 为该课税年度的优惠税率,而优惠收入须按该税率交税;以及

(iii)C 是根据《新加坡 1947 年所得税法令》第四十三条第一款第一项的税率。

(10)本条中:

"相关日期"是指与任何过渡年相关的基期内的日期,在该日期,经核准项目的收入应作为优惠收入而非正常收入纳税,反之亦然;

"过渡年"是指与基期相关的任何课税年度,在该课税年度中,经核准项目的收入自相关日期起作为优惠收入而非正常收入纳税,反之亦然。

第七十条 禁止出售、出租或处置资产

(1)合资格期内或合资格期结束后两年内,未经部长书面批准,公司不得出售、出租或以其他方式处置任何已予以投资补助的资产。

(2)如公司于其合资格期内或结束后两年内,已经出售、出租或以其他方式处置任何已获予以投资补助的资产,就该资产予以投资补助总和的款额,须按以下方式收回:

(a)如予以的投资补贴已记入正常投资补贴账户的贷方:

(i)该数额应自该账户扣除;以及

(ii)如该账户无法满足全数收回的要求,则须就未收回的款额向公司开展评估或额外评估;以及

(b)如予以的投资补贴已记入优惠投资补贴账户的贷方:

(i)该数额应自该账户扣除;以及

(ii)如该账户无法满足全数收回的要求,则须就未收回的款额向公司开展评估或额外评估。

(3)尽管有第二款的规定,部长可全部或部分放弃收回投资补贴。

第七十一条 所得税豁免

(1)除第二款另有规定外,如公司的正常投资补助账户于任一课税年度均有盈余,并且该公司在该课税年度有任何应税正常收入:

(a)应税正常收入额,不超过正常投资补助账户内的盈余,应获豁免缴税,而该笔款额,应记入正常投资补助账户借方;以及

(b)正常投资补助账户中的任何余额应结转,以便公司在随后的第一个课税年度,当公司有应税正常收入时使用,以此类推,直至正常投资补助账户中的盈余已全部使用。

(2)如在任何课税年度,公司有任何应税优惠收入,而正常投资补助账户有盈余,则公司可选择任何不超过正常投资补助账户盈余额的应税优惠收入作为税收豁免额,并可将该款额记入正常投资补助账户的借方。

(3)公司须在提交任何课税年度的收益申报表时,根据第二款就该课税年度选择,但1994年课税年度的选择须在1995年4月1日前作出。

(4)如于任何课税年度,任何公司的优惠投资补助账户有盈余,而该公司在该课税年度有任何应税优惠收入:

(a)不超过优惠投资补助账户盈余的应税优惠收入款额,应获税收豁免,而该款额应记入优惠投资补助账户的借方;以及

(b)优惠投资补助账户的任何余额应结转,供公司在随后第一个课税年度(公司有应税优惠收入时)用于随后课税年度,以此类推,直至优惠投资补助账户中的盈余已全部用尽。

(5)根据第六十九条第七款第四项从正常投资补助账户扣除的公司应税正常收入的任意款额,或者根据第六十九条第八款第四项或第九款第一项优惠投资补助账户扣除的公司应税优惠收入的任意款额,均应豁免税收。

第七十二条　免税款项收回

(1)尽管有本编其他规定,根据《新加坡 1947 年所得税法令》第七十四条规定,如审计员认为,由于根据第九十九条撤销根据第六十七条发给公司的证书,公司的任何已经被豁免税收的收入额原本不应被豁免收税,则对公司开展评估或额外评估,以收回任何税款。

(2)《新加坡 1947 年所得税法令》第十七编和第十八编(关于评估、异议和上诉)及根据该法令制定的任何规则,经必要修改后,适用于第(1)款规定评估或额外评估,视为根据该编发出的评估通知。

第七十三条至第七十四条　已废止

第七十四条之一　不予以投资补助的支出

根据《新加坡 1947 年所得税法令》第十九条之一第二款之一、第二款之二、第二款之二第一分条之一或第十九条之二第一款之一、第一款之二或第一款之二第一分条之一规定,对于因购买任何工业知识、专利权或生产设备而产生的固定资本支出,不得予以任何投资补贴。

第七十五条至第九十七条之二十六　已废止

第十三编之四　综合投资补助

第九十七条之二十六第一分条　关于本编的释义

本编除文意另有要求外:

"核准函"是指根据第九十七条之二十六第二分条第四款发出的信函;

"核准项目"是指部长根据第九十七条之二十六第二分条第二款核准的项目;

"优惠收入"是指根据本法令、《新加坡 1947 年所得税法令》或任何依据前述法律制定的法规,以优惠税率纳税的收入;

"固定资本支出",就任何核准项目的任何合资格设备而言,是指在有关核准项目的投资日当日或之后,合资格设备发生的资本支出(包括附随于安装合资格设备的任何建筑物改造的资本支出);

"ⅡA"是指根据第九十七条之二十六第三分条予以的综合投资补助;

"投资日",就核准项目而言,是指第九十七条之二十六第二分条第四款第二项规定的项目日期;

"应税优惠收入净额"是指自优惠收入中扣除《新加坡 1947 年所得税法令》允许的费用、捐赠、补助或损失,及扣除第十编规定的投资补助(如有)后的优惠收入;

"应税正常收入净额"是指自正常收入中扣除《新加坡 1947 年所得税法令》允许的费用、捐赠、补助或损失,及扣除第十编规定的投资补助(如有)后的正常收入;

"正常收入"是指根据《新加坡 1947 年所得税法令》第四十三条第一款第一项按税率纳税的收入;

"项目公司"是指第九十七条之二十六第二分条第一款所述的公司;

"合资格设备",就核准经营项目的公司而言,是指:

(a)对于 2017 年 2 月 21 日前根据第九十七条之二十六第二分条第二款核准的项目:

(i)任何新的生产设备;或者

(ii)任何二手生产设备(公司出售和回购的生产设备除外),

向项目公司提供,仅用于为项目下首述公司制造任何产品,或代表首述提及的公司或核准项目向首述公司提供专业工程或技术服务;以及

(b)对于2017年2月21日或之后根据第九十七条之二十六第二分条第二款核准的项目:

(i)任何新的生产设备;或者

(ii)任何二手生产设备(公司出售和回购的生产设备除外),

向项目公司提供专为或主要用于为首述公司制造任何产品,或代表首述公司或向首述公司为核准项目提供专业工程或技术服务;

"合资格期",就任何合资格设备而言,是指第九十七条之二十六第二分条第四款第二项为该设备规定的期限。

第九十七条之二十六第二分条　项目批准申请

(1)如某公司拟于新加坡境外实开展项目,根据该项目,另一公司(本编称为项目公司):

(a)为首述公司制造或增加任何产品制造;或者

(b)代表或向首述公司提供专业工程或技术服务,

项目下首述公司可以规定的形式向综合投资补助部部长申请项目合资格设备的固定资本支出。

(2)部长虑及项目经济、技术和其他优势后认为适宜的,为执行本编,可核准该项目,并向公司颁发核准函,使其获得综合投资补助。

(3)关于核准项目的固定资本支出,综合投资补助为以下数额较低者:

(a)相当于(核准项目的核准函规定的)C×D%的金额;

(b)本款中,在该核准项目的核准函指明的款额(如有)。

(3A)第三款中:

(a)C为核准项目合资格设备的固定资本支出;以及

(b)D为百分之百,或如合资格设备主要用于制造或提供专业工程或技术服务,则是部长确定并在核准项目的核准函规定的主要用途的比率。

(4)根据第二款向公司发出的关于其核准项目的每件核准函:

(a)应具体说明核准项目的合资格设备,其固定资本支出符合综合投资补助的要求;

(b)须为每件合资格设备指明一段时间(本编称为合资格期间),该段时间自指明日期(本编称为投资日)开始,且在该段时间内,合资格设备发生固定资本支出的,方符合综合投资补助资格;

(c)须明确予以的综合投资补助;

(d)应具体说明部长可能在核准函规定的其他要求;以及

(e)应规定核准函要求规定的其他事项。

(5)任何合资格设备的最长合资格期限应为:

(a)如合资格设备并非根据租购协议获得为五年;以及

(b)如合资格设备根据租购协议获得为八年。

(6)是否将任何特定设备指定为合资格设备应由部长决定,其决定应具有终局性。

(7)应附有核准函的公司申请,部长可自行决定修订核准函,在其认为合适的较早或较晚

日期,以核准函规定的投资日替代核准项目的投资日,本编规定应发生效力,该替代日期视为与核准项目有关的投资日。

(7A)部长可自行决定修订批准书,增加、删除或变更(视情况而定)第四款批准书中规定的任何事项。

(7B)第七款之一内的修订,自修正核准函之日起生效,或如修正核准函指明生效之日的,则自该生效之日起生效。

(8)本条规定的批准仅应在2012年2月17日至2022年12月31日(两个日期均包括在内)授予。

第九十七条之二十六第三分条　综合投资补助授予

(1)除第二款和第三款另有规定外,如在任何课税年度基期内及该设备的合资格期内,公司为特定核准项目的任何合资格设备发生该设备的固定资本支出,则应根据其核准函的要求及第九十七条之二十六第二分条,向公司提供该课税年度固定资本支出的综合投资补助。

(2)当且仅当有以下情形的,综合投资补助可用于任何合资格设备发生的固定资本支出:

(a)如合资格设备于现场建造或安装,支出可归因于对设备建造或安装工作的款项支付,或任何其他情况下,项目公司已收到设备;

(b)未根据《新加坡1947年所得税法令》第十九条之一第二款之一、第二款之二或第二款第二第一分第之一就固定资本支出申请补助;以及

(c)未根据第十编就该固定资本支出申请投资补助。

(3)在公司自经核准项目获得任何收入的任何课税年度,综合投资补助通常不构成公司任何收入:

(a)不构成公司法令定收入的一部分,或根据本法令(除本编外)或所得税法令规定的免税;或者

(b)按照《新加坡2004年激励经济扩张(所得税减免)(修订)法令》或第三编之二实施之日前生效的第三编之一规定的优惠税率纳税。

(4)任何特定情况下,部长可允许在第三款所述情况下授予公司综合投资补助,但须遵守发给公司核准函规定的要求。

第九十七条之二十六第四分条　综合投资补助贷记

(1)如于任何课税年内,公司因核准项目而获得任何综合投资补助,且该项目仅产生正常收入,则应将综合投资补助记入某账户(称为正常综合投资补助账户)的贷方,该账户应由公司为本编备存。

(2)如任何课税年度内,核准项目仅自该项目取得优惠收入,而该项目将任何综合投资补助予以该公司,则综合投资补助应记入该公司为施行本编备存的账户(称为优惠综合投资补助账户)的贷方。

(3)如公司在任何课税年度均自核准项目取得正常收入及优惠收入,综合投资补助应全部记入正常综合投资补助账户的贷方,或全部记入部长或其委任之人指示的优惠综合投资补助账户。

(4)第三款所述指示可在发给公司的核准函发出之日期(包括该日期)起的任何期间发给公司。

第九十七条之二十六第五分条　所得税豁免：一般规则

（1）除第二款和第九十七条之二十六条第六分条另有规定外，如任何课税年度，公司的正常综合投资补助账户有盈余，并且公司在该课税年度有任何应税正常收入净额：

（a）应税正常收入净额的款额，不超过账户盈余的，应获豁免交税，且记入该账户借方；以及

（b）当公司有净应税正常收入时，该账户的任何尚存余额须结转，以第一项提及的方式用于其后每一课税年度，直至该账户的盈余已全部用完。

（2）如任何课税年度中，公司有任何应税优惠收入净额，而正常的综合投资补助账户有盈余，则公司可选择不超过账户盈余额的应税优惠收入净额的任何额度，作为收税豁免额，将该款额记入该账户借方；如公司选择免税额，则该收入款额亦应同样免税，并记入该账户借方。

（3）公司须在提交任何课税年度的收益申报表时，根据第二款就该课税年度选择。

（4）除第九十七条之二十六第七分条另有规定外，如任何课税年度，公司的优惠综合投资补助账户有盈余，并且该公司在该课税年度有任何应税优惠收入净额：

（a）应税优惠收入净额的额度，不超过账户盈余的，应获豁免交税，并应记入该账户借方；以及

（b）公司有应税优惠收入净额时，账户内的任何余额须结转，以第一项所述的方式用于其后每一课税年度，直至账户内的盈余已全部用完。

（5）如审计员信纳公司在任何课税年度的基期内已无法获得任何优惠收入：

（a）课税年度的应税优惠收入净额或账户盈余，应记入优惠综合投资补助账户的借方，以孰少者为准；

（b）优惠综合投资补助账户的任何余额，应从该账户内扣除；以及

（c）第二项所述的任何剩余结余的经调整的款额，应记入正常综合投资补助账户的贷方，以便公司有应税正常收入净额时，按照第一款用于其后每一课税年度，直至账户内的盈余已全部用完。

（6）第五款第三项中，“经调整的款额”是指通过公式（A×B/C）确定的金额。

其中，A是第五款第二项提及的任何剩余结余的款额；B是第五款提及的课税年度的优惠税率，而优惠收入须按该税率交税；C是《新加坡1947年所得税法令》第四十三条第一款第一项规定的在第五款规定的课税年度的税率。

（7）根据第五款第一项，从优惠综合投资补助账户内扣除的公司应税优惠收入净额的任何款额，应获税收豁免。

第九十七条之二十六第六分条　如公司在某一日期前获得正常收入或混合收入，并自该日期起获得优惠收入，则豁免征收所得税

（1）尽管有第九十七条之二十六第五分条第一款至第四款的规定，本条应适用于：

（a）公司在课税年度（本条称为过渡课税年度）基期内某一日期（本条称为有关日期）之前，自核准项目取得正常收入或/和优惠收入。

（b）如公司在相关日期前自核准项目获得正常收入和优惠收入，部长或其任命之人已根据第九十七条之二十六第四分条第三款指示将项目合资格设备的任何固定资本支出全部记入正常综合投资补助账户的贷方；以及

(c)公司自相关日期始至过渡课税年度基期结束,自核准项目获得优惠收入。

(2)除第五款另有规定外,公司于过渡课税年度的应税正常收入净额,应记入在紧挨过渡课税年度前的课税年度基期结束时,正常综合投资补助账户内的任何盈余的借方。

(3)如公司在过渡课税年度基期内的有关日期前,任何合资格设备发生任何固定资本支出,予以公司作为过渡课税年度固定资本支出的任何综合投资补助,应记入正常综合投资补助账户的贷方。

(4)如公司在过渡课税年度基期内有关日期当日或之后,在任何合资格设备发生任何固定资本支出,予以公司作为过渡课税年度固定资本支出的任何综合投资补助,应记入优惠综合投资补助账户的贷方。

(5)公司过渡课税年度应税正常收入净额之款额,应记入正常综合投资补助账户或记入该账户的盈余的借方,以孰少者为准;该账户中的任何余额,应从该账户内扣除,并记入优惠综合投资补助账户的贷方,按照第九十七条之二十六第五分条第四款规定,在过渡课税年度和随后每一课税年度,当公司有应税优惠收入净额时,使用该账户直至优惠综合投资补助账户的盈余已全部用完。

(6)从正常综合投资补助账户内扣除的应税正常收入净额的任意数额,根据第二款或第五款,应获税收豁免。

第九十七条之二十六第七分条　如公司在某一日期前获得优惠收入或混合收入,并且自该日期起获得正常收入,则豁免征收所得税

(1)尽管有第九十七条之二十六第五分条第一款至第四款的规定,本条仍适用于:

(a)公司在课税年度(本条称为过渡课税年度)基期内某一日期(本条中称为有关日期)之前,自核准项目取得优惠收入或/和优惠收入。

(b)如公司在相关日期前自核准项目获得正常收入和优惠收入,部长或其任命之人已根据第九十七条之二十六第四分条第三款指示将任何综合投资补助的任何项目合资格设备的固定资本支出全部记入优惠综合投资补助账户的贷方;以及

(c)公司自相关日期始至过渡课税年度基期结束,自核准项目获得正常收入。

(2)除第五款另有规定外,公司过渡课税年度的应税优惠收入净额,应记入在紧挨过渡课税年度前的课税年度基期终结时,优惠综合投资补助账户内的任何盈余的借方。

(3)如公司在过渡课税年度的基期内有关日期前,在任何合资格设备发生任何固定资本支出,予以公司作为过渡课税年度固定资本支出的任何综合投资补助,应记入优惠综合投资补助账户的贷方。

(4)如公司在过渡课税年度基期内有关日期当日或之后,在任何合资格设备发生任何固定资本支出,予以公司作为过渡课税年度固定资本支出的任何综合投资补助,应记入正常综合投资补助账户的贷方。

(5)过渡课税年度应税优惠收入净额或该账户内的盈余,应记入优惠综合投资补助账户的借方,以孰少者为准;该账户中的任何余额,应从该账户内扣除,并记入正常综合投资补助账户的贷方,按照第九十七条之二十六第五分条第一款、第二款和第三款,在公司有应税正常收入净额或应税优惠收入净额时,用于过渡课税年度和随后每一课税年度,直至正常综合投资补助账户中的盈余已全部用完。

(6)根据第二款或第五款,从优惠综投资补助账户内扣除的公司应税优惠收入净额的任意款额,应获税收豁免。

第九十七条之二十六第八分条　禁止出售、出租或处置合资格设备

(1)除第二款允许的情形外,在设备的合资格期内及合资格期结束后两年内,公司不得出售、出租(项目公司除外)或以其他方式处置任何已授予公司综合投资补助的合资格设备。

(2)如公司获得部长对出售、出租或处置的书面批准,第一款不予适用。

第九十七条之二十六第八分条之一　综合投资补助的收回

(1)如公司违反第九十七条之二十六第八分条第一款或未遵守发给公司的核准函规定的任何要求,则须通过以下方式收回与合资格设备相关,相当于综合投资补助的金额:

(a)如予以的综合投资补助已记入正常综合投资补助账户的贷方:

(i)须自该账户中扣除综合投资补助的数额;以及

(ii)如该账户盈余不足以完全实现综合投资补助的收回,则应根据《新加坡 1947 年所得税法令》第七十四条,针对短缺开展评估或额外评估。

(b)如予以的综合投资补助已记入优惠综合投资补助账户的贷方:

(i)须自该账户扣除综合投资补助数额;以及

(ii)如该账户盈余不足以完全实现综合投资补助的收回,则应根据《新加坡 1947 年所得税法令》第七十四条针对公司开展差额评估或额外评估。

(2)根据第一款,部长可全部或部分放弃收回综合投资补助。

第九十七条之二十六第九分条　税款收回

(1)尽管本编存有任何其他规定,根据《新加坡 1947 年所得税法令》第七十四条规定,如审计员认为,由于根据第九十七条之二十六第二分条向公司发出的核准函,根据第九十九条被撤销,公司已被豁免任何免税收入不应如此被豁免收税,则对公司开展评估或额外评估,以收回任何税款。

(2)《新加坡 1947 年所得税法令》第十七编和第十八编(有关评估、异议和上诉)及根据该法令制定的任何规则,经必要修改后,适用于第一款规定的评估或额外评估,视为根据该编发出的评估通知。

第十四编　其 他 规 定

第九十八条　禁止公布申请和证书或信函

(1)根据本法令任何规定,由任何公司提出的任何申请或向任何公司颁发的任何证书或信函的内容,除公司要求外,不得公布。

(2)部长可通过于公报发布的方式,公布任何已颁发该等证书、信函或证书、信函已被撤销的公司的名称,以及证书或信函所涉行业和产品或生产。

第九十九条　证书或信函的撤销

(1)如部长信纳根据本法令规定向其颁发证书或信函的任何公司违反:

(a)本法令任何规定;或者

(b)证书或信函的任何要求。

其可以书面通知的形式要求公司在通知送达之日起三十日内说明不应撤销证书或信函的理由。

(2)部长如虑及案件所有情况,信纳该做法令适宜,可撤销证书或信函。

(3)如证书或信函根据第二款被撤销,部长应具体说明撤销证书或信函的生效日期,该日期可以是证书或信函的日期,本法令规定自该日期起对证书或信函不再有效。

(4)本条适用于根据经《新加坡2016年激励经济扩张(所得税减免)(修订)法令案》修订的第五十七条或第六十一条授予批准,视为:

(a)本条如提及的发出证明书或信函,即为根据第五十七条批准贷款或根据第六十一条批准特许权使用费、费用或投入;

(b)本条如提及施于证明书或信函的要求,即为第五十七条第四款第一项或第六十一条第三款第一项(视情况而定)所述的批准条件;

(c)本条如提及证书或信函的撤销,即为该项核准的撤销;

(d)本条如提及证书或信函的日期,即为该项核准的日期;以及

(e)本条提及的本法令内容对证书或信函不再有效,是指本法令对核准贷款或核准特许权使用费、费用或投入不再有效。

第一百条　所得税法令的规定不受影响

除非另有规定,本法令任何规定皆不豁免根据本法令规定获颁受证书的任何公司向审计员提交任何税务报表或遵守《新加坡1947年所得税法令》之规定的纳税义务(如有)。

第一百零一条　官员的行为不构成犯罪

政府官员根据本法令履行职务时的任何行为,皆不应被视为犯罪。

第一百零二条　规例

(1)部长可为执行本法令规定制定必要或适宜的规例。

(2)不违反第一款普遍适用的情形下,部长可就以下所有或任何事项制定规例:

(a)本法令要求规定的任何事项;根据本法令颁发的任何证书应遵守的条款和条件;

(b)根据本法令申请和颁发证书的程序;

(c)根据本法令要求,提供进度和销售报告及账目报表等信息;以及

(d)提供本法所要求的信息,包括进度和销售报告以及账户报表。

(3)部长可书面授权任何人或机构规定本法令要求或可能规定的表格。

(4)根据本条订立的所有法规,须在宪报刊登后尽速提交议会。

第一百零三条　保留条款

《新加坡2004年激励经济扩张(所得税减免)(修订)法令》废除第三编之一、第四编、第十一编和第十三编之一,但仍继续适用于在《新加坡2004年激励经济扩张(所得税减免)(修订)法令》生效前核准的任何公司及其开展的合资格活动,并对其发生效力,视为本法令尚未颁布。

第一百零四条

已废止。

新加坡金融公司法

付泽皓　译　屈文生　审校*

第一部　基本规定

第一条　简称

本法可引称为《新加坡1967年金融公司》。

第二条　释义

本法中，除另有规定外：

“协议”是指正式或非正式协议，明示或默示协议。

本法中的“审计师”是指经新加坡金融管理局批准为金融公司审计师的任何人员。

“管理局”是指根据《新加坡1970年金融管理局法》第三条设立的新加坡金融管理局。

“资本金”，就金融公司而言，是指金融公司的实缴资本与公开储备，已扣除该公司损益帐中出现的任何借方余额。

“行政总裁”，就金融公司而言，无论其名称为何，指下列之任何人：

(a)直接受雇于该金融公司的，或代该金融公司行事或与该金融公司订立的安排而行事的人员；

(b)主要负责该金融公司管理和业务的人员。

“集体投资计划”的含义与《新加坡2001年证券与期货法》第二条第一款中的相同。

“公司”是指依据《新加坡1967年公司法》或依先前相应的成文法成立或注册的公司。

“信贷融通”是指：

(a)金融公司授与客户的放款、贷款及其他便利，客户借此有机会获得资金或金融担保；或者

(b)金融公司代客户承担的其他义务。

“存款”是指有息贷款或须按溢价偿还的贷款，但不包括按发行债券或其他证券的条款向公司或其他法人团体提供的贷款。

“存款人”是指有权或预期有权获付还存款的人，无论存款是否由他本人作出。

“董事”包括以任何名义担任金融公司董事职务的任何人，包括遵守金融公司习惯行事的董事下达的指示或命令之人以及候补或替代董事。

---

* 付泽皓，华东政法大学翻译硕士；审校：屈文生，全国人大常委会法工委法律英文译审专家委员会委员、华东政法大学教授、博士生导师。

"主管人员",就金融公司而言,无论其名称为何,指下列之任何人:

(a)直接受雇于该金融公司,或为该公司行事或受其安排的人员;

(b)涉及或参与金融公司日常管理的人员。

"金融公司"是指根据本法获得牌照从事金融业务的任何公司。就本法而言,该公司在新加坡的所有分支机构和办事处应被视为一家金融公司。

"融资业务"是指以下业务:

(a)通过承兑存款并签发证明或证明欠债于公众的其他文件而向公众融资,并承诺即期或在约定的到期日届满后偿还该笔资金;以及

(b)向公众或公司贷款,公司需为根据《新加坡1967年公司法》第六条所指的与金融公司有关的公司(在本法中称为"关联公司"),依据是公众或关联公司承诺在约定的期限内还款或分期还款;包括由租购协议产生的租购交易融资业务,根据《新加坡1969年租购法》的定义,管理局为制定本法规定该业务已使用或将要使用的资金是向公众融资获得。

"政府债券"的含义与《新加坡1992年政府证券法》相同。

"牌照"是指根据第六条授予的牌照。

"有限责任合伙"的含义与《新加坡2005年有限责任合伙法》第二条第一款相同。

"高级人员"就公司而言包括:

(a)董事、秘书或雇员;

(b)根据任何文书所载权力委任的公司任一部分事业的接管人或管理人;以及

(c)在自愿清盘时委任的清算人。

有限责任合伙中的"合伙人"和"管理人"与《新加坡2005年有限责任合伙法》第二条第一款的定义相同。

"人"包括公司。

"公众公司"指除私人公司以外在新加坡注册成立的公司。

"公开储备",就金融公司而言,是指在金融公司中出现在公司账目中的储备,但不包括以减低账面值或固定资产折旧的任何储备,亦不包括为任何特定目的而维持的储备。

"证券"的含义与《新加坡2001年证券与期货法》第二条第一款规定的相同。

"基于证券的衍生品合同"的含义与《新加坡2001年证券与期货法》第二条第一款规定的相同。

"股份",就金融公司而言,是指金融公司股本中的股份,包括该股份中的权益。

"单位"的含义与《新加坡2001年证券与期货法》第二条第一款规定的相同。

第二部　金融公司的牌照颁发

第三条　金融公司的牌照颁发

(1)除拥有管理局根据本法规定授权从事金融业务的持有有效牌照的公众公司外,公司不得在新加坡从事金融业务。

(2)任何人违反第一款,即属犯罪,一经定罪,可处二万新元以下罚金或三年以内监禁,或

两者并处。

第四条 “金融公司”字样的使用

(1)未经管理局的同意,除根据本法许可的金融公司外,任何人或团体,不论是否成立,均不得以任何语言使用“金融公司”或任何其衍生字样,或在名称、说明或头衔中使用表明其经营融资业务的任何其他字眼,而该人员或团体在以该名称、说明或头衔于新加坡境内经营业务,亦不得在任何空白单据、信纸、通知、广告或以任何其他方式作出或持续作出任何陈述。

(2)本条不得禁止为保护共同利益而成立的金融公司协会,其将”金融公司”或任何其派生字样以任何语言作为其名称或说明的一部分使用。

第五条 对涉嫌进行融资业务人员的审查

(1)管理局无论在何时只要有理由认为某人在没有牌照的情况下从事融资业务的,可要求检查其簿册、账目和记录,以确定该人是否已违反或正违反本法的规定。

(2)任何人故意拒绝提交此类簿册、账目和记录,即属犯罪,一经定罪,可处五千新元以下的罚金或十二个月以内的监禁,或两者并处。

(3)凡依第二款规定获罪者,法院有权责令其向管理局出示任何簿册、账目和记录。

(4)任何人不遵从第三款规定的任何命令,即属犯罪,一经定罪,可处五千新元以下罚金或十二个月以内的监禁,或两者并处。持续犯罪的,经定罪后,于该罪行仍持续期间每天处以五百新元以下的罚金。

第六条 申请牌照

(1)拟在新加坡从事融资业务的任何公众公司应在开始任何此类业务之前,以书面形式向管理局申请本法规定的牌照。

(2)管理局在信纳以下条件的情况下,可以办理公众公司的任何牌照申请:

(a)公司的财务状况;

(b)公司管理层的品行;

(c)公司的资本结构是否适当以及盈利前景;

(d)公司章程中披露的公司目标;

(e)为社区服务的方便和需要;和

(f)授予许可是否会否保障公众利益。

(3)管理局可附条件或不附条件发放牌照,或拒绝发放牌照。

(4)管理局可随时更改或撤销牌照的任何现有条件或施加附加条件。

(5)凡附条件发放牌照的,金融公司须相应遵守,不遵守条件的,即属犯罪,一经定罪,可处二万新元以下的罚金。如属持续的犯罪的,一经定罪,在该罪行仍持续期间,每天处以二千新元的罚金。

(6)任何人明知或因疏忽提供与第一款规定的牌照相关的申请,在要项上提供虚假或误导的任何文件或资料,即属犯罪,一经定罪,可处五万新元以下罚金或三年以内监禁,或两者并处。

(7)各金融公司均须按管理局确定的方式缴付管理局通过书面予以确定的牌照年费(包括其每个分支机构的费用)。

(8)因管理局拒绝根据第三款授予牌照而认为权利受损害的任何申请人,可在管理局作出决定后三十日内以书面形式向部长提出上诉,部长的决定为终局决定,并由管理局执行。

第七条　最低资本要求

(1)在不违反本法的前提下,不得授予或持有公司的牌照,除非:

(a)金融公司在1995年1月18日持有经营金融业务牌照,在本条的规定下,其资本金不少于五千万新元;且

(b)金融公司在1995年1月18日后获得牌照,其认缴和实缴资本不少于五千万新元,其资本金不少于五千万新元。

(2)尽管有第一款第一项的规定,管理局可在1995年1月18日起八年后的任何时间,发布命令要求适用该款的金融公司的认缴和实缴资本在指定时间内不少于五千万新元。

(3)根据第四款的规定,适用第一款第一项的金融公司在1995年1月18日的资本金少于五千万新元,应自1995年1月18日起的八年内豁免执行该条款的规定,并在该期间内不得允许其资本金少于1995年1月18日的资本金。

(4)如果金融公司百分之二十及以上认缴和实缴资本为一人或多人(单独或联合任何一名或多名相联者)所购,于1995年1月18日或之后通过收购成为公司的大股东,则金融公司:

(a)须具有不少于五千万新元的认缴和实缴资本;且

(b)不再符合第三款规定的豁免资格,除非所有新增大股东均为在收购时各自的资本金不少于五千万新元的。

(5)未经管理局批准,金融公司不得在牌照有效期内减少实缴资本。

(6)管理局可限制或中止不遵守第二款、第三款、第四款或第五款的金融公司的营运。

(7)在本条中,"大股东"的含义与《新加坡1967年公司法》第八十一条的含义相同。

第七条之一　资本率

(1)管理局可要求每家金融公司将新加坡内的资本金与其总资产按该资本率或管理局可随时以书面通知确定的资本率保持一定比例。

(2)金融公司应保持不少于百分之十二的资本充足率或由管理局因时制宜确定的其他比例,该资本充足率根据管理局以书面通知的方式根据形式、内容和方式而计算。

(3)管理局可暂停或限制不遵守第二款或根据第一款管理局的任何规定的金融公司的营运。

第八条　限制设立金融公司的分支机构

(1)在未向管理局提交书面申请之前,任何金融公司均不得在新加坡或其他地方开设任何新的分支机构、代理机构或办事处。

(2)管理局在考虑该申请时,可规定须以其认为合适的方式根据第三十三条或其他规定进行检查:

(a)公司的财务状况;

(b)公司管理层的总体品行;

(c)资本结构的充足性和公司的盈利前景;

(d)服务社区的便利和需求;以及

(e)公共利益是否将通过开设新机构或变更营业场所的选址而得到满足。

(3)在信纳第二款所提述事项后,管理局可:

(a)批准申请;或者

(b)在不说明任何理由的情况下,拒绝批准该申请,且管理局的决定为最终决定。

(4)任何金融公司不遵从第一款的规定,即属犯罪,一经定罪,可就该罪行为持续期间,每日处以二千新元以下的罚金。

第九条　金融公司的合并等

(1)未经管理局事先批准,在新加坡经营的金融公司不得与任何其他金融公司合并或收购任何其他金融公司的控制股权。

(2)管理局在审议此类申请时,有权要求其提供所需的资料。

(3)管理局可批准或拒绝申请。

第十条　控制在新加坡注册成立的金融公司的收购

(1)本条以及第十一条和第十二条适用于(并就下列主体适用)所有自然人,无论是否居住在新加坡,是否为新加坡公民、所有法人团体或非法人团体;无论是否在新加坡成立或经营业务。

(2)在不影响第九条的原则下,收购在新加坡注册成立的金融公司的股份,假使协议达成且得以执行后,即可获得对该金融公司的有效控制权的,任何人在未提前向管理局申报其签订协议的意图并获得该局对于其签订该协议批准的,不得订立该协议。

(3)就本条而言:

(a)任何人如独自或与该人的任何一名或多名关联者共同控制某金融公司不少于百分之二十的表决权或持有该金融公司不少于百分之二十的已发行股份的股权,则该人应被视为已签订了一份对金融公司的有效控制的协议。

(b)所谓某人将获得对在新加坡注册成立的金融公司的有效控制的协议,其中包括某人将收购该金融公司任何股权的协议,在此情况下,经收购已要约收购的金融公司其他股份的中的其他股权,其将有效控制该金融公司。

(c)所谓要约收购股权者包括:

(i)所谓作出或公布一份明示或默示邀请股权持有者处置股权要约的声明者(无论以何种方式表述);以及

(ii)所谓参与或拟参与收购股份为目的的商洽者。

(d)某人如在股份中具有任何普通法或衡平法上的权益,则持有该股权,而在不限制前述一般性的原则下,股权具有《新加坡 1967 年公司法》第七条第六款至第十款所指的含义。

(e)所谓金融公司的表决权是可能在金融公司的全体大会上进行表决的总数。

(f)以下人员属于关联者:

(i)某人的配偶或父母或较远直系祖先、子女或较远后代、兄弟姊妹;

(ii)任何合伙人;

(iii)任何担任高级人员的公司;

(iv)在该人为公司时,为公司的任何高级人员;

(v)任何员工或雇主;

(vi)该人担任高级人员所属公司的任何高级人员；

(vii)雇佣该人的自然人的任何雇员；

(viii)其董事习惯于或有义务(无论正式与否)按照该人(或该人系公司的情况下,依该公司董事的)指示、指令或意愿行事的任何公司；

(ix)该人惯于或有义务(无论正式与否)依其或其董事的指令、指示或意愿行事的任何公司；

(x)该人有能力控制不少于百分之二十的投票权的任何公司;以及

(xi)如该人系公司,则有权控制该公司不少于百分之二十的投票权者。

(4)任何人违反第二款的规定,即属犯罪,一经定罪,可处五万新元以下罚金或三年以内的监禁,或两者并处。

第十一条　影响在新加坡注册成立的金融公司控制的安排

(1)未首先向管理局申报其订立安排的意图并获得该局的批准,任何人均不得就在新加坡注册成立的任何金融公司进行任何安排,因如进行安排,该人在安排得以执行的情况下,获得该金融公司的控制权。

(2)就本条而言：

(a)某人如独自一人或与一名或多名关联者共同决定该金融公司的政策,则该人应被视为订立了藉此其将获得对该金融公司的控制权的安排。

(b)所谓订立安排是指任何正式或非正式计划、安排或谅解,无论明示或暗示,特别是包括以下内容：

(i)建立信托,无论明示还是默示;以及

(ii)进行交易或达成协议,安排须相应地解释。

(c)所谓某人的关联者和第十条相同。

(3)任何人违反第一款,即属犯罪,一经定罪,可处五万新元以下的罚款或三年以下的监禁,或两者并处。

第十二条　控制在新加坡注册成立的金融公司主要股权

(1)未首先向管理局申报其协议的意图并获得该局批准,任何人均不得签订任何旨在收购股份的协议,在该协议得以执行的情况下,其将收购于新加坡注册成立的金融公司的重大股权。

(2)就本条而言：

(a)对某人将藉此收购金融公司的重大股权的协议,包括对该人将藉此收购该金融公司任何股权的协议,在此情况下,经由其收购其已要约收购的该金融公司的该股权,和其他股份中的其他股权,其将收购该金融公司的重大股权。

(b)要约收购股权的人和拥有股权的人,须与第十条所指的解释相同;以及

(c)重大股权的定义与《新加坡1967年公司法》第八十一条相同。

(3)任何人违反第一款,即属犯罪,一经定罪,可处一万新元以下罚金或十二个月以内监禁,或两者并处。

第十三条 管理局要求在新加坡注册成立的金融公司获取有关金融公司实益股权资料的权力

(1)管理局可以书面通知指示在新加坡注册成立的金融公司,以从该金融公司的任何股东处获取并向管理局转交以下资料:

(a)该股东是否以实益所有人或受托人的身份持有该金融公司的任何表决权股份;以及

(b)其是否作为受托人持有这些股份,以尽其所能表明委托其持有这些股份的信托人(通过名称或足以使该人得以验证身份的其他事项)及其股权性质,金融公司须在通知中规定的时间遵守指示。

(2)就本条而言,"表决权股份"的定义与《新加坡1967年公司法》相同。

(3)金融公司没有遵从本条的指示,即属犯罪,一经定罪,可处一万新元以下罚金。

第十四条 修订金融公司的章程

(1)每个拟更改其公司章程的金融公司,在提出任何有关这方面的决议之前,均应以书面形式向管理局提供拟变更细节信息(经金融公司秘书的法定声明核实)。

(2)管理局可以:

(a)批准拟变更申请而无须修改;

(b)批准拟变更申请但需要修改;或者

(c)拒绝批准拟变更申请。

(3)如果管理局批准修改后的拟变更,金融公司应采用经修改后的拟变更,或不采用拟变更。

(4)如果管理局拒绝批准拟变更,则可以要求金融公司撤销拟变更,金融公司应遵守管理局的要求。

(5)任何金融公司没有遵从第一款的规定或管理局根据第四款提出的任何要求,即属犯罪,一经定罪,可针对定罪后该罪行为持续期间处每日一千新元以下罚款。

第十五条 牌照的撤销

(1)管理局:

(a)应通过命令撤销公司的牌照,如果该公司停止经营其已在新加坡获得许可的业务,或进入清算、清盘或以其他方式解散的。

(b)如认为金融公司有下列情况,有权自行决定通过命令撤销金融公司的牌照:

(i)已向管理局提供有关其牌照申请的资料或文件,该资料或文件在重大事项上属虚假或具误导性;

(ii)经营业务的方式可能损害其存款人的利益;

(iii)资产不足以抵偿其存款人债务的资产;

(iv)在其实缴资本未因亏损或其他原因而少于五十万新元的情况下开展业务;或者

(v)正在违反或已经违反本法的规定;

(vi)正在违反或已违反《新加坡2011年存款保险与保单所有人保障计划法》或依该法规定由新加坡存款保险与保单所有人保障基金机构所颁布的任何规

则;以及

(c)也有权自行决定通过命令撤销金融公司的许可:

(i)如果该金融公司或其在该金融公司中担任管理或行政职务的任何董事或高级人员已被判决犯有本法规定的任何罪行;或者

(ii)在管理局根据第三十五条第二款行使任何权力或部长根据《新加坡2001年金融管理局法》第四部之二第二章、第三章、第四章或第四章之一行使任何权力时,管理局认为撤销牌照符合公共利益。

(2)管理局在撤销任何牌照之前,须以书面向金融公司发出通知,告知其目的,并不少于该通知日期后的二十一日指明一个日期,该撤销将在该日期生效,并要求金融公司向管理局说明为何不应该撤销牌照。

(3)凡管理局根据第一款撤销牌照的,管理局须随即以书面通知金融公司。

第十六条　牌照撤销的效力

(1)凡根据第十五条生效的撤销:

(a)撤销通知需在公报刊登;以及

(b)为结束其融资业务,自通知之日起,金融公司应停止在新加坡从事任何融资业务,但管理局可能批准的除外。

(2)第一款第二项的规定不得影响任何人强制执行针对该金融公司的任何权利或申索,亦不得影响该金融公司强制执行针对任何人的任何权利和申索。

第十七条　金融公司名单的公布

(1)管理局应于每年四月在公报上发布根据本法已获得牌照的所有金融公司的名单。

(2)牌照系于先后两份名单发布的间隔期间获颁发或被撤销的,亦应安排关于该牌照的通知发布在公报上。

第三部　储备金、股息、资产负债表与资料

第十八条　金融公司维持储备金

(1)每家金融公司须:

(a)维持储备金;

(b)在合理预提赋税后,从每年净利润中转付下列金额至该储备金:

(i)只要储备金的数额少于实缴资本的百分之五十,转付不少于净利润的百分之五十;

(ii)只要储备金的数额不少于实缴资本百分之五十但低于百分之百,转付不低于其净利润的百分之二十五;以及

(iii)只要储备金的数额是实缴资本的百分之百或更多,转付不少于净利润的百分之五。

(2)任何金融公司没有遵从第一款的规定,即属犯罪,一经定罪,可处二万新元以下罚金,如属持续犯罪,可针对定罪后该罪行仍持续期间另处每日二千新元的罚金。

第十八条之一　维持充足的坏账、呆账准备金

各金融公司应计提呆坏账准备金，并于申报盈亏前确保该准备金的充足。

第十九条　限制金融公司支付股息

在所有资本化支出（包括开办费用、组织经费、售股佣金、经纪费、所遭受亏损金额以及非由有形资产代表的任何支出项目）获完全冲销之前，任何金融公司均不得支付其股份的任何股息。

第二十条　公布和展示经审计的资产负债表

（1）每家金融公司均应在新加坡的每个办公室和分支机构中明显地展示：

（a）最新的经审计的年度资产负债表和损益表的副本，以及其上的任何附注，以及一份审计师的报告；和

（b）目前系该金融公司董事的所有人的准确全名。

（2）每家金融公司应在每个财年结束后的六个月内或在管理局批准的期限内，至少在四种当地日报上公布其最新的经审计的年度资产负债表和损益表，至少包含管理局通过书面通知可能要求的资料，每种报纸以马来文、中文、泰米尔文和英文出版。

（3）管理局可书面通知金融公司除根据第二款的资产负债表及损益表外，公布管理局认为适当的与该金融公司在任何财年内的账目有关的额外资料。

（4）在金融公司首次在这些条款所规定的任何报纸上公布资料前，其应向管理局报送第一款和第二款所规定的文件副本，连同一份董事报告。

（5）第一款和第二款所指的金融公司的年度资产负债表和损益表以及其半年中期损益表应采用管理局批准的方式。

（6）管理局有权要求任何金融公司呈报其认为必要的附加资料，藉此就该金融公司依第四款所报送的资产负债表和损益表进行解释、详述或以其他方式进行说明，且该资料应于该局规定的期限内按该局规定的方式予以呈报。

（7）任何金融公司不遵守本条的任何规定，即属犯罪，一经定罪，可处五千新元以下罚金；如属持续的犯罪，可针对定罪后该罪行仍持续期间另处每日一千新元的罚金。

第二十一条　金融公司提供的资料和统计数据

（1）每家金融公司均应在管理局规定的时间和方式下，向管理局提供管理局为合理地履行本法规定的职能而合理要求的所有资料和数据。

（2）本法的任何规定均无权授权管理局专门调查金融公司的单独存款人的事务，并且在根据本法进行的稽查或调查过程中，由管理局获得的与该存款人的事务有关的任何信息在管理局与该金融公司之间应保密。

（3）未在管理局规定的时间内提供管理局根据第一款要求的资料的金融公司，即属犯罪，一经定罪，可针对定罪后该罪行为仍持续期间处每日五千新元以下的罚款。

第二十一条之一　放款、贷款和信贷融通的月报表

（1）每家金融公司应不迟于各月月底后十五日，将一份由管理局确定的形式的报表送交管理局，该表应载明该金融公司在该月底向下列主体发放的所有放款、贷款和信贷融通的详细事项：

（a）金融公司的任何董事；

(b)金融公司或其任何董事为合伙人、经理或代理人的任何公司或有限责任合伙;
(c)金融公司的任何董事为担保人的任何个人、公司或有限责任合伙;
(d)与金融公司有关的任何公司;
(e)金融公司的任何高级人员、员工或其他从金融公司获得报酬的人(不包括因提供专业服务而获得报酬的人);
(f)该金融公司或任何其董事、高级人员、雇员或从该金融公司领取报酬的其他人员因担任董事、管理人员、代理人或担保人而在其中享有权益的任何私人公司或公众公司;或者
(g)该金融公司的任何董事直接或间接在其中享有依第二十一条之二所需申报的权益(其具体事项已依第一项至第六项提供的放款、贷款和信贷融通除外)的任何个人和任何非法人合伙、有限责任合伙或公司。

(2)如果管理局经审查金融公司依第一款所提供的具体事项后认为任何已发放或可能发放的放款、贷款或信贷融通有损该金融公司的存款人利益(在本条中称为该放款、贷款或信贷融通),则该局有权在其认为适当的情况下,通过书面通知:
(a)禁止该金融公司向借款人授与任何更多的放款、贷款或信贷融通,管理局认为这可能损害存款人的利益;
(b)在授予任何放款、贷款或信贷融通方面对该金融公司施加限制;或者
(c)指示该金融公司确保付还任何放款、贷款或信贷融通。

(3)在本条中:
(a)"董事"包括董事的妻子、丈夫、母亲、父亲、儿子或女儿;且
(b)公司是否与金融公司有关,应按照《新加坡 1967 年公司法》第六条规定解释。

第二十一条之二　董事披露权益

(1)根据本条的规定,金融公司的每位董事以任何方式直接或间接地对该金融公司的放款、贷款或信贷融通或拟议的放款、贷款或信贷融通享有权益,都应在切实可行的范围内向该金融公司董事会申报的权益性质,公司的秘书应将该申报立即传达给所有董事。

(2)第一款在任何情况下均不适用于以下情况:如果董事的权益可以适当地视为不是重大权益,金融公司董事的权益仅包括成公司的成员或债权人,其对放款、贷款或信贷融通或拟议的放款、贷款或信贷融通享有权益。

(3)有下列情形的,并就第一款而言,由董事向金融公司董事会发出的一般通知,内容是其为特定公司的高级人员或成员或合伙人或有限责任合伙企业的经理,其将被视为具有放款、贷款或信贷融通的权益,在通知日后送达公司或有限责任合伙企业,此通知须视为对放款、贷款或信贷融通权益的有效公告:
(a)通知规定了董事在特定公司、非法人合伙或有限责任合伙中的权益的性质;
(b)董事的权益在性质上或程度上与在作出任何放款、贷款或信贷融通时在通知中指明的性质和程度没有不同;且
(c)通知是在董事会议上发出的,或者董事采取了合理的措施确保提出并在下一次董事会议上阅读。

(4)担任任何职务或拥有任何财产的金融公司的每位董事,藉此直接或间接地创造职责

或权益均可能与其作为董事的职责或利益相抵触，应在该金融公司的董事会议上申报相抵触的事实、性质、特征和范围。

(5)第四款所指的申报应在第一次董事会议上作出：

(a)在其成为金融公司的董事；或者

(b)若已经是董事，在其履职或拥有财产后。

(6)金融公司秘书应安排依第一款或第四款作出的任何申报在其作出后于该金融公司下次董事会议上得以上会并宣读，并应在作出该申报的会议或上会并宣读该申报的会议记录中记录下任何按此方式作出的申报。

(7)任何董事违反第一款或第四款的规定，即属犯罪，一经定罪，可处五万新元以下罚金或三年以下监禁，或两者并处。

第四部　业务监管

第二十二条　确认负债

若金融公司已接受任何人的款项作为存款，须在向该人发出该款项后的两个月内，确认或证明对该公司构成确认负债的文件。

第二十三条　金融公司的交易、信贷融通和限制

(1)任何金融公司均不得：

(a)接受出具支票、汇票或付款指令(由存款人出票或发出指令，以该金融公司为付款人)后即时付款的任何存款。

(b)以任何外币、黄金或任何其他贵金属进行交易。

(c)在集体投资计划中获得以任何外币计价的证券、基于证券的衍生品合同或单位。

(d)向任何人或在任何人控制或影响下的任何一群人授予或允许未清缴的任何信贷融通，如果该信贷融通的总额超过其资本金的百分之二十五或管理局可能批准的资本金的百分之百。

(e)发放重大贷款，总计超过其信贷总额的百分之五十或管理局随时确定的其他百分比；或者

(f)发放无抵押放款、贷款或信贷融通：

(i)向任何人或团体，不论是否成立，在任何一次的累计和未清缴额超过五千新元；且

(ii)在任何一次的累计和未清缴额超过金融公司资本金的百分之十。

(2)尽管有第一款第二项和第三项规定，资本金不少于一亿新元的金融公司仍可向管理局申请豁免这些规定，而管理局可批准该申请，但须受以下条件的约束：

(a)金融公司的外汇风险敞口总额在任何时候不得超过其资本金的百分之十；且

(b)管理局认为适合施加的任何其他条件。

(3)第一款第四项和第五项不适用于：

(a)与政府的交易；

(b)与银行的交易；或者

(c)任何其他管理局可随时批准的交易。

(4)第一款第六项不适用于购买：

(a)任何政府债券；或者

(b)管理局可随时通过书面通知确定的法定公司发行的任何债券。

(5)金融公司的所有董事应承担连带赔偿责任，使金融公司免于遭受因向以下任何人提供无担保的放款、贷款或信贷融通而造成的任何损失：

(a)向其任何董事，无论这些信贷融通是由其董事共同或分别获得的；

(b)向该金融公司或其任何董事作为合伙人、经理或代理人拥有权益的公司或有限责任合伙；

(ba)向该金融公司的任何董事是担保人的个人、公司或有限责任合伙企业；

(c)向该金融公司的任何董事合法或实益拥有超过百分之五十的已发行股本的公司，或该金融公司的任何董事控制董事会人选构成的公司，但不包括任何公众公司，其证券在新加坡证券交易所或管理局根据《新加坡 2001 年证券与期货法》可能批准的任何其他获批的交易所以及该上市公司的子公司中上市；或者

(d)根据《新加坡 1967 年公司法》第六条规定被视为与金融公司有关联的公司。

(6)在本条中：

(a)“外汇风险敞口总额”是指在管理局认定的交易所上市的，以外币计值的证券、证券衍生品合同或集体投资计划中的单位的投资总值和外汇持有；

(b)第五款中所谓“董事”包括董事的妻子、丈夫、父亲、母亲、儿子或女儿；

(c)“重大贷款”是指金融公司向个人或在个人控制或影响下的任何一组人提供的任何信贷融通，总计超过金融公司资本金的百分之十五；

(d)“无抵押放款”、“无抵押贷款”或“无抵押信贷融通”是指在没有担保的情况下给予的任何放款、贷款或信贷融通，或就有抵押而给予的任何放款、贷款或信贷融通而言，任何时候超过构成该证券的资产的市场价值，或基于由其批准的估值，管理局信纳不存在经确定的市场价值。

(7)任何金融公司违反本条的任何规定，即属犯罪，一经定罪，可处五万新元以下罚金。

第二十四条　金融公司对其自身股份的交易等

(1)除非本法另有明确规定，任何金融公司均不得直接或间接(亦无论通过贷款保证、提供担保或其他方式)为了或针对由任何人作出的对该金融公司(或在该公司系子公司的情况下，为其控股公司)股份的买入或认购提供任何财务协助，亦不得以任何方式买入、买卖其自身股份或以其自身股份担保借款。

(2)第一款的任何规定均不得禁止：

(a)金融公司根据当时有效的任何方案制定的条款，用于购买或认购金融公司或其控股公司的缴足股款，受托人购买或认购由公司雇员持有或为公司雇员谋利的股份，包括在公司担任有薪工作或职务的任何董事；或者

(b)金融公司向善意受雇于该公司或其子公司者(除董事外)提供旨在使该人通过实益拥有买入待由其亲自持有的该金融公司的已缴足股款的股份的财务协助。

(3)如果有违反本条的规定，金融公司和该公司的每个失职人员均属犯罪，一经定罪，可

处一万新元以下罚金或十二个月以内监禁。

(4)本条的任何规定均不得阻止金融公司追讨违反本条规定的任何贷款额,或因违反本条规定而提供的任何财务协助而应承担的任何金额。

第二十五条　限制金融公司的贸易业务

(1)任何金融公司均不得自行或受托(无论单独还是共同),进行批发或零售贸易,但为开展其融资业务而从事贸易除外。

(2)除本法另有规定外,金融公司不得从事除金融业务以外的任何业务。

第二十六条　限制金融公司投资

(1)任何金融公司均不得收购或持有或以其他方式直接拥有总额超过其资本金百分之二十五的金融、商业、农业、工业或其他事业股权,除非是该金融公司可在清偿到期债务的过程中收购的,并应在最早的合适时机予以处置。

(2)尽管有第一款的规定,该款所指的持股百分比或权益可应金融公司向管理局提出的申请,并在获得管理局同意的情况下增加至不超过金融公司资本金的百分之五十。

第二十七条　限制金融公司持有不动产

(1)任何金融公司均不得购买或获取总额一次超过其资本金百分之二十五的任何不动产或其任何权利、产权或权益,但出于开展业务或因住房、提供员工住房合理目的而合理必要的除外。

(2)第一款不得阻止金融公司:

(a)出租任何用于开展业务的建筑物的一部分;或者

(b)在任何不动产上担保债务,并且在违约的情况下,应在最早的适当时候以通过出售或拍卖变现而持有不动产。

(3)本条不适用于管理局随时批准的财产。

(4)签发任何产权证或在土地产权登记处注册任何不动产转让的登记人员或任何购买者,应免除对与金融公司的所有权有关的任何事项或事实的查究的责任,或向金融机构处理任何不动产、权利、产权和权益之权力的查究的责任,其为违反本条所载禁令而购买或获得的,应不受任何此类事项或事实通知的影响。

第二十八条　控制金融公司收购公司股份

(1)未首先向管理局申报其签订协议的意图并获得该局批准签订该协议,任何金融公司均不得订立协议以收购任何公司的股本;该协议执行的,金融公司将据此直接或间接收购或持有百分之二十或以上的股份权益。

(2)管理局可以有条件或无条件批准协议,也可以不给出任何理由而拒绝。

(3)第一款的规定不适用于该金融公司藉以通过执行担保以清偿某公司欠其的到期债务而收购该公司股本百分之二十或以上权益的协议;作出该收购的,该金融公司获得管理局批准作为投资保有该股权。

(4)管理局未根据第三款给予批准的,金融公司应于最早时机处置股权。

(5)在本条中,“公司”是指在新加坡或其他地方注册成立的公司。

(6)金融公司违反第一款的规定,即属犯罪,一经定罪,可处五万新元以下罚金。

第二十九条　管理局保障第二十三条、第二十六条、第二十七条和第三十一条的权力

(1)任何金融公司均应通过出示管理局可能要求的证据或资料(如管理局在任何时候书面要求这样做),使管理局信纳该金融公司不违反第二十三条、第二十六条、第二十七条或第三十一条规定。

(2)为确保遵守第一款规定,管理局可以随时借书面通知要求任何金融公司将其资产、负债或利润(视情况而定)与《新加坡1967年公司法》第六条所提述的所有或任何其关联公司的资产、负债或利润汇总,金融公司应在通知中指定的时间内遵守该要求。

(3)金融公司没有遵从根据本条的任何规定,即属犯罪,一经定罪,在持续期间每日可处罚两千新元以下罚金。

第三十条　向金融公司发出通知

(1)管理局如认为对管理局或公众利益或金融系统的利益而言是必要或有利的,可借书面通知金融公司,就其活动、营运、金融公司维持的标准作出指示或施加要求。

(2)在不影响第一款的一般性的原则下,可就以下事项发出该款所规定的任何通知:

(a)金融公司资产的重估;

(b)维护借款人的信用档案以及对金融公司的贷款、放款和信用便利进行分类;

(c)限制以任何形式或方式向新加坡居民授与新元信贷融通,其在新加坡外使用或向非新加坡居民提供;

(d)任命一家金融公司的董事、行政总裁和副首席执行官;

(e)有关规范金融公司招揽业务和与处理客户关系方式的行为准则,有关报告金融公司与其雇员之间交易的程序以及涉及金融公司及其雇员或及其客户的利益冲突;

(f)金融公司股权由任何等级、类别或种类人员持有的经许可的最高总比例;

(g)金融公司准备损益表和资产负债表及其相关形式和内容;

(h)金融公司可在何种条件下从事贸易和库存融资;

(i)为实施本法的呈现的表格、申报表、数据;以及

(j)金融公司呆账计提和冲销。

(3)每家金融公司均应遵守本条任何通知所规定的任何指示或要求。

(4)不需要在公报上公布本法发布的任何书面通知。

第三十一条　管理局的命令

(1)管理局可下令规定:

(a)金融公司应针对不同类型等级别的存款支付的最高利率;

(b)金融公司在一种或多种类型或类别的贷款或放款中可持有的总资产的最大金额,以百分比表示;

(c)不同类型或类别的贷款或金融公司发放的放款的最低首付和最高期限;

(d)金融公司可对不同类型或类别的贷款或其放款收取的最高利率或佣金及其他费用和对以上计算的方式;

(e)金融公司可向任何人或某类人提供的最大贷款或放款;

(f)管理局维持的储备。

(2)根据第一款作出的任何命令应统一适用于所有金融公司或任何一类或多类金融公司,并应连同其生效日期一起在公报上公布。

(3)金融公司未能维持根据第一款第六项作出的命令所规定的准备金的,管理局可借书面通知直接指令该公司在该通知所指明的期限内弥补不足准备金。

(4)如果有过错的金融公司未能在第三款所指的通知中指定的期限内弥补不足准备金,尽管有任何其他成文法的规定,管理局仍应依法以书面形式向该有过错的金融公司于其中有贷方余额(无论是在活期还是定期账户中)的任何银行送达书面通知,指令该银行向该局转账该通知指定金额的款项,该金额与第一款第六项要求的有过错的金融公司在最低现金余额中的不足储备金金额相当,银行应立即执行该通知的规定。

(5)即使存在第三款或第四款发出任何通知,管理局仍可对未能保有根据第一款第六项作出命令所规定的准备金的任何金融公司处以每天一百新元的罚息或针对该金融公司持续未维持该储备期间设置该局可确定的每日更高金额的罚息。

第五部　最低流动资产

第三十二条　金融公司所持有的最低流动资产

(1)各金融公司应维持第四款所规定的最低流动资产持有金额。

(2)各金融公司维持的最低流动资产金额应由管理局随时予以确定,并应以百分比的形式共同或分别表示,其中资产应承担金融公司因存款或其他负债而产生的责任。

(3)管理局应规定核算金融公司持有的流动资产金额的方法。

(4)就本条而言,"流动资产"是指:

(a)新加坡法定货币的纸币和硬币;

(b)政府证券;

(c)与新加坡境内银行、获批准的政府证券一级交易商和注册交易商签订的隔夜回购协议持有的政府证券;

(d)以新元为单位计值并由至少两家新加坡境内银行承兑或背书的汇票,该汇票系基于真实贸易交易,并应于三个月内兑付;以及

(e)管理局可随时通过书面通知予以规定的其他资产。

(5)金融公司凡未能遵行本条的任何规定,经管理局责令其按此方式交纳罚息(除本法所规定的任何其他罚息),可处每日一百新元的罚息,或针对该罪行持续期间,处该局可确定的更高金额,且未经该局批准,不得于该罪行持续期间受理任何存款或承兑任何新的款项。

第六部　对金融公司的稽查与管控

第三十三条　对金融公司的稽查与调查以及出示簿册等

(1)管理局有权随时依保密条款稽查或安排稽查任何金融公司和新加坡境内注册成立的金融公司开设于新加坡境外的任何分支机构、代理处或办事处的簿册、账目和交易。

(2)管理局有权随时依保密条款对金融公司的簿册、账目和交易进行调查,如果该局有理

由认为该金融公司：

(a)正在以有损于其存款人和其他债权人利益的方式开展其业务；

(b)不具备足以承担其公众负债的资产；或者

(c)正在违反本法的相关规定。

(3)管理局有权委任除《新加坡1967年公司法》第二百零五条所规定的由金融公司所委任的审计师以外的任何审计师，以行使第一款和第二款所规定的该局的相关权力。

(4)为了实施本条所规定的稽查或调查，金融公司应向管理局提供其簿册、账目和文件，并应提供开展该调查所需的资料和设施。

(5)第四款所规定的任何簿册、账目和文件均不得被责令于可能妨碍该金融公司日常业务正当操作的时间或场所予以出示。

(6)金融公司未依第四款的规定出示任何簿册、账目、文件或资料，即属犯罪，一经定罪，可处一万新元以下罚金，并可针对定罪后该罪行持续期间每日另处一千新元罚金。

第三十四条　资不抵债申报

(1)资不抵债或可能资不抵债的任何金融公司，如果无力或可能无力偿还其债务，或已止付或将止付，应立即向管理局申报该事实。

(2)金融公司凡违反第一款规定，即属犯罪，一经定罪，可处二万新元以下罚金，在持续犯罪的情况下，可针对定罪后该罪行仍持续期间另处每日二千新元以下罚金(不满一日的，按一日计算)。

第三十四条之一　第三十四条之一至第三十九条释义

在本条和第三十五条至第三十九条中，除非上下文另有规定：

“业务”包括事务和财产；

“履职者”，就金融公司而言，指担任该金融公司的清算人、临时清算人、破产财产管理人、接管人和破产管理人的任何人，或以与该金融公司有关的同等身份行事的任何人。

“相关业务”指金融公司的下列任何业务：

(a)管理局已依第三十五条实施管控的业务；或者

(b)已依第三十五条就其委任法定顾问或法定破产管理人的业务。

“法定顾问”指依第三十五条委任的法定顾问。

“法定破产管理人”指依第三十五条委任的法定破产管理人。

第三十五条　在金融公司无力偿债的情况下管理局采取的措施等

(1)有下列情形之一的，管理局有权行使其认为必要的第二款规定的任何一项或多项权力：

(a)金融公司向管理局申报其资不抵债或可能资不抵债，或申报其无力偿债或可能无力偿债，或申报其已止付或将止付；

(b)金融公司无力偿债、资不抵债或止付；

(c)管理局认为金融公司：

(i)在以可能损害其存款人或债权人利益的方式正在开展业务；

(ii)资不抵债或可能资不抵债，无力偿债或可能无力偿债，或将止付；

(iii)已违反本法的任何规定；或者

(iv)已未能遵守附于其牌照的任何条件;或者

(d)管理局认为其出于公共利益而按此方式行使职权。

(2)根据第一款规定,管理局有权:

(a)令该金融公司立即采取管理局认为必要的任何与其业务相关的措施、作出或不作出与其业务相关的无论何种行为或事项;

(b)按照管理局规定的条件和条款委任一名或多名人员担任法定顾问,以向该金融公司就该局确定的该金融公司业务的正当管理提供建议;或者

(c)对管理局确定的该公司业务实施管控和管理,或按照该局规定的条件和条款委任一名或多名人员担任法定破产管理人实施管控和管理。

(3)如果管理局委任两名或多名人员担任金融公司的法定破产管理人,则该局应在委任条款与条件中规定该法定破产管理人的职责、职能和权力:

(a)可由此类多人共同和分别履行或行使;

(b)应由此类多人共同履行或行使;以及

(c)应由某一指定人员或此类多人履行或行使。

(4)如果管理局已依第二款行使任何权力,则其有权在不影响第十五条第一款第三项第三目规定的情况下,随时作出下列一项或多项行为:

(a)依管理局可规定的条款与条件,变更或撤销在其行使该权力时作出的任何规定或委任,或采取的任何措施;

(b)进一步行使第二款所规定的任何权力;

(c)增补、变更或撤销管理局依本条所规定的任何条款与条件。

(5)经合理注意并善意作为(包括所作的任何声明)或不作为,法定顾问或法定破产管理人在下列行为过程中或与下列行为相关时不承担任何责任:

(a)行使或声称行使本法所规定的任何权力;

(b)履行或声称履行本法所规定的任何职能或职责;或者

(c)遵守或声称遵守本法的规定。

(6)金融公司凡未能遵守管理局依第二款第一项所作的要求,即属犯罪,一经定罪,可处二万新元以下罚金,在持续犯罪的情况下,可针对定罪后该罪行仍持续期间另处每日二千新元以下罚金(不满一日的,按一日计算)。

第三十六条　实施第三十五条规定的管控的效力

(1)经对金融公司的相关业务实施管控,管理局或法定破产管理人(视情况而定)应保管或管控相关业务。

(2)在管理局或法定破产管理人管控金融公司相关业务期间,该局或法定破产管理人:

(a)应以该金融公司的名义并代表该金融公司管理该金融公司的相关业务;且

(b)应视作该金融公司的代理人。

(3)在管理该金融公司相关业务时,管理局或法定破产管理人:

(a)应考虑该金融公司存款人的利益;且

(b)应具有本法、《新加坡1967年公司法》和该金融公司章程所规定的该金融公司董事会成员(共同或单独)的所有职责、权力和职能,包括与该金融公司相关业务有

关的转授权力,但是,本项的任何规定均不得要求管理局或法定破产管理人依《新加坡 1967 年公司法》或该金融公司章程召集该金融公司的任何会议。

(4)即使任何成文法或法律有所规定,一经管理局或法定破产管理人对金融公司相关业务实施管控,委任某人担任该金融公司的行政总裁或董事(该委任于实施管控前即时生效),应视作予以撤销,除非该局通过书面通知该人和该金融公司,批准该人保有该委任。

(5)尽管任何成文法或法律有所规定,在管理局或法定破产管理人对金融公司相关业务实施管控期间,若无该局批准,任何人均不得获委任成为该金融公司的行政总裁或董事。

(6)如果管理局已依第四款或第五款批准某人保有委任金融公司行政总裁或董事,或批准其获得委任,则该局有权通过书面通知该人和该金融公司随时撤销该批准,该委任应于该通知中指定的日期得以撤销。

(7)即使任何成文法或法律有所规定,如果对任何人担任金融公司行政总裁或董事的委任依第四款或第六款得以撤销,而该人于撤销该金融公司行政总裁或董事职务后并于管理局或法定破产管理人对该金融公司相关业务实施管控期间履职或声称履职:

(a)该人的履职或声称履职无效,不发生任何效力;且

(b)该人即属犯罪。

(8)尽管任何成文法或法律有所规定,如果在违反第五款的情况下被任命为金融公司的行政总裁或董事的任何人,于管理局或法定破产管理人对该金融公司相关业务实施管控期间履职或声称履职:

(a)该人的履职或声称履职无效,不发生任何效力;且

(b)该人即属犯罪。

(9)在管理局或法定破产管理人对该金融公司相关业务实施管控期间:

(a)如果在下列事项中存在任何冲突或不一致之处:

(i)管理局或法定破产管理人作出的指令或决定[包括对第二目规定的个人或机构作出的指令或决定];且

(ii)该金融公司的任何行政总裁、董事、股东、主管人员、雇员、代理人、履职者或董事会作出的指令或决定,在产生冲突或不一致的情况下,第一目所规定的指令或决定应优先于第二目所规定的指令或决定得以适用;以及

(b)任何人均不得以可能剥夺或干扰管理局或法定破产管理人的职责、职能或权力的方式行使附属于该金融公司任何股份的投票表决权或其他权利,任何此类行为或声称履行此类行为均属无效,不发生任何效力。

(10)触犯第七款或第八款所规定的任何人,一经定罪,可处二万新元以下罚金或三年以内监禁,或两者并处,在持续犯罪的情况下可针对定罪后该罪行仍持续期间另处每日二千新元以下罚金(不满一日的,按一日计算)。

(11)在本条中,就金融公司而言,"章程"指该金融公司的公司章程。

第三十七条　管控期限

(1)管理局信纳下列事由,应终止对金融公司相关业务的控制:

(a)管理局对相关业务实施管控的理由已不再存在;或者

(b)不再需要保护该金融公司的存款人。

(2)法定破产管理人应视作于其受委任法定破产管理人之日已对金融公司相关业务实施管控。

(3)有关金融公司相关业务对法定破产管理人的委任可由管理局随时予以撤销:

(a)如果使管理局信纳下列事由:

(i)该委任已不再存在;或者

(ii)不再需要保护该金融公司的存款人。

(b)因其他理由,一经该撤销,法定破产管理人不得再对该金融公司相关业务实施管控。

(4)管理局应尽快在公报上公布日期及该局认为合适的其他事项:

(a)管理局对金融公司相关业务管控的实施;

(b)管理局对金融公司相关业务管控的终止;

(c)就金融公司相关业务对法定破产管理人的委任;以及

(d)有关金融公司相关业务对法定破产管理人的委任的撤销。

第三十八条　金融公司高级人员、股东等的责任

(1)在管理局或法定破产管理人管控金融公司相关业务期间:

(a)经管理局或法定破产管理人的申请,新加坡高等法院可指令已不再担任或仍担任该金融公司的行政总裁、董事、股东、主管人员、雇员、代理人、银行业者、审计师、履职者或受托人者,于新加坡高等法院可指定的期限内,向管理局或法定破产管理人支付、交付、转让、返还或转让该融公司的任何财产、簿册、账目、档案或其他文件(无论是以电子、印制或其他形式),上述内容包含形成或涉及该金融公司的相关业务,且由该人占有或管控;以及

(b)已不再担任或仍担任该金融公司的行政总裁、董事、股东、主管人员、雇员、代理人、银行业者、审计师、履职者或受托人者,应按管理局或法定破产管理人可指定的时间和方式,向管理局或法定破产管理人提供该金融公司相关的资料,以便该局或法定破产管理人为履行其职责职能或行使其权力。

(2)任何人:

(a)若无合理理由而未遵守第一款第二项的规定者;或者

(b)声称遵守第一款第二项的规定,明知或因疏忽而提供在要项上造假或误导的任何资料或文件者,即属犯罪,一经定罪,可处二万新元以下罚金或三年以内监禁,或两者并处,在持续犯罪的情况下,可针对定罪后该罪行仍持续期间另处每日二千新元以下罚金(不满一日的,按一日计算)。

第三十九条　在特定情形下支付给管理局和其他人的报酬与费用

管理局有权随时确定由金融公司支付给下列人员的报酬和费用:

(a)支付给予该金融公司相关的法定破产管理人或法定顾问,不论该委任是否已予以撤销;以及

(b)如果管理局已对该金融公司相关业务实施管控,支付给该局和该局就对相关业务实施管控而依第四十二条授权或委任的任何人,不论该局是否已终止对相关业务的管控。

第六部之一　业务自愿转让

第三十九条之一　本部释义

在本部中，除非上下文另有规定：

“业务”包括事务、财产、权利、义务和责任。

“法院”指新加坡高等法院及其大法官。

“无担保债务凭证”与《新加坡1967年公司法》第四条第一款所规定的含义相同。

“财产”包括各种财产、权利和权力。

“公司登记人员”指依《新加坡1967年公司法》委任的公司登记人员，包括依该法委任的副公司登记人员和助理公司登记人员。

“业务受让人”指金融公司或已申请或将申请牌照以在新加坡境内开展融资业务的公司，转让人的全部或部分业务依本部规定转让、应转让或拟转让给该公司。

“业务转让人”指全部或部分业务依本部规定转让、应转让或拟转让的金融公司。

第三十九条之二　自愿业务转让

（1）有下列情形的，业务转让人可向业务受让人转让其全部或部分业务（包括并非融资业务的任何业务）：

（a）管理局已同意该业务转让；

（b）该业务转让涉及业务转让人的全部或任一部分融资业务；以及

（c）新加坡高等法院已批准该业务转让。

（2）第一款的规定不影响金融公司依任何法律转让其全部或任一部分业务的权利。

（3）该局有权同意第一款第一项所规定的业务转让，如果使管理局信纳下列事项：

（a）业务受让人是正当合适人选；以及

（b）业务受让人将审慎地开展业务转让人的业务，并遵行本法的规定。

（4）管理局有权随时委任一名或多名人员对本部所规定的拟进行的业务转让人的业务（或其任一部分）的转让进行独立评估，并提交报告。

（5）依第四款委任的任何人的报酬与费用均应由业务转让人与业务受让人共同或分别支付。

（6）管理局应向业务转让人和业务受让人送达一份依第四款提交的任何报告。

（7）管理局有权依本部的规定，责令某人按该局指定的期限和方式提交任何资料或文件，以便该局按合理规定履行其职责、职能或行使权力。

（8）任何人：

（a）凡无合理理由而未遵行第七款规定的任何要求者；或者

（b）凡在声称遵行第七款所规定的任何要求时，明知或因疏忽而提交在要项上失实或误导的任何资料或文件者，即属犯罪，一经定罪二万新元以下罚金或三年以内监禁，或两者并处，在持续犯罪的情况下，可针对定罪后该罪行仍持续期间另处每日处二千新元以下罚金（不满一日的，按一日计算）。

（9）如果某人于向管理局提交其需依第七款提交的任何资料或文件前，主张该资料或文件可能将使其入罪，则该资料或文件不得在第八款所规定的诉讼外的刑事诉讼中被采信为证据。

第三十九条之三　批准业务转让

（1）业务转让人应向新加坡高等法院申请批准将业务转让人的全部或任一部分业务依本部规定转让给业务受让人。

（2）在提出第一款所规定的申请前：

（a）业务转让人应向管理局提交一份列明该业务转让详细情的报告，并提供该局可以指定的证明文件；

（b）业务转让人应依第三十九条之二第一款第一项的规定，获得管理局的同意；

（c）如果业务转让人和业务受让人拟向其各自客户送达一份该业务转让的概要，则其应获得管理局对该概要的批准；

（d）业务转让人应于该申请提出前至少十五日但不早于第一项所规定的报告提交给管理局后一个月在公报和该局可确定的一份或多份报纸上公布关于业务转让人提出申请；

（e）业务转让人和业务受让人应于其各自在新加坡境内的办公场所保存一份第一项所规定的报告，以备任何可能受该业务转让影响者查阅，保存期限为第四项所规定的通知后十五日；以及

（f）除非新加坡高等法院另行指令，业务转让人和业务受让人应至少于该申请提出前十五日向其各自受该业务转让影响的客户送达一份第一项所规定的报告或一份由管理局依第三项批准的业务转让概要。

（3）管理局以及新加坡高等法院认为可能受该业务转让影响的任何人：

（a）有权在与该业务转让相关的诉讼中出庭并接受新加坡高等法院聆讯；以及

（b）可向新加坡高等法院就该业务转让提出申请。

（4）如果管理局尚未依第三十九条之二第一款第一项的规定同意该业务转让，新加坡高等法院不得批准该业务转让。

（5）新加坡高等法院有权在考虑管理局对该业务转让的意见（如有）后：

（a）不作任何调整而批准该业务转让，或须在作出经业务转让人和业务受让人同意的调整后批准该业务转让；或者

（b）不予批准该业务转让。

（6）如果业务受让人未获管理局发放的牌照，则新加坡高等法院有权按照下列条款批准该业务转让，即该业务转让仅在业务受让人获发管理局的牌照的情况下才应生效。

（7）新加坡高等法院有权通过发布命令批准该业务转让，或通过发布任何后续命令规定所有或任何下列事项：

（a）向业务受让人转让业务转让人的全部或任一部分业务；

（b）业务受让人对任何股份、无担保债务凭证、保单或其他受让人权益的分配或划拨，其权益由业务受让人分配或划拨给业务转让人，或分配或划拨给任何人；

（c）由业务转让人起诉、业务受让人被诉（或业务受让人起诉、业务转让人被诉）的任何待决诉讼的持续；

(d)业务转让人不经清盘而解散；

(e)为受该业务转让影响者制定的相关规定；

(f)新加坡高等法院认为为保障该业务转让完全生效所必需的偶然、间接和补充事项。

(8)第七款规定的任何命令均可：

(a)规定任何业务的转让，无论业务转让人是否有能力以相关的方式使相关业务转让生效；

(b)制定与担任受托人的业务转让人持有的任何财产相关的规定；以及

(c)制定关于业务转让人的任何将来的、或有的权利或责任的规定，包括关于任何此类权利或责任可能据以产生的文书的规定。

(9)根据第十款规定，如果依第七款发布的命令规定了将业务转让人的全部或任一部分业务转让给业务受让人，该命令所规定的业务转让人的业务（或其一部分）应转让给并授予业务受让人，在任何特定财产的情况下（如果该命令要求），免收任何费用，此业务转让而不再有效。

(10)在合适的机关就该土地的转让或归属作适当登记前，第七款所规定的任何命令均不得在转让或以其他方式授予新加坡境内土地时生效。

(11)如果第七款所规定的命令所指定的任何业务由任何外国或外国地域的法律管辖，新加坡高等法院有权命令业务转让人采取一切措施保障向该业务受让人所作的业务转让依该国或该地域法律完全生效；

(12)如果依本条发布命令，业务转让人和业务受让人应各自于该命令发布后七日内：

(a)向公司登记人员和管理局提交一份该命令副本；以及

(b)如果该命令与新加坡境内的土地有关，向与该土地交易登记或归档有关的合适机关提交一份该命令的官方副本。

(13)业务转让人或业务受让人如违反第十二款的规定，且业务转让人或业务受让人的各高级人员（视具体情况）如未采取一切合理措施使业务转让人或业务受让人（视具体情况）遵行该款的规定，即属犯罪，可处二千新元以下罚金，在持续犯罪的情况下，可针对定罪后该罪行仍持续期间另处每日二百新元以下罚金（不满一日的，按一日计算）。

第七部　呈报财务报表与审计师的职责

第四十条　呈报财务报表副本的董事

金融公司董事应向管理局呈报一份依《新加坡 1967 年公司法》第二百零一条第一款和第二款制定的财务报表。

第四十一条　审计师的委任及职责

(1)尽管《新加坡 1967 年公司法》有所规定，各金融公司仍应每年委任一名经管理局批准的审计师。

(2)审计师不得经该局批准担任金融公司的审计师，除非审计师可遵行管理局确定的与其职责履行相关的条件。

(3)管理局有权委任审计师:

(a)如果该金融公司未委任审计师;或者

(b)如果管理局认为需要另一位审计师与依第一款委任的审计师共同行事,并有权随时确定该金融公司支付给该审计师报酬。

(4)依第一款和第三款委任的审计师的职责应在其获得委任的年度对该金融公司的财务报表实施审计,并依《新加坡1967年公司法》第二百零七条编制审计报告。

(5)除第四款所规定的职责外,管理局有权针对审计师设置下列所有或任何职责:

(a)呈报管理局认为必要的与其审计相关的附加资料的职责;

(b)扩大或延伸其对该金融公司业务和事务的审计范围的职责;

(c)实施任何其他审查或创建在特定情况下的任何其他程序的职责;以及

(d)呈报关于第二项和第三项所规定的任何事项的报告的职责,该金融公司应就审计师履行所有或任何这些附加职责而向其支付报酬。

(6)依第四款编制的审计师报告应附于财务报表后,应将一份该报告连同依第五款呈报的任何报告以书面形式发送给管理局。

(7)如果在金融公司的审计师履行其职责的过程中信纳:

(a)已存在严重违反或不遵行本法规定的情况,或有人另行犯下了涉嫌欺诈或有违诚信的刑事罪行;

(b)已招致使该金融公司资本金减至百分之五十的损失;

(c)已发生严重违规行为,包括损害债权人担保的违规行为;或者

(d)其无法确定债权人偿债要求是否仍可由资产承担,其应立即向管理局上报该事项。

第八部 其他规定

第四十二条 负责施行本法的管理局

(1)管理局负责本法的一般施行,并负责行使本法为其设置的职能。

(2)无论一般情形或是特定情形下,管理局均有权授权或委任任何人协助其行使本法所规定的其职能和职责。

(3)管理局成员视为《新加坡1871年刑法典》规定下的公务员。

第四十三条 对在公共假日经营融资业务的禁令

未经管理局批准,任何金融公司均不得依《新加坡1988年假日法》规定的公共假日的任何一天经营任何业务,亦不得于由该局宣告为《新加坡1970年银行业法》第六十条规定的银行假日的任何一天经营任何业务。

第四十四条 指定债务的优先顺位

(1)如果金融公司无力偿债、资不抵债或止付,该金融公司的资产须清偿第四十四条之一所规定的该金融公司在新加坡境内的债务。

(2)第四十四A条所规定的在新加坡境内的债务应优先于该金融公司的所有未担保债务得到清偿,但《新加坡1967年公司法》第三百二十八条第一款所规定的优先受偿之债除外。

第四十四条之一　多项指定债务内部的优先顺位

（1）即使与公司清盘有关的任何成文法或法律有所规定，但在金融公司清盘的情况下，下列该金融公司于新加坡境内的多项债务在其自身内部，应按下列优先顺位排序：

（a）依《新加坡 2011 年存款保险与保单所有人保障计划法》到期应由该金融公司交纳的任何保费款；

（b）该金融公司依《新加坡 2011 年存款保险与保单所有人保障计划法》承担的与投保存款相关的债务，其金额不超过由机构依《新加坡 2011 年存款保险与保单所有人保障计划法》就该投保存款从存款保险基金中已付或应付的理赔额；

（c）决议基金其含义与《新加坡 1970 年金融管理局法》第九十八条相同的受托人根据该法第一百零三条、第一百零四条、第一百零五条或第一百零六条向金融公司索赔的任何款项。

（2）第一款所规定的各等级的债务应：

（a）按指定顺位排序，但是在相同等级的各项债务之间，应在其内部平等排序；以及

（b）获全额清偿，除非该金融公司的资产不足以偿付，在此情况下，这些债务应在其内部同比例减少。

（3）在本条中，“机构”和“存款保险基金”的含义与《新加坡 2011 年存款保险与保单所有人保障计划法》第二条第一款分别规定的含义相同。

第四十五条　已废止

第四十六条　金融公司的章程

（1）任何公司应于其获管理局发放牌照以开展本法所规定的融资业务前，将第二十三条至第二十七条所规定的约束、限制和禁令均纳入其公司章程中。

（2）任何公司：

（a）如已于 1968 年 1 月 10 日前于新加坡境内开展融资业务；以及

（b）依本法获得经营许可，但公司章程并未纳入第二十三条至第二十七条所规定的所有或任何约束、限制和禁令，则该公司应视为已经将并未纳入的所有或任何此种约束、限制和禁令纳入其公司章程。

（3）在视为已依第二款纳入其公司章程的任何约束、限制和禁令与任何已纳入该公司章程的任何规定相矛盾的程度下，该约束、限制和禁应优先于此种规定得以适用。

第四十七条　取消董事或主管人员资格或免职

（1）特定人员有下列情形之一的，尽管任何其他成文法有所规定，未经管理局事先书面同意，金融公司不得批准该人担任其董事或主管人员：

（a）无论于新加坡境内还是他处已获定罪，于《新加坡 2013 年金融机构（其他修订）法》第五条第十一款规定的生效日之前、当日或之后犯有以下罪行：

（i）涉嫌欺诈或不诚实；

（ii）涉及其曾以欺诈或不诚实的方式行事的裁决；或者

（iii）《新加坡 1949 年罪犯登记法》附件三所规定的罪行。

（b）该人为未清偿债务的破产者，不论于新加坡境内还是他处。

（c）已有针对该人的与全部或部分未获清偿判定债务相关的执行。

(d)该人不论在新加坡境内或他处已与其债权人达成和解或安排计划,该和解或安排计划仍在实施中。

(e)已有针对该人依《新加坡2001年金融顾问法》第五十九条、《新加坡1966年保险法》第三十五条之二十二或《新加坡2001年证券与期货法》第一百零一条之一所作出的生效禁制令;或者

(f)该人已担任受监管金融机构董事或与受监管金融机构管理层直接相关,无论是否在新加坡境内:

(i)正在或已经被法院清盘;或者

(ii)对该金融机构的批准、授权、委派、认定、登记或经营许可均已由管理局撤回、取消或撤销,或者在受监管金融机构位于外国或外国地域的情况下,已由该外国或外国地域的监管机构撤回、取消或撤销。

(2)即使任何其他成文法有所规定,如果使管理局信纳金融公司的董事或主管人员:

(a)已故意违反或故意导致该金融公司违反本法的任何规定;

(b)已无合理理由而未保障该金融公司遵行本法、《新加坡1970年金融管理局法》或该法附件所规定的任何成文法;或者

(c)已未能履行其任何职责,管理局如认为有必要维护公共利益或保护该金融公司的存款人或债权人,有权向该金融公司发出书面通知,指令该金融公司于该局在该通知中指定的期限内,将董事或主管人员(视具体情况)免职或解雇,该金融公司应遵行该通知。

(3)在不影响管理局认为相关的任何其他事项的情况下,管理局应在确定金融公司的董事或主管人员是否未能履行第二款第三项所规定的职责时,考虑可能规定的标准。

(4)在依第二款规定指令金融公司将某人免职或解雇前,管理局应:

(a)向该金融公司和该人发出书面通知,告知其意图;以及

(b)在第一项所规定的通知中,责令该金融公司和该人于该通知指定的时间内提出该人不应被免职的理由。

(5)如果第四款所规定的该金融公司和该人:

(a)未能于第四款第二项所规定的时间内或于管理局可予许可的延期内提出理由;或者

(b)未能提出充分理由的,管理局可以依照第二款规定指令该金融公司免职该人。

(6)任何金融公司或金融公司的董事或主管人员,其权利受到第二款所规定的管理局指令的侵害,有权于收到该指令后三十日内,向主管部长书面申诉,该部长的决定为终局决定。

(7)金融公司违反第一款的规定或未能遵行依第二款发出的通知,即属犯罪,一经定罪,应处五万新元以下罚金。持续犯罪的,应针对定罪后该罪行仍持续期间另处每日五千新元以下罚金(不满一日的,按一日计算)。

(8)金融公司或该金融公司的任何代理人不得在依本条规定清偿或声称清偿该金融公司债务时,就经合理注意并善意作为(包括所作的任何声明)或不作为的任何事项,招致任何刑事或民事责任。

(9)在本条中,除非上下文另有规定:

“受监管金融机构”指开展业务的实体,其行为受管理局监管或授权,若于新加坡境内开展业务,其行为将由管理局监管或授权。

“监管机构”,就外国或境外而言,指该外国或境外监管机构,其行使的职能对应本法、《新加坡 1970 年金融管理局法》及该法附件所规定的任何成文法中管理局的监管职能。

第四十八条　对未予另行规定的犯罪的处罚

(1)凡违反或未能遵行本法的任何规定或依本法发布的任何命令的金融公司或人员,若无明确规定任何刑罚措施,则属犯罪,一经定罪,可处二千新元以下罚金或三年以内监禁,或两者并处。

(2)*[2013 年第 10 号法案删除,2013 年 4 月 18 日生效]*

第四十八条之一　犯罪庭外解决

(1)管理局有权自行决定向已犯下罪行的合理嫌疑人收取不超过关于该罪行在犯罪时规定的最高罚金数额的一半,依本法将规定为可庭外解决犯罪的任何犯罪予以结案。

(2)管理局有权自行决定依本法将下列任何犯罪(包括已被废止条款所规定的罪行)予以庭外解决:

(a)犯罪发生时,该罪行可以庭外解决;但是

(b)不再构成可庭外解决犯罪的,收取被合理怀疑实施犯罪的嫌疑人不超过关于该罪行在犯罪时所规定的最高罚金数额的一半。

(3)支付第一款或第二款规定的数额后,不得就该罪行对该人再次提起诉讼。

(4)管理局有权制定规例,规定可庭外解决的犯罪。

(5)管理局依第一款或第二款收取的所有款项应当交纳于新加坡统一基金。

第四十八条之二　收回费用、开支等

相关金融公司对管理局负有下列可追偿民事债务:

(a)第六条第七款规定的任何应纳费用;以及

(b)该金融公司的任何应付报酬和费用:

(i)依第三十五条第二款委任的法定顾问;

(ii)依第三十五条第二款委任的法定破产管理人;

(iii)管理局或该局依第四十二条授权或委任的任何人,其依第三十五条对该金融公司任何业务实施管控;以及

(iv)依第六部之一委任的开展任何独立评估的任何人。

第四十九条　董事或管理人员的犯罪行为

(1)任何担任金融公司董事、执行董事或管理人员的:

(a)未能遵行或未采取一切合理措施以保障该金融公司得以遵行本法的规定、依本法发布的任何命令或与金融公司相关的任何其他新加坡现行法律;或者

(b)未能确保或未采取一切合理措施以确保任何依本法或与金融公司相关的任何其他新加坡现行法律呈报的报表或资料的准确性和正确性,则该人即属犯罪,一经定罪,可处二万新元以下罚金或三年以内监禁,或两者并处。

(2)在依第一款起诉某人的任何诉讼中,应抗辩证明该人曾有合理理由认为并确实认为

某个有行为能力、可信赖之人曾负责确保遵行本法规定、依本法发布的任何命令或与金融公司相关的其他新加坡成文法,或曾负责确保这些声明系准确且正确,且该人能够履行该职责。

(3)不得因第一款所规定的任何犯罪判处某人监禁,除非法院认定该人故意实施某犯罪。

第五十条 伪造簿册、文件等

何金融公司的任何董事、管理人员、受托人、审计师、雇员或代理人:

(a)故意在任何记录簿册或在关于该金融公司业务、事务、交易、条件、资产或账目的任何报告、凭条、文件或声明中作出不实记或安排作出不实记载;

(b)故意在任何记录簿册或在关于该金融公司业务、事务、交易、条件、资产或账目的任何报告、凭条、文件或声明中省略作出记载,或故意安排不作出记载;或者

(c)故意修改、窃取、隐匿或销毁在任何记录簿册或在关于该金融公司业务、事务、交易、条件、资产或账目的任何报告、凭条、文件或声明中所作记载,或故意安排致使该记载得以修改、窃取、隐匿或销毁,则该人即属犯罪,一经定罪,可处五万新元以下罚金或三年以内监禁,或两者并处。

第五十一条 金融公司的表明行为

任何公众公司、私人公司、非法人合伙或有限责任合伙未依本法获得经营许可表明其为获经营许可的金融公司,即属犯罪,该公司的各董事、管理人员或各高级人员,该非法人合伙的业主或各合伙人或高级人员,该有限责任合伙的各合伙人或管理人员均同属犯罪,除非其证明该公司、非法人合伙或有限责任合伙的表明行为在其不知情或未经其同意的情况下作出,一经定罪,可处一万五千新元以下罚金或二年以内监禁,或两者并处。

第五十二条 公诉人的同意

不得提起因处理管理局作出的申诉而针对本法所规定的任何犯罪,除非由公诉人提起或经公诉人同意提起。

第五十二条之一 地区法院的管辖权

尽管《新加坡 2010 年刑事诉讼法》有相反规定,地区法院仍有权审理本法所规定的任何犯罪,并有权就该犯罪实行全部刑罚或处罚。

第五十三条 豁免

(1)本法不适用于:

(a)依《新加坡 1970 年银行业法》获得经营许可的任何银行;

(b)依《新加坡 2015 年典当经纪人法》获得执照的人经营的典当行。

(1A)依《新加坡 1979 年合作社法》登记为信用社以提供金融服务的所有合作社,在该服务相当于融资业务的情况下均应就该服务豁免对第三条的适用。

(2)尽管本法有所规定,管理局仍有权使任何金融公司豁免对所有或任何本法规定的适用。

第五十四条 清盘条款

(1)在不影响《新加坡 1967 年公司法》和《新加坡 1970 年金融管理局法》第四部之二规定的情况下:

(a)公司(不论其是否正在自愿清盘)有权依法院应管理局申请而发布的命令被清盘;以及

(b)法院有权命令对公司进行清盘,如果:

(i)该公司已依本法持有牌照且该牌照已到期或已予撤销;或者

(ii)该公司违反该法规定,在新加坡从事融资业务。

(2)在已开展融资业务的公司进行清盘时,存款人视为由该公司签发的无担保债务凭证持有人,并由该公司所有财产和事业的浮动抵押予以担保。

第五十五条　赎回金融公司持有的证券

(1)一经发布公司清盘的命令后,该公司清算人应当立即:

(a)在公报上发布通知,要求该金融公司的所有债务人赎回其已存于该公司的任何财产,其作为已从该金融公司获得的贷款的担保物;以及

(b)通过挂号信将该通知发送给所有债务人,其担保物由该金融公司持有且其姓名在依《新加坡 1967 年公司法》第二百七十条作出的事务声明中被提及。

(2)该通知应规定任何担保物可赎回的最迟日期,该日期不得少于自该通知发出之日起三个月。

(3)在该通知指定的赎回由该金融公司持有的任何担保物的最迟日期后,清算人有权立即将该金融公司持有的任何担保物进行变现,即使存在该金融公司与债务人此前签订的规定任何其他赎回期的协议。

第五十六条　本法的施行不影响《新加坡 1967 年公司法》

本法的任何规定不影响《新加坡 1967 年公司法》的施行。如本法尚未通过,应依《新加坡 1967 年公司法》注册成立的任何公司均继续成立,在其与本法发生冲突的情况下,应以本法规定为准,除非本法另有规定。

第五十七条　规例

(1)针对或就管理局认为有必要执行本法的规定,及任何获授权事项或依本法需如此规定的任何事项,管理局就此任何目的有权随时制定规例。

(2)在不影响第一款的一般性原则的情况下,管理局有权通过该规例:

(a)规定依本法收取的各项费用;以及

(b)管理金融公司的广告宣传。

(3)该规例可规定凡违反该规例的行为,构成犯罪的,可处五千新元以下罚金或十二个月以内监禁,或按该规例的规定两者并处。

新加坡竞争法

龚　茁　译　詹继续　审校*

《新加坡竞争法》译介

《新加坡2004年竞争法》于2006年修正，旨在规范竞争，禁止滥用市场支配地位。同时，该法设立了新加坡竞争与消费者委员会，并对其职能职权等事项作出了具体规定。

新加坡竞争与消费者委员会（以下简称竞消委）是新加坡永久性法人团体，在保护竞争和消费者事项上拥有较大权能。《新加坡2004年竞争法》第三条规定，竞消委可以代表新加坡实施国际化行为。竞消委同时也承担了一定的经营性职能，有权取得、拥有、持有、开发、处分动产和不动产，可以发行股票和债券，并可以接受人员和资产的转移。

竞消委同时又承担了一定的行政职能，并可以对相关人员和单位进行纪律处分。《新加坡2004年竞争法》第二十九条规定的，在政府任职期间有不当行为或玩忽职守违法犯罪行为的，竞消委有权对其实施批评、降级、劝退、解聘或其他处罚。

竞消委还有一些司法职能。经过一定的司法程序，竞消委有权实施调查权，并可以对相关场所进行搜查。《新加坡2004年竞争法》第六十二条和第六十五条规定，竞消委有合理理由怀疑协议已经违反禁止性规定的，可以实施调查，并在取得法院签发的搜查令下，进入场所搜查。

《新加坡2004年竞争法》着重强调企业相关协议、合并等可能产生扭曲竞争、滥用市场优势地位、实施不当控制等行为对竞争的影响，对此分别进行了具体规定。在这些规定中，以第三十四条、第四十七条、第五十四条的禁止性规定尤为重要。《新加坡2004年竞争法》对违反这些规定的责任作出详细规定，读者应高度重视。

为了规范竞争，禁止滥用市场支配地位，并为设立新加坡竞争与消费者委员会，规定其职能职权等相关事项，制定本法。

第一章　序　　言

第一条　简称

本法可以简称为《新加坡2004年竞争法》。

---

* 龚茁，浙江工商大学副教授，华东政法大学博士研究生；审校：詹继续，法学博士，上海外国语大学讲师。

第二条　定义与解释

(1)除非本法另有规定,本法所称:

预期合并,是指正在发生或预备发生的合并,且实施该合并将导致本法第五十四条第二款规定的合并。

集体豁免,由本法第三十六条第五款作出规定。

集体豁免令,由本法第三十六条第三款作出规定。

申诉委员会,由本法第七十二条作出规定。

主席,是指竞争与消费者委员会主席,也包含临时主席。

行政长官,是指竞争与消费者委员会行政长官及具有相同职能的个人。

委员会,是指依照本法第三条设立的竞争与消费者委员会(以下简称竞消委)。

副主席,是指竞消委副主席,也包括临时副主席。

文件,是指任何形式的已留存信息。

货物,是指:

(a)建筑物及其他构筑物;

(b)船只、航空器及气垫船;

(c)天然气及电力等;

(d)经诉讼取得的动产。

信息,包括估计和预测信息。

督察员,是指依照本法第六十二条由竞消委指定并实施调查工作的人员。

调查官,由本法第六十四条第一款作出规定。

委员,是指竞消委委员。

合并业务当事方,是指本法第五十四条第二款规定的个人、企业及被合并实体。

预期合并业务当事方,是指预期合并业务实施后,可能的业务当事方。

人,包括企业。

房产,不包括家庭房产,但包括机动车;下列房产除外:

(a)与企业事务相关的房产;

(b)存放与企业事务相关的文件的房产。

公共利益,是指依照《法律公报》刊登的相关法令,由部长规定的国家安全、公共安全、国防事业等。

第三十四条的禁止性规定,是指本法第三十四条第一款规定的禁止性事项。

第四十七条的禁止性规定,是指本法第四十七条第一款规定的禁止性事项。

第五十四条的禁止性规定,是指本法第五十四条第一款规定的禁止性事项。

服务,是指工业、贸易、专业技术等类型的服务。

企业,是指有能力从事与货物或服务相关的商业经济活动的个人、企业、非法人团体或其他实体。

(2)本法规定的或根据本法规定的排除适用条款,本法第三十四条的禁止性规定一定程度上不适用于不包含该规定的协议,至于该协议是否违反禁止性规定在所不问。

(3)在本法中,有关部门要求提供非易读形式信息的相关资料,可以要求当事人提供该信息的易读形式的副本。

(4)依照本法规定有权要求提供信息的部门或个人认为有必要的,有权要求当事人提供各类有关文件。

第二章 新加坡竞争与消费者委员会

第一节 委员会的设立、成立与章程

第三条 竞争与消费者委员会的设立

竞消委是永久性法人团体,其职能包括:

(a)起诉与应诉;

(b)取得、拥有、持有、开发、处分动产和不动产;

(c)实施承担法人团体应当合法实施承担的行为和后果。

第四条 用印制度

(1)竞消委应当备有印章。竞消委认为有必要的,可以随时以合理的方式毁坏、变更、调整或重制印章。

(2)须加盖竞消委印章的各类文件,应加盖竞消委印章。

(3)法院、法官和司法人员对任何文件的竞消委印章有司法上的注意义务并考量该公章的合理合法性。

第五条 竞消委章程

(1)竞消委由以下委员构成:

(a)主席;

(b)部长随时指定的二人以上十六人以下的其他成员。

(2)竞消委及其委员和办事程序,由第一附则作出规定。

第二节 竞消委的职能、职责与职权

第六条 竞消委的职能与职责

(1)根据本法,竞消委的职能包括:

(a)维持、加强新加坡的有效市场行为,刺激新加坡市场整体生产力、创新和竞争力;

(b)消除、管控对新加坡市场竞争产生不利影响的行为;

(c)促进维持新加坡市场有序竞争;

(d)在新加坡经济中塑造强有力的竞争文化与环境;

(e)在处理竞争和消费者保护事务中,代表新加坡实施国际化行为;

(ea)推动建立供应商和消费者之间的公平贸易行为,使消费者在新加坡作出合理采购决定;

(eb)保护在新加坡的供应商免受不正当竞争;

(ec)监督实施《新加坡2003年消费者保护(公平交易)法》;

(f)就竞争和消费者保护事务向国家、公共机关或消费者保护组织提供国家需要和政策上的建议;

(g)履行竞消委其他依法设立的职能职权。

(2)履行前款规定的职能职权的,竞消委应当综合考虑以下因素:

(a)新加坡市场的差异性;

(b)新加坡经济、产业、商业需求;

(c)如何保证新加坡市场有效运行。

(3)竞消委可以接受部长可能分配的职能职责。履行该职能职责的,视为履行本法规定职能职责并适用本法。

(4)本节规定的内容不得被解释为直接或间接向竞消委强加任何形式的职责。竞消委履行的职责应当都可以通过司法程序予以强制执行。

第七条　职权

(1)竞消委可以根据本法开展其认为有利、必要或方便的活动,以履行本法或其他成文法规规定的职能职责。竞消委可以行使第二附则规定的职权。

(2)本条不得被解释为依法对竞消委职权的限制。

(3)竞消委应当按照部长要求的方式和时间,向部长汇报有关其财产和活动的信息。

第八条　部长指令

根据《新加坡2018年公共部门(管理)法》第五条的规定,部长可以给竞消委下达指令。

第九条　各委员会的组成和职权分配

(1)为有效开展工作,竞消委可酌情指定其委员或非委员成员组成各委员会。

(2)竞消委可以在其认为合适的条件或限制下,将本法或其他成文法规赋予竞消委的所有或部分职权,下放至前款规定的各委员会或主席。但是,制定规章制度、收取会费、确定费率及借款权除外。

(3)竞消委可以在其认为合适的条件或限制下,将本法或其他成文法规赋予竞消委的所有或部分职权,下放至前款规定的各委员会或委员会其他任何有权限之人。但是,制定规章制度、收取会费、确定费率、借款权以及交由竞消委工作人员或其他个人或团体,以竞消委名义行使的职能职权除外。

(4)*[由2018年第5号法案(2018年4月1日生效)废止]*

第三节　人事规定

第十条　行政长官、高管及工作人员等

(1)竞消委设行政长官一名,其任命、罢免、纪律处分和提拔必须符合《新加坡2018年公共部门(管理)法》的规定。

(2)行政长官有以下情形的,根据《新加坡2018年公共部门(管理)法》,竞消委有权随时任命临时行政长官。

(a)缺勤或不在新加坡的;

(b)不能继续履行职责的。

(3)为了有效开展工作,竞消委有权根据《新加坡 2018 年公共部门(管理)法》,指定或聘用高管、工作人员、顾问或代理人。

第四节 财务规定

第十一条 财年

竞消委财年自每年的 4 月 1 日开始,至下一年的 3 月 31 日结束。竞消委的第一个财年自 2005 年 1 月 1 日开始,至下一年的 3 月 31 日结束。

第十二条 部长对估计信息的批准

(1)所有年度收支预算和补充预算在竞消委通过后,应当将其副本立即送至部长。

(2)对年度收支预算和补充预算,部长可以批准或不批准。

(3)依照前款规定作出决定的,部长必须将年度收支预算和补充预算处理意见发还竞消委。竞消委应当遵守该意见。

(4)但是,竞消委可将全部或部分款项转移至部长批准的预算中同一支出门类下的项目。

第十三条 委员会收回、收取的款项

(1)本法规定的所有收回款项、应收款项或组合款项,除行政罚款外,都应向竞消委支付,并成为竞消委款项的组成部分。

(2)本法规定的行政罚款,均应缴存至国库。

第十四条 补贴

根据本法规定,为了使竞消委有效开展工作,履行其职能职责,部长可以随时从议会提供的资金中向竞消委拨发补贴。

第十五条 借款权

(1)根据本法或其他成文法规,为了使竞消委有效开展工作,履行其职能职责,竞消委可随时向政府借款;或者,经部长批准并在部长的指导下,通过以下方式向新加坡国内外来源借款:

(a)有担保或无担保的抵押、透支等方式;

(b)根据本法或其他成文法规,收取本属于竞消委的任何合法或对应的财产或应收收益;

(c)创建、发行部长批准的债券等。

(2)就本条而言,借款权包括金融合同签约权,据此向竞消委提供信贷,以购买货物、材料等物品。

第十六条 发行股票权等

竞消委根据本法取得的政府投资的财产、权益、债务,或政府根据其他成文法规向竞消委注入的资金或其他投资,竞消委应当在部长的指导下,向财政主管部门发行股票或其他证券。

第十七条 银行账户

(1)竞消委应当在其认为合适的银行开立并维护该银行账户。

(2)该账户应当由竞消委授权的个人管理。

第十八条　款项使用

竞消委的各类款项只能用于竞消委的开支、运转、债务以及竞消委经授权或要求承担的开支。

第十九条　投资

在部长的一般或特别指导下，竞消委可以实施以下投资行为：

(a)以其认为合理的方式投资其款项；

(b)为控制或抵销前款规定的投资行为可能产生的风险，竞消委可以参与任何形式的财务活动安排。

第二十条

[由2018年第5号法案(2018年4月1日生效)废止]

第二十一条　审计

(1)*[由2018年第5号法案(2018年4月1日生效)废止]*

(2)*[由2018年第5号法案(2018年4月1日生效)废止]*

(3)*[由2018年第5号法案(2018年4月1日生效)废止]*

(4)*[由2018年第5号法案(2018年4月1日生效)废止]*

(5)*[由2018年第5号法案(2018年4月1日生效)废止]*

(6)部长和竞消委认为有必要的，审计人员应当向其提交定期报告和特别报告。

第二十二条

[由2018年第5号法案(2018年4月1日生效)废止]

第二十三条

[由2018年第5号法案(2018年4月1日生效)废止]

第五节　财产、资产、债务转让和人员调任

第二十四条　竞消委财产、资产和债务的转让

(1)自2005年1月1日起，由财政主管部门决策支配，或由贸易产业市场主管部门支配管理的所有动产和不动产，以及归属政府的与贸易产业市场主管部门相关的所有资产、权益、权利、使用权、债务及相关职责等，应转让归属至竞消委，无须提供担保或其他形式的保证。

(2)对前款规定的转让或归属至竞消委的财产、资产、权益、权利、使用权、债务及相关职责等有异议的，国家财政主管部门签发的证明文件对转让归属行为有最终确认效力。

(3)本条第一款规定的转让或归属竞消委的不动产，经总统作出规定后由竞消委长期持有。

(4)符合以下所有情形的，政府作为财产转让的合同方，不论其交易性质如何，合同在2005年1月1日以前订立的，具有法律效力：

(a)竞消委是合同当事方；

(b)自1月1日起，合同中政府的权利义务均被竞消委承继。

第二十五条　人员调任

(1)自2005年1月1日起，部长可能确定的在该日期之前受雇于政府的工作人员，以及

被调任至贸易产业市场主管部门的工作人员或人员类别,应当调任至竞消委,待遇不得低于调任前。

(2)对前款规定的人员或人员类别的调任有异议的,部长签发的证明文件对是否调任有最终确认效力。

(3)竞消委制定任职条款和服务条件前,政府任职条款和服务条件适用于本条第一款规定的所有调任人员。

第二十六条　保留调任人员的服务权等

(1)竞消委制定任职条款和服务条件,应当考虑上一条规定的政府工作人员在政府任职期间享有的福利待遇(含薪资水平及带薪休假等)。

(2)在政府的任职期间应当计入在竞消委的任期期间。

(3)竞消委制定任职条款和服务条件,应当遵守养老金法,不得对调任人员作出有关养老金、薪资或津贴等方面的不利规定。

(4)工作人员根据本法第二十五条已调任竞消委的,退休时政府有义务向竞消委足额缴纳该工作人员的养老金、薪资或津贴部分。缴纳总比例与金额与在政府任职期间相同。

(5)在竞消委任职,不享受养老金待遇或其他福利待遇的工作人员,退休、任职期间死亡或离职的,竞消委可以酌情向其发放津贴或酬金。

第二十七条　不得从岗位调整中谋取利益

根据本法第二十五条调至竞消委工作的,因竞消委的设立合并导致其退休或岗位调整的,不得再根据养老金法主张利益。

第二十八条　既有合同

2005 年 1 月 1 日前订立存续的契证、合同、计划书、债券、协议等文件,政府作为合同当事方,且与贸易市场主管部门有关或与根据本法第二十五条规定的人员调任有关,竞消委代替政府作为合同履行方或被执行人的,继续有效。

第二十九条　纪律处分和其他法律程序的连续与终止

(1)自 2005 年 1 月 1 日起,对已调任竞消委的政府工作人员的纪律处分程序存续的,由竞消委负责实施终结。

(2)自 2005 年 1 月 1 日起,有尚未完结的听证或调查,或已完成听证或调查但未作出相关命令、裁决或指示的,相关委员会应当完成听证或调查,并依权限及时作出命令、裁决或指示。

(3)委员会根据本条作出的命令、裁决或指示,视为竞消委根据本法授予的权限作出的命令、裁决或指示,具有同等法律效力。

(4)政府为当事人,或政府代理人为当事人,与以下之一相关的,可以由竞消委作为当事人继续、终止或执行 2005 年 1 月 1 日前存续的司法程序或案由:

(a)贸易产业市场主管部门;

(b)本法第二十四条规定的转让至竞消委的资产、权益、使用权、债务、职责;

(c)本法第二十五条规定的调任至竞消委的工作人员。

第三十条　人员调任前的不当或失职行为

在政府任职期间有不当行为或玩忽职守违法犯罪行为,可能受到批评、降级、劝退、解聘或其他处罚，继续在政府任职，且本法尚未实施的，竞消委有权对其实施批评、降级、劝退、解聘或其他处罚。

第六节 一般规定

第三十一条

[由2018年第5号法案(2018年4月1日生效)废止]

第三十二条 竞消委的标识与象征

(1)竞消委对其选择或设计的标识与象征的使用、选择、展示、展览有独占权。

(2)使用与竞消委相同或相似的标识与象征进行欺骗或引起混淆，或有可能导致欺骗或引起混淆的，处五千新元以下罚金或六个月以下拘役或两罚并处；构成违法犯罪的，自提起诉讼时处每日不超过二百五十新元罚金。

第三章 竞 争

第一节 一般规定

第三十三条 适用范围

(1)尽管存在以下情形：

(a)本法第三十四条所称协议在新加坡境外订立的；

(b)各当事方在新加坡境外的；

(c)本法第四十七条所称的滥用支配地位方在新加坡境外的；

(d)待实施的预期合并在新加坡境外的；

(e)本法第五十四条所称的合并已经在新加坡境外实施的；

(f)预期合并各当事方或合并各当事方均在新加坡境外的；

(g)因本款所称协议、支配地位、预期合并或合并而发生的其他事项或行为在新加坡境外的。

相关当事方、协议、滥用支配地位、预期合并及合并等事项有以下情形之一的，适用本章规定：

(i)协议违反或已经违反本法第三十四条禁止性规定；

(ii)滥用支配地位的行为违反或已经违反本法第四十七条禁止性规定的；

(iii)已实施的预期合并将违法本法第五十四条禁止性规定；

(iv)合并违反或已经违法本法第五十四条禁止性规定。

(2)受另一监管机构监管的行业或行业部门符合以下所有条件的，适用本章规定：

(a)该监管机构行使职权不得解释为削弱竞消委职权；

(b)竞消委行使职权不得解释为削弱该监管机构职权。

(3)为协调本章规定的竞消委职权和前款规定的其他监管机构的职权，部长可对以下事项制定规章制度和相关程序：

(a)决定竞消委和其他监管机构对个别案件或案件类别的管辖权；

(b)竞消委和其他监管机构同时或联合行使职权。

(4)以下个人或机构之一为当事方的,已开展的活动、已订立的协议和行为适用本章规定:

(a)政府;

(b)法定机构;

(c)政府或法定机构的代理人,且案件与该活动、协议和行为相关。

(5)尽管有前款规定,本章仍适用于:

(a)法定机构或代表法定机构的个人;

(b)由法定机构或代表法定机构的个人开展、订立和实施的相关联的活动、协议或行为,

具体情形可由部长在《法律公报》中发布命令作出规定。

(6)本条所称法定机构,是指根据成文法规设立的企业法人。

第二节　妨害、限制、扭曲竞争的协议

第三十四条　妨害、限制、扭曲竞争的协议

(1)根据本法第三十五条,企业间协议、企业协会决策或协同行为对新加坡境内的竞争有妨害、限制或扭曲影响的,一律禁止,除非本法另有规定。

(2)根据第三十五条,有下列情形之一的企业间协议、企业协会决策或协同行为对新加坡境内的竞争有妨害、限制或扭曲影响的,一律禁止,除非本法另有规定:

(a)直接或间接操纵买卖价格或其他交易条件的;

(b)限制或控制生产、市场、技术发展或投资的;

(c)控制市场或供应来源的;

(d)对其他交易方的同等交易适用不同条件,使其处于竞争劣势的;

(e)订立合同时使其他合同方接受附加义务,且该附加义务的性质或商业用途与合同标的无关的。

(3)自2006年1月1日起,违反本条第一款禁止性规定的协议或决定,一律无效。

(4)本法明确规定适用于协议或与协议有关的,经必要的修订后,视为同等适用于企业协会或协同行为,本法另有规定的除外。

(5)2006年1月1日及之前订立、作出的协议、决策及协同行为,适用本条第一款。

第三十五条　排除适用

第三附则规定的事项,不适用本法第三十四条的禁止性规定。

第三十六条　集体豁免

(1)竞消委认为,特定类别的协议可能属于本法第四十一条规定的情形的,可以向部长提出发布命令的建议,解释该类别。

(2)基于上一款规定的建议,部长可以建议的方式发布命令或以其认为合理的方式命令其作出修改。

(3)根据本条规定作出的命令,即本章的集体豁免令。

(4)集体豁免令规定的协议,不适用本法第三十四条的禁止性规定。

(5)本条规定的豁免,即本章的集体豁免。

第三十七条　各项集体豁免令

(1)集体豁免令可以对集体豁免生效的条件或义务作出规定。

(2)集体豁免令可以对以下事项作出规定:

(a)违反命令的,自竞消委规定的日期起,取消其协议的集体豁免资格;

(b)未履行命令规定的义务的,竞消委可以书面通知的形式,自竞消委规定的日期起,取消其协议的集体豁免资格;

(c)竞消委认为协议不属于本法第四十一条适用范围的,可以自竞消委规定的日期起,取消其协议的集体豁免资格。

(3)集体豁免令可以规定集体豁免的生效日期早于作出该命令的日期。

(4)集体豁免令可对命令的失效期作出规定。

(5)本条所称列明,是指集体豁免令列明的事项。

第三十八条　集体豁免异议

(1)为实现本条第二款的规定,集体豁免令可以规定协议不符合集体豁免令规定的集体豁免资格的一方,但符合集体豁免令列明的标准,可以通知竞消委。

(2)根据上一款规定被纳入集体豁免令且获得通知的,自通知期限届满时,视为属于集体豁免令列明的类别,下列情形除外:

(a)竞消委提出反对意见的;

(b)竞消委在届满之日起书面通知当事方,告知其反对意见。

(3)竞消委根据上一款的规定发布反对意见通知书的,本条第一款的通知视为本法第四十四条的通知。

(4)本条所称:

通知期限,是指根据本条第二款的规定,给予竞消委充分的时间考虑是否提出反对意见;

列明,是指集体豁免令作出的规定。

第三十九条　集体豁免程序

(1)在作出本法第三十六条第一款规定的建议前,竞消委应当履行以下全部职责:

(a)以合理的方式向可能受到影响的单位或个人公开意见;

(b)听取各方意见建议。

(2)部长认为竞消委的意见经修改后方可生效的,部长应通知竞消委并听取竞消委的意见。

第四十条　集体豁免令的变更与撤销

(1)竞消委认为应当变更或撤销集体豁免令,可以向部长提出建议。

(2)上一款规定的建议,适用本法第三十九条。

(3)竞消委未提出本条第一款规定的建议,部长在变更或撤销集体豁免令之前,应当就变更或撤销事项通知竞消委,并听取竞消委的意见。

第四十一条　集体豁免的标准

协议有以下情形之一的,适用本法第三十六条:

(a)可以改善生产经销的;

(b)可以促进技术经济发展的。

以下情形除外:

(i)对企业施加不必要的限制的;

(ii)就标的货物或服务,可能排除相关企业竞争的。

第四十二条　请求竞消委审查协议

(1)本法第四十三条和第四十四条规定,协议一方认为可能违反本法第三十四条禁止性规定的,可以向竞消委申请对履行协议进行审查。

(2)部长可制定规例,对以下事项作出规定:

(a)应当遵守的下列程序:

(i)自然人提出的前款规定的申请程序;以及

(ii)竞消委处理该申请的程序。

(b)就本法第四十三条至第四十六条规定的申请和第一项规定的程序以及就程序(若有)所做的修订:

(i)在竞消委已作出撤销指示;或

(ii)在考虑作出撤销指示期间。

第四十三条　发布指导意见

(1)一方根据本条规定向竞消委申请审查协议的,应当履行以下全部义务:

(a)通知竞消委;

(b)向竞消委申请指导意见。

(2)收到本条规定的申请后,竞消委可以向申请人作出指导,告知其协议是否可能违反本法第三十四条的禁止性规定。

(3)竞消委认为协议可能违反本法第三十四条禁止性规定,未被豁免的,就该协议是否可能被豁免,指导意见可以作出说明。

(4)适用本法第三十四条禁止性规定的协议已被通知竞消委的,在下列期间内发生的违反禁止性规定的行为,不得依照本章规定进行处罚:

(a)通知作出之日起发生的;

(b)申请受理后,在竞消委向申请人发布的书面通知规定的日期内发生的。

(5)本条第四款第二项所称载明的日期不得早于通知发布日期。

第四十四条　发布裁决通知

(1)一方根据本条规定向竞消委申请审查协议的,应当履行以下全部义务:

(a)将该协议通知竞消委;

(b)向竞消委申请裁决。

(2)收到本条规定的申请后,竞消委可就以下事项作出裁决:

(a)协议是否违反本法第三十四条的禁止性规定;

(b)未违反本法第三十四条的禁止性规定的,是否存在以下原因:

(i)排除竞争;

(ii)协议被豁免;

(iii)根据本法第六十条之一第一款之一作出的保证被接受。

(3)适用本法第三十四条禁止性规定的协议已被通知竞消委的,在下列期间内发生的违反禁止性规定的行为,不得依照本章规定进行处罚:

(a)通知作出之日起发生的;

(b)申请受理后,在竞消委向申请人发布的书面通知规定的日期内发生的。本条第三款第二项所称载明的日期,不得早于通知发布日期。

(4)申请受理后,在竞消委向申请人发布的书面通知规定的日期内发生的。本条第三款第二项所称规定的日期,不得早于通知发布日期。

第四十五条　指导意见的效力

(1)就以下事项之一竞消委对申请根据本法第四十三条作出指导意见的,协议适用本条规定:

(a)无论是否豁免,协议都不会违反本法第三十四条禁止性规定的;

(b)协议可能被集体豁免的。

(2)就适用本条的协议,竞消委不得就第三十四条禁止性规定采取其他措施,有以下情形之一的除外:

(a)作出指导意见后有充分理由相信情势发生实质变更的;

(b)有充分理由怀疑指导意见依据的信息不完整、虚假或具有误导性的;

(c)协议一方根据本法第四十四条提起申请;

(d)非协议当事人提起申诉。

(3)不得依照本章规定就违反本法第三十四条禁止性规定且适用本条的协议作出处罚。

(4)有以下情形之一的,竞消委可以撤销前款规定的豁免权:

(a)竞消委已根据本条第二款作出处罚;

(b)竞消委认为协议将违反本法第三十四条禁止性规定;

(c)竞消委已发布指导意见的通知,规定自通知之日起撤销该协议豁免权。

(5)竞消委有合理理由怀疑相关信息:

(a)以指导意见为依据;并且

(b)由协议当事方提供,

此类信息不完整、虚假或具有误导性的,前款第三项规定的通知日期可以早于通知发布日期。

第四十六条　未违反本法第三十四条禁止性规定时裁决的效力

(1)竞消委裁定协议未违反本法第三十四条禁止性规定,并根据本法第四十四条已作出处理意见的,适用本条。

(2)竞消委不得对协议就第三十四条禁止性规定采取其他措施,有以下情形之一的除外:

(a)作出裁决后有充分理由相信情势发生实质变更的;

(b)有充分理由怀疑裁决依据的信息不完整、虚假或具有误导性的。

(3)不得依照本章规定就违反本法第三十四条禁止性规定且适用本条的协议作出处罚。

(4)有以下情形之一的,竞消委可以撤销前款规定的豁免权:

(a)竞消委已根据本条第二款作出处罚;

(b)竞消委认为协议将违反本法第三十四条禁止性规定;

(c)竞消委已发布作出裁决的通知,规定自通知之日起撤销该协议豁免权。

(5)竞消委有合理理由怀疑裁决依据的和协议当事方提供的信息不完整、虚假或具有误导性的,前款第三项规定的通知日期可以早于通知发布日期。

第三节 滥用支配地位

第四十七条 滥用支配地位

(1)企业在新加坡市场滥用其支配地位的,一律禁止。

(2)有以下情形之一的,视为滥用支配地位:

(a)对竞争者有掠夺行为的;

(b)限制生产、市场或技术开发,损害消费者利益的;

(c)对其他交易方的同等交易适用不同条件,使其处于竞争劣势的;

(d)订立合同时使其他合同方接受附加义务,且该附加义务的性质或商业用途与合同标的无关的。

(3)本法所称支配地位,是指在新加坡境内外的支配地位。

第四十八条 排除适用

第三附则列明的事项,不适用本法第四十七条的禁止性规定。

第四十九条 请求竞消委作出行为审查

(1)本法第五十条和第五十一条规定,申请人认为企业或个人行为可能违反本法第四十七条禁止性规定的,可以向竞消委提起申请,对该行为进行审查。

(2)部长可制定规章,对以下事项作出规定:

(a)前款规定事项的申请程序;

(b)竞消委处理该申请的程序。

第五十条 发布指导意见

(1)一方根据本条规定向竞消委申请审查的,应当履行以下全部义务:

(a)将行为事项通知竞消委;

(b)向竞消委申请指导意见。

(2)收到本条规定的申请后,竞消委可以向申请人作出指导意见,告知其协议是否可能违反本法第四十七条的禁止性规定。

第五十一条 发布裁决通知

(1)一方根据本条规定向竞消委申请裁决的,应当履行以下全部义务:

(a)将行为事项通知竞消委;

(b)向竞消委申请裁决。

(2)收到本条规定申请后,竞消委可就以下事项作出裁决:

(a)行为是否违法本法第四十七条的禁止性规定;

(b)未违法本法第四十七条的禁止性规定的,是否存在以下情形:

(i)是否排除竞争;

(ii)根据本法第六十条之一第一款之二作出的保证是否被接受。

第五十二条　指导意见的效力

(1)竞消委根据本法第五十条作出指导意见,认定行为不违法本法第四十七条禁止性规定的,适用本条。

(2)就适用本条的行为,竞消委不得就第四十七条禁止性规定采取其他措施,有以下情形之一的除外:

(a)作出指导意见后有充分理由相信情势发生实质变更的;

(b)有充分理由怀疑指导意见的前提信息的主要部分残缺、虚假或具有误导性的;

(c)已向竞消委提起申诉的。

(3)不得依照本章规定就违反本法第四十七条禁止性规定且适用本条的行为作出处罚。

(4)有以下情形的,竞消委可以撤销前款规定的豁免权:

(a)竞消委已根据本条第二款作出处罚;

(b)竞消委认为涉事行为将违反本法第四十七条禁止性规定;

(c)竞消委已发布指导意见的通知,载明自通知之日起撤销该协议豁免权。

(5)竞消委有合理理由怀疑指导意见依据的和涉事企业的信息不完整、虚假或具有误导性的,前款第三项规定的通知日期可以早于通知发布日期。

第五十三条　未违反本法第四十七条禁止性规定下裁决的效力

(1)竞消委根据本法第五十一条作出裁决,认定行为不违反本法第四十七条禁止性规定的,适用本条。

(2)竞消委不得对涉事行为就第四十七条禁止性规定采取其他措施,有以下情形之一的除外:

(a)作出裁决后有充分理由相信情势发生实质变更的;

(b)有充分理由怀疑裁决的前提信息的主要部分残缺、虚假或具有误导性。

(3)不得依照本章规定就违反本法第四十七条禁止性规定且适用本条的行为作出处罚。

(4)有以下情形的,竞消委可以撤销前款规定的豁免权:

(a)竞消委已根据本条第二款作出处罚;

(b)竞消委认为涉事行为将违反本法第三十四条禁止性规定;

(c)竞消委已作出裁决,载明自通知之日起撤销该行为豁免权。

(5)竞消委有合理理由怀疑相关信息:

(a)以指导意见为依据;并且

(b)由协议当事方提供,

此类信息不完整、虚假或具有误导性的,前款第三项规定的通知日期可以早于通知发布日期。

第四节　合　　并

第五十四条　合并

(1)根据本法第五十五条,对新加坡境内商品或服务市场竞争已经产生或可能产生实质性削弱的合并,一律禁止。

(2)有以下情形之一,视为合并发生:

(a)两个或两个以上独立企业合并;

(b)一个或多个个人或企业直接或间接控制一个或多个其他企业的全部或部分;

(c)第一家企业收购第二家企业的资产(含商誉)或大部分资产,致使第一家企业能够取代或实质上取代第二家企业的业务,或第一家企业在收购后接续第二家企业业务。

(3)通过以下权利、合同或权利、合同组合等方式,对企业行为足以产生决定性影响的,视为存在控制行为:

(a)企业的所有权、使用权或资产;

(b)足以产生决定性影响的权利或合同,企业机构的表决权或决策权。

(4)有以下情形之一的,视为取得控制:

(a)通过前款所述方式,成为权利或合同权利的持有人,或对前款所述方式有优先使用权的;

(b)未成为权利或合同权利的持有人或未对前款所述方式有优先使用权,但取得其衍生权利的使用权的。

(5)成立合资企业,长期履行自治经济实体所有职能的,构成本条第二款第二项所称合并。

(6)认定本条第三款所称的影响是否能实现,应当全面综合考虑票据、契约、转让、分配等的法律效力及其他各种因素。

(7)有以下情形之一的,合并不存在:

(a)作为接管人、清算人或承保人取得控制权;

(b)同一企业直接或间接控制所有参与合并的企业;

(c)因遗嘱、无遗嘱或基于共有的生存者取得权而取得控制权;

(d)根据本条第八款和第九款规定的情形取得控制权。

(8)前款第四项所称企业,是指其基本业务活动是为自己或他人的账户实施交易和处理证券交易的企业。

(9)本条第七款第四项规定的情形是指:

(a)企业临时持有另一企业的证券,构成控制;

(b)基于该证券行使表决权,且该控制权在存续期间有以下情形的:

(i)控制目的是在规定的期间内处分其他企业的全部或部分资产或证券;

(ii)控制目的不是确定其他企业的活动是否可能影响新加坡商品或服务市场的竞争。

(10)前款所称规定的期间是指:

(a)取得对其他企业控制权之日起十二个月内;

(b)特定情况下,企业不能在前项规定的期间内实施有效处分的,竞消委可以延长期间。

第五十五条　合并的排除适用

第四附则列明的合并,不适用本法第五十四条。

第五十五条之一　竞消委就预期合并提供保密意见

(1)预期合并是否违法本法第五十四条的禁止性规定,预期合并当事方可就此向竞消委申请给予指导意见。

(2)竞消委认为符合以下全部情形的,根据本条第五项规定的规章,竞消委可就前款所称事项给予指导意见:

(a)所有预期合并当事方有实施预期合并意思表示;

(b)本条第一款规定的申请发生时,预期合并的相关信息尚未被公众知晓;

(c)本条第一款规定的申请发生后,预期合并的相关信息被公众知晓的,根据本法第五十七条,申请人有充分理由不通知竞消委或不向竞消委申请裁决。

(3)基于预期合并的客观事实和环境,竞消委认为预期合并当事方有能力在没有指导意见情形下作出评估的,可以拒绝给予本条第一款规定的指导意见。

(4)根据本条规定作出指导意见的,对竞消委没有约束力。

(5)部长可制定规章对以下事项作出规定:

(a)本条规定的指导意见,只能与规定的预期合并有关。

(b)须由下列各方遵守的程序:

(i)根据本条提出申请的当事方;

(ii)考虑该申请的竞消委。

第五十六条　请求委员会审查预期合并与合并

(1)竞消委依当事人申请审查实施预期合并可能违反本法第五十四条禁止性规定的,由本法第五十七条作出规定。

(2)竞消委依当事人申请审查实施合并可能违反本法第五十四条禁止性规定的,由本法第五十八条作出规定。

(3)部长可制定规章对以下事项作出规定:

(a)本法第五十七条规定的通知,只能与规定的预期合并有关。

(b)须由下列各方遵守的程序:

(i)根据本条提出申请的当事方;

(ii)竞消委。

第五十七条　发布预期合并通知

(1)根据本条规定,相关类型的预期合并当事方申请审查的,应当履行以下全部义务:

(a)将预期合并通知竞消委;

(b)向竞消委申请裁决。

(2)收到本条规定申请后,根据本条第三项和第五项、本法第六十条之一第一款和第六十条之二第一款的规定,竞消委可就以下事项作出裁决:

(a)实施预期合并是否违反本法第五十四条禁止性规定。

(b)不违反本法第五十四条禁止性规定的,是否具有以下情形:

(i)实施预期合并是否有排除适用情形;

(ii)实施预期合并是否为本条第三款规定的禁止豁免;

(iii)根据本法第六十条之一第一款之一作出的保证是否被接受。

(3)竞消委认定实施预期合并将违反本法第五十四条禁止性规定的,应当将认定结果以书面形式通知申请人。自通知作出之日起十四日内,申请人可以以公共利益为由就该预期合并事项向部长申请豁免。

(4)部长依照前款规定所作裁决有最终效力。

(5)根据本条第三款,部长豁免预期合并的,竞消委可根据本条第二款第二项第二目作出裁决。

(6)有合理理由怀疑其决策所依据的信息不完整、虚假或具有误导性的,部长可以撤销根据本条第三款作出的豁免。

(7)鉴于本条第八款的规定,竞消委认定事实预期合并不会违反本法第五十四条禁止性规定的,可以声明该认定结果仅在规定的期限内发生效力。

(8)在前款规定的期限届满前,提起裁决申请的预期合并各方可向竞消委申请延期。

(9)已根据本条第一款向竞消委申请审查,并在竞消委作出认定前实施预期合并的:

(a)竞消委可将该申请视为根据本法第五十八条提交的合并结果审查申请;

(b)竞消委可根据本法第五十八条作出合并结果的认定。

(10)竞消委可根据本法第五十八条第二款第二项第二目与第五十八条第五款就前款所称合并进行认定,不适用部长根据本条第三款作出的豁免决定。

(11)竞消委可拒绝作出裁决并要求合并相关方依照本法第五十八条第一款提交合并申请,且该情形不适用本条第九款的规定。

(12)本条所称相关类型的预期合并,是指根据本法第五十六条第三款第一项制定的规章所规定的预期合并。

第五十八条　合并的申报

(1)合并方根据本条规定向竞消委申请审查合并的,应当履行以下全部义务:

(a)将合并事项通知竞消委;

(b)向竞消委申请裁决。

(2)收到本条规定申请后,根据本条第三款和第五款、本法第六十条之一第一款和第六十条之二第一款的规定,竞消委可以就以下事项作出裁决:

(a)是否违反本法第五十四条禁止性规定。

(b)未违法本法第五十四条的禁止性规定的,是否存在以下情形:

(i)是否排除竞争;

(ii)合并是否被豁免;

(iii)根据本法第六十条之一第一款之一作出的保证是否被接受。

(3)竞消委认定违反本法第五十四条禁止性规定的,竞消委应当对以下单位或个人发出书面通知:

(a)合并审查申请人;

(b)在使用本法第五十七条第九款规定的案件中的预期合并审查申请人或当事方不存在时的合并实体,

自通知作出之日起十四日内,申请人可以以公共利益为由就该合并事项向部长申请豁免。

(4)部长依照前款规定所作裁决有最终效力。

(5)根据本条第三款,部长豁免合并的,竞消委可根据本条第二款第二项第二目作出裁决。

(6)有合理理由怀疑其决策所依据的信息不完整、虚假或具有误导性的,部长可以撤销根据本条第三款作出的豁免。

(7)本法各条款援引的第五十八条规定的申请或通知,应当包括竞消委根据本法第五十七条第九款规定将本法第五十七条规定的申请或通知视为第五十八条规定的申请或通知。

第五十八条之一　与发布预期合并与合并通知有关的临时措施

(1)就本法第五十七条和第五十八条规定申请事项,竞消委有充分理由怀疑:

(a)实施预期合并将违反本法第五十四条禁止性规定;或

(b)怀疑合并已经违反本法第五十四条禁止性规定,

竞消委尚未完成审查但认为有必要为保证审查和指导工作的公正开展:

(i)以防止任何可能对以下行为产生影响:

(A)对预期合并或合并的审查;或

(B)给予本法第六十九条项下的任何指示;或

(ii)紧急情况下为:

(A)防止对特定的个人或特定人群造成严重且不可弥补的损失;或

(B)保护公共利益,

竞消委可以其认为合适的方式作出指示意见。

(2)根据本条规定作出指示意见的,竞消委应当:

(a)对有关单位或个人以书面形式作出指示;并且

(b)允许其提出建议意见。

(3)根据前款规定发出的通知,应当载明竞消委的意见性质及理由。

(4)根据本条规定作出的指示,应在适用本条第一款时有效;条件允许的,该指示可被本法第六十九条规定的指示代替。

(5)第六十九条第二款第二项之一第一目、第三项第一目和第八十五条应适用于根据本条作出的指示意见。

第五十九条　实施预期合并未违反本法第五十四条禁止性规定时裁决的效力

(1)竞消委根据本法第五十七条对预期合并的实施已作出裁决,认定其不违反本法第五十四条禁止性规定的,适用本条。

(2)就适用本条的预期合并(含已实施的预期合并或在竞消委裁决有效期内实施的预期合并),竞消委不得就第五十四条禁止性规定采取其他措施,有以下情形之一的除外:

(a)有充分理由怀疑作出认定的前提信息(含接受保证的前提信息)的主要部分残缺、虚假或具有误导性的;

(b)有充足理由怀疑保证方未能实现保证条款的。

(3)前款所称措施,可以包括撤销对实施预期合并不违反第五十四条禁止性规定的认定。

(4)预期合并在竞消委裁决的有效期内实施的,不得依照本条规定就违反本法第三十四条禁止性规定且适用本条的预期合并的实施作出处罚。

(5)有以下情形的,竞消委可以撤销前款规定的豁免权:

(a)有本条第二款规定的情形的;

(b)竞消委认为实施预期合并或合并结果可能违反本法第五十四条禁止性规定的;

(c)竞消委已发布作出裁决的通知,规定自通知之日起撤销该协议豁免权的。

(6)竞消委有充分理由怀疑预期合并方提供的并依此作出认定的信息(含接受保证的信息)不完整、虚假或具有误导性,或保证方未能实现保证条款的,前款第三项规定的通知日期可以早于通知发布日期。

(7)如果:

(a)竞消委已认定实施预期合并不违反本法第五十四条禁止性规定;并且

(b)实施预期合并的结果与预期合并主旨有实质性差异,

竞消委有权对合并采取措施,不受本条规定的限制。

第六十条　合并未违反本法第五十四条的认定效力

(1)竞消委根据本法第五十八条规定的申请认定合并不违反本法第五十四条禁止性规定的,适用本条。

(2)就适用本条的协议,竞消委不得就第五十四条禁止性规定采取其他措施,有以下情形之一的除外:

(a)有充分理由怀疑作出认定的前提信息(含接受保证的前提信息)的主要部分残缺、虚假或具有误导性的;

(b)有充足理由怀疑保证方未能实现保证条款的。

(3)前款所称措施可以包括撤销对实施合并不违反第五十四条禁止性规定的认定。

(4)不得依照本章规定就违反本法第五十四条禁止性规定且适用本条的协议作出处罚。

(5)有以下情形的,竞消委可以自通知之日起撤销前款规定的豁免权:

(a)竞消委就本条第二款规定的情形根据本章规定采取措施;

(b)竞消委认为合并违反本法第五十四条禁止性规定;

(c)竞消委以书面形式通知:

(i)申请人;或

(ii)在适用本法第五十七条第九款的案件中,预期合并认定申请人或合并后的实体,

自通知确定之日起,取消相关豁免。

(6)竞消委有充分理由怀疑:

(a)预期合并方提供的并依此作出认定的信息(含接受保证的信息)不完整、虚假或具有误导性;或

(b)保证方未能实现保证条款,

前款第三项规定的通知日期可以早于通知发布日期。

第四节之一 保 证

第六十条之一 保证

(1)竞消委可以随时根据本法第五十七条、第五十八条或根据本法第六十二条第一款第三项或第四项规定的调查,就预期合并是否违反本法第五十四条的禁止性规定或合并是否已经违反本法第五十四条的禁止性规定,以其认为合理的方式接受一方作出的以竞消委认为合理的方式采取或限制采取措施的保证,以补救、减轻或防止可能因实施预期合并或合并产生的竞争被实质性削弱的负面效应。

(1A)竞消委可以随时根据本法第四十四条或根据本法第六十二条第一款第一项规定的调查,就协议是否违反本法第三十四条的禁止性规定,以其认为合理的方式接受一方作出的以竞消委认为合理的方式采取或限制采取措施的保证,以补救、减轻或防止可能因实施预期合并或合并产生的竞争被实质性削弱的负面效应。

(1B)竞消委可以随时根据本法第五十一条或根据本法第六十二条第一款第二项规定的调查,就行为是否违反本法第四十七条的禁止性规定,以其认为合理的方式接受一方作出的以竞消委认为合理的方式采取或限制采取措施的保证,以补救、减轻或防止可能因实施预期合并或合并产生的竞争被实质性削弱的负面效应。

(2)自竞消委接受保证时规定的日期始,保证生效。

(3)在有效保证期间内,竞消委可以接受:

(a)变更保证;

(b)更换保证,

以实现本条第一款、第一款之一或第一款之二的规定,且以下条款所称保证,均为本款所称变更或更换前后的保证。

(4)竞消委有合理理由认为保证没有必要或不宜为实现本条第一款、第一款之一或第一款之二的规定的,保证可以撤销。

(5)接受、变更、更换或撤销保证前,竞消委应当征求竞消委认为相关的单位和个人的意见。

第六十条之二 保证的效力

(1)竞消委根据本法第六十条之一第一款和本条第二款接受保证的,应当根据实际情况,认定:

(a)实施预期合并不违反本法第五十四条禁止性规定;或

(b)合并未违反本法第五十四条的禁止性规定。

(1A)竞消委根据本法第六十条之一第一款之一和本条第二款接受与协议相关的保证的,应当认定协议是否违反本法第三十四条的禁止性规定。

(1B)竞消委根据本法第六十条之一第一款之二和本条第二款接受与行为相关的保证的,应当认定行为是否违反本法第四十七条的禁止性规定。

(2)有下列情形时,竞消委有权自决定作出之日、调查开始之日或作出指导意见之日起,撤销相关认定,且不受本条第一款、第一款之一或第一款之二规定的限制:

(a)竞消委有合理理由怀疑接受保证的前提信息有残缺、虚假或误导性质等情形;或

(b)有合理理由怀疑保证方未能实现保证条款的。

(3)竞消委作出本条第一款、第一款之一或第一款之二规定的撤销决定的,保证自决定撤销之日起不再有效。

(4)竞消委认为合适的的,可以对根据本法第六十条之一接受的保证的有效性进行审议。

第五节 实施与执行

第六十一条 实施与执行纲要

(1)竞消委可随时要求相关单位或个人遵守本章及《法律公报》刊载的竞消委解释和本章实施等行为的具体纲要。

(2)为有效编制前款规定的纲要,竞消委可以征求其认为相关的单位和个人的意见。

(3)其他行业或行业部门监管机构适用本纲要的,竞消委应在编制纲要时征求该监管机构的意见。

(4)根据本条规定出版的纲要,对竞消委没有约束力。

第六十一条之一 要求提供文件或信息的权力

(1)竞消委:

(a)有合理理由怀疑新加坡境内货物或服务市场在货物服务供销方面有妨害、限制、扭曲竞争;或

(b)根据本法第四十四条、第五十一条、第五十七条或第五十八条提起的申请,有合理理由怀疑:

(i)有协议已经违反本法第三十四条禁止性规定;

(ii)有行为已经违反本法第四十七条禁止性规定;

(iii)实施预期合并将违反本法第五十四条禁止性规定;或

(iv)合并已经违法本法第五十四条禁止性规定的,

竞消委可以书面形式发出通知,要求任何相关单位或个人向竞消委以书面形式提交竞消委认为相关的文件和特定信息等文件资料。

(2)前款规定的通知,应当载明:

(a)竞消委要求的特定文件或信息的目的;和

(b)本法第七十五条和第七十八条规定的违法性质。

(3)竞消委应当在通知中说明:

(a)提交文件和信息的期限和场所;和

(b)提交文件和信息的方式和形式。

(4)本条规定的要求相关单位或个人提交文件资料的权力包括:

(a)文件资料已提供的:

(i)要求提供文件资料副本或摘要的权力;和

(ii)要求曾任职或现任职人员及其雇员做出解释的权力。

(b)文件资料未提供的,要求相关单位或个人以其知识经验做出陈述的权力。

(5)为实现本条第一款第一项,以下各情形,视为新加坡境内货物或服务市场的特征:

(a)市场结构或市场结构的一个方面;

(b)市场内外提供、取得货物或服务的单位或个人的行为;

(c)与市场客户相关的提供、取得商品或服务的单位或个人的行为,

且本款所称行为,包括故意或非故意的不作为及其他非故意行为。

(6)本条第一项和第二项所称载明,是指

(a)通知中的规定与描述;或

(b)通知中的规定与描述的分类。

第六十二条　发起调查权

(1)竞消委有合理理由怀疑存在以下情形的,可以实施调查:

(a)协议已经违反本法第三十四条禁止性规定;

(b)有行为已经违反本法第四十七条禁止性规定;

(c)实施预期合并将违反本法第五十四条禁止性规定;或

(d)合并已经违法本法第五十四条禁止性规定。

(2)为实施前款规定,竞消委可以指定一名督察员实施调查。

第六十三条　执行调查权

(1)为实施本法第六十二条规定的调查,竞消委或督察员可以向任何单位或个人发出书面通知,要求其提供竞消委或督察员认为与调查相关的载明的文件或信息等。

(2)前款规定的通知,应当载明:

(a)标的物、调查目的;和

(b)本法第七十五条至第七十八条规定的违法性质。

(3)竞消委或督察员应当在通知中说明:

(a)提交文件资料的期限和场所;和

(b)提交文件资料的方式和形式。

(4)本条规定的要求相关单位或个人提交文件资料的权力包括:

(a)文件资料已提供的:

(i)要求提供文件资料副本或摘要的权力;和

(ii)要求曾任职或现任职人员及其雇员做出解释的权力。

(b)文件资料未提供的,要求相关单位或个人以其知识经验做出陈述的权力。

(4A)为实现本法第六十二条规定的调查,本法第六十四条第一款规定的有权进入任何场所的或本法第六十五条授权持搜查令进入搜查令列明的场所的调查人员可以:

(a)就调查事项对场所内任何可能了解事实情况的人员进行口头询问;并

(b)要求其回答与调查相关的问题。

(4B)前款规定的由被调查人员口头提供的任何第一款所称之信息或陈述,应当:

(a)形成书面材料;

(b)向被调查人员宣读;

(c)被调查人员不知晓英语的,应当使用该人员知晓的语言;

(d)有修改的,被调查人员应当签名。

(5)本条第一项所称载明,是指:

(a)通知中的规定与描述;或

(b)通知中的规定与描述的分类。

第六十四条　未取得搜查令的房屋进入权

(1)本法第六十二条规定的调查中,

(a)经竞消委授权的竞消委督察员;

(b)其他取得竞消委书面授权的督察员的随行人员,有权进入任何场所。

(2)调查官或督察员未经授权,不得在执法中进入任何场所,符合以下所有条件的除外:

(a)调查官或督察员向场所占有人提前两个工作日发出书面通知;

(b)书面通知载明标的事项和调查目的;

(c)书面通知说明本法第七十五条至第七十八条规定的违法性质。

(3)有以下情形之一的,不适用前款规定:

(a)调查官或督察员有合理理由怀疑企业占有或已经场所,且企业涉及以下调查事项之一:

(i)本法第三十四条规定的协议;

(ii)本法第四十七条规定的行为;

(iii)本法第五十四条规定的预期合并或合并。

(b)调查官或督察员穷尽一切程序送达通知未果的。

(4)适用前款规定的,执行本条第一款所称进入权时:

(a)调查官及授权人员应当:

(i)提供调查官及其随从指定人员的授权的证明;并

(ii)提供本条第二款第二项和第三项规定的文件。

(b)调查官及授权人员应当:

(i)提供督察员聘任的证明;并

(ii)提供本条第二款第二项和第三项规定的文件。

(5)调查官、授权人员、督察员或督察员要求的人员进入场所时有权:

(a)携带其认为必要的设备。

(b)要求场所中的人员,

(i)提供其认为与调查相关的任何文件资料;

(ii)对资料作出解释。

(c)要求任何人对前项规定的文件以其知识经验作出陈述。

(d)对提供的文件资料进行复制、提取。

(e)要求场所以可携带、可视或可用的形式提供一切相关电子化信息。

(f)对相关资料采取一切可能的保存或排除妨害的措施。

(6)前款第二项项规定的在场所内的取证权包括要求相关单位或个人按照调查官、授权人员、督察员等调查人员的要求,在规定的时间地点,以规定方式提供文件资料。

第六十五条　取得搜查令的房屋进入权

(1)竞消委或督察员可以向法院申请搜查令,符合以下所有条件的,法院可以签发搜查令：

(a)有合理理由怀疑场所文件资料：

(i)与本法第六十三条和第六十四条要求的文件资料有关；且

(ii)文件资料经要求未提供的。

(b)有合理理由怀疑：

(i)竞消委或督察员根据本法第六十三条的规定要求提供的文件资料存在；且

(ii)该文件资料可能被隐匿、转移、篡改或销毁。

(c)调查官、授权人员、督察员或督察员指定的人员进入场所执法但未能进入，且有合理理由怀疑场所放有本条要求提供的涉案文件资料。

(2)本条规定的搜查令应当授权具名执法官员：

(a)竞消委实施调查的，搜查令应当载明经竞消委授权的随行官员姓名；并且

(b)督察员实施调查的，搜查令应当载明督察员指定的人员姓名，

履行以下职权：

(i)必要时可以进入搜查令载明的场所。

(ii)执法人员有合理理由怀疑场所人员持有与调查相关的文件资料、设备或物品的，可以进行搜身。

(iii)搜查、复制、提取本条第一款规定的可能与调查有关的文件资料。

(iv)扣留所有相关文件资料，前提是此种资料：

(A)有必要为保存或排除妨害执法；或

(B)不能对场所文件资料进行复制。

(v)有本款第四目第一种情况规定的情形的，采取其他措施。

(vi)要求相关单位或个人以其知识经验对涉案文件资料做出陈述。

(via)要求任何单位或个人按照调查官、授权人员、督察员或督察员指定的人员的要求在规定的时间地点，以规定形式方法提供文件资料。

(vii)要求场所以以下形式提供一切位于该场所的其认为与调查相关的且以电子化方式存储的信息；

(A)可携带方式；和

(B)可视化且可辨认的方式。

(viii)转移并检测场所内任何与案件相关的设备或物品。

(3)持有本条第一款第二项规定的搜查令，法院认为有合理理由怀疑该场所内放有与调查相关的文件资料的，搜查令应当授权执法人员履行本条第二款规定的职权。

(4)取得本条第二款第四目或第三款规定的文件的，经文件占有人请求，具名执法人员可以向其提供一份文件副本。

(5)具名调查人员可以允许任何与调查相关的设备或物品，以及第二款第八目规定的可从任何场所移走以供检查的设备或物品，在该具名调查人员规定的条件下，保留在该场所内。

(6)违反前款规定，不予配合的，视为违法。

(7)本条规定的搜查令应当载明：

(a)标的事项、调查目的；

(b)以及本法第七十五条至第七十八条规定的违法性质；

搜查令自签发之日起至当月末有效。

(8)没有取得搜查令的，不得履行本条规定的职权。

(9)持有本条规定的搜查令进入场所的执法人员，有权携带其认为必要的设备。

(10)执法场所内无人要求执法人员出示搜查令的，执法人员应当在执法之前：

(a)根据客观情势告知场所占有人执法人员将进入场所；

(b)场所占有人被告知的，执法时应当允许场所占有人或其代理人陈述意见。

(11)执法人员无法告知场所占有人其进入场所的，执法时应当在该场所留置一份搜查令的副本。

(12)执法人员持有搜查令，离开被调查场所，场所未被占有或占有人暂时不在现场的，执法人员应当确保其离开与其进入该场所时场所出于相同的安全状态。

(13)本条第二款第四目的规定取得的文件资料可以在三个月内返还。

(14)本条所称：

具名执法官员，是指：

(a)搜查令载明的竞消委官员；或

(b)搜查令载明的督察员；

场所占有人，是指具名执法官员有理由认为是涉案场所占有人的个人。

第六十六条　自证其罪和寻求专业法律意见

(1)根据本法，竞消委、调查人员、竞消委书面授权的调查随行人员、督察员或督察员指定的人员要求向其披露可能会自证其罪的文件资料的，应当披露。

(2)基于竞消委、调查人员、竞消委书面授权的调查随行人员、督察员或督察员指定的人员的要求作出陈述，向其披露可能会自证其罪的文件资料的：

(a)该陈述在除本法第五章规定之外的刑事审判程序中不应作为对其不利的证据；但是

(b)在民事诉讼中，为排除怀疑，应当作为证据。

(3)本章的任何规定不得：

(a)强迫专业法律人员披露受到法律保护的谈话的内容，或提供载有受到法律保护的谈话的内容的文件或其他物质载体；且

(b)不得授权执法人员取得该文件或其他材料。

(4)专业法律人员拒绝披露前款规定的保密内容的，应当提供保密内容的当事人或当事人的代理人的姓名、地址等信息。

第六十七条　临时措施

(1)竞消委如果：

(a)有合理理由怀疑违反本法第三十四条或第四十七条禁止性规定，但调查未终结；并且

(b)竞消委认为有必要根据本法规定采取紧急措施，为：

(i)防止对相关单位或个人造成严重的不可修复侵害；或

(ii)为保护公共利益的，

竞消委可以以其认为合理的方式作出指示。

(1A)竞消委有合理理由怀疑本法第五十四条禁止性规定:

(a)因预期合并的实际发生而违反;或

(b)因已经发生的合并而违反,

但调查未终结且竞消委认为有必要根据本法规定采取紧急措施,以:

(i)排除可能对如下情形造成妨害:

(A)调查;或

(B)发布本法第六十九条规定的指导意见;或

(ii)基于以下目的将其作为紧急事件:

(A)为防止对相关单位或个人造成严重的不可修复侵害;或

(B)为保护公共利益的,

竞消委可以其认为合理的方式作出指示。

(2)作出本条规定的指示前,竞消委应当:

(a)向指示对象发出书面通知;并且

(b)允许其提出意见。

(3)前款所称通知,应当载明指示的性质和缘由。

(4)本条规定的指示,适用本条第一款和第一款之一的规定时有效;但是,客观情势允许的,可由本法第六十九条的规定的指示替换。

(5)有违反本法第三十四条禁止性规定的,本条规定的指示适用本法第六十九条第二款第一项和第八十五条。

(6)有违反本法第四十七条禁止性规定的,本条规定的指示适用本法第六十九条第二款第二项和第八十五条。

(7)实施预期合并违反本法第五十四条禁止性规定的,本条规定的指示适用本法第六十九条第二款第二项之一第一目、第六十九条第三项第一目和第八十五条。

第六十八条　委员会发布调查终结令

(1)当:

(a)竞消委实施本章规定的调查,审议相关陈述、文件、物品后;或

(b)督察员实施调查,竞消委审议其报告后,

竞消委作出裁决,认定协议已违反本法第三十四条的禁止性规定,行为已违反本法第四十七条禁止性规定,实施预期合并将违反本法第五十四条禁止性规定,或合并已违反本法第五十四条禁止性规定的,竞消委应当:

(i)以书面形式通知可能受裁决影响的单位或个人;并

(ii)允许其向竞消委陈述意见。

(2)根据本条第三款和第五款的规定,审议前款第二项规定的陈述意见的,竞消委可以作出裁决,认定:

(a)协议已违反本法第三十四条的禁止性规定;

(b)行为已违反本法第四十七条禁止性规定;

(c)实施预期合并将违反本法第五十四条禁止性规定;

(d)合并已违反本法第五十四条禁止性规定。

(3)当：

(a)竞消委认定实施预期合并将违反本法第五十四条禁止性规定；或

(b)合并已违反本法第五十四条禁止性规定，

且竞消委已根据本条第一款第一项的规定以书面形式通知预期合并或合并当事人的，当事人可以在通知作出之日起十四日内，以保护公共利益为由向部长申请实施预期合并或合并免于适用本法第五十四条的禁止性规定。

(4)部长根据前款规定作出的决定有最终效力。

(5)部长根据本条第三款对预期合并或合并豁免的，竞消委可以作出决定，认定：

(a)实施预期合并不违反本法第五十四条的禁止性规定；

(b)合并未违反本法第五十四条的禁止性规定。

(6)部长有合理理由怀疑其决定所依据的信息实质上不完整、虚假或具有误导性的，可以撤回根据本条第三款规定作出的豁免决定。

第六十九条　竞消委决定的执行

(1)竞消委作出决定，认定：

(a)协议已违反本法第三十四条的禁止性规定；

(b)行为已违反本法第四十七条禁止性规定；

(c)实施预期合并将违反本法第五十四条禁止性规定；或

(d)合并已违反本法第五十四条禁止性规定的；

竞消委可以向其认为合适的单位或个人发出指示，终止前款 c 项规定的违法行为；确有必要的，竞消委可以要求该单位或个人采取指示中载明的措施，补救、减轻、消除违法行为或客观环境产生的不良影响，并预防此类行为的再次发生。

(2)前款规定的指示，可以对以下情形作出规定：

(a)协议已被认定违反本法第三十四条的禁止性规定的，要求协议各方修改或终止协议。

(b)行为已被认定违反本法第四十七条禁止性规定的，要求当事人修正或停止该行为。

(ba)实施预期合并被认定将违反本法第五十四条禁止性规定的：

(i)禁止预期合并方实施合并；

(ii)要求与实施合并直接相关且必要的协议当事方修改或终止协议，即使该协议已根据第三附则第十款被豁免，或竞消委已根据本法第四十五条或第四十六条认定协议不会或未违反本法第三十四条的禁止性规定；

(iii)要求与实施(可能因实施预期合并而导致的)合并直接相关且必要的单位或个人修正或停止该行为，即使该行为已根据第三附则第十款被豁免，或竞消委已根据本法第五十二条或第五十三条作出指导意见，认定该行为不违反或未违反本法第四十七条的禁止性规定。

(c)合并已经被认定违反本法第五十四条禁止性规定的：

(i)要求按照竞消委的指示终止或变更合并；

(ii)要求与合并直接相关且必要的协议方修正或停止协议,即使该协议已根据第三附则第十款被豁免,或竞消委已根据本法第四十五条或第四十六条作出指导意见,认定该行为不违反或未违反本法第三十四条的禁止性规定;

(iii)要求与合并直接相关且必要的单位或个人修正或停止该行为,即使该行为已根据第三附则第十款被豁免,或竞消委已根据本法第五十二条或第五十三条作出指导意见,认定该行为不违反或未违反本法第四十七条的禁止性规定。

(d)协议已经被认定违反本法第三十四条禁止性规定,行为已违反本法的第四十七条禁止性规定或合并已经违反本法第五十四条禁止性规定的,要求相关单位或个人根据竞消委的决定向竞消委支付罚款。

(e)要求已违反本法第三十四条禁止性规定的协议方,已违反本法第四十七条禁止性规定的行为方,实施预期合并将违反本法第五十四条禁止性规定的相关单位或个人以及已违反本法第五十四条禁止性规定的相关单位或个人:

(i)订立有效合同,预防或减轻妨害竞争的影响;

(ii)根据竞消委的规定处理企业的运行、资产和股份;

(iii)根据竞消委决定的条款提供履约保证金、担保及其他形式的保障。

(3)根据竞消委决定的条款提供履约保证金、担保及其他形式的保障。

(4)根据《法律公报》刊载的部长意见,本条规定的由竞消委实施的罚款,不得超过违规企业同期在新加坡境内三年营业额的百分之十。

(5)竞消委应在罚款指示中载明支付罚款的期限,且该期限不得早于本法第七十一条规定的对罚款指示的上诉的截至日期。

(6)部长可以在《法律公报》上刊登命令,对本条第二款第 d 项规定的法律金额和根据本条第二款第 d 项规定的由竞消委决定的分期付款的应付利率作出规定。

第七十条　通知

竞消委在作出决定或指示后十四日内,应当通知相关当事人。

第四章　申　　诉

第一节　一般规定

第七十一条　可申诉的裁定

(1)竞消委已对相关协议方、行为方、预期合并方及合并方作出认定的,各相关方不服该裁定或有其他理由的,可在规定的期限内向申诉委员会提起申诉。

(1A)除前款规定外,竞消委根据本法第五十八条之一、第六十七条或第六十九条的规定对其作出指示的单位或个人,也可以就该指示在规定的期限内向申诉委员会提起申诉。

(2)除涉及罚款处罚或罚款金额的案件外,本条规定的申诉不影响决定的效力。

(3)本条第一款所称认定,是指竞消委就以下事项作出的决定和根据本法第五十八条之一、第六十七条或第六十九条作出的指示及部长依法作出的其他认定:

(a)协议是否已违反本法第三十四条的禁止性规定；

(b)行为是否已违反本法第四十七条的禁止性规定；

(c)实施预期合并是否将违反本法第五十四条的禁止性规定；

(d)合并是否已违反本法第五十四条的禁止性规定。

第二节　申诉委员会

第七十二条　申诉委员会

(1)为了审理本法第七十一条第一款规定的申诉,成立竞争申诉委员会;委员不超过三十人,由部长随时从具有工商管理经验或其他相关资质的人员中指定担任。申诉委员会委员由部长决定任命,且有资格被再次任命。

(2)部长可随时撤销申诉委员会委员的职务,无须说明理由。

(3)申诉委员会委员可以以书面方式向部长提出辞职。

(4)被部长指定为申诉委员会主席的,应当具有最高法院法官的资质。

(5)申诉委员会主席出席的,应当主持会议;主席缺席不能主持的,由其他委员选举产生主持人。

(6)部长可以为申诉委员会指定一名秘书及其他必要的高管和工作人员。

(7)申诉委员会的各项职能职权,由申诉委员会的各下设委员会履行。

(8)下设委员会至少由三名申诉委员会委员组成,其中一名可以是申诉委员会主席。

(9)下设委员会的行为、裁决、决议,视为申诉委员的行为、裁决、决议。

(10)为实施本章规定,申诉委员会秘书应当召集委员会主席提名的委员,组成分委员会。委员会委员应当在召集规定的时间和地点出席会议。

(11)根据本条第(12)款的规定,申诉委员会主席被提名为下设委员会委员的,应当主持该下设委员会的所有会议;申诉委员会主席未被提名为下设委员会委员的,应当指定一名委员主持会议。

(12)申诉委员会主席和前款中被指定的委员缺席会议的,可以由出席会议的委员选择主持人。

(13)在董事会或董事会委员会的任何会议上,提交董事会或董事会委员会的所有事项均应由出席会议的成员以多数票决定;票数相等的,董事会主席或主持会议的任何其他成员有权投第二票或决定票。

(14)申诉委员会成员可以根据部长的决定,取得报酬、差旅费和生活津贴。

(15)部长可制定规章对以下事项作出规定:

(a)申诉期限;

(b)申诉方式;

(c)申诉委员会申诉审理和存档的程序;

(d)申诉委员会审理申诉的地点和次数;

(e)本章规定的申诉费;

(ea)申诉委员会对收取、确认或变更的罚款的利息;

(f)包括相关人员的出席津贴等在内的与申诉委员会程序产生的费用支出；

(g)为妥善实施本章规定的措施。

第七十三条　申诉委员会的职权与决议

(1)申诉委员会应当向竞消委和申诉人发出通知，说明审理申诉的日期和地点。

(2)根据本法规定，申诉委员会应当在必要时履行竞消委的职权职责。

(3)申诉委员会就以下事项履行地区法院的职权职能：

(a)证人出庭和证人宣誓；

(b)强制提交文件；

(c)本法第七十二条第十五款规定的费用支出。

(4)经竞消委授权，申诉委员会委员签发的传票的效力，等同于诉讼程序中的强制证人出庭和强制提交文件。

(5)被依法传唤但未在申诉委员会出庭的，构成违法行为。

(6)在申诉委员会出庭的证人，与在地区法院出庭享有同等豁免权和其他权利。

(7)申诉委员会应当在充分考虑申诉的性质和复杂程度后，对依照本条提起的申诉尽快在合理范围内作出裁定。

(8)申诉或申诉的某一部分，申诉委员会可以维持原裁决或搁置作出新裁决，也可以履行以下职权：

(a)将申诉提交竞消委；

(b)收取、撤销罚款或变更罚款金额；

(c)作出与竞消委可能作出的相同的指示或采取其他措施；

(d)作出与竞消委可能作出的相同的决议。

(9)申诉委员会作出的决议与竞消委的决议有同等效力且以同等方式执行。

(10)申诉委员会作出维持决议的，申诉委员会仍可以撤销该裁定所依据的事实调查结果。

(11)申诉委员会应当通知申诉人决议结果和理由。

第七十四条　向新加坡高等法院和上诉法院上诉

(1)对申诉委员会根据本法第七十三条作出的裁决不服，或对与该裁决相关的以下事项之一有异议的，应当向新加坡高等法院提起上诉：

(a)关于申诉委员会裁决的法律问题；

(b)申诉委员会作出的罚款金额问题。

(2)本条规定的上诉，只能由申诉委员会作出决议的当事人提起。

(3)新加坡高等法院审理以下上诉内容，并作出裁决：

(a)维持、变更或撤销申诉委员会的决议；

(b)就费用等争议，作出法院认为适当的命令。

(4)对新加坡高等法院根据其民事管辖权作出的裁定，当事人有权提起上诉。

第五章　处　罚

第七十五条　拒不提供资料等信息

(1)违反本法第六十一条之一、第六十三条、第六十四条或第六十五条,未达到其要求的,构成违法犯罪。

(2)因前款规定的提供文件资料被指控实施违法犯罪行为的,被告人有权证明以下事项:

(a)不持有该文件资料或该文件资料不被其控制;

(b)有合理理由无法提供该文件资料。

(3)根据本条第一款被指控实施违法犯罪行为的,被告人有权证明其未履行以下义务的合理理由:

(a)提供信息资料或回答讯问;

(b)提供对文件资料的解释;

(c)说明文件资料的存放地点。

(4)应当提供实施条件但未提供实施条件,违反本法第六十一条之一、第六十三条或第六十四条规定的,不构成违法犯罪。

第七十六条　毁坏或伪造文件资料

应当提供本法第六十一条之一、第六十三条、第六十四条或第六十五条规定的文件资料,实施以下行为之一的,构成违法犯罪:

(a)故意或肆意毁坏文件资料,或以其他方式丢弃、伪造或隐匿文件资料;

(b)造成或放任实施毁坏、丢弃、伪造或隐匿文件资料。

第七十七条　提供虚假或误导性信息

(1)向竞消委、调查官、督察员或向其他经授权、指定、雇佣协助竞消委、调查官、督察员履行本法规定的职权的人员提供信息,有以下情节之一的,构成违法犯罪:

(a)在主要事项上提供虚假和误导性信息的;

(b)明知主要部分的内容虚假或有误导性,或放任其存在的。

(2)明知该文件资料属于向竞消委、调查官、督察员或向其他经授权、指定、雇佣协助竞消委、调查官、督察员履行本法规定的职权的人员提供的信息,有以下情节之一的,构成违法犯罪:

(a)明知信息资料的主要事项虚假或有误导性,仍继续提供的;

(b)明知信息资料的主要事项虚假或有误导性,仍放任提供的。

第七十八条　妨害执法

以抗拒、攻击、阻挠、阻碍等方式妨害竞消委委员、官员或协助竞消委履行职权的代理人、督察员及其协助人员履行本法规定的职权的,构成违法犯罪。

第七十九条　查封未产生费用或未导致损失的情形(非法查封除外)

诉讼中,因履行本法规定的职权,对设备、物品或文件资料的查封而产生的诉讼费用或损失,任何人无权主张权利,归还该设备、物品或文件资料以及非法查封的除外。

第八十条　执行权

(1)除行使本法及其他成文法规规定的职权外，在处理本法规定的违法犯罪行为时，竞消委官员或工作人员在告知当事人其职务并向当事人出示行政长官规定的身份证明后，可以行使以下职权：

(a)要求任何可能实施违法犯罪行为的人提供身份证明；

(b)要求任何人说明或提供其持有的信息或文件，并免费检验、复制或提取该文件信息；

(c)依照书面命令，要求任何在新加坡境内、可能了解案件事实的人员接受现场询问。

(2)故意虚假陈述，或无合法理由拒不提供前款竞消委工作人员要求的文件资料或其副本，或未能执行竞消委工作人员根据本法作出要求的，构成违法犯罪，处五千元以下罚款或十二个月以下拘役，或两罚并处。

第八十一条　法人违法犯罪

(1)法人实施违法犯罪行为，且有证据证明：

(a)法人高管允许或纵容该违法行为；或

(b)由于该高管玩忽职守实施该违法行为的，

该高管和法人均构成违法犯罪，应当承担法律责任。

(2)法人事务由其成员管理，成员履行管理职责的作为和不作为，视为法人团体董事履行职责，适用前款规定。

(3)合伙实施违法行为，且有证据证明：

(a)合伙人允许或纵容该违法行为；或

(b)由于合伙人玩忽职守实施该违法行为的，

该合伙人和合伙都构成违法犯罪，应当承担法律责任。

(4)法人(非合伙关系)实施违法行为，且有证据证明：

(a)高管或管理人员允许或纵容该违法行为；或

(b)因其玩忽职守实施该违法行为的，

该高管和管理人员与该非法人团体都构成违法犯罪，应当承担法律责任。

(5)本法所称：

高管：

(a)在法人中，是指董事、管理委员会成员、首席执行官、经理、秘书或法人团体中的其他类似人员及自称履行上述职能的人员；

(b)在非法人中，是指主席、秘书、委员会成员，或与主席、秘书、委员会成员地位平等的人员及自称履行上述职能的人员。

合伙人，是指自称履行合伙职能的人员。

(6)经部长批准，竞消委可以制定规章制度，对根据新加坡境外法律成立或承认的法人或非法人团体适用本条作出规定。竞消委可以在适当的时候修改规定。

第八十二条　法院管辖

除刑事诉讼法另有相反规定外，地区法院对本法规定的违法犯罪行为有管辖权，有权对本法规定的违法犯罪行为实施全部处罚。

第八十三条　一般处罚

违反本法规定,构成违法犯罪,本法对处罚未作明确规定的,处一万元以下罚款,或十二个月以下有期徒刑,或两罚并处。

第八十四条　违法犯罪的庭外解决

(1)根据以下法律的任何违法犯罪:

(a)本法;或

(b)本法制定的任何附属立法,

如果规定为可庭外解决的犯罪,可以根据本条规定庭外解决。

(2)就本条第一款而言,竞消委可经部长批准,制定如下规例:

(a)规定本法或依据本法制定的附属立法中规定的犯罪为本条所称的可庭外解决犯罪。

(b)规定可庭外解决此类犯罪的主体;以及

(c)确定庭外解决犯罪的最高金额,但最低处罚金额不得少于:

(i)对相关犯罪规定的最高处罚金额的一半;或

(ii)五千新元,

以二者孰低为准。

(3)本条第二款第二项规定的可庭外解决此类犯罪的主体,可以就本条第二款第一项规定的犯罪向有理由怀疑实施犯罪的主体处罚金,罚金数额不得超过本条第二款第三项规定的相应犯罪的最高处罚金额。

第六章　其他规定

第八十五条　竞消委的指示和地区法院令的执行

(1)为有效执行本法第五十八条之一、第六十七条或第六十九条规定的由竞消委作出的指示,或根据本法第六十条之一竞消委接受的保证但保证未到位的,竞消委可以根据《法院规则》向地区法院申请执行登记,法院根据《法院规则》应当办理执行登记。

(2)该指示和保证自前款规定的登记之日起有同等法律效力,所有法律程序均可根据该指示或保证进行;执行该指示和保证的,执行视为已经取得地区法院的相关命令。

(3)根据前款规定,地区法院对执行各类标的指示和保证有管辖权,地区法院可以发布命令,对以下事项作出规定:

(a)确保指示和保证的顺利进行;

(b)要求任何人补救、减轻或消除(i)在执行和(ii)待执行指示和保证事项中产生的不良影响。

(4)本条不得不解释为地区法院有权命令公司清算。

第八十六条　私诉权

(1)违反本法第三十四条、第四十七条或第五十四条禁止性规定,给他人造成直接损失或损害的,受害人有权根据本条规定向法院提起民事诉讼,要求侵害人(无论是实施现有侵害行为还是曾经实施了侵害行为的企业)作出赔偿。

(2)有以下全部情形的,不得提起前款规定的诉讼:

(a)裁决认定违反本法第三十四条、第四十七条或第五十四条禁止性规定,在该裁决作出之前的;

(b)在本条第四款规定的期间内。

(3)本条规定的诉讼所依据的决议有:

(a)本法第六十八条规定的由竞消委作出的决议;

(b)本法第七十三条规定的由申诉委员会作出的决议(基于对本法第七十一条规定的由竞消委作出的决议的上诉);

(c)本法第七十四条规定的由新加坡高等法院作出的裁决(基于对本法第七十四条规定的由申诉委员会作出的裁决的上诉);

(d)本法第七十四条规定的由新加坡上诉法院作出的裁决(基于对本法第七十四条规定的由新加坡高等法院作出的裁决的上诉)。

(4)本条规定的不能提起诉讼的期间有:

(a)竞消委作出决议的情形下,为对本法第七十一条第一款规定的由申诉委员会提起申诉的期间;

(b)如前项所称,不服竞消委决议,向申诉委员会提起申诉的,为申诉委员会作出决议后又根据本法第七十四条向新加坡高等法院上诉的期间;

(c)不服新加坡高等法院裁决,向新加坡上诉法院提起上诉的,为根据本法第七十四条向新加坡上诉法院上诉的期间。

(5)提起本条第四款前三项规定的申诉或上诉的,各项规定的期间包括对上诉作出裁决之前的期间。

(6)本条第四款规定的期间届满两年后,不得再提起本条第一款规定的诉讼。

(7)裁定索赔时,法院应当将本条第三款规定的已认定违法禁止性规定的裁决作为最终的结论性证据。

(8)法院可以根据本条第一款的规定给予原告以下救济:

(a)发布禁令或声明;

(b)判决赔偿;

(c)其他救济。

(9)违反本法第三十四条禁止性规定的协议方,无权获得本条规定的救济。

第八十七条　竞消委与其他竞争监管机关的合作

(1)为实现以下目的,竞消委可以与其他监管机构订立协议:

(a)推动竞消委与监管机构就企业竞争方面的合作;

(b)避免竞消委与监管机构就已发生或待发生的企业竞争的影响认定采取重复措施;

(c)确保竞消委与监管机构就企业竞争问题作出切实统一的决策。

(2)前款所称订立的协议,是指合作协议。

(3)合作协议可以包含以下条款:

(a)一方行使职权时对另一方掌握的信息的共享;

(b)一方已经对有关事项行使职权的,另一方可以不再行使;

(c)各方对协议载明的同类别企业竞争问题行使职权时的协商机制。

(4)本条所称:

企业竞争问题,包括与竞消委和监管机构职权范围内的相关的问题以及在特定情况下属于或可能属于竞消委和监管机构职权范围的问题。

各方,是指协议的任一当事人或其他单个或多个当事人。

第八十八条 竞消委与外国竞争机构的合作

(1)经部长批准,竞消委可以与外国竞争机构订立协议,就以下事项作出规定:

(a)一方行使职权时对另一方掌握的信息的共享;

(b)各方行使职权时的相互协助。

(2)经外国竞争机构请求,并取得该外国机构的书面保证,承诺遵守竞消委的要求和其他成文法规,不泄露竞消委提供的信息,竞消委方可提供相关信息。

(3)竞消委可以向外国竞争机构保证其将遵守外国竞争机构在作出保证时对其提出的要求的条款:

(a)该等条款符合该机构所在国家或成立所在的地区,条文内容涉及前款第 b 项所述信息的披露;以及

(b)根据一款所述的安排,符合该机构向竞消委提供其所掌握的信息所提出的条件。

(4)本条所称外国竞争机构,是指根据其他国家或地区的法律,在执行或管理该国家或地区有关企业竞争的法律规定方面具有既定职能的单位或个人(无论是在该国家或地区的特定经济部门,还是在其整个经济领域中)。

第八十九条 保密工作

(1)特定人员应当对以下与履行职能和行使职权有关的事项保密或协助保密工作,本条第五款另有规定的除外:

(a)与他人业务、商业或公务有关的所有事项;

(b)根据本条第三款认定为秘密的所有事项;

(c)与向竞消委披露信息的个人的身份有关的所有事项。

特定人员不得与他人交流以上事项,以下情形除外:

(i)为履行职能和行使职权的;

(ii)法院或申诉委员会依法要求,或本法或其他成文法规允许的。

(2)违反前款规定的,构成违法犯罪。

(3)向竞消委提供信息的,可以对所提供的信息中被认定为秘密的部分作出标识。

(4)前款所称秘密,应当有书面支撑材料,载明其为秘密的理由。

(5)符合以下情形之一的,竞消委可以披露本条第一款规定的事项:

(a)取得信息相关人员同意的。

(b)为:

(i)根据本法提起诉讼的;

(ii)便于竞消委实施本法的;

(iii)便于竞消委、调查官或督察员根据本法实施违法犯罪调查或便于其执法的;
(iv)符合本条第七款规定的条件,且符合新加坡与其他国家或地区(本法称外国)的协议规定的。

(6)竞消委考虑披露前款第二项第二目规定的事项的,应当基于以下情形:
(a)剔除对公共利益有负面影响的信息。
(b)尽可能剔除以下信息:
(i)对企业合法利益产生或可能产生重大损害的商业信息;
(ii)对个人利益产生或可能产生重大损害的与私人事务相关的信息。
(c)信息的披露程度。

(7)本条第五款第二项第四目所称条件是指:
(a)外国请求获得的由竞消委掌握的信息;
(b)外国承诺将信息列为秘密保存,除非政府另有规定;
(c)披露信息不损害公共利益。

(8)本条所称特定人员,是指:
(a)竞消委成员、高管、工作人员或代理人;
(b)竞消委下设委员会成员或其他经授权、指定或雇佣的竞消委的协助人员;
(c)督察员或经授权、指定或雇佣的督察员的协助人员;
(d)申诉委员会成员或经授权、指定或雇佣的申诉委员会的协助人员。

第九十条　个人免责

根据本法或其他成文法规,以善意的方式履行竞消委职能或行使竞消委赋予的职权的,以下个人对其已实施或待实施的行为不承担责任:
(a)行政长官;
(b)竞消委成员、高管、雇员或代理人;
(c)申诉委员会成员或经授权、指定或雇佣协助申诉委员会的个人;
(d)竞消委的借调或附属工作人员;
(e)经竞消委授权、指定、雇佣或指导行使竞消委职权、履行竞消委职能职责或协助竞消委行使职权或履行职责的个人;
(f)督察员或经授权、指定、雇佣协助督察员行使职权的个人。

第九十一条　公职人员

为有效实施刑法,督察员和申诉委员会全体成员视为公职人员。

第九十一条之一　竞消委高管行为规范

(1)经检察官和行政长官书面授权,竞消委高管可以处理本法规定的违法犯罪行为。

(2)根据《新加坡1996年法律职业法》,具有辩护人和事务律师资格的竞消委法律事务高管,可以行使以下权利:
(a)依法在与竞消委履行职能有关的民事案件中出庭;
(b)代表竞消委处理与民事诉讼法律和申请事务。

第九十二条　第三附则和第四附则的修正

部长可以随时通过在《法律公报》上发布命令,修正第三附则和第四附则。

第九十三条 规章

(1)经部长批准,为有效实施本法,竞消委可以制定本法要求制定的规章。

(2)在不违反前款规定的一般原则下,经部长批准,竞消委可对以下事项制定规章:

(a)竞消委雇员任职的指定、行为、纪律、服务期限及待遇。

(b)设立基金,向竞消委雇员支付酬金和其他福利。

(c)本法第三十八条第一款规定的通知的形式和方式。

(d)对协议已违反本法第三十四条禁止性规定、行为已违反本法第四十七条禁止性规定、实施预期合并将违反本法第五十四条禁止性规定或合并已违反本法第五十四条禁止性规定的情节向竞消委提交检举投诉的形式。

(da)保证的接受、变更、替换和解除,包括申请接受、变更、替换和解除保证的各当事方接受、变更、替换和解除保证的形式和方式。

(e)竞消委作出决议和指示的通知的形式、方式和对象。

(f)本法规定的竞消委收取的费用和提供的服务,包括根据以下事项进行的费用核算:

(i)协议各方或任何一方的营业额(按规定的方式确定);

(ii)须经竞消委审议其行为的单位或个人的营业额(按规定的方式确定);

(iia)预期合并业务全体或个别当事方的营业额(按规定的方式确定);

(iii)合并业务全体或个别当事方的营业额(按规定的方式确定)。

(g)本法规定的其他事项。

第九十四条 过渡条款

[由2021年第4号法案(2021年3月1日)废止]

第七章 移交竞消委的相关事项和业务

第九十五条 定义

除非本法另有规定,本章相关概念定义如下:

本章所称资产,是指移交人在移交期限前的以下及其他有形、无形或依文件取得或待取得的确定或不确定资产:

(a)新加坡境内外动产或不动产的普通法或衡平法上的各项权益;

(b)权利动产;

(c)金钱或证券;

(d)新加坡境内外的厂房和设备;

(e)知识产权;

(f)新加坡境内外的基础设施;

(g)记录;

(h)其他权益。

本章所称公平交易职能,是指以下职能:

(a)推动供求双方公平交易,协助消费者在新加坡作出合理决策;

(b)防止供货方在新加坡参与不公平交易的行为;

(c)向新加坡政府、公共机关或其他消费者保护组织提出公平贸易方面的建议意见;

(d)监督、执行消费者保护(公平交易)法。

本章所称债务,是指移交人在移交期限前的确定或不确定的、已清偿或未清偿的、独有或与他人共有的债务、职责或义务等。

本章所称记录,是指移交人在移交期限前已整理、记录或储存的登记册、文书、文件、会议记录、收据、会计账簿及其他记录。

本章所称其他权益,是指移交人在移交期限前的权利、职能、优先权或豁免权等其他权利。本章所称移交期限是指本章生效的日期。

移交期限是指本章生效的日期。

本章所称移交人,是指根据新加坡标准化、生产力和创新局法审理的新加坡标准化、生产力和创新局。

第九十六条　移交竞消委的事项和业务

(1)移交人所有与公平贸易职能相关的资产和债务应当移交竞消委。

(2)资产或债务已依前款规定移交的,以下条款生效:

(a)根据本条移交的标的资产归竞消委所有,无须其他转移、移交、转让或担保手续;

(b)根据本条移交的债务成为竞消委的债务;

(c)在移交日期前启动或待决的与被移交的资产或债务相关的法律或其他诉讼程序,自移交日期起由竞消委承继其原告或被告地位;

(d)在移交日期前可能随时启动的与被移交的资产或债务相关的法律或其他诉讼程序,自移交日期起由竞消委承继其原告或被告地位;

(e)移交日期前取得的与移交财产或债务相关的法院判决或法院令,可以以竞消委为执行人或被执行人;

(f)移交日期前产生的与移交财产或债务相关的法律或诉讼文书,必要时可以以竞消委为送达人或受送达人;

(g)移交日期前产生的与移交财产或债务相关的已实施或待实施的行为,根据行为的程度和性质,由竞消委实施;

(h)移交日期前与移交财产或债务相关的各成文法规、根据本文产生的文书、合同、协议、委托书等材料中移交人的权利义务,根据资产或债务的相关度,自移交日起,由竞消委承继;

(i)与移交财产或债务相关的协议,移交人为当事人的,竞消委为执行人或被执行人。

(3)实施本条规定内容的,不构成以下行为:

(a)违反本法或其他法律规定,违反民事法或刑事法的行为;

(b)违反因合同、衡平、惯例等而产生的保密义务;

(c)违反禁止、限制、规范资产或债务的移交或信息披露的合同条款;

(d)终止协议或达到允许某人终止协议或义务的条件,或产生与协议或义务有关的权利或补救措施;

(e)妨害或导致合同无效或不可执行;

(f)免除或部分免除保证人、债权人或债务人的义务；

(g)违约行为。

第九十七条　竞消委人员调任

(1)自移交当日起，新加坡消费者称重测量局全职履行或参与贸易公平职能的全体工作人员成为竞消委工作人员，不再是移交人的工作人员，且享受待遇不低于移交日前。

(2)部长签署的证明文件，载明个人是否已根据前款规定调任至竞消委的，该证明文件可作为司法程序中的证据。

(3)根据本条第一款调任竞消委的工作人员，其服务期不中断，不视为移交人裁员或移交人的冗余人员，且不得仅因调任而从移交人处取得赔偿、报酬或其他利益。

(4)以下情形不适用本条规定：

(a)根据本条第一款调任至竞消委的工作人员的就业条款依照自移交日生效的法律、判决或协议进行变更的；

(b)根据本条第一款调任至竞消委的工作人员依照就业条款辞职的。

(5)本章规定的人员调任至竞消委的相关内容，不适用劳动法第十八条之一。

第九十八条　就业及其他条款的一般保留规定

(1)根据本法第九十七条从移交人调任竞消委的工作人员(本条以下简称调任人员)，其任职期间自调任至起连续计算。

(2)自调任日起：

(a)调任人员保留一切在原单位的权利；

(b)调任人员的带薪休假和退休金等由竞消委承担；

(c)调任人员于调任前与原单位订立的就业合同中原单位的权利义务，由竞消委承继。

(3)在竞消委为调任人员起草新的就业条款前，视为竞消委以调任前的同等待遇聘用调任人员。

(4)竞消委起草涉及服务期限的条款的，调任人员在移交人的服务期(含视为在移交人的服务期)与在竞消委的服务期相同。

(5)调任人员在原单位任职时，其行为可能导致其被批评、降级、退休、解聘等处罚的，竞消委有权行使以下职权：

(a)对该工作人员启动纪律检查程序；

(b)调任日原单位纪律检查程序尚未终结的，继续该程序；

(c)对调任人员实施批评、降级、退休、解聘或其他处罚。

(6)截至调任日，调任人员因其行为在原单位尚有未终结的听证或调查程序，或听证或调查程序已终结，但未作出命令、裁决或指示的，应当由竞消委终结听证或调查程序，并由竞消委作出命令、裁决或指示。

第九十九条　记录移交

自移交日起，全部或部分与公平贸易职能相关的记录等资料，归竞消委所有。

第一百条　确认移交

(1)因如下事项产生的争议：

(a)对本法第九十六条、第九十七条或第九十九条规定的资产或债务移交、人员调任或记录移交有异议;或

(b)对本法第九十六条、第九十七条或第九十九条规定的与公平交易职能相关的合同、文书的移交、人员调任有异议的,

负责财政工作的部长可以决定相关事项,并向相关方书面通知决定结果。

(2)负责财政工作的部长作出的前款规定的决定具有终局性,对转让方和竞消委均有拘束力。

第一附则　竞消委章程和办事程序

第一条　主席与委员的任命

(1)竞消委主席与其他成员由部长指定担任。

(2)部长可以指定行政长官担任委员。

(3)指定任职的,应当根据其在产业、商业、管理或专业领域的资质及其与岗位的适合程度决定。

第二条　副主席的任命

(1)部长可以自行从竞消委委员中任命副主席。

(2)根据主席的指示,副主席可以行使本法规定的全部或部分主席的职权。

(3)主席不能履行职权或主席职位空缺的,副主席可以依法行使主席的职权。

第三条　竞消委委员的任期

竞消委委员任期条件和任期由部长决定,任期不少于三年,但不得超过五年;符合条件的,部长可再次任命。

第四条　临时主席、临时副主席和临时委员

竞消委主席、副主席或其他成员因病暂时不能履行职责,或暂时不在新加坡境内的,部长可以指定任何人担任临时主席、临时副主席或临时委员。

第五条　撤回任命

部长认为有必要为推动竞消委有效履行职责或保护公共利益的,部长可以随时撤回对竞消委主席、副主席或其他委员的任命。

第六条　辞职

委员可以随时辞职;委员辞职的,应至少提前一个月通知部长。

第七条　职权分配

主席可以以书面形式授权任何委员行使本法规定的主席职权。

第八条　职位空缺

有以下情形之一的,委员职位视为空缺:

(a)委员死亡;

(b)委员无故连续三次缺席竞消委会议(由竞消委决定);

(c)委员不再符合竞消委委员职位资格要求;

(d)委员辞职;

(e)部长收回任命。

第九条　职位补缺

竞消委委员职位出现空缺的,部长可以根据本附则第一条的规定指定任命任何人进行补缺;被指定的人员应当依照任命完成任期。

第十条　取消委员资格

有以下情形之一的,不得担任或继续担任竞消委委员:

(a)委员破产且未偿清债务,或与债权人达成协议;

(b)委员被判处超过六个月的有期徒刑且未获赦免;

(c)委员因肌能或精神疾病丧失能力;

(d)委员有其他不能履行职责原因。

第十一条

[由2018年第5号法案(自2018年4月1日生效)废止]

第十二条　文件封存

(1)所有应当加盖竞消委封印的契据等文件,加盖竞消委封印,且应当有两名经竞消委授权的竞消委官员在场并签名。

(2)前款规定的签名是竞消委印章的合法性和合理使用的充分证据。

(3)竞消委可以作出决议或任命高管、雇员或其他代理人,代表竞消委行使职权或代表竞消委签署与竞消委职权相关但未加盖竞消委印章的协议等文书。

(4)根据本条第一款签署的契据,不适用契据登记法第十二条。

第十三条　委员会委员的工资、费用和津贴

竞消委委员的工资、费用和津贴从竞消委的经费中支出,金额由部长确定。

第十四条　法定人数

(1)出席竞消委会议的委员达全体委员半数的,构成有效法定人数。

(2)主席应当主持会议;主席缺席的,由副主席主席会议;主席和副主席都缺席会议的,出席会议的委员可以选举产生会议主持人。

(3)竞消委会议决议的通过,应当取得出席会议的委员的简单多数;但是,在票数相等的情况下,主席或主持会议的委员在其原投票外,有一票决定权。

(4)四名或四名以上委员共同签名,以书面形式通知竞消委召开会议,讨论通知载明的事项的,主席应当在收到通知的七日内召开会议。

第十五条　职位空缺

委员职位空缺的,不影响竞消委履行职责。

第十六条　会议程序

(1)主席或经主席授权的高管,应当根据竞消委依照本条第二款制定的会议常规,召集召开竞消委所有会议。

(2)根据本法和《政府部门法(2018)》,竞消委可以制定会议规则,对举办会议、发布会议通知、会议程序、保存、保护提交和审查会议记录和开立、维持、注销和审计银行账户等程序作出规定。

第十七条　行为或程序的有效性

有下列情形的之一的,不影响竞消委的行为和程序效力:

(a)竞消委有职位空缺或章程有瑕疵;

(b)代理主席或代理委员的任命有瑕疵;

(c)竞消委程序有遗漏、瑕疵或不完整,但不影响案件事实;

(d)*[由 2018 年第 5 号法案(自 2018 年 4 月 1 日起生效)废止]*

第二附则　职　　权

1. 为执行本法,开展必要的调查。

2. 为落实本法具体规定,要求任何人提交相关信息。

3. 发布或委托制定与竞争有关的实务守则,批准或撤销对该实务守则的批准。

4. 出版学习材料或开展与竞争有关的学习活动;或为他人开展此类活动提供经济或意见建议等方面的帮助。

5. 开展研究,举办与竞争有关的研讨会、工作坊和专题讨论会;或为他人开展此类活动提供经济等方面的帮助。

6. 经部长批准,以股东、合伙人或其他身份组建或参与组建公司、合伙企业或合资企业。

7. 为履行职能职责,订立必要或有利的合同。

8. 成为职能、目标或职责与竞消委类似的国际机构的成员或附属机构。

9. 取得、占有动产和不动产,出售、租赁、抵押或以其他方式处分该动产和不动产。

10. 为提高高管或雇员工作效率,经竞消委批准,向其高管或雇员发放贷款。

11. 为帮助竞消委官员和雇员购买房屋、土地或公寓,或翻新房屋或公寓以供其自住,向竞消委官员或雇员提供贷款或担保。

12. 为竞消委或原单位雇员的报酬、退休金、津贴或其他福利制定规章。

13. 为竞消委雇员的专业训练制定规章,向有意受训者提供奖学金,或以其他方式支付训练费用等随附开支。

14. 向竞消委的公职人员、高管或雇员及其家庭成员提供任何学校或高等教育机构助学金和奖学金。

15. 履行本法或其他成文法规规定的其他职能。

第三附则　本法第三十四条和第四十七条的排除适用

第一条　具有一般经济利益的服务等

接受委托经营具有一般经济利益或具有创收垄断性质的服务的企业,适用禁止性规定在法律上或事实上会妨碍该企业实施特定任务的,不适用本法第三十四条和第四十七条的禁止性规定。

第二条　遵守法律规定

(1)为符合法律规定订立的协议,不适合用本法第三十四条的禁止性规定。

(2)为符合法律规定实施的行为,不适合用本法第四十七条的禁止性规定。

(3)本款所称法律规定,是指成文法律规定的要求。

第三条　避免与国际义务冲突

(1)部长认为,特定协议或特定种类的协议不适用本法第三十四条禁止性规定,可以避免本法第三章与新加坡的国际义务发生冲突的,部长可以发布命令,将该协议或该类协议排除在第三十四条的禁止范围之外。

(2)前款中的命令可以规定仅在载明的特定情况下的该协议或该类协议的排除适用。

(3)本条第一款中的命令也可以规定载明的该协议或该类协议始终不适用本法第三十四条的禁止性规定。

(4)部长认为,特定协议或特定种类的协议不适用本法第四十七条禁止性规定,可以避免本法第三章与新加坡的国际义务发生冲突的,部长可以发布命令,将该协议或该类协议排除在第四十七条的禁止范围之外。

(5)前款中的命令也可以规定本法第四十七条禁止性规定对该行为始终不适用。

(6)就本款而言,由部长下达命令指定的与民用航空有关的国际安排,视为国际义务。

(7)本条所称载明,是指部长发布的命令作出的规定。

第四条　公共政策

(1)部长有充分有力的理由认为,特定协议或或特定种类的协议不适用本法第三十四条禁止性规定,可以保障公共政策实施的,部长可以发布命令,将该协议或该类协议排除在第三十四条的禁止范围之外。

(2)前款中的命令可以规定仅在载明的特定情况下的该协议或该类协议的排除适用。

(3)本条第一款中的命令也可以规定载明的该协议或该类协议始终不适用本法第三十四条的禁止性规定。

(4)部长有充分有力的理由认为,特殊情形不适用本法第三十四条禁止性规定,可以保障公共政策实施的,部长可以发布命令,将该情形排除在第三十四条的禁止范围之外。

(5)前款中的命令也可以规定本法第四十七条禁止性规定对该行为始终不适用。

(6)本条所称载明,是指部长发布的命令作出的规定。

第五条　受其他竞争法律法规规范的商品和服务

与成文竞争法、依法发布的竞争业务规范相关的商品和服务,其他监管机构依法有管辖权的,不适用本法第三十四条和第四十七条的禁止性规定。

第六条　特定活动

(1)协议或行为与特定活动相关的,不适用本法第三十四条和第四十七条的禁止性规定。

(2)本条所称特定活动,是指:

(a)根据邮政服务法取得许可并受其规范的普通信件和明信片服务;

(b)管道饮用水供应;

(c)废水收集、处理和弃置等废水管理服务;

(d)根据《公共汽车行业服务法(2015)》提供并受其规范的持证公共汽车服务;

(e)根据捷运系统法提供并受其规范的持证轨道交通服务;

(f)根据新加坡海事和港口管理局法提供并受其规范的持证货物终端操作。

第七条　结算中心

协议或行为与以下活动之一相关的，不适用本法第三十四条和第四十七条的禁止性规定：

(a)由根据《银行(结算中心)规例》设立的自动化结算中心实施的物品结算和交换业务；

(b)新加坡结算中心实施的与自动化结算中心相关的活动。

第八条　纵向协议

(1)纵向协议不适用本法第三十四条的禁止性规定，部长发布的命令载明的纵向协议除外。

(2)本条所称纵向协议，是指由两个或多个企业间订立的协议。为实现该协议的目的，相关企业在生产或销售链的各环节独立运行，各方都可购置、销售或转售商品或服务。该协议还可以对买方受让和使用知识产权作出规定。在该协议中，知识产权条款不得构成合同主要内容，且应当与买家或消费者使用、销售或转售商品或服务直接相关。

第九条　净经济效益协议

协议推动生产销售，或促进技术经济进步的，不适用本法第三十四条的禁止性规定；但是，对企业施加非必要的限制，或可能导致标的商品或服务交易缺乏竞争的协议除外。

第十条　与实施合并直接相关的必要规定

协议或行为与合并直接相关且必要的，不适用本法第三十四条和第四十七条的禁止性规定。

第十一条　合并

(1)履行协议(独立协议或与其他协议共同履行)可能引起合并的，不适用本法第三十四条的禁止性规定。

(2)行为(独立行为或与其他行为共同实施)可能引起合并的，不适用本法第四十七条的禁止性规定。

第四附则　本法第五十四条禁止性规定的排除适用

1. 本法第五十四条禁止性规定的排除适用：

　(a)合并经部长或监管机构(竞消委除外)依法批准的；

　(b)合并经新加坡金融管理局依法批准的；

　(c)合并受其他与竞争、竞争业务规范相关的监管机构(竞消委除外)依法管辖的。

2. 合并涉及实施《第三附则》第六条第二款规定的特定活动的，不适用本法第五十四条的禁止性规定。

3. 合并产生的或可能产生的经济效益，超过因新加坡境内相关市场竞争大幅减少而产生的不利影响的，不适用本法第五十四条的禁止性规定。

新加坡反补贴反倾销法

孙雅文 译 万 立 审校*

《新加坡反补贴反倾销法》译介

《新加坡反补贴反倾销法》于1996年经国会批准、总统签字后正式生效,并于1997年修订。该法调整调查、确定向新加坡进口货物提供的补贴和倾销,征收反补贴税和反倾销税以抵消该等补贴或倾销,以及其他相关事宜。整部法规共有五编四十七条,有关反补贴的内容主要在第三条至第十三条,反倾销的内容在第十四条至第二十七条。

反补贴反倾销税的征收

由于实行反补贴反倾销的根据是损害,《新加坡反补贴反倾销法》规定了损害存在的三种形式(参见第三条和第十四条):由于补贴/倾销,被调查商品对新加坡国内生产同类商品的产业造成实质性损害;由于补贴/倾销,被调查商品对新加坡国内生产同类商品的产业造成实质性损害威胁;或由于补贴/倾销,被调查商品对新加坡国内产业的建立造成实质性的阻碍。

而征收的反补贴税数额为:(a)应当等于被调查商品受到的被认定应当被抵销的补贴的数额;或(b)应当等于较低税额,并且部长认定这一较低的税额足以消除第一款第二项认定的损害。征收的反倾销税数额则为:(a)应当等于所涉商品的认定倾销幅度;或者(b)部长认定较低数额的反倾销税足以消除根据第一款第二项确定的损害的,应当采用该较低数额。

正常价值和出口价格

在反倾销的相关法规中,"正常价值"是重要的基本名词。《新加坡反补贴反倾销法》是这样规定正常价值的:(1)在出口国本市场出售用于消费的同类商品的正常贸易中,实际支付或可以支付的可比价格。(2)根据第一款,没有在出口国目标市场销售,或由于特定市场状况作出适当比较的,所涉商品的正常价值是指:(a)在同类商品出口至任一适当第三国的正常贸易中,实际支付或可以支付的可比价格,并且该价格具有代表性;或者(b)所涉商品的推定价值,包括出口国的生产成本加上合理的利润数额。(3)第二款中,在出口国或适当第三国国内市场销售的用于消费的同类商品的销量,占所涉商品销往新加坡数量的百分之五或以上的,判定正常价值时该销量通常视为充分,但有证据表明较低比例的国内销量足以保证作出恰当的比较的,可以采用较低比例。(4)仅部长认定同类商品在出口国国内市场或在第三国以低于单位生产成本的价格于较长期间内大量销售,并且该价格无法保证于合理期间内收回全部

---

* 孙雅文,华东政法大学硕士;审校:万立,华东政法大学博士研究生。

成本的，才可以由于价格因素，不将该销售作为正常贸易，并在确定正常价值时不予考虑。(5)关于第二款第二项和第四款所称生产成本的计算，应当以用于在出口国销售的商品的所有固定和可变制造成本为基础，另加用于出售、管理和其他合理一般支出的数额。(6)第四款所称情形中，任何所涉商品正常价值的确定可以基于下列方式之一：(a)在国内市场上以不低于生产成本的价格销售的剩余销量，并且该销量充足；(b)国内市场没有充足数量销售的，于第三国市场以不低于生产成本的价格销售的剩余数量，并且该销量充足。(7)剩余销量不足以根据第六款计算正常价值的，所涉商品的正常价值的确定可以基于第二款第二项规定的推定价值计算。

同时，出口价格被规定为：(1)所涉及商品的出口价格应当为实际支付或可以支付的价格。(2)没有出口价格的，或者出口商和进口商或第三方之间存有联合或补偿协定，造成所涉商品实际支付或可以支付的价格不可信的，出口价格可以基于所涉商品最初再向独立购买者的出口价格推算。所涉商品没有再向独立购买者出售的或者进口情形下没有再出售的，应当以任何合理的基础推算。(3)出口价格按照第二款规定的方式推算，应当扣除进口和再出售之间产生的所有成本。

关于所涉商品出口价格与正常价值，应该作出公平的比较。该法第十七条指出，任何情形下，对影响价格可比性的差异应当作出相应扣除，而且作出的比较应当基于贸易的同一水平实施(通常基于工厂的水平)，在销售期间尽可能相同。除另有规定外，倾销幅度通常应当以所涉商品基于所有可比出口交易中加权平均正常价值与加权平均价格的正常比较。

反补贴反倾销机制启动程序法

《新加坡反补贴反倾销法》规定，任何代表国内同类商品生产产业的人士可以向部长提交关于要求对进口到或可能进口至新加坡的商品发起反补贴税/反倾销调查的书面申诉书。申诉书需符合部长决定的形式，包括规定的证据。接下来部长应当在规定期限内处理申诉和其他可获取的信息，并认定调查是否必要，是否符合公共利益。如果部长在初步确定前终止调查，则他应公布决定并说明理由；如果部长在初步确定后决定终止调查，则他除公布决定并说明理由外，还应终止使用临时措施并归还已经征收的临时税或解除担保。除特殊情况外，任何反补贴反倾销税调查应当由部长于一年内实施完毕，最长不得超过发起后十八个月。

部长于规定期限内，对补贴/倾销和损害作出最终认定后，利益相关方可向部长提供信息，或部长获得信息：(a)倾销幅度已有重要变化；(b)应当退还反倾销税；(c)无须再征收反倾销税；(d)承诺已不必要或者应当修改；(e)根据第七款要求终止的反倾销税应当维持；(f)有必要对于调查期间没有向新加坡出口有关商品的出口商、生产商实施复审。部长认为复审出于公共利益或符合相关协定的，则应当予以复审。利益相关方也可以申请仲裁庭复审。

本法调整调查、确定向新加坡进口货物提供的补贴和倾销，征收反补贴税和反倾销税以抵销该等补贴或倾销，以及其他相关事宜。

(1996年11月1日)

第一编 前置规定

第一条 简称

本法简称为《新加坡1996年反补贴和反倾销法》。

第二条 解释

(1)本法中,除上下文另有规定外:

"《农业协定》"是指世界贸易组织协定附件1A所称同名协定。

《关于实施1994年关税和贸易总协定第六条的协定》是指世界贸易组织协定附件1A所称同名协定。

"《补贴和反补贴措施协定》"是指世界贸易组织协定附件1A所称同名协定。

"国家"包括关税同盟或关税区。

"国内产业"是指:

(a)国内同类商品的生产商;

(b)同类商品的总产量占国内同类商品全部产量大多数的国内生产商,但是,部长如此确定的,

则不包括与被调查商品或(与第二编相关)其他国家同类商品的进口商和出口商存有关联的国内生产商,也不包括本身是被调查商品或其他国家同类商品的进口商的国内生产商。

"倾销幅度"是指被调查商品的正常价值超出其出口价格的数额。

"出口价格"是指被调查商品根据第十六条规定确定的出口价格。

"出口国"是指:

(a)被调查商品的出口国;或

(b)如果被调查商品不直接出口至新加坡,是由中间国未作出实质变更而转运至新加坡的,则为被调查商品的原产国。

"《1994年关税和贸易总协定》"是指是世界贸易组织协定附件1A所称同名协定。

"利益相关方"是指:

(a)被调查商品的生产商、出口商或进口商;

(b)大多数成员是被调查商品的生产商、出口商或进口商的贸易或商业组织;

(c)被调查商品生产国或出口国的政府;

(d)新加坡同类商品的生产商;

(e)大多数成员于新加坡生产同类商品的贸易或商业组织;

(f)部长认为适宜的其他人。

"同类商品"是指部长认定所有方面与被调查商品相同的任何商品,或者缺乏该等商品的,部长认定与被调查商品具有极其相似的特征的任何其他商品。

"非市场经济国家"是指任何由政府完全或实质上完全垄断贸易和由政府决定国内价格的国家。

"正常价值"是指根据第十五条或第十八条规定确定的任何被调查商品的正常价值。

"生产商"是指生产商、制造商或加工商(视情况而定)。

“临时措施”是指：

(a)关于第二编，要求支付临时反倾销税或交纳抵押品，数额等于初步决定发现的补贴的估计值；

(b)关于第三编，要求支付临时反倾销税或交纳抵押品，数额等于初步决定发现的倾销幅度的估计值。

“被调查商品”是指作为依据本法实施的任何反补贴或反倾销税调查或复核的目标商品的进口至新加坡，或者为进口在新加坡销售的商品。

“仲裁庭”是指根据第三十条规定成立的反倾销仲裁庭。

“承诺”是指可能规定的承诺。

“世界贸易组织协定”是指 1994 年 4 月 15 日于马拉喀什订立的《马拉喀什建立世界贸易组织协定》。

(2)本法中，涉及进口至新加坡的商品的“补贴”是指：

(a)由政府或涉及国家出口的公共团体提供的与商品生产、制造和出口相关的资助，包括：

(i)自政府或公共团体获得的直接资金资助；

(ii)自政府或公共团体获得的潜在直接资金或债务转移；

(iii)政府或公共团体放弃的或不再收取的收入(不包括可以准许的减免)；

(iv)政府或公共团体提供的正常基础设施以外的商品和服务；

(v)政府或公共团体的商品采购。

(b)《1994 年关税和贸易协定》第十六条所称自政府或公共团体的任何形式的收入或价格支持。

以及由此获得的利益，但不包括任何满足《补贴和反补贴措施协定》脚注一所称条件的政府行为。

(3)除第四款规定的情形外，一项补贴应当予以抵消，如果源于该项补贴的获利在法律上或事实上：

(a)给予特定企业或产业，该企业或产业位于授予补贴部门的管辖范围内；

(b)取决于：

(i)出口业绩；

(ii)使用国产品和进口品的比例；

(iii)是否位于授予补贴部门管辖范围内的指定区域。

(4)部长认定关于补贴发生下列情形的，不予以抵销：

(a)政府行为符合《补贴和反补贴措施协定》第八条第二款第一项、第二项和第三项规定的条件；

(b)政府行为已经按照符合《补贴和反补贴措施协定》第八条第三款规定的方式通知，并且补贴和反补贴措施委员会或该协定第八条第四款或第八条第五款规定的其他仲裁机构未认定政府行为不符合该协定第八条第二款规定的标准；

(c)政府行为符合《农业协定》附件 2 规定的标准或条件的国内扶持措施。

(5)可抵销的补贴数额应当按照规定的方式计算。

(6)本法中：

(a)符合下列情形之一的两方视为关联：

(i)一方直接或间接控制另一方；

(ii)两方直接或间接由第三方控制；

(iii)两方共同直接或间接控制第三方。

有理由确认或猜测该等关系可能使两方行为，不同于没有该等关系的两方的行为效果；并且

(b)一方视为控制另一方，并且前者在法律上或事实上处于约束或指导后者的地位。

第二编　反补贴税

第三条　反补贴税的征收

(1)部分确认有下列情形的，可以对进口至新加坡的被调查商品征收反补贴税：

(a)被调查商品具有不可抵销的补贴；

(b)发现有下列损害之一：

(i)由于补贴，被调查商品对新加坡国内生产同类商品的产业造成实质性损害；

(ii)由于补贴，被调查商品对新加坡国内生产同类商品的产业造成实质性损害威胁；或

(iii)由于补贴，被调查商品对新加坡国内产业的建立造成实质性的阻碍。

(2)征收的反补贴税数额：

(a)应当等于被调查商品受到的被认定应当被抵销的补贴的数额；或

(b)应当等于较低税额，并且部长认定这一较低的税额足以消除第一款第二项认定的损害。

(3)本法中：

(a)必须证明被调查商品正在产生本法规定的损害；

(b)应当基于对部长掌握的所有相关证据的研究，证实被调查商品和国内产业损害之间存在因果关系；

(c)部长应当研究损害国内产业的被调查商品以外的其他因素，并且由该等因素导致的损害不应当归因于被调查商品。

(4)被调查商品原产国是非市场经济国家的，应当被抵销的补贴和反补贴税应当按照规定的方式确定。

第四条　调查的启动

(1)任何代表国内同类商品生产产业的人士可以向部长提交，关于要求对进口到或可能进口至新加坡的商品发起反补贴税调查的书面申诉书。

(2)申诉书应当根据部长确认的形式填写，并且包括第三条第一款所称内容的证据和规定其他的证据。

(3)部长应当于规定期限内复审申诉书和其他可以获得的信息：

(a)决定是否具有充分的证据发起调查，确定是否存在征收第三条第一款所称反补

贴税的必要内容；

(b)实施调查符合公共利益。

(4)部长认定缺乏充分证据发起反补贴税调查或不符合公共利益的，应当立即通知申诉人不调查的决定。

(5)部长认定具有充分证据发起反补贴税调查并且符合公共利益的，应当通知适当利益相关方，并发布调查启动通知。

(6)特殊情形下，部长掌握第三条第一款所称每一条件的充分证据，部长可以启动反补贴税调查。

(7)部长根据第六款规定的方式发起调查的，应当通知适当利益相关方，并发布调查启动通知。

(8)尽管存有本条，除下列情形外，部长不应当启动调查：已在对第一款所称书面申诉书获得的支持和反对程度开展研究的基础上确定。

(a)已对书面申诉表示支持或反对意见的部分国内产业同类商品的全部产量，支持该书面申诉的生产商的总产量占比百分之五十以上；并且

(b)支持该书面申诉的国内同类商品生产商的总产量不低于国内同类商品产业全部产量的百分之二十五。

(9)为执行第八款规定，涉及包含大量生产商的分散型产业时，部长可以运用统计上合理的抽样技术确定支持和反对的程度。

第五条　与利益相关的外国政府的磋商

(1)为澄清与调查有关的事项和达成共同可接受的解决方案，发起反补贴税调查之前和调查过程中，部长应当给利益相关的外国政府提供蹉商机会。

(2)磋商不妨碍调查的开展。

第六条　调查的期限

除特殊情况外，所有反补贴税调查应当由部长于一年内作出决定。任何情情下，不得超出发起调查后十八个月。

第七条　补贴和损害的初步确定

(1)规定期限内，部长应当就下列问题作出初步决定：

(a)被调查商品是否获得应被抵销的补贴，以及该补贴的数额；

(b)是否存有下列任一形式的损害：

(i)由于补贴，被调查商品对新加坡生产同类商品的国内产业造成实质性损害；

(ii)由于补贴，被调查商品对新加坡生产同类商品的国内产业造成实质性损害威胁；

(iii)由于补贴，被调查商品对新加坡国内产业的建立造成实质性阻碍。

(2)部长根据第一款作出否定性初步决定的，应当发布通知说明理由。部长认为关于补贴或损害等没有充分证据可以继续开展调查的，可以终止调查。

(3)部长根据第一款作出肯定性初步决定的，应当继续开展调查，并发布包含下列内容的通知：

(a)肯定性初步决定，并说明根据第一款第一项和第二项作出决定的理由；

(b)可以采用的临时措施。

第八条　临时措施

(1)部长认为有必要防止第七条第一款第二项所称损害于调查期间发生的,可以对发布肯定性初步决定之时或之后进口至新加坡的被调查商品采取临时措施。

(2)不得在发起调查之后六十日内采取临时措施。

(3)临时措施应当采用临时反倾销税或抵押产品的形式,其数额等于第七条第一款确定的应被抵销补贴的预估值。

(4)临时措施的实施期限应当尽可能短,任何情形下不得多于四个月。

第九条　补贴和损害的最终确定

(1)部长应当于规定期限内,针对下列事项作出最终决定:

(a)被调查商品是否获得应被抵销的补贴以及补贴的数额;

(b)是否存有下列任何形式的损害:

(i)由于补贴,被调查商品对新加坡生产同类商品的国内产业造成实质性损害;

(ii)由于补贴,被调查商品对新加坡生产同类商品的国内产业造成实质性损害威胁;

(iii)由于补贴,被调查商品对新加坡国内产业的建立造成实质性阻碍。

(2)部长根据第一款作出否定性最终决定的,应当:

(a)终止调查;

(b)终止根据第八款规定实施的所有临时措施,并退还所有已交纳临时反倾销税和要求交出的抵押品;

(c)发布否定性最终决定的通知,并说明理由。

(3)部长根据第一款作出肯定性最终决定的,应当:

(a)部长根据第一款作出肯定性最终决定的,应当;

(b)对肯定性最终决定通知发布之时或之后进口至新加坡的被调查商品根据第三条第二款规定征收反补贴税;

(c)根据第五款和第六款规定,对已采取临时措施的进口品征收反补贴税。

(4)已经作出肯定性最终决定的,部长决定是否征收反倾销税和反倾销税数额时,可以考量公共利益。

(5)部长有下列情形之一的,应当对已经采取临时措施的被调查商品征收反补贴税:

(a)根据第一款第二项第一目确认实质性损害;

(b)根据第一款第二项第二目确认实质性损害威胁,并且发现不采取临时措施的,被调查商品进口将导致第一款第二项第一目所称实质性损害结果。

(6)关于第五款所称任何反补贴税:

(a)反补贴税数额高于临时措施的临时反倾销税数额或要求的担保数额,应当征收等于临时反倾销税或担保数额的反补贴税;并且

(b)反补贴税数额低于临时措施的临时反倾销税数额或要求的抵押担保数额,应当征收全额反补贴税,并且偿还已交纳的临时反倾销税的超额部分或退还已交纳的担保超额部分。

(7)对于已采取临时措施的被调查商品未征收第五款所称反补贴税,部长应当退还已交纳的临时反倾销税和解除临时措施规定的担保。

(8)尽管存有第三款和第五款规定,同时有下列情形的,部长仍可以对采取临时措施前九十日以内进口至新加坡的被调查商品征收反补贴税,但不得对发起调查之前的进口商品征收反补贴税:

(a)发现损害难以弥补;

(b)该等损害在相对较短期间内由于被调查商品大量进口造成,并且部长认为追溯征税对于避免该等损害再次发生是必要的;

(c)被调查商品获得的应被抵销补贴的方式不符合《1994 年关税和贸易总协定》与《补贴和反补贴措施协定》规定。

(9)对被调查商品征收反补贴税的,应当根据相关规章,对于自对被调查商品实施补贴的国家进口至新加坡的所有该等商品,征收适当的非歧视行反补贴税。

第十条　调查的终止

(1)不论本法其他条款如何规定,根据第二款规定,有下列情形之一的,可以终止调查:

(a)申诉人撤回申诉;或

(b)部长认定终止调查是符合公共利益的。

(2)部长认定应抵销补贴数额可以忽略不计或获得补贴的进口物品的实际或潜在数量或造成的损害是可以忽略不计的,应当立即终止调查。

(3)为执行第二款规定:

(a)应被抵销补贴的数额低于规定的比例,应当视为可以忽略不计;

(b)来自特定国家的受补贴进口品数量所占新加坡进口同类商品的比例低于规定比例的,该受补贴进口品的数量应当视为可以忽略不计。

(4)作出初步调查决定之前已经根据第一款或第二款规定终止调查的,部长应当发布终止通知,说明理由。

(5)作出初步调查决定后根据第一款或第二款规定终止调查的,部长应当:

(a)终止任何已采取的临时措施,并退还相关已交纳临时反倾销税或解除要求的担保;

(b)发布终止调查通知,说明理由。

第十一条　调查的中止

(1)部长同意作出的承诺的,可以中止调查。

(2)部长同意作出的承诺前,应当确定该承诺:

(a)可以消除可抵销补贴或所涉商品引起的有害后果;

(b)可以得到有效监管;

(c)符合公共利益。

(3)不论是否同意作出的承诺,调查的继续应当基于利益相关的外国政府的书面要求,或部长的决定。

(4)部长根据第四款或由于任何其原因结束调查,作出否定性最终决定的,根据本法规定,承诺继续有效。

(5)部长根据第四款或任何其他原因结束调查,并且作出否定性决定的,承诺不再有效,但第七款规定的情形除外。

(6)作出第六条款所称否定性决定大部分出于承诺的,依据本法规定,承诺可以继续维持。

(7)部长确定有下列情形之一的,可以随时根据第九款和第十款采取任何行动:

(a)同意的第一款所称承诺不再符合第二款要求;

(b)存在对承诺的实质性违反。

(8)尽管存有第四款规定,调查尚未结束时,部长可以恢复调查并采取迅速有效的措施:

(a)根据第七条作出的决定;

(b)实施符合第八条规定,并且适当的临时措施;

(c)初步认定公布后的规定期限内,根据第九条作出最终决定。

(9)第四款所称调查已经结束的,部长可以立即根据第九条作出最终认定并征收适用的反补贴税。

(10)有对承诺的实质性违反的,部长可以援用与根据第九款作出的任何认定有关的、可以获得的事实。

(11)部长根据第八款第二项恢复调查的,可以在根据第九款第二项实行临时措施前九十日内对进口至新加坡的所涉商品,根据第九条征收反补贴税。

(12)第十二款所称追溯评估,不对在违犯承诺前进口的所涉商品实施。

第十二条　部长的复核

(1)任何期间内,任何利益相关方向部长提供的信息,或者部长通过其他方式获得的信息,涉及:

(a)可抵销补贴数量发生重大变更;

(b)退还征收的反补贴税实属适当;

(c)征收反补贴税不再必要;

(d)承诺不再必要或应当修改;

(e)应当维持根据第七款要求终止的反补贴税或承诺;

(f)对于原先未被调查的出口商,

有必要加速复核。部长认为该等复核符合公共利益或者由《补贴和反倾销措施协定》要求的,应当指导实施。

(2)除规定的期限已经届满外,不应当根据第一款实施任何复核。

(3)部长决定根据第一款实施复核的,应当:

(a)发布发起复核的公告;

(b)指导实施该复核,并予以各利益相关方说明、解释的机会。

(4)本条所称任何复核,有期限规定的,应当于规定期限内完成。

(5)关于复核的完成,部长应当公布复核的最终认定及相应理由。

(6)除根据第一款第二项实施的复核或第一款第六项实施的加速复核外,根据第五款作的任何决定应当适用于在复核最后决定公布之日及之后进口的所涉商品。

(7)对于发布最终认定公告之日五年后进口的货物,不征收反补贴税;发布中止调查公告之日五年后,关于进口的承诺自动终止,但部长根据本条实施复核后,认定该反补贴税或承诺的终止,可能导致补贴和损害的持续或恢复。

第十三条　仲裁庭的复核

(1)任何利益相关方有权要求仲裁庭复核:

(a)根据第九条作出的肯定性或否定性最终认定;

(b)根据第十二条第五款作出的最终认定之日起或在公布依据第十二条第五款作出的最终认定之日起三十日内提出申请。

(2)复核申请应于根据第九条作出的最终认定或根据第十二条第五款公布最终认定通知三十日内提交。

(3)仲裁庭复核后,可以维持原认定或发回部长复核。

(4)部长应当执行仲裁庭根据第三条作出的任何裁决。

第三编　反 倾 销 税

第十四条　反倾销税的征收

(1)部长认定发生下列情形的,可以对进口至新加坡的所涉商品征收反倾销税:

(a)所涉商品的出口价格低于正常价值;同时

(b)损害为下列形式之一:

(i)所涉商品利用倾销,对新加坡生产同类产品的国内产业造成实质性损害;

(ii)所涉商品利用倾销,对新加坡生产同类产品的国内产业造成实质性损害威胁;

(iii)所涉商品利用倾销,对新加坡国内产业的建立造成实质性阻碍。

(2)征收的反倾销税的数额:

(a)在同类商品出口至任一适当第三国的正常贸易中,实际支付或可以支付的可比价格,并且该价格具有代表性;或者

(b)所涉商品的推定价值,包括出口国的生产成本加上合理的利润数额。

(3)第二款中,在出口国或适当第三国国内市场销售的用于消费的同类商品的销量,占所涉商品销往新加坡数量的百分之五或以上的,判定正常价值时该销量通常视为充分,但有证据表明较低比例的国内销量足以保证作出恰当的比较的,可以采用较低比例。

(4)仅部长认定同类商品在出口国国内市场或在第三国以低于单位生产成本的价格于较长期间内大量销售,并且该价格无法保证于合理期间内收回全部成本的,才可以由于价格因素,不将该销售作为正常贸易,并在确定正常价值时不予考虑。

(5)关于第二款第二项和第四款所称生产成本的计算,应当以用于在出口国销售的商品的所有固定和可变制造成本为基础,另加用于出售、管理和其他合理一般支出的数额。

(6)第四款所称情形中,任何所涉商品正常价值的确定可以基于下列方式之一:

(a)在国内市场上以不低于生产成本的价格销售的剩余销量,并且该销量充足;

(b)国内市场没有充足数量销售的,于第三国市场以不低于生产成本的价格销售的剩余数量,并且该销量充足。

(7)剩余销量不足以根据第六款计算正常价值的,所涉商品的正常价值的确定可以基于第二款第二项规定的推定价值计算。

第十五条　正常价值

(1)本法中,任何所涉商品的正常价值是指,在出口国本市场出售用于消费同类商品的正常贸易中,实际支付或可以支付的可比价格。

(2)根据第一款,没有在出口国目标市场销售,或由于特定市场状况作出适当比较的,所涉商品正常价值是指:

(a)在同类商品出口至任何适当第三国的正常贸易中,实际支付或可以支付的可比价格,并且该价格具有代表性;或者

(b)所涉商品的推定价值,包括出口国的生产成本加上合理的利润数额。

(3)第二款中,在出口国或适当第三国国内市场销售的用于消费的同类商品的销量,占所涉商品销往新加坡数量的百分之五或以上的,判定正常价值时,该销量通常视为充分,但有证据表明较低比例的国内销量足以保证作出恰当的比较的,可以采用较低比例。

(4)仅部长认定同类商品在出口国国内市场或在第三国以低于单位生产成本的价格于较长期间内大量销售,并且该价格无法保证合理期间内收回全部成本的,才可以由于价格因素,不将该销售作为正常贸易,并在确定正常价值时不予考虑。

(5)关于第二款第二项和第四款所称生产成本的计算,应当以用于在出口国销售商品的所有固定和可变制造成本为基础,另加用于出售、管理和其他合理一般支出的数额。

(6)第四款所称情形中,任何所涉商品正常价值的确定可以基于下列方式之一:

(a)在国内市场上以不低于生产成本的价格销售的剩余销量,并且该销量充足;

(b)国内市场没有充足数量销售的,于第三国市场以不低于生产成本的价格销售剩余数量,并且该销量充足。

(7)剩余销量不足以根据第六款计算正常价值的,所涉商品的正常价值的确定可以基于第二款第二项规定的推定价值计算。

第十六条　出口价格

(1)所涉及商品的出口价格应当为实际支付或可以支付的价格。

(2)没有出口价格的,或者出口商和进口商或第三方之间存有联合或补偿协定,造成所涉商品实际支付或可以支付的价格不可信的,出口价格可以基于所涉商品最初再向独立购买者的出口价格推算。所涉商品没有再向独立购买者出售的或者进口情形下没有再出售的,应当以任何合理的基础推算。

(3)出口价格按照第二款规定的方式推算,应当扣除进口和再出售之间产生的所有成本。

第十七条　正常价值和出口价格的比较

(1)关于所涉商品出口价格与正常价值,应当作出公正的比较。任何情形下,对影响价格可比性的差异应当作出相应扣除。

(2)依据第一款作出的比较,应当基于贸易的同一水平实施,通常是基于工厂的水平,并且销售期间尽可能相同。

(3)根据第一款和第二款规定,除另有规定外,倾销幅度通常应当以所涉商品基于所有可比出口交易中加权平均正常价值与加权平均价格的比较确定。

第十八条　来自非市场经济国家的被调查商品

所涉商品原产地是非市场经济国家的，正常价值由规定的方式确定。

第十九条　调查启动

(1)关于针对进口或可能进口至新加坡的商品发起反倾销税调查的申诉书，可以由任何代表本国生产同类产品产业的人士向部长提交。

(2)申诉应当采用由部长决定的形式，包括第十四条第一款具体规定的任何方面的证据和其他规定的所有证据。

(3)部长应当于规定期限内处理申诉和其他可以获取的信息，并认定：

(a)调查是否有充分证据证明具有根据第十四条第一款规定征收反倾销税的必要内容；

(b)该等调查符合公共利益。

(4)部长认定不具有充分证据发起反倾销税调查或该等调查不符合公共利益的，应当尽速将不发起调查决定通知申诉人。

(5)部长认定具有充分证据发起反倾销税调查的，并且该等调查符合公共利益，应当通知利益相关方，发布调查启动公告。

(6)特殊情形下，部长掌握第十四条第一款所称内容的充分证据的，可以自行决定启动反倾销税调查。

(7)部长根据第六款决定启动调查的，应当通知利益相关方，并发布调查启动公告。

(8)本条任何情形中，仅部长已基于同意或驳回根据第一款提交的书面申诉的考察作出认定后，才能启动调查：

(a)同意书面申诉的国内同类产品生产商的总产量，超过国内生产同类商品产业中表明同意或驳回书面申诉部分的总产量的百分之五十以上；

(b)表明同意书面申诉的国内同类商品生产商的产量不低于本国生产同类商品产业总产量的百分之二十五。

(9)第八款中，包含大量生产商的分散型产业的，部长可以利用可行的抽样统计方式作出同意和驳回的决定。

第二十条　调查的期限

除特殊情形外，任何反倾销税调查应当由部长于一年内实施完毕，最长不得超过发起后十八个月。

第二十一条　关于倾销和损害的初步确定

(1)部长应当于规定期限内对下列情形作出初步认定：

(a)所涉商品是否存在倾销幅度及数额大小；同时，

(b)损害为下列形式之一：

(i)所涉商品利用倾销，对新加坡生产同类产品的国内产业造成实质性损害；

(ii)所涉商品利用倾销，对新加坡生产同类产品的国内产业造成实质性损害威胁；

(iii)所涉商品利用倾销，对新加坡国内产业的建立造成实质性阻碍。

(2)部长根据第一款作出否定性初步认定的，应当发布公告说明理由。部长认为由于倾销或损害证据不足，无须继续调查的，可以中止调查。

(3)部长根据第一款作出肯定性初步认定的，应当继续调查并发布公告：

(a)依据第一款第一项和第二项作出的肯定性初步认定，并说明理由；

(b)可以实施的临时措施。

第二十二条　临时措施

(1)部长认定有必要采取临时措施防止第二十一条第一款第二项所称损害于调查期间发生的，部长可以于发布肯定性初步认定之时或之后，对进口至新加坡的所涉商品实施临时措施。

(2)临时措施的采用不得早于启动调查后六十日。

(3)采取临时反倾销税或担保形式的，数额等于预计根据第二十一条第一款确定的倾销幅度的数额。

(4)根据本条实施的临时措施不得超出规定期限。

第二十三条　对倾销和损害的最终确定

(1)部长于规定期限内，对下列情形作出最终认定：

(a)所涉商品是否存有倾销幅度及其数额；

(b)损害是否为下列方式之一：

(i)所涉商品利用倾销，对新加坡生产同类产品的国内产业造成实质性损害；

(ii)所涉商品利用倾销，对新加坡生产同类产品的国内产业造成实质性损害威胁；

(iii)所涉商品利用倾销，对新加坡国内产业的建立造成实质性阻碍。

(2)部长根据第一款作出否定性最终认定的，应当：

(a)终止调查；

(b)终止根据第二十二条实施的任何临时措施，退还已交纳的临时反倾销税和解除要求的担保；

(c)发布否定性最终认定公告，并说明理由。

(3)部长根据第一款作出肯定性最终认定的，应当：

(a)发布肯定性最终认定公告，并说明理由。公布可征收反倾销税及征收反倾销税的所涉商品；

(b)发布最终认定公告之时或之后，对进口至新加坡的所涉商品征收反倾销税，数额依据第十四条第二款于最终认定中确定；

(c)对已实施临时措施的进口至新加坡的商品，根据第五款和第六款征收反倾销税。

(4)作出肯定性最终认定后，部长决定是否征收反倾销税及其数额时，应当考量公共利益。

(5)有下列情形之一的，部长对已实施临时措施的所涉商品征收反倾销税：

(a)根据第一款第二项第一目，作出实质性损害认定；

(b)根据第一款第二项第二目，作出实质性损害威胁认定；不对所涉进口商品实施临时措施的，将造成第一款第二项第一目所称实质性损害。

(6)根据第五条征收反倾销税的：

(a)反倾销税高于临时反倾销税或临时措施要求的担保数额的,只征收等于既定性临时反倾销税或担保的数量。

(b)反倾销税低于临时反倾销税或临时措施要求的担保数额的,应当征收全额反倾销税,应当退还已交纳临时反倾销税或提供担保的多余部分。

(7)根据第五款对已实施临时措施的所涉商品不征收反倾销税时,部长应当退还已交纳的临时反倾销税和解除要求的担保。

(8)下列情形中,部长可以对进口至新加坡的所涉商品,于实施临时措施前九十日内,征收反倾销税,但不得早于调查启动之日,且第三款和第五款规定不影响本款规定:

(a)留有倾销造成损害的记录,或进口商曾经或应当知道出口商实施倾销并且造成损害;并且

(b)由于所涉及进口商品于极短期限内大量倾销造成损害,根据时间、进口数量及其他情况(所涉商品存货的迅速积聚),可能严重削弱征收反倾销税的救济效果。

(9)对所涉商品征收反倾销税的,应当依据本法规定征收适当数额。

第二十四条　调查的终止

(1)除第二条另有规定外,发生下列情形的,可以随时终止调查:

(a)申诉人撤回申诉;或

(b)部长认为终止调查符合公共利益。

(2)部长认定倾销幅度可以忽略不计的,或所涉商品进口数量(实际的、潜在的或造成的损害)可以忽略不计的,应当立即终止调查。

(3)第二款中:

(a)倾销幅度低于出口价格的百分之二的,视为可以忽略不计;

(b)自特定国家进口所涉商品的数量低于进口至新加坡同类商品的百分之三的,所涉商品数量通常视为可以忽略不计。但是,自多个国家进口所涉商品,每一国家的数额低于进口至新加坡同类商品数额的百分之三,而总和数额超出进口至新加坡同类商品数额的百分之七,不视为可以忽略不计。

(4)根据第一款或第二款于初步认定前终止调查的,部长应当发布终止调查公告,并说明理由。

(5)根据第一款或第二款于初步认定后终止调查的,部长应当:

(a)终止第二十二条规定的临时措施,退还已交纳的临时反倾销税和解除要求的担保;

(b)发布中断调查及相应原因的公告。

第二十五条　调查的中止

(1)部长同意承诺的,可以中止调查。

(2)同意承诺前,部长应当确定该承诺:

(a)可以消除倾销幅度或所涉商品造成的有害后果;

(b)可以获得有效监管;

(c)符合公共利益。

(3)部长只有在作出肯定性初步认定后才可以同意承诺的,应当:

(a)中止调查；

(b)部长认为适当的，中止根据第二十二条实施的任何临时措施，退回已交纳临时反倾销税，解除规定的担保；

(c)发布公告说明中止调查的理由和依据第二款规定采取的行动。

(4)不论同意承诺与否，调查的开展仍应当基于利益相关外国政府提交的所涉商品出口商的书面请求，或者基于部长的决定。

(5)部长根据第四款规定其他任何理由结束调查，并作出肯定性最终认定的，依据本法规定，承诺应当继续有效。

(6)部长依据第四款规定或其他任何原因结束调查，作出否定性最终认定的，除第七款规定的情形外，承诺应当终止生效。

(7)第六款所称否定性最终认定大部分基于承诺作出的，依据本法规定，承诺应当继续有效。

(8)部长认定有下列情形之一的，可以随时根据第九款或第十款采取行动：

(a)根据第一款同意的承诺不再符合第二款规定；

(b)发生对承诺的实质性违反。

(9)调查未结束的，部长可以恢复调查，并采取迅速有效的措施。第四款规定不影响本款规定：

(a)根据第二十一条作出初步认定；

(b)实施符合第二十二条规定的适当临时措施；

(c)公布初步认定后一百二十日内，根据第二十三条作出最终认定。

(10)根据第五款结束调查后，部长可以根据第二十三条立即作出最终认定，并征收适当的反倾销税。

(11)有第八款第二项所称重大违反承诺的行为的，部长可以基于相关信息与根据第九款或第十款作出的决定有关的事实。

(12)部长根据第八款第二项继续调查的，可以根据第九款第二项，于临时措施实施之前九十日之内，对进口至新加坡的有关商品征收符合第二十三条的反倾销税。

(13)所涉进口商品造成损害前，不得实施第十二款规定的追溯性估价。

第二十六条　部长的复审

(1)利益相关方向部长提供信息，或者部长获得信息：

(a)倾销幅度已有重要变化；

(b)应当退还反倾销税；

(c)无须再征收反倾销税；

(d)承诺已不必要或者应当修改；

(e)根据第七款要求终止的反倾销税应当维持；

(f)有必要对于调查期间没有向新加坡出口有关商品的出口商、生产商实施复审。

部长认为复审出于公共利益或者《关于实施1994年关税和贸易总协定第六条的协定》有规定的，应当予以复审。

(2)规定期限终止后才可以实施第一款规定的复审。

(3)部长决定根据第一款复审的,应当:

(a)公布启动复审的声明;同时

(b)实施该等复核,并允许有关各方发表意见。

(4)根据本条实施的复审,应当于规定期限内完成。

(5)复审结束时,部长应当公布复审的最终决定,并说明理由。

(6)除关于第一款第二项所称退税的复审和第一款第六项所称加税的复审外,根据第五款作出的任何决定,应当在复审最终认定公布之日或之后适用于进口的有关商品。

(7)最终认定公告之日后五年内,不得再对进口品征收反倾销税,调查终止公告之日后五年内与进口有关的承诺自动失效,但部长基于本条规定的复审认为终止反倾销税或承诺可能导致继续或再次发生倾销和损害的除外。

第二十七条　仲裁庭复审

(1)利益相关方可以申请仲裁庭复审,对下列事项提出异议:

(a)第二十三条规定的肯定性或否定性最终认定;

(b)第二十六条第五款规定的最终复审决定。

(2)应当在根据第二十三条作出的肯定性或否定性最终认定公告之日起三十日内,或第二十六条第五款规定的最终复审三十日之内申请复审。

(3)复审过程中,仲裁庭可以维持该认定或移交部长再审。

(4)部长应当执行仲裁庭依前款规定作出的决定。

第四编　管　　理

第二十八条　行政性事宜

(1)根据本法规定,基于本法或相关规章开展的调查或行动应当由部长书面授权的任何人士实施。

(2)发生特定商品是否包括在根据本法或相关规章作出的公告之内等问题的,部长应当予以相关各方陈述关于公告范围的意见之后,再作出有关公告范围的决定。

第二十九条　个人责任免除

对于执行本法或主要为执行本法,作出的善意行为或试图作出的行为,针对(以此为由或与之有关)对本法获得授权的任何人士提起诉讼或其他法律程序。

第三十条　反倾销仲裁庭的建立

(1)应当建立反倾销仲裁庭履行第十三条和第二十七条明确的职责。

(2)部长应当任命首席仲裁员和其他二名以内的仲裁员。

(3)首席仲裁员和仲裁员任职不超过三年(由部长决定),可以连任。

(4)部长决定首席仲裁员和仲裁员的报酬和任命等事宜。

(5)有下列情形之一的,不得任命或继续担任仲裁庭成员:

(a)患有精神疾病,无力处理自身事务;

(b)有未偿清的破产债务或与其侵权人有约定;

(c)构成欺骗、诈骗或道德等犯罪,并且未获得赦免。

(6)首席仲裁员和仲裁员可以随时向部长提交书面通知辞去职务。

(7)首席仲裁员和仲裁员被认定为刑法上的公务员。

(8)仲裁庭应当基于在案证据确定是否有在案证据维持部长的认定。

(9)任何复审过程中:

(a)仲裁庭决定执行复审的程序。

(b)仲裁庭:

(i)不受复审形式的约束;

(ii)不受证据规则的约束。

(10)仲裁庭可以为执行本法规定或与之相关的职能,所有必要或适宜的活动。

(11)部长可以在必要或有助于仲裁庭履行职责时制定规则,尤其有关仲裁庭的构成、仲裁员及实施程序的规则。

(12)本条中,“部长”是指主管法律事务的部长。

第三十一条　授权

(1)部长可以一般或特殊的方式书面授权本法或及其规章规定的全部职权,但第三条、第九条、第十四条、第二十三条、第四十六条规定的职权除外;本法有关部长职权的条款或命令,除有相反要求外,均可以授权。

(2)接受授权是行使部长的职权,即履行本法规定或及其规章规定的职责,无须获得部长认可或遵照部长的领导。

第三十二条　《新加坡 1960 年关税法》的适用

(1)本法应当与《新加坡 1960 年关税法》作相同解释。除本法另有规定外,《新加坡 1960 年关税法》第三条应当以与解释关税法同样的方式适用于本法的解释。

(2)《新加坡 1960 年关税法》与本法规定不一致的,适用本法规定。

(3)根据本法征收的任何反补贴和反倾销关税,应当移交海关。

(4)适用于征收海关税规定的《新加坡 1960 年关税法》相关规定及可能的例外、修正,以同样的方式适用于任何反补贴或反倾销税。

第五编　一般规定

第三十三条　货币汇兑

(1)本法中,新加坡的进口商品价格与相似产品的正常价值的比对涉及货币汇兑的,根据第三款和第五款,应当使用销售日的汇率。

(2)销售日期应当适宜,可以是合同日期、定单日期及定单确认日期或开具发票日期,由部长决定的确定出口商品的主体销售条件为准。

(3)关于新加坡进口商品使用的是远期汇率,部长实施第一款规定的货币汇兑时,应当使用该汇率。

(4)如果:

(a)第一款所称比对涉及货币汇兑;

(b)汇率于短期内具有波动性。

部长为实施价格比对,应当忽略波动因素。

(5)如果:

(a)第一款中所称比对涉及货币汇兑;

(b)部长认可汇率于调查期间内持续被动。

部长可以允许出口商于六十日或以上调整出口价格,反映汇率的持续波动。

第三十四条 有关信息和提交证据的通知

(1)反补贴或反倾销税调查或复审过程中,所有利益相关方可以提交部长所需信息的通知,并提供认为有关的所有证据。

(2)可行的情形下,有关各方可以查阅提交的非保密信息,该等信息与案件处理有关。

(3)反补贴或反倾销调查或复审过程中,利益相关方有充分的机会维护自身利益。

(4)部长收到申请后,应当提供所有利益相关各方会谈的机会,提出反对意见。

(5)有关该等机会的提供应当考虑保密的需求及有关各方便宜与否。

(6)任何一方没有义务参与会谈,不参与会谈不造成任何审理的偏见。

(7)任何一方有正当理由时,可以在提交书面信息的同时提交口头信息。

(8)部长作出调查或复审最终认定前,应当通知各方形成其决定基础时考虑的实质性内容。

第三十五条 机密信息的提交

(1)任何保密性信息或基于保密性提交部长的信息,仲裁庭及部长授权的任何人员,与部长相同,可以查阅该等信息。

(2)不可以文件的保密性为由不向部长、仲裁庭或部长授权人员提交。

(3)部长和仲裁庭有义务保障该等文件的保密性。

(4)保密性信息未获得信息提供者明确的书面许可时不得公布。

(5)部长或仲裁庭应当要求各方提供保密性信息完成非保密性的概要。概要应当充分详尽,可以适当理解保密性信息的内容。

(6)各方提出该等信息无法形成概要的,应当说明理由。

(7)有下列情形之一的,部长或仲裁庭可以不参考提交的信息:

(a)部长或仲裁庭发现要求提供第一款所称保密性信息的理由不正当,并且信息提供者不愿公开该等信息;

(b)第五款规定的非保密性概要不详尽;

(c)第六款规定的不提供非保密性概要的理由不充分,并且信息的提供者拒绝提供非保密性概要。

第三十六条 部长的指令

部长可以向海关署长、任何公务人员或任何法定机构的工作人员发布书面指令,该等指令与执行本法职权有关,并且部长认为适当。海关署长、公务人员或工作人员应当遵照发布的指令。

第三十七条 可获得的信息

利益相关方于一定期限内拒绝沟通,不提供必要信息,或者严重阻碍调查或复审的(包括拒绝证实信息),初步及最终认定可以基于已获得的事实作出。

第三十八条　在调查或复核过程中发现的其他情况

(1)反补贴调查或复审过程中,部长发现未包括于请求范围之内的倾销行为的,时间充分的情形下,部长可以对该等行为发起调查。

(2)反补贴调查或复审过程中,部长发现未包括于请求范围之内的补贴行为的,时间充分的情形下,部长可以对该等行为发起调查。

第三十九条　不负有国际义务时的调查

新加坡和任何有关外国政府之间不存有适用的反补贴和反倾销税国际义务的,部长可以采取上述规定的措施。

第四十条　转口运输

商品并非自原产国直接出口至新加坡,而自中间国出口至新加坡的,本法及其规章完全适用。交易视为发生于原产国和新加坡之间。

第四十一条　通知的发布

除特别规定外,本法要求发布的通知应当刊登《政府公报》。

第四十二条　禁止双重计算

不得在同一情形中,为补偿倾销和出口补贴对商品既征收反倾销税又征收反补贴税。

第四十三条　不得妨碍海关清关手续

本法规定实施的任何调查不得妨碍海关清关手续。

第四十四条　公务人员

本法或其规章中,执行公务并以部长名义或接受部长指示的人员,视为《新加坡 1870 年刑法》中的公务人员。

第四十五条　保密义务

(1)接触声明、账户、记录、信件、文件、信息或其他材料(有关本法或其规例)的人士,不得将上述材料向其他人员披露,但下列情形之一的除外:

(a)部长授权;

(b)为执行本法。

(2)任何违反第一款的人士构成犯罪,可以单处或并处五千新元以下罚金,一年以下监禁。

第四十五条之一　关于实施条约

部长可以制定规例:

(a)修改本法规定:

(i)出口或源于任何国家的任何货物;

(ii)关于任何国家或人士的描述。

(b)免除出口或源自任何国家的任何货物本法规定的义务,

履行任何国际协议或安排对新加坡发生约束力的任何义务。

第四十六条　规例

(1)部长可以制定为执行本法必要的或适宜的规例。

(2)不违反第一款的情形下,可以制定规例规定:

(a)本法规定的活动期限;

(b)开展活动需要延长的期限及其情形;

(c)本法规定的发布通知的形式、内容及相关程序;

(d)调查、复审及申诉程序;

(e)有关本法各项事宜的费用;

(f)部长可以同意的承诺形式及相关程序;

(g)本法规定的计算所用货币及货币汇兑汇率;

(h)执行条约的必要或适宜事项。该等新加坡为成员方的条约包括《建立世界贸易组织协定》《反补贴和反补贴措施协定》《关于实施 1994 年关税和贸易总协定第六条协定》《农业协定》及其修正或补充条约、协定;

(i)不执行命令的任何人士构成犯罪,判处三年以下监禁,单处或并处一万新元以下罚金。

第四十七条　过渡期规定

已废止的《新加坡海关(反倾销和反补贴)法》(第 71 编、1985 年修订版)及任何 1996 年 11 月 1 日前生效的附属法律继续适用于任何情陈述、调查、申请或命令或其他上述法律规定的行为,本法可以视作未生效,但不得适用于此日期后应申请发起的既有复核。

新加坡个人数据保护法令

屈文生　万　立　译*

《新加坡个人数据保护法令》译介

随着全球化、电子商务和跨境贸易的纵深发展，大量个人数据由于各类原因由第三方组织获取、收集和使用。与全球诸多金融中心相同，新加坡逐步采取多方位措施，承认个人保护个人数据的权利，并协调各类组织合法、合理收集、使用或披露个人数据数据的需求。《新加坡个人数据保护法令》(Personal Data Protection Act, PDPA)(以下简称《个保法》)详细规范个人对于保护个人数据的各项权利和企业等对于个人数据收集、使用或披露，并强化新加坡作为世界级商业中心的竞争力，显示出新加坡对数据经济的重视。

随着我国个人信息保护法和数据安全法的制定，个人数据保护有望进入全新阶段。为此，介绍、研究新加坡《个保法》有助于参考、借鉴域外经验，实现更为科学、有效的立法，并推动"一带一路"倡议关于"扩大信息交流与合作"等要求。

适用范围

2012年10月15日，《个保法》由新加坡议会通过，至2014年7月全部生效。该法有九个附属立法配套实施，较重要的有2014年《个人数据保护规例》(以下简称《个保规例》)。新加坡个人数据保护委员会负责该法的实施，由信息通信发展管理局承担具体职能。《个保法》共设十部，由九个附表具体规定收集、使用及披露个人数据的条件及查阅、更正的要求。

《个保法》第2条对"个人数据"采开放式定义，是指可以本身识别个人身份的数据，或可以自机构已经或可能查阅的数据和其他数据中识别个人身份的数据，包括生物识别符(面部特征或指纹)；姓名；新加坡国民身份证号码；照片或视频图像；声音；DNA图谱等。上述数据存有100年以上的或死者的个人数据不予保护，但有关披露个人数据的规定和第24条(个人数据保护)适用于死亡十年以内的死者信息。商业联系信息不属于保护范围，如企业名称、职衔、联系电话、地址及电子邮件等。

该法主要适用于各类商业机构。根据该法第4条规定，个人数据保护责任不适用于公共机构，或受公共机构委托协助收集、使用或披露个人数据的商业机构。下列人员不承担第三部至第六部规定的信息保护义务：(a)以个人或家庭身份开展活动的任何个人；(b)以特定机构雇员身份开展活动的任何雇员；(c)代表公共机构开展有关个人资料的收集、使用或披露等

---

* 屈文生，全国人大常委会法工委法律英文译审专家委员会委员、华东政法大学教授、博士生导师；万立，华东政法大学博士研究生。

活动的任何公共机构或组织;(d)关于该条指定的任何其他组织或个人数据,或任何类别的机构或个人数据。代表另一机构处理个人数据的"信息中介"也不承担上述义务,但不包括该机构的雇员。

九大义务

《个保法》第三部至第六部是该法核心内容,详细订明各类机构关于收集、使用或披露个人数据的范围、条件或要求,各类机构的义务可以总结为以下九项:

第一,同意义务。机构仅可收集、使用或披露获得同意收集、使用或披露的个人数据。自2019年9月1日起,机构不得制作个人身份证复印件,或收集、使用或披露号码,但需要验证个人身份的除外。《个保法》还设立了全国"谢绝来电登记簿"(Do Not Call Registry),禁止任何机构向于"谢绝来电登记簿"登记的新加坡电话号码发送营销信息(如营销电话、手机短信或彩信、传真等)。

第二,目的限制。机构仅可出于个人同意的目的收集、使用或披露个人的个人数据。机构以电子邮件发布消息的,必须确保消息的创建、发送及订户名单管理符合该法和其他成文法规定。

第三,告知义务。机构必须告知个人其信息被收集、使用或披露的目的。

第四,查阅和更正义务。机构有义务应个人要求尽速向其提供以下信息:由机构管控的个人数据范围、个人数据于要求之日前一年内的使用或披露情况。机构还须应要求更正其管控的个人数据的错漏。

第五,准确性义务。用于作出影响个人数据主体的决策或向另一机构披露的,机构须尽可能保障收集的个人数据的准确性、完整性。

第六,保护义务。机构必须采取合理措施保护其管控的个人数据,以防止未经授权查阅、收集、使用或披露该类数据。

第七,保存限制。机构仅出于业务需求或法律要求保存个人数据。机构保存个人数据的物理或电子记录的,必须按照该法规定,以适当方式处理。

第八,转移限制。机构向海外转移个人数据(如"云存储"),须确保转移符合数据保护要求,以保障转移的信息得到与该法相当的数据保护水平。

第九,公开义务。机构必须制定、实施必要的政策、程序履行其信息保护义务,并公开相关信息。

对于违反上述任何信息保护义务的机构,须实施以下行为并处相应处罚:停止在违反该法的情况下继续收集、使用或披露个人数据;销毁违反该法收集的个人数据;向被侵权人提供个人数据的查阅和更正权限;100万新元以下的罚款。2016年新加坡著名K Box娱乐集团(K Box Entertainment Group)仅由于未采取适当措施保护其成员的个人数据,即被处以5万新元的罚款。

2014年《个保规例》

2014年生效的《个保规例》是《个保法》的主要附属立法,该规例重点规制新加坡境外查阅、更正个人数据和转移个人数据等内容。根据《个保法》,个人可要求受该法约束的机构提供查阅、更正其持有的个人数据。《个保规例》则明确规定,请求须以书面形式提出,包括充分的识别信息,以便及时处理。查阅、更正请求还应提交该机构的数据保护官员。根据该条例,机构须“在切实可行的情况下尽快”答复,但预计需30日以上的,该机构必须在30日内答复。

该条例确认,个人享有广泛的查阅权:机构须提供要求的所有个人数据的查阅,以及以文件形式提供使用和披露的信息。如技术上无法实现的,该机构可以向请求人提供合理机会提供查阅、使用和披露的数据。或许出于减轻机构的负担、费用的考虑,《个保规例》规定,机构可向个人收取“合理费用”,以答复个人查阅其持有个人数据的请求,但该机构须提前告知请求人预计费用。

《个保规例》载有关于在新加坡境外转移个人数据的规定。在将个人数据转移至另一司法辖区前,新加坡转移机构须确保接收方受强制性法律约束,针对转移的个人数据提供至少相当于《个保法》提供的保护标准。《个保法》的“强制性义务”与欧盟的类似,包括提供充分保护的书面合同和有约束力的机构规则。《个保规例》连同最近发布的《〈个人数据保护法令〉关键概念咨询指南》(2014年5月16日修订)为协助机构执行新数据保护义务提供了重要指引。

关于治理收集、使用和披露个人数据各类机构,设立“谢绝来电登记处”并规范其实施等相关事宜,及对其他各类法律予以相应修改的法律。

第一部　导　　言

第一条　简称和生效日期

本法可引称为《新加坡2012年个人数据保护法令》,自部长于《政府公报》公告指定之日起施行。

第二条　释义

(1)本法中,除上下文另有所指外,下列词语含义如下:

[2016年10月1日起生效的2016年第22号法案删除]

“咨询委员会”是指依第七条任命的委员会。

“上诉委员会”是指依第三十三条第四款任命的数据保护上诉委员会。

“上诉专家组”是指依第三十三条第一款设立的数据保护上诉专家组。

“指定日期”是指第三部至第六部的施行日期。

“受权官员”,就本法规定的行使任何权力或履行任何职能或职责而言,是指根据《新加坡2016年信息通信媒体发展法》第三十八条获得授权行使该条规定的权力、职能或职责的官员。

“管理局”是指根据《新加坡2016年信息通信媒体发展法》第三条设立的信息通信媒体发展管理局。

“福利计划”是指保单、养老金计划、年金、公积金计划或其他类似计划。

“商业行为”包括任何机构无论是否以营利为目的的活动,或者任何机构经常、重复或持续开展的活动,但任何个体基于其个人或家庭身份行事的除外。

“工作联系方式”是指个体的姓名、职位名称或职衔、工作电话号码、工作地址、工作电子邮件地址或工作传真号码及其他类似信息,但个体出于个人原因提供的信息除外。

[2016年10月1日起生效2016年第22号法案删除]

“行政长官”,就管理局而言,是指根据《新加坡2016年信息通信媒体发展法》第四十条第二款任命的管理局行政长官,包括以该身份行事的任何人员。

“个保委”是指依第五条成立的个人数据保护委员会,负责实施本法。

“个保委主任”是指依第八条第一款第一项任命的个人数据保护个保委主任,包括个人数据保护委员会副主任或个人数据保护委员会主任助理。

“信用局”是指:

(a)以收益或营利为目的而提供信用报告的机构;

(b)定期以非营利为目的而提供信用报告的机构,但须是以收益或营利为目的之企业的附属组织。

“信用报告”就机构同个体之间的交易而言,是指以书面、口头或其他形式向该机构提供的评估该个体信用数据的报告。

“数据中介”是指代表委托机构处理个人信息数据的机构,但该委托机构的雇员除外。

“文件”包括以任何形式记录的信息。

“家庭”是指与家庭组织或家庭成员相关的。

“教育机构”是指提供辅导、培训或教学的任何教育机构,既指独立经营的,也指与他人联合、合作的或者附属的机构。

“雇员”包括志愿者。

“雇用”包括在无偿志愿工作关系下工作。

“评价需要”是指:

(a)出于确定下列有关事项的数据主体是否适宜、适任及具备资质的需要:

(i)雇用或任职的;

(ii)在雇用或职位方面的晋升或继续留任的;

(iii)解雇或免除职位的;

(iv)教育机构录用的;

(v)授予合同、奖励、助学金、奖学金、荣誉或其他福利的;

(vi)为体育或艺术目的选拔的;

(vii)财政或社会援助的提供,或者根据公共机构实施计划提供的适当保健服务的。

(b)出于作出是否保留、修改或取消任何合同、奖励、助学金、奖学金、荣誉或其他类似福利决定的需要。

(c)出于作出是否投保、继续投保或续保任何人身或财产保险决定的需要。

(d)出于部长订明的其他类似事项的需要。

“个体”是指包括在世或去世的自然人。

“调查员”是指依第八条第一款第二项任命的个体。

“调查”是指对下列事项的调查:

(a)违反协议的;

(b)违反任何成文法律的,或违反任何监管机构根据任何成文法律行使职权时确立的职业准则或其他要求的;

(c)可能导致根据任何法律可以获得补救或救济的情形或行为的。

“国家利益”包括国防、国家安全、公共安全、基本公共服务的维系及国际事务的经营。

“机构”包括任何个体、公司、协会、法人或非法人团体,无论是否:

(a)根据新加坡法律成立或为其所承认;或者

(b)是新加坡居民,或者在新加坡设有办事处或者营业场所。

“个人数据”是指数据,真实或者不真实的,可用来识别个体的:

(a)特定数据;或者

(b)机构可以查阅或有可能查阅的特定数据与其他信息。

“订明保健机构”是指负责卫生工作的部长为施行附表四订明的保健机构。

“订明执法机构”是指根据成文法律负责调查犯罪或提起公诉的机构,由负责管理该机构的部长基于第二十一条第四款和附表四订明。

“私人信托”是指委托人为一名或一名以上指定个体——其朋友或家庭成员的权益而设立的信托。

“法律程序”是指被诉至法院、审裁处或监管机构前,待决且与下列指控有关的任何民事、刑事或行政法律程序:

(a)违反协议的;

(b)违反任何成文法律的,或违反任何监管机构根据任何成文法律行使职权时确立的职业准则或其他要求的;

(c)存有过错或渎职行为,根据任何法律请求救济的。

“处理”,就个人数据而言,是指实施有关个人数据的下列任何一种或一套操作:

(a)记录;

(b)持有;

(c)组织、改造或变更;

(d)检索;

(e)合并;

(f)传输;

(g)擦除或销毁。

“公共机构”是指:

(a)政府,包括任何部、部门、机构或国家机关;

(b)根据任何成文法律指定的审裁处;或者

(c)第二款指定的任何法定团体。

“公开获取”,就任何个体的个人数据而言,是指公众通常可以获取的个人数据,包括以合理预期的方式注意到的个人数据:

(a)该人出现的;且

(b)向公众开放的地点或场合;

“相关机构”是指个保委、上诉专家组或任何上诉委员会。

“审裁处”包括司法或准司法机构,纪律、仲裁或调解机构。

(2)部长可以《政府公报》公告的形式,将根据公开立法执行公共职能的任何法定机构指明为本法所指的公共机构。

第三条　目的

本法旨在调整机构对个人数据的收集、使用和披露的行为，承认个体的个人数据保护权，承认机构在理性人认为适当的特定情形下收集、使用或披露个人数据的需求。

第四条　本法适用范围

(1)第三部至第六部不得对下列主体或情形订立任何义务：

(a)基于个人或家庭身份行事的任何个体；

(b)受雇特定机构期间开展活动的任何雇员；

(c)在代表公共机构开展个人数据的收集、使用或披露等有关活动期间的任何公共机构或组织；或者

(d)依据本条订明的其他任何机构或个人数据，或其他任何类别的机构或个人数据。

(2)数据中介根据书面证明或订立的合同，代表其他机构处理个人数据的，不承担第三部至第六部规定的任何义务，但第二十四条(个人数据保护)和第二十五条(个人数据保留)除外。

(3)数据中介按照机构要求代表其处理的个人数据，视为该机构处理的个人数据，机构对此负有相同义务。

(4)本法不适用于下列数据：

(a)保存时间至少已达百年之记录中关于某个体的个人数据；

(b)有关死亡个体的个人数据，但有关死亡十年或十年以下个体的个人数据应适用个人数据披露规定与第二十四条(个人数据保护)的除外。

(5)除明确规定适用于工作联系方式外，第三部至第六部不适用于工作联系方式。

(6)除非本法另有明确规定：

(a)第三部至第六部的规定不影响任何权限、权利、依法授予的特权或豁免权或法定的义务或限制，包括法律特权，但履行合同义务不构成违反本法的免责事由；及

(b)应以其他成文法律的规定为准，但以第三部至第六部的任何规定与其他成文法律的规定不一致为限。

第二部　个人数据保护委员会及实施

第五条　个人数据保护委员会

(1)信息通信媒体发展局是指定的个人数据保护委员会。

(2)个人数据保护委员会负责本法的实施。

第六条　个保委的职能

个保委具有下列职能：

(a)提升新加坡的数据保护意识；

(b)提供有关数据保护的咨询、建议、技术、管理或其他专业服务；

(c)对任何关于数据保护的事宜向政府提供意见；

(d)代表政府处理有关数据保护的国际事务；

(e)开展研究、调查,促进有关数据保护的教育活动,包括组织、举办相关研讨会、讲习班及专题研讨会,并支持开展该类活动的其他机构;

(f)自行或代表政府同其他机构(包括外国数据保护机构、国际或政府间组织)开展关于数据保护领域的技术合作和交流;

(g)实施和执行本法;

(h)执行其他任何成文法律授予个保委的职能;及

(i)从事或履行部长通过《政府公报》可能批准或委派个保委行使的其他活动或职权。

第七条　咨询委员会

(1)部长可以任命一个或多个咨询委员会,向个保委提供咨询意见履行本法规定的咨询委员会的任何职能。

(2)个保委可以就本法规定的其职能、职责的履行以及权力的行使等问题向咨询委员会提出咨询,但不受该咨询的约束。

第八条　授权

(1)个保委可以通过指名或指定职位的方式从公职人员和管理局雇员中任命下列人员:

(a)个人数据保护个保委主任一名;

(b)个保委认为必要的个人数据保护委员会副主任、个人数据保护委员会主任助理和调查员。

(2)本法规定个保委的任何职能、职责或权力授权至《新加坡2016年信息通信媒体发展法》第三十八条规定的个保委主任承担的:

(a)个保委主任必须以自身名义履行该职能、职责或行使该权力;

(b)个保委不得在授权有效期间内,履行该职能、职责或行使该权力;

(c)个保委在授权后,在切实可行范围内尽快于《政府公报》刊登授权公告。

(3)依本法行使任何执行权的,受权官员应当根据规定向被执行人出示个保委的授权。

(4)[2016年10月1日起生效的2016年第22号法案删除]

第九条　法律程序的进行

(1)依第八条第一款获得任命的个体或经管理局行政长官书面授权的管理局雇员,在获得检察官授权后,可依本法规定进行法律程序。

(2)作为律师的个保委法律顾问可以:

(a)在民事法律程序中出庭,根据任何成文法律履行个保委的任何职能、职责或行使任何权力;及

(b)代表个保委或受权官员提出或实施民事法律程序中的全部申请或行为。

第十条　合作协议

(1)为施行第五十九条,合作协议是指符合以下目的的协议:

(a)促进个保委与合作监管机构在履行数据保护有关职能过程中的合作;及

(b)避免个保委与合作监管机构开展执行数据保护法律的活动的重复。

(2)合作协议可以载明有关下列内容的规定:

(a)个保委和合作监管机构可以相互提供各自掌握的确系对方履行任何职能所需的

信息；

(b)双方可以互相提供有助于对方履行任何职能的其他协助；及

(c)个保委和合作监管机构在对方正在履行相关特定事项的职能的情况下，可以不履行各自该事项的任何职能。

(3)个保委不得依据合作协议向外国数据保护机构提供任何信息，但以下情况除外：个保委要求该机构作出书面承诺，并自该机构获得书面承诺，保证其遵守该要求规定的条件，包括遵守个保委披露该信息的任何成文法律中规定的相应条件。

(4)个保委可以向外国数据保护机构承诺遵守该外国数据保护机构向个保委提出的条件，作出该等承诺，但：

(a)该等条件须符合该外国数据保护机构成立地所在国或地区的任何现行法律规定，且该等现行法律规定规范的是该外国数据保护机构对于第二项所称信息的披露；及

(b)遵守该条件是该外国数据保护机构根据合作协议向该个保委提供其掌握的信息所提出的条件。

(5)本条中：

"外国数据保护机构"是指根据另一国家或地区法律，执行或实施有关数据保护法既定职能的机构；

"监管机构"包括个保委和任何外国数据保护机构。

第三部　个人数据保护的一般规则

第十一条　遵守本法

(1)机构在履行本法规定的义务时应当考虑理性人认为的特定情形下的适当义务。

(2)机构对其占有或控制的个人数据负责。

(3)机构应当指定一名或一名以上负责人保障执行本法。

(4)按照第三款指定的个体，可以将该款指定的相应义务转授另一个体。

(5)机构应当向公众提供按照第三款指定的或第四款获转授个体中至少一位的工作联系方式。

(6)机构按照第三款对个体的指定，不免除本法规定该机构须承担的任何义务。

第十二条　政策与常规做法

机构应当：

(a)推动形成并实行必要的政策与常规做法，履行本法规定机构应当承担的义务；

(b)推动形成受理与答复本法实施过程中产生的投诉程序；

(c)告知其工作人员第一项所称机构的政策与常规做法；

(d)应有关申请，提供下列数据：

(i)第一项所称的政策与常规做法；及

(ii)第二项所称的投诉程序。

第四部 个人数据的收集、使用与披露

第一分部 同 意

第十三条 同意要件

机构不得在指定日期日或以后收集、使用或披露个人数据,但下列情形除外:

(a)个体同意的,或依本法视为已同意收集、使用或披露(视情况而定)的;或者

(b)未经个体同意,但经由本法或其他任何成文法律要求或授权收集、使用或披露(视情况而定)的。

第十四条 作出同意

(1)依本法,(推定)个体未作出机构出于特定目的收集、使用或披露该个体个人数据的同意,但下列情况除外:

(a)依第二十条规定该个体已经被告知的;及

(b)该个体依本法作出同意的。

(2)机构不得:

(a)以提供产品或服务为条件,要求个体作出收集、使用或披露其个人数据的同意,超出向该个体提供产品或服务的合理范围;或者

(b)通过提供有关收集、使用或披露个人数据的虚假或误导信息,或使用欺骗性或误导性做法,获得或企图获得收集、使用或披露个人数据的同意。

(3)第二款规定的任何情形下作出的任何同意,不属于本法所指的有效同意。

(4)本法中,关于个体对于收集、使用或披露其个人数据作出的或视为已作出的同意,包括有效代表该个体收集、使用或披露个人数据的任何人作出的或视为已作出的同意。

第十五条 视为同意

(1)符合下列情形的,视为个体已同意机构出于特定目的收集、使用或披露其个人数据:

(a)该个体自愿向该机构提供个人数据,但未实际作出第十四条所称同意的;及

(b)可合理认为该个体会自愿提供数据的。

(2)个体作出同意、或视为已作出同意机构为特定目的向其他机构披露其个人数据的,视为该个体已同意该其他机构为该特定目的收集、使用或披露个人数据。

第十六条 同意的撤销

(1)向机构发出合理告知后,个体可以随时撤销依本法就该机构出于任何目的收集、使用或披露个人数据而作出的或视为已作出的同意。

(2)收到第一款所称告知后,相关机构应当告知该个体撤销其同意可能造成的后果。

(3)机构不得禁止任何个体撤销其对收集、使用或披露个人数据的同意,但本条不影响由于该撤销产生的任何法律后果。

(4)除非第二十五条另有规定,个体出于任何目的撤销其对机构收集、使用或披露个人数据的同意的,机构应当停止并促使其数据中介和代理停止收集、使用或披露个人数据(视情况而定),但该类收集、使用或披露(视情况而定)是本法或其他法律要求或授权的除外。

第十七条　未经同意的收集、使用和披露

（1）机构未经个体同意或自个体以外其他来源收集其个人数据的，须符合附表二规定的任何条件。

（2）机构未经个体同意使用个人数据的，须符合附表三规定的任何条件。

（3）机构未经个体同意披露个人数据的，须符合附表四规定的任何条件。

第二分部　目　　的

第十八条　目的限制与范围限制

机构收集、使用或披露个人数据限于下列目的：

（a）特定情形下理性人认为适当的目的；及

（b）依第二十条（如适用）该个体已经被告知的。

第十九条　指定日期前收集的个人信息

机构可以将指定日期前收集的个人数据用于收集个人数据的既定目的，尽管本部另有规定，但下列情形除外：

（a）依第十六条已撤销同意的；或者

（b）该个体在指定日及之前或之后，以其他方式已向机构表明其不同意使用个人数据的。

第二十条　目的告知

（1）为施行第十四条第一款第一项和第十八条第二款，机构应当：

（a）在收集个人数据之时或之前，告知个体收集、使用或披露其个人数据（视情况而定）的目的；

（b）在以其他任何目的使用或披露个人信息之前，告知个体依第一项其尚未获知的该目的；

（c）在个体需要的情形下，告知其代表机构答复有关收集、使用或披露个人数据问题之人的工作联系方式。

（2）机构未经个体同意自其他机构收集个人数据之时或之前，应当向其他机构提供关于收集目的的充分信息，使该其他机构确定披露是否符合本法。

（3）有下列情形的，第一款规定不予适用：

（a）视为该个体已同意依第十五条收集、使用或披露（视情况而定）的；或者

（b）该机构依第十七条收集、使用或披露未经个体同意的其个人数据的。

（4）即使第三款另有规定，为管理或终止机构与个体之间的雇佣关系，机构在收集、使用或披露个人数据之时或之前，应当告知个体下列数据：

（a）目的；

（b）应个体要求，可以代表机构答复个体关于收集、使用或披露个人数据问题的个人工作联系方式。

第五部 个人数据的查阅和更正

第二十一条 个人数据的查阅

(1)除第二款、第三款和第四款另有规定,应个体申请,机构应当合理可行地尽快提供下列数据:

(a)该机构占有或控制的个人数据;

(b)在申请日期前一年内该机构对于第一项所称个人数据已经或可能已经使用或披露方式的信息。

(2)附表五所称事项中,机构无须依第一款提供个人数据或其他信息。

(3)有理由认定提供个人数据或其他数据(视情况而定)符合下列条件的,机构不得依第一款提供个人数据或其他信息:

(a)威胁请求人以外的个体安全或身心健康;

(b)对请求人的安全或身心健康造成直接或严重损害;

(c)披露关于另一个体的个人数据;

(d)披露提供另一个人数据的个人身份,但提供个人数据的个体不同意披露;

(e)损害国家利益。

(4)根据附表四第一条第六项或第十四项或根据其他任何成文法律规定,未经个体同意披露个人数据的,机构不得依第一款告知任何个体已向订明执法机构披露个人数据。

(5)机构可以向个体提供第一款规定的个人数据和其他数据,并且包括依第二、三和四款排除个人数据或其他信息的,机构应当提供查阅。

第二十二条 个人数据的更正

(1)个体可以要求机构纠正其占有或控制的个人数据中的错误或遗漏。

(2)除机构信纳有合理理由不予更正外,机构:

(a)应当在可行范围内尽快更正个人数据;及

(b)除第三款另有规定外,应当将更正后的个人数据发送至该机构在更正日期前一年内披露的所有机构,但对象机构无须更正后个人数据用作任何法律或商业用途的除外。

(3)个体同意的,机构(非信用局)可以仅将更正后的个人数据发送至该机构在更正日期前一年内披露的特定机构。

(4)机构依第二款第二项或第三款收到经更正后个人数据的,须更正其占有或控制的个人数据,但该机构信纳有合理理由不应更正的除外。

(5)机构未依第二款第一项或第四款作出更正的,须在其占有或控制的个人数据内注明当事人提出更正要求但其未作更正。

(6)本条不要求任何机构更正或以其他方式更改包括专业意见和专家意见在内的意见。

(7)关于附表六规定的事项,任何机构无须遵守本条之规定。

第六部　个人数据的维护

第二十三条　个人数据的准确性

机构应当尽到合理努力义务保障机构或机构代表所收集个人数据的准确性和完整性，如果：

(a)个人数据很有可能被该机构用作作出影响所涉个体的决定的；或者

(b)个人数据很有可能被该机构其他对象机构披露的。

第二十四条　个人数据的保护

机构应当采取合理安全措施，保护其占有或控制的个人数据，防止未经授权的查阅、收集、使用、披露、复制、修改、处置或其他类似风险。

第二十五条　个人数据的保留

有合理理由认为发生下列情形的，机构应当不再保留包含个人数据的文件，或移除可将个人数据与特定个体产生联系的方式：

(a)个人数据的保留无法实现该个人数据最初收集目的的；及

(b)保留对于法律或商业已无必要的。

第二十六条　向新加坡境外转移个人数据

(1)机构不得将任何个人数据转移至新加坡以外的国家或地区，但符合本法订明要求的除外，确保机构为转移的个人数据提供的保护标准与本法的保护程度相当。

(2)应任何机构的申请，个保委可以书面形式免除该机构执行第一款关于该机构转移个人数据之任何规定的要求。

(3)第二款所称免除：

(a)可以根据个保委以书面形式指明的条件作出；且

(b)无须刊登于《政府公报》，随时可以由个保委撤销。

(4)个保委可以随时增加、变更或撤销依本条施加的任何条件。

第七部　第三部至第六部的执行

第二十七条　替代性争议解决

(1)个保委认为个体对机构的任何投诉采用调解解决更适当的，个保委可以基于投诉人和机构同意，进行调解。

(2)除第一款另有规定外，个保委可以基于投诉人和机构的同意或不同意，指令投诉人或机构或同时指令双方，尝试以个保委指令的方式解决个体的投诉。

第二十八条　审查权

(1)根据投诉人申请，个保委可以对：

(a)机构拒绝提供投诉人依第二十一条申请查阅之个人数据，或未于合理期限内提供查阅的行为进行审查；

(b)机构向投诉人依第二十一条或第二十二条提出申请收取费用的行为进行审查；

(c)机构拒绝按照投诉人依第二十二条所请更正其个人信息,或未于合理期限内更正的行为进行审查。

(2)依第一款完成审查后,个保委可以:

(a)在指明的期间内,确认机构拒绝提供查阅个人数据的行为,或指令该机构向个体提供其申请查阅的个人数据;

(b)确认、减少或不准许收取费用,或指令该机构向投诉人退还款项;

(c)按照个保委指明的方式及期限,确认拒绝改正个人数据,或指令该机构改正个人数据。

第二十九条　指令权

(1)个保委相信机构未遵守第三部至第六部规定的,可以在有关情形下向该机构发出个保委认为适当指令,保障上述规定得到遵守。

(2)在不损害第一款的一般性的原则下,个保委认为在有关情形下适宜保障执行第三部至第六部的,可以向该机构发出下列指令:

(a)停止其违反本法收集、使用或披露个人数据的行为;

(b)销毁其违反本法收集的个人数据;

(c)执行个保委依第二十八条第二款作出的任何指令;

(d)交纳一百万新元以下个保委认为适当的罚款。

(3)第二款第四项不适用于任何不执行本法规定的情形,违反本法规定的,即属犯罪。

(4)个保委应当在任何规定交纳罚款的指令中,指明交纳罚款的日期,但不早于依第三十一条提出的针对该指令的复议申请期限届满之日,或依第三十四条提出的针对该指令的上诉期限届满之日。

(5)依第二款第四项被处任何罚款之未支付数额的应付利息,以及依第二款第四项被处任何罚款之分期付款(由个保委自行决定)的应付利息,应当按照个保委确定的利率计算,但不得超出《法院规则》订明的关于判定债务的利率。

(6)依第五款依令支付的任何利息,构成应纳罚款的部分,应依第三十条执行。

第三十条　在地区法院执行个保委指令

(1)为施行个保委依第二十八条第二款或第二十九条作出的任何指令,个保委可以向地区法院申请将指令按照《法院规则》登记,地区法院应当按照《法院规则》予以登记。

(2)依第一款作出的任何指令自登记之日起,该指令及所有基于该指令可能采取的法律程序,为施行之目的可视为出自地区法院所下的命令,具有同等效力,地区法院有权相应予以执行。

(3)无论涉案金额大小,地区法院对于依第二款所作的任何指令具有司法管辖权与执行权,并可以为此作出:

(a)确保执行该指令的命令;或者

(b)要求任何人员采取任何措施补救、减轻或消除因下列情形造成的任何影响:

(i)根据指令本不得实施但已经实施的任何事宜;或者

(ii)根据指示中本应实施但未及实施的任何事宜;

如果上述指令得到遵守,就不会发生上述情况。

第三十一条　对指令或决定的复议

(1)机构或个体针对下列事项提出异议的：

(a)个保委依第二十七条第二款或第二十九条第一款或第二款作出的任何指令；或者

(b)依第二十八条第二款作出的任何指令或决定。

可以在有关指令或决定发出后二十八日内,向个保委提出书面申请,要求对上述指令或决定进行复议。

(2)除非个保委在任何特定情形下另有决定,申请复议不中止原指令或决定的执行,但申请复议与支付罚款或罚款数额指令有关的除外。

(3)复议申请应当以个保委规定的形式、方式提出,并说明理由。

(4)根据本条申请复议的,个保委应当：

(a)对指令或决定作出复议；

(b)确认、撤销或变更原指令或决定;及

(c)将复议结果书面告知申请人。

(5)不得对依第四款第二项作出的决定申请复议。

第三十二条　私诉权

(1)任何人因机构违反第四部、第五部或第六部任何规定遭受直接损失或损害的,有权在法院提起诉讼,获得民事法律程序救济。

(2)个保委依本法对机构就第一款规定的违法行为已作出决定的,只有在无法进一步提出上诉并导致该决定成为终局决定前,不得因第一款规定对该违法行为提起诉讼。

(3)法院可以向依第一款提起的诉讼的原告提供下列全部或任何救济：

(a)作为强制令或宣告声明的救济；

(b)损害赔偿金；

(c)法院认为适当的其他救济。

第八部　向数据保护上诉委员会、高等法庭和上诉法庭上诉

第三十三条　数据保护上诉专家组和数据保护上诉委员会

(1)设立数据保护上诉专家组。

(2)部长任命上诉专家组成员。

(3)上诉专家组主席由部长从上诉专家组成员中任命。

(4)为审理依第三十四条提出的任何上诉,上诉专家组主席可以提名三名或以上上诉专家组成员组成数据保护上诉委员会。

(5)附表七关于上诉专家组、上诉委员会及其成员以及上诉委员会的法律程序(视情况而定)具有效力。

第三十四条　对个保委指令或决定的上诉

(1)任何机构或个体对下列事项提出异议的,可以在有关指令或决定发出后二十八日内,向上诉专家组主席提出上诉：

(a)个保委依第二十七条第二款或第二十九条第一款或第二款作出的任何指令；

(b)个保委依第二十八条第二款作出的任何指令或决定；或者

(c)个保委依第三十一条第四款第二项作出的任何决定。

(2)已依第三十一条提出任何复议申请，复议事项中包含针对同一指令或决定提出的每一项上诉的，视为已撤回该上诉。

(3)除非上诉委员会在特定情形下另有决定，依本条提出的上诉，不中止该上诉所涉指令或决定的执行，但与判处罚款或罚款数额有关的上诉除外。

(4)审理上诉的上诉委员会可以确认、变更或撤销有关指令或决定，尤其可以：

(a)移交个保委审理；

(b)处以或撤销罚款，或变更罚款数额；

(c)给出或者采取个保委本可给出的指令或采取的其他措施；或者

(d)作出个保委本可作出的其他任何指令或决定。

(5)上诉委员会就上诉作出的任何指令或决定，与个保委的指令或决定具有同等效力，可以按照相同的方式执行，但不得对上诉委员会的任何指令或决定依第三十一条继续申请复议，也不得依本条继续提出上诉。

(6)上诉委员会维持有关指令或决定的，可以推翻作出该指令或决定依据的任何事实认定。

第三十五条　向高等法庭和上诉法庭上诉

(1)针对上诉委员会指令或决定的上诉，或有关上诉，应当提交高等法庭以判定：

(a)关于上诉委员会的指令或决定所涉法律问题；或者

(b)上诉委员会关于罚款数额作出的任何指令。

(2)依本条提出的上诉，提起请求的仅限下列主体：

(a)针对上诉委员会的指令或决定提出异议的机构；

(b)投诉人，但该决定须与投诉有关；或者

(c)个保委。

(3)高等法庭应当审理任何上诉，并且可以：

(a)确认、变更或推翻上诉委员会的指令或决定；及

(b)针对该高等法庭认为适当的其他(包括诉讼费用或其他事宜等)上诉作出类似上述形式的命令。

(4)对于高等法庭行使原讼民事司法管辖权所作的决定，依据本条具有进一步提出上诉的权利。

第九部　谢绝来电登记处

第一分部　导　　言

第三十六条　本部释义

(1)本部中，除上下文另有所指外，下列术语含义如下：

"主叫线路识别"是指确认发送人身份电话号码或信息的行为。

"金融服务"与《新加坡 2003 年消费者保护(公平交易)法》第二条规定的相同。

"货物"是指包括有形和无形在内的任何动产:

(a)交付之时或之后,附属于或拟附属于不动产的动产;

(b)金融产品与信贷包括适用于土地担保之信贷;

(c)任何住宅物业;或者

(d)票券。

"消息"是指以包括声音、文本、视觉或其他形式呈现的任何消息。

"登记簿"是指依第三十九条保存和维护的任何"谢绝来电登记簿"。

"发送",就消息而言,是指:

(a)消息发送、安排消息发送或授权消息发送;或者

(b)拨打包含该消息的语音电话,安排拨打包含该消息的语音电话,或者授权拨打包含该消息的语音电话。

"发送人",就消息而言,是指:

(a)发送消息、安排发送消息或授权发送消息之人;或者

(b)拨打包含该消息语音电话,安排拨打包含该消息语音电话,或者授权拨打包含该消息语音电话之人。

"服务"包括:

(a)提供增添、维护、修理或变更货物或任何住宅物业的服务;

(b)任何会所或机构的会员资格,但该会所或机构的成立须以为其所有人营利为目的;

(c)根据分时度假合同使用分时度假设施的权利;及

(d)金融服务。

"新加坡电话号码"是指:

(a)以数字 3、6、8 或 9 开头,符合《新加坡电信(类别执照)规例》第二十条之一规定的国家编号方案的八位数电话号码;或

(b)订明的其他任何电话号码。

"用户",就新加坡电话号码而言,是指分配到新加坡电话号码的电信服务用户。

"分时度假设施"是指任何位于新加坡或其他国家和地区的居住设施,其全部或部分用于或意图用于特定类别人员的休闲度假目的,该类别全体人员有权使用该设施或有权参与安排,据此安排,他们可以使用该设施或该设施归属的海量设施内的其他设施。

"分时度假合同"是指赋予或意图赋予个体以分时权利的合同,该权利可在不少于三年的期限内行使。

"语音电话"包括:

(a)使用录音或合成语音的电话;或者

(b)接收者遇有残障(如听力损伤)的,等同于语音电话的普通电话,无论接收者是否通过按压电话听筒按键或类似通信设备回应。

(2)就本部而言,除有相反证明外,电信服务提供商仅提供可以发送特定消息服务的,不

应被推定为该消息发送者或授权者。

(3)就本部而言,特定消息已经发出且发送该消息的电信设备、服务或网络在发出时是由该电信设备、服务或网络的所有人或受权用户并不知情的人员控制的,除有相反证明外,该所有人或受权用户不应被推定为该消息发送者或授权者。

(4)第三款中,“控制”既指物理控制,也指以软件或其他方式实现的控制。

第三十七条 “特定消息”的含义

(1)除第五款另有规定外,本部所指“特定消息”是指:

(a)消息的内容;

(b)消息的版面;

(c)通过消息内数字、网址或联系方式(如有)可以获得的内容;及

(d)发出消息的电话号码已向接收者披露(以主叫线路识别或其他方式)的,通过呼叫该号码可以获得的内容(如有)。

是为实现以下的目的或目的之一的,就可以断定其为特定消息:

(i)发出供应货物或服务的要约;

(ii)宣传或推广货物或服务;

(iii)宣传或推广货物或服务的提供商或潜在提供商;

(iv)发出供应土地或土地权益的要约;

(v)宣传或推广土地或土地权益;

(vi)宣传或推广土地供应商或潜在供应商或土地权益;

(vii)发出提供商机或投资机会的要约;

(viii)宣传或推广商机或投资机会;

(ix)宣传或推广商机或投资机会的提供商或潜在提供商;

(x)与获取或提供信息有关的其他任何订明目的。

(2)为施行第一款第一项至第十项,下列情形在所不问:

(a)上述货物、服务、土地、权益或者上述商机或投资机会是否存在;或者

(b)获取上述货物、服务、土地或权益或者接受上述商机与投资机会是否合法。

(3)除非第四款另有规定,任何人授权他人发出要约、宣传或推广前者的货物、服务、土地、权益或商机与投资机会,应被视为已授权后者发送任何消息,发出要约、宣传或推广前者的货物、服务、土地、利益或商机与投资机会。

(4)就第三款而言,任何人采取合理措施终止发送该款所称任何消息的,不应被视为已对消息的发送作出授权。

(5)就本部而言,特定消息不包括附表八所称的任何消息。

第三十八条 本部的适用范围

本部适用于发送至新加坡电话号码的特定消息的下列情形:

(a)在特定消息发送出去时,该信息发送人位于新加坡的;或者

(b)在特定消息被查阅时,该信息接收者位于新加坡的。

第二分部 实　施

第三十九条　登记簿

(1)个保委应当设立和保存一份或一份以上本章称为“谢绝来电登记簿”的新加坡电话号码登记簿。

(2)登记簿应当以个保委认为适当的形式保存,并包含个保委认为适当的具体内容。

(3)个保委可以授权他人代为保存任何登记簿,但须受个保委认为适当的条件或限制所规限。

第四十条　适用范围

(1)用户可以按照订明的形式与方式向个保委提出申请:

(a)将其新加坡电话号码登记入簿;

(b)将其新加坡电话号码自登记簿移除。

(2)任何人可以按照个保委要求的形式和方式向个保委提出申请,确认任何新加坡电话号码是否已登记入簿。

第四十一条　证据

管理局行政长官或受权官员意在签署的说明新加坡电话号码于证书列明日期确已登记入簿或并未登记入簿的证书,可以在任何法律程序中作为证据采用。

第四十二条　关于已终止新加坡电话号码的信息

(1)任何电信服务提供商应当以订明的形式和方式向个保委报告所有终止的新加坡电话号码。

(2)电信服务提供商违反第一款的,即属犯罪,一经定罪,处一万新元以下的罚款。

(3)本条中,“已终止新加坡电话号码”是指:

(a)适用于下列情形的新加坡电话号码:

(i)已向用户配发的新加坡电话号码;

(ii)用户或电信服务提供商已终止关于新加坡电话号码的电信服务;

(iii)新加坡电话号码还未向其他用户配发。

(b)其他任何特定电话号码及情形。

(4)第(1)款中,有下列情形的,第一提供商应当执行第一款规定:

(a)新加坡电话号码已配发电信服务提供商(本款称为第一提供商)的用户;

(b)用户终止有关新加坡电话号码的电信服务;

(c)用户与另一电信服务提供商(本款称为后续提供商)订立关于新加坡电话号码的电信服务合同;

(d)第三项所称电信服务已被用户或后续提供商终止;

(e)新加坡电话号码此后未配发任何用户。

(5)不影响电信服务提供商第一款至第四款规定的义务的原则下,个保委应当就按照本条向个保委报告的任何已终止新加坡电话号码,向电信服务供应者交纳订明的费用。

第三分部　向新加坡电话号码发送特定消息

第四十三条　核对登记簿义务

(1)任何人不得在指定日期或以后向新加坡电话号码发送特定消息,但该人发送前已于规定期限内(也可包括指定日期之前的期限):

(a)已依第四十条第二款向个保委申请确认该新加坡电话号码登记入相关登记簿的情况;且

(b)收到个保委确认该新加坡电话号码尚未登记入相关登记簿的除外。

(2)任何人违反第一款的,即属犯罪,一经定罪,处一万新元以下的罚金。

(3)就第一款被指犯罪而进行的任何法律程序中,被告人证明电话号码的用户或使用者有以下列情形的,可以此作为免责辩护事由:

(a)明确无误地同意向该新加坡电话号码发送特定消息;且

(b)该同意是以书面形式或其他可备日后查阅的证据形式作出的。

(4)为施行本条:

(a)只有一部依第三十九条存档登记簿的,相关登记簿即指该登记簿;及

(b)对于不同类型特定消息有两部或两部以上依第三十九条存档登记簿的,相关登记簿专指与特定消息类型相关的登记簿。

第四十四条　联系信息

(1)任何人不得于订明日期或以后向新加坡电话号码发送特定消息,但下列情形除外:

(a)特定消息包括可识别出发送或授权发送该消息之个体或机构的清晰、准确信息的;

(b)特定消息包括供接收者随时联系该个体或机构的清晰、准确信息的;

(c)特定消息包括规例规定的该等信息并且符合规例规定的条件(如有)的;且

(d)符合本款规定的特定消息中的信息,至少在发送后三十日内是合理地相当可能会有效。

(2)任何人违反第一款的,即属犯罪,一经定罪,处一万新元以下的罚金。

第四十五条　主叫线路识别不得隐瞒

(1)订明日期或以后,通过电话号码或传真号码拨打包含特定消息语音电话,或促使拨打包含特定消息语音电话,或授权拨打包含特定消息语音电至新加坡电话号码的,不得实施下列行为:

(a)向接收者隐匿或隐瞒发送人的主叫线路识别;

(b)为了向接收者隐匿或隐瞒发送人的主叫线路识别或实现类似效果,作出与发送特定消息相关的操作或发出任何指令。

(2)任何人违反第一款的,即属犯罪,一经定罪,处一万新元以下的罚金。

第四十六条　同意

(1)任何人不得以提供货物、服务、土地、权益或机会作为条件,要求新加坡电话号码的用户或使用者作出同意,向该新加坡电话号码或其他任何新加坡电话号码发送超出提供货物、

服务、土地、权益或机会合理范围的特定消息,该情形下用户或使用者作出的任何同意均属无效。

(2)任何人获得或试图获得向新加坡电话号码发送特定消息的同意:

(a)就发送特定消息提供虚假或误导信息的;或者

(b)使用欺骗性或误导性方式的;

上述情形下作出的任何同意均属无效。

第四十七条　撤销同意

(1)给出告知后,新加坡电话号码用户或使用者可以随时撤销向任何人作出的向该新加坡电话号码发送任何特定消息的任何同意。

(2)任何人不得禁止新加坡电话号码的用户或使用者撤销其作出的向该新加坡电话号码发送特定消息的同意,但本条不影响撤销造成的任何法律后果。

(3)新加坡电话号码的用户或使用者向任何人员发出告知,撤销对其作出的向该新加坡电话号码发送任何特定消息的同意的,该人员应当在订明期限届满后终止(并促使其代理人终止)向该新加坡电话号码发送任何特定消息。

(4)为施行本部,新加坡电话号码的用户或使用者有下列情形的,视为已同意向该新加坡电话号码发送特定消息:

(a)在本部生效前同意发送特定消息;且

(b)该同意于本部生效或生效后仍未撤销的。

(5)为施行本部,新加坡电话号码的用户或使用者:

(a)在本部生效日、生效日之前或之后同意任何人员向该新加坡电话号码发送特定消息;且

(b)紧临本部生效日或之后将该新加坡电话号码入簿或申请入簿的,

该入簿或申请入簿该新加坡电话号码的行为不得视为撤销同意。

(6)为避免疑义,新加坡电话号码的用户可以在本部生效日或以后任何时间内,撤销其作出的关于向该新加坡电话号码发送特定消息的任何同意。

第四十八条　雇员的辩护事由

(1)在因任何雇员已经实施或从事的某种行为(视情况而定)而依本部被提起的任何刑事法律程序中,该雇员证明实施或从事的某种行为有以下列情形的,可以提出善意辩护事由:

(a)在受雇期间实施或从事的;或者

(b)在受雇期间按照或代表雇主发出的指令实施或从事的。

(2)实施或从事该行为的是担任高级人员的雇员且证明有下列情形之一的,第一款规定不适用:

(a)该行为的实施或从事是在该高级人员同意或纵容下作出的;或者

(b)该行为的实施或从事可归因于该高级人员疏忽大意的。

(3)第二款所称“高级人员”的含义与第五十二条第五款规定的相同。

第十部　一般规定

第四十九条　咨询指引

(1)个保委可以不时发布书面形式的咨询指引,说明个保委解释本法的方式。

(2)个保委可以不时变更、修改或撤销依本条发布的咨询指引。

(3)个保委应当以其认为适当的任何方式公布咨询指引,但任何指引不执行本款规定的,不影响指引的效力。

第五十条　调查权

(1)个保委可以根据投诉或主动依本条开展调查,决定任何机构是否违反本法。

(2)个保委及调查员依本条具有的调查权力见附表九。

(3)个保委认为适当的,可以中止、停止或不予依本条调查,包括但不限于以下情形:

(a)投诉人未执行依第二十七条第二款发出的指令的;

(b)该事项所涉各方已同意解决该事项的;

(c)该事项任意一方已就另一方违反或涉嫌违反本法提起法律程序的;

(d)个保委认为,该事项可能由另一监管机构调查更为适当,并已移交该机构的;

(e)个保委认为:

(i)投诉实属轻率、无理取闹或非出于善意提出投诉的;或者

(ii)有不开展、中止或停止调查的其他任何正当情形的。

(4)任何机构应当在调查结束后一年内或个保委书面指定的任何较长期间内,保留有关依本条开展调查的记录。

第五十一条　犯罪和处罚

(1)任何人未获他人授权依第二十一条或第二十二条(视情况而定)申请查阅或更改该个体的个人数据的,即属犯罪。

(2)任何构成第一款所称犯罪之人经定罪的,处五千新元以下的罚金,单处或并处十二个月以下的监禁刑。

(3)任何机构或个体有下列情形之一的,即属犯罪:

(a)意图逃避依第二十一条或第二十二条提出的要求,处置、更改、伪造、隐匿或销毁,或者指示第三人处置、更改、伪造、隐匿或销毁包含下列内容的记录:

(i)个人数据;或者

(ii)有关收集、使用或披露个人数据的信息的。

(b)妨害个保委、调查员或受权官员依本法履行任何职能、职责或行使任何权力的。

(c)向本法所规定的个保委、调查员或受权官员作出陈述或提供任何信息或文件,该机构或个体明知或应知上述陈述、信息或文件在任何重要事项上为虚假或误导性的。

(4)构成第三款第一项所称犯罪的任何机构或个体应当承担下列责任:

(a)属个体的,处五千新元以下的罚金;及

(b)属其他任何情形的,处五万新元以下的罚金。

(5)构成第三款第二项或第三项所称犯罪的任何机构或个体应当承担下列责任：

(a)属个体的，处一万新元以下的罚金，单处或并处十二个以下的监禁刑；

(b)属其他任何情形的，处十万新元以下的罚金。

第五十二条　法人团体犯罪

(1)法人团体实施本法规定的犯罪证实是：

(a)在高级人员同意或纵容的情形下实施的；或者

(b)可归因于高级人员的疏忽大意的，

高级人员和法人团体即属犯罪，据此可被提起法律程序并受到相应处罚。

(2)法人团体的事务由其成员管理的，第一款适用于成员就管理事宜有关的行为和过错，该成员可视为该法人团体的董事。

(3)合伙企业实施本法规定的犯罪证实是：

(a)在合伙人同意或纵容的情况下实施的；或者

(b)可归因于合伙人疏忽大意的；

合伙人和合伙企业即属犯罪，据此可被提起法律程序并受到相应处罚。

(4)非法人团体(合伙企业除外)实施本法规定的犯罪证实是：

(a)在非法人团体的高级人员或治理机构成员同意或纵容的情形下实施的；或者

(b)可归因于非法人团体的高级人员或治理机构成员疏忽大意的，

高级人员或成员以及非法人团体即属犯罪，据此可被提起法律程序并受到相应处罚。

(5)本条中：

"法人团体"包括有限责任合伙企业；

"高级人员"：

(a)就法人团体而言，是指任何董事、合伙人、管委会成员、首席执行官、经理、干事或法人团体其他类似高级人员，包括声称以任何该等身份行事的任何人员；或者

(b)就非法人团体(不包括合伙企业)而言，是指主席、干事，或非法人团体委员会的任何理事，或担任类似类主席、干事或委员会理事职位的其他人员，包括声称以任何该类身份行事的任何人员；

"合伙人"包括声称以合伙人名义行事的个人。

(6)在经过部长认为适当的修改后，可以制定规例，将本条的任何规定适用于根据新加坡域外法律成立或承认的任何法人团体或非法人团体。

第五十三条　雇主对雇员行为的责任

(1)为施行本法，任何人(本条称为雇员)在受雇期间作出或从事的任何行为，视为雇主与该雇员作出或从事，无论该行为的作出或从事是否为雇主明知或经雇主同意。

(2)在依本法对任何人因其雇员已经作出的或从事的行为(视情况而定)而被提起的法律程序中，该雇主证明采取过可行措施阻止雇员实施或从事某种行为的，或者阻止该雇员在雇用期间作出或从事该行为的(视情况而定)，可以提出免责辩护事由。

第五十四条　法院管辖权

《新加坡2010年刑事诉讼法典》另有任何相反规定的，地区法院仍具有受理本法规定的任何犯罪的管辖权，以及对该犯罪处以一切刑罚或惩罚的权力。

第五十五条　犯罪的庭外解决

(1)个保委可以酌情庭外解决本法(第九部除外)订明的可庭外解决犯罪,向被合理地怀疑犯了该罪行的人收缴不超出下列两款中数额较少的金额:

(a)该犯罪规定的最高罚金数额的一半;

(b)五千新元。

(2)个保委可以酌情庭外解决第九部中订明的可庭外解决犯罪,向被合理地怀疑犯了该罪行的人收缴不超过一千新元作为抵罪罚金。

(3)收缴上述款项后,不得就该犯罪对该人员采取后续法律程序。

(4)经部长批准,个保委可以制定规例,订明可庭外解决犯罪。

第五十六条　一般处罚

任何人实施本法未明确规定处罚的犯罪的,一经定罪,处一万新元以下的罚金,单处或并处三年以下的监禁刑。属持续犯罪的,在定罪后持续期间内可每日或不足一日追处一千新元以下的罚金。

第五十七条　公务人员和公职人员

(1)依第八条第一款任命的所有个体:

(a)视为《新加坡1871年刑法典》所指的公务人员;及

(b)就实施、评估、收缴或执行支付本法规定的可庭外解决犯罪抵罪金而言,视为《新加坡1966年财政程序法》规定的公职人员;该法第二十条适用于无论现在或当时是否为政府雇员的上述个体。

(2)上诉专家组所有成员与咨询委员会所有成员,视为《新加坡1871年刑法典》所指公务人员。

第五十八条　法律程序中的证据

(1)个保委、上诉专家组、上诉委员会、各成员以及代表个保委或受个保委指令的任何人员,对于依本法履行各自职责、职能或行使权力中获取的任何信息,不得在法院或其他任何法律程序中主动或被动提供证据,除非是:

(a)在针对伪证罪或提供虚假信息提起的公诉中;

(b)在针对本法所称犯罪提起的公诉中;或者

(c)在针对某项决定提出的司法审查申请或上诉的申请中。

(2)就个保委处理的法律程序涉及的证据而言,第一款规定亦适用。

第五十九条　保密

(1)除第五款另有规定,指定人员应当对于以下情形做好保密与协助保密工作:

(a)任何任意机构按要求或受权应拒绝予以披露的个人数据,如果其包含于第二十一条要求的个人数据之中的。

(b)无论信息是否存在,如果任意机构依第二十一条拒绝提供查阅并不说明该信息是否存在的。

(c)依第三款已被确定为机密的所有事项;及

(d)与向个保委提供数据之人员的身份有关的所有事项。

该指定人员对于其在履行本法规定的职能、职责时可能知悉的事宜,不得告知任何人,但下列情形除外：

(i)告知任何该等事宜是出于履行任何该职能、职责所需的；或者

(ii)告知任何该等事宜是出于任何法院的合法要求，或是出于本法或任何其他成文法律的合法要求或许可的。

(2)任何人不遵守第一款规定的，即属犯罪。

(3)任何人向个保委提供任何信息时，可以将其声明的信息标识为机密信息。

(4)依第三款所作的任意声明，应当附有以书面形式说明的该等信息为机密的理由。

(5)尽管第一款已有规定，个保委在下列情形下可以披露或者授权任何指定人员披露第一款内任何事项所涉任何信息：

(a)已得到该信息涉及人员同意的；

(b)个保委认为有犯罪证据，向该案检察官、任何警官及其他执法机构披露有关犯罪的信息的；

(c)为付诸执行本法任何规定的；

(d)为施行第五十八条第一款第一项、第二项或第三项所称起诉、申请或上诉的；

(e)满足第六款所列条件的情形下，为遵守依第十条所订立合作协议任何内容的；或者

(f)在部长订明的情形下，向公共机构披露的。

(6)第五款第五项所称条件是：

(a)他国要求的信息或文件由个保委占有；

(b)除政府另有准许外，该他国承诺对提供的数据始终保密；且

(c)披露该信息无违反公共利益的可能性。

(7)本条中，“特定人员”是指现在是或已经是：

(a)相关机构的成员或高级人员；

(aa)依本法或其他任何成文法律规定，由相关机构授权或任命履行相关机构职能、职责或行使权力的人员；

(b)相关机构委员会的成员，或获得授权、任命或受雇协助相关机构的任何人员；或者

(c)调查员或获得授权、任命或受雇协助调查员的人员。

第六十条　免于承担个人责任

下列人员不承担任何责任：

(a)相关机构任何成员或高级人员；

(b)任何获得授权、任命或受雇协助的人员；

(c)相关机构的任何临时借调或附属人员；

(d)由相关机构授权或任命的行使相关机构权力、履行职能或职责，或协助行使相关机构权力、履行职能或本法或其他成文法律规定之职责的任何人员；或者

(e)任何调查员或获得授权、任命或受雇协助履行本法规定之检查员任何职能或职责的任何人员。

若系本于合理注意义务、善意之任何作为(包括作出的任何声明)或不作为，在执行其下

列职能的过程中或在与执行该职能有关的下列情况下：

(i)依本法或其他任何成文法律行使或声明行使任何权力的；

(ii)依本法或其他任何成文法律履行或声明履行任何职能，或者履行或声明履行任何职责的；或者

(iii)遵守或声明遵守本法或其他任何成文法律规定。

第六十一条　个保委的标识

(1)个保委对与其活动或事务相关的订明标识或图象享有专有使用权。

(2)任何人未经个保委授权，使用与个保委相同或相似的标识或图象，导致或可能导致欺诈或造成混淆的，即属犯罪，一经定罪，处两千新元以下的罚金，单处或并处六个月以下的监禁刑。

第六十二条　豁免权

经部长批准，个保委可以于《政府公报》发布命令，豁免任何个体、机构或任何类别个体或机构执行本法规定，但必须符合该命令所规定的条款或条件。

第六十三条　国家利益证明

为施行本法，对于任何事物为国家利益是否确属必要或者任何事物是否违背国家利益存有任何疑问的，由对于该事项负责之相关部长签署的证书应是前述事项的结论性证据。

第六十四条　附表的修改

(1)部长可以在《政府公报》发布命令，修改任何附表，但附表九除外。

(2)依本条发布的命令，必须于《政府公报》刊登后尽快呈交议会。

第六十五条　规例制定权

(1)经部长批准，个保委可以制定必要或适当的规例，执行本法的目的与规定，订明要求本法订明的或授权本法订明的任何事项。

(2)在不损害第一款的一般性的原则下，个保委经部长批准，可以就下列任何或全部事项制定规例：

(a)[2016 年第 22 号法案删除，自 2016 年 10 月 1 日起生效]

(b)依第二十一条或第二十二条有关提出与答复要求的形式、方式及程序，具体包括对该要求的答复内容，期限，机构可不予答复、不予确认或否认任何事宜之存在的情形，以及机构可以收取的费用；

(c)对于未成年人、死者或依本法为无行为能力的其他任何个体，可以依本法代为行事之人员的类别，规范依本法可以代为行使的任何权利或权力的方式和范围；

(d)依本法之申请与投诉的形式、方式和程序；

(e)个保委依第二十八条作出的审查行为；

(f)依第三十一条申请由个保委进行复议的形式、方式和程序，包括须交纳的费用；

(g)向上诉委员会提出上诉的形式、方法及程序，包括须交纳的费用；

(h)在个保委或上诉委员会处进行任何法律程序的费用或附带费用的裁决，及包括向参加个保委或上诉委员会法律程序的人员须支付的任何津贴等开支的裁决；

(i)新加坡电话号码是否可以登记入簿的决定标准；

(j)在登记簿内记入、更正或删除项目的方式；

(k)给出或撤回关于发送特定消息同意的方式及形式；

(l)有关登记簿设立、运行或实施的其他任何事宜；

(m)关于对个保委或代表个保委依本法提供申请和服务的应付费用，包括为施行第四十三条第一款第一项确认新加坡电话号码是否登记入相关登记簿的申请费用。

(3)依本条制定的规例，可以对不同组织、个体，不同类别机构、个体作出不同的规定。

第六十六条　法院规则

可制定法院规则，对于依第三十二条之诉讼和第三十五条之上诉的常规做法与程序进行规定，包括对于原告提起任何该等诉讼或上诉须告知个保委的要求，以及其他相关事宜。

第六十七条　保留性和过渡性规定

(1)指定日期前由原个保委或原个保委代表所完成的每一行为仍然有效，视为由个保委或个保委代表完成，个保委此时宣布该行为无效、撤销、取消或以其他方式确定该行为的除外。

(2)原个保委或其代表在指定日期前已展开的任何事项，个保委可以在该日期或之后继续实施并完成该事项。

(3)原个保委于指定日期前依本法给出或作出的任何批准、授权、决定、指令、豁免、指引或告知(或其他文书)仍然有效，视为由个保委依本法给出或作出，但以不与经由《新加坡2016年信息通信媒体发展法》修改的本法相抵触为限。

(4)依本法向原个保委提出的任何申请于指定日期前尚未办结的，视为依本法向个保委提出的申请，但以不与经由《新加坡2016年信息通信媒体发展法》修改的本法相抵触为限。

(5)指定日期前依第八部就原个保委的任何指令或决定提出的任何上诉，视为针对个保委的指令或决定提出的上诉。

(6)原个保委主席在指定日期前依本法作出的任何授权，签署的任何证书或其他文件，仍然有效，视为由管理局行政长官依本法作出或签署。

(7)在《新加坡2016年信息通信媒体发展法》第九十六条的任何规定生效之日起两年内，部长可以通过规例订明部长认为必要或适当的保留性或过渡性附加规定。

(8)本条不影响《新加坡1965年解释法》第十六条的实施。

(9)本条中：

“指定日期”是指《新加坡2016年信息通信媒体发展法》第九十六条第一款的生效日期；

“原个保委”是指依第五条第一款成立并在指定日期前立即生效的个人数据保护委员会。

第六十八条　解散

(1)原个保委即行解散。

(2)本条中，“原个保委”的含义与第六十七条第九款中该词语的含义相同。

附表一

［2016年第22号法案删除，自2016年10月1日起生效］

附表二

第十七条第一款

未经同意收集个人数据

1. 下列任何情形中，机构可以未经个体同意或自个体以外收集个人数据：

(a)该收集出于明显符合该个体利益之任何目的所必需，如果对收集的同意无法及时获得，或者合理预期该个体不会不予同意的。

(b)该收集乃出于响应对该个体的或另一人的生命、健康或安全造成紧急威胁所必需的。

(c)个人数据可以公开获取的。

(d)该收集对国家利益实属必要的。

(e)该收集出于任何调查或法律程序所必需，有理由预期征求个体同意将损害该个人数据的可用性或准确性的。

(f)该收集出于评价需要的。

(g)收集个人数据仅为艺术或文学目的使用的。

(h)除本附表第二条另有规定外，新闻机构仅为新闻活动收集个人数据的。

(i)收集个人数据意在为了机构收回个体欠款，或为了机构向该个体支付欠款的。

(j)该收集出于该机构向其他个体提供法律服务或该机构获得法律服务所需的。

(k)个人数据是信用局为创建信用报告而自其成员处收集，或者是信用局成员自信用局向该成员提供的关于该成员与该个体之间的交易信用报告中收集的。

(l)收集个人数据的目的是依私人信托或福利计划向该个体授予权益或福利，应委托人或福利计划设立人(视情况而定)的请求，管理该信托或福利计划的。

(m)个人数据已由其他个体提供，目的在于使机构可以为该个体或其家庭提供服务的。

(n)个人数据包含于下列文件中的：

(i)该个体在受雇工作、业务运作或专业工作期间或为个体的受雇工作、业务运作或专业工作而制作的文件；且

(ii)收集的目的与制作该文件的目的相同。

(o)个人数据由个体的雇主收集，收集的数据对于管理或终止机构与个体之间的雇用关系实属合理的。

(p)除本附表第三条规定的条件外，个人数据：

(i)由作为与另一机构开展商业资产交易的一方当事人或预期当事人的机构自其他机构收集的；

(ii)该数据是关于对方机构的雇员、客户、董事、高级人员或股东的；及

(iii)该数据是直接关于对方机构的，或者是与交易中的业务资产相关的。

(q)个人数据已由公共机构披露，该数据的收集符合该公共机构披露的目的的；或者

(r)个人数据：

(i)根据本法第十七条第三款已向该机构披露；且

(ii)该机构收集该数据的目的与上述机构的披露目的相同的。

2. 本条中和第一条第八项中：

“广播服务”同《新加坡1994年广播法》第二条规定的含义相同。

“新闻活动”是指：

(a)为实现向公众或任何部分公众传播的目的，采集新闻或编制、编辑新闻、新闻观察或时事等不同种类文章或节目的活动；

(b)向公众或任何部分公众传播的任何文章或节目包括以下种类：

(i)新闻；

(ii)新闻观察；或者

(iii)时事。

“新闻机构”是指：

(a)任何机构：

(i)其全部或部分业务由有关广播服务、新闻专线服务或报纸出版的新闻活动构成；及

(ii)该机构，在新加坡发行《新加坡1974年报纸和印刷出版法》第八条第一款所称报纸的，须是该法第三部规定的报纸公司；或者

(b)在新加坡境内或自新加坡提供广播服务并持有依《新加坡1994年广播法》第八条授予的广播许可证的任何机构。

“报纸”与《新加坡1974年报纸和印刷出版法》第二条规定的含义相同。

“相关广播服务”是指符合《新加坡1994年广播法》的任何下列可许可广播服务：

(a)免费接收全国电视服务；

(b)免费接收本地电视服务；

(c)免费接收国际电视服务；

(d)订阅全国电视服务；

(e)订阅本地电视服务；

(f)订阅国际电视服务；

(g)特殊利益电视服务；

(h)免费接收全国无线电服务；

(i)免费接收本地无线电服务；

(j)免费接收国际广播服务；

(k)订阅全国无线电服务；

(l)订阅本地无线电服务；

(m)订阅国际无线电服务；

(n)特殊利益无线电服务。

3.(1)个人数据系依第一条第十六项收集的,适用本款规定。

(2)该机构是商业资产交易的预期当事人：

(a)收集的个人数据必须是机构决定是否继续开展商业资产交易所需;及

(b)该机构与其他机构必须已达成协议,该协议要求预期当事人仅出于有关商业资产交易的目的使用或披露该个人数据。

(3)机构与其他机构开展商业资产交易的：

(a)该机构仅可使用或披露收集个人数据的目的,须与该其他机构本可获准使用或披露该等数据的目的相同。

(b)收集到的任何个人数据与其他机构或其商业资产交易所涉部分不直接相关的,该机构应当销毁或向其他机构返还任何该类个人数据。

(c)个人数据遭到披露的雇员、客户、董事、高级人员及股东应当被告知下列事项：

(i)商业资产交易已经发生;及

(ii)其有关个人数据已向该机构披露。

(4)商业资产交易未实施或未完成的,机构应当销毁或归还其他机构其收集的全部个人数据。

(5)本款及第一条第十六项中,“商业资产交易”的含义与附表四第三条第四款规定的含义相同。

4.为避免疑义,指定日期前根据附表四所列情形与条件所披露的个人数据,须符合第一条第十八项规定,即使本法第十七条第三款在该披露行为发生时尚未生效。

附表三

第十七条第二款

使用未经同意的个人数据

1.有下列任何情形之一的,机构可以不经个体同意使用个人数据：

(a)该使用出于明显符合该个体利益之任何目的所必需,如果对使用的同意无法及时获得,或者合理预期该个体不会不予同意的；

(b)该使用乃出于响应对该个体的或另一人的生命、健康或安全造成紧急威胁所必需的；

(c)该个人数据可以公开获取的；

(d)该使用对国家利益实属必要的；

(e)该使用出于任何调查或法律程序所必需的；

(f)该使用出于评价需要的；

(g)使用个人数据意在为了机构收回个体欠款,或为了机构向该个体支付欠款的;
(h)该使用出于该机构向其他个体提供法律服务或该机构获得法律服务所需的;
(i)除本附表第二条另有规定,该等个人数据的使用是以包括历史研究或统计研究在内的研究为目的的;或者
(j)该数据由该机构根据本法第十七条第一款收集,并由该机构用于与该收集一致目的的。

2. 第一条第九项不得适用,除非:
(a)不以可单独识别的形式提供个人数据,研究目的便无法合理实现的;
(b)机构寻求个体的使用同意属不切实际的;
(c)个人数据不会用于联系个体并邀请其参与研究的;及
(d)将个人数据与其他信息相联系,不会对通过该个人数据识就可识别出的个体造成损害,且该联系产生的获益明显符合公共利益的。

3. 为避免疑义,指定日期前根据附表二所列情形与条件所收集的个人数据,须符合第一条第十项规定,即使本法第十七条第一款在该收集行为发生时尚未生效。

附表四

第二条、第十七条第三款和第二十一条第四款

披露未经同意的个人数据

1. 有下列情况之一的,机构可以不经个体同意披露个人数据:
(a)该披露出于明显符合该个体利益之任何目的所必需,如果对披露的同意无法及时获得的。
(b)该披露乃出于响应对该个体的或另一人的生命、健康或安全造成紧急威胁所必需的。
(c)除本附表第二条另有规定,有合理理由认为该个体或另一个体的健康或安全将会受到严重影响,且对数据披露的同意无法及时获得的。
(d)该个人数据可以公开获取的。
(e)该披露对国家利益实属必要的。
(f)该披露出于任何调查或法律程序所必需的。
(g)该披露的对象为公共机构,且披露是出于公共利益所需的。
(h)该披露出于评价需要的。
(i)披露个人数据意在为了机构收回个体欠款,或为了机构向该个体支付欠款的。
(j)该披露出于该机构向其他个体提供法律服务或该机构获得法律服务所需的。
(k)个人数据是信用局成员为准备信用报告而向信用局披露的,或者是在信用局向其成员提供的关于该成员与该个体之间的交易信用报告中披露的。
(l)教育机构向公共机构披露其当前或先前学员的个人数据,作为政策制定或审查目

的的。

(m)依《新加坡1980年私立医院与医疗诊所法》获得许可的医疗机构或其他任何订明保健机构,向公共机构披露其当前或先前病患的个人数据,作为政策制定或审查目的的。

(n)向任何订明执法机构人员披露的,但须出示该执法机构的首长、局长或类似级别人员签署的书面授权,证明该个人数据为该人员履行其职能或职责所需。

(o)披露旨在用于联系任何伤者、患者或死者之近亲属或朋友的。

(p)除本附表第三条另有规定,个人数据:

(i)向与机构开展商业资产交易的一方当事人或预期当事人披露的;

(ii)内容是关于该机构的雇员、客户、董事、高级人员或股东的;及

(iii)与该机构或其商业资产中有关业务资产交易的部分直接相关的。

(q)除本附表第四条另有规定,披露是以包括历史研究或统计研究在内的研究为目的的。

(r)如果理性人并不认为该个人数据对个体如此敏感而不可以在拟定期间披露,该披露乃出于档案或历史目的所需的。

(s)除本附表第五条另有规定,个人数据:

(i)已由该机构根据本法第十七条第一款规定收集的;及

(ii)由该机构为与该收集相同的目的而披露的。

2. 依第一条第三项规定披露的,机构应当尽可能快地将其个人信息被披露的情况和披露目的告知该个体。

3. (1)本条规定适用于依第一条第十六项披露的个人数据。

(2)向商业资产交易的预期当事人披露的:

(a)披露的个人数据必须是预期当事人决定是否继续开展商业资产交易所需;及

(b)该机构与其他机构必须已达成协议,该协议要求预期当事人仅出于有关商业资产交易的目的使用或披露该个人数据。

(3)机构开展商业资产交易的,个人数据遭到披露的雇员、客户、董事、高级人员及股东应当被告知下列事项:

(a)商业资产交易已经发生;及

(b)其有关个人数据已向另一方披露。

(4)本条和第一条第十六项中:

"商业资产交易"是指对机构、机构组成部分、任何业务或资产的购买、销售、租赁、并购、合并、兼购、处置或融资,但不包括依第一条第十六项披露的个人数据;

"当事人"是指与该机构开展商业资产交易的其他机构。

4. 第一条第十七项不予适用,除非:

(a)不以可单独识别的形式提供个人数据,研究目的便无法合理实现的。

(b)机构寻求个体的披露同意属不切实际的。

(c)个人数据不会用于联系个体并邀请其参与研究的。

(d)将个人数据与其他信息相联系,不会对通过该个人数据识就可识别出的个体造成

损害,且该联系产生的获益明显符合公共利益的;及

(e)个人数据披露的接收机构已签署协议,同意遵守:

(i)本法;

(ii)个人数据收集机构制定的有关个人数据保密的政策及程序;

(iii)披露个人数据之机构的安全及保密条件;

(iv)一有合理机会就移除或销毁个体可识别标识之要求;及

(v)未经个人数据披露机构明确授权,不得将个人数据用于其他任何事项,或不得以单独可识别形式披露个人数据之要求。

5. 为避免疑义,指定日期前根据附表二所列情形与条件所收集的个人数据,须符合第一条第十九项规定,即使本法第十七条第一款在该收集行为发生时尚未生效。

附表五

第二十一条第二款

查阅要求的例外

依本法第二十一条第一款,机构无须提供下列数据:

(a)仅为评价需要而保存的意见数据;

(b)教育机构举办的任何考试,试卷及公布考试结果前的考试结果;

(c)纯为管理信托而保存的私人信托之受益人的个人数据;

(d)仲裁机构或调解中心仅为实施仲裁或调解法律程序的目的而保存的个人数据;

(e)与公诉相关的全部法律程序尚未办结的,公诉的相关文件;

(f)享有法律特权的个人数据;

(g)属于披露后将泄露机密商业信息且理性人据此认为可能损害机构竞争地位的个人数据;

(h)为实施调查(调查及相关程序和上诉未办结的),分别依附表二第一条第五项、附表三第一条第五项或附表四第一条第六项未经同意收集、使用或披露的个人数据;

(i)个人数据已由调解员、仲裁员在调解或仲裁时收集或创建,调解员、仲裁员在下列情形下行事的:

(i)依《新加坡1960年劳资关系法》规定的集体协议,或通过调解或仲裁双方订立的协议;

(ii)根据任何成文法律;或者

(iii)法院、仲裁机构或调解中心;或者

(j)符合以下条件的任何要求:

(i)该请求本身带有的重复性或系统性可能会不合理干扰机构运作的;

(ii)请求提供查阅的负担或费用对机构不合理或与个体利益不相称的;

(iii)请求提供不存在的或无法发现的数据的;

(iv)请求提供无关紧要的数据的;或者

(v)因其他情况被认为是实属轻率或无理取闹的。

附表六

第二十二条第七款

修改要求的例外

本法第二十二条不适用于下列情形:

(a)仅为评价需要而保存的意见数据;

(b)教育机构举办的任何考试、试卷及公布考试结果前的考试结果;

(c)纯为管理信托而保存的私人信托之受益人的个人数据;

(d)仲裁机构或调解中心仅为实施仲裁或调解法律程序的目的而保存的个人数据;或者

(e)公诉的相关文件,如果与公诉相关的全部法律程序尚未办结的。

附表七

第三十三条第五款

数据保护上诉专家组和数据保护上诉委员会的组成与法律程序

第一条　数据保护上诉专家组

(1)数据保护上诉专家组由不超过三十名成员组成,由部长基于其在工业、商业或行政等领域的能力、经验,或其具备的专业资质或其他适合被任命的条件随时任命。

(2)上诉专家组成员的任期由部长决定,可以连任。

(3)部长可以随时撤销对上诉专家组任何成员的任命,无须说明任何理由。

(4)上诉专家组成员可以通过向部长提交书面通知辞去该职务。

第二条　上诉专家组主席或临时主席

(1)上诉专家组主席的任期由部长决定,可以连任,除非其任命由部长撤销或其在任期内辞职。

(2)上诉专家组主席因病或其他原因暂时丧失工作能力或暂时离开新加坡期间,部长可以任命任何成员担任上诉专家组临时主席。

第二条之一　上诉专家组秘书

(1)上诉专家组秘书由部长任命。

(2)秘书向上诉专家组主席、上诉专家组及各上诉委员会提供行政与文秘支持,协助以上主体履行依本法的职能、职责和权力。

(3)秘书应当按照主席的指令行事,尤其负责:

(a)依本法第三十四条接受、传送、送达及保管有关上诉专家组、上诉委员会及上诉法律程序的文件;及

(b)按照主席规定的形式,保存依本法第三十四条提出的与上诉有关的法律程序记录。

(4)秘书与依第五款获得授权的任何人员,可以参加上诉委员会任何会议,履行各自依本法的职能。

(5)秘书可以在秘书授权的人员协助下履行依本法的职能。

第二条之二　上诉委员会的组成

(1)上诉依本法第三十四条提出的,上诉专家组主席应当提名三名或三名以上委员(包括本人)组成上诉委员会审理上诉。

(2)为保证任何上诉委员会正常履职,上诉专家组主席可以随时:

(a)终止对于上诉委员会任何成员的提名;及

(b)一经提名终止、任期届满或上诉委员会任何成员被撤销,重组上诉委员会。

(3)依第二款第二项重组上诉委员会不影响上诉委员会重组之前、之时或之后依本法作出的任何行为的效力。

第三条　上诉委员会的法律程序

(1)上诉专家组主任委员由下列人员担任:

(a)上诉专家组主席,如果上诉专家组主席提名自己担任上诉委员会委员的;或者

(b)由上诉专家组主席任命为上诉专家组主任委员的上诉委员会委员。

(2)第一款所称上诉专家组主任委员缺席任何会议的,由上诉委员会委员另选一名上诉委员会委员出席并主持该会议。

(3)所有提交上诉委员会审理的事项,须由出席会议的委员的多数票决定,票数相同的,主任委员可以投第二票或决定票。

(4)上诉专家组任何成员的任期于上诉委员会法律程序进行期间届满的,继续担任上诉委员会委员,直至上诉委员会:

(a)办结上诉审理工作;或者

(b)提前依第二条之二第二款第二项重组,不包括该成员的。

(5)上诉委员会依本法为任何目的举行会议的时间和地点,应当在会议召开前由主任委员决定。

第四条　上诉委员会的权力

(1)上诉委员会应当具有依本法履行职能和职责所需的个委会的任何权力和职责。

(2)上诉委员会审理诉讼期间享有地区法院既定的下列权力、权利及特权:

(a)强制证人在宣誓或完成其他程序后出庭和接受询问;

(b)强令出示文书;及

(c)裁定本法第六十五条订明的费用或开支。

(3)经上诉委员会授权的上诉委员会委员签署的传票,等同于任何诉讼中可以签发的强制证人出庭和强令出示文书的正式程序。

(4)任何人经正式传唤要求参加上诉委员会审理却拒不到场的,即属犯罪,一经定罪,处五千新币以下的罚金,单处或并处六个月以下的监禁刑。

(5)上诉委员会询问的证人,享有地区法院询问证人时享有的相同豁免权或特权。

(6)依本法第三十四条提出的全部上诉,应当基于上诉的性质及复杂程度,在切实合理可行的范围内尽快裁断。

(7)上诉委员会应当将审理上诉的日期和地点告知个保委和上诉各方。

(8)上诉委员会应当将其就该项上诉作出的决定及理由,告知个保委和上诉各方。

(9)除非本法的其他规定和依本法制定的规例另有规定,上诉委员会可以自行制定程序。

第五条　津贴

上诉委员会委员可以领取部长可能确定的薪资、差旅及生活津贴。

第六条　行为或法律程序的效力

上诉委员会审理的任何上诉法律程序,上诉专家组主席或上诉委员会主任委员的任何行为不得仅出于下列原因无效:

(a)就上诉委员会审理的上诉或法律程序或上诉委员会的行为而言,上诉委员会组成的缺失或瑕疵;或者

(b)上诉专家组主席、上诉委员会任何成员或主任委员的任命存有任何瑕疵(视情况而定)。

附表八

第三十七条第五款

不属于"特定消息"含义的内容

1. 为施行第九部,特定消息不包括下列任何一项内容:

(a)任何公共机构为开展任何用于非常业用途的项目发出的消息,或为宣传该项目发出的消息。

(b)个体基于个人或家庭身份的发出的任何消息。

(c)出于响应对于任何个体的生命、健康或安全造成紧急威胁所需的任何消息。

(d)任何消息,只要其唯一目的:

(i)旨在促进、完成或确认一项消息接收者先前已同意与发送人开展的交易的;

(ii)旨在就消息接收者购买或使用的产品或服务而向其提供保修信息、产品召回信息或安保信息的;

(iii)旨在交付依消息接收者先前与发送人同意订立的交易规定,接收者有权收的货物或服务(包括产品更新或升级)的。

(e)任何消息,只要其唯一目的在于:

(i)告知接收者持续购买或使用发送人提供之货物或服务涉及的订阅信息、会员资格、账户、贷款或类似的持续商业关系的条款或特征变更的;

(ii)告知消息接收者其持续购买或使用发送人提供之货物或服务涉及的订阅信息、会员资格、账户、贷款或类似的持续商业关系的情势或地位变更的;或者

(iii)在固定周期时段提供接收者持续购买或使用发送人提供之货物或服务涉及的订阅信息、会员资格、账户、贷款或类似的持续商业关系的账户余额信息或其他类型的账户报表。

(f)唯一目的在于开展市场研究或市场调查的任何消息;或者

(g)为接收机构的任何目的,向机构而非基于个人或家庭身份行事的个体发送的任何消息。

2.[2016年第22号法案删除,自2016年10月1日起生效]

附表九

第五十条第二款

个保委和调查员的调查权

第一条　要求提供文件或信息的权力

(1)就本法第五十条所称调查而言,个保委或调查员可以向任何机构发出书面告知,要求机构向个保委或调查员出示个保委或调查员认为与有关任何被调查事项相关的指定文件或指定信息。

(2)依第一款发出的告知,须表明个保委要求出示该指定文件或信息的目的。

(3)个保委可以在告知内指明:

(a)出示任何文件或提供任何信息的时间和地点;及

(b)出示或提供的方式、形式。

(4)要求机构依本款出示文件的权力包括:

(a)文件已出示的:

(i)复制该文件或摘录文件;及

(ii)要求该机构,该机构现任或前任高级人员,或该机构当前或先前雇用的任何人员,对该文件作出解释;或者

(b)文件未出示的,要求该机构或人员尽其所知所信说明该文件所在。

(5)第一款和第二款中,“指定”是指:

(a)在告知书中指定或描述的;或者

(b)属于告知书中指定或描述的某一类别的。

第二条　在无手令的情况下进入处所的权力

(1)在与依本法第五十条调查相关联的情况下,调查员及其可能要求的对其提供协助的其他人员,可以进入任何处所。

(2)任何调查员或协助调查员的人员不得行使本款规定的权力进入任何场所,调查员已向该场所占用人发出符合下列规定的书面告知的除外:

(a)提前两个或两个以上工作日告知进入意图的;及

(b)表明调查的事项与目的的。

(3)如果调查员有合理理由怀疑该处所正在或已经由违反本法的正在受到调查的机构占有,且如果调查员已经采取所有合理可行措施依本款发出书面告知,但仍无法实现上述目的的,第二款不予适用。

(4)第三款适用的情形中,第一款所授之进入权应当在出示下列文件后行使:

(a)调查员的任命证明;及

(b)载有第二款第二项所称信息的文件。

(5)调查员或协助调查的人员依本款进入任何处所的,可以:

(a)携带必要的设备。

(b)要求处所内的任何人:

(i)出示与调查事宜有关的任何文件;及

(ii)该文件已出示的,提供对于该文件的解释。

(c)要求任何人尽其所知所信,说明该文件所在。

(d)对出示的任何文件进行复制或摘录。

(e)要求以下列形式提供以电子形式存储的,可在处所查阅的,与有关任何被调查事项相关的任何信息:

(i)其内容可被转移的;

(ii)其内容是可视和可读的;及

(f)采取任何看来必要的措施,以保存任何文件或防止与调查有关的任何事项的任何文件受到干扰。

第三条　依手令进入处所的权力

(1)个保委或任何调查员可以向法院申请手令,在确信有下列情形后,法院可以签发手令:

(a)有合理理由怀疑在任何处所中,存有——

(i)依本附表第一条或第二条已被要求出示的;且

(ii)尚未按要求出示的文件。

(b)有合理理由怀疑:

(i)在任何处所内,存有个保委或调查员依本附表第一条有权要求出示的文件;及

(ii)如果对于出示已有要求,但不会被出示并且会被隐匿、移除、篡改或销毁的文件;

(c)调查员或协助调查的人员已试图依本附表第二条行使其权力进入该处所但未能进入,且有合理理由怀疑该处所内存有根据该条本可要求出示的文件。

(2)本条所称手令应当授权指定官员及调查员可能要求的对其提供协助的其他人员,开展下列全部或部分工作:

(a)进入手令指定的处所,其间可使用合理、必要的强制措施。

(b)搜查该处所内任何人,只要有合理理由相信任何人占有或控制着任何与调查有

关系的文件、设备或物品的。

(c)搜查该处所,复制或摘录任何看来属于依第一款已批准种类的文件(相关种类)。

(d)接管任何看来相关种类的文件,如果:

(i)该行为看来是保存或避免干扰所需的;或者

(ii)在该处所复制该文件不具有合理的可行性。

(e)采取其他任何看来必要的措施,以符合第四项第一目所称目的。

(f)要求任何人员就任何看来相关种类的文件作出解释,或尽其所知所信,说明文件的所在。

(g)要求以任何以电子形式存储的,可在处所查阅的,与有关任何被调查事项相关的任何信息以下列形式提供:

(i)其内容可被转移的;

(ii)其内容是可视和可读的;及

(h)将任何被调查事项相关的任何设备或物品自该处所移除以供检查。

(3)就第一款第二项所称手令而言,如果法院信纳有合理理由怀疑该处所内还存有其他有关调查文件,该手令还须有就任何该等文件采取第二款所称行为的授权。

(4)依第二款第四项或第三款取得任何文件的占有的,指定官员可以应文件原管有人的要求,向该人员提供该文件的副本。

(5)指定官员可以依第二款第八项允许自任何处所移走与调查有关系的任何设备或物品备查并将其保存于符合指定官员所要求之条件的其他处所内。

(6)依本条签发的手令应当:

(a)表明调查的事项和目的;及

(b)自签发之日起一个月内,持续有效。

(7)一经出示依本条签发的手令,即可行使本条赋予的权力。

(8)依本条签发的手令进入任何处所的任何人员,可以携带所需设备。

(9)指定官员提出执行手令但无人在该处所的,应当于执行前:

(a)采取在任何情况下均属合理的措施,将拟进入的意图告知占用人;

(b)已告知占用人的,执行手令时应给予该人员、其法定代理人或其他代理人到场的合理机会。

(10)指定官员无法告知占用人的,应当在执行手令时,将手令副本留于该处所明显位置。

(11)离开依本款签发的手令而进入的任何处所时,该处所无人占有或占用人不在场的,指定官员离开时要确保该处所安全如初。

(12)依本附表第二款第四项或第三款管有的任何文件,可以保有不超过三个月的时期。

(13)本款中:

“指定官员”,是指手令指定的调查员;

“占用人”,就任何处所而言,是指调查员合理相信是该处所占用人的人员。

新加坡个人数据保护规例*

屈文生　译**

通信和信息部部长行使《新加坡 2012 年个人数据保护法令》(以下简称《法令》)第六十五条赋予的权力,特制定以下规例:

第一章　导　　言

第一条　引称与生效日期

本规例可引称为《新加坡 2014 年个人数据保护规例》,自 2014 年 7 月 2 日起生效。

第二章　个人数据的查阅与更正请求

第二条　本章的定义

本章中,除文意另有所指外:

"申请人"是指提出请求的个体;

"数据保护人员",就机构而言,是指该机构依《法令》第十一条第三款而指定的个体,或依《法令》第十一条第四款而获得授权的承担数据保护责任的个体;

"个体的个人数据"是指关于该个体的个人数据;

"请求"是指依《法令》第二十一条第一款或第二十二条第一款而向机构提出的请求;

"使用与披露的信息"是指《法令》第二十一条第一款第二项中规定的信息。

第三条　如何提出请求

向机构提出的请求必须以书面形式提出,包括足够的细节,以使机构经合理努力后能够识别出:

(a)提出请求的申请人;

(b)就依《法令》第二十一条第一款而提出的请求而言,申请人所提出的个人数据及使用与披露的信息的请求;以及

(c)就依《法令》第二十二条而提出的请求而言,申请人所提出的更正请求。

向机构发送的请求必须:

(a)符合《新加坡 1965 年解释法》第四十八条之一的规定;

---

* 本规例已于 2021 年 1 月 28 日颁布的《新加坡 2021 年个人数据保护规例》(G. N. No. S 63/2021)撤销,由于该规例为《新加坡个人数据保护法令》颁布后实施的首个规例,故予以保留。

** 屈文生,全国人大常委会法工委法律英文译审专家委员会委员、华东政法大学教授、博士生导师。

(b)以符合依《法令》第十一条第五款规定的工作联系方式,发送至该机构的数据保护人员;或者

(c)符合该机构可接受的其他方式。

第四条　依《法令》第二十一条第一款答复请求的义务

(1)除《法令》第二十一条第二款、第三款、第四款以及规例第六条和第七条第三款另有规定,对于依《法令》第二十一条第一款向机构所提出的每个请求,该机构必须尽可能准确完整、合理可行地答复。

(2)对于申请人依《法令》第二十一条第一款而提出的请求,机构必须以下列形式向该申请人提供查阅其个人数据的机会:

(a)以文件形式向申请人提供其个人数据的副本以及个人数据使用与披露的信息;

(b)在任何特定情况下无法实行第一项规定的,以给予申请人合理机会检查其个人数据以及个人数据使用与披露的信息的形式;或者

(c)以申请人请求的且机构可接受的其他形式。

第五条　告知答复的时间表

除遵守《法令》第二十一条第一款合理可行地尽快的要求或《法令》第二十二条第二款在切实可行范围内尽快的要求外,对于按照第三条提出的任何请求,机构在收到后三十日内不能遵守该项要求的,必须在该时间段内以书面形式告知申请人,拟对该请求作出答复的时间。

第六条　拒绝确认或否认个人数据的存在、使用或披露

除《法令》第二十一条第四款另有规定外,机构在对依《法令》第二十一条第一款向其提出的请求答复时,可以拒绝确认或否认:

(a)《法令》附表五第一条第八项所指的个人数据的存在;或者

(b)调查或法律程序及相关上诉尚未完成的,将《法令》附表三第一条第五项规定的未经同意使用的个人数据,或《法令》附表四第一条第六项规定的未经同意披露的个人数据的情况,用于任何调查或法律程序。

第七条　收费

(1)除《法令》第二十条另有规定外,对于机构向依《法令》第二十一条第一款提出请求的申请人所提供的服务,机构可以向申请人收取合理的费用,以使机构对于申请人的请求能够作出答复。

(2)机构不得收取费用以答复申请人依《法令》第二十一条第一款所提出的请求,除非该机构:

(a)已经向申请人提供了收取费用的估价单;以及

(b)机构希望收取的费用高于依第一项提供的估价单的,已经书面告知申请人将收取较高的费用。

(3)机构无须答复申请者依《法令》第二十一条第一款所提出的请求,除非申请者同意支付以下费用:

(a)机构依第二款第二项已告知申请人收取较高费用的:

(i)委员会依《法令》第二十八条第一款已经审核过该项较高收费的,则该委员会依《法令》第二十八条第二款允许收取的费用;或者

(ii)第一目不适用的,则依第二款第二项已经告知的较高收费;或者

(b)第一项不适用且机构已依第二款第一项向申请人提供预计费用的:

(i)委员会依《法令》第二十八条第一款已经审查过此项预计费用的,则该委员会依《法令》第二十八条第二款允许收取的费用;或者

(ii)第一目不适用的,则依第二款第一项提供的预计费用。

(4)为避免歧义,对于申请人履行其依《法令》第二十二条第二款所规定义务的,机构不得向该申请人收取任何费用。

第三章　个人数据在新加坡境外的转移

第八章　本章的定义

本章中,除文意另有所指外:

"传输中的数据"是指在从新加坡转移到新加坡境外的国家或地区的过程中继续传输的个人数据,该个人数据并未供任何机构(转移机构或受雇于转移机构且在受雇期间行事的雇员除外)查阅或使用或未被透露至任何机构,且该个人数据——除非是为了传输的目的——在新加坡。

"个体的个人数据"是指有关该个体的个人数据。

"接收者",就从新加坡转移到新加坡境外的国家或地区的个人数据而言,是指在新加坡境外的一国或地区的接收转移机构或代表转移机构转移个人数据的任何机构,但不包括:

(a)转移机构;

(b)受雇于转移机构且在受雇期间行事的任何雇员;

(c)仅作为网络服务提供商或运营商接收个人数据的任何机构;或者

(d)从个人数据接收者处接收个人数据的任何机构。

"转移机构":

(a)就从新加坡转移到新加坡境外的国家或地区的个人数据而言,是指将个人数据从新加坡转移到新加坡境外的国家或地区的机构;或者

(b)就传输中的数据而言,是指通过新加坡将个人数据传输到新加坡境外的国家或地区的机构。

"传输"包括电子形式的传送。

第九条　转移要求

(1)为施行《法令》第二十六条,转移机构在将个体的个人数据转移到新加坡境外的国家或地区之前必须:

(a)采取适当步骤,以确保转移机构对于转移机构占有或控制的个人数据的转移遵守《法令》第三部至第四部的规定;以及

(b)采取适当步骤确定并确保在新加坡境外的国家或地区(如有)的个人数据接收者是否受法律强制执行义务的约束(根据第十条),确保接收者对于被转移个人数据制定至少可以与《法令》所规定的保护相当的保护标准。

(2)对仍为转移机构占有或控制的被转移个人数据,如果被转移的个人数据符合以下情

况的,则可认为转移机构已满足上述第一款第一项的要求:

(a)属于传输中的数据的;或者

(b)在新加坡可以公开获取的。

(3)转移机构将个体的个人数据转移至新加坡境外的国家或地区的接收者,满足下列情形的,可认为转移机构已满足上述第一款第二项的要求:

(a)除第四款另有规定外,个体同意将个人数据转移至该国家或地区的接收者;

(b)将个人数据转移至接收者是为了履行个体与转移机构之间的合同,或所做任何事情乃应个体的请求,以期个体能与转移机构订立合同;

(c)将个人数据传输给接收者,对于转移机构应个体要求与第三方之间订立或履行合同是必要的;

(d)将个人数据转移至接收者是转移机构与第三方之间订立或履行合同的必要条件,且理性人认为该合同是符合个体利益的;

(e)将个人数据转移至接收者乃出于个人数据依《法令》附表三第一条第一项、第二项或第四项使用个人数据所需,或出于个人数据依《法令》附表四第一条第一项、第二项、第三项、第五项或第十五项披露个人数据所需,且转移机构已采取合理步骤以确保接收者不会出于其他任何目的使用或披露如此转移的个人数据;

(f)个人数据是传输中的数据;或者

(g)个人数据在新加坡是可以公开获取的。

(4)符合下列情形的,不认为个体已经同意将其个人数据转移到新加坡境外的国家或地区:

(a)个体在作出同意之前,未被提供合理的书面摘要,未说明个人数据被转移至国家或地区的保护标准将在多大程度上可以与《法令》所规定的保护相当;

(b)转移机构将个体同意转移作为其提供产品或服务的条件的,除非转移是其向个体提供产品或服务的必要条件;或者

(c)转移机构通过提供关于转移的虚假或误导性信息,或使用其他欺骗性或误导性做法,获得或试图获得个体的转移同意的。

(5)本章的任何规定均不得阻止个体撤销其作出的将个人数据转移到新加坡境外的国家或地区的任何同意。

第十条　具强制性义务

(1)为实行第九条第一款第二项,具有法律强制执行力的义务包括依下列形式对于个人数据接收者所施加的义务:

(a)任何法律;

(b)依第二款订立的任何合同;

(c)依第三款具有约束力的公司规则;或者

(d)其他任何具有法律约束力的文书。

(2)第一款第二项所指合同必须:

(a)要求接收者对于被转移个人数据制定至少可以与《法令》所规定的保护相当的保护标准;以及

(b)指明依合同可以将个人数据转移到的国家和地区。

(3)第一款第三项所指的具有约束力的公司规则：

(a)必须要求与转移机构有关的且尚未满足第一款第一项、第二项或第四项的转移个人数据的任何接收者，对于被转移个人数据制定至少可以与《法令》所规定的保护相当的保护标准；

(b)必须指明：

(i)具有约束力的公司规则适用的已转移个人数据接收者；

(ii)个人数据依具有约束力的公司规则可以被转移到的国家和地区；以及

(iii)具有约束力的公司规则规定的权利和义务；以及

(c)仅适用于与转移机构有关的接收者。

(4)为实行第三款第一项和第三项，符合下列情形的，认为个人数据接收者与转移该数据的转移机构有关：

(a)接收者直接或间接控制转移机构的；

(b)接收者直接或间接受转移机构控制的；或者

(c)接收者和转移机构直接或间接地受控于同一人的。

第四章　其他规定

第十一条　依《法令》行使有关已故个体的权利

(1)第二款所指人员，可以行使有关已故不超过十年个体的与《法令》第二十四条(个人数据的保护)中的或《法令》中与个人数据披露的任何规定有关的全部或任何以下权利：

(a)为实行《法令》而作出或撤销的任何同意的权利；

(b)依《法令》第三十二条提起诉讼的权利；

(c)依《法令》提出申诉的权利。

(2)为实行第一款，指明人员是指下列人员：

(a)依已故个体的遗嘱指定的行使其应行使的第一款所指权利的人员，或者该已故个体的代表，除非该人员或个人代表(视情况而定)已经放弃被授予这种权利；或者

(b)第一项提到的任何人员或个人代表无人有权行使该权利或权力的，则符合附表一规定的已故个体的最近亲属。

(3)除《遗嘱认证及遗产管理法令》第二章(如果适用)另有规定外，对于依第一款被授予的任何权利的放弃必须以书面形式明确作出。

(4)依《法令》就第一款所指的任何同意、诉讼或投诉而作出的任何告知或其他通讯，可以发送至可以行使与第一款所指的同意、诉讼或投诉有关的权利之人。

(5)本规例并不：

(a)使任何人在法律上不具备自主行使权利的行为能力的情况下，可以行使依第一款的任何权利；或者

(b)影响任何人依其他任何法律行使第一款所指任何权利的权力。

(6)为实施本规例,任何人不因已完成对已故个体遗产的管理而不再被作为其个人代表。

第十二条　委员会标识

为实行《法令》第六十一条,委员会的活动和事务使用的标识如附表二所示。

附表一　规例

第十一条第二款第二项

最近亲属的确定

1. 除第二条和第三条另有规定外,已故个体的最近亲属是指以下各款中最先列出的个体,任何一款中所列超过两人者,年长者或最年长者优先:

(a)已故个体去世时的配偶;

(b)已故个体的子/女;

(c)已故个体的父/母;

(d)已故个体的兄/弟或姐/妹;

(e)已故个体的其他亲属。

2. 为实行第一条:

(a)已故个体的子女是指已故个体的婚生子女、准婚生子女或养子女;

(b)已故个体的兄弟、姐妹或亲属分别包括已故个体靠收养结成的兄弟、姐妹或亲戚;以及

(c)已故个体亲属者,不因源于父亲或母亲一方而有任何区别。

3. 按照本附表确立为已故个体的最近亲属者:

(a)去世的;

(b)如第十一条第一款所指,在法律上不具备自主行使权利的行为能力的;或者

(c)无法或拒绝就第十一条第一款所指的行使权利作出决定的,上述最先述及的直系亲属的一下顺位个体视作是已故个体的第二顺位最近亲属。

4. 为实行本附表,任何个体仅由于其暂时无能力或暂时不便作出某项决定的,不得被视作是第三条第三项所指的无法或拒绝作出决定的情形。

附表二　委员会标识

pdpc
PERSONAL DATA
PROTECTION COMMISSION
SINGAPORE

2014 年 5 月 15 日制作。

奥贝克·卡姆

新加坡通信和信息部次长

马来西亚野生生命保育法令

屈文生　曹斯澜　译*

《马来西亚野生生命保育法令》译介

2010年颁布的《马来西亚野生生命保育法令》,适用于马来西亚半岛和纳闽联邦地区对野生生命的保育,该法共136个章节和7个附表(附表略),对于组织架构与官员的委任、执照要求与申请、持证猎人的职责与义务、野生生命保护区和野生生命避难所、罪行与处罚等作出具体规定,并在附表中列示了受保护的野生生命,体现出马来西亚政府严格保护野生生命、强化民众生态保护意识的决心。

马来西亚的野生生命的保育主要分为两大类,即野生鸟类的保护和野生动物的保护。该法第3条规定,“野生生命”指任何种类的野生动物或野生鸟类,无论其属于完全受保护野生生命还是受保护野生生命,脊椎还是无脊椎野生生命,活体还是死体野生生命,发育成熟的还是未发育成熟的野生生命,驯养的还是圈养繁殖的野生生命。而法令中不同野生生命又分为“受保护野生生命”、“完全受保护野生生命”及“未发育成熟野生生命”。

执照要求与申请

于野生生命相关领域从业人员而言,最为关切的应是马来西亚的执照要求与申请的相关政策,尤其是执照要求,许可证和特别许可证要求,执照遗失、更换、转让、交还等情形处理办法,本法第三部作出细致规定。

本法第10条规定,除非其持有依据本法令颁发的许可证,否则任何人不得经营动物园;进行商业圈养繁殖;经营马戏团或野生生命展览;对受保护野生生命开展研究。如动物园、商业圈养繁殖、马戏团或野生生命展览活动涉及完全受保护野生生命的,其须根据第11条取得关于完全受保护野生生命的特别许可证。而特别许可证的审批则较为严苛,第14条规定,只有在获得部长的批准后,执照签发官方可批准特别许可证的申请。

同样值得关注的还有本法第36条至第46条对持证猎人的职责及义务的规定。如持证猎人须记录某些详情、持证交易商须保存记录、持证野生生命标本剥制师须保存记录、持证交易商或持证野生生命标本剥制师购买受保护野生生命、持证交易商可出售野生生命的时期、开具收据等,每条中对于违反条例采取的惩处均作了严格规定,可见对于相关从业者的从业要求也更为严苛。

---

* 屈文生,全国人大常委会法工委法律英文译审专家委员会委员、华东政法大学教授、博士生导师;曹斯澜,华东政法大学翻译硕士。

野生生命保护区和野生生命避难所

究其立法目的，2010 年《野生生命保育法令》的颁布旨在给野生生命提供满意的保护，以预防更多的损失和恢复大大减少了的生物数量。而保护对策须在两个层面展开，一是以有足够强制力的法律，直接保护野生生命中独特的物种免受猎人、标本收集者和其他人的伤害。二是必须尽量保证存活下来的野生生命的栖息地的范围。

本法第 47～49 条对于野生生命栖息地可能遭受的威胁（如砍伐、捕捉、猎杀、损毁等行为）以及进入野生生命保护区和野生生命避难所的条件作出规定，减少对野生生命的威胁，确保当地生态链得到高质量保护，构建和谐生态环境。第 50～59 条通过列举的方式给出了一般例外和推定，体现了立法的适度、适量和较强分寸感。

罪行及处罚

出于严格保护野生动植物的目的，马来西亚在相关立法中加大处罚力度，许多侵害野生生命及其生存环境的行为被视为犯罪。本法第七部以大篇幅列举与野生生命保护相关的罪行及处罚，包括与执照有关的罪行、与许可证有关的罪行、与特别许可证有关的罪行等。对于其他罪行也作了详细规定，如破坏受保护野生生命的巢或卵、禁猎期猎杀受保护野生生命、使用规定之外的武器或陷阱猎杀野生生命、从运输工具处猎杀野生生命、扰乱野生生命舐食岩盐之盐渍地或其附近土地等，并给予严格的处罚措施。

该法中精确的分类和术语的讲究等体现出立法的适时、适度和与时俱进。本法的 7 个附表，对受不同程度保护的野生生命进行目录划分，对于执法、守法者来说估计均会减少误解，从而更具可操作性。

第一部　序　　言

第一条　简称及生效日期

（1）本法令可引称为 2010 年《野生生命保育法令》。

（2）本法令自部长在《政府公报》中指定的日期起生效。

第二条　适用

（1）本法令适用于马来西亚半岛和纳闽联邦地区。

（2）本法令不适用于《联邦宪法》附表九清单二和 1985 年《渔业法令》（第 317 号法令）所列的野生生命。

第三条　释义

在本法令中，除非文意另有所指，“持证野生生命标本剥制师”指根据本法令获颁执照从事野生生命标本剥制业务的人员。

“部分或其衍生物”指可能包含也可能不包含在制剂中的，以天然形式填充冷冻保存干燥加工或其他方式处理或制备的野生生命的全部部分的或衍生物，包括：

（a）肉、骨、皮革、长牙、角、鹿茸、腺、羽毛、毛发、齿爪、壳、鳞、巢和卵；

（b）组织、血液、脂肪、油、乳汁、毒液、唾液、尿液和粪便；

（c）自第一项或第二项所述物质中衍生的复合物；或者

（d）被任何人员宣称含有野生生命的部分或其衍生物的物质，或从产品附带文件、包装、标签、标记或其他情况看来含有野生生命的任何部分或其衍生物的任何物质。

“对人类生命具有紧急危险”指如果不将野生生命猎捕或猎杀,有理由认为其即可能会对人类生命造成的危险。

“出口”指通过陆运、海运或空运将野生生命、野生生命的部分或其衍生物从马来西亚运出或安排运出的行为。

“再出口”指将先前进口的任何野生生命野生生命的部分或其衍生物出口的行为。

“杂交”指:

(a)野生生命与其他动物;或者

(b)野生生命与其他种类的野生生命;

交叉育种的结果。

“野生生命”指任何种类的野生动物或野生鸟类,无论其属于完全受保护野生生命还是受保护野生生命,脊椎还是无脊椎野生生命,活体还是死体野生生命,发育成熟的还是未发育成熟的野生生命,驯养的还是圈养繁殖的野生生命。

“受保护野生生命”指附表一指明的野生生命。

“完全受保护野生生命”指附表二指明的野生生命。

“未发育成熟野生生命”指未达到附表三指明的发育成熟标准的野生生命。

“永久受保护森林”与1984年《国家森林法令》(第313号法令)所赋予的含义相同。

“进口”指通过陆运、海运或空运将野生生命、野生生命的部分或其衍生物运入或安排运入马来西亚的行为。

“野生生命舐食岩盐之盐渍地”包括含盐或其他矿物的矿泉或岩土,食取其有益于野生生命的健康和福祉。

“陷阱”指附表七指明的陷阱。

“野生生命保护区”指根据第五章宣布为野生生命保护区的区域。

“总局长”指野生生命和国家公园局的总局长。

“执照”指根据本法令获颁的执照。

“猎杀”包括以任何指明的方式追捕、诱捕、捕获、捕捉或杀害野生生命的行为,无论该野生生命在当时或此后是否被捕捉、诱捕、捕获或猎杀。

“部长”指负责野生生命保育的部长。

“开放季节”指本法令指明的可以猎杀受保护野生生命的期间。

“原住民”与1954年《原住民法令》(第134号法令)所赋予的含义相同。

“官员”指根据第四条第一款获委任的官员。

“执照签发官”:

(a)就颁发执照而言,是指局长副局长或局长助理;以及

(b)就颁发许可证或特别许可证而言,是指总局长。

“执法官员”指:

(a)任何官员;

(b)1967年《警察法令》(第344号法令)划分的衔级不低于督察的任何警官;

(c)1967年《海关法令》(第235号法令)第二条规定的任何适当的海关官员;以及

(d)根据第九十条获授权的任何公职人员。

“商业性圈养繁殖”指以商业目的使野生生命在受控制环境下交配或以其他方式配种，而在受控制环境下繁殖野生生命的行为。

“持证猎人”指根据本法令获颁受保护野生生命猎杀执照的人员。

“鸟巢采集者”指根据本法令获颁鸟巢采集执照的人员。

“运输工具”指任何车辆、船舶、轮船、飞机以及任何其他以空运、海运或陆运方式运输的交通工具。

“局长”指野生生命和国家公园局局长。

“特许交易商”指根据本法令获颁执照从事交易业务的人员。

“局长助理”指野生生命和国家公园局局长助理。

“许可证”指根据本法令获颁的许可证。

“特别许可证”指根据本法令获颁的特别许可证。

“野生生命标本剥制业务”指涉及下列活动开展的业务：

(a)制备保存填充或裱衬野生生命野生生命的部分或其衍生物；或者

(b)以野生生命野生生命的部分或其衍生物制作物件。

“受控制环境”包括为制造某一特定野生生命物种的标本而受操纵的环境，可阻止该野生生命以及野生生命的卵或配子进入或离开该特定环境而设计的边界，其总体特征包括但不限于人工房舍、废物清理、健康护理、免遭捕食及人工供给饲料。

“处所”包括任何房屋、建筑物、棚屋、棚、构筑物、平台及土地，无论是围封的还是落成的。

“毒药”指附表四指明的对野生生命有毒的任何物质，或经政府化验师证实对野生生命有毒的其他物质。

“护林员”指野生生命和国家公园局的护林员。

“野生生命保护区”指根据第五章宣布为野生生命保护区的区域。

“巢”指野生生命正在建造或正在使用的住处巢穴或任何其他构筑物，用于：

(a)繁殖；

(b)产卵；

(c)孵卵；

(d)保护卵或未成熟后代；或者

(e)抚育未成熟后代。

“武器”与1960年《武器法令》(第206号法令)所赋予的含义相同。

“受控制物种”指附表五指明的对任何人的健康或安全构成危险的，或对财产、野生生命或野生生命栖息地构成危险的物种。

“国有土地”与《国家土地法令》(第56/1965号法令)所赋予的国有土地的含义相同。

“副总局长”指野生生命和国家公园局副总局长。

“副局长”指野生生命和国家公园局的副局长。

“诱饵”包括音响设备、视听装置、灯、盐或硫黄等用于诱捕野生生命的物品。

“毒饵”指涂有、浸有、碾成粉状或以其他方式浸渍毒药用以诱引野生生命的诱饵。

“交易业务”指开展下列活动涉及的业务：

(a)将受保护野生生命、受保护野生生命的部分或其衍生物作为食品出售或作药用的;
(b)出售或为了再出售而购买受保护野生生命的部分或其衍生物的;或者
(c)收容、圈养或繁殖野生生命以供出售的。

第二部 官员等的委任

第四条 官员等的委任

(1)任命总局长一名;副总局长、局长、副局长、局长助理和护林员的人数,视实施本法令的需要而定。

(2)总局长负责全面管理依本条任命的官员。

(3)根据本条作出的每项委任均须在《政府公报》刊登。

(4)根据本条任命的所有官员应被视作《刑法典》(第574号法令)规定的公务员。

(5)总局长和副总局长具有本法令赋予局长的所有权力和酌处权。

第五条 授权

(1)总局长可以书面形式将本法令赋予其的任何权力或职责转授任何官员,但须符合其认为合适的条款和条件。

(2)根据本条作出的转授并不妨碍总局长本人在任何时候履行或行使已被转授出的权力或职责。

第六条 部长作指示的权力

根据本法令,部长可就总局长或其他官员行使的权力或应履行的职责向总局长作出一般指示。

第七条 总局长发布命令的权力

在符合本法令规定的情况下,总局长可就官员的全面管理训练职责以及为执行本法令规定所必需或合宜的其他事项发布行政命令。

第八条 携带和使用武器

根据总局长的行政命令,官员在行使本法令规定的权力和履行职责时可携带和使用武器。

第三部 许可规定

第一章 执照等的要求

第九条 执照要求

(1)根据本法令的规定,任何人不得:
(a)猎杀或饲养受保护野生生命;
(b)捕捉或保留受保护野生生命的部分或其衍生物;
(c)采集鸟巢;
(d)从事交易业务;

(e)从事野生生命标本剥制业务；

(f)进口、出口或再出口受保护野生生命、受保护野生生命的部分或其衍生物。

除非其持有依据本法令颁发的执照。

(2)为实行第一款第四项，每项经营活动的开展均需办理独立执照。

(3)拟在多于一个营业地点从事交易业务或野生生命标本剥制业务者，须就每个营业地点申请独立的执照。

第十条　许可证要求

(1)根据本法令的规定，任何人不得：

(a)经营动物园；

(b)进行商业圈养繁殖；

(c)经营马戏团或野生生命展览；

(d)对受保护野生生命开展研究。

除非其持有依据本法令颁发的许可证。

(2)如动物园、商业圈养、马戏团或野生生命展览活动涉及完全受保护野生生命的，其须根据第十一条取得关于完全受保护野生生命的特别许可证。

第十一条　特别许可证要求

根据本法令的规定，任何人不得：

(a)猎杀或饲养完全受保护野生生命，捕捉或保留完全受保护野生生命的部分或其衍生物；

(b)进口、出口或再出口完全受保护野生生命或完全受保护野生生命的部分或其衍生物；

(c)在禁猎期猎杀受保护的野生生命；

(d)对完全受保护野生生命开展研究；

(e)将完全受保护野生生命投入其动物园马戏团野生生命展览活动或商业圈养繁殖。

除非其持有依据本法令颁发的特别许可证。

第二章　执照等的申请

第十二条

(1)任何人可向执照签发官申请颁发执照或许可证，申请形式及方式由总局长决定。

(2)任何人可向执照签发官呈交书面申请并述明理由，申请颁发特别许可证。

(3)依本条提出的申请，可在获准或被驳回前随时撤回。

第十三条　附加信息或文件

(1)根据第十二条提出的申请，执照签发官可在收到后的任何时间，要求申请人在申请的指明时间内，向执照签发官提供关于申请的附加信息或文件。

(2)申请人未在申请的指明时间内，或未在执照签发官批准的延长期限内，提供第一款要求的附加信息或文件的，须视作该申请已撤回，不再继续处理，但不影响申请人再次提出申请的权利。

第十四条　执照等的颁发

(1)根据第十二条提出的申请,执照签发官在审议后可予批准或驳回。

(2)特别许可证的申请,只有在获得部长的批准后,执照签发官方可予以批准。

(3)执照、许可证或特别许可证的申请获得批准的,执照、许可证或特别许可证须在订明费用缴付后颁发。

(4)执照签发官颁发执照、许可证或特别许可证时,可施加他认为适当的条件或限制。

(5)执照签发官对于执照、许可证或特别许可证是否颁发之决定,须在切实可行范围内尽快以书面形式通知申请人。

第十五条　施加额外条件及更改或撤销条件的权力

(1)执照签发官可随时:

(a)对执照、许可证或特别许可证施加任何条件;或者

(b)更改或撤销对执照、许可证或特别许可证施加的任何条件。

(2)如执照签发官拟根据第一款采取行动,他须向执照、许可证或特别许可证的持有人发出书面通知,表明他拟采取行动,且须给予持有人在该书面通知指明期间内作出书面申述的机会。

(3)在通知指明的期限届满,且对执照、许可证或特别许可证的持有人所作申述作出审议后,执照签发官须决定是否根据第一款施加更改或撤销任何条件。

(4)执照签发官须在切实可行范围内将其根据第三款所作决定尽快以书面形式通知执照、许可证或特别许可证的持有人,该决定须于书面通知指明的日期生效。

第十六条　证件等的有效性

执照、许可证或特别许可证在指明期限内有效,被提前暂时吊销或撤销的除外。

第十七条　携带或陈列执照等

(1)执照、许可证或特别许可证的持有人须(视属何情况而定):

(a)在猎杀野生生命或捕捉野生生命的部分或其衍生物时,携带执照或特别许可证;

(b)为持证交易商或持证野生生命标本剥制师的,在营业地点的显眼处陈列执照;或者

(c)在官员的要求下出示执照、许可证或特别许可证以供查验。

(2)任何人违反第一款,即属犯罪,一经定罪,应处一万林吉特以下罚金或六个月以下有期徒刑,或两项并处。

第十八条　更改详情

执照、许可证或特别许可证的持有人,在执照、许可证或特别许可证记录的详情发生任何变化时,须立即将此变化告知执照签发官。

第十九条　执照等的遗失

执照、许可证或特别许可证如有遗失,持有人须:

(a)立即向警方报告;

(b)立即将遗失情况告知执照签发官;以及

(c)停止该执照、许可证或特别许可证所授权的活动,直至持有人根据第二十条获得

该执照、许可证或特别许可证的副本为止。

第二十条　执照等的更换

(1)执照、许可证或特别许可证如有遗失、污损或损毁,持有人可向执照签发官申请副本,但须缴纳订明费用及附上:

(a)如属遗失执照、许可证或特别许可证,与遗失有关的警方报告副本;或者

(b)如属污损或损毁执照、许可证或特别许可证,执照、许可证或特别许可证的原本。

(2)依照第一款提出的申请,执照签发官可予批准或拒绝。

(3)执照签发官如批准申请,须开具执照、许可证或特别许可证的副本,并在该副本上批注“副本”。

第二十一条　执照等的转让

(1)执照、许可证或特别许可证的持有人不得将执照、许可证或特别许可证中的任何权利职责法律责任或义务转予他人。

(2)任何人违反第一款,即属犯罪,一经定罪,应处一万林吉特以下罚金或六个月以下有期徒刑,或两项并处。

第二十二条　执照等届满时的交还

(1)执照、许可证或特别许可证的持有人,须在执照、许可证或特别许可证的有效期届满后十四天内,将该执照、许可证或特别许可证交还执照签发官。

(2)任何人违反第一款,即属犯罪,一经定罪,应处一万林吉特以下罚金或六个月以下有期徒刑,或两项并处。

第二十三条　暂时吊销或撤销执照等

(1)除第二款另有规定外,执照签发官如信纳以下情况,可暂时吊销或撤销执照、许可证或特别许可证:

(a)执照、许可证或特别许可证的持有人已实施违反执照、许可证或特别许可证指明条件行为的;

(b)执照、许可证或特别许可证的持有人已实施违反本法令或其附属法例规定行为的;

(c)执照、许可证或特别许可证的持有人已被判实施本法令或其附属法例所定罪行的;或者

(d)执照、许可证或特别许可证是由该执照、许可证或特别许可证的持有人或他人代替作出虚假的事实陈述而诱使颁发的。

(2)执照签发官不得暂时吊销或撤销该执照、许可证或特别许可证,除非执照签发官在允许执照、许可证或特别许可证的持有人作出书面申述后,信纳该执照、许可证或特别许可证应予暂时吊销或撤销。

(3)执照、许可证或特别许可证被暂时吊销或撤销的,在暂时吊销期间或自撤销之日起(视属何情况而定),该执照、许可证或特别许可证即属无效。

(4)根据第一款执照、许可证或特别许可证被撤销的,持有人须立即将该执照、许可证或特别许可证交还执照签发官。

(5)执证官员(不)暂时吊销或(不)撤销执照、许可证或特别许可证的决定,须在切实可

行的范围内尽快以书面形式通知持有人。

第二十四条　执照等无效

任何违反本法令规定颁发的执照、许可证或特别许可证均属无效。

第二十五条　上诉

(1)因下列情形而感到受屈之人：

(a)执照签发官拒绝颁发执照、许可证或特别许可证的；

(b)执照、许可证或特别许可证被暂时吊销或撤销的。

可在收到被拒暂时吊销或撤销的书面通知后三十天内，就该决定向部长提出书面上诉。

(2)部长在审议根据第一款提出的上诉后，对上诉所针对的决定予以确认或撤销，部长的决定为最终决定。

第三章　其　　他

第二十六条　射猎

申请人持有武器执照且在申请时出示根据1960年《武器法》颁发的该武器执照的，方可获颁射猎野生生命的执照或特别许可证。

第二十七条　禁猎期内不颁发执照

禁猎期内不得颁发任何受保护野生生命的猎杀执照，第十一条另有规定的除外。

第二十八条　经营动物园等的先决条件

执照签发官不得颁发经营动物园、商业圈养繁殖、马戏团或野生生命展览的执照，除非其信纳以下事项：

(a)建立或继续建立动物园、商业圈养繁殖、马戏团或野生生命展览不会给周围地区任何人员社区的健康或安全带来不良影响；

(b)已制定有与野生生命瘟疫、自然灾害和意外释放相关的紧急计划；以及

(c)申请人以前从未被判实施本法令或其附属法例或与虐待动物有关的其他成文法所定罪行。

第二十九条　禁止保有陷阱等

(1)任何人不得：

(a)保有或保留任何陷阱；或者

(b)为猎捕野生生命而设置、布置或使用陷阱。

(2)任何人违反第一款，即属犯罪，一经定罪：

(a)对于第一款所述罪行，应处十万林吉特以下罚金或三年以下有期徒刑，或两项并处；以及

(b)对于第二款所述罪行，应处五万林吉特以上十万林吉特以下罚金及两年以下有期徒刑。

第三十条　完全受保护野生生命的后代视为受保护野生生命

为商业目的而圈养繁殖的完全受保护野生生命的后代，须视为受保护野生生命，且受执照或许可证之规限(视属何情况而定)。

第三十一条　禁止持有执照等

某人员被判实施本法令或其附属法例所定罪行，在与定罪有关的法律程序最终结束之日起五年内，可禁止其持有执照、许可证或特别许可证。

第三十二条　颁发执照或许可证的限制

（1）执照签发官可根据指明的配额颁发执照或许可证。

（2）尽管有第一款规定，执照签发官经部长批准后在指明的配额之外仍可随时颁发执照或许可证。

第三十三条　登记册

总局局长须保存根据本法令颁发的执照、许可证和特别许可证的登记册。

第三十四条　总局局长订明规则的权力

总局局长可通过《政府公报》公布动物园、商业圈养繁殖、马戏团或野生生命展览的经营者对于野生生命的处置、疾病防控和检疫的方法及手段应遵守的规则。

第三十五条　总局长规定条件的权力

经部长批准，以《政府公报》命令的形式，总局长可规定颁发执照、许可证和特别许可证的条件，并在不损害前述事项之一般性原则下，可特别规定：

（a）受保护野生生命的猎杀开放季和禁猎季。

（b）关于下列情形的数量：

（i）可猎杀的野生生命；以及

（ii）可捕捉的野生生命的部分或其衍生物。

（c）猎杀野生生命的方法或手段，包括使用的武器或陷阱的类型。

（d）可猎杀野生生命、可取走野生生命的巢或卵的时间及地点。

（e）出于以下目的需要颁发的执照和许可证的配额：

（i）出于第九条、第十条指明的每项活动所需；

（ii）出于每年或开放季所需；以及

（iii）出于各州保护每种受保护野生生命或野生生命的部分或其衍生物所需。

（f）可猎杀野生生命的成熟标准。

第四部　持证猎人等的职责及义务

第三十六条　持证猎人记录某些详情

（1）猎杀受保护野生生命的持证猎人或猎杀完全受保护野生生命的特别许可证持有人（如适用），须在执照或特别许可证的适当位置记录：

（a）猎杀野生生命的数量、性别和种类；

（b）猎杀野生生命的日期和地点；

（c）猎杀野生生命的方法或手段；以及

（d）对野生生命处置的方式和日期，包括购买人的执照、许可证或特别许可证的号码。

（2）任何持证猎人违反第一款，即属犯罪，一经定罪，应处一万林吉特以下罚金或六个月以下有期徒刑，或两项并处。

第三十七条　持证交易商须保存记录

(1)持证交易商须保存记录，含以下详情：

(a)购买、获得或出售的野生生命(活体或死体)的数目及种类、野生生命的部分或其衍生物的数目，以及野生生命、野生生命的部分或其衍生物制品的数目；

(b)购买或获得野生生命、野生生命的部分及其衍生物或制品之人的姓名、地址及执照号码；

(c)出售野生生命野生生命的部分及其衍生物或制品之人的姓名、地址及执照号码(如有)；

(d)因售卖或购买而开具的收据号码；以及

(e)购买收购或出售的日期。

(2)任何持证交易商违反第一款，即属犯罪，一经定罪，应处一万林吉特以下罚金或六个月以下有期徒刑，或两项并处。

第三十八条　持证野生生命标本剥制师须保存记录

(1)持证野生生命标本剥制师须保存并保留记录，含以下详情：

(a)接收野生生命、野生生命的部分或其衍生物的日期时间及从何人处接收；

(b)野生生命、野生生命的部分或其衍生物的所有者的姓名、地址及执照号码；以及

(c)将野生生命、野生生命的部分或其衍生物交还所有者的日期和时间。

(2)任何持证野生生命标本剥制师违反第一款，即属犯罪，一经定罪，应处一万林吉特以下罚金或六个月以下有期徒刑，或两项并处。

第三十九条　持证野生生命标本剥制师接收野生生命以制备标本等

(1)持证野生生命标本剥制师不得接收任何野生生命、野生生命的部分或其衍生物，用以准备保存、填充或裱衬标本，除非交付野生生命、野生生命的部分或其衍生物的人向持证野生生命标本剥制师提供证据，证明上述被接收对象系根据本法令或其附属法例合法捕捉或获得的。

(2)任何持证野生生命标本剥制师违反第一款，即属犯罪，一经定罪，应处一万林吉特以下罚金或六个月以下有期徒刑，或两项并处。

第四十条　持证猎人出售受保护野生生命

(1)持证猎人猎杀或捕捉的受保护野生生命，仅能出售给持证交易商或持证野生生命标本剥制师。

(2)任何持证猎人违反第一款，即属犯罪，一经定罪，应处两万林吉特以下罚金或一年以下有期徒刑，或两项并处。

第四十一条　鸟巢采集者售卖鸟巢

(1)鸟巢采集者采集到的鸟巢仅可出售给持证交易商或持证野生生命标本剥制师。

(2)任何鸟巢收集者违反第一款，即属犯罪，一经定罪，应处两万林吉特以下罚金或一年以下有期徒刑，或两项并处。

第四十二条　持证交易商或持证野生生命标本剥制师购买受保护野生生命

(1)持证交易商或持证野生生命标本剥制师只能从持证猎人、持证交易商持证野生生命

标本剥制师，或根据本法令有出售权的局长处，购买或获得受保护野生生命、受保护野生生命的部分或其衍生物。

（2）任何持证交易商或持证野生生命标本剥制师违反第一款，即属犯罪，一经定罪，应处两万林吉特以下罚金或一年以下有期徒刑，或两项并处。

第四十三条　持证交易商可出售野生生命的时期

（1）持证交易商可在猎杀开放季出售受保护野生生命，直至禁猎季的首三十天为止，且不得在此后出售受保护野生生命，除非此后被宣布为受保护野生生命猎杀开放季。

（2）任何持证交易商违反第一款，即属犯罪，一经定罪，应处两万林吉特以下罚金或一年以下有期徒刑，或两项并处。

第四十四条　开具收据

（1）持证交易商、持证野生生命标本剥制师及鸟巢采集者须在每宗售卖发生时，向购买人开出收据。

（2）任何持证交易商、持证野生生命标本剥制师或鸟巢采集者违反第一款，即属犯罪，一经定罪，应处一万林吉特以下罚金或六个月以下有期徒刑，或两项并处。

第四十五条　野生生命标记

（1）执照、许可证或特别许可证的持有人如饲养、出售、进口、出口、再出口或繁殖野生生命（视属何情况而定），须按以下方式为该野生生命添加标签或标记：

（a）在野生生命体内植入可扫描装置；

（b）在野生生命的部分佩戴箍圈；

（c）在野生生命的部分添加刺青或环志，无论是穿孔还是其他方式；或者

（d）为饲养野生生命的容器添加标签或标记。

（2）第一款第一项至第三项所提述标签或标记只能由在总局长处登记的人员添置。

（3）任何人违反本条规定，即属犯罪，一经定罪，应处两万林吉特以下罚金或一年以下有期徒刑，或两项并处。

第四十六条　在其他处所饲养野生生命

（1）执照、许可证或特别许可证的持有人，如拟在执照、许可证或特别许可证指明处所之外的其他处所饲养野生生命，须先取得执照签发官的批准。

（2）任何人违反第一款，即属犯罪，一经定罪，应处两万林吉特以下罚金或一年以下有期徒刑，或两项并处。

第五部　野生生命保护区和野生生命避难所

第四十七条　野生生命保护区和野生生命避难所声明

国家权力机关在与部长协商后，可不定期在《政府公报》发布公告：

（a）声明任何一块国有土地为野生生命保护区或野生生命避难所，并指定官员暂时管控该保护区或该避难所；

（b）界定及更改野生生命保护区或野生生命避难所的界线；

（c）如在野生生命保护区的，将不属于本法令野生生命之列的某些动物和鸟类归为

完全受保护野生生命或受保护野生生命(视属何情况而定),这些动物和鸟类应为本法令附表指明的野生生命清单的增订。

第四十八条　进入野生生命保护区和野生生命避难所的许可

(1)任何人非经事先取得局长的书面许可,不得进入野生生命保护区或野生生命避难所。

(2)任何人非经书面申请,令局长信纳其拟为艺术、科学或游乐之目的进入野生生命保护区或野生生命避难所,不得获发书面许可。

(3)根据本部颁发的书面许可须规定许可持有人获授权进入野生生命保护区或野生生命避难所的时限,该时限不得超过一个月,每次可最多续期一个月。

(4)获准进入野生生命保护区或野生生命避难所的人员,可能需要接受局长或一名其他官员的陪同。

第四十九条　在野生生命保护区和野生生命避难所内的某些禁止行为

任何人不得:

(a)在野生生命保护区内,扰乱砍伐移走或带走任何土壤、木材或植被;

(b)在野生生命避难所内:

(i)猎杀任何动物或鸟类;

(ii)捕捉、扰乱、损坏或毁坏任何动物或鸟类的巢或卵;或者

(iii)扰乱、砍伐、移走或带走任何土壤、木材或植被。

第六部　一般例外和推定

第五十条　为保育目的而进行的猎杀等

(1)即使本法令有任何规定,为开展任何保育活动,总局局长或由他授权的官员仍可繁殖、饲养、猎杀、进口、出口、出售或购买野生生命。

(2)"保育活动"是指保护、管理和可持续利用野生生命的相关活动。

第五十一条　原住民可捕猎某些野生生命

(1)即使本法令有任何规定,原住民仍可为维持他本人或家庭成员的生计,猎杀附表六指明的受保护野生生命。

(2)根据第一款猎杀的受保护野生生命,不得出售或用于换取食物、金钱、收益或任何其他物。

(3)任何原住民违反本条规定,即属犯罪,一经定罪,应处一万林吉特以下罚金或六个月以下有期徒刑,或两项并处。

第五十二条　官员可以猎杀野生生命

即使本法令有任何规定,官员在行使本法令规定的权力时,仍可出于善意目的,猎杀野生生命,如果:

(a)野生生命对人的生命或财产构成危险的;或者

(b)猎杀是出于防止野生生命不至遭受过多痛苦的目的,而应采取的必要或合宜的行为。

第五十三条　土地所有人或土地占用人可使用粘鸟胶灭害鸟

(1)即使本法令有任何规定,土地所有人或占有人经局长书面批准,仍可使用粘鸟胶,善意消灭发现在作物已成熟或成熟期间损害或破坏生长作物的害鸟。

(2)局长在根据本条作出批准决定时,可就以下事项作出指示:

(a)关于粘鸟胶的设置;以及

(b)对使用粘鸟胶的充分监督和管控。

(3)获授权使用粘鸟胶的土地所有人或土地占有人须遵从依第二款所作的指示。

(4)农作物收割后,土地所有人或土地占有人须将粘鸟胶及任何用过放粘鸟胶的容器、棍棒或其他物料销毁。

(5)任何土地所有人或土地占有人违反本条规定,即属犯罪,一经定罪,应处一万林吉特以下罚金或六个月以下有期徒刑,或两项并处。

第五十四条　为保护农作物而猎捕或猎杀野生生命

(1)即使本法令有任何规定,如有野生生命正对或有理由认为它即将对土地所有人或土地占有人保有的农作物、蔬菜、水果、生长中的木材、家禽或家畜造成严重损害,土地所有人或土地占有人或其雇工或任何官员,尽到合理努力但仍未能吓走野生生命的,可猎捕或猎杀该野生生命。

(2)根据第一款野生生命已造成严重损害但已停止造成损害的,不得猎捕或猎杀该野生生命。

(3)土地所有人或土地占有人须向官员报告事情经过的详情,包括野生生命的种类、遭受损害的情况及使用的武器(如有),以及野生生命是否已被猎捕或猎杀,不得有不必要的拖延。

(4)任何土地所有人或土地占有人或其雇工违反本条规定,即属犯罪,一经定罪,应处一万林吉特以下罚金或六个月以下有期徒刑,或两项并处。

(5)根据本条猎捕或猎杀的任何野生生命为国家财产,须立即移交官员。

第五十五条　可以猎杀使人类生命处于紧急危险的野生生命

(1)即使本法令有任何规定,如野生生命使人类生命处于紧急危险,任何人都可以猎杀该野生生命。

(2)使人类生命处于紧急危险且紧急危险系猎杀野生生命之人挑衅或伤害野生生命所致的,可对猎杀者猎杀野生生命免除罪责,但仍可依第八十八条对其提起挑衅或伤害野生动物罪。

(3)任何人依本条猎杀野生生命的,须向官员报告事情经过的详情,包括被猎杀野生生命的种类及使用的武器,不得有不必要的拖延。

(4)任何人违反第三款,即属犯罪,一经定罪,应处一万林吉特以下罚金或六个月以下有期徒刑,或两项并处。

(5)根据本条猎杀的任何野生生命属于国家财产,须立即移交官员。

第五十六条　使用诱饵的,推定企图猎杀

如发现有人设置、放置利用或以其他方式保有任何动物或鸟类,而此种情况令人有理由怀疑其正以该动物或鸟类作为诱饵诱引其他野生生命的,推定其企图猎杀野生生命。

第五十七条　推定使用陷阱

如发现有人保有陷阱的,推定其使用陷阱猎杀野生生命。

第五十八条　对占有人不利的推定

(1)在处所内发现野生生命、野生生命的部分及其衍生物或陷阱的,推定该处所占有人为该野生生命、野生生命的部分及其衍生物或陷阱的占有人。

(2)为实行第一款,如处所有不止一名占有人,在野生生命、野生生命的部分及其衍生物或陷阱被发现之处,该部分所属之人须推定为占有人。

第五十九条　推定证据

总局局长本人或任何经总局长书面证明对野生生命具有专门知识或技能的人,在法庭上宣誓证明某物为野生生命、野生生命的部分或其衍生物野生生命的肉、战利品、弹簧枪、削尖的桩、坑、矛、陷阱、诱饵或毒饵(视属何情况而定)的,推定该物为野生生命、野生生命的部分或其衍生物、野生生命的肉、战利品、弹簧枪、削尖的桩、坑、矛、陷阱、诱饵或毒饵(视属何情况而定),直至相反证明成立。

第七部　罪行及处罚

第一章　与执照有关的罪行

第六十条　无执照猎杀受保护野生生命

(1)除第二款另有规定外,任何人:

(a)猎杀或饲养受保护野生生命(未成熟的受保护野生生命或雌性受保护野生生命除外);或者

(b)捕捉或保留受保护野生生命的部分或其衍生物。

如无执照即属犯罪,一经定罪,应处五万林吉特以下罚金或两年以下有期徒刑,或两项并处。

(2)任何人犯第(1)款所定罪行,且罪行涉及白腰鹊鸲、灰腹绣眼鸟或者鹩哥超过二十只的,一经定罪,应处两万林吉特以上五万林吉特以下罚金或三年以下有期徒刑,或两项并处。

第六十一条　无执照猎杀未发育成熟的受保护野生生命

任何人在没有执照的情况下猎杀或饲养未发育成熟的受保护野生生命,即属犯罪,一经定罪,应处十万林吉特以下罚金或五年以下有期徒刑,或两项并处。

第六十二条　无执照猎杀雌性受保护野生生命

任何人在没有执照的情况下猎杀或饲养雌性受保护野生生命,即属犯罪,一经定罪,应处十万林吉特以下罚金或五年以下有期徒刑,或两项并处。

第六十三条　无执照从事交易业务

任何人在没有执照的情况下从事交易业务或野生生命标本剥制业务,即属犯罪,一经定罪,应处五万林吉特以下罚金或两年以下有期徒刑,或两项并处。

第六十四条　无执照采集鸟巢

任何人在没有执照的情况下采集鸟巢,即属犯罪,一经定罪,应处两万林吉特以上五万林吉特以下罚金,或两年以下有期徒刑,或两项并处。

第六十五条　无执照进口受保护野生生命

任何人在没有执照的情况下进口、出口或再出口受保护野生生命、受保护野生生命的部分或其衍生物，即属犯罪，一经定罪，应处两万林吉特以上五万林吉特以下罚金及一年以下有期徒刑。

第二章　与许可证有关的罪行

第六十六条　无许可证经营动物园等

任何人在没有许可证的情况下经营动物园、商业圈养、马戏团或野生生命展览，即属犯罪，一经定罪，应处七万林吉特以下罚金或三年以下有期徒刑，或两项并处。

第六十七条　无许可证开展研究

任何人在没有许可证的情况下对受保护野生生命开展研究，即属犯罪，一经定罪，应处五万林吉特以下罚金或两年以下有期徒刑，或两项并处。

第三章　与特别许可证有关的罪行

第六十八条　无特别许可证猎杀完全受保护野生生命

(1)除第二款另有规定外，任何人在没有特别许可证的情况下：

(a)猎杀或饲养完全受保护野生生命(未成熟的完全受保护野生生命或雌性完全受保护野生生命除外)；或者

(b)捕捉或保留完全受保护野生生命的部分或其衍生物，

即属犯罪，一经定罪，应处十万林吉特以下罚金或三年以下有期徒刑，或两项并处。

(2)任何人犯第一款所定罪行，且该罪行涉及：

(a)穿山甲(Manis Javanica)、血蟒(Python Brongersmai)、粗脖巨蜥(Varanus Rudicollis)、迪氏巨蜥(Varanus Dumerilli)或孟加拉巨蜥(Waranus Bengalensis)超过二十只的，一经定罪，应处五万林吉特以上十万林吉特以下罚金或三年以下有期徒刑，或两项并处；

(b)冠羽眼斑雉(Rheinardia Ocellata)、山孔雀雉(Polyplectron Inopinatum)、大眼斑雉(Argusianus Argus)、绿孔雀(Pavo Muticus)、黄冠鹎(Pycnonotus Zeylanicus)、马来犀鸟(Buceros Rhinoceros)、双角犀鸟(Buceros Bicornis)、淡喉皱盔犀鸟(Aceros Subruficollis)或盔犀鸟(Rhynoplax Vigil)，一经定罪，应处三万林吉特以上十万林吉特以下罚金及两年以下有期徒刑；或者

(c)鬣羚(Capricornis Sumatrensis)、印度野牛(Bos Gaurus)、爪哇犀牛(Rhinoceros Sondaicus)、苏门答腊犀牛(Dicerorhinus Sumatrensis)、虎(Panthera Tigris)、豹(Panthera Pardus)、云豹(Neofelis Nebulosa)或马来长吻鳄(Tomistoma Schlegelii)，一经定罪，应处十万林吉特以上五十万林吉特以下罚金及五年以下有期徒刑。

第六十九条　无特别许可证猎杀未发育成熟的完全受保护野生生命

(1)除第二款另有规定外,任何人在没有特别许可证的情况下猎杀或饲养未发育成熟的完全受保护野生生命,即属犯罪,一经定罪,应处二十万林吉特以下罚金或十年以下有期徒刑,或两项并处。

(2)任何人实施第一款所定罪行,且该罪行涉及第六十八条第二款第三项指明的野生生命,一经定罪,应处十五万林吉特以上五十万林吉特以下罚金及五年以下有期徒刑。

第七十条　无特别许可证猎杀完全受保护的雌性野生生命

(1)除第二款另有规定外,任何人在没有特别许可证的情况下猎杀或饲养完全受保护的雌性野生生命,即属犯罪,一经定罪,应处三十万林吉特以下罚金或十年以下有期徒刑,或两项并处。

(2)任何人实施第一款所定罪行,且该罪行涉及第六十八条第二款第三项指明的野生生命,一经定罪,应处二十万林吉特以上五十万林吉特以下罚金及五年以下有期徒刑。

第七十一条　无特别许可证进口完全受保护野生生命

任何人在没有特别许可证的情况下,进口、出口或再出口完全受保护野生生命、完全受保护野生生命的部分或其衍生物,即属犯罪,一经定罪,应处三万林吉特以上十万林吉特以下罚金及三年以下有期徒刑。

第七十二条　无特别许可证利用完全受保护野生生命

(1)除第二款或第三款另有规定外,任何人在没有特别许可证的情况下:

(a)在动物园、马戏团或野生生命展览活动中利用完全受保护野生生命;或者

(b)利用完全受保护野生生命进行商业圈养繁殖;

即属犯罪,一经定罪,应处十万林吉特以下罚金或三年以下有期徒刑,或两项并处。

(2)任何人实施第一款所定罪行,且该罪行涉及第六十八条第二款第二项指明的野生生命,一经定罪,应处三万林吉特以上十万林吉特以下罚金及两年以下有期徒刑。

(3)任何人实施第一款所定罪行,且该罪行涉及第六十八条第二款第三项指明的野生生命,一经定罪,应处十万林吉特以上五十万林吉特以下罚金及五年以下有期徒刑。

第七十三条　无特别许可证开展研究

任何人在没有特别许可证的情况下,对完全受保护野生生命开展研究,即属犯罪,一经定罪,应处七万林吉特以下罚金或三年以下有期徒刑,或两项并处。

第四章　其　他

第七十四条　破坏受保护野生生命的巢或卵

任何人损毁或破坏受保护野生生命的巢或卵,即属犯罪,一经定罪,应处两万林吉特以下罚金或一年以下有期徒刑,或两项并处。

第七十五条　破坏完全受保护野生生命的巢或卵

任何人损毁或破坏完全受保护野生生命的巢或卵,即属犯罪,一经定罪,应处五万林吉特以下罚金或两年以下有期徒刑,或两项并处。

第七十六条　在野生生命保护区或野生生命避难所猎杀野生生命

任何人，无论是持证猎人、特别许可证持有人还是其他持证人员，在野生生命保护区或野生生命避难所：

(a) 猎杀野生生命；或者

(b) 盗取、破坏或损毁野生生命的巢或卵，

即属犯罪，一经定罪，应处五万林吉特以下罚金或两年以下有期徒刑，或两项并处。

第七十七条　在禁止时段猎杀野生生命

任何人，无论是持证猎人、特别许可证持有人还是其他持证人员，在规定时间之外猎杀野生生命，即属犯罪，一经定罪，应处三万林吉特以下罚金或一年以下有期徒刑，或两项并处。

第七十八条　禁猎期猎杀受保护野生生命

任何人，无论是持证猎人还是其他持证人员，在禁猎期猎杀受保护野生生命，即属犯罪，一经定罪，应处两万林吉特以下罚金或一年以下有期徒刑，或两项并处。

第七十九条　投毒猎杀野生生命

(1) 任何人，无论是持证猎人、特别许可证持有人还是其他持证人员，为猎杀野生生命之目的设置、放置或使用毒药、饵料、毒饵、粘鸟胶或捕鸟网，即属犯罪，一经定罪，应处五万林吉特以下罚金或两年以下有期徒刑，或两项并处。

(2) 如公职人员在执行公务过程中为消灭农业病虫害或有害植被而放置或使用毒药，且该毒药的放置或使用受到局长监督的，本条对该公职人员不适用。

第八十条　使用规定之外的武器或陷阱猎杀野生生命

任何人，无论是持证猎人、特别许可证持有人还是其他持证人员，使用规定之外的武器或陷阱猎杀野生生命，即属犯罪，一经定罪，应处两万林吉特以下罚金或一年以下有期徒刑，或两项并处。

第八十一条　在野生生命舐食岩盐之盐渍地四百米范围内猎杀野生生命

任何人，无论是持证猎人、特别许可证持有人还是其他持证人员，

(a) 在野生生命舐食岩盐之盐渍地四百米范围内猎杀野生生命；

(b) 持有武器、弓箭、吹管、长矛、弩或其他工具，用于在野生生命舐食岩盐之盐渍地四百米范围内猎杀野生生命；或者

(c) 在野生生命舐食岩盐之盐渍地四百米范围内或在通往野生生命舐食岩盐之盐渍地的路上，以猎杀野生生命为目的，而在某处等待，搭建平台或住所，设置或放置陷阱、毒药、毒饵、粘鸟胶或捕鸟网，

即属犯罪，一经定罪，应处五万林吉特以下罚金或两年以下有期徒刑，或两项并处。

第八十二条　从运输工具处猎杀野生生命

任何人，无论是持证猎人、特别许可证持有人还是其他持证人员，从运输工具处猎杀野生生命，即属犯罪，一经定罪，应处三万林吉特以下罚金或一年以下有期徒刑，或两项并处。

第八十三条　持有载有他人姓名的执照等

任何人如无合理理由持有或在其住所内发现有他人的执照、许可证或特别许可证，即属犯罪，一经定罪，应处两万林吉特以下罚金或一年以下有期徒刑，或两项并处。

第八十四条　存放于不同地址的执照等

执照、许可证或特别许可证的持有人,如无合理理由将执照、许可证或特别许可证存放于证件上注明地址之外的地方,即属犯罪,一经定罪,应处两万林吉特以下罚金或一年以下有期徒刑,或两项并处。

第八十五条　扰乱野生生命舐食岩盐之盐渍地或其附近土地

(1)除本条另有规定外,任何人扰乱:

(a)野生生命舐食岩盐之盐渍地;或者

(b)紧邻野生生命舐食岩盐之盐渍地的附近土地(如若受到扰乱,会造成野生生命舐食岩盐之盐渍地对于野生生命丧失吸引力或变得不安全),

即属犯罪,一经定罪,应处五万林吉特以下罚金或两年以下有期徒刑,或两项并处。

(2)本条中,"扰乱"包括移走或搅动野生生命舐食岩盐之盐渍地内(上)或紧邻野生生命舐食岩盐之盐渍地的附近土地内(上)的泥土、矿物水、树木、灌木、灌丛或其他植被。

(3)本条不适用于:

(a)联邦政府;或者

(b)任何州政府,

依乡村发展计划、城市发展计划、林业管理计划或工业企业状况(视情况需要)而采取的行为。

第八十六条　虐待野生生命

(1)除本条另有规定外,任何人:

(a)殴打、踢打、激怒、恐吓、折磨野生生命,给野生生命剥皮或拔除尖牙;

(b)因疏忽大意未能为其收容圈养或养殖的野生生命提供充足的食物或水;

(c)以不当方式饲养、收容、圈养或养殖野生生命,对其造成不必要的痛苦或折磨,包括将野生生命收容、圈养或养殖在不适合不利于其舒适健康的处所;

(d)利用野生生命从事或协助从事其因虚弱、受伤、疾病或其他无行为能力而无法从事的工作或劳动;

(e)为引诱野生生命,或为使之与其他野生生命或动物打斗,利用、挑衅或激怒野生生命,或为上述目的经营任何场所或场地;或者

(f)故意做(或不做)某事为野生生命带来不必要的痛苦折磨或不适,

即属犯罪,一经定罪,应处五千林吉特以上五万林吉特以下罚金,或一年以下有期徒刑,或两项并处。

(2)根据本法令在合法猎杀过程中伤害野生生命的人不适用本条。

第八十七条　含有完全受保护野生生命之衍生物的制品

任何人出售含有或声称含有完全受保护野生生命衍生物的制品,即属犯罪,一经定罪,应处两万林吉特以下罚金或一年以下有期徒刑,或两项并处。

第八十八条　挑衅野生生命

任何人挑衅或伤害野生生命,致使它对人类生命具有紧急危险,即属犯罪,一经定罪,应处三万林吉特以下罚金或一年以下有期徒刑,或两项并处。

第八部　与强制执行有关的权力

第八十九条　法令所定罪行为可径直逮捕的罪行

为《刑事诉讼法典》(第593号法令)之目的,本法令所定每项罪行均为可径直逮捕的罪行。

第九十条　对公职人员的授权

总局长可书面授权任何公职人员行使本法令规定的执法权。

第九十一条　授权证

(1)总局长须向根据第九十条获得授权的每位执法官员及公职人员开具由其亲自签署的授权证。

(2)受权官员行使本法令规定的权力时,须按要求向被行使权力之人出示根据第一款颁受的授权证。

第九十二条　调查权

(1)对于本法令所规定的犯罪或涉嫌犯罪行为,执法官员拥有侦查和调查的全部权力。

(2)为避免歧义,兹声明,为本法令之目的,执法官员应享有《刑事诉讼法典》规定的任何衔级警官在对展开警方调查可径直逮捕的案件时享有的全部或任意权力,且该种权力应补充而非减损本法令规定的权力。

第九十三条　逮捕权

(1)对于有合理理由认为其已实施或企图实施本法令或其附属法例所定罪行之人员,执法官员可在未被授予逮捕令的情况下径直对其予以逮捕。

(2)根据第一款执行逮捕的执法官员,须在无不必要拖延的情况下,将被逮捕之人员带往最近的警署,接受当下生效之刑事诉讼相关法律予以处理。

第九十四条　凭搜查令搜查与扣押

(1)在经执法官员宣誓而作的书面告发及某裁判官认为必要的调查后,如该裁判官信纳有适当理由认为:

(a)处所曾被使用;或者

(b)处所中存有证据,有展开调查之必要,

则对于实施的本法令或其附属法例所定罪行,该裁判官可发出搜查令,授权搜查令中指定的执法官员(在有无援助的情况下)于白天或晚上任何适当时间进入有关处所(如有需要可使用武力进入)。

(2)在不影响第一款之一般性原则下,治安法官发出的搜查令可授权执法官员:

(a)搜查处所,扣押或移走处所内野生生命野生生命的部分或其衍生物圈套、陷阱、饵料、毒饵、武器、运输工具、簿册、记录、文件或有合理理由认为提供犯罪证据的物品;

(b)对处所内发现的任何野生生命野生生命的部分及其衍生物或物品进行样本抽取,以借测试或其他方式查明是否有人曾实施相关罪行;以及

(c)复印或摘录处所内发现的簿册、记录、文件等。

(3)根据本条进入处所的执法人员,可带入他认为必要的其他人员及设备。

(4)根据第一款展开搜查的执法人员,为调查罪行之目的,可对处所内的人人身搜查。

(5)根据第四款或第九十五条展开搜查的执法人员,对于有理由认为是犯罪工具或其他证据的所有物品(其身上的必需衣物除外)可径直扣押及保管,并安全保管直至其被取消指控或无罪释放。

(6)执法官员在行使本条规定的权力时,如有必要,可:

(a)破启处所的外门、内门、窗户或围栏围封物大门或其他障碍物,以进入并抵达每一处;

(b)根据本条有权以武力清除任何妨碍进入、搜查、扣押和移走的障碍物;以及

(c)扣留处所内发现的任何人,直至搜查完成为止。

(7)根据本条扣押的野生生命野生生命的部分或其衍生物圈套、陷阱、饵料、毒饵、武器、运输工具、簿册、记录、文件或物品,如因其性质大小或数量原因无法移走,执法官员无论以何手段,须将该野生生命、野生生命的部分或其衍生物、圈套、陷阱、饵料、毒饵、枪械、运输工具、簿册、记录、文件或物品密封在发现的处所或容器内。

(8)任何人未经合法授权,破坏篡改或损坏第七款提述的封条,或移走密封好的野生生命、野生生命的部分或其衍生物圈套、陷阱、诱饵、毒饵、武器、运输工具、书籍、记录、文件或物品,或企图这样做,即属犯罪,一经定罪,应处十万林吉特以下罚金或两年以下有期徒刑,或两项并处。

第九十五条　无搜查令搜查与扣押

如执法人员在接到告发后信纳有适当理由认为,为取得第九十四条规定的搜查令所致耽搁会对调查工作产生不利影响,犯罪证据可能被篡改、清除、损坏或销毁的,执法人员可进入该处所并就该处所充分行使第九十四条提述的全部权力,如同持有上一条发出的搜查令得以授权如此行事一样。

第九十六条　人身搜查

人身搜查均由同一性别的人进行,且人身搜查时须严格得体。

第九十七条　进入土地的权力

尽管有第九十四条和第九十五条的规定,执法官员仍可在没有搜查令的情况下进入任何国有土地、预留土地、永久受保护林区、转让土地和采矿用地,以阻止或侦查本法令或其附属法例所定罪行。

第九十八条　进入处所的权力

尽管有第九十四条和第九十五条的规定,执法官员仍可随时为以下目的进入任何处所:

(a)检查野生生命、野生生命的部分或其衍生物、运输工具、簿册、记录、文件或他认为必要的物品;

(b)核实向执法官员提供的记录陈述或信息的准确性;或者

(c)收集野生生命、野生生命的部分或其衍生物的样本。

第九十九条　访问计算机数据

(1)根据本法令实施搜查的执法官员须被允许查阅储存在计算机或其他设备中的计算机数据。

(2)本条中,“访问”:

(a)包括提供必要的密码、加密代码、解密代码软件或硬件以及能够理解计算机数据的其他方式;以及

(b)与1997年《计算机犯罪法令》(第563号法令)第二条第二款和第五款所赋予的含义相同。

第一百条　设置路障等

(1)如局长怀疑发生了本法令或其附属法例所定罪行,可指示执法官员取得警察的协助,在公共道路、公路或公共场所设置或放置路障以便拦截车辆进行检查。

(2)执法官员根据第一款截停车辆时,可行使第一百条提述的全部权力。

第一百零一条　截停搜查和扣押运输工具的权力

(1)如执法官员有合理理由怀疑某运输工具载有野生生命、野生生命的部分或其衍生物、圈套、陷阱、诱饵、毒饵、武器、书籍、记录、文件以及与正在或已经实施本法令或其附属法例所定罪行相关的物品的,可截停和搜查运输工具,如经检查,有合理理由认为该运输工具正用于或已用于犯此罪行,便可径直扣押该运输工具及野生生命、野生生命的部分或其衍生物、圈套、陷阱、诱饵、毒饵、武器、书籍、记录、文件以及在运输工具内发现的有合理理由认为是犯罪证据的物品。

(2)如执法官员提出要求,管控或负责运输工具的人须:

(a)停驶运输工具,允许执法官员搜查;以及

(b)打开运输工具的所有部分以便搜查,并采取执法官员认为必要的全部措施便于顺利搜查。

(3)执法官员在根据本条行使权力时,如有必要,可扣留运输工具内发现的人员,直至搜查完成。

(4)任何人违反第二款,即属犯罪,一经定罪,应处三万林吉特以下罚金或一年以下有期徒刑,或两项并处。

第一百零二条　尽管有缺陷,搜查令仍可接受

根据本法令发出的搜查令,即便其中或在申请过程中存在缺陷、错误或遗漏,也即属有效且须强制执行。根据该搜查令扣押的野生生命、野生生命的部分或其衍生物、圈套、陷阱、诱饵、毒饵、武器、运输工具、书籍、记录、文件或物品在根据本法令提起的法律程序中皆可作为可被采信的证据。

第一百零三条　扣押物品清单

(1)根据本法令扣押时,负责扣押的执法官员须提供清单,列出扣押的野生生命、野生生命的部分或其衍生物、圈套、陷阱、诱饵、毒饵、武器、运输工具、书籍、记录、文件或物品,并列出发现上述事物的地点,然后在清单上签字。

(2)按照第一款规定提供的清单应立即送交:

(a)被扣押野生生命、野生生命的部分或其衍生物、圈套、陷阱、饵料、毒饵、枪械、运输工具、簿册、记录、文件或物品缴获处所的占有人;或者

(b)根据第一百条或第一百零一条作出扣押的情况下,管控或负责该运输工具的人。

(3)如扣押发生在无人占用的处所,执法官员须尽可能在处所显眼处张贴扣押物品清单。

第一百零四条　暂时交还运输工具

(1)根据本法令扣押的运输工具,法院可暂时交还其所有人或原保有人、保管人、控制人,但须遵守法院可能施加的条款和条件,须提供令法庭信纳的充分保证,保证在任何情况下,如法院要求,将该运输工具交回法院并遵守法院施加的条款及条件(如有)。

(2)在根据第一款暂时归还被扣押运输工具的情况下,任何人如:

(a)未按要求向法院交回该运输工具;或者

(b)违反第一款规定的条款或条件,

即属犯罪,一经定罪,应处十万林吉特以下罚金或三年以下有期徒刑,或两项并处。

第一百零五条　被扣押野生生命的处置

(1)执法官员根据本部行使权力扣押的野生生命野生生命的部分或其衍生物,在扣押后可随即将它们带到裁判官席前,由裁判官下令释放或予以处置。

(2)尽管有第一款的规定,如因:

(a)野生生命、野生生命的部分或其衍生物的性质大小或数量;或者

(b)距离或环境原因,

将野生生命、野生生命的部分或其衍生物带到裁判官席前并不切实可行的,局长可下令按其认为适当的方式释放或处置。

第一百零六条　要求熟悉案件的人出席的权力

(1)根据本法令或其附属法例开展调查的执法官员可通过书面命令,要求他认为熟悉案件事实及情况的人出庭,后者须按要求出庭。

(2)如上述之人拒绝或未按第一款作出的命令出席聆讯,执法官员可向裁判官报告,裁判官须发出传票,确保其出席聆讯。

第一百零七条　对熟悉案件之人的询问

(1)根据本法令或其附属法例开展调查的执法官员,可以口头询问任何熟悉案件事实及情节的人员。

(2)该人员有义务回答执法官员向他提出的与此案有关的全部问题,但如对某问题的回答会使他面临刑事指控、处罚或财产没收的,可拒绝回答。

(3)根据本条作出陈述的人,在法律上有责任述明事实的真相,无论此番陈述是在回答问题时作出的全部还是部分回答。

(4)根据第一款进行询问的执法官员,须首先告知其第二款和第三款内容。

(5)根据本条作出的陈述,须在:

(a)已用陈述人所使用的语言读给他听;以及

(b)陈述人有机会作出任何希望的更改,

之后,尽可能转为书面记录,并由作出该陈述的人签名或盖上其拇指指印(视属何情况而定)。

第一百零八条　陈述作为可被采信的证据

(1)除本条规定的情况外,在根据本法令调查期间,任何人向执法官员所作的陈述不得用作可被采信的证据。

(2)如控方或辩方传唤被告人以外的任何证人,法院可依被告人或检察官的请求,参考依据本法令该证人在调查过程中向执法官员所作的陈述。为维护司法公正,法院可作出指示向

被告人提供该陈述书的副本,被告人也可根据1950年《证据法令》(第56号法令)规定的方式借由陈述书对证人的信誉提出质疑。

(3)如被告人在调查过程中已作陈述,审判过程中该陈述便可视为支持其辩护的证据。

(4)对于列队指认过程中所作陈述,或1950年《证据法令》第二十七条、第三十二条第一款第一项、第九项和第十项内容,本条之规定均不对其适用。

(5)如有人被控实施与以下相关的任何罪行:

(a)制作;或者

(b)内容,

根据本法令调查的过程中,其向获授权人员所作的任何陈述均可在检方陈述中作为可被采信的证据。

第一百零九条　发还被扣押之物

(1)被扣押的野生生命、野生生命的部分或其衍生物、圈套、陷阱、诱饵、毒饵、武器、运输工具、书籍、记录、文件或物品,如根据本法令不应予以没收,且并非为进入法律程序或依据其他成文法提起公诉之目的,执行扣押的执法官员在向检察官说明后,可将上述事物交还他认定的拥有合法所有权之人。

(2)根据第一款释放野生生命、野生生命的部分或其衍生物,发还圈套、陷阱、诱饵、毒饵、武器、运输工具、簿册、记录、文件或物品时,执法官员须作出书面记录,详细说明释放的情况和理由,并于释放后七日内将记录副本送交检察官。

(3)为本条之目的,如扣押和释放野生生命、野生生命的部分或其衍生物、圈套、陷阱、诱饵、毒饵、武器、运输工具、书籍、记录、文件或物品是出于善意的,执行扣押的执法官员、联邦政府或代表联邦政府行事的人不应受到起诉。

第一百一十条　没收被扣押的野生生命等

(1)野生生命、野生生命的部分或其衍生物、圈套、陷阱、诱饵、毒饵、武器、运输工具、书籍、记录、文件或在本法令规定权力行使过程中缴获的物品,均须予以没收。

(2)控方提起公诉后,由法院下令对根据本法令扣押后须予没收的野生生命、野生生命的部分或其衍生物、圈套、陷阱、诱饵、毒饵、武器、运输工具、簿册、记录、文件或物品予以没收。如法院信纳确实有实施本法令或其附属法例所定罪行,且野生生命、野生生命的部分或其衍生物、圈套、陷阱、诱饵、毒饵、武器、运输工具、书籍、记录、文件或物品是犯罪的主要对象或犯罪工具,即使无人因此获罪,也须下令没收被扣押之物。

(3)根据本法令扣押的野生生命、野生生命的部分或其衍生物、圈套、陷阱、诱饵、毒饵、武器、运输工具、书籍、记录、文件或物品,如未有据此提出的任何指控,须将表明未有据此提出指控的通知发往上述事物占有人的最后已知地址,而该野生生命、野生生命的部分或其衍生物、圈套、陷阱、诱饵、毒饵、武器、运输工具、书籍、记录、文件或物品须于通知送达日期起计一个公历月届满时捕捉并视为没收,除非在该期限届满前,有人以第四款、第五款、第六款和第七款列明的方式提出申诉。

(4)任何人声称自己是第三款所述野生生命、野生生命的部分或其衍生物、圈套、陷阱、诱饵、毒饵、武器、运输工具、簿册、记录、文件或物品的所有者,且前述事物不应没收的,可亲自或由其书面授权的代理人,向保有该野生生命、野生生命的部分或其衍生物、圈套、陷阱、饵料、毒饵、武器、运输工具、书籍、记录、文件或物品的执法官员提交书面通知。

(5)在接到第四款所述通知后，执法官员须将此申诉转交一级裁判官作出裁决。

(6)根据第五款获转介事宜的裁判官须发出传票，要求声称自己是野生生命、野生生命的部分或其衍生物、圈套、陷阱、诱饵、毒饵、武器、运输工具、簿册、记录、文件或物品所有者之人，以及从其处扣留上述事物的人出庭，当他们出庭或未出庭时，传票的妥为送达已获证明，裁判官须着手审查该事项。

(7)如已证明本法令或其附属法例所定罪行成立，第六款所述野生生命、野生生命的部分或其衍生物、圈套、陷阱、诱饵、毒饵、武器、运输工具、书籍、记录、文件或物品为犯罪的主要对象或犯罪工具，裁判官须下令对野生生命、野生生命的部分或其衍生物、圈套、陷阱、饵料、毒饵、武器、运输工具、簿册、记录、文件或物品予以没收并下令释放(即便缺乏证据)。

(8)被没收或视为没收的野生生命、野生生命的部分或其衍生物、圈套、陷阱、诱饵、毒饵、武器、运输工具、簿册、记录、文件或物品，均须交付总局长，并以总局长认为适当的方式处置。

第一百十一条　被没收的野生生命等财产

根据本法令被没收或视为没收的野生生命、野生生命的部分或其衍生物、圈套、陷阱、诱饵、毒饵、武器、运输工具、书籍、记录、文件或物品，均收归政府所有。

第一百十二条　保管被扣押野生生命等的费用

根据本法令扣押的野生生命、野生生命的部分或其衍生物、圈套、陷阱、诱饵、毒饵、武器、运输工具、书籍、记录、文件或物品，在本法令规定的与罪行相关的法律程序结束之前由政府保管，犯罪嫌疑人定罪后，保管费用成为其对政府的债务，须予以追偿。

第一百十三条　不得追讨因扣押而引致的费用或损害赔偿

任何人行使或声称行使本法令赋予的权力过程中就被扣押的野生生命、野生生命的部分或其衍生物、圈套、陷阱、诱饵、毒饵、武器、运输工具、书籍、记录、文件或物品提起法律程序的，均无权要求对方支付诉讼费用损害赔偿或其他救济，除非该扣押是在无合理理由的情况下作出的。

第一百十四条　妨碍搜查

任何人：

(a)拒绝执法官员进入某处所(根据本法令或附属法例，执法官员有权进入)，或拒绝执法官员履行本法令规定的职责或行使本法令赋予的权力；

(b)袭击、妨碍、阻碍或拖延执法官员，影响其进入处所或干涉其履行本法令规定的职责或行使本法令赋予的权力；或者

(c)拒绝向执法官员提供以下信息：与本法令或其附属法例所定罪行或涉嫌罪行相关的信息，合理要求其提供其知晓的或有权提供的其他信息，

即属犯罪，一经定罪，应处三万林吉特以下罚金或一年以下有期徒刑，或两项并处。

第一百十五条　附加权力

(1)为执行本法令或其附属法例，执法官员有权力采取下列全部或任何行为：

(a)要求出示记录和文件，并检查、审查和复印其中的任何部分；

(b)要求任何人出示与本法令或其附属法例规定的案件或罪行相关的身份证明文件；

(c)开展必要调查,以确定本法令或其附属法例的规定是否得到遵守。

(2)任何人不遵守第一款所作要求,即属犯罪,一经定罪,应处三万林吉特以下罚金或一年以下有期徒刑,或两项并处。

第一百十六条　数罪合并审理

尽管《刑事诉讼法》第一百六十四条有所规定,任何人被指控实施本法令或其附属法例所定一项以上罪行,可在一次庭审中接受对其在任何时段内实施的若干罪行所提出的指控和审判。

第九部　一般规定

第一百十七条　受控制物种

(1)任何人不得饲养、出售、购买、进口或出口附表五指明的受控制物种。

(2)任何人违反第一款,即属犯罪,一经定罪,应处三万林吉特以下罚金或一年以下有期徒刑,或两项并处。

第一百十八条　视为受控制物种的杂交种

为实行本法令,杂交种视为受控制物种,并执行第一百一十七条规定。

第一百十九条　禁止杂交活动

(1)未经总局长事先书面许可,任何人不得开展任何杂交活动。

(2)任何人违反第一款,即属犯罪,一经定罪,应处五万林吉特以下罚金或两年以下有期徒刑,或两项并处。

第一百二十条　非持证交易商购买受保护野生生命等

(1)任何人(持证交易商或持证野生生命标本剥制师除外)购买或获得受保护野生生命、受保护野生生命的部分或其衍生物,须通过以下人员:

(a)持证交易商或持证野生生命标本剥制师;或者

(b)局长(根据本法令开展售卖活动)。

(2)任何人违反第一款,即属犯罪,一经定罪,应处两万林吉特以下罚金或一年以下有期徒刑,或两项并处。

第一百二十一条　出售非法猎捕的野生生命

(1)任何野生生命:

(a)根据第五十三条、第五十四条或第五十五条规定或违反本法令或其附属法例的规定被猎杀的;或者

(b)无人认领的尸体在任何国有土地永久受保护林区或其他土地上被发现的,

可由局长按他认为合适的方式出售或处置。

(2)根据本条收到的所有款项,均须拨入被猎杀野生生命或无人认领的动物尸体发现之地所在州的综合基金,成为该综合基金的一部分。

第一百二十二条　报告危险野生生命

(1)任何人伤害危险野生生命,须向致伤的危险野生生命所在地的任何官员或地方长官报告,不得有不必要的拖延。

(2)报告应当载明危险野生生命、致伤凶器、致伤时间、日期和地点。

(3)伤害危险野生生命的人因伤势严重无法作出报告的,须尽早请求他人代为作出本条指明的报告。

(4)为实行本条,"危险野生生命"指大象(Elephas Maximus)、野牛(Bos Gaurus)、熊(Helarctos Malayanus)、虎(Panthera Tigris)、豹(Panthera Pardus)、黑豹野猪(Sus Scrofa)以及根据第五十五条对人类生命具有紧急危险的其他野生生命。

第一百二十三条　公职人员向官员报告

公职人员收到:

(a)就与本法令有关事项作出的任何报告或投诉;

(b)与本法令事项相关的任何信息;或者

(c)任何被交付的野生生命或野生生命的部分或其衍生物,

须将此事报告任何官员,不得有不必要的拖延。

第一百二十四条　法人团体犯罪

(1)如法人团体实施本法令或其附属法例所定罪行,犯罪时任何人员为该法人团体的首席执行官、董事、经理、秘书或其他类似职务,或声称以此种身份、方式行事,或在一定程度上负责管理该法人团体的事务或协助管理的:

(a)在与对法人团体进行的同一法律程序中,其与法人团体可分别或共同受到指控;以及

(b)如法人团体被判有罪的,其须视为有罪,除非在考虑其身份对应职能之性质及相关情况后,其可证明:

(i)罪行是在他不知情、不同意或不纵容的情况下实施的;

(ii)其采取了一切合理的预防措施,并尽了应尽的努力阻止犯罪的发生。

(2)任何人有任何作为不作为、疏忽或失责行为的,应根据本法令或其附属法例受到惩处。其的雇员、代理人或其代理人的雇员有前述行为的,其须受到同样的惩处,如上述行为、不作为、疏忽或失责发生在:

(a)其雇员受雇工作期间;

(b)由代理人代表其行事时;或者

(c)由其代理人的雇员在受雇于该代理人或在其他情况下代表该代理人的过程中作出。

第一百二十五条　一般犯罪

任何人违反或未能遵守:

(a)本法令或其附属法例的规定;

(b)裁判官或部长根据本法令发布的命令;

(c)总局长根据本法令发布的命令或指示;或者

(d)执照、许可证或特别许可证指明的条件或要求,

作出违法行为的,在没有明确规定刑罚的情况下,应处一万林吉特以下罚金或一年以下有期徒刑,或两项并处。

第一百二十六条　可庭外解决犯罪

(1)对任何人实施的本法令或其附属法例所定罪行,总局长在征得检察官同意后,可提议

根据本法令所定条例庭外解决该犯罪。

(2)尽管有第(1)款规定,如实施第六十八条第二款第二项、第三项,第六十九条第二款,第七十条第二款,第七十二条第二款、第三款所定罪行的,不得庭外解决该犯罪。

(3)总局长可以依第一款提出庭外解决条件,即在庭外解决条件规定期间内,收取被合理怀疑构成犯罪的人一定数额的款项,但所收取金额不得超出其被定罪后可能被判处的最高罚金的百分之五十。

(4)第三款所指的庭外解决条件可在罪行发生后且在该罪行提起公诉前的任何期间内提出。根据第一款提出的庭外解决条件,订明款项未在指定时间内支付的,或未在总局长批予的延长时间内支付的,可在其后任何时间内就该罪行向庭外解决条件另一方提出指控。

(5)犯罪行为依据第三款决定庭外解决的,日后不得就该罪行对庭外解决条件另一方再次提起公诉,总局局长可以发还或没收与该罪行有关的包括野生生命野生生命的部分或其衍生物、圈套、陷阱、诱饵、毒饵、武器、运输工具、书籍、记录、文件或其他物品等被扣押之物,但须遵守总局长认为应承担的有关该可庭外解决犯罪的具体条件。

第一百二十七条　提起公诉

非经检察官书面同意外,不得对本法令所定罪行或与其相关的罪行提起公诉。

第一百二十八条　免经诉讼和法律程序的保护

不得向任何法院对以下人员:

(a)执法官员或官员,为了、由于或关于其所采取或声称采取的行为;以及

(b)其他任何人,为了、由于或关于其根据执法官员或官员的命令、指示或指令所采取或声称采取的行为,

提起公诉,如该行为是善意的且有合理理由认为该行为对所要达到的目的和实施本法令的规定十分必要。

第一百二十九条　1948年《公共机构保护法令》

1948年《公共机构保护法令》(第198号法令)适用于针对执法官员或官员的作为、疏忽、过失或不作为而提起的法律程序。

第一百三十条　保护举报者

(1)除第二款和第三款另有规定外,任何民事或刑事法律程序中,证人均无义务亦不得获准披露举报者的姓名或地址,或披露从举报者处收到的资料的实质内容,或述明任何可能导致举报者身份暴露的事宜。

(2)民事或刑事法律程序中作为证据或可予查阅的记录、文件或计算机数据,如载有记项且其中有举报人的姓名或相关描述,或该记项可能导致举报人身份暴露的,法庭须安排隐藏或涂去所有相关段落,但以保护举报人身份免遭暴露所需为限。

(3)如在审判本法令或其附属法例所定罪行时,法庭经全面调查后认为举报人在投诉中故意作出明知是假或不实的重要陈述,或是在法律程序中,法院认为不能在举报人不明的情况下在诉讼各方之间充分实现公正,法院可以要求出示原始申诉(如有书面形式),并允许对举报人进行调查,要求对其充分披露。

第一百三十一条　奖励

总局局长可下令向提供服务之人支付他认为适宜的奖金,以表彰他们在本法令或其附属

法例所定罪行的侦查工作方面提供的帮助,或在根据本法令开展的扣押工作方面提供的帮助。

第一百三十二条　条例

(1)部长可制定适宜或必要条例,以优化执行本法令规定,或制定本法令可以指明或需要指明的事项。

(2)在不影响第一款之一般性原则下,可就下列事项制定条例:

(a)传播野生生命的相关信息,包括它们的繁殖习性、栖息地、物种以及帮助保护的方法或手段;

(b)野生生命保护区、禁猎区的行政管理;

(c)完全受保护野生生命或受保护野生生命的饲养繁殖条件;

(d)处置野生生命的方法;

(e)监管动物园、商业圈养繁殖、马戏团或野生生命展览的运作;

(f)进出口野生生命活体的集装箱规格;

(g)根据本法令应支付的费用;

(h)可庭外解决犯罪的罪行。

(3)根据本条制定的条例,可以规定任何违反条例的作为(或不作为)为犯罪行为,处十万林吉特以下罚金或五年以下有期徒刑,或两项并处。

第一百三十三条　部长的豁免权

部长可以在《政府公报》上发布命令,规定有关野生生命的任何人或任何一类人或任何活动或任何一类活动,不受本法令或其附属法例的全部或任何规定的约束。

第一百三十四条　修订附则的权力

部长可在《政府公报》上发布命令,修订本法令的附则。

第一百三十五条　废除及保留条文

(1)1972年《野生生命保育法令》(第76号法令)现已废除。

(2)已废除法令宣告的所有野生生命保护区和禁猎区的规定继续有效,视为由本法令作出的宣告。

(3)已废除法令任命的人员继续担任本法令规定的官员,视为由本法令第四条作出的任命。

(4)已废除法令制定的所有条例、指示和命令,颁发的执照、许可证和特别许可证以及保存的记录继续有效,视为由本法令制定、颁发和保存。

(5)与执照、许可证或特别许可证有关的所有未决申请、批准、决定、上诉或其他,在本法令开始实施后,均依据本法令处理。

(6)在本法令开始实施前,依据已废除法令已经完成的、正在进行中的和已经开始的调查审判和法律程序,均应根据已废除法令的规定继续或办结。

第一百三十六条　过渡性条文

(1)在本法令实施之日,正在从事本法令适用活动的人,须于本法令实施之日起六个月内,申请本法令规定的执照、许可证或特别许可证(视属何情况而定)。

(2)执照签发官收到某人根据第一款提出的申请后,须向其开具收讫确认书。

(3)在对申请作出决定之前,其可继续从事该活动。

(4)任何饲养或保有受控制物种的人,须在本法令生效时向总局长报告受控制物种的情况,总局长收到报告后须考虑是否允许其继续饲养或保有该物种。

(5)根据第四款颁发的许可证,受总局长认为适合施加的条件规限。

(6)总局局长未根据第四款颁发许可证的,可径直扣押和处置该受控制物种,且无须就处置受控制物种支付赔偿金。

马来西亚保障措施法

万　立　译　龚　苗　审校*

《马来西亚保障措施法》译介

马来西亚因其独特的地理区位优势，具有良好的营商环境，农业、采矿业和服务业十分发达，世界银行《2020年全球营商环境报告》显示，马来西亚营商环境在全球190个经济体中排名第12位，在东盟地区仅次于新加坡。马来西亚国际贸易与工业部统计显示，2019年，马来西亚出口市场前五名分别是中国、新加坡、美国、中国香港特区和日本；进口来源地前五名分别是中国、新加坡、美国、日本和中国台湾地区。中国已经连续第十一年成为马来西亚最大的贸易伙伴。由于中马双方之间存在较大的贸易量，贸易救济措施相关立法的译介必要性凸显。①

《马来西亚保障措施法》是马来西亚政府转化适用世界贸易组织《关税与贸易总协定》第XIX条和《马来西亚保障措施协定》的立法，该法对保障措施的定义、适用条件、调查程序、保障措施的内容等规定基本与《马来西亚保障措施协定》保持一致，该法授予马来西亚政府国际贸易与工业部部长对保障措施调查机关的委任和授权的权利，允许其委任或撤销履行保障措施调查职责的官员。

保障措施适用的条件

按照《马来西亚保障措施协定》与《马来西亚保障措施法》第三编的规定，马来西亚政府适用保障措施需要满足正在进口至马来西亚领土的一产品的数量与国内生产相比绝对或相对增加，并且对生产同类或直接竞争产品的国内产业造成严重损害或严重损害威胁，根据第8条的规定，在认定进口产品数量的增加是否造成国内产业的严重损害或严重损害威胁时，要对被调查产品、国内产业的同类产品和直接竞争产品的所有客观和可量化的相关因素进行评估，并考虑产业的实际状况，并且当被调查产品进口数量增加以外的其他因素对国内产业造成损害或损害威胁时，不能将此等损害归因于进口产品数量的增加，《马来西亚保障措施法》十分强调进口与损害或损害威胁之间的因果关系。

保障措施的调查程序

根据马来西亚立法，保障措施调查的发起可以依职权主动进行，也可以由国内产业或者其代表向国际贸易与工业部提交书面申请书，只有当马来西亚政府确定有充分证据表明进口

---

* 万立，华东政法大学博士研究生；审校：龚苗，浙江工商大学副教授，华东政法大学博士研究生。

① 参考资料：http://www.mofcom.gov.cn/dl/gbdqzn/upload/malaixiya.pdf。

产品数量增加造成严重损害或严重损害威胁的，马来西亚政府才能依职权或依申请进行保障措施调查，启动调查程序以后，还必须将启动调查的决定通报世界贸易组织保障措施委员会，并通过适当的政府程序予以公布。在保障措施调查进行的过程中，所有利害关系参与方，包括所有有意参与调查的被调查产品的外国出口商、生产商、被调查产品的进口商、出口国政府、马来西亚国内同类产品或者直接竞争产品的生产商，以及在马来西亚境内注册的相关贸易和商业协会，均有权参加公开听证或进行书面陈述，以提出证据或发表意见，但所有利害关系参与方都必须遵守相关保密义务。

马来西亚政府可以在规定的期限内作出初步决定，决定被调查产品是否一绝对或相对于国内生产的该增加量进口至马来西亚，以及是否对生产同类产品或直接竞争产品的国内产业造成严重损害或严重损害威胁，以决定是否继续进行调查，或是否适用临时保障措施，根据《马来西亚保障措施法》第 2 条的规定，马来西亚政府适用临时保障措施应采取同政府确定金额相当的债券或证券提供担保的临时保障措施形式，采取临时保障税的形式，由与马来西亚政府确定的数额相等的保证金担保，临时保障措施不得超过 200 天，并且由海关官员负责实施。

最终保障措施

马来西亚政府如果在适用临时保障措施期间认定一产品的数量与国内生产相比绝对或相对增加，并且对生产同类或直接竞争产品的国内产业造成严重损害或严重损害威胁的，马来西亚政府应当适用最终保障措施，在适用最终保障措施之前，马来西亚政府应当将有关事项告知世界贸易组织货物贸易理事会保障措施委员会，按照《马来西亚保障措施协定》提供所有利害相关方磋商机会，还应将磋商结果告知世界贸易组织货物贸易理事会。最终保障措施包括保障关税、实施进口配额，或两者同时适用。

保障措施复审

保障措施的复审是马来西亚政府颁布的超过 3 年的保障措施必要的中期审查措施，对于保障措施适用的不同情况，以及保障措施适用以后对国内产业的影响，马来西亚政府可在评估以后，作出维持、放宽或撤销最终保障措施的决定；对于维持保障措施的，政府可以依职权或依申请延长保障措施的适用期限，根据《马来西亚保障措施法》第 37 条的规定，如果为防止或补救严重损害而有必要采取保障措施，或有证据证明在协议履行的前提下该产业正在进行调整，政府可以决定延长保障措施适用的期限，但延长最终保障措施的限制不得高于最初申请阶段终期。根据《保障措施法》第 39 条的规定，对于已经适用最终保障措施的进口产品，在 2 年或以上的期限内不得适用新的保障措施，但自产品进口实施更早的保障措施之日起已经届满 1 年以上，并且自保障措施开始实施之日前 5 年内，未对同一产品实施两次以上的保障措施的，可以将一项持续时间为 180 天或更短时间的最终保障措施适用于原保障措施针对的被调查产品。

马来西亚法律第 657 号法案

本法调整有关马来西亚进口产品的调查和确定保障措施及其他有关事宜。

（2007 年 11 月 22 日）

由马来西亚国会颁布如下：

第一编　序　言

第一条　简称和生效日期

(1)本法可以简称为2006年《保障措施法》。

(2)本法自部长在宪报公告的指定日期生效。

第二条　解释

除本法另有规定外:

"严重损害威胁"是指明显迫在眉睫的严重损害。

"成员"是指世界贸易组织的成员。

"ASEAN"是指东南亚国家联盟。

"规定"是指根据本法制定的规章。

"GATT 1994"是指《世界贸易组织协定》附件1A所载1994年《关税与贸易总协定》。

"国内产业"是指:

(a)在马来西亚经营的国内生产商,其产品与被调查产品同类或有直接竞争关系;或

(b)在马来西亚经营的国内生产商,其与被调查产品同类或有直接竞争关系产品的总产量,占该等产品国内总产量的大部分。

"委员会"是指世界贸易组织保障措施委员会。

"同类产品"是指在所有方面与被调查产品相同或相似的产品,或者没有该等产品时,指在所有方面不相似但具有与被调查产品近似特征的另一产品。

"直接竞争产品"是指特征或成分不同,在实用目的或商业竞争力方面具有替代性但仍存有竞争关系的产品。

"被调查产品"是指根据本法被采取保障措施出口或销售至马来西亚的某类或某种产品,其由政府确定适用实施范围。

"严重损害"是指国内产业整体重大减损。

"政府"是指马来西亚政府。

"部长"是指负责国际贸易和产业的部长。

"国家"包括所有世界贸易组织成员和任何其他国家或自治关税地区。

"海关官员"的含义与《马来西亚1967年海关法》第二条规定的含义相同。

"协定"是指《世界贸易组织保障措施协定》。

"利害关系方"是指:

(a)被调查产品的外国出口商、生产商;

(b)被调查产品的进口商;

(c)出口国政府;

(d)国内同类产品或者直接竞争产品的生产商;

(e)在马来西亚境内注册的相关贸易和商业协会。

"利害关系参与方"是指根据第十条规定有意参与调查的利害关系方。

"调查机关"是指根据第三条委任的调查机关。

"WTO"是指世界贸易组织。

第二编 调 查 机 关

第三条 调查机关的委任

部长可以委任并授权调查机关根据本法实施调查。

第四条 官员的委任

部长可随时委任和授权为履行本法规定的职责和权力所需的官员。

第五条 执行本法及规章的官员和其他人员的保护

任何根据本法和依本法制定的规章授权的官员或其他人员,出于、由于或关于实施本法和依本法制定的规章作出命令或实施任何行为的,任何法院不得对其采取或受理任何法律行动或控告。该行为是善意,并且有合理理由认为是为执行本法和依本法制定的规章而必须采取的,任何法院不得因任何其他人出于根据任何此类官员或其他人员作出的命令、指引或指示实施或意图实施的任何行为,受理关于对其提起的诉讼或控告。

第六条 调查机关的职责和权力

(1)调查机关应当履行、行使本规章定的职责、职能及本法规定的职权。

(2)关于严重损害或严重损害威胁的调查,应当按规定实施。

(3)调查机关履行本规章定的职能时,应当遵守本法。

(4)根据本法开展的任何诉讼,调查机关不得披露根据本法有权进行保密处理的任何信息。

(5)调查机关可以直接向利害关系参与方、海关人员、报检公司、货运代理企业,以及其他公私部门的企业、单位索取调查机关认为与履行其职责、职能和行使权力有关的数据和信息。该要求的接收者应当提供所要求的信息,且该等信息应归入公开文件。

(6)调查机关可以决定对按规定开展调查或复审期间所提交信息的准确性进行核实。

第七条 委任权

(1)部长可以基于其认为适当的条件、限制或约束,以书面形式将其根据本法和依本法制定的规章所承担的职能向一人或多人委托,被委托人可以根据本法和依本法制定的规章授予的方式履行此等职能,具有相同效力。

(2)如果缺乏相反证据,意图根据本条作出的授权开展活动的一人或一类人,视为为根据授权条款开展活动。

(3)部长可以随时撤销根据本条规定作出的授权。

第三编 严重损害或严重损害威胁及因果关系的确定

第八条 严重损害和因果关系

(1)认定进口产品数量的增加是否已经造成本规章定的国内产业的严重损害或严重损害威胁时,应当对被调查产品、国内产业的同类产品和直接竞争产品的所有客观和可量化相关因素,按照规定的方式予以评估,并考虑产业的状况。

(2)除非查实客观证据,被调查产品进口数量增加与严重损害或严重损害威胁之间存在因果关系外,不得作出第一款所称认定。

(3)当被调查产品进口数量增加以外的其他因素对国内产业造成损害或者损害威胁的,不得将损害归因于进口产品数量增加。

第九条　严重损害威胁和因果关系

(1)对进口产品数量增加造成严重损害威胁的认定,应当依据客观事实,不得仅依据指控、推测或者微弱的可能性。

(2)确定进口产品数量增加是否造成严重损害威胁时,应当按规定对相关因素予以评估。

第四编　调　　查

第十条　启动调查申请

有下列情形之一的,可以申请启动调查,以确定受调查产品进口数量增加是否对国内产业造成严重损害或者严重损害威胁:

(a)由国内产业或者其代表向国际贸易和产业部提交书面申请书的;

(b)由政府提出的。

第十一条　申请书的要求

根据第十条第一款提交的申请书应当包括规定的信息。

第十二条　启动调查前的撤回申请

启动调查前,可以撤回根据第十条提交的申请书,同时该申请书视为从未提交。

第十三条　申请书的修正

对要求启动调查的申请书,可以按照政府认为适当的条件修正。

第十四条　启动调查的决定

(1)政府确定有充分证据表明进口产品数量增加造成严重损害或严重损害威胁的,政府方可应国内产业的申请或主动启动调查。

(2)政府决定根据第一款启动调查的,政府可获取其认为必要的额外信息。

(3)政府决定不启动调查的,应当书面告知申请人不启动调查的理由。

(4)收到申请书的,政府应当自收到申请书之日起在规定期限内决定是否启动调查。如申请书所涉问题复杂,或政府需要根据第二款的规定获取额外信息,该期限可按规定延长。

第十五条　启动调查的通知

启动调查的决定应通知委员会。该通知应当在调查启动后立即发出。

第十六条　启动调查通知的发布

启动调查通知应当由政府发布。

第十七条　启动调查通知的内容

启动调查通知的内容应当符合规定。

第十八条　公开听证和书面陈述

(1)根据本条的规定,所有利害关系参与方应有下列机会:

(a)采取公开听证或其他适当形式,使进口商、出口商及其他利害关系方可以提出证

据及意见;及

(b)对其他利害关系参与方的书面和口头陈述作出回应,并就适用该保障措施是否符合公共利益提出意见。

(2)公开听证程序或者其他适当方式应当按照规定实施。

第十九条　保密信息的处理

(1)如有理由表明,任何信息就其性质而言是保密的或基于保密提供的,应由政府按保密信息处理。未经提交保密信息的一方明确书面许可,不得披露该信息。

(2)提供保密信息的一方应当提供保密信息的非保密性摘录,或如果该方表示该等信息无法摘录,应当说明理由。

(3)如果政府认为没有必要进行保密处理,并且信息提供者不愿公开该信息,或不愿授权以概括或摘录形式披露信息,除非可以基于适当来源证明该信息的正确性,并予以认可,政府可以不予考虑该信息。

第二十条　初步决定

(1)政府应当在该规定期限内,对下列事项作出初步决定:

(a)被调查产品是否正以绝对或相对于国内生产的该增加量进口至马来西亚;

(b)同时,是否对生产同类产品或直接竞争产品的国内产业造成严重损害或严重损害威胁。

(2)政府就第一款作出否定性初步决定的,政府须发布通知,说明作出否定性裁定的理由,并且:

(a)继续调查;或

(b)如果政府认为适当,终止调查。

(3)若政府就第一款作出肯定性初步决定,则政府须继续开展调查,并发布通知:

(a)肯定性初步决定,并说明就第一款第一项和第二项作出决定的理由;

(b)适用的临时保障措施。

(4)决定适用临时保障措施的,应当按规定发出关于适用临时保障措施的通知。

(5)政府决定不适用临时保障措施的,应当按规定发出否定性初步决定通知。

第二十一条　临时保障措施的通知和磋商

(1)决定适用临时保障措施的,在该措施生效前,政府应当按照委员会的要求通知委员会。

(2)适用措施之前,应提供协议规定的磋商机会。

第二十二条　临时保障措施

(1)肯定性初步裁定通知发布以后,如果政府确定有必要对进口至马来西亚的被调查产品适用临时保障措施,以防止第八条第一款和第九条第一款所称损害在调查期间发生,政府可以对该产品适用临时保障措施。

(2)临时保障措施应采取同政府确定金额相当的债券或证券提供担保的临时保障措施形式。临时保障措施应当采取临时保障税的形式,由与政府确定的数额相等的保证金担保。

(3)根据本条适用的临时保障措施不得超过二百天。

(4)后续调查无法确定进口产品数量增加对国内产业已经造成严重损害或者严重损害威

胁的,应当立即解除保证金担保。

(5)根据本法征收的任何临时保障措施税应当由海关官员实施。

第二十三条　最终决定

(1)政府应当在该规定期限内,对下列事项作出最终决定:

(a)被调查产品是否正以绝对或相对于国内生产的该增加量进口至马来西亚;及

(b)同时,是否对生产同类产品或直接竞争产品的国内产业造成严重损害或严重损害威胁。

(2)若政府就第一款作出否定性最终决定,政府应当:

(a)终止调查;

(b)终止根据第二十二条适用的临时保障措施,并解除该措施所要求的保证金担保;及

(c)发布否定性最终决定的通知,说明作出否定性最终决定的理由。

(3)政府就第一款作出肯定性最终决定的,政府应当:

(a)发布肯定性最终决定的通知;及

(b)实施最终保障措施。

(4)政府认定进口产品数量增加对国内产业已经造成严重损害或严重损害威胁的,应当立即通知委员会。任何该等通知应当符合委员会规定的要求。

第二十四条　最终决定的通知

政府应当按规定发布关于严重损害及因果关系的最终决定通知。

第五编　最终保障措施

第二十五条　最终保障措施的确定

如果政府在适用临时保障措施期间认定:

(a)被调查产品正以绝对或相对于国内生产的该增加量进口至马来西亚;及

(b)同时,对生产同类产品或直接竞争产品的国内产业造成严重损害或严重损害威胁的,则政府应当适用最终保障措施。

第二十六条　最终保障措施的通知

在作出适用最终保障措施的决定后,政府应当立即发布关于适用最终保障措施的通知,且该通知应当包含规定的信息。

第二十七条　最终保障措施的通知和磋商

(1)决定适用最终保障措施后,该措施生效前,政府应当立即将下列事项通知委员会:

(a)进口产品数量增加造成严重损害或者严重损害威胁的证据;

(b)对被调查产品的准确描述;

(c)拟采取措施的形式、水平和期限;

(d)拟采取措施的日期;及

(e)拟议的引入日期、预计持续时间和逐步放宽时间表。

(2)在适用最终保障措施前,政府应当提供充分机会,与被调查产品的出口商具有重大利

益关系的成员磋商,以便:

(a)审查向委员会通报的有关进口产品数量增加造成严重损害或严重损害威胁的认定和拟采取措施的信息;

(b)就措施交换意见;

(c)就如何实现马来西亚与受此措施影响的出口成员之间的减让和其他义务,与1994年《关税与贸易总协定》现有减让和其他义务维持总体相当水平达成谅解。

政府可以为该措施对其贸易造成的不利影响提供任何适当的贸易补偿手段。

(3)政府应当立即通过委员会将磋商结果通知世界贸易组织货物贸易理事会。

第二十八条　最终保障措施的形式和适用

(1)最终保障措施的形式如下:

(a)保障关税;

(b)实施进口配额;

(c)保障关税和进口配额。

(2)除第三十四条另有规定外,第一款第一项和第二项所称任何最终保障措施应当适用于在该措施生效以后进口的所有被调查产品,不论其来源。

第二十九条　行政事务

(1)根据第四编提交的任何申请书应当致送国际贸易和产业部。

(2)除本法另有规定外,依据本法实施或采取的任何行动均应当由部长以书面形式授权的任何官员或个人实施或采取。

(3)根据本法,为作出初步、最终决定及或复审,任何调查的结果都应提交给部长。

(4)部长应作出决定,且该决定为终局决定。

(5)部长应当向财政部提出实施最终保障措施的建议。

(6)按照第二十八条第一款规定的形式实施的最终保障措施应当由海关官员实施。

(7)对根据本法发出的任何通知是否包括任何特定产品产生任何异议的,应当提交调查机关解决。

第三十条　转运

当产品不是直接自原产国进口至马来西亚,而是自中间国出口至马来西亚时,应当适用本法的规定。本法中,该等交易应当视为在原产国和马来西亚之间开展。

第三十一条　通关不受妨碍

根据本法开展的任何调查不妨碍通关程序。

第三十二条　《马来西亚1967年海关法》的适用

(1)本法解释应当与《马来西亚1967年海关法》一致。

(2)《马来西亚1967年海关法》与本法不一致的,以本法为准。

第三十三条　发展中国家成员

(1)尽管本法存有其他规定,对原产于发展中国家成员的被调查产品,只要在马来西亚的有关产品进口中的份额不超出有关产品总进口数的百分之三,则不适用最终保障措施,但是进口份额不足百分之三的发展中国家成员合计不超出有关产品总进口数的百分之九。

(2)根据第一款采取的措施必须通知委员会。

第三十四条　最终保障措施的期限

(1)除非根据第三十七条的规定予以延长,最终保障措施的适用期限不得超过四年。

(2)根据协议,最终保障措施的总期限,包括任何临时保障措施的适用期限及其根据第三十七条规定的任何延长期限,不得超出十年。

第三十五条　保障措施的放宽

对于适用期超出一年的,应当在适用期间内逐步放宽适用的措施。

第六编　复　　审

第三十六条　保障措施的复审

(1)最终保障措施的期限,包括任何临时保障措施的适用期限,超出三年的,适用该措施的政府应当在不迟于适用该措施的中期,对相关情形予以复审,或加速放宽。

(2)维持、放宽或撤销最终保障措施的通知可公布,并摘录复审结果。

第三十七条　最终保障措施的延长

(1)经政府主动或经适当证实请求,可批准将最终保障措施的期限延长至最初期限之后,并符合第八条、第九条、第十六条、第二十一条、第二十三条和第二十五条规定的程序:

(a)为防止或者补救严重损害而仍有必要采取保障措施;

(b)有证据表明该产业正在调整,但前提是协议得到履行。

(2)延长最终保障措施的限制不得高于最初申请阶段终期。延长期限内,该措施应当继续按照通知公布的时间表逐步放宽,以延长最终保障措施。

(3)最终保障措施的延长期限超过三年的,政府应当使马来西亚与受此措施影响的出口成员之间的减让和其他义务,与1994年《关税与贸易总协定》项下现有的减让和其他义务维持总体相当水平。

(4)第二十一条第一款、第二十三条第四款和第二十七条第三款所规定的有关向委员会和世界贸易组织货物贸易理事会通知的要求,以及第二十七条第二款所规定的有关与那些同有关产品的出口商具有重大利益关系的成员进行磋商的要求,应适用于保障措施的任何延长。

第三十八条　延长通知

政府作出延长保障措施的决定后,应立即通知委员会。

第七编　保障措施的再次适用

第三十九条　再次适用

(1)对于已适用最终保障措施的进口产品,在两年或以上期限内,不得对该产品适用新的保障措施。

(2)尽管存有第一款规定,下述情形中,一项持续时间为一百八十天或更短时间的最终保障措施可以适用于原保障措施针对的被调查产品的进口:

(a)自对该产品进口实施更早的保障措施之日起,已经届满一年或以上;及

(b)自保障措施开始实施之日前五年内,未对同一产品实施二次以上的保障措施。

第八编 其他规定

第四十条 国际义务

本法的适用应当符合马来西亚根据1994年4月15日在马拉喀什签署的《建立世界贸易组织协定》,包括1994年《关税与贸易总协定》和《保障措施协议》规定的义务。

第四十一条 规章

部长可以就任何需要规定的事项制定规章,以及为充分实施或执行本法各项规定,而制定必要或适宜的其他规章。

第四十二条 通知的发布

本法要求发布的所有通知均应在宪报上公布。

关于国民身份证及其他类别国民身份证号码的《个人数据保护法令》咨询指南

屈文生 译*

2018 年 8 月 31 日颁布

第一章 简 介

一、背景

1.1 本指南应与《指南简介》配套阅读。

1.2 新加坡国民身份证号码是新加坡政府根据《国民登记法令》分配给符合登记年龄的新加坡公民和永久居民的唯一识别码，通常用于同政府的交易以及商业交易。任何个体都可以从数字和字母的唯一序列中得以识别，个体的国民身份证号码因此应视作个人数据。

1.3 国民身份证号码为永久性的、不可替代的识别码，可以潜在地用于解锁与个体有关的大量信息，因此个体的国民身份证号码的收集、使用和披露特别令人关切。对国民身份证号码的随意或疏忽处理，会增加意外披露的风险，结果可能会使国民身份证号码被非法获取并被用于身份盗用与欺诈等非法活动。个体的物理意义上的国民身份证件的扣押问题也值得关切。物理意义上的国民身份证不仅包含个体的国民身份证号码，而且还包含其他个人数据，例如个人的全名、照片、指纹和住址。

1.4 本指南阐明《个人数据保护法令》如何适用于机构对国民身份证号码（或国民身份证复印件）的收集、使用和披露行为，以及如何适用于机构对物理意义上的国民身份证的扣押行为。根据最新指南，机构一般不得收集、使用或披露国民身份证号码（或国民身份证复印件）。针对国民身份证号码的规定，亦适用于出生证明号码、外国人身份号码和工作许可证号码，以上号码在本指南中统称为“其他类别国民身份号码”。

1.5 虽然护照号码会定期更换，但也是重要的身份号码，可与国民身份证、外国人身份号码、工作许可证和出生证明号码发挥相同的作用。因此，机构应给予护照与国民身份证相似的待遇，即避免收集护照号码。确有需要收集护照号码的，机构应将其收集限于非完整护照号码上，并确保适当程度的安全以保护所收集的护照号码。

1.6 针对扣押物理意义上的国民身份证件的规定，适用于包含国民身份证号码或其他类别国民身份号码的其他身份文件（如驾驶证、护照和工作证）。

1.7 本指南不适用于公共机构或代表公共机构行事的机构对于国民身份证号码（或国

---

* 屈文生，全国人大常委会法工委法律英文译审专家委员会委员、华东政法大学教授、博士生导师。

民身份证复印件)的收集、使用和披露,以及对于物理意义上的国民身份证件的扣押。新加坡的公共机构(包括政府各部、法定机构和国家机关)不在《个人数据保护法令》的“数据保护规定”之列。

二、数据保护规定概述

2.1 机构一般不得收集、使用或披露国民身份证号码(或国民身份证复印件)。机构获准收集个体的国民身份证号码的,仍必须遵守《个人数据保护法令》中的数据保护规定。《个人数据保护法令》的数据保护规定包含许多义务,在个人数据保护委员会的《个人数据保护法令关键概念咨询指南》(以下简称《关键概念指南》)中有详细说明。

2.2 除其他义务外,《个人数据保护法令》要求机构制定、实施和定期审查其履行《个人数据保护法令》义务所必需的政策和做法。

2.3 “同意”“告知”“目的限制”义务要求机构向个体告知机构收集、使用和披露其个人数据(包括国民身份证号码)的目的,并征得其同意,但法律另有要求或《个人数据保护法令》有适用例外规定的除外。个体出于某种目的自愿向机构提供其个人数据且自愿提供这些数据系合理的,则该个体被视作同意机构收集、使用或披露其个人数据。

2.4 “保护”义务要求机构作出合理的安全措施,以保护其占有或受其控制的个人数据。在确定机构对国民身份证号码的收集、使用或披露是否达到必要的合理性标准时,必须考虑任何未经授权使用或披露国民身份证号码行为的敏感性及其对于个体带来和潜在的不利影响。机构对于未经授权使用或披露与国民身份证号码相关个人数据的风险和潜在影响已有考虑的,应提供更高级别的安全措施,以保护其占有或受其控制的国民身份证号码(或国民身份证复印件)。机构不妨考虑采用技术解决方案,例如,将物理意义上的国民身份证扫描到软件系统中,以抓取国民身份证号码并以安全的方式存储数据。

2.5 依“保留期限限制”义务,一旦保留个人数据不再符合收集个人数据的目的,且保留对于商业或法律目的属于不必要的,机构不得继续保留包含个人数据的文档,或必须删除可将个人数据与特定个体关联到的手段。《个人数据保护法令》中并无个人数据的保留期限的特别规定。机构应定期核实其占有或受其控制的国民身份证号码(或国民身份证复印件)以确定是否仍然需要该数据,对于“万一”已经不符合原先收集用途或已无任何法律或商业用途的个人数据,不再予以保留。

2.6 有关《个人数据保护法令》中的数据保护规定的更多详细信息,请参阅《关键概念指南》。

2.7 以下各节是对于国民身份证号码(或国民身份证复印件)适用某些数据保护规定的概述。它们针对《个人数据保护法令》的特定方面,但并不意味着穷尽性地针对《个人数据保护法令》中适用于该情况的所有义务。收集、使用或披露国民身份证号码(或国民身份证复印件)的机构,应确保其政策明确针对这样做的需要,并设计出旨在确保国民身份证号码(或国民身份证复印件)得到充分保护的程序。

第二章 数据保护规定的适用

三、收集、使用或披露国民身份证号码(或国民身份证复印件)

3.1 机构一般不得收集、使用或披露国民身份证号码(或国民身份证复印件)。只有在下列情形下,机构才可以如此行事:

(a)法律要求收集、使用或披露国民身份证号码(或国民身份证复印件)(或适用《个人数据保护法令》的例外情形)的;或者

(b)收集、使用或披露国民身份证号码(或国民身份证复印件)对于高度忠实地准确证明或查验个体身份是必要的。

法律要求收集、使用或披露国民身份证号码或国民身份证复印件(或适用《个人数据保护法令》)的例外情形

3.2 在法律规定范围内的,机构可以未经其同意而收集、使用或披露个体的国民身份证号码(或国民身份证复印件)。作为优良规范,机构仍应将收集、使用或披露(视情况而定)的目的告知个体。

3.3 以下是在符合法律规定范围内收集、使用或披露国民身份证号码(或国民身份证复印件)情况的某些示例。

3.4 示例:在全科医生诊所求医

西蒂(Siti)希望在XYZ全科医生诊所求医。XYZ诊所在西蒂以患者身份在诊所登记时,要求她提供物理意义上的国民身份证,以识别她的身份并收集她的国民身份证号码和其他个人信息,以保留其准确、完整和最新的医疗记录。以后看病时,西蒂可能还需要向诊所提供其国民身份证以进行查验。

所有医疗机构都需要进行适当的记录和对患者身份的进行准确查验,以确保为正确的患者提供医护和治疗。为实现上述目的而保留准确、完整和最新的医疗记录的要求,在《私立医院和医疗诊所条例》第十二条第一款和第一款之一第一项中有具体规定。

XYZ诊所符合法规要求的,可以获取西蒂的国民身份证中包含的信息。

3.5 示例:登记入住酒店

夏洛特(Charlotte)已经预订了ABC酒店的房间。ABC酒店要求夏洛特在入住时提供其国民身份证号码,作为身份证明。

根据《酒店许可条例》第二十七条第一款,任何酒店必须要求寻求住宿的每位客人提供其持有的国民身份证上的全名和身份证号码。《条例》第二十七条第三款进一步规定,每位客人在酒店提出上述要求时必须提供此类详细信息。

ABC酒店符合法规要求的,可以获取夏洛特国民身份证中包含的全名和身份证号码等信息。

3.6 示例:订阅移动电话服务

尚卡(Shankar)想与ABC电信公司签约使用移动电话服务。ABC电信公司要求尚卡在

注册移动电话订阅时提供其国民身份证详细信息,因为该公司需要根据其提供移动服务的许可条件,维护注册用户。

依《新加坡1999年电信法》第五条颁发的许可证要求提供移动电话服务的电信公司收集其客户的国民身份证信息,并保留国民身份证的复印件以及其他文件,作为身份证明。

符合注册条件要求的,ABC电信公司可以获取尚卡的国民身份证中包含的信息。

3.7 示例:在按摩院接受按摩服务

阿尔文(Alvin)希望在ABC按摩院获得按摩服务。ABC按摩院要求阿尔文提供其国民身份证号码的详细信息,以记录在客户登记表中。

依《按摩院法》制定的《2018年按摩院规则》第十四条规定,在向寻求按摩的任何客人提供任何按摩服务之前,按摩院的持牌人必须要求该客人提供其身份证号码或者护照或其他旅行证件的详细信息。持牌人必须在登记表中输入详细信息,并将记录保存至少一年。

ABC按摩院可以获取阿尔文的国民身份证号码,因为这一作法符合法规的要求。

3.8 示例:在私立教育机构入学

凯茜(Cathy)希望入学XYZ私立教育机构。XYZ私立教育机构要求凯茜在注册时提供其身份证号码。

依《私立教育条例》第二十一条第一款第三项第二目,在册的私立教育机构须保留好其在籍学生的身份证号码等信息的适当记录。

符合法规要求的,XYZ私立教育机构可以获取凯茜的国民身份证号码。

3.9 示例:新员工加入机构

本尼(Benny)希望向XYZ机构求职,于是填写了一份求职登记表。求职登记表不需要本尼提供其身份证号。随后,XYZ机构希望雇用本尼时,要求本尼提供其国民身份证号码以及其他信息,以用于雇用记录。

根据《雇佣法》第九十五条的规定,所有雇主必须维护《雇佣法》所涵盖雇员的详细雇用记录,其中应包括雇员的身份证号码和其他相关信息。

符合《雇佣法》要求的,XYZ机构可以获取本尼的身份证号码。就求职登记而言,法律并不要求提供者提供其身份证号码。

3.10 此外,在某些情况下,依《个人数据保护法令》中第二、第三或第四附表中规定的适用例外情形,收集、使用或披露个体身份证号码(或身份证号码的复印件)无须得到该个体的同意。尽管如此,机构仍必须确保其行为在这种情况下是合理的。

3.11 示例:紧急情况下未经当事人同意披露其国民身份证号码

某个体在ABC医疗中心跌倒后失去知觉,须被送往医院。该中心的工作人员未经其同意即向医院提供该人体的个人数据,包括其姓名、身份证号码和医疗过敏史;因为《个人数据保护法令》附表四中规定的适用例外情形,未经同意即披露个体的个人数据,乃出于应对威胁其健康的紧急情况所必需。

高度忠实地准确证明或查验个体身份的必要条件

3.12 机构认为其有必要高度忠实地准确证明或查验个体身份时,可以在接到告知和同意的情况下收集、使用或披露其身份证号码。

3.13 在以下情况下,个人数据保护委员会通常认为有必要高度忠实地准确证明或查验个体身份:

(a)未能高度忠实地准确识别个体身份,可能会带来重大安全风险的。例如,访客进入学前班,在这种情形下首要关切是幼儿的安全与保障;或者

(b)无法高度忠实地准确识别个体,可能会对个体和/或机构造成重大影响或损害风险(如欺诈性索赔)的。此类交易通常涉及医疗保健、金融或房地产事务,例如,财产交易、保险申请和索赔、大额财政援助的申请与支付、信用局的背景信用核实以及医疗检查和报告。

3.14 以上示例是例证性的,并非意在穷尽性地列明需要高度忠实地确定或查验个体身份所必需的情形。机构在收集个体的国民身份证号码(或国民身份证复印件)前,应先行评估其特定情况是否符合上述考虑。在收集国民身份证号码(或国民身份证复印件)时,机构应能够依个体或个人数据保护委员会的要求提供正当理由,说明收集、使用或披露国民身份证号码(或国民身份证复印件)为何对于高度忠实地准确证明或查验个体身份而言是必要的。

3.15 机构当明白,收集国民身份证的复印件与收集国民身份证上的全部个人数据无异,并遵守《个人数据保护法令》中的数据保护规定。机构应评估其是否出于预期目的收集国民身份证复印件中包含的多余个人数据,以及其是否可以采用个体国民身份证号码或国民身份证复印件以外的替代工具。

3.16 确有收集国民身份证号码(或国民身份证复印件)以高度忠实地准确证明或查验个体身份必要的,通常可认为机构要求个体同意出于指定目的收集、使用或披露其身份证号码的行为是合理的。

四、扣押物理意义上的国民身份证

4.1 鉴于国民身份证作为签发给新加坡所有公民和永久居民的国民身份证明文件的重要性,以及物理意义上的国民身份证如果被放错地方、被盗或被用于非法活动(例如身份盗窃和欺诈)对个体的影响,机构一般不得扣押个体的物理意义上的国民身份证,但法律要求扣押的除外。

五、国民身份证的替代工具

5.1 个人数据保护委员会没有规定机构应采用的代替国民身份证号码的识别码类型。机构应根据自身的业务和运营需求,评估国民身份证号码的替代工具的适用性。机构已采用的一些替代工具包括机构或用户生成的身份标识号(ID)、追踪码、机构发行的二维码(QR)或货币存款。机构还应考虑所提供的替代工具是否合理,并避免收集过多的个人数据作为个体的国民身份证号码(或国民身份证复印件)的替代工具。

非完整身份证号码

5.2 个人数据保护委员会认识到,在其他替代工具不令人满意的情况下,机构可能希望收集非完整国民身份证号码。个人数据保护委员会认为,机构收集最多后3位数的非完整国民身份证号码和国民身份证号码的校验和(例如,从完整的国民身份证号码“S1234567A”中

获得的“567A”)的,将不被视作收集完整的国民身份证号码,因此不受本指南中针对国民身份证号码的规定。有关非完整国民身份证号码的更多信息,请参阅个人数据保护委员会的《技术指南》。

5.3　需要明确的是,依《个人数据保护法令》,可从非完整国民身份证号码或者机构可以查阅或有可能查阅的号码和其他信息中识别出某个体的,该非完整国民身份证号码被视作个人数据。国民身份证具有的永久性和不可替代性特征所蕴藏的风险以及其可以解锁与个体有关的大量信息的潜力虽已减小,但仍然存在。个人数据保护委员会在确定收集、使用或披露非完整国民身份证号码是否系合理时,综合考虑这些风险以及为保护机构占有的个人数据而采取的保护措施。收集非完整国民身份证号码的机构仍必须遵守《个人数据保护法令》中的数据保护规定,比如作出合理的安全安排,以保护其占有或控制下的数据免受未经授权的披露。

5.4　以下示例说明依法律不需要收集、使用或披露国民身份证号码(或国民身份证复印件)以及扣押物理意义上的国民身份证件的情形,以及机构可以考虑采用的一些替代工具。

5.5　示例:免费停车的兑换

ABC 购物中心允许在购物中心消费达一定金额的购物者兑换免费停车。购物中心 ABC 打算留下进行兑换的购物者的身份记录,以限制每位购物者可以兑换的数量。

ABC 购物中心不应为此目的收集购物者的国民身份证号码。ABC 购物中心可以考虑采用其他适当的方式来限制每位购物者可以进行的兑换次数,比如通过核实购物者的物理意义上的国民身份证并记录其姓名、国民身份证非完整号码、车辆号或移动电话号码来进行兑换。

5.6　示例:在线购买电影票

DEF 电影院希望在检票时查验在线购买电影票的顾客的身份,以确保将票发给合适的顾客。

DEF 电影院不应为此目的收集顾客的国民身份证号码。DEF 电影院可以考虑其他适当的查验方式,如向顾客发预订参考号或短信确认。

5.7　示例:注册零售会员资格和幸运抽奖

GHI 零售商店希望为参与注册会员计划的每个顾客创建一个唯一的识别码,以管理该顾客的会员账户和奖励积分。

GHI 零售商店可以考虑允许会员使用如移动电话号码、电子邮件地址、用户生成的识别码或非完整国民身份证号码(最多后 3 位数字和校验和)等识别码作为其顾客的会员账户。

GHI 零售商店还希望为其顾客进行幸运抽奖,最高奖金额为一万新元。它可收集参与顾客的全名、非完整国民身份证号码(后 3 位数字和校验和)和联系信息(如移动电话号、电子邮件地址、邮寄地址),以便联系幸运抽奖的获奖者并查验获得该幸运抽奖活动获奖者的身份。GHI 零售商店可根据物理意义上的国民身份证上的信息,核实获奖者的全名和非完整国民身份证号码,从而查验获奖者的身份。

5.8　示例:登记感兴趣的产品并提交反馈

JKL 零售商店将在下月发布新产品进行销售。为确保对新产品感兴趣顾客能够优先购买,JKL 零售商店允许感兴趣的顾客预约登记。JKL 零售商店还允许个体对其店内商品目录提供反馈。

JKL 零售商店不得以获取顾客对新产品的兴趣情况为目的和以接收顾客反馈为目的收集国民身份证号码。相反,JKL 零售商店可以考虑收集个体的姓名和联系方式,如他们的移动电话号码或电子邮件地址。

5.9 示例:证明私人公寓访客的身份

MNO 公寓的分层地契管理委员会(MCST)希望记录访客的身份,作为保护公寓居民安全工作的一部分。

分层地契管理委员会可以采用核实访客的国民身份证或其他带有照片的有效身份证明来记录访客的全名、非完整国民身份证号码(后 3 位数字和校验和)、联系方式(如移动电话号码)和/或车辆登记号。分层地契管理委员会应考虑采用一种访客管理系统,以电子方式存储此类信息,并受密码(而不是开放的访客日志)保护。分层地契管理委员会还可以考虑其他安全解决方案,如安装闭路电视监控系统(CCTV)作为向其居民提供安全保护的一种方式。

一旦保留国民身份证号码的目的不符合原先收集用途或保留该数据已无任何法律或商业用途,分层地契管理委员会还必须停止保留国民身份证号码,或删除可将个人数据与特定个体关联到的手段。

5.10 示例:证明安全数据中心访客身份并发放访客证

尽管没有法律规定要收集国民身份证号码或物理意义上的国民身份证才能进入 DEF 数据中心,但 DEF 数据中心所在建筑物的分层地契管理委员会评估认为高度忠实地准确证明或查验访客身份对于保护其场所中的关键信息基础架构十分必要,因为他们构成了重大的安全风险。分层地契管理委员会必须能够向个体和/或个人数据保护委员会提供正当理由,说明为什么必须收集访客的完整国民身份证号码才能解决这些安全风险。分层地契管理委员会收集访客的国民身份证号码时,必须遵守《个人数据保护法令》规定的义务,包括作出合理的安全安排义务,以保护所收集的国民身份证号码免受未经授权的使用或披露,并可以考虑采用技术解决方案,扫描访客的物理意义上的国民身份证,以安全的方式抓取和存储国民身份证号码。

此外,分层地契管理委员会希望在发放访客证后收集访客的物理意义上的国民身份证作为担保物,以确保访客证在访问后能够被归还。由于没有法律要求能进入 DEF 数据中心需扣押物理意义上的国民身份证,因此,DEF 数据中心不应扣押访客的物理意义上的国民身份证以作为访客证的担保物。相反,分层地契管理委员会不妨考虑选择其他方式来确保访客证件能够被归还,而无须扣押任何身份证明文件。例如,DEF 数据中心可以为访客指定唯一出口地点,以确保访客在离开场所之前归还访客证。

5.11 示例:租用自行车

ABC 自行车租赁公司希望收集客户的物理意义上的国民身份证作为担保物,以确保他们会归还所租用的自行车。

由于没有法律要求出租自行车需扣押客户的物理意义上的国民身份证,因此,ABC 自行车租赁公司不应扣押客户的物理意义上的国民身份证。它可以考虑使用其他形式的担保物,例如,合理数量的货币存款来租赁自行车。在可能的情况下,还可以考虑其他管理车队的方式,例如使用追踪设备或移动应用程序。

5.12 某些情况下,机构可能只要看一眼个体的物理意义上的国民身份证及身份证上的信息以用于查验。出于证明或查验个人身份的目的但无意控制或占有个体的物理意义上的国民身份证,且一旦将国民身份证立即退还给个人后概不做任何个人数据记录的,个人数据保护委员会不会将此视作是对物理意义上的国民身份证件的收集。

5.13 示例:对于拟购买烟草客户的年龄查验

达米安(Damien)想在 ABC 便利店购买一包香烟。在销售点,ABC 便利店的收银员要求提供身份证明(如国民身份证、驾驶证或护照),以便核实达米安的出生日期并确定他是否达到购买烟草的最低法定年龄。

由于没有其他可行的方法来查验客户的年龄,因此 ABC 便利店可以为此目的要求达米安出示上述身份证明文件。

第三章 实 施

6 实施时间表

6.1 本指南第二章对于《个人数据保护法令》的解释阐述了可允许收集、使用或披露国民身份证号码(或国民身份证复印件)以及扣押物理意义上的国民身份证的适用的标准。为使机构有时间审查和实施任何必要的更改,以使其现有的业务实践和流程与本指南保持一致,个人数据保护委员会对于本指南第二章中关于《个人数据保护法令》的解释,自 2019 年 9 月 1 日起适用。机构收集、使用或披露国民身份证号码(或国民身份证复印件)仍应确保保护其占有或控制的个人数据,遵守《个人数据保护法令》规定的义务。

6.2 机构可以参考《关于国民身份证及其他类别国民身份号码的〈个人数据保护法令〉咨询指南》的《技术指南》,以获取有关替换网站和其他面向公众的计算机系统中用来识别个体的国民身份证号码的指引。

缅甸竞争法

曹　雳　译　詹继续　审校*

《缅甸竞争法》译介

缅甸现行有效的竞争法是缅甸联邦议会2015年通过的第9号法律《缅甸竞争法》，该法于2017年2月24日正式生效。根据《东盟经济共同体蓝图》(ASEAN Economic Community Blueprint)第41条，东盟各国承诺于2015年之前实施竞争政策以培育公平竞争环境，其中印度尼西亚、新加坡、越南、泰国、马来西亚等国早于缅甸通过了较为完善的竞争法。《缅甸竞争法》的目的为发展国民经济，保护公共利益不受垄断或价格操纵损害、保障公平竞争、防止滥用市场支配地位、管理企业间限制性协议和协定。

该法规定，联邦政府应组建缅甸竞争委员会，依据国家规定的经济政策，独立管理并履行职能和职责。竞争委员会的主席由联邦一级的适当人选担任，委员从相关联邦部委、政府部门、政府组织和非政府组织的专业人员和合适人员中选出，副主席和秘书由政府从成员中指定。竞争委员会组建调查分委员会并对其进行管理，调查分委员会下可组建必要的工作组。

该法禁止实施导致限制竞争的行为，包括直接或间接以购买价格或销售价格或其他商业情况确定价格、签订限制市场竞争的协议、滥用相关市场的支配地位、个人或组织限制市场、限制和阻止分享市场或资源、限制或控制生产、市场获取、技术和技术发展及投资，以及招标或拍卖中的串通行为。违反该禁令的，一经定罪，应处以不超过三年的监禁或不超过1500万缅元的罚款，或两者并处。

根据该法，任何商人不得实施控制商品的购买价格或销售价格或服务费用等导致市场垄断的行为。但商人可经委员会允许在特定情况下与任何其他企业的生产商、经销商和供应商合作，以及全部或部分购买任何其他企业拥有的财产或股份。

该法规定并禁止实施11类不公平竞争行为，包括误导消费者、泄露商业机密、商人互相胁迫、诋毁其他企业的声誉、扰乱其他企业的经营、以不公平竞争为目的进行广告宣传和销售推广、歧视商人、在市场上以低于生产成本或成本、保险加运费的价格(CIF)销售货物、滥用其商业影响力，诱使或怂恿与其他企业签订合同的一方违反合同，以及必要时为消费者利益，在委员会规定的竞争中实施不公平竞争行为。另外，本法还列明了企业间合作的类型，规定了禁止合作和豁免合作禁令的情况。

---

* 曹雳，华东政法大学博士研究生；审校：詹继续，法学博士，上海外国语大学讲师。

该法第十二章对犯罪和相应刑罚作出规定，将本法所载犯罪依据量刑尺度分为4档。其他现行法的规定有涉及该法中有关竞争所规定的事项的，依据本法执行。

(联邦议会2015年第9号法)

2015年2月24日　联邦议会制定本法。

第一章　标题、执行和定义

第一条

(a)本法可称为《竞争法》。

(b)本法自总统于通知指定之日起生效。

第二条

本法中以下表述的含义如下：

(a)国家是指缅甸联邦共和国；

(b)政府是指缅甸联邦共和国的联邦政府；

(c)委员会是指依据本法成立的缅甸竞争委员会；

(d)部委是指由联邦政府分配职责的部委；

(e)竞争是指企业在市场上通过竞争性商业活动进行的与商业有关的竞争，以获得更多通过购买它们的商品和服务进行消费的客户、市场份额和市场支配地位；

(f)竞争政策是指国家制定的直接影响生产、服务、贸易、投资和商业的政策，以便在市场上形成公平竞争，保护消费者利益不受垄断；

(g)限制竞争行为是指减少或阻碍企业在市场中竞争的行为，也包括限制竞争的协议、滥用市场支配地位的机会以及任何个人或团体的垄断行为；

(h)不公平竞争是指企业在经营过程中，对国家利益或其他企业或消费者的合法权利和利益造成或可能造成损害的竞争行为；

(i)企业是指任何制造、分销、购买、销售、进口、出口和交换货物或服务等的企业；

(j)商人是指从事任何商业或服务业务的人员，也包括经营业务或服务的组织；

(k)本法所称货物是指进行交易或制造或消费的材料，也包括债券、股票和股份；

(l)本法所称服务是指通过收费或酬劳或补偿进行的业务，也包括政府不时指定为服务的业务；

(m)市场是指希望出售和购买商品和服务的人员之间进行商业交易的区域；

(n)市场份额是指商人提供的销售或服务在市场总销售量中的百分比或比率；

(o)价格是指销售商品或服务时规定的金额；

(p)分委员会是指由委员会组建的包括调查分委员会在内的其他分委员会，以履行委员会的职能和职责；

(q)工作组是指由分委员会成立的为履行与竞争有关的职能和职责的工作组。

第二章 目 的

第三条

本法目的如下：

(a)为发展国民经济,保护和防止任何个人或团体通过垄断或操纵价格损害公共利益,意图危害经济活动中的公平竞争的行为；

(b)能够控制国内和对外贸易及经济发展中的不公平市场竞争；

(c)能够防止滥用市场支配地位；

(d)能够控制企业间的限制性协议和协定。

第三章 基本原则

第四条

竞争的基本原则如下：

(a)通过在市场上创造自由公平的竞争环境,确保在各省和各邦建立经济发达的社区；

(b)通过鼓励市场上的公平竞争,确保企业统一发展,平等享有权利；

(c)保护公众的利益不因价格操纵而受到损害；

(d)确保在每个商业领域出现自由和公平的竞争；

(e)确保形成经济共同体,使其能够自由开展国际、区域和双边货物、服务、投资、熟练劳动力和资本自由流动,并在竞争网络中开展合作；

(f)在市场上贯彻竞争政策；

(g)通过保护投资者、发明者和生产者的知识产权,鼓励创新能力。

第四章 委员会组成

第五条

政府：

(a)组建缅甸竞争委员会,由联邦一级的适当人选担任主席,由相关联邦部委、政府部门、政府组织和非政府组织的专业人员和合适人员担任委员；

(b)在组建委员会时,应从成员中指定副主席和秘书,并分配职责；

(c)可在必要时对依据第一项组建的委员会进行改革。

第六条

非公务员的委员会成员有权享受该部委允许的工资、津贴和薪酬。

第七条

委员会可依据国家规定的经济政策,独立管理并履行其职能和职责。

第五章　委员会的权力和职责

第八条

委员会的权力和职责如下：

(a)与国际、区域组织或双边国家就竞争事务进行合作和协调；

(b)必要时使对国家利益所必需的企业和中小型企业免于遵守本法；

(c)根据需要组建分委员会和工作组，并规定其职能和职责；

(d)对分委员会和工作组提交的事项作出决定；

(e)规定必要的形式、程序和申请条件，以获得企业合作或竞争限制的许可；

(f)对于因企业间支配地位、购买、收购或合并企业全部或部分所有权而对竞争产生不利影响的有关企业，规定其市场份额、供应量、资本额、股份数量和拥有的财产规模；

(g)规定和确定委员会认定为垄断的有关企业的市场份额、供应量、资本额、股份数量和拥有的财产规模；

(h)企业或某企业集团的市场份额超过或被委员会认定为超过规定规模，可能会对市场竞争造成损害的，指示该企业或该企业集团减少规定的市场份额规模；

(i)通过发布限制市场份额的通知，禁止任何可能垄断的商人被委员会认定为垄断者。

(j)委员会怀疑有违反本法所载任何禁令或受到具体投诉的，分配调查职责；

(k)要求任何商人提供与竞争有关的必要证据和数据；

(l)召集和询问有关人员以进行与竞争有关的必要调查；

(m)根据需要邀请并与专业人员和专家讨论提供与竞争有关的数据、解释、建议或意见；

(n)根据规定扣押必要的证据和财产作为物证逐案检查，并下达许可令归还或拒绝归还这些证据或财产的保证金或撤销许可；

(o)审查调查分委员会提交的调查结果报告，必要时指示予以起诉；

(p)同案犯在法庭上对其所参与犯罪供认不讳的，安排附条件赦免该同案犯；

(q)通过该部委向政府提交有关竞争事项的建议；

(r)履行政府不时指定的与竞争有关的职责。

第九条

委员会应每季度向政府报告其工作的完成情况和发展状况。

第十条

出现特殊情况的，委员会应紧急提交其工作情况。

第六章　调查分委员会组成及其职能和职责

第十一条

该委员会：

(a)应组建调查分委员会，由最少五名成员至最多九名成员组成。分委员会主席应从中指定一名合适人选担任；

(b)在依据第一项组成时,分委员会成员应为具有经济、法律、商业和其他相关学科经验和知识的人员;

(c)在依据第一项组成时,调查分委员会成员不得为直接或间接参与应予调查的商业事项的人员;

(d)必要时,可对根据第一项组成的调查分委员会进行改革。

第十二条

调查分委员会的职能和职责如下:

(a)要求提供和审查必要的证据、文件、财务证据和具体理由说明,并传唤和询问必要的证人以了解调查事项;

(b)在执行第一项规定的事项时,通过委员会向有关部门和组织提交报告,以便在其没有具体理由的情况下采取行动;

(c)依法进入、检查和搜查任何商人或被调查者或任何其他似乎与他们有关的人员的建筑物、土地和工作场所;

(d)向委员会提交调查报告,以便依据本法采取必要行动;

(e)组建必要的工作组并规定其职能和职责;

(f)接收和审查工作组的调查报告。

第七章　限制竞争行为

第十三条

任何人都不得实施下列造成限制竞争行为的行为:

(a)直接或间接以购买价格或销售价格或其他商业情况确定价格;

(b)签订限制市场竞争的协议;

(c)滥用相关市场的支配地位;

(d)个人或组织限制市场;

(e)限制和阻止分享市场或资源;

(f)限制或控制生产、市场获取、技术和技术发展及投资;

(g)招标或拍卖中的串通行为。

第十四条

限制竞争的协议包含以下事项的,委员会可以通过规定一定的期限,豁免限制竞争的协议,以减少消费者的支出:

(a)对任何企业的组成和类型进行改革以提高业务能力;

(b)提升技术和技术水平,以提高商品和服务的质量;

(c)确保不同产品的技术标准和质量统一;

(d)确保在业务开展、货物分销和与价格无关或与涉及价格的事实无关的支付上保持统一;

(e)确保提高中小型企业的竞争力;

(f)确保提高缅甸企业在国际市场上的竞争力。

第八章　竞争中的市场垄断

第十五条

任何商人不得实施下列造成市场垄断的行为：

(a)控制商品的购买价格或销售价格或服务费用；

(b)以控制价格为目的，限制服务或生产，或限制购买和销售商品的机会，或直接或间接为其他商人规定强制性条款和条件；

(c)在没有任何适当理由的情况下暂停或减少或限制服务、生产、购买、分销、转让或进口，或毁坏或损坏货物以降低质量，以减少需求；

(d)控制和限制商品或服务的交易区域，以避免其他商人进入市场并控制市场份额；

(e)不公平地干涉他人业务的开展。

第十六条

商人可以在委员会的允许下，为了对维持另一企业的状况或创立新的企业产生影响，进行以下任何事项：

(a)与任何其他企业的生产商、经销商和供应商合作；

(b)全部或部分购买任何其他企业拥有的财产或股份。

第九章　不公平竞争

第十七条

本法规定的不公平竞争行为包括以下内容：

(a)误导消费者；

(b)泄露商业机密；

(c)商人互相胁迫；

(d)诋毁其他企业的声誉；

(e)扰乱其他企业的经营；

(f)以不公平竞争为目的进行广告宣传和销售推广；

(g)歧视商人；

(h)在市场上以低于生产成本或成本、保险加运费的价格(CIF)销售货物；

(i)滥用其商业影响力，诱使或怂恿与其他企业签订合同的一方违反合同；

(j)必要时为消费者利益，在委员会规定的竞争中实施不公平竞争行为。

第十八条

任何商人不得实施下列误导消费者的行为：

(a)利用误导合法注册的商品名称、经营口号、标识、包装、地理标志等要素的欺骗性信息，故意进行竞争；

(b)利用第一项中的信息开展商品生产、服务等业务。

第十九条

就披露任何其他业务的秘密而言,任何商人不得实施下列行为:

(a)在获取和收集商业秘密及与之相关的信息时,侵犯商业秘密合法拥有者所保护的安全措施;

(b)未经商业秘密合法拥有者许可,使用或泄露商业秘密信息;

(c)在获取、收集或披露商业秘密及与之相关的信息时欺骗有保密义务的人员,或滥用对该人的信任;

(d)泄露有计划地依法行事的他人所拥有的商业秘密和产品分销程序;

(e)违反国有组织的安全措施,泄露经济信息;

(f)利用前款的信息开展商业活动或申请营业执照或分销商品。

第二十条

任何商人不得通过威胁或迫使消费者或其他企业的合作伙伴不与该企业进行交易或停止交易来胁迫他们。

第二十一条

任何商人不得直接或间接传播虚假信息,以损害其他企业的声誉、财务状况或业务经营。

第二十二条

任何商人不得直接或间接阻挠或扰乱其他企业。

第二十三条

任何商人不得以不公平竞争目的,实施下列任何广告行为:

(a)将某企业的商品或服务与其他企业的同类商品或服务直接进行比较;

(b)通过模仿他人商品的广告来误导顾客;

(c)就下列事项之一向顾客传播虚假或误导性信息:

(1)价格、数量、质量、效用、设计、品种、包装、生产日期、耐久性、产地、制造者、制造地、加工者或加工地;

(2)用途、服务、保修期;

(3)其他虚假或误导性信息;

(4)任何现行法律禁止的其他广告活动。

第二十四条

任何商人都不得实施下列导致不公平竞争的行为:

(a)组织有误导目的的促销活动;

(b)在同一促销活动中对客户进行歧视;

(c)采用任何现行法律所禁止的其他促销方式。

第二十五条

任何商人都不得实施下列导致歧视的行为:

(a)拒绝准许加入他的组织或离开企业(尽管符合规定资格),从而在竞争中造成障碍;

(b)在没有具体理由的情况下,限制参与商业组织的企业的目标和活动。

第二十六条

任何商人不得在市场上以低于生产成本的价格出售其商品,属进口商品的,不得以低于成本、保险加运费的价格(CIF)出售,以削弱其他企业的竞争力。

第二十七条

任何商人不得通过在市场上滥用影响力,实施下列任何行为:

(a)以低于生产成本或成本、保险加运费的价格(CIF)销售商品或提供服务,导致竞争对手离开市场;

(b)以不合理的市场价格销售或购买商品或服务,或为零售商确定销售价格,以致损害消费者权益;

(c)控制商品的生产、分销和提供服务;限制市场;阻碍科学技术的发展;以及导致损害消费者权益;

(d)在同一市场内制定不一致的商业条款和条件,导致不公平竞争;

(e)在签订商品和服务合同之时制定对其他企业不公平的条款和条件,或强迫接受与这些合同无直接关系的义务;

(f)以不公平手段阻止新的竞争者进入市场;

(g)歧视性地拒绝或允许使用自己拥有或利用的主要基础设施或稀有资源,以防止新的竞争者进入市场。

第二十八条

任何商人不得劝说或诱使与其他企业签订合同的个人或企业在合同期满前违反合同。

第二十九条

任何商人不得通过不公平手段向市场进口并以低于市场价格的价格出售这些货物。

第十章　企业间的合作

第三十条

企业间的合作包括下列行为:

(a)企业的兼并;

(b)企业的合并;

(c)企业购买或收购其他业务;

(d)企业的合资;

(e)执行委员会规定的其他企业间的合作方式。

第三十一条

任何企业在执行第三十条规定的行为时,不得进行能够导致下列情况的合作:

(a)合作旨在一定时期内极大地提高对市场的支配地位;

(b)合作旨在减少获得由一家或少数企业构成的市场的竞争。

第三十二条

企业合作的共同市场份额超过了委员会规定的市场份额的,不得开展企业合作。

第三十三条

在下列情况下,任何被禁止的企业合作或第三十一条规定的禁止可以得到豁免;

(a)根据第三十条的规定,合作后的企业仍属于任何现行法律规定的中小型企业规模;

(b)参与企业合作的一个或多个企业正在或有可能倒闭或破产；

(c)企业间的合作具有促进出口的作用,或支持技术和工艺的发展,或建立创业型企业的情况。

第十一章　采取行政措施和上诉

第三十四条

分委员会可对违反依据本法发布的命令、指示和程序的商人采取一种或多种下列措施：

(a)警告；

(b)处以规定罚款；

(c)与有关部委协调,暂时或永久停止企业的经营。

第三十五条

任何人对分委员会下达的命令或决定不服的,可在收到该命令或决定之日起60天内向委员会提起上诉。

第三十六条

(a)依据第三十五条提起上诉的,委员会可以确认、修改或取消分委员会的决定。

(b)委员会依据第一项所作决定,即为最终及具决定性。

第三十七条

欠缴的第三十四条第二项规定的罚款,应作为拖欠所得税收取。

第三十八条

依据本法下达的行政措施不得禁止采取刑事措施或民事措施。

第十二章　犯罪和刑罚

第三十九条

任何人违反第十三条所载禁令的,一经定罪,应处以不超过三年的监禁或不超过一千五百万缅元的罚款,或两者并处。

第四十条

任何商人违反第二十三条、第二十四条或第二十九条所载禁令的,一经定罪,应处以不超过三年的监禁或不超过一千五百万缅元的罚款,或两者并处。

第四十一条

任何人违反第十五条、第十九条、第二十二条、第二十六条、第二十七条、第三十一条或第三十二条所载禁令的,一经定罪,应处以不超过二年的监禁或不超过一千万缅元的罚款,或两者并处。

第四十二条

任何人违反第十八条、第二十条、第二十一条、第二十五条或第二十八条规所载的禁令的,一经定罪,应处以不超过一年的监禁或不超过五百万缅元的罚款,或两者并处。

第四十三条

任何人在没有任何具体理由的情况下，未按调查分委员会的要求提交任何证据、文件或财务证据，或未依据本法规定作为证人出席调查，一经定罪，应处以不超过三个月的监禁或不超过一千万缅元的罚款。

第四十四条

尽管任何现行法律有所规定，但与本法中涉及竞争的任何规定有关的事项应通过本法来执行。

第十三章　杂　　项

第四十五条

委员会应按照规定举行会议。

第四十六条

没有公务员身份的任何委员会成员，或任何调查分委员会成员，在履行本法规定的职责时，应被视为《刑法典》第二十一条所定义的公务员。

第四十七条

根据本法进行起诉，应事先获得委员会的批准。

第四十八条

该部委可任命并指派一名合适的官员作为征收员，以收取第三十四条第二项所载的规定罚款。

第四十九条

依据本法被起诉者为商业组织的，如该组织负责人未能证明该犯罪在他不知情的情况下实施或已尽到防止该犯罪发生的职责，则在该组织被定罪的情况下，该负责人应被视为共同犯有该罪。

第五十条

本法所载犯罪被确定为可审理的犯罪。

第五十一条

受害人也可依据本法就其损失起诉任何在民事诉讼中被定罪的人员。

第五十二条

委员会可依据现行法律与各法院和律师事务所协调，对披露参与违反第十三条规定的事实的人员给予宽大处理。

第五十三条

各法院给予宽大处理时，可根据任何商人的合作时间和合作条件给予不同的宽大处理。

第五十四条

该部应：

(a)负责委员会、分委员会和工作组的办公工作；

(b)承担委员会、分委员会和工作组的开支。

第五十五条

有具体证据表明委员会或调查分委员会或工作组的任何成员或公务员忠实行使本法赋予的权力的,该成员或公务员不受刑事或民事诉讼或任何其他方式的起诉。

第五十六条

在执行本法所载的规定时:

(a)经政府批准,该部委可发布必要的规定、条例和细则;

(b)委员会可发布必要的通知、命令、指示和程序,分委员会可发布必要的命令和指示。

本人根据《缅甸联邦共和国宪法》特此签署。

吴登盛总统

缅甸联邦共和国

印度尼西亚贸易法

曹斯澜　译　万　立　审校*

《印度尼西亚贸易法》译介

印度尼西亚现行的贸易法是2014年颁布的《印度尼西亚贸易法》,《1934年贸易法》被该法废止。该法对于开展对内对外贸易活动的各类事宜,以及政府在贸易领域中的职责与权力作出具体规定,体现出印度尼西亚保护本国产业和市场,寻求市场配置效率与保护国家利益相平衡的立场和决心。

对于该法的关注点集中在其对外贸易、出口发展、贸易保护、贸易监管及政府关于贸易事宜的职责等方面的规定,从中不难发现,印度尼西亚政府的影响力依据该法案渗透进入了贸易领域的方方面面。

贸易推广举措

为发展国内商品和服务的出口、扩大市场准入,《印度尼西亚贸易法》强调增加出口产品数量、种类以及商品附加值;加强建设外贸行业机制;建设对外贸易配套设施和基础设施;保障国家安全利益免受对外贸易负面影响。同时,法案重视对基本品和必需品供应量的控制,强调稳定价格及销售。对于国内产品的使用,政府与地方政府和其他利益相关方亦须努力通过协调促销、宣传或营销的方式实现国内产品使用量的提升。

该法第74条规定,通过激励措施(财政和非财政激励的形式)提供设施、信息及市场机会、技术指导等加强出口指导,大力提升国内出口商品和服务的市场竞争力。也可通过参加或举办贸易展销会、组建贸易访问团等方式在国内外开展贸易推广,开展商业活动,改善对外贸易关系。

贸易限制政策

于外国投资者而言,最为关切的应是印度尼西亚的对外贸易政策,尤其是进出口许可、禁止及限制方面的相关规定,这一块可概括为三个方面:许可程序、制定标准、进出口的禁止和限制规定。

该法第24条对于进口许可证的发放作出明确规定,从事贸易业务的经营者须持有部长签发的贸易许可证。部长可授权或委派地方政府或特定的技术机构授予许可证,亦有权免除业务经营者办理贸易许可证的要求。

---

* 曹斯澜,华东政法大学翻译硕士;审校:万立,华东政法大学博士研究生。

对于在印度尼西亚境内交易的商品或服务，第 57 条规定须满足下列要求：a. 强制适用的印度尼西亚国家标准；b. 技术标准强制性规定。依照该规定适用印度尼西亚国家强制性标准或技术标准强制性规定的商品，须随附 SNI 标志或合格标志。而印度尼西亚的 SNI 认证手续繁多，流程繁杂，持续时间长，且所谓印度尼西亚国家标准、技术标准要求、资格要求的制定，仍是从国内生产商的竞争力、国内行业的承受力和避免加剧印度尼西亚国内商业竞争的角度考虑的，这无疑筑起了贸易壁垒，为跨境贸易带来不必要的障碍。

同样值得关注的还有法案第 35 条、第 52 条限制进出口贸易的规定。如“为确保国内加工工业所需原材料的供应”，印度尼西亚自 2014 年起禁止一切原矿的出口，旨在提高本国矿产品出口的附加值；为“保证居民、动物、鱼类、植物以及环境的健康与安全”，对于新鲜果蔬的进口条件也更为严苛，增设了诸多限制。

贸易保护措施

究其立法目的，《印度尼西亚贸易法》的颁布旨在提升国内产品的商品形象、市场准入及海外出口，促进以贸易为基础的产品创新经济，故对于跨境商品和服务贸易的限制和约束及对于本国的贸易保护倾向尤为明显。

本法第 68～70 条对于印度尼西亚国内出口商品遭受威胁（如政策威胁、法律威胁）、指控（如不良营商方式、进口量激增的指控），以及受到严重损害或严重损害威胁的情形政府所应采取的举措做了相关规定，提出了贸易安全措施（包括征收贸易保障进口关税和确定关税配额）和反倾销措施（征收反倾销税）、反补贴措施（征收关税）。同时，第 98～100 条还制定了相应的贸易监管政策、设立贸易督察员等以指导和监管区域内贸易活动。

印度尼西亚

2014 年第 7 号

关于贸易的法律

全能上帝的恩典

印度尼西亚总统

根据：

a. 1945 年《印度尼西亚共和国宪法》授权的“建国五项原则”：团结、公平效率、可持续发展、环境友好、独立自主、平衡国家发展与经济一体化，促进经济民主，完善公众福利，推动国家经济发展。

b. 贸易活动实现的经济民主是促进国家经济发展的主要动力，有助于增强经济体的承载力，促进生产、提升收入水平以及增强国内产品的竞争力。

c. 贸易对促进经济发展方面发挥重要作用，但目前仍无法应对国家发展所面临的挑战，故而依赖必要的经济政治路线作为国民经济发展的重要支柱——为合作社和中小微企业中的人民群众创造机会，提供扶持，并促进经济发展。

d. 在国民经济一体化框架下，贸易立法应当与贸易领域的规定相适应，以应对商业全球化背景下当前及未来的贸易发展问题。

e. 基于上述考量，有必要制定贸易法。

1. 依据1945年《印度尼西亚共和国宪法》第五条第(1)款、第十一条、第二十条和第三十三条规定;

2. 依据印度尼西亚共和国人民代表会议〔1998〕XVI/MPR号法令发布有关经济民主的经济政策的规定。

印度尼西亚共和国人民代表会议

总统

一致同意制定如下法律:

第一编　一般规定

第一条

本法中:

1. "贸易"是指于境内外转让对商品和/或服务的权利,以获取酬劳或薪资的交易活动。

2. "国内贸易"是指发生在印度尼西亚共和国领土内的商品和/或服务的贸易,不包括对外贸易。

3. "对外贸易"是指跨境贸易,包括商品和/或服务的出口和/或进口贸易。

4. "边境贸易"是指居住于边境的印度尼西亚国民与邻国居民,满足日常需要的贸易行为。

5. "商品"是指有形或无形、动产或不动产、消耗性或非消耗性、可为消费者或商业经营者使用或交易的任何物品。

6. "服务"是指劳务或可交付物等形式的活动,由商事活动各方开展的交易,向消费者或商业经营者提供。

7. "国内产品"是指由印度尼西亚共和国内商业经营者生产的商品和/或提供的服务。

8. "标准"是指技术要求或其他标准,包括程序和方法,是所有缔约方/政府/国际决议,基于遵守安全、保护、健康、环境、科技发展和经验的规定,以及尽可能有益于当前和未来发展等方面一致意见的汇总。

9. "仓库"是指封闭且/或不向公众开放的固定场所,专门用于存储可买卖而非自用的商品。

10. 印度尼西亚国家标准(以下简称"SNI"),是指由负责发展与指导标准化的机构所设立的标准。①

11. "商品经销"是指商品直接或间接向消费者提供。

12. "市场"是指买卖双方直接或间接开展交易行为的经济场所。

13. "仓库"是指封闭且/或不向公众开放的固定场所,专门用于存储可买卖而非自用的商品。

14. "商业经营者"是指从事贸易活动的任何印度尼西亚公民个人,或者法人或非法人实体,其成立地与住所地均在印度尼西亚共和国领土范围之内。

15. "关税区"是指印度尼西亚共和国领土内适用海关法的区域,包括领陆、领水和领空,

---

① "SNI标准"由技术委员会制定,并由印度尼西亚国家标准局解释。

以及部分专属经济区和大陆架。

16.“出口”是指将商品带出关税区的行为。

17.“出口商”是指实施出口行为的个人或机构或企业实体,包括法人或非法人实体。

18.“进口”是指将商品带入关税区的行为。

19.“进口商”是指实施进口行为的个人或机构或企业实体,包括法人或非法人实体。

20.“贸易推广”是展示性活动:一定时期内,展示、介绍和发布商品和/或服务信息,吸引国内外消费者,提高销量,扩大市场,建立贸易关系。

21.“印度尼西亚共和国驻外代表”是指印度尼西亚共和国的外交代表和领事代表,包括印度尼西亚共和国在接受国或接受组织的官方代表及利益维护者,代表和维护印度尼西亚共和国国民、国家和政府。

22.“国际贸易合作”是指政府与另一国家和/或国际机构或组织建立贸易关系,促进和维护国家利益的活动。

23.“贸易信息系统”是指采集、加工、交换、处理和传播整合性贸易数据和/或信息的系统、程序或机制,受到贸易政策及贸易管制的保护。

24.“电子贸易”是指通过一系列电子设备和程序开展交易的贸易行为。

25.“国家贸易委员会”是指为配合加快实现贸易领域发展目标而设立的机构。

26.“中央政府”(以下简称“政府”)是指根据1945年《印度尼西亚共和国宪法》,在印度尼西亚共和国政府掌权的印度尼西亚共和国总统。

27.“地方政府”是指省长、县长或市长,是区域行政管理的组成部分。

28.“部长”是指管理贸易领域政府事务的部长。

第二编　原则和目的

第二条

基于以下原则制定贸易政策:

a. 国家利益;

b. 法律确定性;

c. 公平和健康;

d. 商业安全;

e. 可靠与透明;

f. 独立自主;

g. 合作;

h. 效益;

i. 简易;

j. 统一;

k. 环境友好。

第三条

开展贸易活动,实现下列目标:

a. 促进国民经济发展；
b. 提升国内产品的使用量和贸易量；
c. 增加商业机会和创造就业机会；
d. 确保基本生活所需的供给和有效发放；
e. 改善贸易设备及基础设施；
f. 加强大企业与合作社、中小微企业以及政府和私营企业之间的联系；
g. 提升国内产品竞争力及国家实力；
h. 提升国内产品的商品形象、市场准入及海外出口；
i. 促进以贸易为基础的产品创新经济；
j. 完善消费者权益保护；
k. 增进实施印度尼西亚国家标准；
l. 加大自然资源保护力度；
m. 强化贸易商品和/或服务监管。

第三编 调整范围

第四条

(1)贸易调整范围包括：
a. 国内贸易；
b. 对外贸易；
c. 边境贸易；
d. 标准化；
e. 电子贸易；
f. 贸易保护与维护；
g. 向合作社和中小微企业赋权；
h. 发展出口；
i. 国际贸易合作；
j. 贸易信息系统；
k. 政府在贸易领域的职责与权力；
l. 国家贸易委员会；
m. 监督管理；以及
n. 调查研究。
(2)除上述第一款所称相关范围，纳入调整范围的可交易服务还包括：
a. 经营服务；
b. 经销服务；
c. 通信服务；
d. 教育服务；
e. 环境服务；

f. 金融服务；

g. 建筑及相关工程；

h. 卫生和社会服务；

i. 娱乐、文化和体育运动；

j. 旅游服务；

k. 交通运输服务；以及

l. 其他服务。

(3)服务贸易可以国内或跨境开展。

第四编 国内贸易

第一章 一般规定

第五条

(1)政府应当通过贸易政策和贸易管理对国内贸易予以规范。

(2)第一款所称规范国内贸易的政策和管制的对象为下列事项：

a. 促进经销的效率和效力；

b. 改善营商环境，提升商业确定性；

c. 整合和扩张国内市场；

d. 提升国内产品市场准入水平；以及

e. 加强对消费者的权益保护。

(3)第一款所称国内贸易政策还应规范下列事项：

a. 中央与地方及/或区域间的贸易规则、标准与程序的统一；

b. 制定许可程序，确保货物通畅流转；

c. 确保基本必需品的可供给与可负担；

d. 发展和加强国内贸易，包括合作社和中小微型企业；

e. 促进贸易方式的发展；

f. 提高国内产品的使用度；

g. 岛际贸易；以及

h. 消费者权益保护。

(4)第一款所称国内贸易管理应包括：

a. 许可程序；

b. 标准；

c. 禁止事项和限制事项。

第六条

(1)所有商业经营者应当在商品上使用或补充印度尼西亚语标识。

(2)关于印度尼西亚语标识的使用或完整性的进一步规定依照部长条例执行。

第二章　商 品 经 销

第七条

(1)可通过供销商将境内交易的商品直接或间接向消费者销售。

(2)第一款所称商品间接销售通过一般性质的分销链实现,包括:

a. 分销商及其销售网络;

b. 代理商及其销售网络;

c. 特许经营者。

(3)第一款所称商品直接销售通过直销系统以特殊的销售方式实现:

a. 单级销售;

b. 多级销售。

第八条

具有独家经销权的商品通过交易进入直销系统,仅可由注册为直销公司成员的授权经销商销售。

第九条

经销商不得以传销模式销售商品。

第十条

为确保有序经营,第七条所称经销商应当依照相关规定,遵照经济、商业准则从事商品经销业务。

第十一条

关于商品销售的进一步规定应当依照贸易部条例。

第三章　贸 易 设 施

第十二条

(1)政府、地方政府和/或经营者各自或共同建设下列形式的贸易设施:

a. 公共市场;

b. 购物中心;

c. 超市;

d. 仓库;

e. 杂货店;

f. 商品拍卖市场;

g. 商品期货市场;

h. 其他贸易设施。

(2)第一款所称政府、地方政府和/或业务经营者应当依照相关规定建设贸易设施。

第十三条

(1)政府与地方政府应当合作发展、授权,提升市场管理质量,增强市场竞争力。

(2)第一款所称发展、授权,提升市场管理质量应当采用以下方式:

a. 开发和/或振兴民间交易市场;

b. 实行专业化管理;

c. 便利物美价廉商品的供应;和/或

d. 提升市场中的商人投资便捷度。

(3)有关发展市场、授权,提升市场管理质量的进一步规定依照总统令执行。

第十四条

(1)政府和/或地方政府应当平等公正地规范和引导人民市场、购物中心、超市和杂货店的发展和结构,确保供应商和零售商间业务稳定、合作关系平衡,给予合作社和中小微企业优惠。

(2)第一款所称政府对市场发展、组织及引导通过特许安排、空间规划、分区等方式开展,并考虑营业场所与各合作伙伴之间的距离。

(3)关于特许安排、空间规划和分区的进一步规定应当符合总统令的要求。

第十五条

(1)第十二条第一款第四项所称仓库是为促进销售商品在国内外平稳流通的贸易设施之一。

(2)第一款所称仓库应由仓库管理员根据仓库的规模和存储容量分类登记。

(3)仓库管理员未依照第二款规定对仓库登记的,责令一段期限停业,和/或处以 20 亿印度尼西亚共和国盾以下罚款。

(4)第二款关于仓库登记程序的规定适用部长条例。

(5)第三款关于实施行政处罚的规定应当符合政府条例。

第十六条

(1)除第十五条关于仓库的相关规定,政府和/或地方政府可以提供必要的仓库以保障公共必需品的供应。

(2)依第一款规定的由政府和/或地方政府提供的仓库应当仅用于储存公共必需品,且对所储存的物品数目应加以分类,使其成为一定程度上的可用数据。

第十七条

(1)任何从事贸易商品储存业务的仓库业主、仓库管理员或仓库租户,应当记录存储货物的数目和进出仓库货物的数目。

(2)仓库业主、仓库管理员或仓库租户,未依照第一款记录的,吊销贸易许可证。

(3)第一款关于商品管理记录的补充规定应当符合部长条例的要求。

第十八条

(1)依照第十二条第一款第六项规定,政府和/或地方政府应组织、引导和发展拍卖市场。

(2)第一款关于政府组织、引导和发展拍卖市场的规定应当符合总统令的要求。

第十九条

(1)依照第十二条第一款第七项规定,政府应当设立、引导、监管和发展期货市场。

(2)第一款所称商品期货市场应当适用商品期货交易领域的法律、法规。

第四章 服务贸易

第二十条

(1)服务贸易的服务提供方,应当具备相关法律、条例规定的合格技术人员资质。

(2)依第一款规定,对服务提供方不具备合格技术人员资质的,处以下形式的行政处罚:

a. 书面警告;

b. 责令停业;

c. 吊销贸易许可证。

(3)第一款的义务规定和第二款的处罚规定的具体规定,依照政府条例。

第二十一条

政府可以依据双边或区域间互认协议,对外来合格技术人员予以认证。

第五章 国内产品用量增加

第二十二条

(1)发展、加强和提升国内贸易的基础上,政府与地方政府和/或其他利益相关方各自或共同提升国内产品的使用量。

(2)第一款所称提升国内产品使用量,应当依照法律规定,通过协调促销、宣传或营销的方式实现国内产品的使用义务。

(3)提升国内产品使用量的补充规定由内政部长规定。

第六章 跨岛贸易

第二十三条

(1)政府应当规范岛际贸易活动,促进国内市场一体化。

(2)第一款规定旨在:

a. 维持盈余区域与亏损区域间的平衡;

b. 缩小地区间的价差;

c. 确保商业化贸易限制;

d. 发展各地区优质产品的市场营销;

e. 为岛际贸易提供基础设施;

f. 防止违禁品进入并在国内流通;

g. 防止货物走私海外;以及

h. 消除岛际贸易壁垒。

(3)关于岛际贸易的补充条例由部长具体规定。

第七章 许 可 证

第二十四条

(1)从事贸易业务的经营者必须持有部长签发的贸易许可证。

(2)部长可以授权或委派地方政府或特定的技术机构授予许可证。

(3)依照第一款规定,部长有权免除业务经营者办理贸易许可证的要求。

(4)有关第一款贸易许可证相关规定和第三款豁免相关的补充规定,依照部长条例。

第八章 必需品、重要商品的管控

第二十五条

(1)政府和地方政府应当管控印度尼西亚共和国领土内基本必需品和/或重要商品的供应量,保证该类商品数量充足、品质优良及价格合理。

(2)政府和地方政府有义务鼓励和维护基本必需品和/或重要商品的生产,满足国民需求。

(3)第一款有关基本品和必需品的规定由总统令决定。

第二十六条

(1)为防止国家贸易活动受影响,政府必须确保基本品和必需品供应充足、价格稳定。

(2)第一款所称确保基本品和必需品供应充足、价格稳定,即保证商品价格可为消费者所承受,同时不损害生产者的收入。

(3)为确保基本品和必需品供应充足、价格稳定,部长有权制定有关价格政策、库存管理和物流及进出口管理的相关规定。

第二十七条

政府有权委派国有企业对基本必需品的供应、价格稳定性及销售情况实施规制。

第二十八条

为履行第二十六条所称义务,政府应当依照相关规定,自国家预算和/或其他财政来源中划拨该类经费。

第二十九条

(1)如果发生商品短缺、价格波动严重和/或商品贸易交通壁垒等情形,一定期限内,经营者不得囤积基本品和/或必需品。

(2)如果基本品和/或必需品为生产过程中的原材料、辅料或作为销售品供应,经营者可以在一定期限内囤积。

(3)关于基本品和/或必需品囤积的补充规定依照总统令执行。

第三十条

(1)部长有权要求经营者提供关于基本品和/或必需品供应量的数据和/或信息。

(2)经营者不得篡改关于基本品和/或必需品供应量的数据和/或信息。

第三十一条

地方政府对于基本品和/或必需品在供应充足度、价格稳定性及销售流通方面的管控,应依照政府制定的政策执行。

第三十二条

(1)生产商或进口商所售商品涉及安保、安全、卫生、环境问题的,应当:

a. 在部长处登记所售商品;并且

b. 在该类商品和/或其包装上列出登记号码。

(2)第一款规定的商品登记义务应当在该商品进入市场前由生产商或进口商履行。

(3)第一款第一项所称商品登记义务不包括根据法律规定的已登记商品。

(4)第一款所称安保、安全、卫生、环境问题的标准可以依照国际标准化组织或其他未强制执行的公认标准确定。

(5)第一款所称任何人员由总统令具体规定。

(6)第五款规定的商品已强制适用印度尼西亚国家强制性标准的,该类商品必须符合该强制规定标准。

第三十三条

(1)生产商或进口商未依照第三十二条第一款的规定办理商品登记的,应当停止从事商品贸易,并从以下人员召回商品:

a. 经销商;

b. 代理商;

c. 批发商;

d. 零售;

e. 消费者。

(2)第一款规定的责令停止贸易活动和召回销售商品的指令由部长发布。

(3)生产商或进口商未能履行第一款规定的,吊销贸易许可证。

第三十四条

关于第三十二条第一款商品登记相关的补充规定、第三十三条第一款责令停止商品贸易活动和商品召回的补充规定,应当符合总统令的规定。

第九章　关于商品、服务的禁止和限制

第三十五条

(1)为维护国家利益,政府有权出于以下原因,制定商品贸易和/或服务贸易的禁止与限制规定:

a. 维护经济主权;

b. 保障国家安全;

c. 保护公共道德与文化;

d. 保证居民、动物、鱼类、植物以及环境的健康与安全;

e. 防止因生产与消费导致自然资源的过度损耗;

f. 维持收支平衡和/或贸易平衡；

g. 履行法律与条例的规定；

h. 关于政府职责的特殊考虑。

(2)第一款所称商品贸易与服务贸易的禁止与限制由总统令决定。

第三十六条

经营者禁止从事第三十五条第二款明令禁止的商品贸易和/或服务贸易。

第三十七条

(1)经营者须遵照第三十五条第二款规定,不得从事有明确贸易限制的商品贸易和/或服务贸易。

(2)经营者违反第一款关于不得从事有明确贸易限制的商品贸易和/或服务贸易的规定的,吊销贸易许可证。

第五编　对外贸易

第一章　一般规定

第三十八条

(1)政府应当出台进出口贸易政策及贸易管制以规范对外贸易。

(2)第一款所称对外贸易的政策与管制旨在：

a. 增强印度尼西亚出口产品的市场竞争力；

b. 改善和扩大国外市场的准入；

c. 提升出口商与进口商的能力,使其成为值得信赖的经营者。

(3)对外贸易政策还包括下列事项：

a. 增加出口产品数量、种类以及商品附加值；

b. 就贸易标准和贸易程序与贸易伙伴国协调一致；

c. 加强建设外贸行业机制；

d. 建设对外贸易配套设施和基础设施；

e. 保障国家安全利益免受对外贸易负面影响。

(4)外贸管制包括下列措施：

a. 颁发许可证；

b. 制定标准；

c. 实施禁止和限制规定。

第三十九条

跨境服务贸易以下列方式开展：

a. 跨境供应；

b. 境外消费；

c. 商业存在；

d. 自然人流动。

第四十条

(1)为提升国民经济附加值,政府可以规范进出口商品的支付方式以及交付方式。

(2)关于支付方式与交付方式的补充事项,由政府条例规定。

第四十一条

(1)部长有权因不可抗力事件暂停商品的进出口。

(2)第一款所称不可抗力事件由总统确定。

第二章　出　　口

第四十二条

(1)出口商品的经营者须为已登记且经认定的出口商,部长另有规定的除外。

(2)第一款所称出口商认定依照部长条例。

第四十三条

(1)出口商应当对出口商品负全部责任。

(2)出口商未依照第一款规定对出口商品全权负责的,吊销贸易许可、贸易批准、贸易认证和/或贸易认定。

(3)第二款所称行政处罚程序的进一步规定应当依照部长条例。

第四十四条

出口商滥用第四十二条第一款所称出口商认定规定的,撤销出口商认定资格。

第三章　进　　口

第四十五条

(1)进口商品经营者须为持有识别码的进口商,即由部长认定的进口商。

(2)在特定情况下,未持有识别码的进口商也可以从事进口业务。

(3)第一款所称进口商识别码依照部长条例确定。

第四十六条

(1)进口商须对进口商品负全部责任。

(2)进口商未依第一款规定对进口商品全权负责的,处以吊销贸易许可、贸易批准、贸易认证和/或贸易认定的行政处罚。

(3)第二款所称行政处罚程序的具体规定依照部长条例。

第四十七条

(1)新形势下,每一进口商应当进口商品。

(2)在特定情形下,部长可以指定商品进口至新的国家。

(3)第二款所称批准申请应当提交管理政府事务的财政部长处。

(4)在任何情形下,对于第二款所称确定进口商品的进一步规定,应当依照部长条例。

第四十八条

在任何情形下,第四十七条第二款所称进口商品批准函,应当依照海关规定,在缴纳关税时提交。

第四章　进出口许可

第四十九条

(1)进出口业务中,出口商与进口商应当办理部长签发的许可证,该类许可证包括贸易批准、登记、贸易认定和/或证明。

(2)第一款所称出口商与进口商应当办理部长发放的许可证,从事临时进出口业务。

(3)部长有权指令或委托地方政府或特定技术机构负责办理第一款规定的许可事项。

(4)为提升国家竞争力,部长有权暂时减免进口商品进口税或增收其进口税。

(5)关于第一款和第二款所称许可证的具体规定依照部长条例。

第五章　关于进出口的禁止和限制

第五十条

(1)除法律禁止、限制或另有规定外,所有商品可以自由进出口。

(2)政府基于国家利益的考量,可以基于下述原因,禁止特定商品的进出口:

a. 维护国家安全和公众利益,包括有关社会、文化和道德的安全和利益;

b. 保护知识产权。

保证居民、动物、鱼类、植物以及环境的健康与安全。

第五十一条

(1)明确禁止出口的商品,一律禁止出口。

(2)明确禁止进口的商品,一律禁止进口。

(3)第一款和第二款所称禁止进出口的商品由贸易部条例确定。

第五十二条

(1)未能遵守出口限制相关规定的,出口商不得出口商品。

(2)不遵守进口限制相关规定的,禁止进口商进口商品。

(3)第一款和第二款所称进出口限制由部长条例具体规定。

(4)出口商未依照第三款所称进出口限制出口商品的,处以行政处罚和/或其他法律处罚。

(5)进口商未依照第三款所称进出口限制进口商品的,处以行政处罚和/或其他法律处罚。

(6)关于第四款和第五款实施行政处罚的规定应当遵照部长条例。

第五十三条

(1)出口商因第五十二条第四款所称规定受到行政处罚的,依照法律、法规将其出口货物收归国有。

(2)因第五十二条第五款所称规定受到行政处罚的进口商,应当将货物再出口或销毁,或由部长决定处置方式。

第五十四条

(1)政府基于国家利益的考量,可以出于以下原因限制某些商品的进出口:

a. 维护国家安全或公共利益;和/或

b. 为保证居民、动物、鱼类、植物以及环境的健康与安全。

(2)基于下列原因,政府可以限制第一款所称商品的出口:

a. 确保满足国内需求;

b. 确保国内加工工业所需原材料的供应;

c. 保护自然资源的可持续性;

d. 提高原材料和/或自然资源的经济附加值;

e. 预计特定出口商品在国际市场上的价格将大幅上涨;和/或

f. 维持某些国内商品价格稳定。

(3)基于下列原因,政府可以限制第一款所称商品进口:

a. 发展、提速和保护某些国内产业;

b. 维持国际收支平衡和贸易平衡。

第六编 边境贸易

第五十五条

(1)居住在印度尼西亚共和国领土内的印度尼西亚公民,可以与边境地区其他国家的居民开展边境贸易。

(2)第一款所称边境贸易仅可在政府条例规定的陆地边界和海上边界地区开展。

(3)依照法律规定,第二款所称边境贸易应当依法,基于双边协议开展。

第五十六条

(1)第五十五条第三款所称双边协议应当载明下列事项:

a. 确定的跨境收入或支出;

b. 交易商品的种类;

c. 自关税区外带入关税区内购买商品的最高价值;

d. 允许开展边境贸易的特定区域;

e. 开展边境贸易之人的所有者身份。

(2)政府在跨境出境岗、跨境入境岗或其他法律规定的区域对关税、货物、移民实施监督管理和出入境检疫。

(3)部长在签署第五十五条第三款所称边境贸易协议之前,应当与相关部门部长协调一致。

(4)关于边境贸易的进一步规定依照政府条例。

第七编 标　　准

第一章 货物的标准

第五十七条

(1)在印度尼西亚境内交易的商品必须满足下列要求：

a. 强制适用的印度尼西亚国家标准；或

b. 技术标准强制性规定。

(2)经营者不得在国内销售不符合印度尼西亚强制性国家标准或不符合技术标准强制性规定的商品。

(3)第一款所称印度尼西亚国家标准或技术标准要求应经部长或具有适任职责的其他部长认定适用。

(4)第三款所称印度尼西亚国家标准或技术标准要求的设定应当考虑下列事项：

a. 安全、稳定、卫生和环境问题；

b. 国内生产商的竞争力和公平商业竞争的问题；

c. 国内行业的承受力和准备情况；

d. 合格评定机构的基础设施准备情况。

(5)依照第一款所称规定适用印度尼西亚国家强制性标准或技术标准强制性规定的商品，须随附 SNI 标志或合格标志，或持有经政府认证的合格证明。

(6)贸易商品尚未适用印度尼西亚国家强制性标准的，可以随附 SNI 标志或合格标志，只要该商品登记于附有 SNI 认证标志或合格标志的产品证书。

(7)对经营者所售商品适用印度尼西亚国家强制性标准或技术标准强制规定，但未依照第五款规定附有 SNI 标志或合格标志，或未持有合格证明证书的，应当召回已售商品。

第五十八条

(1)第五十七条第五款所称 SNI 标志、合格标志或合格证明书，应当依照法律由经认证机构认定合格的评定机构颁发。

(2)第一款所称合格评定机构未获得认证的情形下，部长或具有适任职责的其他部长有权指定符合条件，并且一定期限内有效的合格评定机构。

(3)第一款和第二款所称合格评定机构须在部长指定的机构登记。

第五十九条

其他国家采用的标准或合格评定应当由政府根据双边互认协定认证。

第二章 服务的标准

第六十条

(1)禁止服务提供方在不符合印度尼西亚强制性国家标准、技术标准强制性规定或资格要求的国家提供服务。

(2)第一款所称印度尼西亚国家标准、技术标准要求、资格要求,应当由部长或具有适任职责的其他部长作出适用决定。

(3)第二款所称关于印度尼西亚国家标准、技术标准要求、资格要求的适用应当考虑下列事项:

a. 安保、安全、卫生和环境问题;

b. 国内生产商的竞争力和公平商业竞争的问题;

c. 国内行业的承受力和准备情况;

d. 合格评定机构的基础设施准备情况;和/或

e. 体现当地人民智慧的文化、风俗或传统。

(4)第二款所称强制适用印度尼西亚国家标准、技术标准规定或资质要求的服务,应当办理经政府认证的合格证明证书。

(5)贸易服务尚未强制适用印度尼西亚国家标准、技术标准要求或资格要求的,可以依照法律规定办理合格证明。

(6)对经营者提供的服务应强制适用印度尼西亚国家标准、技术标准要求或资格要求而未能持有第四款规定的合格证明证书的,处以责令停止相关贸易活动的行政处罚。

第六十一条

(1)应依照法律规定,由认证机构认定合格的评定机构颁发第六十条第四款所称 SNI 标志、合格标志或合格证明。

(2)在第一款所称合格评定机构未获认可的情况下,部长或具有适任职责的其他部长有权指定符合要求且在一定期限内有效的合格评定机构。

(3)本条第一款和第二款所称合格评定机构必须在部长指定的机构注册。

第六十二条

其他国家制定的标准、技术要求或资格要求应由政府根据国家间互认协定予以认可。

第六十三条

服务提供者未按第六十条第四款规定持有合格证明而从事服务贸易的,处以责令其停止服务贸易的行政处罚。

第六十四条

关于商品和/或服务标准化的设立和适用程序的进一步规定,应当遵照政府条例。

第八编　电子交易系统

第六十五条

(1)通过电子交易系统销售商品和/或提供服务的经营者,必须提交完整真实的产品数据和/或信息。

(2)经营者不遵守第一款关于数据和/或信息规定的,不得通过电子系统销售商品和/或服务。

(3)第一款所称电子系统的使用,应当遵守《信息与电子交易法》相关规定。

(4)第一款所称数据和/或信息应至少包括:

a. 经营者的生产商或经销商身份及其合法性；

b. 所供货物的技术要求标准；

c. 所供服务的技术要求标准或合格标准；

d. 商品和/或服务的价格与支付方式；

e. 商品的交付方式。

(5)若通过电子系统开展的商事交易发生争议，相关个人或企业可以寻求法院或其他纠纷处理机制解决。

(6)经营者通过电子系统销售商品和/或服务，未依照第一款规定提供完整和/或真实的产品数据和/或信息的，处以吊销许可证的行政处罚。

第六十六条

关于电子贸易的具体规定应当依照政府条例执行。

第九编　保护、安全与贸易

第六十七条

(1)政府应当出台贸易保护和保障政策。

(2)第一款所称贸易保护和保障政策应当由部长制定。

(3)第二款所称贸易保护和保障政策应当包括下列事项：

a. 对倾销指控和/或国内商品出口补贴指控提出抗辩；

b. 对贸易伙伴国对于本国出口商的出口导致该国进口量激增的指控提出抗辩；

c. 为因适用他国政策、法律受到损害的国内商品提出抗辩；

d. 针对不公平营商方式的获益实施反倾销措施；

e. 针对进口贸易量增长实施保障措施；以及

f. 维护受他国反对的本国相关贸易政策。

第六十八条

(1)贸易伙伴国对本国范围内出口商品提出政策威胁、法律威胁、不良营商方式和/或进口量激增的指控的，部长必须提出抗辩。

(2)提出第一款所称抗辩时：

a. 相关出口商有义务提供支持，并提交所需信息和数据；

b. 相关部委或其他政府机构有义务提供支持，并提交所需信息和数据。

第六十九条

(1)由于进口商品量激增，导致国内同类商品生产商或与进口商品有直接竞争关系的国内商品受到严重损害或严重损害威胁的，政府有义务采取保障措施，消除或减轻上述严重损害或严重损害威胁。

(2)第一款所称贸易安全措施包括征收贸易保障进口关税和/或关税配额。

(3)第二款所称征收贸易保障进口关税应当由财政部长根据贸易部长的意见决定。

(4)第二款所称关税配额由贸易部长确定。

第七十条

(1)由于进口商品价格低于正常价而对国内相关产业造成损害或损害威胁的,或者阻碍国内相关产业发展的,政府必须采取相应反倾销措施,消除、减轻上述损害或损害威胁或阻碍。

(2)第一款所称反倾销措施包括征收反倾销税。

(3)第二款所称反倾销税由财政部长根据贸易部部长的意见确定。

第七十一条

(1)进口商品直接或间接获得出口国补贴,对本国产业造成损害或产生损害威胁,或阻碍本国产业发展的,政府必须采取反补贴措施,消除、减轻上述损害或损害威胁或障碍。

(2)第一款所称反补贴措施包括征收关税。

(3)第二款所称进口关税由财政部长根据贸易部长的意见确定。

第七十二条

关于第六十九条贸易保障措施、第七十条反倾销措施和第七十一条反补贴措施的具体规定,依照政府条例。

第十编　合作社和微、小及中型企业的发展

第七十三条

(1)政府和/或地方政府应当为贸易领域的合作社和中小微企业办理许可授权。

(2)第一款所称授权可通过提供设施、奖励、技术指导和/或获取资本支持、促销支持和市场营销等方式实现。

(3)政府和/或地方政府在对第二款所称贸易部门的合作社和中小微企业进行授权时可与其他当事方合作。

(4)第一款对贸易领域的合作社和中小微企业许可授权的进一步规定应符合总统令要求。

第十一编　出口发展

第一章　出口发展

第七十四条

(1)政府应当指导经营者发展国内商品和服务的出口,扩大市场准入。

(2)第一款所称出口指导可以通过激励措施,提供设施、信息及市场机会、技术指导,以及推广支持和市场营销指导发展出口。关于第二款所称激励措施,部长可以通过财政和/或非财政激励的形式提出,大力提升国内出口商品和/或服务的市场竞争力。

(3)关于第一款所称出口指导,政府可与其他当事方合作。

(4)依循部长条例对第一款所称出口指导作进一步规定。

第二章 贸易推广

第七十五条

(1)为扩大国内商品和/或服务的市场准入,政府和/或地方政府须通过以下方式引进商品和/或服务:

a. 在国内外开展贸易推广;

b. 和/或参加国内外贸易推广活动。

(2)第一款所称贸易推广可以下列方式实施:

a. 贸易展销会;

b. 贸易访问团。

(3)以第二款第一项所称贸易展销会形式开展贸易推广活动的,包括:

a. 国际贸易展览会;

b. 国家贸易展览会;或

c. 地方贸易展览会。

(4)在国外举办的贸易展销会,政府应当鼓励合作社和中小微企业参与。

(5)第二款第二项所称贸易访问团以国际商务会谈的形式开展,推动出口。

(6)第二款第二项所称贸易访问团通过访问的印度尼西亚政府、地方政府、经营者和/或其他印度尼西亚国外机构,开展商业活动或改善两国贸易关系。

第七十六条

政府、地方政府及除政府/地方政府外的机构和/或经营者在国外开展贸易推广活动的,应当与相关国家的印度尼西亚共和国驻外代表协调合作。

第七十七条

(1)贸易展销会的主办方和参展方须遵照举办和参与贸易展览会的准则。

(2)经营者举办贸易展销会涉及外国参会者和/或外国商品推广的应当获得部长的许可。

(3)第一款所称贸易展览会的举办标准及参与的具体规定依照部长条例。

(4)贸易展销会主办方和参展方不符合第一款所称标准,举办或参与贸易展销会的,责令停止相应活动。

第七十八条

(1)政府和/或地方政府应当依照法律规定,为政府和/或地方政府以外的经营者和/或机构举办的贸易展销会活动提供设施或便利。

(2)第一款所称贸易展销会的活动设施和/或便利条件应当向以下人员提供:

a. 国家贸易推广的主办方;和

b. 除政府和/或地方政府以外的参会机构以及国内商业经营者。

(3)政府和/或地方政府应当协助以贸易展销会的方式发展国内商品的出口业务。

第七十九条

(1)除第七十五条第二款所称贸易推广活动外,在印度尼西亚共和国国内和国外开展商品和/或服务的推广必须开展相关形象宣传活动。

(2)印度尼西亚产品的形象宣传活动可以由政府、地方政府、政府/地方政府以外的机构,和/或经营者单独或共同开展。

(3)印度尼西亚政府、地方政府、除政府/地方政府以外的其他机构和/或国外经营者在国外开展印度尼西亚产品形象宣传活动的,应与印度尼西亚共和国驻相关国家的代表协调合作。

(4)关于开展第三款所称印度尼西亚产品形象宣传活动的具体规定,应当依照总统令执行。

第八十条

(1)为促进国外贸易推广活动的开展,可以在境外组建贸易推广机构。

(2)第一款所称境外贸易推广机构的组建,包括由贸易部长与相关部门部长相协调,依据法律规定作出的调整。

第八十一条

为宣传印度尼西亚产品形象的贸易推广活动,对其组织程序、便利条件以及活动参与的具体规定应当依照政府条例。

第十二编　国际贸易合作

第八十二条

(1)为提升市场准入,保护和保障国家利益,政府可以与其他国家和(或)国际机构/组织开展贸易合作;

(2)第一款所称贸易合作可以依照国际贸易协议开展。

第八十三条

政府在协商第八十二条第二款所称国际贸易协议时,可以向众议院征求意见。

第八十四条

(1)第八十二条第二款所称的国际贸易协定应当在其签署后的九十个工作日内提交众议院。

(2)第一款所称政府提交的国际贸易协定,由众议院讨论决定是否通过。

(3)众议院对第二款所称政府提交的国际贸易协定的批准决定,应当在会议期间不超过六十个工作日内作出,并符合下列条件:

a. 由于国际贸易协定涉及国家财政负担和/或有必要修改或出台法律,对人民生活产生广泛、重大影响,须以立法批准。

b. 对于不具有如第一项所称效力的国际贸易协定,应当以总统令批准。

(4)众议院无法依照第三款所称在会议期间不超过六十个工作日内作出是否批准的决定的,政府有权要求众议院通过或否决该协定。

(5)众议院应不晚于下一会期结束前,依照第一项规定批准或否决国际贸易协定。

(6)国际贸易协定损害国家利益的,众议院不得批准该国际贸易协定。

(7)本条第三款第二项所称总统令对于国际贸易协定的批准决定应当告知国民议会。

第八十五条

(1)征得众议院同意后,政府基于国家利益的考虑,有权重新审议并废除经法律批准的国际贸易协定。

(2)政府基于国家利益的考虑,有权重新审议并废除经总统令颁布的国际贸易协定。

(3)第一款和第二款所称对于国际贸易协定的审议与撤销程序的进一步规定,应依循政府条例。

第八十六条

(1)开展国际贸易协定的谈判时,政府可以设立谈判小组,负责谈判。

(2)本条第一款所称成立谈判委员会的相关规定应当依照总统令。

第八十七条

(1)政府在保障国家利益的同时,可以给予欠发达国家单边贸易优惠。

(2)给予优惠的程序应依循总统令的规定。

第十三编　贸易信息系统

第八十八条

(1)由部委或非部委政府机构开发的贸易信息系统与信息系统集成,须由部长、省长和县长/市长强制投入使用。

(2)第一款所称信息系统应用于贸易政策与贸易管制。

第八十九条

(1)贸易信息系统包括贸易数据和/或信息的收集、加工处理、传送、管理和传播。

(2)第一款所称数据和/或贸易信息应至少包括国内贸易与对外贸易的数据和/或信息。

(3)第二款数据和贸易信息的提供应准确、快速、适当且便于公众获取。

第九十条

(1)在贸易信息系统组建过程中,部长可以向各部委或其他政府机构、地方政府索取贸易数据和/或信息,包括处理关税与货物税领域政府事务的行政官、印度尼西亚银行、金融服务管理局、印度尼西亚统计局和其他组织/机构。

(2)部委或非部委政府机构、地方政府,包括关税与货物税领域政府事务的行政官、印度尼西亚银行、金融服务管理局、印度尼西亚统计局和其他组织/机构有义务提供第一款所称数据和信息,且这些数据和信息应是最新的、准确的、快速获取的。

第九十一条

数据和信息应当开放获取,但部长另有规定除外。

第九十二条

关于贸易信息系统的具体规定依照政府条例。

第十四编　政府关于贸易的权力和责任

第九十三条

政府关于贸易事宜的职责包括：

a. 制定和采用贸易政策；

b. 制定国家标准；

c. 制定并建立行业规范、标准、规程和准则；

d. 建立贸易许可证制度；

e. 控制基本品和(或)必需品的供应量，稳定价格及销售；

f. 促进国际贸易合作；

g. 管理贸易信息；

h. 指导和监管贸易活动；

i. 鼓励国内商品出口；

j. 创造有利的商业环境；

k. 发展国内物流业；

l. 法律规定的其他职责。

第九十四条

政府为履行第九十三条规定的职责，有权：

a. 向经营者颁发贸易许可证；

b. 协调国内贸易政策，以保证国家经销系统的效率与效力、商业秩序的有序、市场一体化以及商业确定性；

c. 废止不符合中央政府出台的贸易政策和条例的地方贸易政策与条例；

d. 限制和/或约束商品和/或服务贸易；

e. 发展国内物流确保基本品和/或必需品的供应；

f. 法律规定的其他权力。

第九十五条

地方政府负的职责如下：

a. 实施政府出台的有关贸易领域方面的政策；

b. 在管理区域内颁发贸易许可证；

c. 控制基本品和/或必需品的供应量，稳定价格及销售；

d. 监督区域内国际贸易合作的开展情况；

e. 管理区域内贸易商业信息；

f. 指导和监管区域内贸易活动；

g. 鼓励区域内商品出口；

h. 创造有利的营商环境；

i. 发展区域物流；

j. 法律规定的其他有关贸易事宜的职责。

第九十六条

(1)地方政府履行第九十五条规定的职责时有权:

a. 在其管理区域内出台贸易政策和实施贸易战略,落实政府相应政策;

b. 向经营者发放政府委托授权的贸易许可证;

c. 通过贸易信息系统管理区域内贸易信息;

d. 指导和监管当地贸易活动;以及

e. 其他法律与条例规定的贸易领域相关权力。

(2)地方政府行使第一款规定的权力时须符合政府相关政策的要求。

第十五编 国家贸易委员会

第九十七条

(1)为加快实现商务部确立的目标,总统可以决定组建国家贸易委员会。

(2)第一款所称的国家贸易委员会主席由部长担任。

(3)国家贸易委员会的成员组成包括:

a. 地方政府;

b. 反倾销措施实施机构;

c. 贸易保护措施实施机构;

d. 为消费者保护提供建议的机构;

e. 贸易领域的经营者或商业协会;以及

f. 贸易领域的学者或专家。

(4)国家贸易委员会的职责包括:

a. 为贸易政策和规定的制定提出意见;

b. 审议贸易融资政策;

c. 考虑国家利益、反倾销措施、行动优惠和贸易保障措施的建议;

d. 为解决国内贸易和对外贸易问题提供意见和参考;

e. 协助政府监督贸易伙伴国的贸易政策和贸易活动;

f. 为拟定在国际贸易合作中的谈判地位提供意见;

g. 协助政府宣传贸易政策、规定;

h. 其他必要职责。

(5)国家贸易委员会的任务执行开支纳入国家财政预算。

(6)关于国家贸易委员会的具体规定由总统令确定。

第十六编 监 管

第九十八条

(1)政府与地方政府有权监管贸易活动;

(2)为履行第一款所称监管职责,政府应制定贸易监管政策。

第九十九条

(1)第九十八条所称政府监管由部长实施;

(2)部长依照第一款的规定履行监管职责的,有权:

a. 禁止货物一段时间内的流通,禁止取消货物配送服务或停止不符合贸易领域立法规定的交易活动;

b. 吊销贸易许可证。

第一百条

(1)为履行第九十九条第一款规定的监管职责,部长应当任命贸易督察员。

(2)贸易督察员履行监管职责时须持有效授权任命书。

(3)第二款规定的贸易督察员可以对下列事项(包括但不限于)行使监管权力:

a. 贸易许可证的颁发;

b. 商品贸易的管控、禁止和/或管理;

c. 商品和/或服务的销售;

d. 商品登记和国内进口产品的原产地涉及安保、安全、卫生及环境问题;

e. 强制适用印度尼西亚国家标准、技术标准规定或资质要求的;

f. 仓库的登记;

g. 大宗商品和/或必需品的储存。

(4)发现涉嫌贸易违法行为的,贸易督察员依照第三款规定,有权:

a. 责令召回已销售商品和/或责令销毁商品;

b. 责令停止相关贸易活动;

c. 吊销贸易许可证。

(5)履行第三款所称监管职责的贸易督察员,发现涉嫌贸易违法行为初步证据的,应当向调查人员报告,以便跟进。

(6)第一款所称监督员应当与相关机构协调行使权力。

第一百零一条

(1)政府可以确立受监管商品的规定。

(2)政府制定第一款所称受监管商品规定时,可以听取商业组织提供的意见。

(3)第一款所称受监管商品规定由总统令决定。

第一百零二条

对于受监管商品实施监督和检察的具体规定由部长制定。

第十七编　调　　查

第一百零三条

(1)除印度尼西亚共和国警方调查员外,对于承担贸易领相关事宜职责的环境保护机构和地方政府中的公务员,应当依据《刑事诉讼法》特别授权为调查人员,履行本法规定的调查职责。

(2)第一款所称调查人员有权:

a. 受理涉嫌构成贸易违法犯罪行为的举报或投诉；
b. 查证涉嫌构成贸易违法行为的举报或信息；
c. 传唤涉嫌构成贸易违法犯罪的公民、企业或法人，以调查取证；
d. 传唤公民、企业或法人作为涉嫌贸易违法犯罪行为案件的证人或嫌疑人，予以询问和接受调查；
e. 审计与涉嫌贸易领域违法犯罪行为有关的账簿、记录和其他文件；
f. 听取、调查和收集与涉嫌贸易领域违法犯罪行为有关的信息；
g. 审查和搜查涉嫌犯罪的场所以及涉嫌存有相关证据的特定场所，扣留和/或查封涉嫌违法所得品，以便在犯罪贸易行为案件中作为证据出示；
h. 提供与涉嫌贸易违法犯罪行为相关的安全标识和保护证据；
i. 运用视听媒体拍摄和/或记录相关人员、商品、运输工具或其他物品，以便在犯罪贸易行为案件中作为证据出示；
j. 履行对涉嫌贸易犯罪行为的调查职责时，邀请专家提供帮助或信息；
k. 根据法律规定终止调查。

(3)依照法律法规，涉及海关事务的特定案件中，在海关职权范围内负有职责的政府机关公务人员，应当与在贸易领域负有职责的公务调查员开展贸易领域合作调查。

(4)依照《刑事诉讼法》的相关规定，第一款所称公务调查员应当通过印度尼西亚共和国警方调查部门，向检察官提交调查结果。

(5)对贸易犯罪行为的调查可以在有贸易领域职责的政府机关设立特设单位协调开展。

(6)贸易部长应当制定贸易犯罪行为的处置指南。

第十八编　罚　　则

第一百零四条

经营者未依照第六条第一款规定在国内流通商品上使用或附上完整印度尼西亚语标识的，处五年以下有期徒刑，单处或并处五十亿印度尼西亚共和国盾以下的罚金。

第一百零五条

依照第九条的规定，经营者使用传销方式销售商品的，处十年以下有期徒刑，单处或并处一百亿印度尼西亚共和国盾以下的罚金。

第一百零六条

依照第二十四条第一款的规定，经营者从事部长签发的贸易许可领域外的经营活动的，处以四年以下有期徒刑，单处或并处一百亿印度尼西亚共和国盾以下的罚金。

第一百零七条

依照第二十九条第一款的规定，在商品短缺、价格波动严重，和/或商品贸易存在交通壁垒的一定时期内，经营者恶意囤积必须品和/或重要商品的，处以五年以下有期徒刑，单处或并处五百亿印度尼西亚共和国盾以下的罚金。

第一百零八条

依照第三十条第二款的规定，经营者篡改关于必需品和/或重要商品的供应数据和/或信息的，处以四年以下有期徒刑，单处或并处一百亿印度尼西亚共和国盾以下罚金。

第一百零九条

生产商或进口商从事涉及安保、安全、卫生、环境问题的商品贸易，未依照第三十二条第一款第二项所称在部长处登记的，处以一年以下有期徒刑，单处或并处五十亿印度尼西亚共和国盾以下罚金。

第一百一十条

经营者从事第三十六条规定明确禁止的商品和/服务贸易的，处以五年以下有期徒刑，单处或并处五十亿印度尼西亚共和国盾以下罚金。

第一百一十一条

任何情况下，进口商所进口商品不符合第四十七条第一款规定的，处以五年以下期徒刑，单处或并处五十亿印度尼西亚共和国盾以下罚金。

第一百一十二条

(1)出口商出口第五十一条第一款所称确认为禁止出口商品的处以五年以下有期徒刑，单处或并处五十亿印度尼西亚共和国盾以下罚金。

(2)进口商进口第五十一条第二款所称确认为禁止进口商品的，处以五年以下有期徒刑，单处或并处五十亿印度尼西亚共和国盾以下罚金。

第一百一十三条

经营者在国内销售的商品不符合第五十七条第二款所称印度尼西亚国家强制性标准或强制适用的技术标准要求的，处以五年以下有期徒刑，单处或并处五十亿印度尼西亚共和国盾以下罚金。

第一百一十四条

经营者从事国内服务贸易，不符合第六十条第一款所称强制性印度尼西亚国家标准、技术标准要求或合格要求的，处以五年以下有期徒刑，单处或并处五十亿印度尼西亚共和国盾以下罚金。

第一百一十五条

使用电子交易系统开展商品和/或服务贸易的经营者，数据和/或信息不符合第六十五条第二款所规定的，处以十二年以下有期徒刑，单处或并处一百二十亿印度尼西亚共和国盾以下罚金。

第一百一十六条

经营者举办的贸易展览会涉及外国参会者和/或外国商品推广的，未依照第七十七条第二款规定获得部长许可的，处以三年以下有期徒刑，单处或并处五十亿印度尼西亚共和国盾以下罚金。

第十九编　其他规定

第一百一十七条

本法生效后，《1934 年贸易法》(《政府公报》第〔1938〕86 号)关于贸易的规定失效。

第一百一十八条

a.《仓储法》(1960 年第 2 号,《印度尼西亚政府公报》1960 年第 14 期),经 1965 年第 11 号关于政府条例的法律修正,替代《仓储费法(修正)》(1962 年第 5 号法律,《印度尼西亚政府公报》1965 年第 54 期,《印度尼西亚政府公报》第 2759 期补编);

b. 1961 年第 10 号关于政府条例的法律替代 1961 年第 1 号关于商品的法律(印度尼西亚《政府公报》第〔1961〕215 号,印度尼西亚《政府公报》增补第 2210 号)生效;

c. 1962 年第 8 号关于贸易商品监管的法律公告(印度尼西亚《政府公报》第〔1962〕42 号,印度尼西亚《政府公报》增补第 2469 号),现予撤销并失效。

第一百一十九条

本法生效后,所有关于贸易的法律规定不违反本法规定的,继续有效。

第一百二十条

本法生效后,在与部长协调实施本法之前,贸易领域的所有权力应当遵照其他法律执行。

第一百二十一条

本法实施条例应当自本法颁布之日起两年内实施。

第一百二十二条

本法自颁发之日起生效。

为便于公众知晓,特此以《国家公报》的形式公告颁布本法。

于雅加达制定

2014 年 3 月 11 日

印度尼西亚共和国总统

Dr. H. Susilo Bambang Yudhoyono

于雅加达颁布

2014 年 3 月 11 日

印度尼西亚共和国司法与人权部部长

Amir Syamsudin

越南对外贸易管理法

曹　雳　译　詹继续　审校*

《越南对外贸易管理法》译介

越南国会于2017年颁布的《越南对外贸易管理法》是越南现行有效的对外贸易管理法，该法于2018年1月1日起正式生效。越南自2007年加入WTO以来外贸发展迅速，原有外贸管理相关法律规定无法满足现实要求，该法的颁布响应了国家对外贸易发展需求，促进了越南外贸发展。

该法共8章，113条，主要对管理对外贸易和开展贸易活动的措施以及有关适用对外贸易管理措施争议的解决进行了规定，适用对象包括国家管理机构、从事外贸活动的贸易商以及其他相关国内外组织和个人。该法明确区分了越南贸易商、外商投资机构等在越自由开展进出口业务的权利和国家管理外贸活动的责任，禁止政府滥用职权妨碍对外贸易，减少政府对正常外贸活动的干预。

就国家主管机构进行外贸易管理的行政措施而言，该法主要规定了禁止进出口和暂停进出口措施的适用情况和适用对象、包括进出口配额、关税配额、进出口边境口岸和进出口商的指定在内的进出口限制措施的适用规定和权限、基于进出口许可和条件的管理措施、货物原产地证明书和自由销售证明书的使用。此外，该法对涉及邻国的外贸活动、专属关税区的货物管理的相应行政措施进行规定。对进出口货物进行的技术和检疫措施在第三章予以专章规定。

根据该法，贸易救济主要包括反倾销、反补贴和保障措施。国内产业受到损害的，可向贸易救济调查机构提交贸易救济申请，依据本法规定的贸易救济案件的调查顺序和程序，由工贸部部长根据具体情况进行适用。进口货物被认定为倾销的，可征收反倾销税、要求有关组织或个人作出消除倾销措施的承诺；受补贴进口货物对国内产业造成实质损害或有实质损害威胁或阻碍国内产业形成的，可征收反补贴税、有关组织或个人就终止或降低补贴或调整出口价格作出承诺；过度进口的货物对国内产业造成严重损害或有造成严重损害威胁的，可采取征收保障关税、适用进口配额、适用关税配额、颁发进口许可证等保障措施。

作为对常规外贸管理措施的补充，该法规定，对于货物来源地受战乱、灾害、环境恶化等影响越南国家和消费者安全和利益的，政府有权对货物适用紧急管制措施。此外，该法体现

---

* 曹雳，华东政法大学博士研究生；审校：詹继续，法学博士，上海外国语大学讲师。

了国家对促进外贸发展的重视，将外贸管理规定与越南签订的国际条约对接，尤其鼓励具有竞争力的国产产品参与外贸活动，鼓励中小企业和山区、边境、海岛、深山、边远、少数民族地区以及欠发达地区的企业参与外贸活动，以带动国内贸易健康持续发展。

该法对外贸活动紧急管制措施和外贸活动发展的措施进行了专章规定。外贸管理措施的适用引起争议的，政府应当依据本法基于外贸管理措施争议解决原则，以规定顺序和程序组织协调、解决争议。

依据《越南社会主义共和国宪法》，国会颁布《对外贸易管理法》。

第一章　总　　则

第一条　管理范围

本法规定了管理对外贸易和开展对外贸易活动的措施，以及有关适用对外贸易管理措施争议的解决。

第二条　适用对象

1. 国家管理机构。

2. 从事对外贸易活动的贸易商。

3. 其他相关的国内和国外组织和个人。

第三条　术语的释义

在本法中，下列术语的释义如下：

1. 对外贸易活动是指依据法律和越南社会主义共和国为缔约方的条约，以进出口、临时进口再出口、临时出口再进口、边境口岸转口、过境等形式进行的国际货物买卖活动。

2. 技术措施是指依据有关产品和货物质量、标准和技术规定、食品安全和计量的法律，对进出口采取的措施。

3. 检疫措施包括有关植物保护与检疫、动物卫生、传染病预防和控制的法律规定的动物和动物产品检疫、植物检疫、边境卫生检疫等措施。

4. 专属关税区是指依据越南法律和越南社会主义共和国为缔约方的条约而设立的位于越南领土的特定地理区域。在该区域内，与境外和外国的货物贸易和交换被视为进出口活动。

5. 在越南没有业务的外商是指在越南没有以投资法、商业法或企业法规定的形式进行投资或商业活动的外商，并且在越南没有商业法或企业法规定的代表处或分支机构。

第四条　国家对外贸易管理原则

1. 国家应依据越南法律和越南社会主义共和国为缔约方的条约来管理对外贸易。

2. 保证透明、公开、公平和简化行政程序；保证国家和各经济领域贸易商的合法权利和利益；促进国内生产和出口的发展与进口管理相结合。

3. 依据越南法律和越南社会主义共和国为缔约方的条约，在对外贸易活动中完全遵守最惠国待遇和国民待遇原则。

第五条　自由开展进出口业务的权利

1. 除外商投资经济组织外，越南贸易商自由开展进出口业务的权利规定如下：

a. 贸易商可开展进出口业务和其他相关活动，无论其注册的业务领域或行业如何，但在《禁止进出口货物清单》上的货物和暂停进出口的货物除外；

b. 根据许可证或规定的条件出口或进口货物时，贸易商必须满足许可证或条件的要求；

c. 越南贸易商的分支机构可依据贸易商授权开展外贸活动。

2. 外商投资经济组织或外商在越南的分支机构自由开展进出口业务的权利如下：

a. 贸易商可依据本法和越南社会主义共和国为缔约方的条约行使进出口权利：

工业和贸易部(工贸部)应依据越南社会主义共和国为缔约方的条约公示货物清单和行使进出口该等货物权利的路线图。

b. 贸易商可通过在越南购买货物出口到国外来行使出口权，在出口报关单上签字以执行并负责出口相关程序。出口权并不包括在越南组织货物购买网络用以出口的权利。

c. 贸易商可行使从国外进口货物到越南的权利，以销售给有权在越南分销这些货物的贸易商，并在进口报关单上签字，以履行进口相关程序并对其负责。进口权并不包括在越南组织或参与分销货物网络的权利。

3. 在越南没有业务的外商以及属于世界贸易组织成员的国家和地区的有关组织和个人与越南签订双边协议的，拥有依据越南法律和越南社会主义共和国作为缔约方的条约所规定的进出口权。

4. 进出口货物应依据海关法规定的《越南进出口分类名目》中的分类进行详细规定和公布。

5. 政府应详细说明本条第二款和第三款的第二项和第三项。

第六条　国家对外贸易管理的责任

1. 政府对外贸进行统一的国家管理。

2. 以工贸部为协调中心，协助政府进行对外贸易的国家管理，有下列任务和权力：

a. 向国家主管机构提交关于管理和发展对外贸易活动、开发区域和世界市场以及各时期经济一体化的战略、计划和政策，请求批准和颁布；根据本法决定实施若干管理措施；

b. 颁布或提请国家主管机构颁布对外贸易管理的法律文件；

c. 依法指导、宣传、组织实施、检查和评估有关对外贸易管理的法律文件和措施；

d. 根据信息公开法，提供有关对外贸易活动和对外贸易管理的信息；

dd. *管理越南对外贸易促进组织的运作；

e. 为越南社会主义共和国海外代表机构下的贸易代表机构(以下简称为贸易代表机构)提供业务指导；

f. 协助政府和总理谈判、缔结和协调执行外贸条约；就开放出口市场进行谈判，在其职

---

* 原文如此，下文亦同。——译者注

权范围内应对出口壁垒，并对合作伙伴执行条约的情况进行全面监督；

g. 就解决有关对外贸易管理措施应用的争端向政府提出建议；

h. 进行检查和审查，处理投诉与检举，并根据权限处理违反外贸管理法的行为。

i. 在其任务和权力范围内依法采取技术措施。

3. 各部委和部级机构在其任务和权力范围内有下列职责：

a. 承担谈判条约和监督合作伙伴履行承诺的主要责任和协调工作，并在其职权范围内应对出口壁垒；依法管理对外贸易和发展对外贸易活动；报告和分享有关对外贸易活动和对外贸易管理的信息。

b. 财政部主要负责并协调有关机构制定并报请主管部门颁布、指导和检查进出口税费法律文件的执行情况；依据本法和其他有关法律，协调有关部委、部级机构、组织和个人制定有关对外贸易管理的法律和政策；指导海关依据《海关法》对进出口货物进行审查和监督并编制统计数字。

c. 农业和农村发展部主要负责并协调有关部委、部级机构、组织和个人，在其任务和权力范围内依法提议、制定和组织实施动植物检疫和食品安全措施以及对外贸易发展措施。

d. 卫生部主要负责并协调有关部委、部级机构、组织和个人，在其任务和权力范围内依法提议、制定和组织实施边境卫生检疫和食品安全措施以及对外贸易发展措施。

dd. 科学技术部主要负责并协调有关部委、部级机构、组织和个人，在其任务和权力范围内依法提议、制定和组织实施技术措施。

4. 省级行政机关在其任务和权力范围内有下列职责：

a. 依据本法和政府、总理、各部委或部级机构下放的权力，对其所在地的对外贸易进行国家管理；

b. 主要负责并协调有关组织和个人，提出本地区的外贸发展计划和项目；

c. 指导其附属专门机构对当地的对外贸易国家管理部门进行检查和审查并处理违规行为；

d. 维护、更新进出口管理和贸易促进信息系统，并为系统提供信息；

dd. 制作或指导其附属专门机构制作定期或不定期报告以服务本地区对外贸易国家管理。

第七条　对外贸易管理中的禁止行为

1. 滥用职权，实施违反对外贸易管理法的行为，阻挠合法的进出口经营活动，或侵犯本法第五条规定的贸易商自由开展进出口业务的权利。

2. 越权或违反规定指令和程序采取对外贸易管理措施。

3. 非法泄露贸易商的机密信息。

4. 出口或进口被禁止或暂停出口或进口的货物，但本法第十条第二款和第十四条第一款规定的情况除外；出口或进口需要但未获出口或进口许可证或未符合条件的货物；出口或进口未通过指定边境口岸的货物；出口或进口未办理海关手续或在报关时伪造数量、体积、类别或原产地声明的货物；出口或进口未依法盖章的货物。

5. 违反本法第五条第二款和第三款的规定，出口或进口货物。

6. 伪造、仿造与对外贸易管理活动有关的文件。

第二章 行政措施

第一节 禁止进出口和暂停进出口

第一小节 禁止进出口

第八条 禁止进出口的措施

1. 禁止出口是指国家主管机构决定不允许将货物从内陆运入专属关税区或带出越南领土的措施。

2. 禁止进口是指国家主管机构决定不允许将货物从专属关税区运入内陆或从国外运入越南境内的措施。

第九条 禁止进出口措施的适用

1. 当货物属于下列情况之一时,应禁止出口:

a. 货物与国防和安全有关,且尚未得到国家主管机构的出口许可的;

b. 为依据《文化遗产法》保护国家文物、古董或珍宝的;

c. 越南社会主义共和国为缔约方的条约有所规定的。

2. 当货物属于下列情况之一时,应禁止进口:

a. 货物与国防和安全有关,且尚未得到国家主管机构的进口许可的;

b. 货物对消费者的健康和安全有害的;

c. 货物对社会秩序和安全、社会道德或良好的风俗习惯有不利影响的;

d. 货物对环境或生物多样性有害,或有携带有害生物的高风险,威胁食品安全、越南的生产或出口,或侵犯知识产权的;

dd. 越南社会主义共和国为缔约方的条约有所规定的。

第十条 禁止进出口的货物清单

1. 政府应颁布禁止进出口的货物清单。

2. 总理应决定允许本条第一款规定的因特殊目的、保证、分析、测试、特定研究、保健、药品制造或国防安全保护而进出口货物。

3. 出口或进口禁止从专属关税区进出口的货物清单上的货物,须遵守本章第八条。

第二小节 暂停进出口

第十一条 暂停进出口的措施

1. 暂停出口是指国家主管机构决定在一定时期内不允许将货物从内陆运入专属关税区或带出越南领土的措施。

2. 暂停进口是指国家主管机构决定在一定时期内不允许将货物从专属关税区运入内陆或从国外运入越南领土的措施。

第十二条 暂停进出口措施的适用

1. 当货物属于下列情况之一时,应暂停进出口:

a. 属于本法第五章规定的对外贸易管理中的紧急管制对象的；

b. 属于本法第九条规定的情况，但尚未列入禁止进出口的货物清单的。

2. 暂停进出口的措施在暂停期满或货物不再属于本条第一款所述情况时，应予取消。

第十三条　暂停进出口措施的适用权限

1. 除动物卫生法或植物保护检疫法另有规定外，工贸部部长应在征求相关部委和部级机构的意见或建议后决定暂停出口或进口，并对其决定负责。

2. 工贸部应将本条第一款规定的暂停进出口的决定按照约定程序通知有关国际经济组织和国家。

第十四条　例外情况

1. 对于货物因特殊目的、保证、分析、测试、特定研究、保健、药品制造或国防安全保护而被作出暂停进出口的决定的，工贸部应在征求有关部委和部级机构的意见或建议后，决定允许其进出口，但动物卫生法或植物保护检疫法另有规定的除外。

2. 从专属关税区或向专属关税区进出口已发出暂停进出口决定的货物，须遵守本章第八节的规定。

第二节　进出口限制

第一小节　一般规定

第十五条　进出口限制的措施

1. 出口限制是指国家主管机构决定采取的措施，以限制特定出口货物的数量、体积或价格、出口边境口岸，或贸易商出口货物的权利。

2. 进口限制是指国家主管机构决定采取的措施，以限制特定进口货物的数量、体积或价格、进口边境口岸，或贸易商进口货物的权利。

第十六条　例外情况

1. 本节规定的以非商业目的限制进出口的货物的进出口须遵守有关法律。

2. 从专属关税区或向专属关税区进出口本节规定的限制进出口的货物，须遵守本章第八节的规定。

第二小节　进出口配额

第十七条　进出口配额的措施

1. 出口配额是指国家主管机构决定采取的措施，以限制从越南领土出口特定货物的数量、体积或价格。

2. 进口配额是指国家主管机构决定采取的措施，以限制进口至越南领土的特定货物的数量、体积或价格。

第十八条　进出口配额的适用

1. 当货物属于下列情况之一时，应适用进出口配额：

a. 依据越南社会主义共和国为缔约方的条约规定的；

b. 依据越南社会主义共和国为缔约方的条约规定的；

c. 当进口国对越南的出口货物适用进口配额时。

2. 申请进出口配额须确保有关货物的数量、体积和价格的公开和透明；并确保进出口配额分配方式的公开、透明和客观。

第十九条　适用进出口配额的权限

1. 工贸部部长主要负责并与有关部委、部级机构、其他机构和组织协调，决定适用进出口配额。

2. 工贸部应宣布适用进出口配额的货物。

第三小节　关税配额

第二十条　进出口关税配额措施

1. 出口关税配额是指由国家主管机构适用的就特定出口货物的数量、体积或价格施行特定关税税率的措施。

2. 进口关税配额是指由国家主管机构适用的就特定进口货物的数量、体积或价格施行比超出配额的关税税率更优惠的关税税率的措施。

第二十一条　进出口关税配额的适用

1. 进出口关税配额应依据越南社会主义共和国为缔约方的条约予以适用。

2. 进口关税配额不得适用于用于出口生产和加工的货物的数量、体积或价格。

3. 适用进出口关税配额须确保有关货物的数量、体积或价格的公开和透明，并确保进出口关税配额分配方式的公开、透明和客观。

第二十二条　适用关税配额的权限

1. 部长和部级机构负责人应决定其管理的货物的关税配额。

2. 工贸部应宣布适用关税配额，并决定关税配额的分配方式。

第四小节　进出口边境关口的指定

第二十三条　指定进出口边境口岸的措施

指定进出口边境口岸是国家主管机构为决定进出口某种货物的边境口岸而采取的措施。

第二十四条　指定进出口边境口岸措施的实施

1. 指定进出口边境口岸措施的实施，旨在管理和控制进出口货物的质量，打击非法转运和贸易欺诈，保护越南出口货物的声誉，以适应各边境口岸的物质和技术基础设施条件，并确保国防和安全。

2. 指定进出口边境口岸措施的实施须确保公开、透明和公平，并促进进出口活动。

3. 贸易商可在指定的边境口岸中自由选择进出口边境口岸。

第二十五条　指定进出口边境口岸措施的适用权限

1. 工贸部主要负责并与有关国家管理机构协调，决定和宣布货物和其进出口边境口岸以及实施路线图。

2. 指定进出口边境口岸措施的实施决定，应在其生效前至少 45 日在大众媒体上公布。

第五小节　进出口商的指定

第二十六条　指定进出口商的措施

指定进出口商是国家主管机构为决定特定类型货物进出口商而采取的措施。

第二十七条　指定进出口贸易商措施的实施

1. 当货物属于下列情况之一时,应指定进出口贸易商:

a. 越南社会主义共和国为缔约方的条约有所规定的;

b. 依据商法的规定,货物在商业活动中属国家垄断的;

c. 依据本法第五章的规定,货物在外贸管理中属紧急管制的。

2. 指定进出口贸易商措施的适用须保证公开和透明;保证国家的权益和指定贸易商的合法权益。

第二十八条　指定进出口贸易商措施的适用权限

1. 政府应公布指定进出口贸易商的货物清单和条件;指定各部委和部级机构对清单上的货物进行管理。

2. 本条第一款中所述部长和部级机构负责人应指定各自管理货物的进出口贸易商,并对这些被指定的贸易商在外贸活动中进行审查和检查。

第三节　基于进出口许可或条件的管理

第二十九条　基于进出口许可或条件的管理措施

1. 基于进出口许可的管理(以下简称许可管理)是指国家主管机构向进出口货物的贸易商颁发进出口许可或其他具有同等法律效力的形式的措施。

2. 基于进出口条件的管理(以下简称条件管理)是指国家主管机构对贸易商进行进出口活动须满足的经营主体、类型、数量、体积、物理技术基础、设备和地域等设置条件的措施,满足条件的贸易商无须申请进出口许可证。

第三十条　许可或条件管理措施的适用

1. 条件管理措施仅在必要情况下适用,以确保社会秩序和安全、社会道德、社区福利、良好风俗习惯或环境保护。

2. 许可或条件管理措施的适用须确保公开和透明,并为国家管理机构和贸易商节省时间和成本。

3. 许可或条件管理措施的实施须符合越南社会主义共和国作为缔约方的条约。

第三十一条　许可或条件管理措施的适用权限

1. 政府应依据进出口许可或条件颁布货物清单;各部委和部级机构对该等货物的管理方法和范围;以及颁发进出口许可的顺序和程序。

2. 各部委和部级机构应依据本条第一款规定的进出口许可或条件公布货物清单,并公布该等货物的进出口条件。

第四节　货物原产地证明书

第三十二条　证明货物原产地的措施

1. 证明货物原产地的文件包括：

a. 主管机构或组织以书面形式或其他具有同等法律效力形式授予贸易商的原产地证明书；

b. 贸易商根据本法第三十四条第二款签发的原产地自我认证文件。

2. 政府应就货物原产地和货物原产地证明书作出详细规定。

第三十三条　证明货物原产地措施的实施

在下列情况下应实施措施证明货物原产地：

1. 进出口商希望享受越南社会主义共和国为缔约方条约所规定的关税优惠的；

2. 货物进出口时，法律要求提供原产地证明书的；

3. 除本条第一款和第二款规定的情况外，国家主管机构应贸易商的要求授予原产地证明书，或贸易商自行签发原产地自我认证书的。

第三十四条　货物原产地证明措施的适用权限

1. 工贸部部长应颁发或可授权其他组织颁发原产地证明书。

2. 工贸部部长应书面批准贸易商对出口产品的原产地进行自我认证。

第三十五条　货物原产地的审查

1. 工贸部应审查并指导审查原产地证明书的颁发和贸易商对出口货物原产地的自我认证。

2. 财政部应指导海关依据《海关法》在清关时对进出口货物的原产地进行审查。

第五条　自由销售证明

第三十六条　自由销售证明书

1. 自由销售证明书是由出口国主管机构向出口货物贸易商签发的书面证明，以证明该货物允许在该国自由销售。

2. 自由销售证明书包括特定类型或带有自由销售证明书全部内容的证明书以及具有类似内容的书面证明。

第三十七条　自由销售证明措施的适用

在下列情况下应进行自由销售证明：

1. 法律要求提供自由销售证明书的；

2. 除本条第一项规定的情况外，进出口贸易商提出要求的。

第三十八条　自由销售证明措施的实施权限

政府应颁布要求有自由销售证明书的货物清单，并规定颁发自由销售证明书的权限、顺序和程序。

第六节 管理对外贸易活动的其他措施

第一小节 临时进口再出口、临时出口再进口和边境口岸转运

第三十九条 临时进口再出口业务

1. 贸易商从一国购买货物并进口至越南境内,或从专属关税区购买货物并运入内陆,而后销往他国或专属关税区的,规定如下:

a. 对于被列入货物清单禁止进出口的货物;暂停进出口的货物;尚未许可在越南境内流通或使用的货物;或受出口配额、进口配额、关税配额或进出口许可管理的货物,贸易商须持有临时进口再出口营业执照;

b. 对于有条件的临时进口再出的货物,贸易商须满足规定的条件;

c. 对于本款第一项和第二项以及本法第四十条规定以外的货物,贸易商仅需于边境口岸海关处办理手续。

2. 临时进口再出口货物仅可在给定期限内存放于越南境内。

3. 临时进口再出口货物在进口至越南境内时须办理海关手续,受海关检查和监督,直至货物再出口至越南境外。

4. 在内陆地区销售临时进口再出口货物,须遵守本法关于货物进口管理的规定和其他有关法律的规定。

5. 政府应详细说明本条规定。

第四十条 禁止或暂停临时进口再出口或边境口岸转运业务

1. 下列情况应禁止临时进口再出口或边境口岸转运业务:

a. 货物属于危险废物、废料和垃圾的;

b. 根据越南社会主义共和国为缔约方的条约,货物被禁止临时进口再出口业务或边境口岸转运的;

c. 二手消费品容易引起贸易欺诈的;

d. 货物具有造成环境污染或传染病或影响人类健康或生命的高风险的。

2. 政府应颁布禁止临时进口再出口或边境口岸转运业务的详细货物清单。

3. 为了防止环境污染或传染病,对人类健康或生命的不利影响,非法转运,或贸易欺诈风险,工贸部部长应决定并公布暂停临时进口再出口或边境口岸转运业务的货物。

第四十一条 其他临时进口再出口的形式

1. 除本法第三十九条规定的临时进口再出口的情况外,对于禁止进出口货物清单以外的货物、或根据与外国合作伙伴签订的合同,为担保、维护、租赁或借用或其他目的而在给定期限内未暂停进出口的货物,贸易商可临时进口至越南而后将该等货物从越南境内出口。

2. 临时进口再出口的程序规定如下:

a. 对于尚未允许在越南流通或使用的货物,或根据出口配额、进口配额、关税配额或进出口许可进行管理的货物,贸易商须持有临时进口再出口许可证。

b. 对于本款第一项规定以外的货物,贸易商仅需在海关办理临时进口再出口手续。

3. 临时进口再出口的时限应由贸易商和合作伙伴商定，并于办理临时进口手续的海关处登记。

4. 在内地销售临时进口再出口的货物，须遵守本法关于货物进口管理的规定和其他有关法律规定。

5. 政府应详细说明本条规定。

第四十二条　货物的临时出口再进口

1. 贸易商可根据与外国伙伴签订的合同，为担保、维护、修理、生产、建设、租赁、出借、展示或展览或其他目的而暂时出口再进口货物。

2. 临时出口再进口的程序规定如下：

a. 对于禁止进出口货物清单上的货物、暂停进出口的货物，或根据出口配额、进口配额、关税配额或进出口许可进行管理的货物，贸易商须持有临时出口再进口许可证。

b. 对于本款第一项规定以外的货物，贸易商仅需在海关办理临时出口再进口手续。

3. 临时出口再进口的时限应由贸易商和合作伙伴商定，并于办理临时出口手续的海关处登记。

4. 临时出口再进口货物的境外销售须遵守本法关于货物出口管理的规定和其他有关法律规定。

5. 政府应详细说明本条规定。

第四十三条　边境口岸的货物转运

1. 希望开展边境口岸转运业务的贸易商，如涉及禁止进出口货物清单上的货物、暂停进出口的货物、尚未允许在越南流通或使用的货物，或根据出口配额、进口配额、关税配额或进出口许可进行管理的货物，须获得边境口岸货物转运许可证，货物不通过越南边境口岸转运的除外。

2. 贸易商仅需在边境口岸海关为本条第一款规定以外的货物办理边境口岸转移手续。

3. 通过越南边境口岸转运的货物应受海关监督，直至其实际出口至越南境外。

4. 政府应详细说明本条规定。

第二小节　货 物 过 境

第四十四条　货物过境许可

1. 工贸部应承担主要责任，并与公安部和国防部协调，向总理报告武器、爆炸材料、爆炸物前体和辅助工具等货物的过境情况以供审议和批准。

2. 由工贸部部长对禁止进出口货物清单和暂停出口或进口货物清单上的货物，或法律规定禁止交易的货物的过境进行许可。

3. 除本条第一款和第二款规定的货物外，其他货物可经由越南境内过境，仅需依据海关法在进口的第一个边境口岸和出口的最后一个边境口岸办理海关手续。

4. 政府应对本条第一款和第二款所述的货物过境许可的顺序和程序作出规定。

第四十五条　货物过境活动的管理原则

1. 所有进口的过境货物都应出口。

2. 在使用货物过境服务，自行在越南境内过境或雇用外商在越南境内过境时，外国组织或个人应遵守商法、越南社会主义共和国为缔约方的条约以及越南的出入境和运输法律。

3. 空运货物过境须遵守越南社会主义共和国为缔约方的航空条约。

4. 在越南境内过境的货物,在通过指定的边境口岸进入和离开越南境内的整个过程中,应受海关监督。

5. 内陆过境货物的销售须遵守本法关于货物进出口管理的规定和其他有关法律规定。

第四十六条　货物过境的边境口岸和路线

1. 依据越南社会主义共和国为缔约方的条约,交通部长应规定货物过境运输的路线。

2. 货物只能通过国际边境口岸和本条第一款所述的越南境内的路线过境。

3. 在过境期间,任何货物运输路线的改变都应向交通部长报告,以获得许可。

第四十七条　过境期限

1. 允许货物在越南境内过境的期限至多为三十日,自进口的边境口岸完成海关手续之日起算,但该期限被延长、货物在越南入库或损坏或丢失或运输货物的车辆在过境期间发生故障的情况除外。

2. 对于在越南入库、损坏或丢失的货物,或运输过境货物的车辆在过境期间发生故障,需要更多时间进行储存或修复故障或弥补损失的情况,经办理过境手续的海关批准,可根据需要延长过境期限以完成上述工作。对于本法第四十四条第一款和第二款规定的过境货物,其过境期限的延长须经工贸部部长许可。

3. 在本条第二款规定的储存或修理故障或补救损失期间,过境货物及其车辆仍应受海关监管。

第三小节　外商的货物购销代理人

第四十八条　对外商的货物购销代理活动的管理

1. 贸易商可担任外商的合法货物购销代理人,但禁止进出口货物清单上的货物或暂停进口的货物除外。

2. 选择以现金方式收取代理费的贸易商应遵守外汇法。贸易商选择以货物形式收取代理费的,该货物须在禁止进出口货物清单之外,或者未被暂停进出口。选择需进出口许可的以货物清单上的货物收取代理费的,贸易商应获得国家主管机构的许可。

3. 外商的货物购销代理人应依法办理货物进出口手续,履行纳税和其他财政义务。

第四十九条　聘请外商担任境外货物购销代理人的管理

贸易商可聘请外商担任境外货物购销代理人,购买或销售禁止进出口货物清单之外的货物或暂停出口的货物。

第四小节　进出口委托和委托承诺

第五十条　进出口委托和委托承诺活动的管理

1. 贸易商可以委托进出口禁止进出口货物清单之外的货物或未暂停进出口的货物。

2. 对于需要进出口许可或条件的货物,委托方或被委托方须持有该许可或满足该条件才可签订委托合同或委托承诺合同,法律另有规定的除外。

3. 非贸易商的一方可根据合法签订的合同委托进出口货物,但禁止进出口货物清单上的货物或暂停进出口的货物除外。

第五小节　为外商加工货物和订购海外加工货物

第五十一条　为外商加工货物的管理

1. 贸易商可合法为外商加工货物,但禁止进出口货物清单上的货物或暂停进出口的货物除外。

2. 对于需要进出口许可的货物,贸易商只有在根据政府规定的命令和程序从工贸部部长处获得该种许可后,才可签署加工合同。

3. 总理可决定许可贸易商为外商加工禁止进出口货物清单上的货物或暂停进出口的货物,以供海外消费。

第五十二条　对货物海外加工订购的管理

1. 贸易商可订购合法流通的货物进行海外加工。

2. 加工所需机器、设备、材料、辅助材料和用品的出口和加工产品的进口须遵守本法关于进出口管理的规定和其他有关法律规定。

3. 贸易商在进口加工产品用于国内销售时,应按照税法规定履行纳税义务。

第七节　与邻国的外贸活动

第五十三条　与邻国外贸活动的管理

1. 与越南接壤的国家在边境地区的外贸活动(以下简称为边境贸易活动)须遵守的特别管理措施规定如下:

 a. 关于边境居民的货物、货物数量、免税限额、货物购销或交换活动的地点和方式。

 b. 依据越南社会主义共和国与邻国之间的条约已商定的关于货物、地点、方式和支持贸易商货物购销或交换活动的条例。

2. 边境贸易活动的管理原则:

 a. 国家应进一步支持和促进边境地区行政部门在组织和管理边境贸易活动方面的自主权和自我责任感,以促进贸易商和边境居民购销或交换货物。

 b. 参与边境贸易活动的人员、车辆和货物要依法接受国家主管机构的检查、审查和管控。

 c. 对违反商业法和其他有关法律的行为应及时制止并严格处理。

3. 边境贸易活动在地理区域、货物、收费、费用和支付方式等方面受法律规定的某些特殊管理政策的约束。

4. 政府应详细说明本条规定。

第五十四条　内地边境口岸边境贸易活动的管理机制

1. 边境贸易活动应通过国际边境口岸或主要边境口岸进行。通过其他边境口岸或边境通道进行的边境贸易活动须满足规定的条件,并依据越南社会主义共和国为缔约方的条约和相关法律,接受国家主管机构的监督和管理。

2. 边境地区省级人民委员会应决定并公布本条第一款所述的允许进行边境贸易活动的

其他边境口岸和边境通道名单。进出口货物在上述边境口岸或边境通道出现拥堵的,边境地区省级人民委员会可根据该等边境口岸或边境通道的技术基础设施条件,优先安排鲜活食品或易腐烂农产品的出口,或暂停货物的进出口,直至拥堵情况得到缓解。

3. 内陆边境口岸的货物进出口管理应以统一和同步的方式进行,相关机构之间应密切协调并简化行政程序。

4. 政府应详细说明本条规定。

第五十五条　内陆边境口岸贸易支持活动的管理和发展政策

1. 部委、部级机构和地方行政部门应管理和发展内陆边境口岸的下列贸易支持活动:

a. 支持履行有关法律规定的行政程序;

b. 支持贸易物流能力的建设,包括货物运输代理和运输、货物加工、包装和货物处理、翻译、安全和其他活动;

c. 金融和货币活动,包括货币兑换、存款和支付;

d. 支持加强对邻国市场的准入和进入;咨询、经纪、购销代理、进出口委托、边境口岸转运、广告、博览和展览;

dd. 在技术基础设施方面提供支持,包括道路、电力、水、边境市场、市场、仓库、储存场地、电子称重站、防火和消防;

e. 法律规定的边境口岸地区的其他贸易支持活动。

2. 政府应采取政策,鼓励各经济领域的贸易商在本条第一款所述的边境口岸地区投资、开发和组织贸易支持活动。

第八节　专属关税区的货物管理

第五十六条　专属关税区出口管理措施的适用

1. 从内陆运往境外的货物的外贸管理措施应适用于从专属关税区运往境外的货物。

2. 任何外贸管理措施都不得适用从内陆运入专属关税区的货物。

3. 出口管理措施仅适用于专属关税区一次。

4. 本条第二款所述的货物应依据《海关法》和其他有关法律受海关监管。

第五十七条　专属关税区进口管理措施的适用

1. 从境外运入越南境内的货物的外贸管理措施应适用于从专属关税区运入境内的货物。

2. 除禁止进口、暂停进口和检疫外,任何外贸管理措施都不得适用从境外运入专属关税区的货物。

3. 进口管理措施仅适用于专属关税区一次。

4. 本条第二款所述的货物应依据《海关法》和其他有关法律受海关监管。

第五十八条　专属关税区之间货物购销管理措施的适用

1. 任何外贸措施都不适用于越南境内专属关税区之间的货物购销或运输。

2. 专属关税区之间的货物运输应依据《海关法》和其他有关法律受海关监管。

第五十九条　例外情况

为防止贸易欺诈和非法运输,总理在必要时应许可对本法第五十六条、第五十七条和第五十八条所述货物适用或不适用一项或多项外贸措施。

第三章　技术和检疫措施

第一节　技术和检疫措施的实施

第六十条　技术和检疫措施的实施目的和原则

1. 实施技术检疫措施的目的是满足质量要求，保护安全和人体健康，保护动植物、生态环境和生物多样性，预防和控制疫情和传染病的传播，确保国家安全和利益。

2. 技术和检疫措施的实施须坚持以下原则：

a. 确保公开、透明、不歧视，以及避免对外贸活动（尤其是出口货物）产生的不必要障碍。

b. 在条件许可的情况下，采取风险管理方法以满足管理要求，并符合越南社会主义共和国作为缔约方的条约。

c. 遵守有关产品和货物质量、标准和技术规定、食品安全、计量、植物保护和检疫、动物卫生、传染病预防和控制的法律规定的其他原则。

第六十一条　进出口货物技术措施的适用

1. 进出口货物须依法申报其适用标准并附上标签。

2. 对列入可能不安全的货物和产品清单的进口货物，要根据有关技术规定适用管理措施，并根据有关产品和货物质量和标准的法律以及技术规定适用管理措施。

3. 进口货物是加工货物或预包装食品、食品添加剂、食品加工助剂，或食品包装工具和作为食品容器的材料，已发布技术规定的，须遵守本条第二款规定。

4. 进口货物是加工货物或包装食品、食品添加剂、食品加工助剂，或食品包装工具和作为食品容器的材料，尚未发布技术规定的，须已宣布符合食品安全规定并在国家主管机构登记规定符合性声明。

5. 进出口货物是功能食品、微量营养素强化食品、转基因食品、辐照食品的，须有法律规定的自由销售证明书或卫生证书。

6. 进口货物是在购销、支付、安全保障、社区福利保护或环境保护中，或在检查、检验、司法鉴定和其他公共服务活动中用于量化货物和服务的计量设备的，应依据计量法进行管理。

7. 对进出口货物适用技术措施的顺序和程序须符合有关产品和货物质量、标准和技术规定、食品安全和计量方面的法律。

第六十二条　动物和动物产品检疫措施的实施

1. 货物是须进行检疫的动物或动物产品的，在出口、进口、临时进口再出口、临时出口再进口、转运出/入边境口岸、托运至保税仓库或经越南领土过境前，应按照动物卫生法进行检疫。

2. 动物或动物产品在出口、进口、临时进口再出口、临时出口再进口、转运出/入边境口岸、托运至保税仓库或经越南领土过境前，其检疫内容、顺序和程序须符合动物卫生法的规定。

第六十三条　植物检疫措施的适用

1. 货物是植物检疫对象的，在出口、进口、临时进口再出口、临时出口再进口、转运出/入边境口岸、托运至保税仓库或经越南领土过境前，应按照植物保护和检疫法进行检疫。

2. 货物是越南允许生产和贸易的植物品种清单或在越南用于植物保护的有用生物体清单以外的植物品种的，在进口后应在隔离区进行植物检疫。

3. 植物在出口、进口、临时进口再出口、临时出口再进口、转运出/入边境口岸、托运至保税仓库或经越南领土过境前，其检疫内容、顺序和程序须符合植物保护和检疫法的规定。

第六十四条　边境卫生检疫措施的适用

1. 货物须进行边境卫生检疫的，在出口、进口或经越南领土过境前，应根据传染病预防和控制法进行检疫。

2. 边境卫生检疫的内容、顺序和程序须符合传染病预防和控制法的规定。

第二节　进出口货物检验的适用

第六十五条　须经检验的进出口货物

1. 须经检验的进出口货物包括：

a. 本法第六十一条、第六十二条、第六十三条和第六十四条所述的须适用技术或检疫措施的货物；

b. 有潜在不安全的货物，或国际、地区或外国组织警告的可能不安全的货物；

c. 被主管机构检测为不合格、应依法进行更严格检验的货物。

2. 本条第一款所述的货物应根据本法第六十条第二款规定的原则，由国家主管机构指定的机构或组织进行检验。

3. 部长和部级机构负责人应在其任务和权力范围内颁布本条第一款所述的须经检验的货物清单。

第六十六条　检验机构或组织

1. 部委、部级机构或省级人民委员会应在依法指定或下放权力的领域和地域内组织检验。

2. 本条第一款规定的部委、部级机构或省级人民委员会应公布其管理的领域和地域内负责专业检验的机构或组织的名称和地址。

3. 检验机构或组织应以公开、透明的方式公布检验的顺序和程序。

第四章　贸易救济

第一节　一般规定

第六十七条　贸易救济

1. 贸易救济包括反倾销、反补贴和保障措施，由工贸部部长根据具体情况决定适用于进口至越南的货物。

2. 政府应详细规定国内产业损害程度的确定方式、对规避贸易救济行为的打击、贸易救济案件调查(以下简称调查)的启动理由、顺序、程序、时限、内容和终止理由、贸易救济的实施和审查、补贴和反补贴措施的确定、相关机构在调查过程中相互协调的职责,以及对越南出口货物实施贸易救济的处理。

3. 工贸部部长应详细规定调查案件中的当事方、信息和文件的提供、收集和保密、调查过程中使用的口头和书面语言、为实施贸易救济对被调查货物的进口管理,以及豁免贸易救济的情况。

第六十八条　贸易救济的适用原则

1. 贸易救济应在必要和合理的范围内和给定期限内适用,以保护国内产业,防止或限制对国内产业的损害。

2. 只有经过以透明、公正和合法的方式进行的调查并以调查结论为基础,才能适用贸易救济。

3. 有关调查和适用贸易救济的决定应公开宣布。

4. 如贸易救济的正式税率高于临时税率,则不得收取税款差额。

5. 如贸易救济的正式税率低于临时税率,则应退还税款差额。

6. 如工贸部部长决定不适用正式贸易救济,应退还已征收的临时税或为确保支付临时税而存入的金额。

第六十九条　对国内产业的损害

1. 国内产业是指在越南境内生产类似货物的制造商群体或其代表,其生产的货物在该产业的国内制造货物总产量中占主要比例。直接进口被调查货物或与被调查货物的进出口商有关系的国内制造商不被视为国内制造商。

类似货物是指具有与被调查货物相似的所有特性的货物。如无法获得该等货物,类似货物是具有与被调查货物相似的许多基本特性的货物。

2. 对国内产业的损害应按下列方式确定:

a. 对国内产业的实质损害是指国内产业的生产和业务出现实质下降或增长迟缓的情况;

b. 对国内产业的实质损害威胁是指对国内产业造成实质伤害的直接、明确和可证明的可能性;

c. 阻碍国内产业的形成是指导致国内产业形成困难的情况;

d. 对国内产业的实质损害是指国内产业的生产和经营活动总体衰退的情况;

dd. 对国内产业的严重损害威胁是指对国内产业造成严重损害的直接、明确和可证明的可能性。

第七十条　贸易救济案件的调查顺序和程序

1. 代表国内产业的组织或个人,如看到货物在进口时被倾销或受到补贴或过度进口从而对该国内产业造成损害,可提交贸易救济申请。

2. 根据贸易救济调查机构(以下简称调查机构)的提议,工贸部部长应在有效档案通知发出之日起四十五日内,发布启动或不启动调查的决定。在特殊情况下,该时限可以延长一次,但不得超过三十日。

3. 调查的时限规定如下：

a. 申请反倾销或反补贴措施的调查最长可持续十二个月，从调查决定发布之日起算。在特殊情况下，工贸部部长可延长该时限，但总调查时间不得超过十八个月；

b. 申请保障措施的调查最长可持续九个月，从调查决定发布之日起计算。在特殊情况下，工贸部部长可延长该时限，但总调查时间不得超过十二个月。

4. 调查过程中的协商规定如下：

a. 调查案件中的当事方有权以书面形式向调查机构提交与该案件有关的信息和意见；

b. 调查机构在收到当事方根据本款第一项提出的书面请求时，应向其提供协商机会；

c. 在宣布最终结论之前，调查机构可举行公开磋商，使当事方提交与调查案件有关的信息和意见。

5. 通知责任的规定如下：

a. 自工贸部部长发布启动反倾销或反补贴调查的决定之日起十五日内，调查机构应将调查情况通知相关制造商、出口商和其他当事方的所在国政府。

b. 调查机构应向调查案件中的当事方公开宣布其初步调查结论、最终调查结论、承诺的批准和调查的终止。

c. 调查机构应履行越南社会主义共和国为缔约方的条约所规定的其他通知义务。

第七十一条　贸易救济案件调查的终止

工贸部部长应在下列情况下决定终止调查：

1. 提交贸易救济申请的组织或个人自愿撤回；

2. 调查机构的初步结论指出，没有对国内产业造成损害或没有损害威胁，或没有阻碍国内产业的形成；

3. 调查机构的最终结论指出下列内容之一：

a. 被调查的进口货物既无倾销也未受到补贴，或该等货物未过度进口；

b. 没有对国内产业造成本法第六十九条第二款规定的损害；

c. 声称倾销、补贴或过度进口货物的进口与国内产业受到的损害或损害威胁的程度或国内产业形成的障碍之间没有因果关系。

4. 调查机构已与拥有声称进口至越南境内时被补贴货物的国家主管部门就取消补贴达成协议。

第七十二条　对规避贸易救济行为的打击

1. 规避贸易救济是指旨在规避部分或全部义务的行为，即遵守应予救济的进口至越南领土的货物有关的现行贸易救济措施。

2. 调查机构发现有规避贸易救济行为的，可扩大现行的贸易救济。

3. 调查机构可应国内产业代表的要求或根据其获得的信息，对规避贸易救济的行为进行调查。

4. 工贸部部长应基于调查机构的结论发布决定，对从相关国家进口的被调查货物或其部件实施措施以打击规避贸易救济的行为。

第七十三条　调查机构

1. 调查机构由政府组建以作为工贸部组织结构的一部分。

2. 调查机构有下列任务和权力：

a. 接收贸易救济调查申请，并通知申请是否有效或要求补充；

b. 建议工贸部部长发布启动或不启动贸易救济调查的决定；

c. 对贸易救济措施的实施和规避贸易救济的行为组织调查；

d. 建议工贸部部长发布实施贸易救济的决定、采取措施打击规避贸易救济的行为，以及根据调查结论或审查结论改变贸易救济；

dd. 审查贸易救济；

e. 建议工贸部部长终止调查或终止实施贸易救济；

f. 在对越南进口货物和越南出口货物实施贸易救济的调查中，主要负责参与双边和多边机制解决争端；

g. 主要负责协助和应对对越南被调查货物实施贸易救济申请的案件；

h. 主要负责在对进入越南领土的进口货物实施保障措施的调查中制订计划，并就赔偿进行谈判；

i. 对参与调查和实施贸易救济的组织和个人实施贸易救济的情况进行检查和审查；

j. 法律规定的其他任务和权力。

3. 调查机构的负责人由工贸部部长任命、解职或免职，并指导该机构执行和行使本条第二款规定的任务和权力。

4. 工贸部部长应明确调查机构的任务、权力和组织结构。

第七十四条　调查案件中的当事方

1. 调查案件中的当事方包括：

a. 生产并向越南境内出口被调查货物的海外组织和个人；

b. 进口被调查货物的组织和个人；

c. 大部分成员为制造和出口被调查货物的组织和个人的外国协会；

d. 出口被调查货物的国家的政府和主管部门；

dd. 提交申请贸易救济档案的组织或个人；

e. 制造类似货物的国内组织或个人；

f. 大多数成员为制造类似货物的组织或成员的国内协会；

g. 拥有与调查案件有关的合法权益或能协助调查过程的其他组织和个人，或保护消费者利益的代表组织。

2. 组织和个人应向调查机构登记并获得批准，方可成为调查案件的当事方。

3. 调查案件中的当事方可获得其他当事方向调查机构提供的信息和文件，但本法第七十五条第二款规定的信息和文件除外。

第七十五条　贸易救济调查案件中信息和文件的提供和收集以及保密问题

1. 调查案件中的当事方应基于调查机构的要求提供必要的信息和文件。

2. 在调查过程中，有权获取与调查案件有关的信息和文件的调查机构和人员，应按照信息和文件提供者的要求对该等信息和文件进行保密。

3. 调查机构在必要时可征求专家评估意见，或者审查和核实当事方提供的信息和文件的真实性，或者收集解决贸易救济问题所需的其他信息和文件。调查机构可进行包括海外调查在内的现场调查。

4. 在被调查方不允许调查机构查阅或拒绝提供对调查有重要意义的信息和文件的情况下,调查机构可利用当事方提供的或自行收集的信息和文件或现有的信息和文件作出调查结论。

第七十六条　对越南被调查的出口货物申请或实施贸易救济的案件的处理

1. 在越南贸易商因实施或被实施贸易救济而被进口国调查的情况下,工贸部应根据相关行会和贸易商的建议,主要负责并与其他部委、部级机构和国家主管管理机构协调,在各自的任务和权力范围内开展下列活动以协助贸易商:

a. 提供与案件有关的信息;

b. 与正在对越南出口货物进行调查或实施贸易救济的进口国交换信息;

c. 当发现进口国违反越南社会主义共和国为缔约方的有关条约时,对其提起诉讼;

d. 依法开展其他支持活动。

2. 在越南贸易商因实施或被实施反补贴措施而被调查的情况下,工贸部应主要负责并与有关部委、部级机构和省级人民委员会协调,依据越南社会主义共和国为缔约方的有关条约,制订计划以协调外国调查机构。

3. 在越南贸易商被进口国调查实施保障措施的情况下,工贸部应主要负责并与有关部委、部级机构、组织和个人协调,依据越南社会主义共和国为缔约方的有关条约,制订索赔或报复计划。

第二节　对进口至越南货物的反倾销

第七十七条　反倾销措施

1. 对进口至越南的货物采取的反倾销措施(以下简称反倾销措施)是在进口货物被认定为倾销至越南,对国内产业造成实质损害或有造成实质损害的威胁,或阻碍国内产业形成的情况下所实施的措施。

2. 当货物以低于正常贸易条件下在出口国或第三国销售的类似货物的可比正常价格,或调查机构以自我计算方法确定的价格进口至越南时,应被认定为倾销。

3. 反倾销措施包括:

a. 征收反倾销税;

b. 要求生产和出口被实施反倾销措施的货物的组织或个人向越南调查机构或经调查机构批准的国内制造商作出消除倾销措施的承诺。

第七十八条　反倾销措施的适用条件

1. 当完全满足下列条件时,应对进口货物适用反倾销措施:

a. 进口至越南的货物有特定的倾销幅度,但本条第二款所指的情况除外;

b. 国内产业遭受实质损害或面临遭受实质损害威胁,或其形成受到阻碍;

c. 本款第一项规定的倾销货物的进口与本款第二项所述的国内产业受到的损害之间存在因果关系。

2. 对于倾销幅度不超过其对越南出口价格百分之二的进口货物,不得采取反倾销措施。

3. 如原产于某国的进口货物的数量不超过越南类似进口货物总量的百分之三，且原产于满足上述条件的国家的货物总量不超过越南类似进口货物总量的百分之七，则这些国家将被排除于反倾销措施的适用范围之外。

第七十九条　对适用反倾销措施启动调查的理由

1. 当代表国内产业的组织或个人提交申请适用反倾销措施的档案时，应对反倾销措施申请启动适用进行调查。

2. 提交档案请求适用反倾销措施的组织或个人，在完全满足下列条件时，应视为代表国内产业：

a. 提交档案的国内制造商和支持请求适用反倾销措施的国内制造商所生产的类似货物的总量，大于反对该请求的国内制造商所生产的类似货物的总量的；

b. 提交档案的国内制造商和支持请求实施反倾销措施的国内制造商所生产的类似货物的总量，至少占有关国内产业制造的类似货物总量的百分之二十五的。

3. 当有明显证据表明进口倾销货物对国内产业造成实质损害或有造成实质损害威胁或阻碍国内产业的形成时，工贸部部长应决定启动调查。

第八十条　对适用反倾销措施的调查内容

1. 确定进口至越南的倾销货物和倾销幅度包括：

a. 确定正常价格；

b. 确定出口价格；

c. 公平比较正常价格和出口价格，以及确定生产和出口该等货物的各组织或个人的待调查货物的具体倾销幅度。

2. 确定对国内产业造成的实质损害或威胁，或对国内产业形成的阻碍。

3. 确定倾销货物的进口与对国内产业造成实质损害或威胁或阻碍国内产业形成之间的因果关系。

4. 确定反倾销措施的社会经济影响。

第八十一条　反倾销措施的适用

1. 临时反倾销税的适用应由工贸部部长基于调查机构的初步结论来决定。临时反倾销税率不得超过初步结论中所述的倾销幅度。

征收临时反倾销税的时限为征收临时反倾销税的决定生效之日起一百二十日。在进口类似货物至越南的出口商的请求下，工贸部部长可将该时限延长不超过六十日。

2. 承诺措施适用的规定如下：

a. 在作出初步结论后和调查结束前，被调查货物的制造商或出口商可向调查机构作出承诺，自愿调整销售价格或限制出口至越南的被调查货物的数量；

b. 调查机构在征求代表国内相关产业的组织或个人的意见后，可接受或拒绝该承诺，或要求调整该承诺。

3. 征收反倾销税的规定如下：

a. 如没有作出本条第二款所规定的承诺，则调查机构应在调查结束后就本法第八十条规定的调查内容公布其最终结论。调查机构的最终结论和作出该结论的主要理由，应通过适当方式通知调查案件的当事方；

b. 工贸部部长应基于调查机构的最终结论作出征收或不征收反倾销税的决定；

c. 反倾销税率不得超过最终结论中所述的倾销幅度；

d. 征收反倾销税的期限为五年，从征收反倾销税的决定生效之日起算，但本法第八十二条第二款规定的延期情形除外。

4. 追溯性反倾销税的征收规定如下：

a. 如调查机构的最终结论确认对国内产业存在实质损害或有造成实质损害的威胁，工贸部部长可决定征收追溯性反倾销税；

b. 进口货物被认定为倾销，而从开始调查到征收临时反倾销税期间向越南倾销进口产品的数量出现异常增长，对国内产业造成了难以补救的损害的，应在征收临时反倾销税前九十日内，对该等进口货物征收追溯性反倾销税。

第八十二条　对适用反倾销措施的复审

1. 应调查案件中当事方请求进行复审的规定如下：

a. 自适用反倾销措施的决定发布之日起一年后，工贸部部长可应被调查案件中一个或多个当事方的请求，在考虑请求者提供的证据后，决定对这些措施的适用进行复审；

b. 复审相关程序的执行不得妨碍现行反倾销措施的适用；

c. 本条规定的复审时限为自审查决定发布之日起六个月，必要时可延长一次，但延长时限不得超过三个月。

2. 日落复审的规定如下：

a. 工贸部部长应于反倾销措施适用时限届满前一年发布决定，对该申请进行日落复审；

b. 复审的目的是评估继续适用反倾销措施的必要性、合理性和社会经济影响；

c. 工贸部部长应基于调查机构的复审结果发布延长或不延长适用反倾销措施时限的决定；

d. 日落复审的时限为自复审决定发布之日起九个月，必要时可延长一次，但延长时限不得超过三个月。

3. 对在调查的初始阶段后向越南境内出口被调查货物的外国制造商/出口商（以下简称新出口商）的审查规定如下：

a. 新出口商可提交申请，要求调查机构进行复审并确定单独的反倾销税率；

b. 工贸部部长应基于调查机构的复审结果发布决定，对被审查的新出口商适用单独的反倾销税率；

c. 对新出口商的复审时限为自复审决定发布之日起三个月，必要时可延长一次，但延长时限不得超过三个月。

4. 对反倾销措施针对的货物范围的复审规定如下：

a. 调查案件中的当事方可以求调查机构对反倾销措施针对的货物范围进行复审；

b. 请求复审的文件必须包括证明对所有货物适用反倾销措施是不适当的证据和信息；

c. 工贸部部长应基于调查机构的复审结果发布决定，调整反倾销措施针对的货物范围；

d. 对反倾销措施针对的货物范围的复审期限为自复审决定发布之日起六个月，必要时可延长一次，但延长失效不得超过三个月。

第三节　对越南进口货物的反补贴

第八十三条　反补贴措施

1. 针对越南进口货物的反补贴措施（以下简称反补贴措施）是在受补贴进口货物对国内产业造成实质损害或有造成实质损害威胁或阻碍国内产业形成的情况下采取的措施。

2. 反补贴措施包括：

a. 征收反补贴税；

b. 制造/出口国的组织或个人或政府与越南国家主管机构就自愿终止补贴、降低补贴水平或承诺调整出口价格作出承诺；

c. 其他反补贴措施。

第八十四条　补贴

补贴是指进口货物到越南的国家的政府或任何公共组织以下列形式进行的出资，给接受补贴的组织或个人带来利益：

1. 政府实际直接向该组织或个人转移资金或直接为后者承担债务；

2. 政府忽视或不收取该组织或个人有义务向政府支付的款项；

3. 政府向该组织或个人提供共同基础设施以外的资产、货物或服务；

4. 政府以高于市场价格的价格向该组织或个人购买资产、货物或服务；

5. 政府以低于市场价格的价格向该组织或个人出售资产、货物或服务；

6. 政府向融资机构提供资金，委托、指定或指导并要求私人组织执行本条第一款至第五款规定的一项或多项活动，而这些活动通常属于其职能范围并实际上与其日常活动无异；

7. 任何形式的收入或价格方面的支持；

8. 除本条第一款至第七款所述补贴外，根据公平、合理和不违反越南社会主义共和国为缔约方的条约的原则确定的任何其他形式的补贴。

第八十五条　可能受反补贴措施影响的补贴

除非越南社会主义共和国为缔约方的条约另有规定，否则下列补贴可能受到反补贴措施的影响：

1. 基于出口成果的补贴；

2. 旨在优先使用自产货物而非进口货物的补贴；

3. 本法第八十四条所述的使越南根据越南社会主义共和国为缔约方的条约直接或间接享有的利益失效或受到影响的补贴。

第八十六条　适用反补贴措施的条件

1. 在完全满足下列所有条件的情况下，应对进口货物适用反补贴措施：

a. 根据本法第八十四条和第八十五条的规定，货物被认定为达到特定补贴水平，但本条第二款规定的情况除外；

b. 国内产业受到实质损害或有受到实质损害的威胁，或其形成受到阻碍；

c. 本款第一项规定的受补贴货物的进口与本款第二项所述的国内产业受到的损害之

间存在因果关系。

2. 反补贴措施不得适用于补贴不超过对越南出口货物价格百分之一的发达国家的制造商或出口商、补贴不超过对越南出口货物价格百分之二的发展中国家的制造商或出口商，以及补贴不超过对越南出口货物价格百分之三的欠发达国家的制造商或出口商。

3. 如原产于发展中国家的进口货物数量不超过越南类似进口货物总量的百分之四，且原产于发展中国家符合上述条件的货物总量不超过越南类似进口货物总量的百分之九，则这些国家将被排除在反补贴措施的适用范围之外。

第八十七条　对适用反补贴措施启动调查的理由

1. 当代表国内产业的组织或个人提交适用反补贴措施的请求时，应对反补贴措施的适用启动调查。

2. 提交适用反补贴措施请求的组织或个人，在完全满足下列条件时，应视为代表国内产业：

a. 提交档案的国内制造商和支持请求适用反补贴措施的国内制造商的类似货物的总量，大于反对该请求的国内制造商的类似货物的总量；

b. 提交档案的国内制造商和支持请求适用反补贴措施的国内制造商的类似货物的总量至少占有关国内产业制造的类似货物总量的百分之二十五。

3. 当有明显证据表明进口补贴货物对国内产业造成实质损害或有造成实质损害威胁或阻碍国内产业的形成时，工贸部部长应决定启动调查。

第八十八条　对适用反补贴措施的调查内容

1. 确定越南的补贴进口和补贴水平包括：

a. 确定补贴价格；

b. 确定出口价格；

c. 确定各外国制造商或出口商的具体补贴水平。

2. 确定对国内产业的实质损害或威胁，或对国内产业形成的阻碍，包括：

a. 确定受补贴的进口货物的数量及其对国内市场上类似货物价格的影响；

b. 确定受补贴的进口货物对国内产业的影响。

3. 确定受补贴货物的进口与国内产业受到的实质损害或威胁或阻碍国内产业的形成之间的因果关系。

4. 确定反补贴措施的社会经济影响。

第八十九条　反补贴措施的适用

1. 征收临时反补贴税由工贸部部长基于调查机构的初步结论决定。临时反补贴税率不得超过初步结论中所述的补贴水平。

征收临时反补贴税的时限是自征收临时反补贴税的决定生效之日起一百二十日。工贸部部长可将该时限延长不超过六十日。

2. 承诺措施的适用规定如下：

a. 在作出初步结论后和调查结束前，被调查货物的制造商或出口商或提供补贴的国家政府可向调查机构承诺，将自愿终止提供补贴、降低补贴水平、调整出口价格或采取其他适当措施。

b. 调查机构在征求代表有关国内产业的组织或个人的意见后,可接受或拒绝该承诺,或要求调整该承诺。

3. 征收反补贴税的规定如下:

a. 如没有作出本条第二款所规定的承诺,调查机构应在调查结束后就本法第八十条规定的调查内容公布其最终结论。调查机构的最终结论和作出该结论的主要理由应通过适当方式通知当事方;

b. 工贸部部长应基于调查机构的最终结论发布征收或不征收反补贴税的决定;

c. 反补贴税率不得超过最终结论中所述的补贴水平;

d. 征收反补贴税的期限为自征收反补贴税的决定生效之日起五年,但本法第九十条第二款规定的延期情况除外。

4. 追溯性反补贴税的征收规定如下:

a. 如调查机构的最终结论确认对国内产业存在实质损害或有造成实质损害的威胁,工贸部部长可决定征收追溯性反补贴税。

b. 进口货物被认定为受到补贴,而从开始调查到征收临时反补贴税期间向越南进口受补贴货物的数量出现异常增长,对国内产业造成了难以补救的损害的,应在征收临时反补贴税前九十日内,对该等进口货物征收追溯性反补贴税。

5. 其他反补贴措施的适用须符合越南社会主义共和国为缔约方的条约或国际法原则。

第九十条　对适用反补贴措施的复审

1. 应调查案件中当事方要求进行复审的规定如下:

a. 自适用反补贴措施的决定发布之日起一年后,工贸部部长可应被调查案件中一个或多个当事方的请求,在考虑请求者提供的证据后,决定对这些措施的适用进行复审;

b. 复审相关程序的执行不得妨碍现行反补贴措施的适用;

c. 本条规定的复审时限为自审查决定发布之日起六个月,必要时可延长一次,但延长时限不得超过三个月。

2. 日落复审的规定如下:

a. 工贸部部长应于反补贴措施适用时限届满前一年发布决定,对该申请进行日落复审;

b. 复审旨在评估继续适用反补贴措施的必要性、合理性和社会经济影响;

c. 工贸部部长应基于调查机构的复审结果发布延长或不延长适用反补贴措施时限的决定;

d. 日落复审的时限为自复审决定发布之日起九个月,必要时可延长一次,但延长时限不得超过三个月。

3. 对新出口商的复审规定如下:

a. 新出口商可提交申请,要求调查机构进行复审并确定单独的反补贴税率;

b. 工贸部部长应基于调查机构的复审结果发布决定,对被审查的新出口商适用单独的反补贴税率;

c. 对新出口商的复审时限为自复审决定发布之日起三个月,必要时可延长一次,但延长时限不得超过三个月。

4. 对反补贴措施针对的货物范围的复审规定如下：

a. 调查案件中的当事方可以请求调查机构对反补贴措施针对的货物范围进行复审；

b. 复审请求须包括证明对所有货物适用反补贴措施是不适当的证据和资料；

c. 工贸部部长应基于调查机构的复审结果发布决定，调整反补贴措施针对的货物范围；

d. 对反补贴措施针对的货物范围的复审期限为自复审决定发布之日起六个月，必要时可延长一次，但延长时限不得超过三个月。

5. 情势变更复审的规定如下：

a. 在正式反补贴税生效后的任何时候，如调查案件中的一个或多个当事方发现新情况导致被征收正式反补贴税的货物的补贴水平发生重大变化，导致没有补贴或补贴可以忽略不计，或不再对国内产业造成实质损害或威胁，或不再对国内产业的形成造成阻碍，则该方可以要求调查机构进行情势变更复审；

b. 请求复审的档案须包括证明由于情势变更导致反补贴措施的适用不再合适的证据和信息；

c. 工业和贸易部长应基于调查机构的复审结果决定调整或终止反补贴措施；

d. 情势变更的复审时限为自复审决定发布之日起九个月，必要时可延长一次，但延长时限不得超过三个月。

第四节　外国货物进口至越南的保障措施

第九十一条　保障措施

1. 越南进口外国货物的保障措施（以下简称保障措施）是指针对过度进口至越南的货物对国内产业造成严重损害或有造成严重损害威胁而适用的措施。

2. 保障措施包括：

a. 征收保障关税；

b. 适用进口配额；

c. 适用关税配额；

d. 颁发进口许可证；

dd. 其他保障措施。

第九十二条　保障措施的适用条件

1. 在完全满足下列所有条件的情况下，才可对进口货物采取保障措施：

a. 货物被过度进口，其数量比国内生产的类似货物的数量有绝对或相对增加；

b. 国内产业受到严重损害或受到严重损害的威胁；

c. 本款第一项所述的进口量的增加是导致国内产业受到严重损害或威胁的主要原因。

2. 如原产于发展中国家的进口货物数量不超过越南类似进口货物总量的百分之三，且原产于发展中国家符合上述条件的货物总量不超过越南类似进口货物总量的百分之九，则这些国家将被排除在保障措施的适用范围之外。

第九十三条　对适用保障措施启动调查的理由

1. 当国内类似货物或直接竞争货物的制造商因其价格优势和使用目的而可能被买方接受以替代保障措施针对的货物时，应对适用保障措施启动调查。

2. 申请中包含明确的证据，证明过度进口至越南的货物对国内产业造成了严重损害或有造成严重损害的威胁。

3. 工贸部部长在有明确证据证明过度进口至越南的货物对国内产业造成严重损害或有造成严重损害威胁时，应决定启动调查。

第九十四条　对适用保障措施的调查内容

1. 确定过度进口至越南的货物和进口货物的增加水平。

2. 确定对国内产业的严重损害或严重损害的威胁。

3. 确定本条第一款规定的过度进口货物与本条第二款规定的对国内产业的损害之间的因果关系。

第九十五条　保障措施的适用

1. 如认为延迟实施保障措施可能对国内产业造成严重损害或有造成严重损害的威胁，且该种损害难以补救，则工贸部部长应在调查结束前基于调查机构的初步结论决定实施临时保障措施。

适用临时保障措施的时限是自适用临时保障措施的决定生效之日起的二百日。

2. 适用正式保障措施的规定如下：

a. 调查机构应在调查结束后就本法第九十四条规定的调查内容公布最终结论。调查机构的最终结论和作出该结论的主要理由应通过适当方式通知当事方；

b. 工贸部部长应基于调查机构的最终结论发布适用或不适用正式保障措施的决定；

c. 包括适用临时保障措施的时限在内的适用保障措施的时限为四年，但本法第九十六条第二款规定的延期情况除外；

d. 包括适用临时保障措施和正式保障措施的时限以及延长期在内的适用保障措施的总时限为十年。

第九十六条　对适用保障措施的复审

1. 期中复审的规定如下：

a. 如适用保障措施的时限超过三年，则调查机构应在该期限过半前对保障措施进行复审，以作出继续、终止或减少保障措施的结论；

b. 工贸部部长应基于调查机构的复审结果发布有关继续、终止或减少保障措施的决定；

c. 对适用保障措施的期中复审的时限为自审查决定发布之日起六个月，必要时可延长一次，但延长时限不得超过三个月。

2. 日落复审的规定如下：

a. 在适用保障措施的时限届满之前，类似货物或直接竞争货物的国内制造商如希望延长时限，应提交延长适用保障措施时限的申请。该申请须包含证据，表明有关国内产业已经采取了必要的调整措施来提高竞争力，以及终止保障措施可能会对有关国内产业造成严重损害或有造成严重损害的威胁。

b. 调查机构可依据本款第一项规定的延长适用保障措施时限的请求或自行决定进行日落复审。

c. 工贸部部长应基于调查机构的复审结果发布决定，终止或延长适用保障措施的时限。

d. 延长期间的保障措施适用范围不得高于延长前保障措施的适用范围。

dd. 日落复审的时限为自审查决定发布之日起六个月，必要时可延长一次，但延长时限不得超过六个月。

3. 对保障措施针对的货物范围的复审规定如下：

a. 保障措施针对的货物进口商可请求调查机构对保障措施针对的货物范围进行复审；

b. 复审请求须包括证明对所有货物适用保障措施是不适当的证据和资料；

c. 工贸部部长应基于调查机构的审查结果发布决定，调整保障措施针对的货物范围；

d. 对保障措施针对的货物范围的复审时限为自复审决定发布之日起六个月，必要时可延长一次，但延长时限不得超过三个月。

第九十七条　保障措施的再适用

1. 已适用于某类货物的保障措施可以下列方式再适用于该类货物：

a. 如保障措施已适用包括延长期（如有）在内达四年或以上，则只有在至少相当于之前实施时限的一半之后才能再实行保障措施；

b. 如保障措施已适用包括延长期（如有）在内的时限在一百八十日以上至四年以下，则只有在这些措施终止之日起至少二年后才可再次适用；

c. 如保障措施已适用的时限为一百八十日或更短，则只有在这些措施开始适用之日起至少一年后才能再次适用，前提是这些措施在再次适用的生效之日前的五年内没有被适用过两次以上。

2. 对保障措施再适用的调查顺序和程序与对保障措施适用的调查相同。

第九十八条　赔偿

1. 因适用保障措施而造成的损害的赔偿和赔偿额须符合越南法律和越南社会主义共和国为缔约方的国际条约。

2. 损害赔偿和赔偿额应基于当事方的协商结果来确定。

3. 工贸部应主要负责并与有关部委和部级机构协调，制定赔偿方案，并在与因实施保障措施而受到损害的一方协商前，将方案提请总理批准。

第九十九条　特别保障措施

1. 特别保障措施是指在根据越南社会主义共和国为缔约方的有关条约规定的路线图进行减税而导致越南进口货物过度增长的情况下，工贸部部长决定适用的保障措施。

2. 特别保障措施只适用于符合越南社会主义共和国为缔约方的条约规定的原产于特定国家的货物。

3. 对适用特别保障措施的调查须符合越南社会主义共和国为缔约方的国际条约。

第五章　对外贸易活动的紧急管制措施

第一百条　对货物适用紧急管制措施的情况

1. 货物来自爆发战争或可能发生武装冲突或卷入战争或冲突的国家、地区或地域，从而直接或间接影响越南国家安全或利益的。

2. 货物来自遭受自然灾害、流行病或环境事件的国家、地区或地域，越南主管机构已获得公开信息，或他们能证明该等货物对消费者的健康构成严重威胁的。

3. 货物来自受到技术事故、错误或误差影响的国家、地区或地域，越南主管机构已获得公开信息，或他们能证明该等货物直接和严重影响消费者的安全和健康的。

4. 货物来自严重影响越南的环境、生态或生物多样性的国家、地区或地域，越南主管机构已获得公开信息或有科学依据证明这种影响的。

5. 有严重收支不平衡情况的。

6. 法律规定的其他极其严重的情况。

第一百零一条　适用紧急管制措施的原则

1. 紧急管制措施仅适用于本法第一百条所述的情况。

2. 国家主管机构应依据本法第二章的规定决定适用适当的行政措施。

3. 希望采取紧急管制措施的国家主管机构应评估并选择对外贸活动阻碍最小的措施。

4. 当本法第一百条所述的情况不再存在时应取消紧急管制措施，或通过协商取消紧急管制措施。

第一百零二条　实施紧急管制措施情况下的协商

1. 在适用或取消紧急管制措施之前或之后，适用该措施的主管机构应根据越南社会主义共和国为缔约方的相关条约，与受该措施直接影响的贸易伙伴进行协商。

2. 有关部长和部级机构负责人应颁布关于适用紧急管制措施情况下的协商的详细规定。

第六章　发展外贸活动的措施

第一百零三条　发展外贸活动的一般政策

1. 国家应采取下列措施发展外贸活动：

a. 政府依据越南社会主义共和国为缔约方的条约而规定的信贷活动。

b. 旨在促进外贸活动的贸易促进活动，如支持国内产品的品牌建设、保护、发展和向国外市场的宣传；建立贸易促进信息系统和提供贸易促进信息；为促进有效进出口活动以服务国内生产或出口加工，在贸易商之间开展的贸易交流。

c. 扩大进出口市场的其他措施。

2. 所有国内和国外的商业机构、组织和个人都可依法参与发展外贸活动。

3. 发展外贸活动的措施必须符合总理发布的社会经济发展战略和各时期外贸战略所确定的方向。

4. 发展对外贸易活动的措施应与促进投资和旅游的措施结合起来有效实施。

第一百零四条 发展外贸活动的特殊政策

1. 国家应为具有竞争力的国产产品、技术产品和国内生产所需的输入材料采取发展外贸活动的政策。

2. 国家应采取政策，鼓励中小企业和山区、边境、海岛、深山、边远、少数民族地区以及社会经济条件困难或极其困难的地区的企业参与外贸活动。

3. 政府应详细说明本条规定。

第一百零五条 通过贸易促进发展外贸活动

1. 支持外贸活动的贸易促进政策应通过下列组织实施：

a. 国内贸易促进机构和组织；

b. 海外贸易促进组织；

c. 设在越南的外贸促进组织；

d. 越南社会主义共和国的海外代表机构和贸易代表机构。

2. 通过贸易促进的外贸发展活动包括：

a. 制定和实施国家级贸易促进计划和活动；根据总理的决定在产品和货物的基础上建立和发展国家品牌，以发展适合各时期社会经济发展条件的外贸活动。

b. 设计和实施市场开发活动；由地方行政部门建立和宣传当地产品和货物的品牌，以发展适合各时期社会经济发展条件的外贸活动。

c. 在外国和越南开展贸易联系活动，参与货物分销系统。

d. 支持服务于外贸活动的贸易和物流基础设施的发展和运作。

dd. 支持产品和货物的研究开发和质量改进。

e. 培训贸易商，培养他们在贸易促进和市场开发活动上的能力。

f. 法律规定的其他活动。

3. 建立或参与海外贸易促进组织的协会、社会专业组织和经济组织应遵守越南法律和东道国的法律。

4. 国家主管机构应基于国会在各时期决定的出口增长目标，依据国家预算法为各机构、组织和贸易商的贸易促进活动分配资金。

5. 政府应详细说明本条规定。

第一百零六条 通过设在越南的外贸促进组织的贸易促进活动发展外贸活动

1. 外贸促进组织和其他组织（以下统称为外贸促进组织）可在越南设立代表机构，开展与贸易促进和发展外贸活动有关的活动。

2. 外贸促进组织在满足下列条件的情况下可在越南设立代表机构：

a. 组织依据其国家法律成立；

b. 具有符合越南法律或越南社会主义共和国为缔约方的有关条约的章程和经营宗旨。

3. 政府应就设在越南的外贸促进组织的代表机构的设立和管理颁布具体规定。

第一百零七条 通过贸易代表机构发展外贸活动

1. 应在有发展外贸活动需求的国家组织贸易代表机构，其职能是依法为越南外贸活动的发展服务，并在外贸活动中协助保护国家和越南贸易商的经济和商业利益。

2. 贸易代表机构的组织和运作须遵守越南社会主义共和国海外代表机构工作法。

第七章　有关适用外贸管理措施争议的解决

第一百零八条　国家管理机构参与解决有关适用外贸管理措施争议的原则

1. 只参与解决与越南人民和越南社会主义共和国为缔约方的条约规定的外国政府之间的关系有关的适用外贸管理措施的争议。

2. 确保越南的权利和利益在争端各方中得到及时和合理的保护。

3. 越南人民和外国商人之间的外贸争议,应依据越南法律和越南社会主义共和国为缔约方的条约按照约定自行解决。

第一百零九条　参与解决适用外贸管理措施争议的国家管理机构

1. 政府是参与解决有关适用外贸管理措施争议的国家管理机构。政府应指定各部委或部级机构参与解决有关适用外贸管理措施的争议。

2. 工贸部应作为协调中心,协助政府参与解决有关适用外贸管理措施的争议。

第一百一十条　外国政府提起的诉讼中的争议解决的顺序和程序

1. 当外国政府根据越南社会主义共和国为缔约方的条约,就越南颁布的外贸管理措施对越南政府提起诉讼时,工贸部应作为协调中心,协调其他有关部委、部级机构、其他机构和组织,制定争议解决计划,并提请总理批准。

2. 有关部委、部级机构、其他机构和组织应按照获批的争议解决计划执行指定的任务。

3. 政府应就外国政府提起的诉讼中的争议解决和协调工作的顺序和程序进行详细规定。

第一百一十一条　越南政府提起的诉讼中的争议解决的顺序和程序

1. 当发现外国贸易伙伴适用的外贸管理措施影响到越南的权利和利益时,或在贸易商或商业协会的建议下,政府应决定依据本法和越南社会主义共和国为缔约方的条约就这些措施提起诉讼。

2. 工贸部应主要负责并与有关部委、部级机构、其他机构和组织协调,制订争议解决计划,并提请总理批准。

3. 有关部委、部级机构、其他机构和组织应按照获批的争议解决计划执行指定的任务。

4. 政府应就越南政府提出的争议解决和协调工作的顺序和程序进行详细规定。

第八章　实施条款

第一百一十二条　效力

1. 本法于 2018 年 1 月 1 日生效。

2. 除本法第一百一十三条规定的情况外,下列条例在本法生效之日不再有效:

a. 关于对越南进口外国货物采取保障措施的第 42.2002.PL-UBTVQH10 号条例;

b. 关于对越南进口货物采取反倾销措施的第 20.2004.PL-UBTVQH11 号条例;

c. 关于对越南进口受补贴货物采取措施的第 22.2004.PL-UBTVQH11 号条例。

3. 废除第 36.2005.QH11 号商业法第二十八条第三款、第二十九条第三款、第三十条第三款以及第三十一条、第三十三条、第二百四十二条、第二百四十三条、第二百四十四条、第二百四十五条、第二百四十六条和第二百四十七条。

第一百一十三条　过渡性规定

自本法生效之日起,国家主管部门在本法生效前收到投诉或调查档案的贸易救济案件将继续按照关于对越南进口外国货物采取保障措施的第 42.2002. PL-UBTVQH10 号条例、关于对越南进口货物采取反倾销措施的第 20.2004. PL-UBTVQH11 号条例,以及关于对越南进口受补贴货物采取措施的第 22.2004. PL-UBTVQH11 号条例进行审理和解决。

本法于 2017 年 6 月 12 日由越南社会主义共和国第十四届国会第三次会议通过。

国会主席
阮氏金银

越南生物多样性法

屈文生　曹　雳　译*

《越南生物多样性法》译介

越南现行有效的生物多样性法是通过于2008年的《越南生物多样性法》,2009年7月1日起正式生效。越南政府2010年通过Decree No. 65/2010/ND-CP对该法部分条款的执行进行了细化和补充规定。越南是世界上生物多样性资源最为丰富的国家之一,该法以可持续发展为导向,体现了越南政府较为完整的生物多样性保护政策。该法与《环境保护法》《森林保护和发展法》《渔业法》等法律相衔接,并对未来环境领域的法律体系改革给与了足够关照。

该法共8章,78条,包括了自然生态系统保护与可持续发展、物种保护与可持续发展、遗传资源保护与可持续发展、国际生物多样性合作、生物多样性保护与可持续发展机制和资源等几大主题。该法适用主体为越南本国的组织、家庭和个人,以及在越南境内开展生物多样性保护和可持续发展或与之有关活动的海外越南人、外国组织和个人。

根据该法,越南保护区分为国家公园、自然保留区、物种/栖息地保护区和景观保护区,并根据保护区的生物多样性水平、价值和规模划分国家级和省级保护区,采用适当管理和投资政策。各保护区内划分为受严格保护区、生态恢复区和服务管理区三大功能区。除保护区管理单位和指定管理组织的权利和责任外,该法还规定了区内家庭和个人、开展合法活动的组织和个人的权利和义务。

该法重视对列入优先保护濒危珍稀物种名录物种的保护,规定由国家或国家授权组织或个人建立生物多样性保护设施,优先保护濒危珍稀物种。以保护生物多样性、开展科学研究和组织生态旅游为目的,设立生物多样性保护设施,包括:被列入优先保护濒危珍稀物种名录物种的饲养或种植设施;野生生命救援中心;特殊科学、医学、经济、生态、景观、环境或文化和历史价值的特有濒危珍稀作物品种、家畜品种、微生物和真菌的储存设施;遗传资源和遗传标本的保护和储存设施。此外,外来入侵物种控制是物种保护和可持续发展的重要组成部分。

该法规定,国家指派组织和个人对越南领土上的所有遗传资源进行统一管理,负责管理遗传资源的组织、家庭和个人具有相应权利和义务。对于遗传标本的存储和保护、遗传资源评估、遗传资源信息管理和遗传资源传统知识,除政府有关部门负有职责外,国家还鼓励组织和个人积极参与。该法重视转基因生物与转基因生物遗传标本致生物多样性的风险管理,对

* 屈文生,全国人大常委会法工委法律英文译审专家委员会委员、华东政法大学教授、博士生导师;曹雳,华东政法大学博士研究生。

风险评估报告、安全证书、信息公开、数据库管理等方面进行了规定。

此外,值得注意的是,越南重视官方和民间的国际生物多样性合作,优先和邻国进行特定领域的合作。由国家对生物多样性的基础调查、科学研究和信息数据管理进行投资,将生物多样性报告作为国家环境报告的一部分。

依据越南社会主义共和国《1992 年宪法》(经第 51/2001/QH10 号决议修订和补充),国会颁布《生物多样性法》。

第一章　总　　则

第一条　管辖范围

本法规定生物多样性保护和可持续发展;组织、家庭和个人在生物多样性保护和可持续发展方面的权利和义务。

第二条　适用主体

本法适用于越南本国的组织、家庭和个人,以及在越南境内开展越南生物多样性保护和可持续发展活动的或与之有关活动的海外越南人、外国组织和个人。

第三条　术语释义

本法中的术语释义如下:

1."生物多样性保护"是指对重要、特定或代表性自然生态系统丰富性的保护;对野生物种永久性或季节性栖息地、环境景观和独特自然之美的保护;对列入优先保护濒危珍稀物种名录物种的饲养、种植和照料;以及对遗传标本的长期保护和储存。

2."就地保护"是指在自然栖息地对野生物种的保护;在珍贵特有作物和家畜生存、形成及其典型特征发育的环境中对其的保护。

3."迁地保护"是指在永久性或季节性自然栖息地之外对野生物种的保护;在珍贵特有作物和家畜生存、形成及其典型特征发育的环境之外对其的保护;在保护和储存遗传资源、遗传标本的科学技术机构或设施中对于遗传资源和遗传标本的保护和储存。

4."生物多样性保护设施"是指照料、养育、援救和繁殖珍贵特有野生物种、作物、家畜、微生物和真菌的设施;以保护和发展生物多样性为目标的保护和储存遗传资源、遗传标本的设施。

5."生物多样性"是指自然界中基因、生物和生态系统的丰富性。

6."转基因生物或转基因生物遗传标本致生物多样性风险的评估"是指对转基因生物或转基因生物遗传标本有关的活动中,特别是使用和释放转基因生物或转基因生物遗传标本过程中可能发生的潜在危害和损害水平的确定。

7."基因"是指决定生物特定特征的遗传单位或遗传物质片段。

8."生物多样性走廊"是指连接自然生态区的区域,生活在这些生态区中的生物可以相互作用。

9."生态系统"是指在一定地理区域内作为功能单元相互作用和新陈代谢的生物和非生物元素的群落。

10."自然生态系统"是指按照自然规则形成和发展而又保留其野生特征的生态系统。

11.“新自然生态系统”是指在沿海河口、引水淹没的土地和其他区域的冲积层上新形成并发展的生态系统。

12.“自然保护区”(以下简称为保护区)是指具有固定边界和功能区以保护生物多样性的地理区域。

13.“野生物种”是指按照自然法则生活和生长的动物与植物、微生物和真菌物种。

14.“濒临灭绝物种”是指面临所有个体灭绝危险的物种。

15.“自然界中的灭绝物种”是指仅存在于其自然分布范围之外的人为饲养或种植条件下的物种。

16.“特有物种”是指仅在越南特定领土的狭窄分布范围内存在和生长且未证实存在于世界其他地方的物种。

17.“迁徙物种”是指全部或部分种群定期、周期性或季节性地进行地理位置迁徙的动物物种。

18.“外来物种”是指在其自然栖息地以外的地区出现并生长的物种。

19.“外来入侵物种”是指入侵本土物种栖息地或危害本土物种,并在其出现和生长地区造成生态失衡的外来物种。

20.“优先保护濒危珍稀物种”是指数量极少或有灭绝危险,且具有特殊科学、医学、经济、生态、景观、环境或文化历史价值的特有野生物种、作物或家畜、微生物或真菌。

21.“遗传标本”是指具有可再生的遗传功能单元的任何植物、动物、微生物或真菌标本。

22.“遗传资源”包括保护区、生物多样性保护设施、科学研究和技术开发机构以及自然界的所有物种和遗传标本。

23.“生物多样性的可持续发展”是指为服务社会经济发展,合理开发和利用自然生态系统,开发遗传资源和物种和确保生态平衡。

24.“转基因生物的释放”是指有意将转基因生物引入自然栖息地。

25.“风险管理”是指在有关转基因生物和转基因生物遗传标本的活动中,采取安全措施预防、处理和补救生物多样性风险。

26.“种群”是指在特定区域内生活和生长的同一物种个体组成的群体。

27.“转基因生物”是指其遗传结构已通过基因转移技术修改的生物。

28.“遗传资源传统知识”是指当地人民保护和利用遗传资源的知识、经验和倡议。

29.“遗传资源的获取”是指为研究、开发和生产商业产品而调查与收集遗传资源的活动。

30.“缓冲区”是指保护区周围和附近的区域,具有防止和减少外界对保护区产生负面影响的功能。

第四条 生物多样性保护和可持续发展原则

1. 保护生物多样性是国家以及所有组织和个人的责任。

2. 将保护与合理开发利用生物多样性和谐地结合起来;将保护和合理开发利用生物多样性与消除饥饿和减轻贫困和谐地结合起来。

3. 以就地保护为主,就地保护与迁地保护措施相结合为原则。

4. 从生物多样性开发利用中获益的组织和个人应与有关各方分享惠益;确保国家、组织和个人利益和谐分享获益。

5. 确保对转基因生物和转基因生物标本致生物多样性风险进行管理。

第五条　国家生物多样性保护和可持续发展政策

1. 优先保护对于生态区重要、特定或有代表性的自然生态系统，优先保护列入濒危珍稀物种名录物种；确保控制遗传资源的获取。

2. 确保为生物多样性的基础调查、观察、生物多样性数据库的编目和建立以及生物多样性保护规划提供资金；为国家设立的保护区和生物多样性保护设施投资相应物质技术基础；并确保当地人民参与制定和实施生物多样性保护计划的过程。

3. 鼓励组织和个人投资于将科技进步和传统知识应用于生物多样性保护和可持续发展的事业，并保障他们的合法权益。

4. 将发展生态旅游与消除饥饿和减轻贫困相结合，确保合法生活在保护区的家庭和个人过上稳定生活；可持续地发展保护区的缓冲区。

5. 促进国内外资源用于生物多样性的保护和可持续发展。

第六条　国家生物多样性管理职责

1. 政府对生物多样性实行统一的国家管理。

2. 自然资源与环境部对政府负责，行使国家生物多样性管理。

3. 各部和部级机构应在其职权范围内，行使政府指定的国家生物多样性管理权。

4. 各级人民委员会应在其职权范围内，行使政府授权的国家生物多样性管理权。

第七条　有关生物多样性的禁止行为

1. 除科学研究目的外，禁止猎杀、捕捞和利用位于保护区内受严格保护区的野生物种；禁止侵占土地、破坏景观、破坏生态系统和在保护区饲养或种植外来入侵物种。

2. 除因防务和安全所建工程外，禁止在位于保护区内受严格保护区建造建筑物或房屋；禁止在保护区的生态恢复区非法建设工程和房屋。

3. 禁止调查、勘查、勘探和开采矿物；禁止农场规模式饲养牛、家禽和工业规模式开展水产养殖以及禁止在位于保护区内受严格保护区和生态恢复区内非法居住和污染环境。

4. 禁止猎杀、捕捞、利用动物身体部位，非法杀害、消费、运输、购买和出售优先保护濒危珍稀物种名录物种；禁止非法宣传、推销和消费列入优先保护濒危珍稀物种名录物种的制品。

5. 禁止非法饲养或栽培和种植或培育列入优先保护濒危珍稀物种名录的野生动物与植物物种。

6. 禁止非法进口或释放转基因生物和转基因生物遗传标本。

7. 禁止进口和开发外来入侵物种。

8. 禁止非法获取列入优先保护濒危珍稀物种名录物种的遗传资源。

9. 禁止非法改变保护区土地的用途。

第二章　生物多样性保护规划

第一节　国家生物多样性保护总体规划

第八条　国家生物多样性保护总体规划的制定基础

1. 社会经济发展、防务和安全战略。

2. 环保战略。

3. 土地利用计划与部门领域发展计划。

4. 生物多样性、自然和社会经济状况的基础调查结果。

5. 先前关于生物多样性保护总体规划的执行结果。

6. 生物多样性现状以及对生物多样性开发和利用需求的预测。

7. 用于执行总体规划的资源。

第九条　国家生物多样性保护总体规划的内容

1. 生物多样性保护的方向与目标。

2. 自然、社会经济状况和生物多样性现状的评估；土地利用计划和部门领域地方发展计划；用于执行总体规划的资源。

3. 生物多样性走廊的地理位置、边界和组织管理与保护措施。

4. 自然生态系统的地理位置、面积、生态功能和组织管理、保护和可持续发展的措施。

5. 拟建立保护区的地理位置、面积、边界和地图、保护区的类型、保护区的组织管理措施；保持合法居住于保护区的家庭和个人生活稳定的方案。

6. 迁地保护需求；生物多样性保护设施的类型、数量、分布和发展规划。

7. 总体规划草案的战略环境评估。

8. 总体规划的实施组织。

第十条　国家生物多样性保护总体规划的制定、批准和调整，以及各部和部级机构的生物多样性保护计划

1. 自然资源与环境部全面负责协调各部和部级机构，组织制定国家生物多样性保护总体规划并提交政府批准。

2. 各部和部级机构应根据国家生物多样性保护总体规划，在其管理范围内组织制定、批准和调整生物多样性保护计划。

3. 政府应规定本条规定的生物多样性保护总体规划计划的制定、批准和调整顺序和程序。

第十一条　国家生物多样性保护总体规划的发布和实施组织

1. 自然资源与环境部以及有关各部和部级机构应在政府批准国家生物多样性保护总体规划后三十日内将其发布于各自网站，各省和中央直辖市人民委员会（以下统称为省级人民委员会）应在其网站和各级有关人民委员会办事处予以发布。

2. 国家生物多样性保护总体规划的实施组织如下：

(a) 自然资源与环境部全面负责协调各部和部级机构，指导实施国家生物多样性保护总体规划；

(b)各部和部级机构应在其管理范围内组织实施国家生物多样性保护总体规划；

(c)省级人民委员会应在当地组织实施国家生物多样性保护总体规划；

(d)实施国家总体规划的过程中，各省、直辖市土地利用计划或部门领域计划与总体规划之间存在差异的，应优先执行国家生物多样性保护总体规划，防务和安全计划除外。

第二节　各省、直辖市生物多样性保护计划

第十二条　各省、直辖市生物多样性保护计划的制定基础

1. 地方社会经济发展、防务和安全计划和规划。

2. 国家生物多样性保护总体规划。

3. 各省、直辖市土地利用计划。

4. 先前各省、直辖市生物多样性保护计划的实施结果。

5. 拟建立保护区地方生物多样性现状和特殊自然和社会经济状况。

6. 地方生物多样性保护和开发需求。

7. 用于执行计划的资源。

第十三条　各省、直辖市生物多样性保护计划的内容

1. 各省、直辖市生物多样性保护的方向和目标。

2. 对拟建立省级保护区地方生物多样性现状以及自然和社会经济状况的评估。

3. 拟建立保护区的地理位置、面积、边界和地图，保护区的类型；组织管理保护区的措施；保持合法居住在保护区内的家庭和个人生活稳定的方案。

4. 迁地保护的需求；各省、直辖市生物多样性保护设施的类型、数量、分布和发展规划。

5. 各省、直辖市生物多样性保护计划的组织执行。

第十四条　各省、直辖市生物多样性保护计划的制定、评估、批准和调整

1. 省级人民委员会应组织制定、评估和调整各省、直辖市生物多样性保护计划，并提请同级人民议会批准。

2. 政府应规定各省、直辖市生物多样性保护计划的制定、评估、批准和调整的顺序和程序。

第十五条　各省、直辖市生物多样性保护计划的发布和实施组织

1. 各省级人民委员会应在各人民议会批准省、直辖市生物多样性保护计划后的三十日内，在其网站和各级有关人民委员会办事处予以发布。

2. 省级人民委员会应组织实施各省、直辖市生物多样性保护计划。

第三章　自然生态系统保护与可持续发展

第一节　保　护　区

第十六条　保护区与保护区分类

1. 保护区包括：

(a)国家公园；

(b)自然保留区；

(c)物种/栖息地保护区；

(d)景观保护区。

2. 应根据保护区的生物多样性水平、价值和规模划分国家级和省级保护区，并采用适当的管理和投资政策。

3. 应统计保护区的数量和面积，并确定其在土地利用图上的位置或海洋坐标。

4. 政府应规定保护区的分类标准。

第十七条　国家公园

国家公园须符合以下主要标准：

1. 具有国家和国际上重要、特定或有代表性自然生态区的自然生态系统；

2. 至少是一种优先保护濒危珍稀物种名录物种的永久或季节性自然栖息地；

3. 具有特殊的科学和教育价值；

4. 具有生态旅游价值的景观和独特自然美景。

第十八条　自然保留区

1. 自然保留区包括：

(a)国家级自然保留区；

(b)省级自然保留区。

2. 国家级自然保留区须满足以下主要标准：

(a)具有在国家和国际上重要、特定或有代表性自然生态区的自然生态系统；

(b)具有特殊的科学和教育价值或生态旅游和娱乐价值。

3. 省级自然保留区是根据省级生物多样性保护计划建立的用于保护当地自然生态系统的自然保留区。

第十九条　野生生命保护区

1. 野生生命保护区包括：

(a)国家级野生生命保护区；

(b)省级野生生命保护区。

2. 国家级野生生命保护区必须符合以下主要标准：

(a)至少是一种优先保护濒危珍稀物种名录物种的永久或季节性自然栖息地；

(b)具有特殊的科学和教育价值；

(c)省级野生生命保护区是根据省级生物多样性保护计划建立的用于保护当地野生生

命的保护区。

第二十条　景观保护区

1. 景观保护区包括：

(a)国家级景观保护区。

(b)省级景观保护区。

2. 景观保护区必须符合以下主要标准：

(a)具有特殊生态系统；

(b)具有景观和独特自然美景；

(c)具有科学、教育、生态旅游和娱乐价值。

3. 省级景观保护区是根据省级生物多样性保护计划建立的用于保护当地景观的保护区。

第二十一条　保护区建设项目的内容

1. 保护生物多样性，满足建立保护区的主要标准。

2. 自然生态系统现状，列入优先保护濒危珍稀物种名录物种，其他野生物种，景观和独特自然美景。

3. 土地和水域面积；土地和水域使用现状；保护区规划地的居民人数；土地用途变更方案。

4. 规划保护区地图，地理位置和面积的摘录。

5. 受严格保护区、生态恢复区和服务管理区的地理位置和面积；各区域边界；对保护区规划地家庭和个人的安置或搬迁方案。

6. 保护区管理规划。

7. 保护区的组织管理。

8. 保护区规划地缓冲区的地理位置、面积和边界。

9. 保护区建设项目的实施组织。

第二十二条　国家级保护区建设项目的制定与评估

1. 国家级保护区建设项目应由政府指定和授权的机构制定与评估。

2. 国家级保护区建设项目的制定顺序和程序规定如下：

(a)按照本法第十七条、第十八条、第十九条和第二十条规定的保护区标准，对保护区规划地生物多样性状况进行调查评估，并制定保护区建设项目；

(b)收集有关各部和部级机构、各级人民委员会和合法居住在保护区及其附近规划地居民的意见；

(c)评估国家级保护区建设项目，并提请总理决定。

3. 国家级保护区建设项目的档案包括：

(a)项目制定机构提出的保护区建设书面请求；

(b)本法第二十一条规定内容的项目；

(c)根据本法第一条第一款规定的国家保护区主管机构和本条第二款 b 项所规定相关方的意见；

(d)项目评估结果。

第二十三条　建立国家级保护区的决定

1. 国家级保护区的建立应由总理决定。

2. 建立国家级保护区的决定必须包含以下主要细节：

(a)保护区及其缓冲区的地理位置、边界和面积；

(b)受严格保护区、生态恢复区和服务管理区的地理位置、边界和面积；

(c)保护区生物多样性保护目的；

(d)保护区自然生态系统恢复规划；

(e)保护区家庭和个人的安置或搬迁方案；改变保护区土地用途的方案；

(f)保护区管理单位的职能、任务和组织结构。

3. 建设国家级保护区的决定应提交保护区所在地各级人民委员会、本法第二十二条第一款规定的保护区建设项目制定机构，以及本法第二十七条第一款规定的国家保护区主管机构。

第二十四条　省级保护区建设项目的制定与评估和省级保护区的建立决定

1. 在决定建立省级保护区之前，省级人民委员会应根据省级生物多样性保护计划与各级有关人民委员会和合法居住在规划保护区及其附近地区的居民协商并获得本法第二十七条第一款规定的国家保护区主管机构批准。

2. 本法第二十七条第一款规定的国家保护区主管机构全面负责协调有关各部和部级机构，规定省级保护区建设项目制定和评估的顺序和程序，以及建设省级保护区决定的内容。

第二十五条　保护区的土地利用

1.《土地法》规定的土地分配主管机构应根据保护区建设决定将土地分配给保护区管理单位或其他指定保护区管理组织。

2. 保护区土地利用和用途的改变应符合《土地法》、本法和其他有关法律的规定。

第二十六条　功能区和保护区边界

1. 保护区具有以下功能区：

(a)受严格保护区；

(b)生态恢复区；

(c)服务管理区。

2. 保护区须放置界标以确定其边界；保护区内受严格保护区须确定其土地面积和位置或确定其海洋坐标。

3. 保护区管理单位或指定保护区管理组织全面负责协调保护区所在地方的各级人民委员会，放置界标确定保护区的边界。

第二十七条　保护区管理责任

1. 各部、部级机构和省级人民委员会应对政府指定和授权的保护区进行组织管理。

2. 保护区的管理应依照本法和保护区管理规定执行。

保护区管理规定由总理颁布。

第二十八条　保护区管理组织

1. 国家级保护区的管理单位可由具有财务自主权或无财务自主权的非商业性质单位运作。

2. 省级保护区可根据当地实际，由具有财务自主权或无财务自主权的非商业性质单位进行管理，或由依法指定的保护区管理组织进行管理。

第二十九条　保护区管理单位和指定保护区管理组织的权利和责任

保护区管理单位或指定保护区管理组织具有以下权利和责任：

1. 根据本法和保护区管理规定保护生物多样性；

2. 制定、提请国家管理机构批准并组织实施恢复保护区自然生态系统的规划、方案和投资项目；

3. 管理科研活动并收集遗传资源和遗传标本；检测和收集保护区生物多样性现状的信息和数据，并建立数据库和提出报告；采取措施预防消除保护区的传染病；

4. 依法在保护区内经营或合营生态旅游、科学研究、旅游度假等服务；

5. 协调护林员、环境警察、消防警察和地方行政机关，保护保护区的生物多样性；

6. 享受来自保护区内获取的遗传资源带来的惠益；

7. 法律规定的其他权利和责任。

第三十条　合法居住于保护区内的家庭和个人的权利和义务

1. 合法居住于保护区内的家庭和个人具有以下权利和义务：

(a) 依据本法、保护区管理规定和其他有关法律规定，合法开采保护区资源；

(b) 参与保护区的商业和服务活动并从中获得惠益；

(c) 依法享受激励、支持、补偿和安置政策；

(d) 遵守保护区管理规定；

(e) 法律规定的其他权利和义务。

2. 政府应就本条的执行进行规定。

第三十一条　保护区内开展合法活动的组织和个人的权利和义务

在保护区内开展合法活动的组织和个人具有如下权利和义务：

1. 依据本法、保护区管理规定和其他有关法律，合法开采保护区资源；

2. 依法在保护区获取遗传资源，分享从中获取的惠益和在其他合法活动中所获惠益；

3. 遵守保护区管理规定；

4. 依法开展其他活动；

5. 法律规定的其他权利和义务。

第三十二条　保护区缓冲区管理

1. 建立保护区的决定应指明缓冲区的位置和面积，并在土地利用图上确定缓冲区或确定其海洋坐标。

2. 缓冲区所有活动须遵守总理颁布的缓冲区管理规定。

3. 保护区缓冲区内的投资项目所有人应依据《环境保护法》制作环境影响评估报告并提交评估委员会。评估委员会由保护区管理单位的代表组成。

缓冲区投资项目带来环境事故或危险废物扩散潜在风险的，项目的环境影响评估报告的批准决定中须规定安全距离，以防止对保护区和保护区指定管理机构产生不利影响。

第三十三条　保护区生物多样性现状报告

1. 指定保护区管理单位或组织，应每三年就保护区生物多样性现状向本法第二十七条第一款规定的主管保护区管理的国家机构报告。

2. 保护区生物多样性现状报告须包含以下主要内容：

(a)保护区自然生态系统的实际状况和恢复情况以及恢复规划；

(b)被列入优先保护濒危珍稀物种名录的保护区物种的实际状况和保护规划；

(c)保护区的生物多样性保护要求；

(d)保护区的土地利用现状。

第二节　自然生态系统的可持续发展

第三十四条　自然生态系统可持续发展机制的调查、评估和确定

1. 对自然生态系统进行调查和评估，并确定可持续发展机制。

2. 根据《森林保护与发展法》及其他相关法律，对自然森林生态系统进行调查和评估，并确定可持续发展机制。

3. 根据《渔业法》和其他相关法律对海洋自然生态系统进行调查和评估，并确定可持续发展机制。

4. 除本条第二款和第三款规定外，自然湿地、石灰岩山地和未利用土地的自然生态系统可根据本法第三十五条和第三十六条及其他相关法律进行调查和评估，并确定可持续发展机制。

第三十五条　自然湿地自然生态系统的可持续发展

1. 自然湿地是沼泽、泥炭地或永久或暂时性湿地，包括最低潮位深度不超过 6 米的海域。

2. 自然湿地的统计与名录审查应根据《土地法》进行。

3. 省级人民委员会应对生物多样性现状进行调查、统计与名录审查及评估，确定自然生态系统的可持续发展机制并在土地利用图或其海洋坐标上确定自然湿地的位置和面积。

第三十六条　石灰岩山地与不属于森林生态系统未利用土地的自然生态系统可持续发展

1. 对石灰岩山地的生物多样性现状和不属于具有地区特定或代表性自然生态系统的森林生态系统未利用土地的生物多样性现状进行调查和评估，并确定这些地区的可持续发展机制。

2. 省级人民委员会应对生物多样性的现状进行调查、统计与名录审查及评估，并确定石灰岩山地和不属于森林生态系统未利用土地的自然生态系统的可持续发展机制。

第四章　物种的保护与可持续发展

第一节　对列入优先保护濒危珍稀物种名录物种的保护

第三十七条　列入优先保护濒危珍稀物种名录物种

1. 列入优先保护濒危珍稀物种名录物种包括：

(a)濒危珍稀野生动物与植物物种；

(b)濒危珍稀作物品种、家畜品种、微生物和真菌。

2. 政府应就优先保护濒危珍稀物种名录物种管理和保护的定义和规则标准进行规定。

第三十八条　将物种列入或移出优先保护濒危珍稀物种名录的提议

1. 根据本法第三十七条,下列组织或个人可提议将物种列入或移出优先保护濒危珍稀物种名录:

(a)对越南的物种开展调查或研究的组织或个人;

(b)被指定管理森林、保护区、湿地、海洋和其他自然生态系统的组织或个人;

(c)科学技术或环境相关学会、协会和其他组织。

2. 物种列入或移出优先保护濒危珍稀物种名录的提议经整理汇编后,根据本法第三十九条第一款的规定提请有关各部或部级机构审查。

3. 物种列入或移出优先保护濒危珍稀物种名录的提议汇编中包括:

(a)提议物种的俗名、地方名和科学命名;

(b)提议物种的分布区域、估计个体数量、生存状况和永久或季节性自然栖息地的现状;

(c)提议物种的基本特征、地方特性以及特别的科学、医学、经济、生态、景观、环境或文化和历史价值;

(d)提议物种灭绝的危险程度;

(e)管理和保护规定以及其他特殊要求;

(f)自我评估结果和列入或移出优先保护濒危珍稀物种名录的提议。

第三十九条　物种列入或移出优先保护濒危珍稀物种名录的提议汇编的审查

1. 收到物种列入或移出优先保护濒危珍稀物种名录的有效提议汇编后,各部或部级机构应成立理事会审查汇编,再将其转交自然资源与环境部起草优先保护濒危珍稀物种名录并提请政府决定。

2. 政府应规定提议列入或移出优先保护濒危珍稀物种名录物种汇编的审查顺序和程序。

第四十条　物种列入或移出优先保护濒危珍稀物种名录的决定

1. 政府应就物种列入或移出优先保护濒危珍稀物种名录作出决定,主要内容如下:

(a)物种名称;

(b)物种基本特征;

(c)适用于物种的特别管。

2. 优先保护濒危珍稀物种名录须公布于大众媒体。

3. 每三年或在必要时,须调查和评估优先保护濒危珍稀物种名录物种数量以修改名录。

第四十一条　列入优先保护濒危珍稀物种名录物种的保护

1. 对本法第三十七条第一款一项规定的优先保护濒危珍稀物种名录物种的永久或者季节性自然栖息地进行调查和评估,以制定保护区建设项目。

2. 国家建立或授权组织或个人建立生物多样性保护设施,保护优先保护濒危珍稀物种名录物种。

3. 将列入优先保护濒危珍稀物种名录物种引入生物多样性保护设施进行饲养或种植,以及将这些物种从救援中心放归自然栖息地的,须得到国家主管机构的书面批准。

4. 政府应规定将列入优先保护濒危珍稀物种名录物种引入生物多样性保护设施或将其放归自然栖息地的权限、顺序和程序。

第二节 物种的可持续发展

第四十二条 生物多样性保护设施的设立

1. 以保护生物多样性、开展科学研究和组织生态旅游为目的设立的生物多样性保护设施包括：

(a) 被列入优先保护濒危珍稀物种名录物种的饲养或种植设施；

(b) 野生生命救援中心；

(c) 特殊科学、医学、经济、生态、景观、环境或文化和历史价值的特有濒危珍稀作物品种、家畜品种、微生物和真菌的储存设施；遗传资源和遗传标本的保护和储存设施。

2. 完全满足以下条件的设施可获得生物多样性保护设施证书：

(a) 具有满足优先保护濒危珍稀物种名录物种饲养、种植或繁殖，野生生命救援，或保护和储存遗传资源和遗传标本要求的足够土地面积、网箱和物质基础；

(b) 具备合适专业资格的技术人员；

(c) 具有财务和管理能力。

3. 设立生物多样性保护设施的注册材料包括：

(a) 建立生物多样性保护设施的申请；

(b) 建设项目；

(c) 证明符合本条第二款所规定条件的文件。

4. 生物多样性保护设施证书由省级人民委员会颁发。

5. 政府应具体规定列入优先保护濒危珍稀物种名录物种的饲养或种植的条件；野生生命救援的条件；特有作物品种、家畜品种、微生物和真菌保护的条件；遗传资源和遗传标本的保护和储存的条件；生物多样性保护设施的注册建立以及生物多样性保护设施证书颁发和撤销的条件。

第四十三条 管理生物多样性保护设施的组织和个人的权利和义务

1. 管理生物多样性保护设施的组织和个人具有以下权利：

(a) 享受法律规定的国家奖励政策、机制和支持；

(b) 接受和执行国内外组织和个人的援助项目；

(c) 依法从旅游活动及生物多样性保护设施的其他活动中获利；

(d) 订立关于所管理遗传资源的获取和惠益分享的合同；

(e) 饲养、种植、繁殖和救援列入优先保护濒危珍稀物种名录物种；储存特有作物品种、家畜品种、微生物和真菌；保护和储存遗传资源和遗传标本；

(f) 交换或捐赠列入优先保护濒危珍稀物种名录物种，依法保护生物多样性、开展科学研究或生态旅游；

(g) 法律规定的其他权利。

2. 管理生物多样性保护设施的组织和个人具有如下义务：

(a) 保护、饲养和照顾列入优先保护濒危珍稀物种名录物种；存储和保护遗传资源和遗传标本；

(b)向省级人民委员会专门机构登记和申报列入优先保护濒危珍稀物种名录物种的来源；

(c)制定流行病预防措施,采用在设施中培育物种和治疗疾病的方式；

(d)每年十二月,向省级人民委员会报告本机构列入重点保护濒危珍稀物种名录的情况；

(e)向本法第四十一条第四款规定的国家主管部门申请许可,将列入重点保护的濒危珍稀物种名录物种引入生物多样性保护设施进行饲养或者种植,或者将列入重点保护的濒危珍稀物种名录物种由救援中心放归其自然栖息地；

(f)法律规定的其他义务。

第四十四条　禁止利用的自然界野生物种与可有条件利用的自然界野生物种

1. 自然界野生物种的有条件利用须遵守《森林保护与发展法》《渔业法》和其他相关法律。

2. 农业与农村发展部全面负责协调自然资源与环境部,对保护禁止利用的自然界野生物种和可有条件利用的自然界野生物种作具体规定;定期公布禁止利用的自然界野生物种名录和可有条件利用的自然界野生物种名录。

第四十五条　列入优先保护濒危珍稀物种名录物种的饲养或种植

1. 出于生物多样性保护、科学研究或生态旅游目的,可根据本法在生物多样性保护设施中饲养或种植列入优先保护濒危珍稀物种名录物种。

2. 出于商业目的在饲养、种植和人工种植或养殖设施中对列入优先保护濒危珍稀物种名录的部分物种进行的饲养、种植和人工种植或养殖,须遵守法律的规定。

第四十六条　列入优先保护濒危珍稀物种名录物种及其遗传标本和产品的交换、出口、进口、购买、出售、捐赠、储存和运输

出于生物多样性保护、科学研究或生态旅游目的,交换、出口、进口、购买、销售、捐赠、储存和运输列入优先保护濒危珍稀物种名录物种及其遗传标本;出于商业目的,交换、出口、进口、购买、销售、捐赠和运输列入优先保护濒危珍稀物种名录的部分物种及其制品,须遵守政府具体法规。

第四十七条　列为优先保护濒危珍稀物种名录物种的救援

1. 列为优先保护濒危珍稀物种的物种个体失去其自然栖息地、走失或受伤或患病的,须带往救援中心进行治疗、培育、护理,并最终放归其自然栖息地。

2. 组织和个人发现列入重点保护的濒危珍稀物种名录物种个体丧失自然栖息地、走失、受伤或者患病的,应立即通知就近的乡级人民委员会或者救援中心。乡级人民委员会收到信息后,应及时向省级人民委员会专门机构或者就近的救援中心报告。

3. 在获救并完全恢复健康后,可考虑将列入优先保护濒危珍稀物种名录物种个体放归其自然栖息地。列入优先保护濒危珍稀物种名录物种已失去其自然栖息地的,应考虑将其引入合适的生物多样性保护设施进行饲养或种植。

4. 政府应对列入优先保护濒危珍稀物种名录物种的救援进行规定。

第四十八条　濒临灭绝的特有或有价值作物品种和家畜品种的保护

1. 农业与农村发展部全面负责协调各部和部级机构,组织对濒临灭绝的特有或有价值作物品种和家畜品种进行调查和评估,并提议将其列入优先保护濒危珍稀物种名录。

2. 濒临灭绝的特有或有价值作物品种和家畜品种的遗传资源的获取,须遵守本法第五章第一节和第二节及其他有关法律的规定。

第四十九条　濒临灭绝的特有或有价值微生物和真菌的保护

1. 农业与农村发展部全面负责协调各部和部级机构,组织调查、评估、收集和保存濒临灭绝的特有或有价值微生物和真菌,并提议将其列入优先保护濒危珍稀物种名录。

2. 濒临灭绝的特有或有价值微生物和真菌的遗传资源的获取,须符合本法第五章第一节和第二节及其他有关法律的规定。

第三节　外来入侵物种的控制

第五十条　外来入侵物种的调查和编目

1. 外来入侵物种包括已知外来入侵物种和潜在外来入侵物种。

2. 省级人民委员会应组织调查,为当地外来入侵物种编目,并报告自然资源与环境部以及农业与农村发展部。

3. 自然资源与环境部与农业与农村发展部、其他各部和部级机构全面负责协调省级人民委员会,开展调查和确定外来入侵物种并审核和颁布外来入侵物种名录。

第五十一条　进口外来入侵物种和外来物种入侵的控制

1. 海关全面负责协调边境口岸主管部门,对进口外来入侵物种名录物种的违法行为进行检查、检测和处理。

2. 省级人民委员会在制定预防和控制外来入侵物种的措施前应协调主管机构,组织检查和评估外来物种的潜在入侵情况。

第五十二条　饲养或种植潜在外来入侵物种的控制

1. 饲养或种植潜在外来入侵物种,必须通过潜在外来入侵物种对生物多样性无害测试并得到省级人民委员会许可。

2. 在保护区饲养或种植和开发外来物种,必须通过外来入侵物种对保护区生物多样性无害测试并得到省级人民委员会许可。

3. 自然资源与环境部全面负责协调农业与农村发展部、其他有关各部和部级机构,发布外来物种测试规定以及外来物种饲养或种植和开发许可。

第五十三条　外来入侵物种扩散和开发的控制

1. 国家投资并鼓励组织和个人投资实施隔离与消灭外来入侵物种的项目。

2. 省级人民委员会应组织调查其所在地区外来入侵物种名录物种的分布区域,制定规划以隔离和消灭这些物种。

3. 发现外来入侵物种的组织和个人,应立即告知最近的乡级人民委员会。乡级人民委员会收到此信息的,应立即向直接上级机关或省级人民委员会专门机构报告,以采取控制措施。

第五十四条　外来入侵物种信息的公布

1. 自然资源与环境部、农业与农村发展部以及省级人民委员会应在其网站公布外来入侵物种名录以及有关其分布区域和入侵程度的信息。

2. 边境口岸海关和主管部门应在其边境口岸张贴外来入侵物种名录。

3. 大众传媒机构应传播有关外来侵入物种的信息，以及控制、隔离和消灭这些物种的措施。

第五章　遗传资源的保护与可持续发展

第一节　遗传资源的管理和获取与遗传资源的惠益分享

第五十五条　遗传资源管理

1. 国家对越南领土上的所有遗传资源统一进行管理。

2. 国家根据以下规定，指派组织和个人管理遗传资源：

(a) 保护区的遗传资源由保护区管理单位和被指派管理保护区的组织管理；

(b) 生物多样性保护设施、科学研究和技术开发机构以及遗传资源保护和储存机构的遗传资源由各负责人管理；

(c) 被指派管理或使用土地、森林或水面的组织、家庭和个人应对指派给他们管理或使用的遗传资源进行管理；

(d) 除本款第一项、第二项和第三项规定外的遗传资源由本地乡级人民委员会管理。

第五十六条　负责管理遗传资源的组织、家庭和个人的权利和义务

1. 负责管理遗传资源的组织和个人具有如下权利：

(a) 调查和收集负责管理的遗传资源；

(b) 依法将负责管理的遗传资源与其他组织或个人交换，以及转让和提供给其他组织或个人；

(c) 享受本法第五十八条和第六十一条规定的获得遗传资源的组织或个人享有的惠益。

2. 负责管理遗传资源的组织和个人负有以下义务：

(a) 将出于商业产品研究、开发和生产目的同其他组织或个人交换、转移或提供遗传资源的行为通知国家主管管理机构；

(b) 同根据本法第五十九条被授予遗传资源获取许可证的组织或个人就获取遗传资源和惠益分享订立合同；

(c) 控制获得遗传资源获取许可证的组织和个人对遗传资源的调查和收集；

(d) 向法律和国家遗传资源主管机构负责。

第五十七条　获取遗传资源的顺序和程序

遗传资源的获取顺序和程序规定如下：

1. 注册获取遗传资源的资格；

2. 同根据本法第五十八条和第六十一条负责管理遗传资源的组织、家庭或个人就获取遗传资源和惠益分享订立书面合同；

3. 根据本法第五十九条申请遗传资源获取许可证；

4. 政府应规定获取遗传资源的顺序和程序。

第五十八条　遗传资源获取和惠益分享合同

1. 希望获取遗传资源的组织或个人应于注册后，就获取遗传资源与负责遗传资源管理的组织、家庭或个人就遗传资源获取和惠益分享订立书面合同。

2. 遗传资源获取和惠益分享合同须由负责授权遗传资源获取的地方乡级人民委员会核证。

3. 遗传资源获取和惠益分享合同须包含以下主要细节：

(a)获取遗传资源的目的；

(b)拟获取的遗传资源和拟收集遗传资源的数量；

(c)遗传资源获取地点；

(d)遗传资源获取计划；

(e)将遗传资源的调查和收集结果向第三方的移送；

(f)利用遗传资源进行商业产品研究开发或生产的活动；

(g)利用遗传资源进行商业产品研究开发或生产的参与者；

(h)利用遗传资源进行商业产品研究开发或生产的场所；

(i)同国家和相关方的惠益分享，包括在获取遗传资源和遗传资源传统知识的基础上对发明成果的知识产权的分配。

4. 遗传资源获取和惠益分享合同须送交获得负责授权遗传资源获取的地方乡级人民委员会以及根据本法第五十九条有权授予遗传资源获取许可证的国家主管机构。

5. 遗传资源获取和惠益分享的争议或投诉应根据越南法律和越南社会主义共和国缔结的条约解决。

第五十九条　遗传资源获取许可证

1. 获得遗传资源获取许可证的组织或个人必须满足以下条件：

(a)在国家主管机构注册；

(b)已同负责遗传资源管理的组织、家庭或个人订立了遗传资源获取和惠益分享合同；

(c)遗传资源的获取不属于本条第四款规定的任何一种情况。

2. 遗传资源获取许可证申请材料包括：

(a)遗传资源获取许可证申请；

(b)同负责遗传资源管理的组织、家庭或个人已订立的遗传资源获取和惠益分享合同副本。

3. 遗传资源获取许可证必须包含以下主要细节：

(a)遗传资源使用目的；

(b)拟获取的遗传资源和拟收集的遗传资源数量；

(c)遗传资源获取地点；

(d)拟开展的遗传资源有关活动；

(e)遗传资源相关商业产品研究、开发或生产结果的定期报告。

4. 不授予遗传资源获取许可证的情况包括：

(a)被列入优先保护濒危珍稀物种名录物种遗传资源的，但国家主管部门许可的除外；

(b)遗传资源的使用有可能威胁人类、环境、安全、防务或国家利益的。

5. 有权授予遗传资源获取许可证的国家管理机构为国家和社区的利益授予此类许可证，无需征求被指定管理遗传资源的组织、家庭或个人的同意。

6. 政府应规定授予遗传资源获取许可证的权限、顺序和程序。

第六十条　被授予遗传资源获取许可证的组织和个人的权利和义务

1. 获得遗传资源获取许可的组织和个人具有以下权利：

(a)调查和收集遗传资源，按照其遗传资源获取许可证的指示开展其他活动；

(b)对于法律并未禁止出口的遗传资源带出越南领土；

(c)对于经授权获取的遗传资源的制品进行交易；

(d)遗传资源获取许可证和遗传资源获取和惠益分享合同中规定的其他权利。

2. 获得遗传资源获取许可证的组织和个人负有以下义务：

(a)遵守遗传资源获取许可证的规定；

(b)根据许可证规定的时间，向有权授予遗传资源获取许可证的机构提交商业产品研究开发或生产报告；

(c)与相关方分享惠益，包括基于遗传资源和遗传资源传统知识的获取对发明成果进行知识产权分配；

(d)遗传资源获取许可证和遗传资源获取和惠益分享合同中规定的其他义务。

第六十一条　获取遗传资源的惠益分享

1. 从获取遗传资源中所获惠益须由以下各方共享：

(a)国家；

(b)管理遗传资源的指定组织、家庭和个人；

(c)被许可获取遗传资源的组织和个人以及许可证规定的有关方。

2. 从遗传资源获取中所获惠益须根据遗传资源和惠益分享合同以及有关法律进行分享。

3. 政府应对遗传资源获取中所获惠益的管理和分享作规定。

第二节　遗传标本的存储和保护；遗传资源评估；遗传资源信息管理；遗传资源传统知识

第六十二条　遗传标本的储存和保护

1. 各部和部级机构得在其任务和权力范围内，永久储存和保护被列入优先保护濒危珍稀物种名录物种的遗传标本和为展开遗传资源研究、繁殖、杂交和开发而进口的物种。

2. 对列入优先保护濒危珍稀物种名录自然灭绝物种的遗传标本进行检测和保存的组织和个人，应向乡级人民委员会报告，由乡级人民委员会立即报告省级人民委员会规定的自然资源和环境机构进行处理。

3. 国家鼓励组织和个人投资永久保存和储存遗传标本，形成服务于生物多样性保护和社会经济发展的基因库。

第六十三条　遗传资源信息的调查、收集、评估、提供和管理

1. 各部和部级机构组织实施其管理下的遗传资源数据库调查、收集、评估和建设方案，并向自然资源与环境部提供遗传资源数据库的信息。

自然资源与环境部统一管理国家遗传资源数据库。

2. 国家鼓励组织和个人调查、收集、评估和提供遗传资源信息，建立遗传资源数据库，确保获得访问遗传资源数据库的权利。

3. 政府应对遗传资源信息的提供进行规定。

第六十四条　遗传资源传统知识

1. 国家保护遗传资源传统知识，鼓励与支持组织和个人注册遗传资源传统知识。

2. 科学技术部全面负责协调有关各部和部级机构，指导遗传资源传统知识的注册程序。

第三节　转基因生物与转基因生物遗传标本致生物多样性的风险管理

第六十五条　转基因生物与转基因生物遗传标本致生物多样性的风险管理责任

1. 转基因生物与转基因生物遗传标本致生物多样性的风险管理责任规定如下：

(a) 从事研究和创造转基因生物或转基因生物遗传标本的组织和个人，须向科学技术部登记，达到科学技术部对物质和技术基础、技术和专业人员所规定的条件；

(b) 从事进口转基因生物或转基因生物遗传标本的组织和个人，须获得国家主管部门的许可；

(c) 从事研究、进口、购买、出售或释放转基因生物或转基因生物遗传标本的组织和个人，须根据本法第六十七条公布风险程度和风险管理措施的信息。

2. 政府应明确各部、部级机构、组织和个人的责任，管理转基因生物或转基因生物遗传标本致生物多样性的风险。

第六十六条　转基因生物或转基因生物遗传标本致生物多样性风险评估报告的制作和评估；转基因生物或转基因生物遗传标本生物多样性安全证书的授予

1. 从事研究和制造、进口或释放转基因生物或转基因生物遗传标本的组织和个人，须制作转基因生物致生物多样性风险评估报告。

2. 转基因生物或转基因生物遗传标本致生物多样性风险评估报告须包含以下主要细节：

(a) 风险评估措施的说明；

(b) 致生物多样性风险的程度；

(c) 风险管理措施。

3. 转基因生物或转基因生物遗传标本致生物多样性风险评估报告须由国家主管管理机构进行评估。

4. 政府应对制定和评估转基因生物或转基因生物遗传标本致生物多样性风险评估报告，以及授予转基因生物或转基因生物遗传标本的生物多样性安全证书事项作具体规定。

第六十七条　转基因生物或转基因生物遗传标本致生物多样性风险程度和措施的信息公开

1. 从事研究和制造、进口、购买、出售或释放转基因生物或转基因生物遗传标本的组织和个人，应公开致生物多样性风险程度和风险管理措施的信息。

2. 政府应规定信息公开和风险管理措施。

第六十八条　有关生物多样性的转基因生物和转基因生物遗传标本的数据库管理

1. 自然资源与环境部应统一对有关生物多样性的转基因生物和转基因生物遗传标本数

据库进行管理;建立与生物多样性有关的转基因生物和转基因生物遗传标本网站。

2. 从事研究和制造、进口、购买、出售或释放有关生物多样性的转基因生物或转基因生物遗传标本的组织和个人,须向自然资源与环境部提供信息。

3. 从事研究和创造或释放有关生物多样性的转基因生物或转基因生物遗传标本的组织和个人,应向其研究、创造或释放的转基因生物或转基因生物遗传标本所在地的省级人民委员会提供信息。

4. 提供有关生物多样性的转基因生物或转基因生物遗传标本信息的组织和个人,应对其提供的信息的准确性负责。

第六章 国际生物多样性合作

第六十九条 国际合作和生物多样性条约的执行

1. 越南社会主义共和国承诺执行其缔结的生物多样性条约,扩大与其他国家、地区、外国组织和个人在生物多样性保护和可持续发展方面的合作。

2. 为保护生物多样性和可持续发展并确保越南和地球的生态平衡,生物多样性保护和可持续发展上的国际合作应在平等互利和不干涉内政的原则下进行。

3. 自然资源与环境部全面负责协调有关各部和部级机构,对协商、缔结或加入生物多样性条约展开研究并提出方案。

4. 国家鼓励越南组织和个人、海外越南和外国组织和个人实施有关生物多样性的国际合作方案和项目并为之创造条件。

第七十条 同邻国的合作

国家优先与邻国进行以下活动的合作:

1. 交换有关生物多样性状况和变化的信息和预测分析。

2. 协调管理生物多样性走廊和各物种的跨国迁徙路线;保护迁徙物种。

3. 参与生物多样性保护和可持续发展方案,迁徙物种和生物多样性走廊的保护方案和项目。

第七章 生物多样性保护与可持续发展的机制和资源

第七十一条 生物多样性的基础调查、科学研究和信息数据管理

1. 国家对于保护生物多样性和可持续发展具有重要意义的自然生态系统、野生物种、作物品种、家畜品种、微生物、真菌和遗传资源进行的基础调查进行投资。

2. 国家投资并鼓励组织和个人投资于服务生物多样性保护和可持续发展以及社会经济发展的科学研究。

3. 生物多样性的基础调查信息和数据以及科学研究成果应收录于国家生物多样性数据库并统一管理。

4. 从事有关生物多样性活动的组织和个人,须按照自然资源与环境部要求提供基础调查信息、数据和科学研究成果,依法共享生物多样性信息。

5. 自然资源与环境部应规定生物多样性信息的基础调查活动及其提供、交换和管理；统一管理国家生物多样性数据库。

第七十二条　生物多样性报告

1. 生物多样性报告是国家环境报告的一部分。

2. 生物多样性报告须包含以下主要细节：

(a)主要自然生态系统的现状和变化；

(b)优先保护濒危珍稀物种、转基因生物和外来入侵物种的当前状况、分布区域、估计个体数量和物种特征；

(c)生物多样性保护的实际情况；生物多样性的压力和挑战；

(d)生物多样性的要求；

(e)生物多样性保护和可持续发展的社会经济发展效益评价；

(f)生物多样性保护方案和规划。

3. 自然资源与环境部全面负责协调相关各部和部级机构，编写生物多样性报告。

第七十三条　生物多样性保护和可持续发展的资金

1. 生物多样性保护和可持续发展的资金来源如下：

(a)国家预算；

(b)国内外组织和个人的投资和捐款；

(c)依法从生物多样性相关环境服务中所获的收益和其他来源收益。

2. 国家预算划拨的用于生物多样性保护和可持续发展的发展投资资金应用于以下目的：

(a)开展生物多样性基础调查；

(b)恢复自然生态系统；

(c)对被列入优先保护珍稀物种名录物种进行保护；

(d)投资建设、升级和翻新国有生物多样性保护设施；

(e)实施控制、隔离和消灭外来侵入物种方案；

(f)依法进行与生物多样性保护和可持续发展有关的其他投资。

3. 国家预算划拨的用于生物多样性保护和可持续发展的常规资金应用于以下目的：

(a)进行生物多样性信息和数据的观察、编目和管理；建立生物多样性数据库；

(b)编写生物多样性现状报告和保护区现状报告；制定和评估生物多样性保护计划、方案和项目；

(c)编制和评估优先保护濒危珍稀物种名录、外来入侵物种名录、禁止利用的自然界野生物种名录、可有条件利用的自然界野生物种名录、禁止出口的遗传资源名录；进行种群调查和评估，以修改或补充优先保护濒危珍稀物种名录；

(d)管理保护区与国有生物多样性保护设施；

(e)开发和测试生物多样性保护与可持续发展模式；

(f)开展法律宣传和教育，提高公众对生物多样性保护和可持续发展的意识；

(g)开展培训与再培训，提高生物多样性专业能力；

(h)在生物多样性保护与可持续发展方面开展国际合作。

第七十四条　生物多样性的环境服务

1. 使用生物多样性环境服务的组织和个人,应向服务提供者支付费用。

2. 政府应对生物多样性环境服务作详细规定。

第七十五条　损害生物多样性赔偿

1. 破坏保护区或生物多样性保护设施、特有和有价值的作物品种、家畜品种、微生物和真菌、列入优先保护濒危珍稀物种名录或生物多样性走廊的物种的组织或个人,应依法赔偿损失。

2. 因环境污染或退化对生物多样性造成的损害,应依法赔偿。

3. 依据本法和其他有关法律上交国家的有关生物多样性的损害赔偿,须用于生物多样性保护和可持续发展。

第八章　实施条款

第七十六条　过渡性规定

1. 根据《森林保护与发展法》和《渔业法》设立的国家公园、自然保留区、物种/栖息地保护区、景观保护区、海洋保护区、内陆水域保护区、水生自然资源保留区,早于本法生效之日业已设立且符合本法规定的保护区设立标准的,无需就其重新设立作出决定。

2. 在本法生效之前已向饲养、培育、人工种植和栽培濒临灭绝珍稀野生动物与植物物种的生物多样性保护设施和场所颁发许可证和证书符合本法规定的,仍然有效。

第七十七条　效力

本法自 2009 年 7 月 1 日起生效。

第七十八条　实施细节和指导

政府应细化和指导实施本法内容,指导本法其他必要内容以符合国家的管理要求。

本法于 2008 年 11 月 13 日越南社会主义共和国第十二届国会第四次会议通过。

国会主席

阮富通

阿富汗私人投资法

万　立　译*

《阿富汗私人投资法》译介

《阿富汗私人投资法》于2003年通过,并于2006年12月6日修正。该法规定设立投资高级委员会,作为政府投资决策的协调中心和执行该法的最高行政机构。为协助投资委员履职,该委员会成立了阿富汗投资扶持局,其性质为有限责任公司。阿富汗投资扶持局局长兼任秘书长,但无表决权。投资委员会主席由工商部部长担任。投资委员会的其他成员主要包括:商务部部长、外交部部长、财政部部长、经济部部长、矿业和工业部部长、农业部部长、阿富汗银行行长等。①

适用范围

《阿富汗私人投资法》第2条规定"本法旨在最大限度发挥国内外私人投资对于经济发展的作用,建立鼓励和保护国内外私人投资于阿富汗经济的法律制度和行政机构,以促进经济发展、扩大劳动力市场、提升生产和出口收入、鼓励技术转让、实现国家繁荣昌盛及提高人民生活水平",但第4条规定"除本法第5条另有规定外,所有外国人或本国人均可向所有经济行业投资;外国人仅可通过对注册企业的外国投资或现有注册企业的再投资在阿富汗投资。"这表明,向阿富汗投资的方式尤为单一,仅可通过向企业注资或再投资的方式开展,这在南亚乃至亚洲各国中比较少见。

一般规定

《阿富汗私人投资法》不区别对待国内外注册企业,但法律另有特别规定的除外。第10(1)条规定"根据本法第12条,经委员会或办公室承认的企业应视为核准企业。办公室负责对企业予以注册并保存其记录、档案",外国投资者办理投资许可证后,即享有国民待遇。阿富汗注册企业的形式主要有:根据阿富汗法律成立的企业;根据外国法律成立但经阿富汗法律批准于阿富汗贸易/投资的企业。阿富汗政府和私人投资者设立的合资企业。

征用与补偿

《阿富汗私人投资法》第27条规定"国家仅出于公共利益,根据准许征用的法律,以非歧视的方式征用注册企业的投资或资产",第28条规定"国家应根据国际法原则提供及时、充分和有效的补偿,数额相当于征用前投资或资产的公允市场价值。该类补偿应包括自征用或国

---

* 万立,华东政法大学博士研究生。

① 参考资料:http://investinafghanistan.af/private-investment-law/。

有化之日至完全支付补偿之日,适用为期一年伦敦银行同业拆放利率的利息。如以外币投资,应以投资货币按即时汇率补偿。”可见,阿富汗关于征用的适用条件不甚明晰,外国投资者面临征用的可能性较大。此外,第29条规定了征用补偿款的汇兑和申诉机制:“(1)如被征用财产中,外国投资者持有的所有权权益占比25%以上(不含),则根据第29条规定,外国投资者或注册企业(视情况而定)有权对征用或补偿的充分性或公平性提出异议。(2)外国投资者或注册企业拥有25%以上(不含)的所有权权益,可自由转让政府的任何款项,作为对阿富汗境外征用或国有化的补偿;如《所得税法》许可该类豁免,无须缴纳所得税。”

土地和资金获取

除其他相关法律另有规定外,外国投资者不得直接或间接所有土地。《阿富汗私人投资法》第21条规定:“根据阿富汗法律,注册企业有权租赁土地开展业务,并且租赁不动产的期限最多为五十年。”根据该法第19条规定,外国投资者可在阿富汗开设本币或外币账户:“1.开设外币账户,利用该等银行自阿富汗境外获得外币贷款和信贷,推进其合法业务。2.于阿富汗境外开设外币银行账户,购买设备和机械、原材料、备件、原料和注册企业开展业务所使用的服务,支付外籍雇员的工资和福利,以及注册企业不违反阿富汗法律的所有其他事项。”

此外,《阿富汗私人投资法》第五章予以外国投资者汇兑资本和收益较大的便利:(1)外国投资者可以其选用的任何外币,按照该货币的即时汇率,将其自注册企业获得的分配汇出阿富汗。(2)外国注册企业可按照本规定转移与该外国投资者注册外国投资总额相同的资金,并且可以一次或多次交易。(3)外国注册企业须将该转移通知中央银行(或法律指定的其他机构)。中央银行或其他机构(视情况而定)应将外国投资者的注册外国投资扣减已转移的数额。

投资限制

总体而言,外国投资者可向阿富汗诸多领域投资,禁止或限制的领域主要载于《阿富汗私人投资法》第5条。下列领域禁止投资:1.开发核能;2.开设赌场;3.生产麻醉品和致醉品。投资委员会可基于国家利益,不时增加或以其他方式修订、规范禁止投资的行业。此外,委员会可不时限制在某些工业或经济行业经营的商事实体的外国受益所有权,但任何该类限制仅向后适用,不适用于注册企业的任何既有投资。委员会须与相关部委讨论,并在征得其同意的情形下,逐案审批对某些经济行业的投资(及某类型的投资)。

关于该类投资,委员会可选用不同于根据本法一般适用于投资的规定,前提是财政部须准予任何较本法规定更为广泛的与收入相关的激励措施。该类受限行业的初步清单如下:武器和爆炸物生产与销售;非银行金融活动;保险活动;和对自然资源(包括林业)和基础设施(包括管道建设和运营)的投资,但仅颁布适用和管理该类投资的特别法律(如有)后,该类投资才受该类特别法律的管辖,委员会才可不时增加或以其他方式修订和调整该类行业的清单。

争端解决

《阿富汗私人投资法》关于投资争端解决的规定与国际通行规则无异,主要规定于第八章之中。值得注意的是,第29(5)条规定:“同意将任何该类争端提交国际投资争议解决中心,以便根据《关于解决国家与其他国家国民之间投资争议的公约》第25(1)条通过仲裁解决。就《公约》第25(2)(b)条而言,根据阿富汗法律注册成立或以其他方式注册于阿富汗营商的注册企业,如其中25%以上(不含)所有权权益为外国投资者所有,应视为阿富汗以外国家的国民。就《公约》第25(3)条而言,如争议一方是国家分支、机构或部门,政府根据第29(5)条,同意将该类争议提交国际投资争议解决中心通过仲裁解决,且无须获得国家同意。”可见,如外国投资者持有阿富汗注册企业高于25%的股权份额,则可直接选用该条提交国际投资争议解决中心仲裁的方式。

2019年世界银行集团发布的《营商环境报告》显示,阿富汗营商环境便利度于全球190个经济体中,排名第167位,但为该年度最佳改革者,强化了企业法律制度,对少数投资者的保护措施也有显著提高,成为该领域发展最快的经济体之一。

第一章　总　　则

第一条　序言

本法依据《阿富汗宪法》第十条颁布,旨在鼓励、促进、保护及保障根据自由市场经济体制开展的投资和建立的私营企业,并调整相关事宜。

第二条　立法目的

本法旨在最大限度发挥国内外私人投资促进经济发展的作用,建立鼓励和保护国内外私人投资阿富汗经济的法律制度和行政机构,促进经济发展,扩大劳动力市场,提高生产和出口收入,鼓励技术转让,实现国家繁荣昌盛及提高人民生活水平。

第三条　定义

本法下列术语的含义:

“资本资产”是指包括但不限于设备和机械的资本资产。

“委员会”与本法第六条规定的含义相同。

“外国投资”是指由外国人以可自由兑换的外币或实物出资(任何情况下均自阿富汗境外转入)等形式的投资。

“外国投资者”是指开展外国投资的外国人。

“外国借款”是指由外国人以可自由兑换的外币向注册企业提供的贷款、债券、证券或其他形式的借款,以便注册企业在阿富汗开展业务。

“人”是指:

(a)“本国自然人”是指其身份由相关法律认定的人。

(b)“本国法人”是指根据相关法律以企业、合伙企业、独资企业、有限责任公司、合资企业、协会、股份公司、信托或其他实体的形式成立或组建的人。

(c)“外国自然人”是指拥有非阿富汗公民身份的人。

(d)“外国法人”是指根据非阿富汗法律成立或组建的人。

“基础设施”是指由公众(或部分)使用和/或为公众利益提供的任何设施或服务,包括但不限于:

(a)发电或输电设施;

(b)输水或水处理设施;

(c)污水或污水处理设施;

(d)废物处理或处理设施;

(e)机场设施及卫生和教育部门设施；

(f)电信和广播设施；

(g)本法中，经有关部门指定为基础设施的其他服务或设施。

"投资"是指以货币和实物出资，包括但不限于许可证、租赁、机械、设备及工业或知识产权，旨在获得注册企业的股份或其他所有权权益。

"投资者"是指开展投资的人。

"自然资源"是指任何类别的石油、天然气、黄金、白银、煤炭或任何其他矿物、碳氢化合物或其他资源的储量、储层或矿床，无论处于自然状态或经过任何类型的处理。

"办公室"是指根据本法第八条第二款设立的阿富汗投资扶持机构。

"注册企业"是指按照第十二条规定程序注册的经营实体。

"国际投资争端解决中心"与第三十条规定的含义相同。

"联合国国际贸易法委员会规则"是指联合国国际贸易法委员会制定的仲裁规则。

第四条　受许可的投资

(1)除本法第五条另有规定外，所有外国人或本国人均可向所有经济行业投资。

(2)外国人仅可通过对注册企业的外国投资或现有注册企业的再投资在阿富汗投资。

第五条　可能禁止、限制或受特殊规定约束的投资领域

(1)禁止向下列领域投资：

(a)开发核能；

(b)开设博彩和赌博场所；

(c)生产麻醉品和致醉品。

除第二款规定外，委员会可基于国家利益，不时增加或以其他方式修订、规范禁止投资的行业。

(2)委员会可不时限制某些工业或经济行业的商事实体的外国受益所有权，但任何该类限制不具有追溯力，不适用于注册企业的任何既有投资。

(3)委员会须与相关部委讨论，并征得其同意后逐案审批对某些经济行业的投资(及某类型的投资)。关于该类投资，委员会可选用不同于根据本法一般适用于投资的规定，并且财政部须准予任何较本法规定更为广泛的与收入相关的激励措施。限制行业的初步清单如下：

(a)武器和爆炸物生产与销售；

(b)非银行金融活动；

(c)保险活动；

(d)对自然资源(包括林业)和基础设施(包括管道建设和运营)的投资，但仅颁布适用和管理该类投资的特别法律后(如有)，该类投资才受该类特别法律的约束。委员会可不时增加或以其他方式修订和调整该类行业的清单。

第二章　管理和监督

第六条　行政机构

(1)投资高级委员会(下称委员会)是指为更加妥善执行本法，进行投资决策的最高管理机构。

(2)为协助其履行职责,委员会应设立有限责任公司形式的办公室。首席执行官担任办公室主任,并由阿富汗总统根据委员会主席的建议任命,向委员会负责。

(3)委员会有权任命董事会和监事会,以监督该办公室根据本条第二款履职的情况。

第七条　委员会的组成

(1)委员会由以下人员组成:

(a)商务部部长;

(b)外交部部长;

(c)财政部部长;

(d)经济部部长;

(e)矿业和工业部部长;

(f)农业部部长;

(g)阿富汗银行行长;

(h)办公室首席执行官,作为无表决权成员及秘书。

委员会可以邀请私营行业的代表于委员会需要时向委员会提供咨询、意见。

(2)商务部部长担任委员会主席。商务部部长缺席时,由其任命一名有表决权的成员主持会议。办公室首席执行官担任委员会秘书。

(3)如委员会确定其拟议行动可能对委员会缺乏代表的特定行业的投资项目或政策产生重大影响,应邀请相关部长参加与拟议行动有关的委员会会议。

(4)阿富汗总统可变更委员会人员。

第八条　委员会的职责

委员会的权利与责任如下:

(1)制定召开会议、作出和记录决定程序的实施细则。

(2)设立办公室(AISA)以履行其职责。

(3)监督本国投资情况,并向受权部门提出认为可取的关于本法的任何修改。

(4)向部长会议提出规则,并指示办公室起草相关程序,供执行该法的委员会颁布。

(5)确立初始资本的阈值。

(6)接收办公室的建议,确认投资合理预期大于或等于阈值的注册企业。

(7)授权办公室认可投资合理预期低于阈值的注册企业。

(8)对因办公室不承认注册企业的决定而申诉的案件作出书面决定。

第九条　办公室的职责

为执行委员会指派的工作,办公室应履行下列职责:

(1)根据委员会指示,审查商事实体的注册企业申请。

(2)办公室应制定提交、审查和登记国内外投资申请的程序,并由委员会批准。

(3)根据委员会指示,起草和公布规则,委员会批准和公布后即行生效。

(4)记录和监督注册企业,确保遵照本法规定。

(5)借助宽领域、多层次活动,促进和吸引对阿富汗投资。

(6)协助投资者了解本法及与投资者相关的制度、程序。

(7)为投资者申请、办理注册证书提供必要便利。

(8)调控、监督和管理本法及其他有关规章、法规和程序的实施。

第三章 注 册 企 业

第十条 核准企业注册

(1)根据本法第十二条,经委员会或办公室认可的企业视为核准企业。办公室负责对企业予以注册并保存其记录、档案。

(2)注册企业可以下列任何方式设立:

(a)根据阿富汗法律设立的商事实体;

(b)根据他国法律设立,但根据阿富汗法律在阿富汗注册经营的商事实体。

(3)注册企业可以下列任何形式拥有所有权:

(a)投资者拥有全部所有权;

(b)阿富汗政府与其他投资者设立的合资企业。

第十一条 申请注册企业认定

(1)将某实体注册为注册企业之人,须向办公室提交申请书,按照本法和委员会颁布的规章、条例及程序的要求,提供实质和形式方面的信息。

(2)个人可以为既有企业或将成立的实体申请注册企业认定。

第十二条 注册企业的认定和驳回

(1)委员会颁布规则规定的固定期限内,委员会或办公室应酌情就符合本法规定的实体的认定申请作出决定,并告知申请人。

(2)仅实体违反本法或颁布的法规或规章,才能不予注册申请。如委员会或办公室不予注册,应予以书面解释。

(3)申请人根据本条第二款规定补正申请的,可在补正后重新申请。

(4)如委员会或办公室未在上述固定期限内发送第十三条第一款规定的答复,视为该实体获得认定。

(5)如委员会或办公室已认可某既有实体,办公室应立即将该实体注册为注册企业,并向该实体提供证明其注册企业地位的证书(注册证书)。

(6)如委员会或办公室已认定尚未成立的实体,办公室应将该未成立的实体注册为注册企业,并颁发注册证书。此后,该等实体须在委员会颁布的规则规定的固定期限内设立。

(7)除根据第十四条撤销注册,实体保有其注册企业地位。

第十三条 报告提交

(1)如注册企业所有权或资本结构发生变动,或投资者增资,注册企业须立即告知办公室。

(2)注册企业应每年向办公室提交更新(年度更新)。年度更新须在注册企业会计年度结束后九十日内向办公室提交,并应包括注册企业根据第十一条规定在其申请内提供的信息的更新,以及委员会或办公室(视情况而定)要求的其他信息。

第十四条　注册企业地位的丧失

(1)委员会或如委员会指示,办公室可审查和撤销某实体的注册企业认定。

(2)有下列情形之一的,应撤销注册企业地位:

(a)注册企业解散。

(b)注册企业不再有效存续或经营。

(c)注册企业严重违反本法规定。

(3)除违反第十二条第六款规定外,撤销注册企业地位前,应告知注册企业的违法行为。

(4)委员会或办公室应给予企业三个月延展期,以纠正上述情况和/或使其符合本法。

第四章　注册企业和外国投资者的权利和责任

第十五条　阿富汗法律的适用

除本法或阿富汗其他法律另有特别规定外,所有注册企业和投资者,无论国内或外国投资者,均应遵守阿富汗所有相关法律。

第十六条　免遭歧视性政府行为的权利

除本法或其他阿富汗法律另有特别规定外,本法和任何其他阿富汗法律的规定应平等、公平适用于所有类似的注册企业(无论是否拥有外国股权)和所有类似投资者。

第十七条　注册企业所得税优惠

(1)任何会计年度发生净经营亏损的注册企业,可结转亏损,并在《所得税法》允许的范围内自应纳税所得额扣除。

(2)《所得税法》允许的范围内,注册企业可享有加速扣除资本资产折旧的待遇。

第十八条　注册企业进出口关税及其他征税优惠

《海关法》允许的范围内,注册企业对其在阿富汗制造或组装的产品免征出口关税。该类出口应取得出口许可证,该等许可证应在提交法律规定的文件后自动颁发。

第十九条　银行服务获取①

(1)注册企业有权在阿富汗获取下列银行服务:

1. 开设外币账户,利用该等银行自阿富汗境外获得外币贷款和信贷,推进其合法业务。
2. 于阿富汗境外开设外币银行账户,购买设备和机械、原料、备件、材料和注册企业开展业务所使用的服务,支付外籍雇员的工资和福利,以及注册企业不违反阿富汗法律的所有其他事项。

第二十条　劳动和就业

(1)注册企业有权直接或间接雇用任何国籍的外国管理人员和专家,无论阿富汗法律有任何不一致的规定。

(2)注册企业有权为开展经营活动与外国人签订服务合同,并应根据阿富汗相关法律签发该外国人员的工作许可证。

---

① 本条原文本中只有一款。

(3)鼓励外国投资者拥有股权的国内外注册企业,尽可能雇用阿富汗人员,以提升其劳动技能。

第二十一条　注册企业土地使用情况

根据阿富汗法律,注册企业有权租赁土地开展业务。租赁不动产的期限最多为五十年。

第五章　与外国投资相关的资本和利得转移

第二十二条　外国投资资本的转移

(1)外国投资者可以通过其选用的任何外币,按照该货币的即时汇率,将其自注册企业获得的分配汇出阿富汗,不得无故拖延。

(2)外国注册企业可以按照本规定转移与该外国投资者注册外国投资总额相同的资金,可一次或多次交易。

(3)外国注册企业须将该转移通知中央银行(或法律指定的其他机构)。中央银行或其他机构(视情况而定)应将外国投资者的注册外国投资扣减已转移的数额。

第二十三条　与外国投资相关的利得转移

外国投资者可以通过其选用的任何外币,按照该货币的即时汇率,向阿富汗境外自由转移自《所得税法》视为股息的分红或分配,不得无故拖延,但此前应完全履行其债务。

第二十四条　外国贷款本金和其他款项的转移

注册企业可以按照即时汇率履行其债务后,以外国贷款货币自由将资金汇出阿富汗,支付与外国贷款有关的本金、利息及费用。

第六章　出售注册企业及收益转让

第二十五条　注册企业的出售

(1)外国投资者仅在卖方未违反阿富汗法律规定的任何投资限制的情形下,才可以未经委员会或办公室许可,向任何人或阿富汗政府出售或转让其在注册企业中的全部或部分所有权。

(2)委员会有权取消任何违反本条的出售。

(3)投资者应将注册企业所有权权益的任何出售或转让告知办公室,买方应登记为外国投资者或国内投资者(视情况而定)。

第二十六条　出售注册企业所得的转移

外国投资者有权履行其法律和债务后,以投资货币按即时汇率将任何该类出售所得转移出阿富汗。

第七章　征　　用

第二十七条　征用

国家仅出于公共利益,根据准许征用的法律,以非歧视的方式征用注册企业的投资或资产。

第二十八条　征用补偿

国家应根据国际法原则提供及时、充分和有效的补偿，数额相当于征用前投资或资产的公允市场价值。该类补偿应包括自征用或国有化之日至完全支付补偿之日间，适用为期一年伦敦银行同业拆放利率的利息。如以外币投资，应以投资货币按即时汇率补偿。

第二十九条　征用补偿的转移和申诉

(1)如被征用财产中，外国投资者持有的所有权权益为百分之二十五以上(不含)，则根据第二十九条规定，外国投资者或注册企业(视情况而定)有权对征用或补偿的充分性或公平性提出异议。

(2)外国投资者或注册企业拥有百分之二十五以上(不含)的所有权权益，可自由转移来自政府的作为征用或国有化的补偿的任何款项至阿富汗境外。如《所得税法》许可该类豁免，则无需缴纳所得税。

第八章　争议解决

第三十条　争议解决

(1)争议依照本法规定解决。

(2)投资者或注册企业可在任何合同或其他协议规定下列内容：

(a)任何仲裁或其他争议解决程序；

(b)仲裁地点可在阿富汗境外；

(c)阿富汗以外国家的法律可适用于争议解决。

(3)如合同或其他协议有此规定，则该类仲裁或其他争议解决程序产生的任何裁决应为最终裁决，并应在该类仲裁或程序的任何一方提出申请后，由政府强制执行。

(4)除第二十九条第五款另有规定外，如根据投资者或注册企业与国家(或其任何分支机构、代理机构或部门)就某项投资签订的合同或其他协议发生争议，或投资者、注册企业根据本法第七章提出索赔，争议应根据相关的阿富汗法律解决。

(5)外国投资者或外资注册企业与国家或其任何分支机构、代理机构或其他部门就外国投资签订的合同或者其他协议发生争议，或外国投资者、注册企业根据本法第七章提出索赔的，双方应尽力友好协商解决争议。如未解决，除争议双方另有约定外，争议双方应当：

(a)将争议提交国际投资争议解决中心，根据1965年3月18日《关于解决国家与其他国家国民之间投资争议的公约》(下称《公约》)仲裁解决。该公约可能已或不时修订；或

(b)如《关于解决国家与其他国家国民之间投资争议的公约》排除外国投资者在国际投资争议解决中心仲裁；或外国投资者不同意提交，则根据联合国国际贸易法委员会规则仲裁。

政府根据第二十九条第五款，同意将任何该类争端提交国际投资争议解决中心，根据《公约》第二十五条第一款通过仲裁解决。关于《公约》第二十五条第二款第二项，根据阿富汗法律注册成立或以其他方式注册于阿富汗营商的注册企业；如其中百分之二十五以上(不含)所有权

权益为外国投资者所有,应视为非阿富汗国民。关于《公约》第二十五条第三款,如争议一方是国家分支、机构或部门,政府根据第二十九条第五款,同意将该类争议提交国际投资争议解决中心,并无须获得国家同意。

第九章　其 他 规 定

第三十一条　优先适用

如本法规定与现行法律有关或影响私人投资的任何规定不一致,以本法规定为准。

第三十二条　过渡期规定

(1)根据第三十一条规定,除《所得税法》另有特别规定外,《阿富汗国内和外国私人投资法》[第803号政府公报,1382年3月20日(2002年9月20日)]于本法生效时废止。

(2)根据先前的投资法注册为核准企业的实体须在本法执行之日起六个月内或委员会制定的规则规定的更长时间内,根据第十二条和第十三条及委员会制定并向公众公布的规则,于办公室重新注册。

(3)除《所得税法》另有特别规定外,重新登记时,每一投资者和核准企业,作为新的注册企业,受本法约束,并适用本法规定。任何投资者或核准企业如未按照第三十(2)条重新注册,不得获取本法赋予的任何权利或特权。

第三十三条　签署;废除先前的立法

本法应于阿富汗总统签署后生效,并于《政府公报》公布。本法执行后,《阿富汗国内和外国私人投资法》(1382年3月20日《政府公报》第803期)即行废止。

阿富汗公司伙伴关系法

万　立　译　詹继续　审校*

《阿富汗公司伙伴关系法》译介

阿富汗是世界上最不发达国家之一，在经济上严重依赖外援，根据世界银行《2020 年营商环境报告》，阿富汗在全球经济体中营商环境排名第 173 位，但阿富汗仍具有投资发展潜力。地理位置上，西亚、南亚和中亚的交汇处，是亚欧非经济交流和交通运输的重要通道；自然资源上，阿富汗具有品种众多储量巨大的能矿资源，其得天独厚的区位优势是吸引外资的重要途径。

公私合营项目（PPP Project）是阿富汗接受外商投资的一种重要形式，从阿富汗投资便利部（Investment Facilitation Unit of Afghanistan，IFU）提供的情况来看，在财政部中央合作管理局的管理和指引下，大量基础设施建设项目都是以公私合营的形式特别是建设—经营—移交（BOT 模式）完成的。2020 年第十二届中国对外投资合作洽谈会上，阿富汗驻华商务参赞提供了十五个阿富汗的 PPP 项目，包括国际机场货运站的开发、哈米德卡尔扎伊国际机场酒店开发、瓦特巴格达水电厂的建设、巴里卡布工业园区的建设等项目，充分体现了阿富汗对公私合营型外商投资的依赖。①

公私合营的组织机构与政策环境

公私合营部门是阿富汗政府财政部结构中的重要部门之一，该部门为公民提供高质量的基础设施和其他公共服务，根据 2020 年 9 月 3 日的第 80 号法令，公私合营部门被转移到总统行政办公室的投资便利部（IFU），阿富汗政府致力于建立一个完全透明的程序，以确保有关 PPP 项目和 PPP 项目绩效的信息可以公开获得。这将使国际投资者、独立的审计实体和公众能够对政府的公私伙伴关系项目的管理进行问责。为了在国际层面上实施 PPP，政府已经采取了国家 PPP 政策，起草了相关的法律法规和标准文件，并任命了国际交易顾问和国际律师事务所来促进潜在项目的发展。

根据阿富汗的立法与政策，阿富汗的公私合营项目的主要目标是：（1）为私营部门的伙伴关系提供一个有利的框架，以资助、设计、开发、建造和维护基础设施、设备和公共服务；（2）利用私营部门的资金、能力、技能和技术，提高现有和新的基础设施、设备和公共服务的效率；（3）提供发展公私联合投资的机会，并提供财政支持、经济支持、担保和其他可能需要的政府

---

* 万立，华东政法大学博士研究生；审校：詹继续，法学博士，上海外国语大学讲师。

① 参考资料：http://www.cwtoca.com/as/17/1468。

承诺或特许;(4)通过公私合营,为有效利用公共财产和资产提供基础;(5)提供社会经济快速增长的机会,确保公共利益的实现。①

公私合营的基本原则与投资者地位

根据《阿富汗公司伙伴关系法》的规定,公私合营活动中的基本原则是于法治、正义、公平、透明及开放竞争,对待外国投资者一律实施最惠国待遇和国民待遇,在投标的所有阶段中不应存在歧视或限制,所有投标人都应当享有平等和公平待遇,并且遵循投资活动中的透明度原则,以便投资者和各个利益相关方获得与投资活动有关的各种信息。

公私合营中表现出对投资者的保护,相关法规应当明确规定保证不干涉公私伙伴关系、保护资产及私人经营者所有权,任何相关事宜应当予以规定。除此之外,还突出了对公共利益的保障,《公私伙伴关系法》中明确规定,公私伙伴关系应当基于反映公共利益、性价比、风险分担及环境保护的合同实施。

公私合营的合作范围与模式

阿富汗的公私伙伴关系项目可以通过公开招标、竞争性谈判、直接采购的模式进行。《阿富汗公司伙伴关系法》第16条规定了公私合营的范围包括:电力/能源、通信、电信、建筑、文化、医疗/卫生、农业/灌溉、教育/高等教育、环境及其他领域。第17条规定,公私合营的主要模式有:(1)建设—运营—转让;(2)翻新—运营—转让;(3)建设—转让;(4)建设—拥有—运营;(5)建设—租赁—转让;(6)规划—建设—融资—运营;(7)经营特许权;(8)租赁合同;(9)管理合同;(10)基于合同的增建—运营。

第一章 总 则

第一条 制定依据

本法根据《阿富汗伊斯兰共和国宪法》第九条第二款、第十条制定。

第二条 本法宗旨

本法宗旨如下:

1. 基于透明、开放竞争及成本效益原则调整公私伙伴关系事宜;
2. 确定公私行业联合投资的机遇;
3. 促进有效利用公共财产和私营行业资产、能力、专业知识及技术;
4. 鼓励私人投资开展公私伙伴关系;
5. 确保基础设施项目和公共服务的资金供应;
6. 促进经济和社会高效快速发展,保障公共利益。

第三条 定义

本法下列术语含义如下:

1. “公私伙伴关系”是指公共实体和私人经营者达成的合作关系,旨在提供、资助及发展基础设施和公共服务。两方公平分担责任、风险、利润及损失,私人经营者履行公共实体的职能,并于特定期间内利用其资产/资源;

① 参考资料:https://invest.gov.af/public-private-partnership/。

2. “项目”是指公私伙伴关系开展的基础设施建设和提供公共服务等活动；

3. “公私伙伴关系合同”是指公共实体与私人经营者达成的书面协议，约定项目条件、标准以及双方的义务；

4. “性价比”是指公共部门和通过公私伙伴关系开展项目的净利润比较，考量质量、数量优劣及选择范围，并且不考虑何者更符合政府利益；

5. “可行性研究”是指公共实体或私人经营者为实现项目开展的初步研究；

6. “可行性缺口补助”是指财政部以划拨或财政资助的形式提供的资金，以填补项目可持续性资金缺口，保护私人经营者的利益，避免项目由于缺乏补助无法实施；

7. “项目发展基金”是指财政部根据本法设立的基金，旨在对项目实施可行性研究、聘请专家及开展其他财务、经济分析；

8. “非邀约建议书”是指有关公私伙伴关系项目的投标书，并且该投标书不由公共部门发出的邀请或招标提交；

9. Idaara（实体）是指部委、总局、独立委员会、市政府、国有企业、国有公司及国有持股高于百分之二十五的准国有公司。

第四条　适用范围

1. 本法适用于基于公私伙伴关系参与项目融资的实体；

2. 预期投资价值低于最低限额的，财政部应当另行制定项目处理程序；

上述最低金额由高级经济委员会根据财政部长的建议确定；

3. 国际组织和捐助机构的规章制度与本法规定不一致的，政府可以同意实施该等组织关于公私伙伴关系项目的规章制度；但是，该等同意必须基于公众利益。

第五条　对公私伙伴关系的扶持

政府应当支持、鼓励及保障私人经营者对公私伙伴关系项目的投资免受处罚。

第二章　实体的职责

第六条　国家公私伙伴关系管理部门

国家公私伙伴关系管理部门设于财政部，旨在规范公私伙伴关系事宜、分析及评估相关政策，提供技术支持，处理、发展公私伙伴关系及其相关活动。

第七条　国家公私伙伴关系管理部门的职权

国家公私伙伴关系管理部门的职权如下：

1. 根据本法、法规及公私伙伴关系程序等规定，向实体、高级经济委员会及其他相关方提供技术咨询；

2. 与其他行业实体合作，制定鼓励、吸引及支持公私伙伴关系投标人/利益方的政策；

3. 登记、分析及审查实体的规划和私人经营者的非邀约建议书，确保符合国家和行业发展计划；国家优先事项的社会、经济及环境影响；将投标提交高级经济委员会审议决定；

4. 根据法规和公私伙伴关系程序规定，向高级经济委员会提交可行性研究结果；

5. 全面审查后，向国家采购部门移送公私伙伴关系合同以及所有必要/辅助文件，供审议批准；

6. 根据本法、条例及公私伙伴关系合同的规定，保障项目实施；

7. 审查基于政府扶持项目提交的申请，必要时可以向财政部长提出建议；

8. 制定程序、指导方针，发布通知，必要时予以更新；

9. 联系相关实体，确定、设计、开发、评估、采购及实施项目；

10. 管理项目开发基金，审查申请，就项目开发基金的使用向有关部门提供意见；

11. 制定政策，促进公私伙伴关系项目中使用信息技术，包括建立登记数据库、推动采购，公告本法、法规、公私伙伴关系程序及有关项目的通知；

12. 评估公私伙伴关系项目中实体和/或公私伙伴关系单位的能力和专业技能；

13. 整合自各实体和/或公私伙伴关系单位收到的年度报告，并提交相关主管部门改进；

14. 监督公私伙伴关系的采购过程，确保采购规则符合本法、法规、公私伙伴关系程序的规定；

15. 履行主管部门规定的其他职能。

第八条　公私伙伴关系单位的建立

1. 实体获得国家公私伙伴关系管理部门事先批准的，可以制定法规、公私伙伴关系程序及公私伙伴关系单位准则，加强监管和履行法律规定的义务；

2. 但是，公私伙伴关系单位不得为自身或其代表的实体订立公私伙伴关系合同；

3. 公私伙伴关系单位的经营方式、权力及职能由相关法规确定。

第九条　项目咨询委员会的设立

1. 为就项目可行性研究的评估、投标文件的编制、合营合同和项目监督向相关实体提供建议，应当在相关实体中设立项目咨询委员会。

2. 实体的代表任主席

委员由下列人员担任：

(a) 经济部代表；

(b) 国家公私伙伴关系管理部门代表；

(c) 阿富汗工商会代表；

(d) 财政部提名的其他实体代表。

3. 第一款所称委员会的工作方式由相关法规确定。

第十条　高级经济委员会

1. 财政部评估后，应当将实体开发的项目规划和/或非邀约建议书及其可行性研究提交高级经济委员会；

2. 高级经济委员会可以批准、驳回或退回财政部修改；

3. 高级经济委员会批准项目可行性研究的，财政部应当提交阿富汗伊斯兰共和国内阁部长批准。

第十一条　国家采购委员会

1. 国家采购委员会可以批准、驳回或交由财政部重新评估；

2. 授标部门关于中心和各省公私伙伴关系合同的审批额度，由国家采购委员会根据财政部的意见确定；

3. 公私伙伴关系合同由具有审批权的授标部门批准；

4. 公私伙伴关系协议超出授标部门审批额度的，授标部门应当于批准后提交国家采购委员会批准。

第三章　公私伙伴关系的开展原则

第十二条　公私伙伴关系的原则

公私伙伴关系基于法治、正义、公平、透明及开放竞争开展，具体包括：

1. 公私伙伴关系的开展受本法和其他法律调整；
2. 公私伙伴关系项目中所有投标人享有平等和公平待遇；
3. 公私伙伴关系中的所有利益相关方在每一阶段可以获得信息；
4. 投标所有阶段不存在歧视和限制。

第十三条　保障公共利益

公私伙伴关系应当基于反映公共利益、性价比、风险分担及环境保护的合同实施。

第十四条　公私伙伴关系产生的风险

公私伙伴关系项目的实施、评估、控制及管理产生的风险，应当根据公私伙伴关系合同方确定。

第十五条　保障私人经营者的权利

相关法规应当明确规定保证不干涉公私伙伴关系、保护资产及私人经营者所有权，任何相关事宜应当予以规定。

第四章　公私伙伴关系的计划和实施

第十六条　公私伙伴关系范围

除法律另有禁止外，政府可以订立的公私伙伴关系项目合同如下：电力/能源、通信、电信、建筑、文化、医疗/卫生、农业/灌溉、教育/高等教育、环境及其他领域。

第十七条　公私伙伴关系的模式

1. 应当以下列模式之一开展项目：
   a. 建设—运营—转让；
   b. 翻新—运营—转让；
   c. 建设—转让；
   d. 建设—拥有—运营；
   e. 建设—租赁—转让；
   f. 规划—建设—融资—运营；
   g. 经营特许权；
   h. 租赁合同；
   i. 管理合同；
   j. 基于合同的增建—运营。
2. 根据特定公私伙伴关系项目的性质和要求，若认为有必要，公私伙伴关系管理部门可以向政府提出第一款规定模式之外的模式或予以修改。获得批准的，应当新增至公私伙伴关系程序之中。

3. 第一款所称模式的使用要求和方式由公私伙伴关系程序明确。

第十八条　公私伙伴关系的采购方式

1. 阿富汗伊斯兰共和国内阁批准项目规划及其可行性研究后，实体有义务以下列方式之一管理公私伙伴关系项目：

a. 公开招标；

b. 竞争性谈判；

c. 直接采购。

2. 实体可以启动单一阶段招标程序，邀请符合条件的私人经营者提交招标文件。

3. 实体认为技术上无法于邀请书中描述项目特点的，可以选择两个阶段招标程序。

4. 实体应当按照本法及有关规定与优先投标人签订合营项目合同。

5. 国家公私伙伴关系管理部门认为必要的，除本条第一款规定的采购方式外，可以向高级经济委员会提出其他采购方式。

6. 本条第一款规定的方式和采购安全、公私伙伴关系采购相关事项的使用方式、要求，由相关规定予以规定。

7. 公私伙伴关系应当基于公开招标实施管理。公开招标不可行的，实体可以与国家公私伙伴关系机构协商，根据法规及相关规定，选用本条第一款所称任何方式。

第十九条　非邀约建议书

1. 私人经营者可以向相关实体或国家公私伙伴关系管理部门提交项目非邀约建议书；

2. 法规和公私伙伴关系程序规定与私人经营者非邀约建议书的相关事项。

第二十条　公私伙伴关系项目周期

1. 公私伙伴关系项目的开展阶段如下：

a. 确定公私伙伴关系项目，包括项目设计、项目可行性研究批准；

b. 选择私人经营者，包括编制招标文件、签订公私伙伴关系合同；

c. 执行公私伙伴关系合同，履行合同双方约定的义务。

2. 与第一款所列阶段相关的事宜由公私伙伴关系规定。

第二十一条　可行性缺口补助

1. 财政部根据国家公私伙伴关系管理部门的建议，可以设立可行性缺口补助基金，并指定初始资金额度；

2. 可行性缺口补助基金中的资金应当于尽职调查后，用于财政部认为并经高级经济委员会批准的经济和社会上可行、但缺乏政府财政支持、可能无法实施的项目；

3. 可行性缺口补助基金由国家公私伙伴关系管理部门管理，为有效利用可用资金，国家公私伙伴关系管理部门制定单独的实施程序。

第二十二条　项目发展基金

1. 财政部根据国家公私伙伴关系管理部门的建议，可以设立项目发展基金，初期资金额度由政府决定；

2. 项目发展基金的可用资金仅可用于为开展研究、任命专家和顾问、可行性研究、性能建设和项目发展基金程序中可能规定的事宜提供财政支持；

3. 项目开发基金由国家公私伙伴关系管理部门按照项目开发基金管理程序管理；

4. 为有效管理项目发展基金，国家公私伙伴关系管理部门应当制定独立的实施程序。

第二十三条　公私伙伴关系项目的监督和评估

1. 私人经营者有义务向财政部报告项目进度和财务报告；

2. 相关实体和财政部应当监督和评估有关公私伙伴关系项目的所有事项；

3. 监督和评估的方式和范围由法规规定。

第二十四条　争议解决

实体与私人经营者发生争议的，按照公私伙伴关系合同解决。

第五章　其他规定

第二十五条　制定条例和程序

为实施本法，财政部可以制定、颁布条例。

第二十六条　生效

本法签署即生效，于《官方公报》公布。与本法抵触的所有规则和规定同时废止。

巴基斯坦外国私人投资（促进与保护）法

万　立　译*

《巴基斯坦外国私人投资(促进与保护)法》译介

巴基斯坦关于外国投资事宜的规范主要载于1976年《巴基斯坦外国私人投资(促进与保护)法》之中。尽管该法为外国投资者提供了诸多利好措施,但巴基斯坦的整体营商环境不容乐观。于巴基斯坦开展投资经营时常受下列因素影响:滞后的法律制度;严重的能源危机;电力行业的负债,但巴基斯坦历史上第二个民主政府于2018年5月任期届满,表明该国的政治稳定性有所改善,有利于外国向巴基斯坦开展各类投资。①

适用范围

《巴基斯坦外国私人投资(促进与保护)法》适用于1954年9月1日后经联邦政府批准设立的所有含有外国私人投资的巴基斯坦工业经营。其中,"外国私人投资"是指非巴基斯坦公民(或为巴基斯坦公民和任何其他国家公民的人)或在巴基斯坦境外注册的公司对外国资本的投资,但不包括外国政府或其机构的投资;"工业经营"是指从事生产、分销或加工任何货物、提供联邦政府为此指定的服务或开发和开采联邦政府可能为此指定的矿产资源和产品的行业、企业或机构(但关于同时为巴基斯坦公民和任何其他国家公民的个人投资,不包括从事提供银行或保险服务的企业或机构)。

投资范围

《巴基斯坦外国私人投资(促进与保护)法》第3条规定"为促进外国私人投资,联邦政府可根据国家利益,准许对任何工业经营开展该等投资。"主要包括:(a)巴基斯坦缺乏且联邦政府认为可取;(b)巴基斯坦现有规模无法满足本国经济和社会需求;(c)有助于(i)巴基斯坦的资本、技术和管理资源开发;(ii)挖掘、调动或更妥善利用国家资源;(iii)提升巴基斯坦的国际收支平衡;(iv)增加巴基斯坦的就业机会;(v)以任何方式促进国家经济发展。

投资激励措施和限制

《巴基斯坦外国私人投资(促进与保护)法》予以外国投资平待遇:"对含有外国私人投资的工业经营,适用有关货物进出口的法律、条例和规章时,应给予与该等投资的类似工业经营相同的待遇。"具体而言,投资者可以获得下列捐助和激励措施:税收优惠;双重税收协定(免除各类税项);低息贷款;研发补助。例如,该法第8条规定"(1)联邦政府可允许对含有外国

---

* 万立,华东政法大学博士研究生。

① 参考资料:http://www.uhy.com/wp-content/uploads/Doing-Business-in-Pakistan-new.pdf。

私人投资的工业经营,予以任何生效、法律允许的优惠。(2)除适用于巴基斯坦公民类似情形下的投资外,外国私人投资不应交纳其他或更严苛的所得税。(3)允许外国私人投资根据巴基斯坦政府可能与该类投资来源国政府达成的避免双重征税的任何协议享有所有税减免。”

巴基斯坦针对外国私人投资的限制或要求主要有两类:一般限制和特定行业限制。例如,自相关政府机构获得许可或执照;符合相关行业法律或投资政策的要求;获得政府对特定行业(如武器弹药、货币和铸币及爆炸物)投资的许可;根据1947年《外汇管理法》,获得巴基斯坦国家银行关于各种外汇管制和货币限制的许可。应注意的是,该法第4条规定“如外国私人投资由同时为巴基斯坦公民和任何其他国家公民的人开展,则应将全部可转移外国投资款项,存入巴基斯坦的外汇账户,以便之后用于购买经营所用机器和其他固定资产”,因此,外国投资者似应将投资所得存入巴基斯坦外汇账户,而不得直接汇出境外。

设立企业

巴基斯坦的一些企业被确立为专业化企业,除一般要求外,开办该类企业应办理特定许可证。该等企业包括银行公司、非银行金融公司、安全服务公司、经纪公司、货币兑换公司、投资武器弹药、安全印刷、货币和造币厂的公司,以及处理爆炸物和放射性物质的公司。此外,于巴基斯坦设立公司应遵照最低资本、董事资格、公司结构和运营等要求,但许可证的条件可能因企业而异。

办理许可证后,可以下列任意形式开办企业:(1)独资企业。除符合税务部门的要求外,个人可未经任何登记开办独资经营者设立企业。(2)合伙企业。合伙企业可签订合伙企业合同,并由合格公证机关公证。1932年《合伙企业法》规定了合伙企业的详细规则。合伙企业应在该地区相应注册处注册,还应于所得税和销售税相关部门注册。(3)公司。2017年《公司法》和1985年《公司(一般规定和形式)规则》关于巴基斯坦公司的设立、经营有详细规定,巴基斯坦证券交易委员会负责监管在巴基斯坦设立公司的运营状况。根据上述两项法律规定,公司的责任形式可为有限或无限,主要包括:有限责任公司、有限担保公司和无限公司。该等任何类别的公司可进一步分为以下类型:上市公司、私营公司、非盈利组织和一人公司。

值得注意的是,私人有限公司的实收资本可全额贷款,拥有多数外资股权的公司也可自其母公司以伦敦银行同业拆放利率加1.5%的利率借入五年期可再融资贷款。先前,根据2011年巴基斯坦证券交易委员会第4号指令,对于含有外国股东和董事的公司(公司设立时即存有),如今须自证券交易委员会无异议证书。有关外国股东和所有外国董事的信息须提交证券交易委员会,由其转交投资委员会,并再转交内政部/安全机构,后者将对该公司展开审查并予以安全许可。可见,这一指令对外国投资者有较大限制,因为向证券交易委员会提交申请后,电子安全许可通常需要3~4个月才能完成。这可能会延误公司的设立过程,并使之复杂化,使许多外国投资者望而却步。

巴基斯坦委员会考虑到上述情况和外国投资者的利益后,对该规则予以修订。如今,允许含有外国股东和外国董事的申请注册公司,在巴基斯坦内政部签发安全许可前,获得“注册证书”,开始于巴基斯坦开展业务活动。唯一的先决条件是,外国董事/股东提交其已认购股份和/或同意成为董事的承诺。向证券交易委员会提交申请后,安全检查仍需三至四个月完成。正式的公司注册证书于申请公司注册后数日内签发。外国实体如今可在提交注册申请后数日内开始营业。这使外国投资者可比较快捷地进入巴基斯坦市场。

1976 年第 42 号法律

关于促进和保护在巴基斯坦的外国私人投资的法律

为了促进和保护在巴基斯坦的外国私人投资及其相关事宜,现颁布法律如下:

第一条　简称、生效和适用

(1)本法可以称为 1976 年《巴基斯坦外国私人投资(促进与保护)法》。

(2)本法立即生效。

(3)本法适用于 1954 年 9 月 1 日后经联邦政府批准设立的在巴基斯坦境内含有外国私人投资的工业经营。但是,本法不减损在某一特定工业经营、某类工业经营或双边投资条约中联邦政府对外国私人投资特别批准的任何设施或保护。

第二条　定义

(1)本法中,除在特定事项或上下文中有任何矛盾之处外:

(a)"外国资本"是指外国人①(既是巴基斯坦公民,也是任何其他国家公民的人)在巴基斯坦的工业经营投资:

(i)以外汇、进口机械设备的形式;或

(ii)联邦政府可能为此批准的任何其他形式。

(b)"外国私人投资"是指非巴基斯坦公民(既是巴基斯坦公民,也是任何其他国家公民的人)或在巴基斯坦境外注册成立的公司对外国资本的投资,但不包括外国政府或外国政府机构的投资。

(c)"工业经营"是指从事生产、分销或加工任何货物的行业、企业或机构,提供联邦政府为此指定的服务,或开发和开采联邦政府②可能为此指定的矿产资源和产品(但以既是巴基斯坦公民,也是任何其他国家公民的个人投资为目的,则不包括从事提供银行或保险服务的企业或机构)。

(2)本法使用但未定义的表述与《公司法》(1913 年第 7 号法律)规定的含义相同。

第三条　外国私人投资领域

为促进外国私人投资,联邦政府可根据国家利益,准许对任何工业经营开展此类投资:

(a)在巴基斯坦不存在且联邦政府认为该机构可取;或

(b)在巴基斯坦开展的规模不足已满足本国经济和社会需求;或

(c)有助于:

(i)巴基斯坦的资本、技术和管理资源开发;

(ii)挖掘、调动或更妥善利用国家资源;

(iii)促进巴基斯坦的国际收支平衡;

(iv)增加巴基斯坦的就业机会;或

(v)以任何方式促进国家经济发展。

---

① 由 1993 年《外国私人投资(促进和保护)法》第 2 条新增。

② 由 1993 年《外国私人投资(促进和保护)法》第 2 条新增。

第四条　外国私人投资的审批①

联邦政府对投资工业经营予以任何许可，应符合下列条件和联邦政府可能规定的其他条件：

如外国私人投资由既是巴基斯坦公民，也是任何其他国家公民的人进行，他应将全部可汇回的外国投资金额存入巴基斯坦的外汇账户，以便之后用于购买经营所用机器和其他固定资产。

第五条　保护协议

(1)如联邦政府认为，为公共利益有必要接管一个含有外国私人投资的工业经营，或收购巴基斯坦公民在该工业经营资本的股份所有权，则外国投资者或债权人与巴基斯坦境内任何人之间就该经营达成的任何经联邦政府批准的协议均不受此类接管或收购的影响。

(2)除按照适当法律程序规定以资本或投资来源国的货币结算足额补偿，并规定补偿的原则和方式外，否则不得收购工业经营中的外国资本或外国私人投资。

第六条　汇回服务

执行1947年《外汇管理法》(1947年第7号法律)的规定。

(a)1954年9月1日后成立并经联邦政府批准的工业经营中的外国投资者，可随时以投资来源国的货币汇回：

(i)原先投资范围内的外国私人投资；

(ii)此类投资的利得；

(iii)再投资利得或资本投资增值产生的任何额外款项。

(b)第一款所述工业经营的债权人可根据上述借贷的条款和条件，汇回联邦政府批准的外币贷款及利息：

但是，本条的任何规定不影响本法生效前授予外国投资者开展此类投资许可的条款。

第七条　外国雇员的汇款

经联邦政府批准受雇于任何含有外国私人投资的工业经营的外国国民，可以根据联邦政府或巴基斯坦国家银行发布的规章、条例或命令汇款，以赡养其受抚养人。

第八条　税收优惠与双重征税避免

(1)联邦政府可允许对含有外国私人投资的工业经营，予以任何现行法律允许的优惠。

(2)外国私人投资不应比适用于巴基斯坦公民在类似情况下进行的投资承担其他或更为繁重的所得税。

(3)应允许外国私人投资享有根据巴基斯坦政府与此类投资来源国政府达成的避免双重征税的任何协议可能允许的所有税收优惠。

第九条　平等待遇

在适用与货物进出口有关的法律、条例和规章时，含有外国私人投资的工业经营应享受与没有此类投资的类似工业经营相同的待遇。

第十条　解决疑难

如在实施本法的任何规定时出现任何疑难，联邦政府可在不违反本法规定的情况下，颁

---

① 由1993年《外国私人投资(促进和保护)法》第3条废止。

布其认为能解决疑难所必要的命令:

但是,本法生效之日起满一年后,不得行使该项权力。

第十一条 规章制定权

联邦政府可通过在官方公报发布公告,制定执行本法的规章。巴基斯坦和外国国民在含有外国私人投资的工业企业内的就业及其他事项可适用此类规章。

第十二条 已废止

不丹外国直接投资政策

万　立　译*

（2014 年 7 月 18 日修正）

1. 政 策 声 明

国家的长远发展以国民幸福总值最大化理念为指导。《不丹 2020 年愿景》阐述的这一理念的精神和意图是“最大限度提高全体不丹人的幸福指数，以实现作为人的全部和固有潜能”，并以采取落实国民幸福指数的四大支柱，即可持续社会经济发展、保护自然环境、保护文化和善政的政策和方案为构想。

为此，不丹王国政府颁布 2010 年《外国直接投资政策》，以实现 2010 年经济发展政策制定的目标。

2. 外国直接投资政策的重点领域

应在有助于以下方面的领域鼓励外国直接投资：

(a) 发展绿色和可持续经济；

(b) 促进对社会负责和无害生态产业；

(c) 促进文化和灵性产业；

(d) 提升不丹品牌的服务业；

(e) 创造知识社会。

3. 一 般 规 定

尽管本政策另有具体规定，下列一般规定适用于外国直接投资。

3.1　向外国直接投资开放的行业

不丹皇家政府允许制造业和服务业的外国直接投资。该等投资受特定项目协议（如有）和部门特定政策、标准和程序规制。

优先发展行业规定于附表一和附表二。该等行业享有快捷审批服务。

不丹皇家政府允许外国直接投资涉及其他活动，外国投资者最高股本占比为百分之七十

---

* 万立，华东政法大学博士研究生。

四,制造业和服务业的最低项目成本分别为五千万努和二千五百万努。

外国直接投资不得从事附表三所列活动。

3.2 其他

工业设计、专利和商标使用等不同形式的合作(如技术、市场营销和特许经营),可以获得本部的事先书面许可。

3.3 现有产业的外国直接投资

如现有实体的股权基础有所增加,而外国投资者未收购现有股份,现有实体的外国直接投资可以按照适用于新实体的相同要求扩张。尽管如此,不丹皇家政府仍可允许外国直接投资进入现有实体,无须扩大战略联盟或振兴衰弱产业。

3.4 外国直接投资公司

外国直接投资公司是指于本国成立或注册的企业,旨在开展商事活动,其中百分之二十或以上的股权由外国投资者拥有或实益持有。外国股本不得低于百分之二十。

尽管如此,关于外国机构投资者,外国直接投资公司应为外国机构投资者拥有或实益持有百分之十或以上股权的公司。

3.5 投资的货币

外国直接投资应以可兑换货币开展。印度投资者可能获准以印度货币投资。企业设立和运营所需外汇须由公司自身的外汇提供。

3.6 公司注册

所有外国直接投资企业应当根据2000年《公司法》及其修正案在获发外国直接投资注册证书时设立。

3.7 许可

外国直接投资企业应当在项目设立和运营前获得拟设业务活动的审批和营业执照。

4.保　　障

不丹皇家政府为外国投资者提供下列保障:

4.1 平等待遇

除本政策另有具体规定外,适用国内相关法律、规章及条例时,外国投资将获得与类似国内投资同等的待遇。

4.2 国有化和征用

在国有化、征用或任何其他具有国有化和征用效果或以其他方式限制外国投资者权利的措施,符合国家利益的情形下,不丹皇家政府保障该等国有化或征用以不歧视的方式展开,并支付及时、充分、有效及公平的补偿:

(a)资产收归国有或征用后,不丹皇家政府应当立即支付补偿,并按照实施收归国有或征用至支付期间的商业利率,支付利息;

(b)支付的数额应当反映知晓国有化或征用前,国有化或征用的投资的市场价值;

(c)支付的补偿应采用投资货币或双方同意的可兑换货币,且任何情况下,均可自由兑换。

4.3 股息汇回

外国投资者有权在收支平衡时，以收益货币汇回股息，即公司的净货币收益足以支付该等交易的数额。

尽管存有上述规定，但下列情况仍应适用：

(a)关于优先发展清单开列的服务业，如以可兑换货币开展投资，以不可兑换货币获取收益，应允许外国直接投资公司每年自皇家金融管理部门购入五百万美元可兑换货币，以支付外国投资者的股息。

(b)如外国直接投资企业以可兑换货币投资，而收益为印度卢比，应允许外国投资者在事先获得皇家金融管理部门批准的情况下，以可兑换货币汇回股息。

该等交易的其他权利应按照2013年《外汇条例》及其修正案的相关规定执行。

4.4 汇回资本

外国投资者有权以投资货币汇回其投资资本和任何有担保的资本收益。

4.5 处置自由

允许外国投资者根据国家相关法律处置其投资。

4.6 争端解决

投资者可以通过斡旋、调解、和解和仲裁或双方共同商定的方式解决争议。

争议双方也可向不丹皇家法院提起诉讼。

4.7 知识产权

2001年《工业产权法》和2001年《版权法》是保护本国知识产权的法律规范。不丹是《世界知识产权组织公约》的签署国，是下列国际公约和议定书的签署国：

(a)《巴黎公约》；

(b)《马德里协定》；

(c)《马德里协定有关议定书》；

(d)《伯尔尼公约》。

5. 营 商 环 境

5.1 获取外汇

外国直接投资企业须满足资本货物进口的任何可兑换货币要求。如果外国投资者的项目权益无法满足购买资本货物的外汇要求，不丹皇家政府允许地方合资企业投资者自皇家金融管理部门购买外汇，以满足初始资本投资要求。该规定不得超过地方投资者的股权义务。

项目注册后，外国直接投资公司须于当地银行设立外币账户。资金应首先存入当地银行的外币账户，并通过该账户开展所有交易。

经营费用所需的任何可兑换货币应通过外国直接投资企业的外汇收入支付。不丹皇家政府应当准许下列事宜：

(a)外商直接投资业务自货币管理部门购买外汇，予以至多两个月的原材料进口需求的启动支持。使用的可兑换货币应在六个月内予以更换。

(b)根据《外部商业借款指南》，支付可兑换货币/允许外币贷款的利息和摊销。

(c)根据不丹皇家政府批准的支付协议,支付特许权使用费、技术服务或管理费及收费。

(d)根据2013年《外汇条例》及其修正案汇寄薪酬。

5.2 激励措施与豁免

除本政策另有规定外,外国直接投资公司享有政府对类似国内投资提供的激励措施与豁免。

5.3 征税

2000年《销售税、关税和消费税法》和2001年《所得税法》及其修正案应适用于所有外国直接投资。

5.4 当地借贷

外国直接投资公司可以向国内金融机构借款,负债股权比率应符合皇家金融管理部门关于审慎监管的规定。投资者也可投入更多的股本。

5.5 外籍人员

不丹皇家政府认识到不同行业对各类技能的需求,而应解决项目不同阶段的需求,以确保项目不因人力资源缺乏受损。

5.5.1 企业起始阶段

外国直接投资企业有权获得专业、管理和技术外籍人员的工作许可证。企业一经获发外国直接投资注册证书,公司有权获得五项及以上工作许可证。国内市场无法满足需求时,劳动和人力资源部应适当批准任何额外要求。工作许可证应向该公司发放,而非相关个人,并应根据于本国规定发放有效许可证,每年可延期一次,直至企业启动。

关于建立行业所需的非熟练和半熟练外籍人员的聘用不设任何限制。

5.5.2 运营阶段

如缺乏具备必要资格和经验的不丹籍公民,外国直接投资企业有权于运营初始阶段获得所需数量的专业、管理和技术外籍人员工作许可证。

外国直接投资企业须培训和雇用不丹籍公民,并逐步停用外籍人员,以在运营第五年前达至1∶5的比例(每五名不丹籍公民按比例配有一名派遣人员)。该比率应基于企业雇用的不丹正式雇员人数,劳动和人力资源部予以监督、执行。

5.5.3 教育、卫生、总部和研发服务

尽管如此,从事研发服务、运营总部、卫生、教育和其他类似服务的外国直接投资企业有权根据企业的要求获得专业、管理和技术外籍人员的额外许可。外籍人员不得担任辅助职位。

5.5.4 非熟练和半熟练工

除第5.5.2项和第5.5.3项规定的获得外籍人员工作许可证的权利外,根据企业规章和程序范围内的申请,必要时还为半熟练和非熟练工提供额外工作许可证。

5.6 不丹国民的就业和培训

不丹皇家政府秉持培训不丹国民的政策,最终于企业各层面就业。外国直接投资企业将逐步停止聘用外籍人员,代之以不丹国民。

尽管存有上述任何规定,不丹皇家政府应根据劳动和人力资源部的评估,确定是否有适宜不丹人员担任的任何职位,但也可能拒绝签发外籍人员工作许可证。

5.7 签证和许可证

不丹皇家政府向下列人员签发多次入境签证和通行许可证,并免除国际旅游税:

(a)外国投资者;

(b)外国直接投资公司的董事;

(c)外籍人员(专业、管理和技术人员);

(d)不丹学校和研究所招收的外国学生;

(e)病患及陪同前往不丹医院和诊所治疗的人。

上述直系亲属可免交国际旅游税。许可证、亲属卡和签证应收取相关费用。

5.8 外籍人员及其家属的亲属卡

根据不丹皇家政府制定的规章和程序,应向外籍专业人员、管理人员和技术人员的直系亲属提供亲属卡。

5.9 专业人员、技术人员、顾问等的短期许可证。

应根据申请,为专业人员、技术人员、顾问等提供外国直接投资企业的短期工作许可证。

5.10 获取土地

根据2007年《不丹土地法》及其修正案规定,允许租赁或拥有设立外国直接投资企业的土地或空间。当地合伙人可以土地作为股权出资。

6. 外国直接投资审批

6.1 外国直接投资注册

外国直接投资注册证书于提交完整的外国直接投资注册申请表后两周内由经济部签发。外国直接投资的注册后,将获得与不丹公民投资于某行业或活动类似的平等待遇。签发外国直接投资注册证书不意味着批准外国投资者提议的项目。外国投资者注册后,应申请所有适当和必要的审批、许可、执照或注册,任何于不丹开展经营的外国或本国投资者均应获得该等批准、许可、执照或注册。申请该等批准、许可、执照或注册时,外国投资者应出示外国直接投资注册证书。

6.2 外国直接投资企业的审批

应成立高级别多部门外国直接投资委员会,由经济部部长担任主席,由相关机构代表组成,以促进和推动外国直接投资。

该部门应批准/驳回属于优先发展行业活动的提议,关于其他活动,应由该部门组成的项目审批委员会审议。

关于外国直接投资提议的决定应在提交完整申请之日起四十五日内告知。

除其他因素外,批准/拒绝的标准可以基于提议活动关于以下方面的预期贡献:

(a)包括第二条提及的外国直接投资重点领域在内的国民幸福指数原则;

(b)为不丹人民创造就业机会;

(c)收入增长;

(d)外汇兑换;

(e)增值;

(f)发明/创新。

尽管存有上述规定,不丹皇家政府有权拒绝任何投资提议并不作说明。

7. 投资促进部门

不丹皇家政府应评估投资促进部门作为法定机构的必要性。不丹皇家政府将于工业部设立部门,为外国直接投资提供重点支持。

8. 协　调

不丹皇家政府应于每一公共行业机构指定"外国直接投资联络办公室/人员",总体上对外国直接投资制度发挥作用。不丹皇家政府预计在促进和实施外国直接投资方面引入"一个政府"措施。

9. 制定规则的权力

经济部将为执行本政策制定必要的规章和条例。

10. 实　施

本政策将于不丹皇家政府批准及公告后生效。经济部负责本政策的实施。

11. 监　管

经济部负责全面监管,相关部门应在签署的谅解备忘录或协议及其各自立法、政策和规则及条例内监管外国直接投资企业。关于其他事宜:

(a)皇家金融管理部门应监管和维护关于外汇的信息;

(b)劳动和人力资源部应监管和维护外国直接投资关于劳动和就业的具体信息;

(c)内政和文化事务部应监管和保存关于签证、许可证和其他移民的信息;

(d)国家环境委员会秘书处应监管关于企业遵守环境法规的情况。

12. 例外规定

不丹皇家政府有权允许外国直接投资,其要求可能不同于本政策规定的要求。应于执行该例外时公布其性质和理由。

13. 废　止

现废止2002年《外国直接投资政策》。

14. 审查和修订

必要时应审查和修订本政策。

15. 外国直接投资立法的颁行

不丹皇家政府可根据本政策颁布《外国投资促进法》。

16. 定　　义

“可兑换货币”是指皇家货币管理部门认为可兑换,并由《外汇条例》定义的外币。

“投资货币”是指外国投资者投资的印度卢比或可兑换货币。

“亲属卡”是移民部门向在本国工作的外籍人员的直系亲属签发的居留许可。

“既有实体”是指已于本国和开放清单开列行业设立和运营的商事实体。

“外国直接投资企业”是指由外国直接投资公司开展的商事活动。

“外国直接投资注册证书”是指该部根据《外国直接投资注册申请表》向外国直接投资企业受权人签发的证书,允许开展其投资提议。

“外国投资者”是指:

(a)不丹以外的公民;

(b)不丹以外注册设立的实体。

“外国机构投资者”是指养老基金、保险公司、储蓄机构和投资公司等实体,代表其他人汇集资金,投资于各类不同的金融工具和资产。

“部”是指经济部。

“皇家政府”是指不丹皇家政府。

“国际旅游税”是指不丹旅游委员会告知国际游客每人每晚为全包价旅游支付的固定价格/费率。

“工作许可证”是指由劳动部批准并由移民部向外国人签发的通行证,允许于本国工作。

尼泊尔基础设施建设和运营私人融资法

万 立 译 龚 茁 审校*

《尼泊尔基础设施建设和运营私人融资法》译介

尼泊尔联邦民主共和国现行的基础设施建设和运营私人融资法是2006年于众议院第一次颁布的《尼泊尔基础设施建设和运营私人融资法》，简称为《基础设施建设和运营私人融资法》，2005年《基础设施建设和运营私人融资条例》被该法废止。对于其立法目的，该法称："鉴于私人主体参与基础设施建设、运营及转让的必要性，并符合国家奉行的自由经济政策，为了广大公众提供可靠、高成本效益及易获取的服务和设施，制定本法。"

该法第二章第三条规定，租赁、开发、建造、拥有、运营、转让及其他类似的基础设施项目可基于私人投资开展。该等项目，根据该法第二章、第三章的规定，应经过尼泊尔政府邀请提交意向书、制作简要清单、邀请提交标书、选择标书、开展详细可行性研究、制作备忘录、订立协议、颁发许可证等流程，项目的投标人应当按规定向政府提交关于项目实施的详细资料。投标人没有在本法第11条第1款或第2款规定期限内提交详细资料的，或者研究提交的详细资料后，认为项目不可行并且不适宜实施的，尼泊尔政府应当说明原因；与投标人签订谅解备忘录或初步项目协议的，可以终止谅解备忘录或初步项目协议。

该法第四章、第五章规定了取得尼泊尔政府颁发的许可证的被许可人所具有的权利及可享受的便利。根据该法第四章的规定：被许可人可以就项目的实施与其他人订立协议，但订立该类协议不免除被许可人实施项目的义务，且须在协议订立后15日内向尼泊尔政府提交协议副本；项目实施过程中，许可证持有人可以事先通知相关业主，尽可能在相关人员和受影响人员在场时进入任何房屋、土地等，以便实施地理、科学调查及测量。根据该法第五章的规定：为便于项目实施，被许可人向尼泊尔政府申请禁止出于特定目的使用相关房屋、土地，或在该类房屋、土地实施任何建设或其他作业的，请求尼泊尔政府购买任何房屋和/或土地的，政府应当提供便利。同时，尼泊尔政府还应提供相应的项目保障、扶助，并在外汇贷款、签证、爆炸物质使用许可申请和所得税等环节上提供便利。

该法第六章、第七章规定了设立委员会的有关内容。尼泊尔政府可以组建基础设施服务费用审查委员会，由被许可人代表组成，审查被许可人根据本法实施项目时获准收取的费用；应当设立项目协调委员会，协调项目实施，并向尼泊尔政府提出确定项目和优先事项的建议。

该法还规定了解决争端和赔偿等方面的内容，并就部分规定的内容进行了补充，包括被

---

* 万立，华东政法大学博士研究生；审校：龚茁，浙江工商大学副教授，华东政法大学博士研究生。

许可人对研究报告的权利,以及尼泊尔政府制定规则的权力等。

2006年12月14日审核公布

序　　言

鉴于私人主体参与基础设施建设、运营及转让的必要性,并符合国家奉行的自由经济政策,为了广大公众提供可靠、高成本效益及易获取的服务和设施,制定本法:

众议院于2006年第一次《众议院公告》颁布。

第一章　基础事项

第一条　简称和生效

(1)本法称为《基础设施建设和运营私人融资法》。

(2)本法自2006年8月12日起生效。

第二条　定义

除本法另有规定外,本法所称:

(a)"基础设施"是指道路、隧道、桥梁、医院、运河、发电站、输电线路、电缆线路、铁路、无轨电车、有轨电车、陆港、水路、运输地点、机场、展览场地、公园、水库、大坝、污水处理、固体废物处理工厂、能源生产分配、体育场、公共会议厅、多功能建筑物或公共仓库,以及其他类似基础设施。

(b)"项目"是指根据本法实施的建造和运营基础设施的项目。

(c)"建筑"是指基础设施的建设、开发或修复。

(d)"修复"是指对现有基础设施的维护、扩建或重建等作业。

(e)"运营"是指基础设施运营所需的管理工作。

(f)"意向书"是指根据第四条邀请提交的有关项目实施的意向书。

(g)"勘测"是指为实施项目开展的勘测,包括项目可行性研究、工程设计以及为此开展的勘探。

(h)"标书"是指关于项目实施准备的计划、程序及其他相关内容。

(i)"投标人"是指根据第六条或第九条第二款提交申请之人。

(j)"协议"是指根据第十三条为实施项目与投标人达成的协议。

(k)"许可"是指根据第十六条实施项目须办理的许可。

(l)"被许可人"是指已获得项目实施许可之人。

(m)"委员会"是指根据第三十五条为审查费用组成的费用审查委员会。

(n)"费用"是指获准向使用者提供服务或设施而收取的费用。

(o)"用户"是指根据本法使用服务和设施之人。

(p)"委员会"是指根据第三十八条成立的项目协调委员会。

(q)"部"是指实施项目的尼泊尔政府相关部门。

(r)“规定的”或“按照规定的”是指根据本法制定的规则规定或按照其规定的事项。

第二章　项目实施规定

第三条　可以基于私人投资开展的项目

可以基于私人投资开展以下项目：

(a)建造和转让；

(b)建造—运营—转让；

(c)建造—拥有—运营—转让；

(d)建造—转让—运营；

(e)租赁—运营—转让；

(f)租赁—建造—运营—转让；

(g)开发—运营—转让；

(h)其他类似方式。

第四条　邀请提交意向书

(1)尼泊尔政府认为有必要开展总额超过二千万卢比项目的，可以在项目中列明规定事项并公开发布通知，邀请提交意向书。

(2)根据第一款提交意向书的，须在第一款刊登的公告规定期限内，向政府提交意向书，意向书应当载明以下内容：

(a)提交意向书之人的姓名和地址；

(b)提交实施项目人员的财务和技术能力；

(c)有关基础设施建设和运营的经验；

(d)规定的其他内容。

第五条　制作简要清单

尼泊尔政府收到意向书之日起一个月内，应当基于规定的理由选择提交意向书之人，并制作简要清单。

第六条　邀请提交标书

(1)尼泊尔政府制作第五条所称简要名单后，可以发布公告，列名与项目实施有关的规定事项，邀请已列入该名单的意见书提交之人提交标书。

(2)有意根据前款规定提交标书的，应当于公告所称期限内，向尼泊尔政府提交标书，标书应当载明下列事项：

(a)项目初步可行性研究；

(b)项目初步工程设计；

(c)项目成本估算；

(d)项目资金来源；

(e)项目初步环境研究报告；

(f)项目实施具体内容；

(g)项目实施可能存在的风险和建议的措施；

(h)项目实施程序；

(i)规定的其他内容。

(3)先前已对项目实施调查的,政府可以发布公告,列出与项目实施相关的规定事项,直接邀请纳入第五款名单的提交意向书之人提交标书,不适用本条第一款的规定。

(4)根据前款规定,有意提交标书的,应当于根据第三款发布的公告所称期限内,向尼泊尔政府提交标书,标书应当载明下列事项：

第七条　选择标书

(1)尼泊尔政府应当在收到第六条所称标书六十日内基于下列理由选择标书：

(a)财务状况；

(b)技术能力；

(c)项目环境研究报告；

(d)向尼泊尔政府支付的特许权使用费；

(e)实施项目时自使用者收取费用；

(f)规定的其他内容。

(2)尼泊尔政府应当在提交人提交标书前,告知提交人第一款规定的选择依据。

(3)根据本条第一款的规定选择标书后,尼泊尔政府应当以便捷的方式向选定投标人提供相关信息。

第八条　基于谈判开展详细可行性研究

(1)任何人不得向尼泊尔政府申请对未经调查的项目实施详细可行性研究。

(2)针对根据前款规定提交的申请予以必要审查后,尼泊尔政府认为颁发许可证是适当的,可以与申请人谈判,并颁发许可证以实施或使之实施项目的详细可行性研究。

(3)根据前款规定实施或使之实施详细可行性研究产生的费用,应当由实施或使之实施该类详细可行性研究之人承担。

(4)根据本条实施详细可行性研究的任何项目实施过程中,无法选用根据第二款实施或使之实施详细可行性研究之人的,为实施项目而选择的中标人应当承担实施或使之实施项目详细可行性研究之人所承担的费用。

(5)尼泊尔政府根据需要成立委员会,确定根据第四款应当承担的数额。

第九条　基于谈判实施项目

(1)尽管本法存有任何其他规定,有下列情形之一的,政府部门仍可以基于谈判实施任何项目：

(a)根据本法已两次或以上提交意向书或标书,仍无法按照要求的数量选择意向书或标书；

(b)竞争不可能存在；

(c)包含新概念或技术；

(d)成本预计高于二十亿卢比；

(e)委员会建议实施；

(f)由于任何原因,未能发现有遵照本法其他程序的理由。

(2)有意基于谈判实施第一款所称项目之人应当向政府提出申请,并列明规定事项。

(3)审查根据第二款收到的申请后,尼泊尔政府认为基于谈判实施项目是适当的,可以与申请人谈判实施该项目。

(4)根据本条基于谈判实施项目的,尼泊尔政府应当询问申请人本法第六条第二款规定的具体内容。

第十条　制作备忘录

根据第七条选择标书后,或者根据第九条第四款规定认为实施项目是适当的,尼泊尔政府应当就项目的实施与投标人签订备忘录。

但是,尼泊尔政府基于项目性质,可以与投标人签订初步项目协议。

第十一条　提交项目详细资料

(1)备忘录或协议根据第十条签订的,在备忘录或初步项目协议规定的期限内,或者备忘录或协议尚未签订,在政府财务部门确定的项目签署后的六个月内,投标人应当向政府提交项目实施的下列详细资料:

(a)项目具体情形;

(b)项目详细可行性研究;

(c)项目详细工程设计;

(d)项目环境研究报告;

(e)项目分阶段实施的,相关具体情形;

(f)项目实施模式;

(g)项目实施期间的收入和支出;

(h)项目实施的制度安排;

(i)实施项目时自使用者收取的费用;

(j)项目实施过程中与其他人达成任何协议,相关具体情形;

(k)实施该项目时向尼泊尔政府交纳的特许权使用费;

(l)融资来源的具体情况;

(m)项目保险条款;

(n)项目实施的区域;

(o)投标人实施项目遵循的财务程序规定;

(p)规定的其他内容。

(2)投标人提出申请,表明有任何合理理由无法于第一款规定期限内向尼泊尔政府提交该等详细内容的,尼泊尔政府可以延长期限,但不得超过三个月。

(3)投标人提交申请书,表明无法于第一款或第二款所称期限内向尼泊尔政府提交第一和第三款所称详细内容的理由;审查后认为合理的,尼泊尔政府可以于任何特定项目中,免除投标人提交该等内容的义务,并且投标人可以于达成协议后提交该等内容。

第十二条　终止的情形

(1)投标人拒不于本法第十一条第一款或第二款规定期限内提交详细资料的,或者研究提交的详细资料后,认为项目不可行并且不适宜实施的,尼泊尔政府应当说明原因;与投标人签订谅解备忘录或初步项目协议的,可以终止谅解备忘录或初步项目协议。

(2)谅解备忘录、初步项目协议或标书根据第一款终止的,投标人不得向尼泊尔政府提出损害赔偿。

第三章　许可相关规定

第十三条　订立协议

(1)尼泊尔政府认为适当,根据第十一条规定与投标人订立协议的,尼泊尔政府应当按照要求展开谈判,并根据委员会建议与投标人订立协议。

(2)投标人应当在尼泊尔政府规定期限内,提交第十一条第一款第和项所称文件。投标人逾期未提交的,终止政府与投标人者订立的协议。

第十四条　协议内容

协议应当载明下列事项:

(a)项目情况;

(b)项目实施始期和终期;

(c)建设或运营项目时,有关被许可方取得的设施和特许权等事项;

(d)许可的有效期;

(e)项目实施阶段性情形和实施进度;

(f)项目技术质量和标准;

(g)有关项目运行的具体信息;

(h)项目为租赁模式的,项目的具体情况和租赁期限;

(i)项目运营或转让规定;

(j)有关项目运营期间准许向使用者收取费用的规定;

(k)有关工程保险的规定;

(l)项目移交时的情况和已安装机器的情况和质量标准;

(m)尼泊尔政府收取特权经营费及其支付方式;

(n)实施项目时,由于不履行义务,终止合同的条件;

(o)其他必要事项。

第十五条　履约保证金的相关规定

履约保证金的数额不低于合同规定期限内项目总成本的0.50%,或与尼泊尔政府债券等值的银行担保。

第十六条　颁发许可证

根据第十三条订立协议后,尼泊尔政府应当向投标人颁发实施项目的许可证。

第十七条　禁止向其他人颁发许可证

向任何投标人颁发许可证,在任何地区实施项目后,不得再向其他人颁发于该地区实施类似项目的许可证,而对项目造成不利影响。

第十八条　许可证有效期

(1)许可有效期于协议中约定,但不得超过三十年。

(2)被许可人申请延长许可证有效期的,并说明任何特殊情况下有必要延长的理由后,尼泊尔政府认为合理的,可以将许可证有效期至多延长五年,不适用前款规定。

(3)许可证有效期应当根据约定的条件确定。

第十九条　终止许可证

(1)被许可人拒不根据协议实施项目,或有任何其他违反本法及其他相关规定的行为的,尼泊尔政府可以向被许可人发出通知,终止许可证。

(2)根据前款规定撤销许可证后,与被许可人订立的协议一并终止。

(3)根据本条终止许可证后,许可证持有人不得对尼泊尔政府提出损害赔偿。

第二十条　禁止国有化

任何项目及其相关的土地、建筑、设备及结构在许可证有效期内禁止国有化。

第二十一条　特许权使用费

协议以支付特许权使用费的方式订立的,被许可人应当以协议约定的方式向政府支付特许权使用费。

第二十二条　待转让项目

(1)被许可人应当按照协议约定将项目向尼泊尔政府转让。

(2)根据前款规定转让时,安装于该项目中的机器、设备及结构应当符合协议约定的性能、状况及运行条件。

第二十三条　所有权归政府所有

根据第二十二条转让的项目所有权及其房屋、设备归政府所有。

第二十四条　项目可以基于合资开展

(1)尽管本法另有规定,包括政府优先事项在内的任何特定项目,可以基于尼泊尔政府和私人主体的联合融资开展。

但是,尼泊尔政府出资不得超过项目总成本的百分之二十五。

(2)根据第一款出资实施项目的私人主体有意承担尼泊尔政府出资的,可以根据项目总价值予以相应计算。

第四章　被许可人的权利

第二十五条　与其他人订立协议

(1)许可证持有人取得尼泊尔政府许可后,可以就项目的实施与其他人订立协议。

但是,订立该类协议不免除被许可人实施项目的义务。

(2)被许可人根据第一款订立任何协议的,须在协议订立后十五日内向尼泊尔政府提交协议副本。

第二十六条　进入房屋、土地等。

(1)项目实施过程中,许可证持有人可以事先通知相关业主,进入任何房屋、土地等,以便对任何房屋、土地、设施及工厂等实施地理、科学调查及测量,并勘察、检测其他自然资源和方式(包括石油),安装并使用必要设备,划分土地,架设边界线或围栏。

(2)根据第一款进入任何房屋、土地等的,须砍伐或移除已种植的作物或植物、树木,或须移除、拆毁或建造任何围栏、墙壁、机械及工具等的,应当向相关业主提供合理补偿。

(3)根据第一款进入房屋、土地等的,应当尽可能在相关人员和受影响人员在场时实施。

第五章　为被许可人提供的便利

第二十七条　禁止使用房屋、土地或进行任何施工或作业

(1)项目实施过程中,协议禁止任何其他人出于特定目的使用位于项目现场及其一定距离的任何房屋、土地或实施任何建设或其他作业的,且被许可人申请尼泊尔政府禁止以该目的使用该房屋、土地,或在该类房屋、土地实施任何建设或其他作业,尼泊尔政府认为合理的,可以予以禁止,但被许可人须补偿对相关人造成的任何损失、损害。

(2)设立补偿确定委员会,确定根据第二十六条第一款或第二款条提供的补偿;委员会应当评估有关人士实际遭受的损失、损害,确定补偿额。

(3)对第二款所称补偿金额提出异议之人,可以在收到该决定之日起三十五日内向尼泊尔政府提出申诉。

(4)尼泊尔政府应当于三个月内对申诉作出决定,尼泊尔政府就该类申请作出的决定有最终效力。

第二十八条　取得房屋、土地

(1)被许可人应当自行购买实施项目所需房屋、土地。被许人方无法购买,协议要求购买任何房屋和/或土地的,尼泊尔政府应当根据被许可人请求,按照现行法律规定为政府机构购买任何土地的方式,为该人购买该类房屋和/或土地。

(2)被许可人应当承担根据第一款向房屋和土地所有者提供的价款。

(3)尽管本条另有规定,项目实施有必要获取尼泊尔政府的任何土地或任何公有土地的,尼泊尔政府可以租赁等方式提供协议规定的土地。

(4)根据第三款规定,公共土地以租借等方式提供的,自租赁收取金额的百分之五十应当给予相关市政府或乡村发展委员会。

第二十九条　项目保障

项目的保障由被许可人自行决定。

有特殊理由的,被许可人可以申请政府就项目提供任何保障,政府可以提供,被许可人须承担相应费用。

第三十条　提供扶助

(1)尼泊尔政府应当在项目实施过程中,根据协议约定的方式和条件,向被许人方提供、颁发及执行所需扶助、许可或其他事宜。

(2)项目实施过程中,被许可人申请符合现行法律的必要扶助的,尼泊尔政府可以提供。被许可人须承担所需费用和责任。

第三十一条　外汇贷款便利

以外汇贷款或共享资本的形式投资外汇,以实施项目的,偿还本息所需外汇应当按照现行汇率向被许可人提供。

第三十二条　签证便利

外国投资者取得项目实施许可证的,应当根据现行法律向其提供居留许可证。

第三十三条　爆炸物质的使用

任何爆炸物质用于项目实施的,尼泊尔政府应当基于被许可人申请,根据现行法律向其发放使用爆炸物的许可证。

第三十四条　所得税

协议订立后,现行法律下有效的所得税规定在协议有效期内继续有效。

第六章　建立委员会及费用规定

第三十五条　委员会的建立

(1)尼泊尔政府可以组建基础设施服务费用审查委员会,由被许可人代表组成(包括使用者),审查被许可人根据本法实施项目时获准收取的费用。

(2)根据第一款建立的委员会成员的资质、委任及所应获得的便利,以及委员会工作程序,均应当符合相关规定。

(3)委员会审查第一款所称费用时,审查应当根据项目实施许可证产生的实际费用和可能获得的合理回报。

(4)委员会根据第三款审查的费率应当在尼泊尔政府批准后适用。

第三十六条　收取费用

为了提供服务和设施,被许可人可以向使用者收取费用。

第三十七条　订明服务和设施规定

(1)向使用者提供服务和设施时,被许可人可以于合同中订明必要条款。

(2)使用者不得违反第一款所称条款使用服务和设施。

第七章　建立委员会及其他规定

第三十八条　委员会的设立

(1)应当设立项目协调委员会,协调项目实施,并向尼泊尔政府提出确定项目和优先事项的建议。

(2)委员会的组成及任职如下:

(a)国家计划委员会副主席:主席;

(b)国家计划委员会成员(相关部门负责人):成员;

(c)政务司司长:成员;

(d)财政部秘书长:成员;

(e)内政、司法和议会事务部秘书长:成员;

(f)实体规划和工程部秘书长:成员;

(g)总理办公室和部长会议秘书长:成员;

(h)相关部委秘书长:成员;

(i)国家计划委员会秘书长:成员兼秘书长。

(3)委员会秘书处设在国家计划委员会秘书处。

(4)委员会可以邀请具有相关专业知识之人士作为观察员出席会议。

第三十九条　委员会会议与决定

(1)委员会会议按需举行。

(2)委员会会议在委员会主席指定的日期、时间和地点举行。

(3)委员会成员秘书在会议召开前三日向委员会成员提供召开会议的通知和议程。

(4)会议由半数以上委员会成员出席方为有效。

(5)会议由委员会主席主持,主席缺席的,由委员会成员选任成员主持。

(6)委员会会议采取简单多数表决机制,票数相等的,会议主持人投出决定票。

(7)有关委员会会议的其他程序由委员会自行决定。

第四十条　监督项目

(1)委员会监督项目的实施。实施监督时,应当有相关地区发展委员会主席和一名女性成员参与。

(2)根据第一款监督项目过程中,相关被许可人应当遵照委员会的指示。

第四十一条　指示

委员会可以随时向有关部门(尤其是项目实施部门)发出必要指示。

第四十二条　技术委员会

(1)尼泊尔政府应当成立技术委员会,由十一名以内成员组成,包括相关领域的专家。由相关部委秘书长担任主席,就项目实施向尼泊尔政府提出建议。

(2)技术委员会主席指定的有关部委的任何官员或雇员担任委员会秘书长。

(3)有关技术委员会会议程序由委员会自行决定。

第八章　解决争端和赔偿

第四十三条　争端解决

(1)政府与被许可人就项目实施发生任何争端的,应当协商解决。

(2)争议未根据第一款协商解决的,应当根据协议约定解决。否则,可以仲裁解决。

(3)根据第二款解决争端时,协议有约定的,仲裁程序应当根据协议进行;否则,根据现行法律进行。

第四十四条　赔偿

(1)任何一方在项目实施过程中违反协议,对另一方造成任何损失、损害的,该方应当就造成的损失、损害向另一方提供合理赔偿。

(2)尼泊尔政府承担第一款所称赔偿的,尼泊尔政府可以基于该类赔偿的金额,延长许可期限。

第九章　其 他 规 定

第四十五条　项目具体情况备案

(1)根据委员会建议,市政府确定根据第三条实施的项目,并备案更新的具体情况。

(2)根据第一款获取具体情况的同时,尼泊尔政府应当备案已调查或未调查项目的独立具体情况。

第四十六条　出租或出售

(1)尼泊尔政府可以出租任何房屋或由政府机构控制的房屋或基础设施,或出租任何机器、工具或基础设施。

(2)根据前款规定出租的条件应当与协议约定一致。

第四十七条　适用本地资源、手段及人力资源

项目实施过程中,被许可人应当尽可能适用本地资源、手段、人力资源以及于本国生产的商品和提供的服务。

第四十八条　对研究报告的权利

投标人对根据第六条与标书一同提交的有关研究报告的文件享有全部权利。未经投标人书面同意,有关研究报告的该类文件不得为其他任何目的使用或出版。

第四十九条　制定规则的权力

尼泊尔政府可以制定必要规则,以实现本法宗旨。

第五十条　2005 年《基础设施建设和运营私人融资条例》失效

2005 年《基础设施建设和运营私人融资条例》失效后,除另有规定外,该条例的失效不得:

(a)产生该条例失效时不存续或不普遍的任何事项;

(b)影响根据该条例存续的任何事项,或已发生的任何行为,或基于履行要求已享有的任何事项;

(c)影响根据该条例享有/承担的任何权利、便利、义务或责任;

(d)根据该条例实施的任何处罚或没收违法所得;

(e)影响关于上述任何权利、便利、义务、责任或惩罚实施的任何行为、行动或补救,该等法律行为或补救在该条例生效的情形下,可以实施、存续或强制执行。

关于印度外国投资的指令

万　立　译*

《关于印度外国投资的指令》译介

印度是全球最大的外国投资目的地之一，市场规模、快速市场增长、投资激励、低劳动力成本、低原材料成本、有形基础设施、私有化政策、贸易政策、技术和运输成本等各类因素促使印度成为吸引外国投资的目的地。过去几年来，印度的外国投资稳步上升。印度政府的“营商便利”倡议有助于为获得必要的监管批准畅通道路，进一步促进外国投资者向印度投资。目前，在多数行业内，外国投资可持有印度企业100%的股权。印度还未制定专门的投资法律，主要规定在《主要指令：印度外国投资》之中，该指令于2019年有最新修订。此外，非印度居民的投资还受1999年《外汇管理法》及相关规章、条例，尤其是2017年《外汇管理（印度境外居民转让或发行证券）条例》的调整。①

禁止或限制投资行业

《主要指令》第3条开列了禁止或限制外国投资的诸多领域。印度境外居民不得向下列行业投资：(1)博彩业务包括政府/私营彩票、网络彩票。(2)赌博和赌彩包括赌场。(3)银会（不包括印度境外居民和印度海外公民的不可转移投资）。(4)金钱借贷公司。(5)可转让发展权交易。(6)房地产业务或农舍建设。(7)雪茄烟、金樱子、小雪茄和香烟、烟草或烟草替代品的制造。禁止生产上述产品和外国投资于与该等产品相关的其他活动，成批正向套利、零售贸易等应遵照《外汇管理条例》第16条规定的行业限制。(8)不对私营行业投资开放的活动/行业：(i)原子能和(ii)铁路运营。(9)彩票业务和博彩活动禁止任何形式的外国技术合作，包括特许经营、商标、品牌名称、管理合同等。此外，孟加拉国或巴基斯坦的公民或实体的任何投资均需事先获得政府批准。巴基斯坦公民或在巴基斯坦注册的实体，仅事先获得政府批准，方可投资于国防、空间、原子能和禁止外国投资的行业/活动以外的行业/活动。

投资形式

非印度居民可以下列形式向印度企业投资：(1)外国直接投资。外国直接投资是印度境外居民通过资本工具开展的投资，主要投向：印度未上市公司；印度上市公司股本10%或以上发行后，在完全稀释的基础上，为印度上市公司缴足股本。(2)外国证券投资。(3)外国组合

* 万立，华东政法大学博士研究生。

① 参考资料：https://uk.practicallaw.thomsonreuters.com/7-596-0585?transitionType=Default&contextData=(sc.Default)&firstPage=true&bhcp=1。

投资。该类投资是印度境外居民对资本工具开展的任何投资,主要是向印度上市公司投资,但占发行后缴足股本的比例应低于10%,或低于印度上市公司每一系列资本工具实收价值的10%。(4)外国风险投资者投资。该类投资是指印度境外注册成立的投资者,其根据2000年《印度证券交易委员会(外国风险资本投资者)条例》在印度证券交易委员会注册。(5)投资工具。"投资工具"指根据印度证券交易委员会或任何其他指定机构制定的相关规则注册、监管的实体,包括房地产投资信托基金、基础设施投资信托基金和替代性投资基金。非印度居民(孟加拉国或巴基斯坦公民,或在孟加拉国或巴基斯坦注册的实体除外)可投资于投资工具的单位,但须遵守《外汇管理条例》的规定。(6)存托凭证是外币计价的工具,无论是否在国际交易所上市,由获许区域内的外国存托机构在发行或转让给该外国存托机构并存放于国内托管机构的合格证券上背书发行,包括2013年《公司法》定义的"全球存托凭证"。根据《外汇管理条例》规定,非印度居民可投资于外国存管机构针对合格证券发行的存托凭证。

投资路径

外国投资可通过下列两类方式进入印度:(1)自动路径。根据该路径,在《外汇管理条例》规定的限度内,外国投资无需事先获得有关行政部、印度储备银行的批准。如规定有最低资本化要求,则包括收取的溢价和资本工具的面值,仅当公司在向印度境外居民发行该类工具时收取的溢价。计算最低资本化要求时,不得考虑受让人在发行后转让期间支付的超出资本工具发行价格的款项。(2)政府路径。根据该路径,不符合自动路径投资条件的活动的外国直接投资和超过自动路线规定限度的投资,均应事先获得相关部门批准。例如,所有合格投资者对永久债务工具(一级)的投资不得超过每次发行总额的49%,单个外国组合投资者的投资不得超过每次发行总额的10%。再如,投资占印刷媒体企业股权26%或以上。先前的外国投资促进委员会已不复存在代之以更为简便的外国直接投资审批程序,大大放宽了投资限制。

应注意的是,如印度获投资的公司从事自动路径或政府路径下的行业,印度公司可根据下列条件向印度境外居民发行资本工具:(a)资本工具置换;(b)资本货物/机械/设备(不含二手机械)的进口应遵照下列条件:(i)由印度居民的资本货物、机器等进口,应符合对外贸易总局通知关于对外贸易政策和根据该法颁布的进口条例;(ii)由第三方实体对资本货物/机械/设备独立估价,一般应是进口国的独立估价人,并出示海关部门为评估该类进口的公允价值而签发的文件/证书副本。

投资促进措施

印度政府为外国投资者提供有诸多激励措施,如印度税法规定外国投资者享有的免税期、抵扣额、退税等优惠措施。下列行业可享有该等优惠措施:出口和制造活动;新工业经营的建立;基础设施相关设施的开发软件产业、研究活动与落后地区的发展。此外,手工业、农业、石油和天然气、可再生资源、发电和特定服务行业均有相关部门提供的激励计划。

值得注意的是,印度政府对向经济特区投资的外商提供了较大力度的激励措施。与经济特区设立企业的外商可享有为期十年的所得税假期(前5年100%免税,后5年50%免税),自该企业开始制造或经营的年度出口获利内扣除。满足某些条件时,还可连续五年扣除50%的利得税。此外,经济特区的企业、开发商须支付账面利润的最低替代性税款和股息收入的分配税款。设于经济特权的离岸银行和国际金融服务中心可享有连续5年全额免交利得税。

满足特定程序条件时，于经济特区注册的企业可享有下列间接税收优惠：免除进口货物关税。对国内采购的货物或服务免征商品及服务税。如经济特区生产的商品出口至印度境外，免交商品及服务税。购买商品及服务税范围之外的商品，如石油产品，如该等商品旨在开展经济特区内的获准经营活动，则免交消费税、关税或增值税。此外，根据印度《自由贸易协定》，承诺出口全部产品和服务的企业可根据外向型企业计划、电子硬件科技园计划、生物技术园商品制造和服务提供计划等设立。

印度储蓄银行

最新更新于2018年1月12日

敬，

女士/先生，

所有授权交易商类别：一类银行和授权银行

1. 印度外国投资受1999年《外汇管理法》第六条第三款第二项和第四十七条监管，与2017年11月7日《外汇管理（印度境外居民转让或发行证券）条例》（FEMA20（R）/2017－RB号通知）一并适用。上述规则将不时修订，以体现监管制度的变更，并通过修订通知发布。

2. 根据条例制度框架，印度储备银行根据1999年《外汇管理法》第十一条向授权人员发出指示。《主要指令》规定了授权人员如何与其客户/成员开展外汇业务的模式，以实施制定的条例。

3. 根据联邦应急管理局发布的关于印度外国投资及其相关事项的指示，按照《主要指令》编纂。附录载有构成《主要指令》基础的基本公告/通知列表。

4. 报告说明规定于关于报告的《主要指令》（2016年1月1日第18号《主要指令》）中。负责提交该类报告的个人/实体应承担延迟提交报告的费用。

5. 需注意的是，必要时储备银行应通过《资产负债表（DIR Series）》向授权人员发出指示，说明条例的任何变更或授权人员与其客户/成员展开相关交易的方式，和/或修改发布的《主要指令》。《主要指令》根据1999年《外汇管理法》（1999年第42号）第十条第四款和第十一条第一款发布，不影响任何其他法律要求的许可/批准（如有）。

您诚挚的

首席主管总经理

1. 导　　言

1.1 1999年《外汇管理法》授权储备银行制定条例，禁止、限制或规范印度境外居民转让或发行任何证券。根据2017年11月7日（联邦外汇管理局第20（R）/2017－RB号通知），该等条例称作2017年《外汇管理（印度境外居民转让或发行证券）条例》（下称《外汇管理条例》——译者注)。

1.2 印度境外居民根据《外汇管理法》或联邦应急管理局制定的规则或条例,在《外汇管理法》实施之日开展的投资,应视为根据《外汇管理条例》开展的投资,并受《外汇管理条例》管理。

1.3 印度境外居民可持有、所有、转让或投资印度境内证券,如该证券由印度境内居民获得、持有或所有,或自印度境内居民继承。该等人士不得转移该类投资。

2.主要规定

《主要指令》的主要规定如下:

2.1 "法律"是指1999年《外汇管理法》(1999年第42号)。

2.2 "资本工具"是由印度公司发行的股本、债券、优先股和认股权证。资本工具的详细解释参见《主要指令》第四款。

2.3 "可转换债券"是指由初创公司发行的工具,表明最初以债务形式收取资金,可由持有人选择偿还,或在不超过可转换债券发行之日起五年内,根据该工具中约定和指示的其他条款和条件,于发生特定事件时,转换为该初创公司一定数量的股权。

2.4 "电子商务"是指通过数字和电子网络买卖商品和服务(包括数字产品)。

2.4.1 "电子商务实体"是指从事电子商务业务的下列实体;

(1)根据1956年《公司法》或2013年《公司法》成立的公司;

(2)2013年《公司法》第二条第四十二项规定的外国公司;

(3)印度境外居民在印度所有或管控的办事处、分支机构或代理机构。

2.4.2 "基于库存的电子商务模式"是指电子商务活动,其中商品和服务的库存归电子商务实体所有,并直接向消费者出售。

2.4.3 "电子商务市场模式"是指电子商务实体于数字和电子网络提供信息技术平台,作为买卖双方的促进者。

2.4.4 基于库存的电子商务模式不允许外国投资。

2.5 "与外国直接投资相关的业绩条件"是指《外汇管条例》第十六条规定,为接受外国投资公司的具体行业条件。

2.6 "外国直接投资"是指印度境内居民通过资本工具:(a)对未上市的印度公司的投资;或(b)在印度上市公司完全稀释的基础上发行后百分之十或以上的实收股本。

2.6.1 如印度境外居民对印度上市公司资本工具的现有投资,在完全稀释的基础上降至发行后实收股本的百分之十以下,该投资仍视为外国直接投资。

2.6.2 "完全稀释"基础是指如所有可能的转换来源均已行使,将发行的股份总数。

2.7 "外国组合投资"是指印度境外居民对资本工具的任何投资,该类投资:(a)在完全稀释的基础上,低于印度上市公司发行后已缴股本的百分之十,或(b)低于印度上市公司每一系列资本工具已缴股本的百分之十。

2.8 "外国组合投资者"是指根据2014年《印度证券交易委员会(外国组合投资者)条例》规定注册的个人。

2.8.1 任何根据1995年《印度证券交易委员会(外国机构投资者)条例》注册并持有印度证券交易委员会有效注册证书的外国机构投资者或子账户应视为外国组合投资者,于2014年《印度证券交易委员会(外国组合投资者)条例》颁布后三年终止。

2.9 "外国投资"是指印度境外居民对印度公司的资本工具或有限合伙企业的资本的可转移投资。

2.9.1 印度公司向印度境外居民发行/转让油田"参与权益"则视为外国投资。

2.9.2 如印度境外居民根据2013年《公司法》规定声明持有实益权益,则即便投资可能由印度境内居民开展,也视为外国投资。

2.9.3 印度境外居民可于任何印度公司持有外国直接投资或外国组合投资。

2.10 "集团公司"是指两个或两个以上的企业,直接或间接在其他企业:(a)行使百分之二十六或以上表决权;或(b)任命百分之五十以上的董事会成员。

2.11 "印度实体"是指印度公司或有限合伙企业。

2.12 "投资"是指认购、获得、持有或转让由印度居民发行的任何证券。

2.12.1 投资包括收购、持有或转让印度境外发行的存托凭证,其基础是印度居民发行的证券或单位。

2.12.2 关于有限合伙企业,投资是指出资或获得/转让收益股份。

2.13 "可转移投资"是指销售/到期收益(扣除税款后)有资格转移;"不可转移投资"予以相应解释。

2.14 "投资工具"是指根据印度证券交易委员会或任何其他指定机构制定的相关条例注册和监管的实体,受2014年《印度证券交易委员会(房地产投资信托基金)条例》管辖的房地产投资信托基金、受2014年《印度证券交易委员会(基础设施投资信托基金)条例》管辖的基础设施投资信托基金和受2012年《印度证券交易委员会(替代投资基金)条例》管辖的替代投资基金。

2.14.1 根据1996年《印度证券交易委员会(风险资本基金)条例》以信托、公司或法人形式设立并注册的风险资本基金,不视为《外汇管理条例》和本指令中的投资工具。

2.15 "有限合伙企业"是指根据2008年《有限合伙企业法》成立和注册的合伙企业。

2.16 "印度上市公司"是指其任何资本工具在印度承认的证券交易所上市的印度公司,"印度未上市公司"则予以相应解释。

2.17 "非印度居民"是居住于印度境外的印度公民。

2.18 "印度海外公民"是指根据1955年《公民法》(1955年第57号)第七条之一登记为印度海外公民持卡人的印度境外居民。

2.19 "印度居民公民"是指根据《印度宪法》或1955年《公民法》居住于印度的印度公民。

2.20 "房地产业"是指经营土地和不动产以获利,不包括城镇发展、住宅/商业建筑、道路或桥梁、教育机构、娱乐设施、城市和区域基础设施、城镇建设。不构成转让的财产出租的租金收益不是房地产业务。① 房地产经纪服务不是"房地产业务",全额外国投资可自行开展

---

① 由2018年3月26日《外汇管理(修正)条例》明确。

房地产经纪服务。

2.21 “行业上限”是指投资的最高额度,包括印度境外居民对公司资本工具或有限合伙企业资本的可转移外国投资,以及间接外国投资,但另有规定的除外。这是投资印度实体的复合限额。

2.21.1 具有债务性质的外币可转换债券和交易路演等工具不落入行业上限内。

2.21.2 印度境外居民因根据任何安排转换任何债务工具而持有的任何股权应计入行业上限。

2.22 “单位”是指投资者在投资工具中的受益权益。

3. 禁止行业/人员

3.1 印度境外居民不得向下列行业投资:

(1)博彩业务,包括政府/私营彩票、网络彩票。

(2)赌博和赌彩,包括赌场。

(3)银会(不包括印度境外居民和印度海外公民的不可转移投资)。

(4)金钱借贷公司。

(5)可转让发展权交易。

(6)房地产业务或农舍建设。

(7)雪茄烟、金樱子、小雪茄和香烟、烟草或烟草替代品的制造。禁止生产上述产品和外国投资于与该等产品相关的其他活动,成批正向套利、零售贸易等应遵照《外汇管理条例》第十六条规定的行业限制。

(8)不对私营行业投资开放的活动/行业:(i)原子能和(ii)铁路运营。

(9)彩票业务和博彩活动禁止任何形式的外国技术合作,包括特许经营、商标、品牌名称、管理合同等。

3.2 孟加拉国或巴基斯坦的公民或实体的任何投资均需事先获得政府批准。

3.3 巴基斯坦公民或在巴基斯坦注册的实体,必须事先获得政府批准,才可以投资于国防、空间、原子能和禁止外国投资的行业/活动以外的行业/活动。

4. 资 本 工 具

4.1 印度公司可以通过向投资者发行资本工具获取外国投资。资本工具是由印度公司发行的股本、债券、优先股和认股权证。

4.2 股权:根据2013年《公司法》规定发行的股票,包括部分缴足股权。

4.3 部分缴足股权:2014年7月8日或之后发行的部分缴足股权视为资本工具。

4.3.1 已向印度境外居民发行的部分缴足股权应于发行后十二个月内全部缴足。

4.3.2 须提前收取总额百分之二十五(包括股份溢价,如有),足额缴纳股权的余额应在部分股权发行之日起十二个月内收取。

4.3.3 如果发行总额高于五十亿卢比,且发行人遵照关于监管机构的2009年《印度证券交易委员会(资本发行和披露要求)条例》第十七条,则无须于十二个月内接收余额。

4.3.4　如是印度未上市公司,在发行规模高于五十亿卢比的十二个月后可收取余额。被投资公司应根据《印度证券交易委员会(资本发行和披露要求)条例》规定,按照与印度上市公司同样的要求任命监管机构。该类监测机构(授权交易商类别——一类银行)应按照印度证券交易委员会适用于上述上市公司的规定向被投资公司报告。

4.3.5　如未支付催缴款,则根据2013年《公司法》及相关所得税规定(如适用)没收预付款项。

4.4　认股权证:2014年7月8日或之后发行的认股权证视为资本工具。

4.4.1　"认股权证"是指印度公司根据印度证券交易委员会颁布的相关规则发行的认股权证。

4.4.2　百分之二十五及以上对价须在发行认股权证后十八个月内提前收取,余额须在发行认股权证后十八个月内收取。

4.4.3　未支付余额对价的,根据2013年《公司法》及相关所得税规定(如适用)没收预付款项。

4.5　外国投资者延迟支付对价或根据适用的定价指南收取对价不足,不视为认购部分缴足股权和认股权证。

4.6　债券:债券是完全、强制及法定可转换的债券。

4.6.1　强制和法定可转换债券的期限变更应符合2013年《公司法》规定。

4.6.2　2007年6月7日以前发行的可转换/部分可转换债券,或2007年6月7日以前收取发行资金的债券,视为已根据《外汇管理条例》发行,直至其原定到期日。2007年6月7日以前到期的任何延期视为原定到期日。

4.7　优先股:优先股是指完全、强制及法定可转换的优先股。

4.7.1　完全、强制和法定可转换优先股的期限变更应符合2013年《公司法》。

4.7.2　2007年4月30日以前发行的不可转换/可选可转换/部分可转换优先股,视为已根据《外汇管理条例》发行,直至其原定到期日。该等股权不受行业上限约束,直至其原定到期日。2007年4月30日以前到期的任何延期视为原定到期日。

4.7.3　2007年5月1日或以后收到的不可转换/可选择转换/部分可转换优先股资金,应视为债务,并应符合2000年《外汇管理(外汇借贷)条例》制定的《外部商业借款(欧洲央行)指南》。适用于欧洲央行的所有规范,包括合格借款人、认可贷款人、金额和到期日、最终用途规定等将得到适用。由于该等工具以卢比计价,卢比利率则基于相当于伦敦银行同业拆放利率的转换,附以相应货币的外部商业借款允许的利差。

4.8　2013年12月30日或以后发行的资本工具可包含期权性条款,该条款受一年的最低锁定期或特定行业的规定限制,以较高者为准,但不享有任何期权或以保证价格退出的权利。

5. 准入路径和许可行业

5.1 准入路径

5.1.1 自动路径是指印度境外居民投资，无需事先获得储备银行批准或政府批准的投资。

5.1.2 政府路径是指印度境外居民投资，需事先获得政府批准的投资。通过该路径获取的外国投资，应符合政府批准的要求。

5.1.3“政府批准”是指前印度政府工业援助秘书处、工业政策和促进司和/或前印度政府外国投资促进委员会和/或任何部委(视情况而定)的批准。

5.1.4 完全稀释或行业/法定上限(以较低者为准)的基础上，累计外国组合投资最多可达已缴股本的49%；如该类投资未使印度居民对印度居民公司的所有权和控制权转移，或所有权或控制权转移于印度境外居民，则无须政府批准或符合行业条件(视情况而定)。印度境外居民的其他投资受政府批准条件规制，并应遵照《外汇管理条例》第十六条规定的行业条件。

5.2 行业上限

5.2.1《外汇管理条例》第十六条规定的行业/活动，不得超过针对每一行业/活动规定的限额，且须遵守相关法律法规、安全及其他要求。

5.2.2 行业/活动的行业上限是针对每一行业的限制。外国投资总额不得超过行业/法定上限。

5.2.3 根据相关法律法规、安全及其他要求，允许外国投资在《外汇管理条例》第十六款未列明、第十五款未禁止的行业/活动，以自动路径开展全额投资。该情形不适用于金融服务活动。

5.2.4 除《外汇管理条例》第十六条第六项规定外，金融服务的外国投资须事先获取政府批准。

5.2.5 如规定有最低资本化要求，则包括收取的溢价和资本工具的面值，但仅包括公司在向印度境外居民发行该类工具时收取的溢价。计算最低资本化要求时，不包括受让人在发行后转让期间支付的超出资本工具发行价格的款项。

5.2.6① 投资于公司的外国投资。

5.2.6.1 对未在储备银行注册为非银行金融公司的投资公司和核心投资公司的外国投资，均向印度其他实体开展资本投资活动，须事先获得政府批准。

5.2.6.2 核心投资公司应遵守为根据1934年《印度储备银行法》及相关法规认定为非银行金融公司等实体制定的监管制度。

5.2.6.3 在储备银行注册为非银行金融公司的投资公司的外国投资，可全部采取自动路径。

---

① 该款原先为“印度公司的外国投资，如仅投资于其他印度公司资本的活动，须事先获得政府批准。核心投资公司必须遵循储备银行关于该等公司的监管制度。”参见2018年3月26日《外汇管理(修正)条例》。

5.2.7　关于开展自动路径下且未与外国直接投资联系的业绩条件的活动，不存有任何业务和开展任何下游投资的印度公司，可通过自动路径接受印度境外居民对其资本工具的投资。但是，该等公司在政府路径下开展活动须获得政府批准。该类公司开展业务或下游投资时，须遵守关于准入路径、条件和上限相关的行业条件。

5.2.8　遵守外国投资的行业/法定上限及相关条件（如有）的责任，由接受外国投资的公司承担。

5.2.9　如印度境外居民开展外国投资，指定国际范围内开展业务的特定审计员/审计公司对印度被投资公司审计，则对该被投资公司的审计应作为联合审计开展，其中一名审计员不得属于同一地区。

6. 印度境外居民获许可的投资

除另有特别说明外，印度境外居民的任何投资均应受准入路径、行业上限或投资限额（视情况而定）及其投资条件的限制。印度境外居民可开展下列投资。

6.1　根据附件一的指令，认购/购买/出售印度公司的资本工具。

6.2　根据附件二的指令，外国组合投资者可以在印度认可的证券交易所，购买/出售印度上市公司的资本工具。

6.3　根据附件三的指令，非印度居民或印度海外公民可以在印度认可的证券交易所，购买/出售印度上市公司的资本工具。

6.4　根据附件四的指令，非印度居民或印度海外公民可以购买/出售印度公司或单位的非转移资本工具，或向有限合伙企业或公司或私有企业出资。

6.5　根据附件五的指令，印度境外居民可以购买/出售资本工具以外的证券。

6.6　根据附件六的指令，可以投资有限合伙企业。

6.7　根据附件七的指令，外国风险投资者可以投资。

6.8　根据附件八的指令，可以投资于投资工具。

6.9　根据附件九的指令，合格人员可以为发行存管凭证而向外国存管机构发行/转让合格票据。

6.10　根据附件十的指令，可以购买/销售印度境外公司发行的印度存托凭证。

6.11　通过供股或红股收购

6.11.1　印度境外居民投资于印度公司，可投资于该公司发行的资本工具（认股权证除外），作为供股或红股发行，但应符合下列条件：

（1）印度公司的报价符合2013年《公司法》规定；

（2）该发行不造成违反适用于公司的行业上限；

（3）根据《外汇管理条例》，须已获得并持有供股或红股发行的股权；

（4）印度境外居民获得以红股或供股发行的资本工具（除认股权证外），受同等条件约束，包括适用于就红股或供股发行作出的初始股的再发行限制；

（5）如为印度上市公司，向印度境外居民发行的供股的价格应由该公司决定；

（6）如为未上市印度公司，发行给印度境外居民供股价格，不应低于发行给印度居民的价格；

(7)通过供股或红股发行的该类投资，受发行时的相关条件限制；

(8)对价金额可通过银行自国外汇入，亦可自根据2016年《外汇管理(存款)条例》规定的非居民外部账户/外币非居民(银行)账户支付；

(9)如初始投资为不可转移投资，对价金额亦可通过借记方式支付至根据2016年《外汇管理(存款)条例》设立的非居民普通账户。

6.11.2　印度境外居民行使供股权，如为印度境内居民，可持有行使权利时获得的不可转移资本工具。

6.11.3　自2002年11月12日起，印度被投资公司可根据向其提出的申请，向印度境外居民的现有股东分配额外资本工具(认股权证除外)，作为在个人或行业限额范内的供股。

6.11.4　权利放弃

(1)印度境内居民和印度境外居民可以认购公司以供股为基础发行的股份之外的额外股份，亦可放弃全部或部分股份，而由其指定之人认购。

(2)第6.11.3项和第6.11.4(1)项所称贷款不适用于已获股份分配的海外法人等投资者。

(3)印度境外居民如自放弃供股之人获得供股，可按照第6.11.1(5)项和第6.11.1(6)项规定的相关价格，针对上述供股获得资本工具(认股权证除外)。

(4)放弃供股时获得的资本工具，应遵守与就初始股份作出的供股相同的条件，包括可再发行限制。

6.12　员工认股期权计划和汗水股权的发行

6.12.1　印度公司可以向其雇员/董事或其控股公司或合资企业或全资海外子公司/子公司的雇员/董事发行"雇员认股期权"和/或"汗水股权"，但须符合下列条件：

(1)"员工认股期权计划"根据1992年《印度证券交易委员会法》或中央政府根据2013年《公司法》发布的2014年《公司(股份和债券)规则》制定；

(2)"员工认股期权"/"汗水股权"符合适用于上述公司的行业上限；

(3)印度境外居民投资的公司发行"员工认股期权"/"汗水股权"须事先获得政府批准；

(4)向孟加拉国/巴基斯坦公民发行"员工认股期权"/"汗水股权"须事先获得政府批准。

(5)自2015年6月11日起，可以向印度境外居民发行"汗水股权"。

6.12.2　印度境外居民行使其居住于印度时发行的期权，应持有行使期权所获的不可转移资本工具。

6.13　印度初创公司可转换债券发行

6.13.1　印度境居民(除巴基斯坦或孟加拉国公民，或在巴基斯坦或孟加拉国注册/成立的实体外)，可以二百五十万卢比或以上数额，投资印度初创公司发行的可转换债券。

6.13.2　印度境外居民投资须由政府批准的行业中，创业公司仅获得政府批准后，方可向印度境外居民发行可转换债券。

6.13.3　针对该类可转换债券的股权发行应符合准入路径、行业上限、定价指南及其他外国投资附带条件。

6.13.4　对价支付可通过银行汇款或借记根据2016年《外汇管理(存款)条例》设立的非

居民外部账户/外币非居民(银行)/代管账户。为此设立的代管账户应于交易完成后立即注销,或六个月内注销,以较早者为准。该类托管账户的存续期间不得超过六个月。

6.13.5 根据《主要指令》第6.4项规定,非印度居民或印度海外公民可以获取不可转移的可兑换票据。

6.13.6 印度境外居民可以出售自印度境内或境外居民获取或转让可兑换票据,并且转让应根据本《主要指令》规定的准入路径和定价指南。

6.13.7 自2017年1月10日起,可转换债券可以作为创业公司的投资方式。

6.14 印度公司的吸收合并、分立或新设合并

6.14.1 如两个或以上印度公司的吸收合并或新设计划,或通过分立或其他方式对印度公司的重组,已获国家公司法裁判处/相关部门批准,受让公司或新公司(视情况而定)可以向印度境外居民转让公司现有持有人发行资本工具,但应符合下列条件:

(1)转让或发行应符合准入路径、行业上限或投资限制(视情况而定),以及相关外国投资条件。

(2)如外国投资可能违反行业上限或附带条件,转让公司或受让或新公司应获得必要的政府批准。

(3)转让公司、受让公司或新公司不应开展禁止对外投资的行业。

6.14.2 如印度公司的安排计划已获国家公司法裁判处/相关部门批准,则印度公司可自2013年12月31日起,自其普通储备金中以红利的形式,向印度境外居民的股东发行不可转换的可赎回优先股或不可转换的可赎回债券,包括作为美国存托凭证/全球存托凭证持有人的受托人,但须符合下列条件:

(1)印度境外居民对印度公司的初始投资符合《外汇管理条例》及其规定的条件;

(2)上述发行符合2013年《公司法》规定及国家公司法裁判处/相关部门批准方案规定的要求(如有);

(3)印度公司不从事任何禁止外国投资的活动/行业。

7. 印度公司资本工具由印度境外居民转让或向印度境外居民转让

印度境外居民根据《外汇管理条例》投资于印度公司或单位的资本工具,可根据本款的规定和条件转让该持有的资本工具或单位。

7.1 印度境外居民转通过出售或赠与的方式向印度境外居民的转让

7.1.1 印度境外居民(非印度非居民、印度海外公民或海外法人),可以通过出售或赠与的方式将其持有的印度公司或单位的资本工具,向印度境外居民转让。

7.1.2 本条规定包括根据在印度境外注册或成立的实体/公司的吸收合并、分立和新设合并,转让印度公司的资本工具。

7.1.3 如公司从事需政府批准的行业,须事先获得政府批准。

7.1.4 如印度境外居民是外国组合投资者,并且根据本《主要指令》第6.2项收购资本工具,造成违反适用的外国组合投资者总限额或行业限额,则外国组合投资者须在结算后的五个交易日内,将该类资本工具出售给有资格持有该类工具的印度居民。根据《外汇管理条例》规定，收购与出售之间的期间内，违反上述总限额或行业限额的行为，如仅在结算后五个交易日内出售，不视为违反。印度证券交易委员会的相关指南应予以适用。

7.1.5 含有外国投资的印度公司应在印度存管机构的门户网站上传其外国投资总额限额和允许的总计/行业限额。证券可用空间将显示在存管和交易所网站。

7.1.6 第7.1.4项和7.1.5项将自印度政府公报公布《外汇管理条例》第十条第一款规定的第二个但书之日起生效。

7.2 海外法人的转让

7.2.1 海外法人根据2003年9月16日第14号通告AP(DIR Series)有关取消认可法人的常见问题解答，转让资本工具。

7.3 由非印度居民/印度海外公民以赠与或销售的方式向印度境外居民的转让

7.3.1 持有印度公司或单位的可转移资本工具的非印度居民或印度海外公民，可通过出售或赠与的方式，向任何印度境外居民转让。

7.3.2 如公司从事需政府批准的行业，任何转让均需事先获得政府批准。

7.3.3 如非印度居民或印度海外公民根据《主要指令》第6.3项规定收购的资本工具，造成违反适用的非印度居民/印度海外公民总计限额或行业限额，非印度居民/印度海外公民须在结算后五个交易日内。将该收购资本工具出售给有资格持有该类工具的印度居民。根据《外汇管理条例》规定，收购和出售之间的期限内，违反上述总计限额或行业限额（视情况而定），如出售在结算后五个交易日内，不视为违反《外汇管理条例》。

7.3.4 第7.3.3项规定自《外汇管理条例》第二条规定的第二个但书于公报公布之日起生效。

7.4 由持有不可转移资本工具的非印度居民/印度海外居民的转让，或由印度居民通过向印度境外居民任出售的转让

7.4.1 印度居民持有印度公司或单位的资本工具，或非印度居民、印度海外公民，或印度境外注册并由持有印度公司或单位资本工具的非风险投资机构或风险投资公司，所有和控制的公司/信托/合伙企业，可通过出售的方式将其让与印度境外居民，但需遵守适用于外国投资的准入路径、行业上限/投资限额、定价指南和其他附带条件，以及该类转让的文件和报告要求。

7.4.2 如受让人是非印度居民或印度海外公民或印度境外注册且由获得该类不可转移投资的非印度居民或印度海外公民所有和控制的的公司/信托/合伙公司，则不适用准入路径、行业上限/投资限制、定价指南和其他附带条件。

7.5 由持有不可再发行资本工具的非印度居民/印度海外公民通过赠与的方式，让与其他持有不可再发行资本工具的非印度居民/印度海外公民

7.5.1 非印度居民、印度海外公民或印度境外注册并由持有印度公司或单位资本工具的非风险投资机构或风险投资公司所有和控制的公司/信托/合伙企业，可以通过赠与的方式，将其让与非印度居民、印度海外公民或印度境外注册并由非风险投资机构或风险投资公司所有和控制的公司/信托/合伙企业；受让人应在不可转移的基础上持有该等工具。

7.6 印度境外居民在印度认可的证券交易所的出售

7.6.1 根据《外汇管理条例》规定，印度境外居民、持有印度公司或单位资本工具的人可通过出售/赠与的方式将其让与印度境内居民,或可在印度认可的证券交易所以印度证券交易委员会规定的方式出售。

7.6.2 销售形式的转让须符合并遵守为该转让规定的定价指南、文件和报告要求。

7.6.3 如资本工具由印度境外居民持有且不可转换,则不适用第7.6.2项。

7.7 非印度居民/印度海外居民持有不可转移证券或居民,以赠与的方式让与印度境外居民

7.7.1 持有印度公司不可转移的非印度居民、印度海外居民或印度居民,经储备银行事先批准,可通过赠与方式将持有的证券让与印度境外居民,但须符合下列条件:

(a)受赠人有资格持有《外汇管理条例》规定的证券;

(b)赠与不超过印度公司/每一系列债券/每一共同基金计划实收资本的百分之五;该限额是赠与人对特定受赠人的累积限额;

(c)不违反印度公司适用的行业上限;

(d)赠与人和受赠人属于2013年《公司法》第二条第七十七项定义的亲属;

(e)财政年度内,赠与人以赠与形式让与印度境外居民的的证券价值不超过相当于五万美元的卢比数额;

(f)申请应通过授权交易商银行向相关储备银行分行提出,且公司注册办事处在其管辖范围内运作。

7.8 印度境外居民转让包含期权的资本工具

7.8.1 印度境外居民持有印度公司的资本工具,该资本工具包含符合《外汇管理条例》的期权规定,并行使该期权/权利,可于未有任何保证回报时退出,但须遵守《外汇管理条例》规定的定价指南和一年最低锁定期,或该条例规定的最低锁定期,以较高者为准。

7.9 延期付款对价

7.9.1 如印度居民和印度境外居民之间转移资本工具,金额不超过总对价的百分之二十五:

(a)可由买方在不超过转让协议之日起十八个月内延期支付;或

(b)可通过买方和卖方间的托管安排结算,期限为自转让协议之日起不超过十八个月;或

(c)如买方已向卖方支付全部对价,卖方可在支付全部对价之日起不超过十八个月内予以赔偿。

7.9.2 最终为股份支付的总对价须符合相关定价指南。

7.10 设立托管账户

7.10.1 印度居民和印度境外居民之间转移资本工具,根据2016年《外汇管理(存款)条例》,印度境外居民了设立托管账户。

7.10.2 根据2000年《外汇管理(担保)条例》规定,该类托管账户可通过银行汇款和/或授权交易银行出具的担保获得资金。

7.10.3 如交易受印度证券交易委员会指南/法规管辖,证券托管账户的运营应符合相关的法规(如有)。

7.11 质押转让

7.11.1 任何印度注册公司(借款公司)的发起人,根据2000年《外汇管理(外汇借贷)

条例》筹集外部商业借款(欧洲央行),可质押借款公司或其关联居民公司的资本工具,以确保借款公司筹集的欧洲央行符合以下条件:

(a)该类质押期限与欧洲央行规定的到期日共同终止;

(b)如要求质押,转让应符合《外汇管理条例》;

(c)法定审计师已证明借款公司将/已将欧洲央行的收益用于/仅用于许可的最终用途;

(d)除授权交易商银行认为符合上述条件外,任何人不得质押任何该类资本工具。

7.11.2　任何印度境外居民、印度公司或单位持有资本工具,均可质押资本工具或单位,视情况而定:

(a)选择某印度银行,以确保出于善意向该印度公司提供信贷服务,但须符合下列条件:

(i)质押时,转让应遵照质押权设立时的指令;

(ii)被投资公司法定审计师提交声明/年度证书,证明贷款收益将用于声明的目的;

(iii)印度公司须遵照印度证券交易委员会规定的披露规则(如有);

(iv)以贷款人(银行)为受益人的质押须遵照1949年《银行管理法》第十九条;

(v)上述各项适用于单位。

(b)选择海外银行,以确保向该人或印度境外居民的该印度公司或该印度公司海外集团公司的发起人提供信贷服务,但须符合下列条件:

(i)贷款仅可自海外银行获取;

(ii)贷款确实用于海外的商业事宜,而非直接或间接在印度的任何投资;

(iii)海外投资不应造成任何投资印度的资本;

(iv)质押时,转让应符合质押权设立时的政策;

(v)非居民借款人的注册会计师/注册公共会计师提交声明/年度证书,证明贷款收益将用于/已用于声明的目的;

(vi)上述各项适用于单位。

(c)选择在储备银行注册的非银行金融公司,以确保出于善意向该印度公司提供信贷服务,但须符合下列条件:

(i)质押时,资本工具的转让应符合2016年《主要指令—非银行金融公司—非系统重要性非存款公司(储备银行)指令》(第二十二项)和2016年《主要指令—非银行金融公司—系统重要性非存款公司和存款公司(储备银行)指令》(第二十二项)规定的信贷集规范;

(ii)授权交易商可获得被投资公司董事会"事先"通过的董事会决议,即被投资公司将利用资本工具质押所得贷款收益申报;

(iii)授权交易商还可以从被投资公司的法定审计师处获得"事后"证明,证明因股份质押而收到的贷款收益已被被投资公司用于申报目的;

(iv)印度公司须遵照《印度证券交易委员会条例》的披露规范(如适用);

(v)任何情况下,非银行金融公司均不应违反信贷集中规则。质押发生违约的,应出售资本工具,并自质押之日起三十日内予以纠正。

7.11.2.1　授权交易商银行应满足规定的条件。

7.11.3　质押转让的印度公司或单位的资本工具应无债务负担。

7.11.4 公司应获得现有贷款人的无异议证书(如有)。

7.11.5 质押时,印度公司或质押单位的资本工具转让应符合准入路径、行业上限/投资限额、定价指南和其他相关条件。

7.11.6 任何其他质押转让均应事先获得储备银行批准,申请可能与以下文件一并提交储备银行:

(a)非居民公司通过的董事会决议副本,该决议批准其持有根据《外汇管理条例》(数额/待质押证券的比率)获得的被投资公司的质押证券,以获取贷款。

(b)被投资公司通过的董事会决议的副本,该决议批准根据《外汇管理条例》获得的证券向出借人质押,以获得被投资公司的贷款。

(c)贷款协议/质押协议的副本,含有经公司秘书正式认证的担保条款,规定质押被投资公司股份。

(d)已利用/拟利用设施的详情。

(e)《外汇管理条例》规定的证券收购报告的详细信息(如有)。

7.12 居民向被投资公司处于金融行业的印度境外居民转让

7.12.1 如金融行业公司的资本工具由居民向印度境外居民转让,则相关金融行业监管机构规定的对非居民投资者的"合适和适当/尽职调查"要求,须得到授权交易商银行的遵守。

7.13 支付方式

7.13.1 根据2016年《外汇管理(存款)条例》,印度居民和印度境外居民之间资本工具转让的对价。应通过印度银行收取或汇出,或自非居民外部账户/外币非居民(银行)/代管账户支付或收取。

7.13.2 如投资不可转移,除了第7.13.1项外,转让的对价可依照具体情况自根据2016年《外汇管理(存款)条例》设立的非居民普通账户支付或收取。

8. 定 价 指 南

8.1 公司向印度境外居民发行的资本工具

8.1.1 印度公司向印度境外居民发行的资本工具价格应不低于:

(a)如为印度上市公司或根据2009年《印度证券交易委员会(股票退市)条例》规定退市的公司,价格根据相关印度证券交易委员会指南确定;或

(b)如为未上市印度公司,资本工具的估价应遵照任何国际认可的公允估价方式,并由特许会计师、印度证券交易委员会的注册商业银行或执业成本会计师正式认证。

8.1.2 关于可转换资本工具,工具的价格/转换公式须于发行工具时事先确定。任何情况下,转换时的价格均不应低于根据现行《外汇管理条例》在发行该类工具时计算出的公允价值。

8.2 印度居民向印度境外居民转让的资本工具

8.2.1 印度居民向印度境外居民转让的印度公司资本工具的价格应不低于:

(a)如为印度上市公司,价格根据相关印度证券交易委员会指南确定。

(b)如为印度上市公司或根据2009年《印度证券交易委员会(股票退市)条例》正执行退

市程序的公司,根据适用《印度证券交易委员会指南》可优先配股价格。价格应在相关日期之前的《印度证券交易委员会指南》的规定限期内确定,该日期应为股票的购买或出售日期。如某公司已完成退市程序,在《印度证券交易委员会指南》规定的期限内确定的价格将适用于退市程序中该公司未被收购的股票;或

(c)资本工具的估价应遵照国际认可的公允估价方法,如是未上市印度公司,则由特许会计师或印度证券交易委员会的注册商业银行或执业成本会计师正式认证。

8.3 印度境外居民向印度境内居民转让的资本工具

8.3.1 印度境外居民向印度居民转让的印度公司资本工具价格不应高于:

(a)如为印度上市公司,价格遵照相关印度证券交易委员会指南制定;

(b)如为印度上市公司或根据2009年《印度证券交易委员会(股票退市)条例》正执行退市程序的公司,则根据适用《印度证券交易委员会指南》可优先配股价格。价格应在相关日期之前的《印度证券交易委员会指南》的规定限期内确定,该日期应为股票的购买或出售日期。

(c)资本工具的估价应遵照国际认可的公允估价方法,如为未上市印度公司,则由特许会计师或印度证券交易委员会的注册商业银行或执业成本会计师正式认证。

8.3.2 原则是,印度境外居民签订该类投资/协议时不必然可获得任何保证的退出价格,并以退出时的通行价格退出。

8.4 资本工具置换

8.4.1 如置换资本工具,无论金额大小,估价须由在印度证券交易委员会注册的商业银行或在东道国适当监管机构注册的印度境外一类银行开展。

8.5 签署公司章程

8.5.1 如果根据2013年《公司法》规定,通过签署公司章程的方式向印度境外居民发行印度公司的股份,则该类投资应根据准入路径和行业许可按面值开展。

8.6 部分缴足股份

8.6.1 应当提前确定部分缴足股份的定价。

8.7 认股权证

8.7.1 应当事先确定认股权证的定价和价格/转换公式。

8.7.2 转换时的价格于任何情况下不应低于发行该类权证时的公允价值。

8.8 对有限合伙企业的投资

8.8.1 以出资或获取/转让收益股份的方式对有限合伙企业的投资,不应低于根据市场惯例下的国际公认/采用的任何估价标准制定的公允价格(下称收益股份的公允价格/有限合伙企业出资),并且应由特许会计师或执业成本会计师或中央政府管理小组的经批准估价员出具该类估价证书。

8.9 出资/收益股份的转让

8.9.1 如印度居民向印度境外居民转让有限责任企业的出资/收益股份,转让的对价应不低于收益股份的公允价格/有限合伙企业的出资。

8.9.2 如印度境外居民向印度境内居民转让有限合伙企业的出资额/收益股份,转让的对价应不超过收益股份的公允价格/有限合伙企业的出资。

8.10 定价指南不适用

8.10.1 定价指南不适用于印度境外居民对资本工具的不可转移投资。

8.10.2 定价指南不适用于根据印度证券交易委员会条例的销售转让,印度证券交易委员会在该条例内定价。须在提交给授权交易商银行的 FC-TRS 表格(关于居民向非居民/非居民向居民出售股份/强制和法定可转换优先股/债券/其他的声明——译者注)内附有特许会计师证书,表明已遵遵照相关印度证券交易委员会的条例/指南。

9. 下 游 投 资

9.1 定义

9.1.1 “印度公司的所有权”是指拥有该公司百分之五十以上的资本工具。

9.1.2 “有限合伙企业的所有权”是指占其资本的百分之五十以上,并拥有大部分收益股份。

9.1.3 “印度居民所有的公司”是指印度公司,其所有权属于印度居民和/或印度公司,并由印度居民所有和控制。

9.1.4 “印度居民所有的有限合伙企业”是指有限合伙企业,其所有权属于印度居民和/或印度实体,并由印度居民拥有和控制。

9.1.5 “印度境外居民所有的公司”是指印度公司,其所有权属于印度境外居民。

9.1.6 “印度境外居民所有的有限合伙企业”是指有限合伙企业,其所有权属于印度境外居民。

9.1.7 “控制”公司是指任命多数董事或控制管理层或决策的权利,包括股权或管理权或股东协议或表决权协议。

9.1.8 关于有限合伙企业,“控制”是指任命多数指定合作伙伴的权利,其中该类指定合作伙伴除排除其他特定合作伙伴外,还可控制有限合伙企业的所有政策。

9.1.9 “由印度居民控制的公司”是指印度公司,其控制权属于印度居民和/或由印度居民所有和控制的印度公司。

9.1.10 “印度居民控制的有限合伙企业”是指有限合伙企业,其控制权属于印度居民和/或印度实体,并由印度居民所有和控制。

9.1.11 “印度境外居民控制的公司”是指印度公司,其控制权属于印度境外居民。

9.1.12 “印度境外居民控制的有限合伙企业”是指印度境外居民控制的有限合伙企业。

9.1.13 “下游投资”是指印度实体对其他印度实体的资本工具或资本(视情况而定)的投资,该实体已接受外国投资或投资工具。

9.1.14 “控股公司”的含义与 2013 年《公司法》的定义相同。

9.1.15 “间接外国投资”是指印度实体自下列来源获取的下游投资:

(a)其他接受外国投资的印度实体,该实体(不)为印度居民所有和控制;或

(b)某投资工具,其发起人、经理或投资经理(不)为印度居民所有和控制。

9.1.16 “外国投资总额”是指外国投资和间接外国投资的总额,并通过完全稀释的基础估价。

9.1.17 “战略性下游投资”是指在印度注册的银行公司对其子公司、合资企业和联营企业的下游投资。

9.2 禁止事项

9.2.1 除印度实体外,印度居民不得接受间接外国投资。

9.3 获投资印度企业视为间接外国投资的下游投资条件

9.3.1 收取间接外国投资的印度实体须遵照适用于外国投资的准入路径、行业上限、定价指南和其他与外国直接投资相关的业绩条件。

9.3.2 有限合伙企业接受外国投资,但不为印度居民和境外居民所有和控制,其下游投资可在印度公司内开展,该公司自动路径下的外国投资可达(该公司股份的)百分之百,但没有与外国直接投资相关的业绩条件。

9.3.3 直接外国投资可进入各行业的有限合伙企业,自动路径的外国投资可达百分之百,且没有与外国直接投资相关的业绩条件。

9.3.4 如投资工具的发起人/经理/投资经理是自然人,对于该投资工具的下游投资,不视为被投资人的间接外国投资,投资工具的发起人/经理/投资经理应为印度居民。如发起人/经理/投资经理以任何其他形式存续,印度证券交易委员会将判定其是否为外国所有和/或控制。

9.3.5 获投资印度实体视为间接外国投资的下游投资,应当获得董事会批准,并作为投资印度实体的股东协议(如有)。

9.3.6 开展下游投资的印度实体视为获投资印度实体的间接外国投资,则须自国外获取必要的资金,不得使用由国内市场借入的资金。印度境外居民认购印度公司发行的不可转换债券不得解释为于国内市场借入/杠杆融资。但是,债务的筹集和利用须符合本法及根据本法制定的规则。

9.3.7 获投资印度实体视为间接外国投资的下游投资,可通过内部应计制开展。内部应计是指税后转移到储备账户的获利。

9.3.8 没有任何经营的公司开展下游投资,作为获投资印度实体的间接外国投资或开展业务时,须遵守关于准入路径、条件和上限的相关行业条件。

9.4 公司债务重组机制下的下游投资

9.4.1 自2012年7月31日起,根据公司债务重组或其他贷款重组机制,或在交易账簿中,或因贷款违约而收购股份的银行公司(如1949年《银行监管法》第五条第三项定义,该银行公司(非)由印度居民所有或控制)的下游投资,不视为间接外国投资。

9.4.2 第9.4.1项所称银行公司的战略性下游投资,视为获投资公司的间接外国投资。

9.5 印度公司外国投资总额计算指南

9.5.1 印度境外居民根据任何安排转换任何债务工具而持有的任何股权应计入总外国投资额。

9.5.2 工具基础具有债务性质的可转换债券和交易路演不计入外国投资总额。

9.5.3 外国投资总额的计算方式适用于印度公司投资的每一阶段,亦适用于每一印度公司。

9.5.4 关于下游投资,上一财年3月31日开展下游投资的印度公司持有的证券投资,将视为计算获投资印度实体的外国投资总额。

9.5.5 印度公司全资子公司接受的间接外国投资，限于开展下游投资的公司获得的外国投资总额。

9.6 退出条件

9.6.1 由其他接受外国投资的印度公司持有的印度公司的资本工具，如（非）由印度居民所有和控制，可转让给：

（a）印度境外居民，须遵守 FC-TRS 表格的报告要求。定价指南不适用于该转让。

（b）印度居民须遵守定价准则。

（c）含有外国投资的印度公司，不为印度境内外居民所有或控制。定价和报告指南则不适用。

9.6.2 第 9.6.1 项的指引应对有限合伙企业予以相应解释。

9.7 合规责任

9.7.1 开展下游投资的第一层印度公司应确保，其在第二层开展的下游投资符合条例规定，以此类推。该第一层公司应每年自其法定审计师处获得相关证书。印度公司年度报告中的董事报告，应提及《外汇管理条例》规定的合规执行情况。

9.7.2 如法定审计师出具合格报告，应立即通知公司注册办事处所在辖区的相关储备银行办事处，并应获得该办事处的确认。

9.7.3 第 9.7.1 项的指引针对有限合伙企业相应解释。

9.8 下游投资指南的适用

9.8.1 2009 年 2 月 13 日前，向获投资印度实体开展的视为间接外国投资的下游投资，无需任何变更，以符合《外汇管理条例》。上述日期之后，所有其他投资均落入该条例范围内。

9.8.2 2009 年 2 月 13 日至 2013 年 6 月 21 日期间，向获投资印度实体开展的视为间接外国投投资的下游投资，如不符合下游投资指南，应于 2013 年 10 月 3 日前通知储备银行，视为符合《外汇管理条例》。

10. 征税和销售收益汇兑

10.1 征税

10.1.1 所有与在印度的外国投资相关的交易，均须通过印度银行，并缴纳相关税项和其他关税/征税。

10.2 销售收益的汇兑

10.2.1 印度境外居民持有的印度证券的销售收益，仅可根据《外汇管理条例》汇兑。

10.2.2 授权交易商银行可以允许将证券销售收益（扣除适用税款）向印度境外居民的卖方汇出，但应符合下列条件：

（a）卖方持有的证券不可转移；

（b）证券已按定价指南出售，或其他情况下，已获得储备银行的批准，出售证券并汇出其收益。

附件一 收购/出售印度公司的资本工具

1. 印度境外居民收购/出售印度公司的资本工具

1.1 由印度公司发行

1.1.1 印度公司可以向印度境外居民发行资本工具，但须遵守准入路径、行业上限和相应外国投资条件；

1.2 在印度证券交易所的收购

1.2.1 印度境外居民可以在印度证券交易所收购印度上市公司的资本工具，但须符合下列条件：

(a)印度境外居民的投资已根据2011年《印度证券交易委员会(重大股份收购和接管)条例》获得该公司控制权，并继续保有该控制权；

(b)对价金额按本附件规定的方式或自印度获投资公司支付的股息支付，印度境外居民已根据2011年《印度证券交易委员会(重大股份收购和接管)条例》获得并继续保有获投资公司的控制权；前提是已享有股息收取权，股息金额已记入根据2016年《外汇管理(存款)条例》开立的特殊非居民卢比账户，以在公认的证券交易所收购股份。

1.3 由全资子公司发行

1.3.1 非居民实体于印度设立的全资子公司，在自动路径允许全额外国投资，没有与外国直接投资相关的业绩条件的行业运营，可针对非居民实体发生的注册前/运营前费用向非居民实体发行资本工具，最高限额为其授权资本的百分之五(根据2013年《公司法》)或五十万美元(以较小者为准)，但须符合下列条件：

(a)印度公司于资本工具发行之日起三十日，且不晚于公司成立之日起一年内，提交根据不时修订的《主要指令》关于报告规定编制的FC-GPR表格。

(b)印度公司法定审计师出具的证明，证明资本工具发行前/运营前费用已用于其接受的目的，应与FC-GPR表格一并提交。

1.3.2 成立前/运营前费用包括汇至获投资公司账户或投资人印度账户(如有)的金额，或汇至任何顾问、律师或任何其他材料/服务提供商的与成立或运营的所需费用。

1.4 其他方式发行

1.4.1 删除①

1.4.2 印度公司可以向印度境外居民发行股票(不包括部分缴足股份)，替代其应支付给该人的任何款项，该款项可以根据该法或根据该法制定的规章、条例或发布的指示汇兑，或根据该法或根据该法制定的规章、条例或发布的指示，无须中央政府或储备银行事先许可，但应符合下列条件：

(a)发行该类股票须政府批准或进口关税视为欧洲央行或贸易信贷或二手机械进口应付款，根据相应指南处理；

① 由2018年3月26日《外汇管理(修订)条例》删除。该款先前为“如印度获投资公司从事适用自动路径的行业，印度公司可向印度境外居民发行资本工具，以置换资本工具。”

(b)根据本款发行该类股票,应遵守应付款项的相关税法,股权转换应扣除相关税项。

1.4.3 印度公司可以向印度境外居民发行股票(部分缴足股份除外),替代其应支付给该人的任何款项,该款项可根据储备银行根据该法、规章或条例或向其发出的指示汇兑。

1.4.4 如储备银行允许根据第1.4.3项汇兑,印度公司可以针对该类汇款发行股票(部分支付的股票除外),并且已完成与该法或据其制定的规章或条例规定的延迟或违反有关的所有监管活动。

1.4.5① 如印度获投资公司从事自动路径或政府路径下的行业,印度公司可以根据下列条件向印度境外居民发行资本工具:

(a)资本工具置换。

(b)资本货物/机械/设备(不含二手机械)的进口应遵照下列条件:

(i)由印度居民的资本货物、机械等进口,应符合对外贸易总局通知关于对外贸易政策和根据该法颁布的进口条例。

(ii)由第三方实体对资本货物/机械/设备独立估价,一般应是进口国的独立估价人,并出示海关部门为评估该类进口的公允价值而签发的文件/证书副本。

(iii)申请政府批准时:

i. 申请应附有证明上述第1.4.5(b)(ii)项下的文件和公司特别决议。

ii. 申请书应明确表明进口商公司及海外实体的受益所有权及身份。

iii. 资本化申请(任何方面均完备)应于货物装运之日起一百八十日内提交。

(c)运营前/成立前费用(包括租金等),但须符合下列条件:

(i)法定审计员对成立前/运营前费用的鉴证和证明。

(ii)提交海外发起人关于发生的支出汇款的国外汇款凭证申请。

(iii)外国投资者应直接或通过该法或据其制定的规章或条例规定的外国投资者开设的银行账户向公司付款。

(iv)申请政府批准时:

i. 申请书应附有证明第1.4.5(c)(i)项、第1.4.5(ii)项和第1.4.5(iii)项下的文件以及公司特别决议。

ii. 公司成立之日起一百八十日内提出资本化申请(任何方面均完备)。

2. 支付方式、发行资本工具和资金

2.1 对价金额应当通过银行自境外汇入,或自根据2016年《外汇管理(存款)条例》设立的非居民外部账户/外币非居民(银行)账户/代管账户支付。

2.2 对价的金额将包括印度公司针对其应付给投资者的任何资金发行股票,以及在印度获投资公司从事自动路径下行业时,置换资本工具。

2.3 如印度公司在收到对价之日起六十日内未发行资本工具,则收取的金额须于六十日届满之日起十五日内通过银行向外汇出,或贷记非居民外部账户/外币非居民(银行)账户(视情况而定),退还相关人员。

---

① 由2018年3月26日《外汇管理(修订)条例》新增。该款先前为"如印度获投资公司从事政府路径下某行业,印度公司可在事先获得政府批准后,向印度境外居民发行资本工具。"

2.4 如为部分支付的股票，六十日的期限将从收到每笔认购付款之日起计算。没收未支付催缴款的预付金额应符合适用的《2013 年公司法》和《1961 年所得税法》的规定。

2.5 如满足下列条件，授权交易商可允许退款：

(a)申请人信任；

(b)根据第 2.1 项规定的支付方式收取资金；

(c)汇款的任何部分不表示收取的资金利息。

2.6 根据 2013 年《公司法》规定，由于延迟退还收取的款项，支付利息(如有)应事先获得储备银行批准。违反第 2.3 项规定将违反《外汇管理条例》，尽管延迟退款的利息已根据 2013 年《公司法》支付。

2.7 根据 2015 年《外汇管理(印度居民外币账户)条例》，可以发行本附件所述资本工具的印度公司在印度授权交易商设立外币账户。

3. 销售收益

3.1 资本工具的销售收益(扣除税款)可汇往印度境外，也可记入相关人员的非居民外部账户/外币非居民(银行)账户。

附件二 外国组合投资者在印度认可的证券交易所收购/出售印度上市公司的资本工具

1. 资本工具的收购/出售

1.1 外国组合投资者可在印度认可的证券交易所收购或出售印度公司的资本工具。

1.2 2014 年《印度证券交易委员会(外国组合投资者)条例》所称所有外国组合投资者或投资者集团的总持股量，在完全稀释的基础上，应不超过已缴股本总额的百分之十，或不超过印度公司发行的每一系列债券或优先股或认股权证已缴价值的百分之十；所有组合投资公司的总持股量合计不应超过每一系列债券或优先股或认股权证的已缴股本总额的百分之二十四。百分之十和百分之二十四的限额分别称作"个人限额"和"总计限额"。

1.3 经董事会和总机构分别通过某项决议和某项特别决议批准，相关印度公司可酌情将 24% 的总计限额提高至行业上限/法定上限。

1.4 如外国组合投资者的总持有量在完全稀释的基础上，增至已缴股本总额的百分之十或以上，或印度公司发行的每一系列债券或优先股或认股权证已缴价值的百分之十或以上，外国组合投资者的总投资将根据印度证券交易委员会的相关规定，且获得投资公司和投资者遵守《外汇管理法》第十三条规定的报告，重新归类为外国直接投资。

1.5 为达至持有外国组合投资者的上限，将包括通过一级市场和二级市场获取的资本工具在内。上限不包括外国组合投资者通过离岸基金、全球存托凭证和欧元可兑换债券的投资。

1.6 外国组合投资者可通过公开发行/私募的方式收购印度公司的资本工具，受个人和总计限额及下列条件的限制：

(a)公开发行的，股票的发行价格不低于向居民发行股票的价格。

(b)私募发行的，价格不低于根据印度证券交易委员会指南计算出的价格，或不低于根据任何国际认可的公允定价方式制定的公允价格，以在公平基础上对股票估价，并由印度证券交易委员会的注册商业银行或特许会计师(如适用)正式认证。

1.7 外国组合投资者可在符合下列条件时,在印度储备银行和印度证券交易委员会允许的范围内卖空及借贷证券:

(a)外国组合投资者卖空外国投资总额和/或外国组合投资者总计限额有百分之二及以上余量的公司的股票,或不在储备银行公布的警告清单或禁止清单中,或不在储备银行或印度证券委员会指定的任何机构公布的任何限制清单中。

(b)外国组合投资者借入股权仅用于支付卖空。

(c)保证金将由外国组合投资者持有,适用于股票市场的现金和衍生品部分。不得就该保证金向外国组合投资者支付利息。

(d)指定托管银行应在其每日报告内,单独报告所有与外国组合投资者卖空股票和与借贷股票相关的交易,并附上适当备注(卖空/借出/借入股票),以供储备银行监管。

2. 支付方式

2.1 收购资本工具的对价应通过银行汇兑或自外币账户和/或根据2016年《外汇管理(存款)条例》设立的非居民特别卢比账户提取。

2.2 外币账户和非居民特别卢比账户仅用于本附件下的交易。

3. 销售收益汇兑

3.1 投资的销售收益(扣除税款)可以汇往印度境外,也可以记入外国组合投资者的外币账户或非居民特别卢比账户。

4. 例外

4.1 注册成为外国组合投资者前,视为外国组合投资者的所有投资均为有效,统计总计限额时予以计算。

附件三 非印度居民或印度海外公民在印度认可的证券交易所收购/出售印度上市公司的资本工具

1. 资本工具的收购/出售

1.1 非印度居民或印度海外公民可以在印度公认的证券交易所收购或出售印度上市公司的资本工具,但须符合下列条件:

(a)交易应通过指定的授权经销商分支机构;

(b)任何非印度居民或印度海外公民持有的股份总额,在完全稀释的基础上,不应超过已缴股本总额的百分之五,或不应超过印度公司发行的每一系列债券或优先股或认股权证已缴价值的百分之五,所有非印度居民或印度海外公民的股份总额在完全稀释的基础上,不应超过已缴股本总额的百分之十,或不应超过每一系列债券或优先股或认股权证已缴价值的百分之十;

(c)如印度公司的总机构通过相关特别决议,百分之十的限额可提高至百分之二十四。

2. 支付方式

2.1 收购资本工具的对价金额应通过银行汇兑,或自根据2016年《外汇管理(存款)条例》设立的非居民外部账户提取。

2.2　非居民外部账户将指定为非居民外部(组合投资计划)账户,指定账户应专门用于开展本附件允许的交易。

2.2.1　非居民外部(组合投资计划)账户可展开的贷项具体如下:

(a)通过银行自境外汇入的外汇;

(b)根据2016年《外汇管理(存款)条例》,自非印度居民或印度海外公民其他非居民外部账户或外币非居民(银行)账户转账;

(c)根据本附件规定,收取并在证券交易所出售的可转移资本工具的销售收益(扣除税款);

(d)根据本附件规定,投资所得的可转移股息或收益。

2.2.2　非居民外部(组合投资计划)账户可展开的借项具体如下:

(a)根据本附件规定,汇出股息或投资所得;

(b)根据本附件规定,在证券交易所收购资本工具,回国后支付的金额;

(c)根据本附件规定,出售/收购资本工具的任何费用;

(d)根据2016年《外汇管理(存款)条例》,向印度境外汇款或向非印度居民/印度海外公民的非居民外部账户或外币非居民(银行)账户或任何其他可设立该类账户的人转账。

3. 销售收益汇兑

资本工具的销售收益(扣除税款)可汇往印度境外,也可记入相关人员的非居民外部(组合投资计划)账户。

4. 例外

任何指定为非居民普通(投资组合计划)账户应重新指定为非居民普通账户。

附件四　不可转移的投资

A. 非印度居民或印度海外公民收购或出售印度公司或单位的不可转移资本工具、可兑换票据或对有限合伙企业出资

1. 收购/出售资本工具或可转换票据或单位,或向有限合伙企业出资

1.1　非印度居民或印度海外公民,包括印度境外注册的公司、信托和合伙企业,由非印度居民或印度海外公民所有和控制,可在不转移的基础上,收购/出资下列事项:

(a)公司发行的任何资本工具,无论是否于证券交易所,均不设任何限制。

(b)投资工具在证券交易所或以外,无限制发行的单位。

(c)有限合伙企业的资本不受任何限制。

(d)由初创公司根据《外汇管理条例》发行的可转换债券。

1.2　第1.1项规定的投资视为国内投资,与居民投资相同。

1.3　非印度居民或印度海外公民,包括印度境外注册并由非印度居民或海外公民所有和控制的公司、信托和合伙企业,不得投资于金钱借贷公司或从事农业/种植园活动或房地产业务或建造农舍或转让发展权公司的资本工具或单位。

2. 支付方式

2.1 对价金额应通过银行自国外收取，或根据2016年《外汇管理（存款）条例》设立的非居民外部账户/外币非居民（银行）账户/非居民普通账户支付。

3. 出售/到期收益

3.1 收购资本工具的出售/到期收益（扣除相关税款）或有限合伙企业的撤资收益，仅记入投资者的非居民普通账户，无论支付对价的账户类型。

3.2 投资于印度公司资本工具的金额或对有限合伙企业资本的出资对价及其资本增值不得汇出印度。

B. 对公司或独资企业的投资

1. 公司或独资企业的资本出资

1.1 非印度居民或印度海外公民可在不转移的基础上，向印度公司或独自企业出资。

1.2 获投资公司或独自企业不应从事任何农业/种植园活动或印刷媒体或房地产业务，即自土地和不动产交易取得收益。

2. 支付方式

2.1 对价金额应通过银行自国外收取，或自根据2016年《外汇管理（存款）条例》设立的非居民外部账户/外币非居民（银行）账户/非居民普通账户支付。

3. 出售/到期收益

3.1 撤资收益应仅记入相关人员的非居民普通账户，无论支付对价的账户类型。

3.2 向公司或独自企业投资的金额及其资本增值不得汇出印度。

附件五　印度境外居民收购和出售非资本工具证券

1. 印度境外居民证券投资者准入

1.1 印度境外居民外国组合投资者准入

1.1.1 根据印度证券交易委员会和储备银行的规定，外国组合投资者可在可转移的基础上，收购下列工具：

（a）定期国债/国库券。

（i）自2014年7月23日起，外国组合投资者不得投资国库券。

（ii）外国组合投资者应投资最低剩余期限为三年的国债。不设锁定期，外国组合投资者可自由向国内投资者出售该国债。

（iii）外国组合投资者可投资国债，即自其现有国债投资中获得的息票。该等投资超出外国组合投资者的相关国债投资限额。

（b）印度公司发行的商业票据。2015年2月3日后，外国组合投资者不得进一步投资商业票据。

（c）国内共同基金单位。外国组合投资者不得投资流动性和货币市场共同基金计划。

（d）印度银行为增资（储备银行定义的一级资本和二级资本）而发行永久债务工具（可作

为一级资本和作为高二级资本的债务工具),并且所有合格投资者对永久债务工具(一级)的投资不得超过每次发行总额的百分之四十九,单个外国组合投资者的投资不得超过每次发行总额的百分之十。

(e)印度公司发行的不可转换债券:

(i)2015 年 2 月 3 日后,外国组合投资者于公司债券投资限额内的所有投资,应是剩余期限三年及以上的公司债券。2015 年 2 月 3 日后,针对当前投资通过出售或赎回而产生的额度的投资,应以最低剩余期限为三年的公司债券开展。不设锁定期,外国组合投资者可向国内投资者出售证券(包括目前持有的剩余期限低于三年的证券)。

(ii)仅承诺投资后十五日内上市,外国组合投资者方可投资于不可转换债券/债券的主要发行。如由于任何原因,向外国组合投资者发行的非转换债券/债券发行后十五日未上市,外国组合投资者应立即通过向第三方或发行人出售的方式处置该等债券/非转换债券。外国组合投资者的要约应规定,此情形下,该债券的发行人应立即自外国组合投资者赎回/回购该证券。

(iii)外国组合投资者投资于印度公司发行的未上市非转换债券/债券,但最低剩余期限为三年,并对投资房地产业务、资本市场和收购土地适用最终用途限制。托管银行应确保符合该条件。

(f)储备银行归类为"基础设施金融公司"的非银行金融公司发行的不可转换债券/债券。其包括 2011 年 11 月 3 日或之后发行并由视为外国组合投资者持有的该类工具。

(g)基础设施债务基金发行的卢比计价债券/单位。其包括 2011 年 11 月 22 日或之后发行并由视为外国组合投资者持有的该类工具。

(h)信用增级债券。

(i)根据《外汇管理条例》第九条发行的上市不可转换/可赎回优先股或债券。

(j)资产重组公司和证券化公司根据储备银行[非银行监管部]的指令/指南及下列条件出具的证券凭证:

(i)根据 2002 年《金融资产证券化和重组及担保权益强制执行法》规定,外国组合投资者可对资产重组公司发行的每份证券凭证全额投资。

(ii)剩余期限不足三年的投资限制不适用于外国组合投资和者向资产重组公司发行的证券凭证的投资。

(iii)该类投资应在储备银行规定的公司债券的外国组合投资者限额内。

(iv)外国组合投资者对未上市公司债务证券和证券化债务工具的投资,始终不得超过规定的公司债券投资限额。

(k)证券化债务工具,包括:

(i)由为资产证券化而设立的特殊目的工具发行的任何证书或工具,由银行、金融机构或国家银行金融服务中心担任发起人;和/或

(ii)根据 2008 年印度证券交易委员会(《证券债务工具公开发行和上市条例》)发行和上市的任何证书或工具。

(l)外国组合投资者可收购非转换债券/债券,在偿还到期本金或分期偿还债券本金时,

该等债券全部或部分违约。根据与印度发行公司协商重组的该类非转换债券/债券的变更到期日,应为三年或以上。外国组合投资者应向债券受托人披露向现有债券持有人/受益所有人发出的要约,自其获取债券。该类投资应始终在规定的公司债务总限额内。

1.1.2 外国组合投资者可向印度认可的证券交易所提供下列工具,为其在交易所交易衍生合同的交易:

(a)本国国债(根据《外汇管理条例》附表五的规定收购,并始终受印度证券交易委员会规定的总体限额约束);

(b)外国 AAA 评级证券;

(c)外国组合投资者根据《外汇管理条例》附表五获取的公司债券;

(d)现金。

注:国债的交叉保证金(由外国组合投资者为其市场现金部分交易提供的保证金)不得用于现金和衍生产品部分之间。

1.2 予以非印度居民或印度海外公民的许可——可转移基础

1.2.1 非印度居民或印度海外公民可任意在可转移的基础上收购下列工具:

(a)定期国债(无记名证券除外)或国库券或国内共同基金单位;

(b)印度公共部门企业发行的债券;

(c)中央政府撤股公共部门企业,并且收购符合招标公告的规定;

(d)基础设施债券基金发行的债券/单位;

(e)根据该等条例第九条发行的上市不可转换/可赎回优先股或债券。

1.2.2 根据储备银行规定,非印度居民或印度海外公民可收购不可转移的永久债务工具,该等工具可列为一级资本,债务资本工具列为印度银行为增资而发行的高二级资本。

1.2.3 所有非印度居民或印度海外公民对永久债务工具(一级)的投资不应超过每次发行总额的百分之二十四,每一个非印度居民或印度海外公民的投资不应超过每次发行总额的百分之五。非印度居民或印度海外公民对债务资本工具(二级)的投资应符合关于非印度居民或印度海外公民对其他债务工具的现行投资政策。

1.2.4 非印度居民可以认购由养老基金管理和发展局管理的国家养老金,并且其有资格根据 2013 年《养老基金管理和发展局法》的规定投资。年金/累积储蓄可转移。

1.2.5 非印度居民或印度海外公民可提供储备银行或印度证券交易委员会可能指定的工具,作为印度认可的证券交易所的抵押品,用于交易所交易衍生合同的交易。

1.3 予以非印度居民或印度海外公民的许可——不可转移

1.3.1 非印度居民或印度海外公民可任意收购注明日期的不可转移国债(无记名证券除外)、国库券、境内共同基金单位、货币市场共同基金单位或国家计划/储蓄证书。

1.3.2 非印度居民或印度海外公民可任意收购根据《外汇管理条例》第九条发行的不可转移的上市不可兑换/可赎回优先股或债券。

1.3.3 非印度居民或印度海外公民可以任意认购由票据登记机构或州政府授权的官员,授权的不可转移票据资金。

1.4 许可外国中央银行或多边开发银行收购国债

1.4.1 外国中央银行可根据储备银行的规定,在二级市场收购或出售定期国债/国库券。

1.4.2 外国中央银行可根据储备银行的规定,收购或出售定期国债/国库券。

1.4.3 印度政府许可在印度发行卢比债券的多边开发银行,收购政府发行的有价证券,条件由储备银行规定。

1.5 许可其他非居民投资者收购证券

1.5.1 在印度证券交易委员会注册为基础设施债务基金合格投资者的长期投资者,如国家财富基金、多边机构、捐赠基金、保险基金、养老基金,收购基础设施债务基金发行的卢比计价的可转移债券/单位。

1.5.2 在印度证券交易委员会注册的国家财富基金、多边机构、捐赠基金、保险基金、养老基金和外国中央银行等长期投资者,可收购下列不可转移工具,但须遵守储备银行规定的限额及印度证券交易委员会和储备银行的规定:

(a)定期国债/国库券。自2014年7月23日起,长期投资者不得投资国债。

(b)印度公司发行的商业票据。自2015年2月3日起,长期投资者不得再投资商业票据。

(c)国内共同基金单位。自2015年2月3日起,长期投资者不得再投资商业票据。

(d)印度银行为增资(储备银行定义的一级资本和二级资本)而发行永久债务工具(可作为一级资本和作为高二级资本的债务工具),并且所有合格投资者对永久债务工具(一级)的投资不得超过每次发行总额的百分之四十九,单个外国组合投资者的投资不得超过每次发行总额的百分之十。

(e)印度公司发行的上市不可转换债券。

(f)印度公司在基础设施领域发行的上市和未上市不可转换债券。“基础设施行业”与印度政府批准的基础设施子行业协调总清单定义相同,参见2012年3月27日第13/06/2009-INF号通知(经修订/更新)。

(g)储备银行归类为“基础设施金融公司”的非银行金融公司发行的不可转换债券/债券。

(h)不可转换债券/债券的主要发行,并且该类不可转换债券/债券承诺于投资后十五日内上市。如债券于发行后十五日内未上市,长期投资者应立即通过向第三方或发行人出售的方式处置该投资。对长期投资者的要约应规定,该类工具的发行人应于此情形下,立即向长期投资者赎回/回购该等证券。

(i)信用增级债券。

(j)根据《外汇管理条例》第九条发行的上市不可转换/可赎回优先股或债券。

(k)资产重组公司和证券化公司根据储备银行[非银行监管部]的指令/指南,出具的每份至多百分之百的证券凭证。

(l)证券公司发行的证券凭证。

1.5.3 本附件第1.1.1项规定的外国组合投资者的投资条件,应比照适用于长期投资者根据本附件第1.5.2项的投资。

2. 支付方式

2.1 外国组合投资者收购票据的对价应通过银行自国外收取，或自根据2016年《外汇管理(存款)条例》设立的外币账户和/或非居民特别卢比账户支付。外币账户和非居民特别卢比账户仅可用于本附件项下的交易。

2.2 非印度居民或印度海外公民，收购不可转移票据的对价金额，应通过银行自国外收取，或自根据2016年《外汇管理(存款)条例》设立的非居民外部账户/外币非居民(银行)账户支付。

2.3 (a)非印度居民或印度海外公民收购不可转移票据和(b)非印度居民对国家养老金的认购应通过银行自国外收取，或自根据2016年《外汇管理(存款)条例》设立的非居民外部账户/外币非居民(银行)账户支付/非居民普通账户支付。

2.4 外国中央银行或多边开发银行收购国债的对价应通过银行自国外收取，或自经储备银行特别批准设立的账户支付。

2.5 其他非居民投资者收购票据的对价应通过银行自国外收取。

3. 票据出售许可

3.1 根据本附件收购票据的印度境外居民，可出售/赎回票据。

4. 汇兑/出售贷记/到期收益

4.1 外国组合投资者的证券出售/到期收益(扣除税款)可汇往印度境外，或贷记印度投资者的外币账户或非居民特别卢比账户。

4.2 非印度居民或印度海外公民的票据出售/到期收益(扣除税款)可以：

(a)贷记持有不可转移票据之人的非居民普通账户；

(b)如收购已出售票据的支付由非居民普通账户的资金支付，则贷记其非居民普通账户；

(c)汇往国外或由非印度居民/印度海外公民投资者选择，贷记其非居民外部账户/外币非居民(银行)账户支付/非居民普通账户，且收购的是不可转移票据。

4.3 所有其他情况下，收购/到期收益(扣除税款)可以汇往国外或贷记事先获得储备银行许可的账户。

5. 限额

5.1 各类债务工具的限额由AP(DIR Series)公告规定。

附件六 投资有限合伙企业

1. 投资有限合伙企业

1.1 自2011年5月20日起，外国投资者可以投资有限合伙企业。

1.2 印度境外居民(巴基斯坦或孟加拉国公民除外)或印度境外注册的实体(巴基斯坦或孟加拉国注册的实体除外)，如非外国组合投资者或外国风险资本投资者，可向有限合伙企业出资，该企业经营的行业/活动中，外国投资在自动路径且未与外国直接投资相关的业绩条件，则可全额出资。

1.3 “收益股份”投资属于收益再投资的范畴。

1.4 向有限合伙企业的投资应遵照2008年《有限合伙企业法》。

1.5 含有外国投资的公司,如自动路径下外国投资达至百分之百,且没有与外国直接投资相关的业绩条件,可在自动路径下转换为有限合伙企业。

1.6 含有外国投资的有限合伙企业,如自动路径下外国投资达至百分之百,且没有与外国直接投资相关的业绩条件,可在自动路径下转换为公司。

2. 支付方式

2.1 投资者对有限合伙企业出资的支付应通过银行汇入,或根据2016年《外汇管理(存款)条例》设立的非居民外部账户/外币非居民(银行)账户支付。

3. 撤资收益的汇兑

3.1 撤资收益可汇往印度境外,也可贷记其非居民外部账户/外币非居民(银行)账户。

附件七 外国风险投资者的投资

1. 外国风险投资者的投资

1.1 自2000年12月26日起,允许外国风险投资者投资。

1.2 外国风险投资者可投资于从事下列行业的印度公司的证券(发行时未在认可的证券交易所上市):

(1)生物技术;

(2)硬件和软件开发相关信息技术;

(3)纳米技术;

(4)种子研发;

(5)医药业新化学实体的研发;

(6)乳制品业;

(7)家禽业;

(8)生物燃料生产;

(9)可容纳三千人以上的酒店兼会议中心;

(10)基础设施业。"基础设施行业"与印度政府批准的基础设施子行业协调总清单定义相同,参见2012年3月27日第13/06/2009-INF号通知(经修订/更新)。

1.3 外国风险投资者可投资初创企业发行的证券,无论初创企业涉及的行业。

1.4 外国风险投资者可收购风险资本基金或一类替代投资基金(Cat-I AIF)的单位,或险资本基金或一类替代投资基金设立的计划或基金的单位。

1.5 外国风险投资者对印度公司资本工具的投资应遵照报告、行业上限、准入路径和参与条件的限制。

1.6 外国风险投资者可自该等证券/工具的发行人或持有该等证券/工具的任何人收购符合规定的证券/工具。

1.7 根据2000年《印度证券交易委员会条例》规定,投资者可在认可的证券交易所投资证券。

1.8 外国风险投资者可以买卖双方/发行人共同接受的价格收购/转让其符合规定的证券/工具。如向印度境外居民,买方应为合格收购者。

1.9　外国风险投资者还可以收取风险投资基金，或一类独立投资基金，或由风险投资基金或一类独立投资基金设立的计划/基金的清算收益。

2. 支付方式

2.1　投资者对有限合伙企业的出资应通过银行汇兑，或自根据2016年《外汇管理(存款)条例》设立的非居民外部账户/外币非居民(银行)账户支付。

2.2　外币账户和非居民特别卢比账户仅可用于本附件下的交易。

3. 出售和到期收益汇兑

3.1　出售/到期收益(扣除税款)可汇往印度境外，也可贷记外国风险投资者的外币账户或非居民特别卢比账户。

附件八　印度境外居民对投资工具的投资

1. 投资投资工具的单位

1.1　自2016年11月13日起，印度境外居民(巴基斯坦或孟加拉国公民除外)或印度境外注册的实体(巴基斯坦或孟加拉国注册的实体除外)可以向投资工具的单位投资。

1.2　根据本附件获取/收购的单位的出售/转让/赎回应遵照印度证券交易委员会制定的法规或储备银行发布的指令。

1.3　投资工具可将其单位向印度境外居民发现，以置换拟由该投资工具收购的特殊目的工具的资本工具。

1.4　含有外国投资的独立投资基金设立(三类)的组合投资仅限于《外汇管理法》允许的证券/工具。

2. 支付方式

2.1　对价金额应通过银行自国外汇兑，或置换特殊目的工具的股份，或自根据2016年《外汇管理(存款)条例》设立的非居民外部账户/外币非居民(银行)账户支付。

3. 出售/到期收益汇兑

3.1　单位的出售/到期收益(不含税)可汇往印度境外，或贷记其非居民外部账户/外币非居民(银行)账户。

附件九　印度境外居民对存托凭证的投资

1. 向外国存管机构发行/转让合格票据，以便由合格人员发行存管凭证

1.1　根据2014年《存托凭证计划》，存托凭证可针对印度境外居民根据《外汇管理法》获准投资的任何证券或单位发行。本附件中，存托凭证可称作“合格工具”。

1.2　根据2014年《存托凭证计划》和中央政府的相关指南，个人可向外国存管机构发行或转让合格工具，以便发行存管凭证。

1.3　境内托管人可代表印度境外居民收购合格工具，以根据2014年《存托凭证计划》将收购的工具转换为存托凭证。

1.4　可向外国存管机构发行或转让的合格工具及印度境外居民已持有的合格工具的总

和,不得超过根此制定的法律、规章或条例对外国持有该类合格工具的限制。

1.5　合格工具不得以低于相关法律规定的发行方式或向境内投资者转让该类工具的适用价格向外国存管机构发行或转让。

2. 例外

2.1　根据1993年《发行外币可转换债券和普通股(通过存托凭证机制)计划》发行的存托凭证应视为已根据2014年《存托凭证计划》的相应规定发行,且须符合本附件规定。

附件十　印度存托凭证的发行

1. 发行印度存托凭证

1.1　印度境外注册的公司可通过国内存管机构向印度居民和印度境外居民发行印度存托凭证。

1.2　印度存托凭证的发行应符合2014年《公司(外国公司注册)规章》和2009年《印度证券交易委员会(资本发行和披露要求)条例》。

1.3　于印度开展业务的金融/银行公司通过分支机构或子公司发行的任何印度存托凭证,应事先获得行业监管机构的批准。

1.4　印度存托凭证应以印度卢比计价。

1.5　发行印度存托凭证的公司应立即将发行收益汇出印度。

2. 收购/出售印度存托凭证:

2.1　外国组合投资者、非印度居民或印度海外居民可收购、持有或出售印度存托凭证。

2.2　非印度居民构或印度海外公民可以2016年《外汇管理(存款)条例》设立的非居民外部账户/外币非居民(银行)账户的资金投资印度存托凭证。

2.3　印度市场合格外国公司通过发行印度存托凭证筹资的总限额为五十亿美元。该限额由印度证券交易委员会调整。

3. 债务凭证的转让、赎回和双向替换

3.1　发行公司将印度存托凭证赎回/转换为普通股应符合2004年《外汇管理(转让或发行外国证券)条例》。

3.2　自发行之日起一年期满前,印度存托凭证不得赎回为普通股。

3.3　印度存托凭证的有限双向可替换。

3.4　第3.1、3.2和3.3项应遵循下列规则:

(a)根据2004年《外汇管理(转让或发行外国证券)条例》,印度上市公司可出售或继续持有普通股。

(b)根据2004年《外汇管理(转让或发行外国证券)条例》,在印度证券交易委员会注册的印度共同基金可出售或继续持有普通股。

(c)其他印度居民(包括印度自然人居民),仅可出于出售,在印度存托凭证转换为普通股之日起30日内,持有普通股。

3.5　如外国组合投资者赎回印度存托凭证,《外汇管理条例》不适用于普通股的持有。

马尔代夫进出口法

陈宏柢　译　詹继续　审校*

《马尔代夫进出口法》译介

马尔代夫共和国现行的进出口贸易适用1979年颁布的《马尔代夫进出口法》。该法列举了97章关于应纳进口税的货物及货物类型的内容,规定了部分免征进口税的情形,定义了“向马尔代夫秘密进口”及“从马尔代夫秘密出口”等犯罪行为及其他术语,明确了违反该法有关规定所面临的处罚。

该法第7条规定了应纳进口税的货物及货物类型,共分为97章,并规定了各章物品应纳的进口税税率。对于未详列于该表品目的货物类型,总统应进一步进行酌定,并确定应纳的进口税税率。该法第6条规定,除了免征进口税的情形外,对于进口到马尔代夫的物品,其根据该法第7条的规定向马尔代夫政府所缴纳的进口税:征收从价税的货物在缴纳税款时,已进行投保的货物,其价格以到岸价为准;未投保的货物,其价格以成本加运费为准。

该法第5条规定了部分免征进口税的部分情形,包括:(a)进口大米,食糖及面粉;(b)进口《古兰经》及其选本;(c)总统对游客携带物品免征部分关税;(d)总统对私人团体携带的用品免征部分关税;(e)为进行再出口而向马尔代夫进口物品。对“再出口”“离岸价”“到岸价”“成本加运费”等术语的定义,可详见该法第15条规定。

对于“向马尔代夫秘密进口”及“从马尔代夫秘密出口”等犯罪行为的定义,该法第13条第b款的规定:货物在运抵马尔代夫后,被卸至海关未指定的区域的;未通知海关或未经海关许可,将货物运出海关指定的货物进口区域的;未缴纳应缴税款即将货物进口至马尔代夫的,均视为向马尔代夫秘密进口货物。该法第13条第c款规定:未通知海关或未经海关许可,将货物从马尔代夫出口的;未通知海关或未经海关许可,将货物从海关制定的货物出口区域出口或带出的;未缴纳应缴税款即将货物从马尔代夫出口或带出的,均视为从马尔代夫秘密出口货物。

实行了本法所规定的犯罪行为的,或具有犯罪意图的,本法第14条规定了相应的处罚措施,包括监禁、放逐、软禁、罚款、停止业务等。当事人如对所处的罚款有异议,在缴纳罚款后,该当事人有权向法院申请判决。经法院裁定没有违反法律的,政府应退还该当事人缴纳的罚款。

---

* 陈宏柢,华东政法大学外语学院硕士研究生;审校:詹继续,法学博士,上海外国语大学讲师。

法律编号 31/79

1979 年 9 月 15 日

1. 出口在马尔代夫天然形成和天然产生的物品，向马尔代夫进口物品、再出口、销售进口货物及上述行为的经营活动，应获得贸易、工业和劳动部的许可，并遵守该部门制定的规定。携带物品未超过本法第五条第三项、第四项规定的数额的，无须获得许可。

2. (a) 对从马尔代夫出口的天然形成和天然产生的物品不征收出口税，龙涎香除外。

(b) 对从马尔代夫再出口的物品不征收出口税。

3. 对龙涎香征收的出口税，税率应为其离岸价的百分之五十。

4. 在生产从马尔代夫出口的物品或进行物品的出口时，不得实施可能损害马尔代夫声誉或对马尔代夫的商业产生有害影响的行为，无论是欺诈行为还是过失行为。

5. 下列情形不征收进口税：

(a) 进口大米，食糖及面粉。

(b) 进口《古兰经》及其选本。

(c) 总统对游客携带物品免征部分关税。

(d) 总统对私人团体携带的用品免征部分关税。

(e) 为进行再出口而向马尔代夫进口物品。

6. 除本法第五条规定的物品外，进口到马尔代夫的物品应根据本法第七条所列的九十七章中的规定向马尔代夫政府缴纳进口税。征收从价税的货物在缴纳税款时，已进行投保的货物，其价格以到岸价为准；未投保的货物，其价格以成本加运费为准。

7. 根据本法第六条的规定，应纳进口税的货物及货物类型，共分为九十七章，各章物品应纳的进口税税率如下表所示。总统应酌定，以详列类属该表品目的货物类型名称及应纳的进口税税率。

序号	货物类型	税率/%
第一章	活体动物 (a) 除下述物品外，类属本章品目的其他所有物品 (b) 依法获许可供引种的动物	 25 35
第二章	肉类，及可供食用的余料 (a) 除下述物品外，类属本章品目的其他所有物品 (b) 猪肉及猪的其他可供食用的部位	 15 35
第三章	蟹类，贝类，龙虾，虾类，鱼类及其他水生无脊椎动物 (a) 除下述物品外，类属本章品目的其他所有物品 (b) 类属本章品目的所有活体	 15 25
第四章	奶类，乳制品，禽类的蛋，天然蜂蜜，可供食用的动物源性产品，另有明确规定或类属其他品目的除外 ——类属本章品目的所有物品	 10

续表

序号	货物类型	税率/%
第五章	动物源性产品，另有明确规定或类属其他品目的除外 ——类属本章品目的所有物品	 25
第六章	活体树及其他活植物；鳞茎，根及类似品；切花及观赏叶 ——类属本章品目的所有物品	 25
第七章	可供食用的植物产品及某些类型的根和块茎 ——类属本章品目的所有物品	 15
第八章	可供食用的水果及坚果；柑橘类或瓜类水果的果皮 (a)除下述物品外，类属本章品目的其他所有物品 (b)槟榔	 15 25
第九章	咖啡，茶叶，马黛树叶及香料 ——类属本章品目的所有物品	 15
第十章	谷物 (a)除下述物品外，类属本章品目的其他所有物品 (b)大米	 15 0
第十一章	磨坊业产品；麦芽；淀粉；菊粉；面筋 (a)除下述物品外，类属本章品目的其他所有物品 (b)小麦粉	 15 0
第十二章	油籽及含油果实；各类谷物，种子及水果；工业用或药用植物；稻草及饲料 (a)除下述物品外，类属本章品目的其他所有物品 (b)类属本章品目的药用物品	 25 5
第十三章	虫胶，树胶，乳液，及其他植物汁液和提取物 (a)除下述物品外，类属本章品目的其他所有物品 (b)明胶	 25 15
第十四章	编制用植物材料；未另行规定，亦非类属其他品目的植物产品 (a)除下述物品外，类属本章品目的其他所有物品 (b)棉花	 25 15
第十五章	取自动物的油脂及其分解产品；精制的食用脂肪；动物或植物蜡 ——类属本章品目的所有物品	 10
第十六章	肉制品，鱼类制品或甲壳类、软体动物或其他其他水生无脊椎动物制品 (a)除下述物品外，类属本章品目的其他所有物品 (b)猪肉制品	 15 35
第十七章	糖类及糖品 (a)除下述物品外，类属本章品目的其他所有物品 (b)食糖	 15 0

续表

序号	货物类型	税率/%
第十八章	可可及可可制品 (a)除下述物品外,类属本章品目的其他所有物品 (b)含酒精的产品	 15 35
第十九章	谷物制品,面粉制品,淀粉制品或乳制品;糕点师制作的产品 (a)除下述物品外,类属本章品目的其他所有物品 (b)含酒精的产品	 15 35
第二十章	蔬菜制品,水果制品,坚果制品或植物其他部位制品 (a)除下述物品外,类属本章品目的其他所有物品 (b)调香或调味的槟榔 (c)含酒精的产品	 15 25 35
第二十一章	杂项调制食品 (a)除下述物品外,类属本章品目的其他所有物品 (b)用于嚼食槟榔的产品 (c)含猪肉的产品 (d)含酒精的产品	 15 25 35 35
第二十二章	饮料,酒及醋 (a)除下述物品外,类属本章品目的其他所有物品 (b)酒精饮料,及含酒精的其他产品 (c)酒	 15 35 35
第二十三章	食品工业的余料及废料;配制的动物饲料 ——类属本章品目的所有物品	 25
第二十四章	烟草,及烟草替代品的制品 (a)除下述物品外,类属本章品目的其他所有物品 (b)香烟	 50 Rf-/30[1]
第二十五章	盐类,硫磺,泥土及石料,石膏料,石灰及水泥 (a)除下述物品外,类属本章品目的其他所有物品 (b)用于建筑的水泥,石头及砂砾 (c)用作耗材的盐类 (d)大理石	 25 10 10 15
第二十六章	矿砂,矿渣及矿灰 ——类属本章品目的所有物品	 25
第二十七章	矿石燃料,矿物油及其蒸馏产品;含沥青的物质;矿物蜡 (a)除下述物品外,类属本章品目的其他所有物品 (b)柴油 (c)航空燃料 (d)烹饪燃气 (e)煤油 (f)汽油	 25 10 10 10 10 10

续表

序号	货物类型	税率/%
第二十八章	无机化学品;贵金属、稀土金属、放射性元素及其同位素的的无机或有机化合物 ——类属本章品目的所有物品	 10
第二十九章	有机化学品 ——类属本章品目的所有物品	 10
第三十章	医药产品 ——类属本章品目的所有物品	 5
第三十一章	植物肥料 ——类属本章品目的所有物品	 10
第三十二章	鞣剂或染剂提取物;单宁及其衍生物;染料、颜料和其他着色剂;色漆和清漆;油灰及其他胶泥;墨水 (a)除下述物品外,类属本章品目的其他所有物品 (b)用于图书、书写及绘画的颜料,及用于印刷的油墨 (c)用于计算机打印机的墨水,色带及墨盒 (d)前项所列品目以外的机用墨水及墨盒	 25 10 5 20
第三十三章	精油,香膏,香水,化妆品或厕所用品 ——类属本章品目的所有物品	 25
第三十四章	肥皂,有机表面活性剂,洗涤剂,润滑剂,人造蜡,调制蜡,抛光剂或擦亮剂,蜡烛及类似制品,塑性用膏,牙科用蜡及牙科用熟石膏制剂 (a)除下述物品外,类属本章品目的其他所有物品 (b)肥皂,起肥皂作用的物品,及洗衣粉 (c)用于牙科学而制备的油灰及熟石膏	 25 10 5
第三十五章	蛋白类物质;改性淀粉;胶;酶 (a)除下述物品外,类属本章品目的其他所有物品 (b)用于图书和写作的胶水	 25 10
第三十六章	爆炸物,烟火产品;火柴;引火合金;某些易燃材料制品 (a)除下述物品外,类属本章品目的其他所有物品 (b)火柴盒、打火机引线和打火机气	 35 25
第三十七章	照相及电影用品 (a)除下述物品外,类属本章品目的其他所有物品 (b)用于冲洗照片的化学品	 25 10
第三十八章	杂项化学品 ——类属本章品目的所有物品	 25
第三十九章	塑料及其制品 (a)除下述物品外,类属本章品目的其他所有物品 (b)塑料购物袋,塑料袋,聚乙烯薄膜、片材及管材 (c)水管及水管布线用配件 (d)聚氨酯	 25 200 15 10

续表

序号	货物类型	税率/%
第四十章	橡胶及其制品 (a)除下述物品外,类属本章品目的其他所有物品 (b)陆上载客车辆的内外轮胎 (c)陆上工业车辆的内外轮胎 (d)橡皮 (e)自行车的内外轮胎 (f)汽车和摩托车的内外轮胎	 25 100 35 10 15 100
第四十一章	生皮(不包括毛皮),及皮革 ——类属本章品目的所有物品	 25
第四十二章	皮革制品;鞍具及挽具;旅行用品,手提包及类似包具;动物肠线(不包括蚕胶丝)制品 ——类属本章品目的所有物品	 25
第四十三章	毛皮,人造毛皮及其制品 ——类属本章品目的所有物品	 25
第四十四章	木及木制品;木炭 (a)除下述物品外,类属本章品目的其他所有物品 (b)木炭	 15 25
第四十五章	软木及软木制品 ——类属本章品目的所有物品	 15
第四十六章	稻草制品,秸秆制品,针茅制品或其他编织材料制品;篮筐及柳条编织品 ——类属本章品目的所有物品	 25
第四十七章	木浆或其他纤维状纤维素浆;回收(废、碎)纸或纸板 ——类属本章品目的所有物品	 25
第四十八章	纸及纸板;纸浆制品,纸制品或纸板制品 (a)除下述物品外,类属本章品目的其他所有物品 (b)卫生巾及卫生棉条 (c)用于阅读及写作的书本 (d)各类纸张 (e)纸袋及纸盒 (f)卷烟纸	 25 5 10 10 10 50
第四十九章	书籍;报纸;印刷图画及其他印刷品;手稿,打字稿及设计图纸 (a)除下述物品外,类属本章品目的其他所有物品 (b)《古兰经》及其选本 (c)书籍,报纸及杂志	 25 0 10
第五十章	蚕丝 ——类属本章品目的所有物品	 15

续表

序号	货物类型	税率/%
第五十一章	羊毛，动物细毛或粗毛；马毛纱线及纺织品 ——类属本章品目的所有物品	 15
第五十二章	棉花 ——类属本章品目的所有物品	 15
第五十三章	其他植物纺织纤维；纸纱线及其纺织品 ——类属本章品目的所有物品	 25
第五十四章	人造纤维长丝 (a)除下述物品外，类属本章品目的其他所有物品 (b)布料 (c)线轴	 25 15 15
第五十五章	人造纤维短纤 ——类属本章品目的所有物品	 15
第五十六章	絮胎，毡呢及无纺织物；特种纱线；线，绳，索，缆及其制品 (a)除下述物品外，类属本章品目的其他所有物品 (b)卫生巾及卫生棉条 (c)绳股	 25 5 15
第五十七章	地毯及其他铺地纺织品 ——类属本章品目的所有物品	 25
第五十八章	特种机织物；簇绒织物；花边；装饰毯；装饰带；刺绣品 (a)除下述物品外，类属本章品目的其他所有物品 (b)布料	 25 15
第五十九章	浸渍，涂布，包覆或层压的纺织物；具有工业用途的纺织制品 ——类属本章品目的所有物品	 25
第六十章	针织物及钩编织物 ——类属本章品目的所有物品	 25
第六十一章	针织或钩编的服装及衣物配件 ——类属本章品目的所有物品	 25
第六十二章	非针织且非钩编的服装及衣物配件 (a)除下述物品外，类属本章品目的其他所有物品 (b)莎笼	 25 15
第六十三章	其他纺织成品；成套物品；旧衣物及其他旧纺织品；碎织物 (a)除下述物品外，类属本章品目的其他所有物品 (b)类属本章品目的陆上载客车辆的座椅套 (c)类属本章品目的陆上工业车辆的座椅套 (d)聚乙烯塑料袋	 25 100 35 200

续表

序号	货物类型	税率/%
第六十四章	鞋靴、护腿及类似品;及其零件 ——类属本章品目的所有物品	 15
第六十五章	帽类及其零件 ——类属本章品目的所有物品	 15
第六十六章	雨伞;太阳伞,手杖;带座手杖;鞭子,马鞭及其零件 (a)除下述物品外,类属本章品目的其他所有物品 (b)普通雨伞	 25 15
第六十七章	经加工的羽毛、羽绒及其制品;人造花,人发制品 ——类属本章品目的所有物品	 25
第六十八章	石料,石膏,水泥,石棉,云母及类似材料的制品 (a)除下述物品外,类属本章品目的其他所有物品 (b)屋顶板 (c)木料(木片,木板) (d)屋顶接缝用品 (e)砖块 (f)水管及水管布线用配件	 25 15 15 15 15 15
第六十九章	陶瓷产品 (a)除下述物品外,类属本章品目的其他所有物品 (b)餐具及厨房用具 (c)瓷砖	 25 10 15
第七十章	玻璃及玻璃制品 (a)除下述物品外,类属本章品目的其他所有物品 (b)类属本章品目的,陆上载客车辆的挡风玻璃、视镜及其他玻璃物品 (c)类属本章品目的,陆上工业车辆的挡风玻璃、车镜及其他玻璃物品 (d)玻璃杯、玻璃制餐具及厨房用具 (e)处方眼镜镜片 (f)摩托车车镜 (g)陆上工业车辆的挡风玻璃、车镜及其他玻璃物品	 25 100 35 10 5 100 5
第七十一章	天然或养殖珍珠,宝石或半宝石,贵金属,包贵金属及其制品,仿造珠宝;硬币 ——类属本章品目的所有物品	 25
第七十二章	钢铁 (a)除下述物品外,类属本章品目的其他所有物品 (b)不锈钢 (c)铁丝	 15 25 25
第七十三章	钢铁制品 (a)除下述物品外,类属本章品目的其他所有物品 (b)屋顶板 (c)屋顶平板,铁片,铁板 (d)屋顶接缝用品 (e)水槽	 25 15 15 15 15

续表

序号	货物类型	税率/%
第七十四章	铜及其制品 (a)除下述物品外,类属本章品目的其他所有物品 (b)铜线	 25 15
第七十五章	镍及其制品 ——类属本章品目的所有物品	 25
第七十六章	铝及其制品 (a)除下述物品外,类属本章品目的其他所有物品 (b)屋顶板 (c)屋顶接缝用品 (d)水槽 (e)铝片,铝板	 25 15 15 15 15
第七十七章	本章予以保留为将来编码协调制度所用	
第七十八章	铅及其制品 ——类属本章品目的所有物品	 25
第七十九章	锌及其制品 (a)除下述物品外,类属本章品目的其他所有物品。 (b)波浪形屋顶板 (c)锌片,锌板 (d)连接件 (e)水槽	 25 15 15 15 15
第八十章	钛及其制品 (a)除下述物品外,类属本章品目的其他所有物品 (b)波浪形屋顶板 (c)钛片,钛板 (d)连接件 (e)水槽	 25 15 15 15 15
第八十一章	其他贱金属;金属陶瓷;及其制品 ——类属本章品目的所有物品	 25
第八十二章	贱金属制工具,器具,利口器,餐匙,餐叉;及其零件 ——类属本章品目的所有物品	 20
第八十三章	杂项贱金属制品 (a)除下述物品外,类属本章品目的其他所有物品 (b)类属本章品目的陆上载客车辆车锁,摩托车锁 (c)类属本章品目的陆上工业车辆车锁 (d)自行车锁。 (e)类属本章品目的,具有特别需求的陆上移动车辆车锁	 25 100 15 5 □〔2〕

续表

序号	货物类型	税率/%
第八十四章	核反应堆,锅炉,机器,机械器具,及其零件 (a)除下述物品外,类属本章品目的其他所有物品 (b)计算机,计算机零件及其他计算机用品 (c)电冰箱 (d)摩托车的引擎,引擎零件及备件 (e)类属本章品目的,陆上载客车辆的引擎,引擎零件及备件 (f)类属本章品目的,陆上工业车辆的引擎,引擎零件及备件 (g)叉车,起重机,压路机,挖掘机及所有其他用于移动所挖掘的土地及将土壤从一个地方移动到另一个地方的车辆,用于平地的机动车辆及用于农业机动车辆 (h)机动的,有特别需求的陆上移动车辆的引擎,引擎零件及备件	 20 5 5 100 100 35 35 5
第八十五章	电机、电气设备及其零件;录音机及放声机、电视图像、声音的录制和重放设备及其零件、配件 (a)除下述物品外,类属本章品目的其他所有物品 (b)录像带放映机 (c)为观看录像带和电视画面而制造的设备 (d)为录制录像带和电视画面而制造的设备 (e)录音设备 (f)高保真系统 (g)录像带;录音带;光盘;软盘;及其他类似物品 (h)电话 (i)电动及机械手持工具;电机;发电机 (j)家用电器 (k)不间断电源装置 (l)数码相机及静态图像视频相机 (m)类属本章品目的,用于陆上载客车辆的车喇叭,车灯及其他用于发光和发声的设备 (n)类属本章品目的,用于陆上工业车辆的车喇叭,车灯及其他用于发光和发声的设备 (o)用于摩托车的车喇叭,车灯及其他用于发光和发声的设备 (p)用于具有特别需求的陆上移动车辆的车喇叭,车灯及其他用于发光和发声的设备	 25 35 5 5 5 5 5 5 5 20 5 5 100 35 100 5
第八十六章	铁道及电车道机车,其他车辆及其零件;铁道及电车道轨道固定装置及其零件、配件;各种机械的(包括电动机械)交通信号设备 ——类属本章品目的所有物品	 25
第八十七章	车辆及其零件、配件,不包括铁道及电车道车辆 (a)除下述物品外,类属本章品目的其他所有物品 (b)陆上工业车辆,不包括载客车辆 (c)类属前项品目的车辆零件、备件,不包括引擎零件、备件 (d)机动或非机动的,具有特别需求的移动车辆 (e)类属前项品目的车辆零件、备件,不包括引擎零件、备件 (f)自行车,及其零件、备件 (g)婴儿车,及其零件、备件 (h)推车,及其零件、备件	 100 35 35 5 5 15 15 25

续表

序号	货物类型	税率/%
第八十八章	航空器,航天器及其零件 ——类属本章品目的所有物品	 25
第八十九章	船舶及浮式结构物 ——类属本章品目的所有物品	 25
第九十章	光学,照相,电影,计量,检验,医疗或外科用仪器及设备;及其零件、配件 (a)除下述物品外,类属本章品目的其他所有物品 (b)处方眼镜及其零件;外挂式及内置式眼镜片 (c)心脏起搏器 (d)助听器 (e)整形器械 (f)单个牙齿,成套牙齿,及颚 (g)各类医疗,外科,牙科机械 (h)医疗,外科,牙科用品 (i)学龄儿童的学习用品 (j)照相机 (k)电影放映机	25 5 5 5 5 5 20 5 10 5 35
第九十一章	钟表,手表及其零件 (a)除下述物品外,类属本章品目的其他所有物品 (b)钟表及其零件	 25 5
第九十二章	乐器,及其零件、配件 ——类属本章品目的所有物品	 10
第九十三章	武器及弹药;及其零件、配件 ——类属本章品目的所有物品	 35
第九十四章	家具;寝具;床垫支架、垫子和类似的填充式家具;未另行规定,亦非类属其他品目的灯及其他照明装置;发光标志、发光铭牌及类似品;装配式建筑 (a)除下述物品外,类属本章品目的其他所有物品 (b)家具,床垫,枕头及其他寝具 (c)类属本章品目的,陆上载客车辆的座椅及座椅零件 (d)类属本章品目的,陆上工业车辆的座椅及座椅零件 (e)类属本章品目的,具有特别需求的陆上移动车辆的座椅及座椅零件	25 20 100 35 5
第九十五章	玩具,游戏及体育用品;及其零件、配件 ——类属本章品目的所有物品	 25
第九十六章	杂项制品 (a)除下述物品外,类属本章品目的其他所有物品 (b)绘图,手写板,白板 (c)铅笔,钢笔,粉笔,画刷,蜡笔 (d)烟具	 25 10 10 50
第九十七章	艺术品;收藏品;古董 ——类属本章品目的所有物品	 25

〔1〕per cigarette (30 laaries)/每根香烟(30 拉里)。

〔2〕此处原文缺失第(e)项对应的税率。——译者注

8. (a) 对于为开展、进行及经营对马尔代夫有经济利益的活动而进口的物品，总统有权酌定在十年以下的期限内免除向政府缴纳该等物品的税款。

(b) 在特定情形下，对于为马尔代夫的公共利益或为马尔代夫某一岛屿上人民的共同利益而进口的物品，总统有权酌定免征其全部或部分进口税额。

(c) 根据马尔代夫通过的国际条约，已由马尔代夫政府授予外交豁免权的当事人，对其携带进出马尔代夫的物品免征关税。

9. 对于马尔代夫政府根据其他法律规定酌定豁免关税的当事方，本法不影响马尔代夫政府经决定对该方采取的措施。

10. 本法不影响根据区域性条约或国际条约，或马尔代夫政府与外国政府签订的双边协定，对携带进出马尔代夫的物品制定的关税。

11. (a) 对于价格不明的进口物品和价格低于正常进口价格的进口物品，马尔代夫政府应以该时期进口至马尔代夫的此类物品的正常价格为基础，确定其完税价格。

(b) 对于价格不明的出口物品和价格低于正常出口价格的出口物品，马尔代夫政府应以该时期从马尔代夫出口的此类物品的正常价格为基础，确定其完税价格。

(c) 货物所有人对马尔代夫政府根据本条第一款和第二款的规定所确定的价格有异议的，在以该价格纳税后，该所有人有权向法院提起诉讼。所有人向法院提交的价格经证明有效的，马尔代夫政府应向货物所有人退还其纳税所支付的额外款项。

12. 在马尔代夫政府根据本法第十一条的规定确定完税价格的情形中，当事方未被证明有蓄意欺诈的，不视为违反本法的规定。

13. (a) 将未授权可向马尔代夫进口的物品秘密进口至马尔代夫的；将未授权可从马尔代夫出口的物品从马尔代夫秘密出口的；将征税的物品秘密进口至马尔代夫、从马尔代夫出口，以逃避缴税的；及具有上述行为意图的，均属犯罪行为。

(b) 货物在运抵马尔代夫后，被卸至海关未指定的区域的；未通知海关或未经海关许可，将货物运出海关指定的货物进口区域的；未缴纳应缴税款即将货物进口至马尔代夫的，均视为向马尔代夫秘密进口货物。

(c) 未通知海关或未经海关许可，将货物从马尔代夫出口的；未通知海关或未经海关许可，将货物从海关制定的货物出口区域出口或带出的；未缴纳应缴税款即将货物从马尔代夫出口或带出的，均视为从马尔代夫秘密出口货物。

14. (a) 犯有本法第十三条第一款规定的犯罪行为的，或犯罪未遂的，除根据本法规定处罚外，有关赃物应予没收，不予赔偿。从秘密进口或秘密出口中获利的，除根据本法规定处罚外，有关赃物或赃款应予以没收。

(b) 向马尔代夫秘密进口货物或从马尔代夫秘密出口货物的，应处以六个月以上、二年以下的监禁，或放逐，或软禁。

(c) 具有向马尔代夫秘密进口货物或从马尔代夫秘密出口货物的意图的，应处以四个月以上、一年半以下的监禁，或放逐，或软禁，或处以一万卢菲亚以上、十万卢菲亚以下的罚款。

(d) 屡次犯有本法第十三条第四款规定的犯罪行为的，每再犯一次，应在本法规定的刑罚基础上,加处一年监禁,或放逐,或软禁。

(e)在进口货物时以欺诈手段低价申报的,马尔代夫政府有权酌情决定对初犯的行为人处以所涉货物实际价格两倍以下的罚款;屡次犯有此项犯罪行为的,除对行为人处以所涉货物实际价格两倍以下的罚款外,还有权酌定在二年以下的期限内停止该当事人的进口业务。

(f)在出口货物时以欺诈手段低价申报的,马尔代夫政府有权酌定首次对初犯的行为人处以所涉货物实际价格两倍以下的罚款;屡次犯有此项犯罪行为的,除对行为人处以所涉货物实际价格两倍以下的罚款外,还有权酌定在二年以下的期限内中止该当事人的出口业务。

(g)违反本法未规定处罚的条款的,对行为人应处以该货物实际价格两倍以下的罚款。发现具有上述行为意图的,对行为人应处以为实施该行为所使用或意图使用的货物的实际价格以下的罚款。

(h)当事人对根据本条第五款、第六款和第七款的规定所处的罚款有异议的,在缴纳罚款后,该当事人有权向法院申请判决。经法院裁定没有违反法律的,政府应退还该当事人缴纳的罚款。

15. 本法所称:

(a)“再出口”,是指在不改变物品本质的前提下,将已合法进口至马尔代夫的物品以合法手段带出的行为。

(b)“离岸价”,是指物品价格,包括在港口或机场装运物品产生的费用。

(c)“到岸价”,是指物品价格,包括保险费和运费在内的费用。

(d)“成本加运费”,是指物品价格,包括运费在内的费用。

(e)“从价税”,是指按照货物价格一定的百分比确定的关税金额。

(f)“从量税”,是指根据货物的数量、重量或尺寸确定的关税金额。

马尔代夫货物买卖法

万　立　译　詹继续　审校*

《马尔代夫货物买卖法》译介

马尔代夫是世界旅游胜地,经济开放程度较高,但由于生产能力有限,据大多数产品依赖从国外市场进口。根据马尔代夫货币局提供的信息,2019 年进出口贸易总额为 32.47 亿美元,其中出口额 3.6 亿美元,进口额 28.87 亿美元,主要进口来源国是阿联酋、中国、新加坡、印度、马来西亚和斯里兰卡。中马两国于 2015 年 2 月启动自贸区建设进程,同年底开始首轮谈判,共历经五轮谈判和一次部长级磋商。2017 年 12 月 7 日,中马双方在北京签署协定。协定实施以后,中马两国间 95% 以上的货物贸易产品将分阶段实现零关税。

据中国海关统计,近年来,中国对马尔代夫出口商品主要类别包括:(1)机械器具及零件;(2)电机、电气、音像设备及其零附件;(3)车辆及其零附件(铁道车辆除外);(4)针织或钩编的服装及衣着附件;(5)玻璃及其制品;(6)皮革制品、旅行箱包、动物肠线制品;(7)光学、照相、医疗等设备及零附件;(8)家具、寝具等、灯具、活动房;(9)食用蔬菜、根及块茎;(10)玩具、游戏或运动用品及其零附件。中国从马尔代夫进口商品主要类别包括:(1)针织或钩编的服装及衣着附件;(2)非针织或非钩编的服装及衣着附件;(3)其他纺织制品、成套物品、旧纺织品;(4)艺术品、收藏品及古物。

《马尔代夫货物买卖法》主要规定了与货物买卖合同有关的商业合同的基本权利义务,包括货物价格的确定、所有权转移的时间、风险转移的节点、货物的交付规则、卖方的交货义务和买方的支付价金义务,还规定了违约救济、买卖双方撤销权和卖方留置权等问题。其中"默示推定"条款与其他国家法律制度存在典型区别。《马尔代夫货物买卖法》第 7 条对卖方对货物的所有权采用了"默示推定"规则,合同未明确规定卖方基于对货物享有的权利出售货物,并且合同无相反规定的,推定卖方有权出售。货物所有权转移买方的,卖方同意出售时出售货物的权利推定有效,这样立法的主要目的是便捷交易保障买方的信赖利益。

简　　称

第一条

本法称为《马尔代夫货物买卖法》。

---

* 万立,华东政法大学博士研究生;詹继续,法学博士,上海外国语大学讲师。

货 物 买 卖

第二条

“货物买卖”是指买卖双方达成的协议，以确定的价格将卖方货物向买方转让。本法中，前述协议称为“货物买卖合同”。

订立合同的能力

第三条

(a)货物买卖合同缔约方应具有订立合同的能力。

(b)未成年人或无订立合同能力的人应当就卖方出售、交付的生活必需品支付合理价格。

现货和期货

第四条

根据合同出售的货物应当是现货或期货。

本条所称现货是指卖方拥有或占有的货物。期货是指卖方签订合同后制造或取得的货物。

价　　格

第五条

销售合同的价格应当是合同约定的价格或以合同约定的方式确定的价格。

第六条

合同各方可以同意价格由第三方决定。

默 示 条 款

第七条

合同未明确规定卖方基于对货物享有的权利出售货物，并且合同无相反规定的，推定卖方有权出售。货物所有权转移买方的，卖方同意出售时出售货物的权利推定有效。

所有权转让

第八条

货物的所有权于合同确定的时间向买方转移。

符合特定目的

第九条

买方将该目的告知卖方的,货物视为合理适用于特定目的。

保留货物的权利

第十条

合同条款或部分条款履行前,卖方有权不交付货物。上述条款履行前,货物所有权不向买方转移。

风　　险

第十一条

除另有约定外,无论财产是否转移,货物的任何固有风险视为于货物所有权转移时自卖方转移至买方。本条中,“风险”是指由转移货物所有权可能导致的任何不良后果的风险。

双方的责任

第十二条

卖方的责任是基于合同约定交付货物。买方的责任是基于合同约定接受货物并支付对价。

交 付 规 则

第十三条

除另有约定外:

(a)货物交付和价款支付同时履行。

(b)交付货物的地点为卖方营业地。

(c)买方不负有接受分期交付任何货物的义务。

第十四条

(a)买方可以不接受卖方交付的任何数量超出或低于合同约定的购买数量的货物。

(b)卖方交付货物数量低于买方合同约定购买数量,并且买方接受的,买方应当按约定价格的比例支付价款。

(c)卖方交付的货物数量超出合同约定购买数量的,买方可以接受合同约定的货物数量。买方接受全部货物的,应当按与约定价格的比例支付货款。

(d)卖方向买方交付合同约定的货物以及合同未约定的货物,买方可以接受合同约定的货物,拒绝接受其余货物或拒绝接受全部货物。

(e)货物存有任何缺陷的,买方可以拒收货物,但该缺陷须发生于卖方交货之前。

货物的合法接受

第十五条

买方有下列行为之一的,视为买方已合法接受货物。

(a)买方将其对货物的接受通知卖方。

(b)买方于合理期间内占有货物,但未将其拒收告知卖方。

(c)货物已交付买方,买方采取任何影响卖方所有权的行为。

撤 销 权

第十六条

除另有约定外,买卖双方在货物买卖结束后仍在一处的,任何一方有权撤销货物买卖合同。

未偿卖方的权利

第十七条

货物的所有权向买方转移时,货物价款尚未支付的,卖方享有下列权利:

(a)占有货物的,支付价款前,可以继续占有货物。

(b)向第三方转售。

留 置 权

第十八条

(a)下列情况中,卖方有权行使留置权:

(i)卖方未收到信用证。

(ii)货物已赊销且信用证已过期。

(iii)买方破产。

(b)买方或其代理人根据本法获得货物占有权,或者卖方放弃留置权的,卖方即丧失留置权。

向第三方出卖

第十九条

(a)有下列情况之一的,卖方可以转售货物:

(i)货物易腐。

(ii)买方未在收到转售货物的意向通知后合理期限内结清货款。

(iii)买方违反合同。前提是,约定买方违反合同,卖方有权转售第三方。

(b)卖方因买方违约遭受损害的,卖方可以要求损害赔偿。

价格适当

第二十条

买受人疏忽未支付货款或者拒绝支付货款的,出卖人可以提起诉要求支付货款。

买方违约的补救措施

第二十一条

(a)卖方疏忽未交付货物或拒绝交付货物的,买方可以提起损害赔偿之诉。

(b)本条第一款所称损害赔偿应当为合同约定交货时间,货物的议定价格和市场价格之间的价差,或议定价格和自第三方获得类似货物费用之间的价差。

第二十二条

除本法另有规定外:

(a)货物包括货币以外的各种动产。

(b)"卖方"是指出售或同意出售的人。

(c)"买方"是指购买或同意购买的人。

(d)"交付"是指财产自一人自愿转移至另一个人。交付包括当面交付或第三方亲自或寄送交付,以实现占有权的转移。

(e)"信用证"是指交易中买方出具的包含于约定期限内付款承诺的文件。

后　记

今年是“一带一路”倡议提出的第十年。“一带一路”倡议是中国旨在进一步扩大对外开放、推进全球化进程的中国方案，是旨在促进区域政治、经济、法律与文化多元发展的多边国际合作倡议，是“中国发起、各方共建、世界共享的优质公共产品”。十年来，我国与“一带一路”沿线国家的经贸往来与合作取得重大突破，我国对外贸易与对外投资额大幅上涨，基础设施建设与投资力度持续加大，贸易自由化与贸易便利化程度显著提高。

本丛书是我作为首席专家承担的国家社科重大项目“‘一带一路’沿线国家法律文本翻译、研究及数据库建设”(批准号 18ZDA157)的最终成果。自 2018 年立项以来，为按时保质完成翻译与研究计划，我们重点翻译了东南亚、西亚北非、东欧地区约 40 个国家 400 万余字法律文本，分为《世界主要自由贸易港法律选译》《东南亚及南亚国家投资法选译》《西亚北非东欧国家经济法选译》和《海南自由贸易港法规(2020—2021)选编(中英对照)》等四卷，以期为相关主体提供真实可信、切合实需的法律文本供给，助力“一带一路”建设的长远发展。

建设海南自由贸易港，需要对标国际高水平经贸规则。《世界主要自由贸易港法律选译》聚焦自由贸易港相关的法律规定，涉及新加坡、迪拜、韩国济州等世界知名自由贸易港(区)的园区建设、市场准入、投资贸易、海关港务、数据保护、商业信托、医疗养老、国际仲裁等八个方面的立法。本卷从立法的选择、翻译到审校各环节，是在海南省人大常委会领导同志的关心支持下得以顺利推进的。

《东南亚及南亚国家投资法选译》以“扩大高水平对外开放”“绿色投资”“全球可持续发展”三大板块为主题，内容涉及东盟国家的重要法律法规、实施细则、命令等细化规定，主要有《新加坡反补贴反倾销法》《印度尼西亚贸易法》《越南生物多样性法》等。

《西亚北非东欧国家经济法选译》主要选取与中国双边贸易额和投资额较大的海湾阿拉伯国家和埃及的投资法、公司法进行译介。“一带一路”沿线阿拉伯国家多为发展中国家，各国在市场准入、行业监管、金融体系和税收安排、进出口管理、投资争端解决等领域存在很大差异。然而，针对具体项目开展全面、系统的法律尽职调查，对我国大多数走出去的企业而言，仍存在经济上和操作上的困难。译介相关阿拉伯国家的重点经济立法，将为企业提供第一手的有关外商投资、公司制度等问题的实用法律信息，为中国企业与相关阿拉伯国家贸易、投资合作保驾护航。

前三卷是外国法汉译成果，而《海南自由贸易港法规(2020—2021)选编(中英对照)》则是中国法外译成果，本卷旨在将海南自由贸易港法规体系翻译出去，以供世界各国了解海南自由贸易港是法治的自由贸易港，进而彰显海南乃至中国的法治形象。需要特别致谢的是，本丛书第一卷《世界主要自由贸易港法律选译》和第四卷《海南自由贸易港法规(2020—

2021)选编(中英对照)》是我主持的重大项目课题组直接受海南省人大常委会法制工作委员会委托而完成翻译的。

除以上立法翻译成果外,课题组还围绕域外管辖、涉外法治以及立法翻译研究等主题,展开相关研究。课题组在《中国社会科学》《中外法学》《华东政法大学学报》《中国翻译》《中国外语》《外语与外语教学》等期刊发表了系列论文。此外,课题组初步建成中英、中阿多语交叉法律数据库和英汉术语表。总之,本项目是面向“一带一路”倡议、全面依法治国战略和构建人类命运共同体等国家需求展开的一项重大翻译工程。

参与本丛书的主要译者有屈文生(全国人大常委会法工委法律英文译审专家委员会委员、华东政法大学教授、博士生导师)、万立(华东政法大学博士研究生)、韩驰(华东政法大学硕士研究生)、邓苏宁(华东政法大学博士后、对外经贸大学讲师)、龚茁(浙江工商大学副教授、华东政法大学博士研究生)、詹继续(华东政法大学讲师)、王春荣(华东政法大学博士后、上海政法学院副教授)、叶湘(上海应用技术大学副教授)、曹雳(华东政法大学博士研究生)以及王孜政、陈皓、马琳、刘攀、曹斯澜、付诗、付泽皓、孙雅文、张智、陈宏柢、李明玉、袁琳等博士研究生和硕士研究生。

屈文生、万立、Adrian Dunbar(中文名李安谆,上海外国语大学法律翻译专家)、龚茁、詹继续、王春荣、叶湘、曹雳、陈皓、马琳、王孜政、徐琨捷、陈宏柢、韩驰、刘攀等承担了本书译文的审校工作。韩驰、郑哲峰、陈浩睿、韩静仪、胡依楠、林海斌、刘家丽、张晓卫 8 位同学承担排版工作。

我们的法律翻译、翻译研究和审校工作得到许多专家学者的支持,尤其感谢我的导师华东政法大学原校长何勤华教授、我的导师教育部长江学者华东政法大学李秀清教授、上海交通大学法学院沈伟教授、郑州大学中国外交话语研究院院长杨明星教授、西南政法大学外语学院肖云枢教授以及华东政法大学外语学院宋丽珏副教授、国际金融法律学院丁勇教授等人提供的各项建设性意见和在承担子课题时所做的协调工作和所付出的努力。

感谢全国人大常委会法工委法规备案审查室严冬峰副主任、全国人大常委会法制工作委员会研究室夏继红处长、研究室五处副处长达吉以及鲁丹、任雨婕等同志对我工作的支持;感谢上海市哲学社会科学规划办公室李安方主任、四级调研员王云飞同志给予的支持。

感谢华东政法大学党委书记郭为禄教授、校长叶青教授对于这项工作的大力支持,感谢党委副书记应培礼教授、唐波教授的鼓励,感谢副校长韩强教授和副校长周立志对于我承担翻译工作时提供的工作支持。感谢华东政法大学学校办主任练育强教授、外语学院院长余素青教授、科研处处长陆宇峰教授、科研处副处长陈蓉和科研处陈叶的细微帮助。

感谢浙江大学文科资深教授许钧先生、北京外国语大学讲席教授王克非先生、中国外文局原副局长兼总编辑黄友义译审、中国外文局原副局长兼中国译协法律翻译委员会王刚毅会长、上海外国语大学党委书记姜锋研究员、中国外文局当代中国与世界研究院党委书记杨平编审、上海政法学院校长刘晓红教授、司法部国际合作局尹雪梅副局长、上海外国语大学副校长查明建教授、上海市人大法工委阎锐主任、上海市司法局副局长罗培新教授、上海市检察院政治部荚振坤主任、上海市浦东新区司法局黄爱武局长、上海外国语大学校长助理胡开宝教授、广东外语外贸大学兼全国翻译专业学位研究生教指委副主任委员赵军峰教授、中国政法大学张法连教授、浙江大学法学院程乐教授、上海市人民政府外办翻译室董鹤莉主任、司法部国际合作局毛佳玲副处长、锦天城律师事务所高级合伙人叶芳律师等人在我组织本书翻译各时期给予的关注和帮助。

我要特别感谢上海市法学会专职副会长、施伟东主编和孙建伟副主编同意在《上海法学研究》集刊连载刊登我们翻译的104篇译文。特别感谢《外语与外语教学》原主编赵永青教授和《中国外语》常少华副主编和首席编辑艾斌刊发我谈中国法外译原则的两篇学术论文。感谢《法治日报》副总编辑张国庆、《中国社会科学报》上海站记者查建国、陈炼,《新民晚报》记者卫蔚、吴宇桢,以及《人民法院报》对于阶段性项目成果给予的支持与关注。感谢法律出版社解锟、韩泓宇、朱峰等编辑老师的细致工作。

尽管我们全力以赴,但难免翻译中有各种瑕疵,不足之处,恳请读者多批评、多指正。

屈文生

2023年4月于上海寓所